edition suhrkamp 2073

Kultur und Konflikt

Herausgegeben von Wilhelm Heitmeyer, Günter Albrecht, Otto Backes und Rainer Dollase

Die Politisierung der Religion in unterschiedlichen Ausprägungen des religiösen Fundamentalismus stellt ein Phänomen der Moderne dar. Denn erst in der Moderne entstehen Möglichkeit und Anspruch einer durchgreifenden Gesellschaftspolitik, die sich zwischen den Polen eines technokratischen »social engineering« einerseits und republikanischer Willensbildung andererseits bewegt. Hinzu kommt, daß mit der modernen Infragestellung religiöser Wahrheitsansprüche diese paradoxerweise zugleich zur »handhabbaren« Ressource politischer Mobilisierung werden können und insbesondere solche Menschen anziehen, die sich durch die modernen Zumutungen eigenständiger Lebensführung, gesellschaftlicher Kritik und politischen Diskurses überfordert fühlen oder die Postulate von Aufklärung und Emanzipation als Irrweg ablehnen.

Der interdisziplinäre Band enthält Beiträge zur Theorie des religiösen Fundamentalismus, beschäftigt sich exemplarisch mit den Erscheinungsformen von Fundamentalismus im Christentum und im Islam und umfaßt eine Reihe von Fallstudien. Andere Artikel untersuchen die Gefahren gewaltsamer Eskalation, die durch religiösen Fundamentalismus bzw. durch Fehlwahrnehmungen in bestimmten Teilen der Gesellschaft entstehen können.

Politisierte Religion
Ursachen und Erscheinungsformen des modernen Fundamentalismus

Herausgegeben von Heiner Bielefeldt und Wilhelm Heitmeyer

Suhrkamp

edition suhrkamp 2073
Erste Auflage 1998
© Suhrkamp Verlag Frankfurt am Main 1998
Erstausgabe
Alle Rechte vorbehalten, insbesondere das
der Übersetzung, des öffentlichen Vortrags
sowie der Übertragung durch Rundfunk und Fernsehen,
auch einzelner Teile.
Satz: Jung Satzcentrum, Lahnau
Druck: Nomos Verlagsgesellschaft, Baden-Baden
Umschlag gestaltet nach einem Konzept
von Willy Fleckhaus: Rolf Staudt
Printed in Germany

1 2 3 4 5 6 – 03 02 01 00 99 98

Inhalt

III. Formen und Medien religiöser Identitätspolitik

IV. Gewalteskalationen

V. Zwischen Ausgrenzung und Romantisierung: Reaktionen und Fehlreaktionen der deutschen Mehrheitsgesellschaft

Vorwort

Der vorliegende Band *Politisierte Religion* geht auf eine internationale Tagung zurück, die das »Institut für interdisziplinäre Konflikt- und Gewaltforschung« der Universität Bielefeld im Oktober 1996 am Zentrum für interdisziplinäre Forschung (ZiF) veranstaltet hat.

Die Beiträge beschäftigen sich aus der Sicht verschiedener Disziplinen mit der Theorie des religiösen Fundamentalismus sowie mit einigen seiner Erscheinungsformen im Christentum und im Islam. Mehrere Artikel untersuchen anhand von Länderstudien die Gefahr gewaltsamer Eskalationen im Kontext des religiösen Fundamentalismus. Geographisch konzentrieren sich die Analysen auf die »westlichen« Gesellschaften, d. h. auf Europa und Nordamerika; es werden aber auch Beispiele aus dem an Europa angrenzenden nahöstlichen Mittelmeerraum mit einbezogen.

Daß die Tagung durchgeführt werden konnte, ist der Deutschen Forschungsgemeinschaft (DFG) zu danken. Ebenso gilt unser herzlicher Dank den Referentinnen und Referenten aus den USA, Frankreich, der Türkei und der Bundesrepublik.

Schließlich danken wir Johannes Vossen für seine fortwährend umsichtige und effektive Tagungsorganisation sowie Petra Buchalla und Sigrid Ward für die technische Bearbeitung der Manuskripte.

Bielefeld, im Dezember 1997 *Heiner Bielefeldt*

Wilhelm Heitmeyer

Heiner Bielefeldt/Wilhelm Heitmeyer

Einleitung: Politisierte Religion in der Moderne

1. Unbehagen am Begriff des Fundamentalismus

Das Thema des religiösen Fundamentalismus aufzugreifen verlangt Behutsamkeit. Denn im allgemeinen Sprachgebrauch wird der Begriff des Fundamentalismus zumeist relativ diffus, ohne klare inhaltliche Konturierung verwendet. Um so deutlicher ist zugleich, daß der Terminus in der öffentlichen Debatte stark negativ konnotiert wird. In dieser Verbindung von inhaltlicher Unbestimmtheit und negativem Assoziationsfeld bietet sich das Schlagwort »Fundamentalismus« als Waffe in politischen Auseinandersetzungen geradezu an. Seit der Begriff des Fundamentalismus in den späten siebziger Jahren Eingang in die politische Alltagsrhetorik gefunden hat, wird er in der Tat häufig in polemischer, wenn nicht gar in diffamatorischer Absicht verwendet.

Ein zusätzliches Problem ergibt sich aus der Tatsache, daß von Fundamentalismus – ungeachtet der Herkunft der Bezeichnung aus dem amerikanischen Protestantismus – hierzulande v. a. im Zusammenhang mit dem Islam die Rede ist. Während die amerikanische protestantische Bewegung, die zu Beginn des 20. Jahrhunderts die Zeitschrift *The Fundamentals* gründete (vgl. Schmidt 1990, S. 11), nurmehr in historisch interessierten Kreisen bekannt ist, stellt die Revolution Khomeinis von 1978/79 in der öffentlichen Wahrnehmung geradezu das Paradigma fundamentalistischer Machtergreifung dar. Islam und Fundamentalismus werden vielfach so eng miteinander assoziiert, daß der Schritt von einem »Angstbild« zu einem »Feindbild« Islam nicht weit ist (vgl. Hoffmann 1996). Dies ist vielleicht kein Zufall. Denn alte Ängste vor dem Islam als einem traditionellen Hauptgegner der abendländischen Christenheit vermischen sich derzeit mit Zweifeln, welche Entwicklung eine ihrer selbst unsicher gewordene moderne Zivilisation in der Unübersichtlichkeit der multipolaren Welt nehmen wird. Im Schnittfeld beider Ängste steht der islamische Fundamentalismus, insofern er gleichermaßen die Herausforderung des christlichen Abendlandes wie der westlichen Moderne zu verkörpern scheint.

Es wird daher immer wieder Unbehagen am Begriff des Fundamentalismus laut. »Schluß mit der Fundamentalismus-Debatte«, fordert Dieter Senghaas (1995), der die interreligiöse und interkulturelle Debatte mit Muslimen von der Fixierung auf das Reizwort »Fundamentalismus« befreien will. Auch der Islamwissenschaftler Johannes Reissner beklagt die »hochgradige Unbrauchbarkeit des Begriffs als Verstehenskategorie« (Reissner 1993, S. 88). Gleichzeitig konzediert er indes, daß sich der Begriff des Fundamentalismus nur schwer vermeiden läßt, zumal denkbare Alternativen wie der im französischen Sprachraum gängige Begriff des »Integrismus« oder – bezogen auf den islamischen Bereich – die Redeweise vom »Islamismus« ähnlich negative Konnotation aufweisen (ebd.). Trotz des verbreiteten und begründeten Unbehagens scheint es schwierig zu sein, den Begriff des Fundamentalismus zu umgehen oder ihn durch einen treffenderen und weniger belasteten Terminus zu ersetzen. So hat der syrische Philosoph Sadik Al-Azm auf einen paradoxen Sachverhalt hingewiesen: »Zwar werden die Verkürzungen, die Begriffen wie *Fundamentalismus* und *religiöse Wiederbelebung* innewohnen, ausgiebig bemängelt, aber keinen der genannten Autoren hält das davon ab, sie trotzdem weiter anzuwenden« (Al-Azm 1993, S. 83).

Im folgenden gehen wir davon aus, daß der Begriff des Fundamentalismus – trotz seiner vielfach polemischen Verwendung – durchaus auch in analytischer Absicht gebraucht werden kann. Er soll näherhin dazu dienen, eine spezifisch moderne Form politisierter Religion zu bezeichnen, die sich nicht mehr als bloße Verlängerung eines religiösen Traditionalismus oder Konservativismus verstehen läßt, insofern sie in bewußter Auseinandersetzung mit der Moderne selbst gewissermaßen ein »modernes« Profil gewinnt. Daß es einen solchen Typus politisierter Religion in modernen Gesellschaften tatsächlich gibt, wird kaum bestritten. Auch in der wissenschaftlichen Diskussion hat sich der Begriff des Fundamentalismus zur Bezeichnung dieses Phänomens weithin durchgesetzt; ein allgemein zustimmungsfähiger Ersatz dafür ist derzeit jedenfalls nicht in Sicht.

Das Unbehagen am Begriff des Fundamentalismus bleibt gleichwohl bestehen. Es sollte dazu führen, bei der Applikation dieses Terminus auf konkrete Personen bzw. Gruppen Behutsamkeit walten zu lassen, damit die heuristisch vertretbare Rekonstruktion eines religiös-politischen Orientierungsmusters nicht zur wissenschaftlichen Legitimierung politischer Feindbildpropaganda und sozialer Ausgrenzung beiträgt.

2. Ein moderner Typus politisierter Religion

Wenn wir religiösen Fundamentalismus als moderne Form politisierter Religion umschreiben, so bedarf dies der Erläuterung. Denn die Formel »politisierte Religion« ist vieldeutig und für unterschiedliche, ja gegensätzliche Interpretationen offen. Insbesondere gilt es, in aller Deutlichkeit dem verbreiteten Mißverständnis zu wehren, Religion habe in der modernen Demokratie keinen legitimen öffentlichen Ort. Das Gegenteil ist der Fall. Denn der freiheitliche Charakter der Demokratie erweist sich u. a. darin, daß die Verfassung über die Gewährleistung persönlicher Glaubens- und Bekenntnisfreiheit hinaus auch für das *öffentliche* – und d. h. im weitesten Sinne auch »politische« – Wirken der Kirchen und Religionsgemeinschaften Raum bietet (vgl. Luf 1993, S. 89ff.). Anders als ein in der Auseinandersetzung mit integralistischer Religiosität möglicherweise selbst integralistisch verhärteter Laizismus dies postuliert, setzen eine moderne Demokratie und eine sie tragende Zivilgesellschaft also gerade nicht die Verdrängung der Religion aus der politischen Öffentlichkeit voraus. Der Anspruch der Religionsgemeinschaften auf Mitwirkung am gesellschaftlichen Leben und ihre Einmischung in politische Debatten gehören vielmehr zur Normalität einer freiheitlichen politischen Ordnung. Ein jüngeres Beispiel dafür ist das zu Beginn des Jahres 1997 vorgelegte »Sozialpapier« der beiden christlichen Großkirchen – mit seiner Kritik an der sich verschärfenden Entsolidarisierung der deutschen Gesellschaft ohne Zweifel ein hochpolitisches Dokument. Man könnte sich ähnliche politische Stellungnahmen auch seitens nichtchristlicher Religionsgemeinschaften vorstellen.

Die der modernen Demokratie zugrundeliegende Struktur allgemeiner Zuerkennung gleicher Freiheit impliziert in einer pluralistischen und multireligiösen Gesellschaft freilich die Notwendigkeit, die unterschiedlichen religiösen und weltanschaulichen Positionen im politischen Handeln gleichsam in Klammern zu setzen, um auf diese Weise eine relativ eigenständige Ebene politischer Verständigung freizusetzen. Es gilt, mit den Worten von John Rawls, einen »overlapping consensus« über grundlegende

Prinzipien und Verfahren politisch-rechtlicher Koexistenz und Kooperation zu erreichen, der gewissermaßen quer zu den religiösen und weltanschaulichen Differenzen seine relative Autonomie beansprucht, ohne den Raum der Öffentlichkeit vollständig zu okkupieren und religiöse und weltanschauliche Bekenntnisse ins bloß Private abzudrängen (vgl. Rawls 1993, S. 133ff.). Die sowohl um der politischen wie um der religiösen Freiheit willen notwendig »säkularen« Rechtsinstitutionen des weltanschaulich neutralen Verfassungsstaates würden buchstäblich in der Luft hängen, wären sie nicht von einer politischen Kultur getragen, die eine Verständigung über religiöse und weltanschauliche Differenzen hinweg ermöglicht. Für die Religionsgemeinschaften bedeutet dies, daß sie, wenn sie sich zu allgemeinen politischen Fragen öffentlich äußern wollen, einen Wechsel der Diskursebene zu vollziehen in der Lage sein müssen. Auch wenn sie ihr gesellschaftspolitisches Engagement als Ausfluß ihrer religiösen Botschaft verstehen, können sie sich in ihren politischen Forderungen und Vorschlägen zunächst nur auf die normativen Leitvorstellungen der allgemeinen politischen Kultur – Menschenwürde, Menschenrechte, Demokratie, Sozialstaatlichkeit, Umweltschutz usw. – berufen, die sie sodann durchaus weitergehend symbolisch ausdeuten können. Zumal die Leitidee des Grundgesetzes, die in Artikel 1 als »Verpflichtung aller staatlichen Gewalt« herausgestellte unantastbare Würde jedes Menschen, bietet sich für theologische und philosophische Ausdeutungen aus unterschiedlichen religiösen und kulturellen Perspektiven an (vgl. Bielefeldt 1998).

Die Verbindung zwischen Religion und Politik stellt demnach keineswegs per se ein Problem für die Demokratie dar. Kritisch wird es erst dann, wenn eine religiöse Sprache unvermittelt, d. h. unter Mißachtung des oben genannten Wechsels der Diskursebene, auf die politische Debatte durchschlägt. Dies ist v. a. dann der Fall, wenn religiöse Gebote *unmittelbar* auf alle Lebensbereiche übertragen werden und folglich auch das politische Gemeinwesen als ganzes *unmittelbar* fundieren sollen. Nicht die Verbindung von Religion und Politik als solche, sondern ein spezifischer *Modus* dieser Verbindung, nämlich der Modus der Unmittelbarkeit, stellt für die freiheitliche Demokratie in der Tat ein Problem dar. Denn der Anspruch, aus religiöser Offenbarung unmittelbar verbindliche Anweisungen für die Politik ableiten zu können, läuft implizit oder explizit auf die Negierung einer säkularen Rechtsordnung und einer relativ autonomen Ebene politischen Diskurses hinaus. Nur unter Achtung dieser relativen Eigenständigkeit von Recht und Politik läßt sich aber ein auf die Prinzipien von gleicher Freiheit und gleichberechtigter Partizipation gegründeter »overlapping consensus« in pluralistischen Gesellschaften erreichen bzw. aufrechterhalten. Die religiös begründete Ablehnung säkularer Politik kann sich in der »quietistischen« Abwendung vom politischen Gemeinwesen oder im »aktivistischen« Versuch einer religiösen Okkupierung des politischen Raumes manifestieren. In jedem Fall aber bedeutet es eine Krise demokratischer Verständigung, wenn die in einem theologischen Diskurs legitimen Kategorien von Glaube und Unglaube, Orthodoxie und Häresie, Berufung und Apostasie sich unmittelbar in politischen Debatten widerspiegeln, die infolgedessen leicht zu Glaubenskämpfen mutieren. Als Konsequenzen drohen die politische Ausgrenzung Andergläubiger bzw. »Ungläubiger« sowie Repressionen gegen Kritiker und interne Dissidenten.

Die Besetzung des politischen Raumes durch religiöse Sprache impliziert im Gegenzug eine Politisierung des Religiösen, in der die Religion sich selbst zum Instrument des politischen Machtkampfes darbietet oder als solches funktionalisiert wird. Dies ist bekanntlich kein exklusiv modernes Phänomen, haben doch v. a. in vormodernen Zeiten religiöse Autoritäten die Ausübung politischen Einflusses – freiwillig oder unfreiwillig – mit der Indienstnahme der Religion für Zwecke politischer Machtsicherung bezahlt. Vormoderne Politik unterscheidet sich allerdings wesentlich von moderner Politik. Denn erst in der Moderne entwickelt Politik jenen umfassenden gesellschaftlichen *Gestaltungsanspruch*, der sich seinerseits in der Polarität von republikanischer Willensbildung und technokratischem »social engineering« manifestiert. Unter den Vorzeichen der Moderne nimmt die Politisierung der Religion daher einen gegenüber traditionellen Formen politischer Religion veränderten Charakter an. Indem die religiöse Sprache sich mit politischer Programmatik und Propaganda auflädt, verflacht Religion selbst zur politischen Ideologie, die sich ungeachtet ihres spezifisch religiös eingefärbten Heilsanspruchs von anderen, säkularen Ideologien der Moderne oft nur wenig unterscheidet. Mit anderen ideologischen Bewegungen der Gegenwart teilen Fundamentalisten die Bereitschaft zum Einsatz moderner Technik, inbesondere der elektronischen Medien bis hin zu Internet und E-Mail, zugunsten politischer Mobilisierung (vgl. Tibi 1995, S. 31). Die Übernahme moderner Errungenschaften seitens religiöser Fundamentalisten bleibt indes nicht auf wissenschaftlich-technische Aspekte beschränkt. Auch der Anspruch, religiöse Weisungen und Lebensregeln, beispielsweise der islamischen Scharia, als »geschlossenes Erklärungs- und Normensystem für die Gesellschaft« (Schulze 1994, S. 277) politisch zur Geltung zu bringen und nach dem Vorbild moderner Verfassungs- und Gesetzestexte zu kodifizieren und administrativ bzw. judikativ zu implementieren, trägt unverkennbar moderne Züge.

Religiöser Fundamentalismus unterscheidet sich daher, idealtypisch gesehen, nicht nur von religiösem Liberalismus, sondern auch von religiösem Traditionalismus – was vielfältige Überlappungen und Allianzen aller Art natürlich nicht ausschließt. Während religiöser Traditionalismus auf die Konservierung überkommener Glaubens- und Lebensformen mitsamt den sie tragenden Autoritätsverhältnissen zielt, teilt religiöser Fundamentalismus mit anderen modernen politischen Ideologien den Anspruch auf aktive Gestaltung, wenn nicht gar revolutionäre Umformung, der gesamten Gesellschaft (vgl. Marty/Appleby 1996, S. 15 ff.). Sosehr Fundamentalisten sich auf der einen Seite als Gegner von Liberalen und Säkularisten sehen, sosehr stehen sie auf der anderen Seite Konservativen und Traditionalisten distanziert oder offen ablehnend gegenüber. Werner Schiffauer spricht gar von einem »dezidiert antitraditionalen Impetus des fundamentalistischen Programms« (Schiffauer 1995, S. 97). Auch soziologisch stammen Fundamentalisten und Traditionalisten oft aus unterschiedlichen Bereichen der Gesellschaft, wobei auffällt, daß Naturwissenschaftler und Techniker vielfach Schlüsselfunktionen in fundamentalistischen Bewegungen innehaben (vgl. Kepel 1991, 55).

3. Fundamentalismus und die Ambivalenz der Moderne

Religiöser Fundamentalismus läßt sich nicht zureichend aus der Dogmatik einer bestimmten Religion ableiten. Dies zu betonen scheint gerade im Blick auf den Islam wichtig, wird der Islam doch vielfach zum Paradigma einer zum Fundamentalismus neigenden Religion stilisiert. Gewiß läßt sich kaum bestreiten, daß in vielen islamisch geprägten Ländern fundamentalistische Bewegungen in den letzten Jahren enormen Aufwind erlebt haben. Fundamentalistische Militanz findet sich aber beispielsweise auch bei singalesischen Buddhisten in Sri Lanka, obwohl der Buddhismus im Gegensatz zum Islam das Image einer »wesenhaft« friedlichen Religion genießt. Die Tatsache, daß sich fundamentalistische Erscheinungsformen derzeit bei ganz unterschiedlichen Religionen – Christentum, Judentum, Islam, Buddhismus, Hinduismus usw. – zeigen, mag als Indiz dafür dienen, daß man Fundamentalismus nicht primär aus den theologischen Gehalten einer Religion erklären kann. Sowenig der Islam von Haus aus zur Militanz neigt und im Fundamentalismus demnach zu seinem »wahren Wesen« zurückkehrt, wie gelegentlich behauptet wird, sowenig sind das Christentum aufgrund seiner Liebesbotschaft oder der Buddhismus mit seiner Ethik universalen Mitfühlens und Mitleidens von vornherein dagegen gefeit, sich in fundamentalistischer Politisierung zu verlieren.

Es liegt nahe zu vermuten, daß es – ungeachtet regionaler und kultureller Besonderheiten – gemeinsame Ursachen für die Zunahme fundamentalistischer Bewegungen gibt. Diese Ursachen dürften nicht zuletzt in jenen Krisen, Brüchen und Zumutungen der Modernisierung zu suchen sein, die im Zeitalter der Globalisierung in der Tat allenthalben zu Buche schlagen. Fundamentalismus ließe sich demnach begreifen als ein »moderner« Versuch, die vielfältigen Ambivalenzen der Moderne gleichsam gewaltsam – allerdings nicht unbedingt über reale Gewalthandlungen! – aufzulösen. In diesem Sinne versteht Thomas Meyer religiösen Fundamentalismus als einen Ausdruck der Dialektik der Moderne, nämlich als »die andere Seite im Janusgesicht der Moderne« (Meyer 1989, S. 157).

Zu den zentralen Aspekten der Modernisierung gehört die Tendenz zur Rationalisierung aller Lebensbereiche – nicht nur in Wissenschaft und Technik, sondern auch in Wirtschaft, Verwaltung, Recht und Politik. Der dadurch immens erweiterte Spielraum menschlicher Lebensgestaltung bietet einerseits individuelle und gesellschaftliche Freiheitschancen, impliziert andererseits aber auch Erfahrungen von Entfremdung und Sinnverlust in einer scheinbar entzauberten Welt und birgt darüber hinaus neue Risiken technokratischer Kontrolle und Manipulation. Das Unbehagen an etwaigen enthumanisierenden Konsequenzen moderner Rationalisierung kann zum Anlaß entschiedener Selbstkritik der

Vernunft werden, die etwa in der Tradition der Kantischen Aufklärung Grund und Grenzen der wissenschaftlichen, normativen und ästhetischen Geltungsansprüche der Vernunft zu bestimmen sucht. Die Sehnsucht nach Heimat und Geborgenheit kann aber auch zu Formen aggressiver Vernunftverketzerung führen, die – oft in paradoxer Verbindung mit moderner Technikgläubigkeit – politisch-programmatisch die Erlösung von der modernen Entfremdung versprechen.

Charakteristisch für die Moderne ist außerdem die fortschreitende Individualisierung. Ihre Ursachen sind vielfältig; sie lassen sich nicht nur in geistigen Entwicklungen wie der Aufklärung finden, sondern haben vermutlich mehr noch mit der kaum zu bändigenden Dynamik des modernen Kapitalismus zu tun, der herkömmliche wirtschaftliche und soziale Einheiten in die Krise gebracht und vielfach unwiderruflich zerstört hat (vgl. Beck/Beck-Gernsheim 1994). Auf der einen Seite kann die Individualisierung zur zunehmenden Fragmentierung, ja Atomisierung der Gesellschaft führen, in der mit dem Schwinden herkömmlicher Milieustrukturen und Rollenverantwortung zugleich traditionelle Quellen gemeinschaftlicher Solidarität zu verkümmern drohen. Desintegration und Verunsicherung, möglicherweise auch Gewalt sind vielfach die Folgen (vgl. Heitmeyer u. a. 1995). Auf der anderen Seite ist der moderne Individualismus aber auch Konsequenz einer genuin ethischen Einsicht in die sittliche Subjektstellung jedes einzelnen, der unabhängig von seinen gesellschaftlichen Rollen in seiner personalen Integrität anerkannt und geschützt werden muß (vgl. Berger u. a. 1975, S. 75 ff.). Eine Politik, die sich anschickte, kommunitäre Solidarität ohne Anerkennung moderner Individualfreiheit zu stiften, stünde deshalb in der Gefahr, gerade nicht zu einer »organischen« Gemeinschaftlichkeit zurückzuführen (falls es diese überhaupt je gegeben hat), sondern im Gegenteil in einen autoritären Kollektivismus auszuarten, dessen Zwangscharakter zugleich das Signum seiner Künstlichkeit und vielleicht auch seiner letztendlichen Vergeblichkeit wäre.

Ein weiterer Zug der Moderne ist der Pluralismus der Religionen, Weltanschauungen und Kulturen, und zwar sowohl innerhalb der jeweiligen Landesgrenzen als auch zwischen den global immer stärker vernetzten Staaten. Angesichts des modernen Pluralismus verlieren religiöse und kulturelle Traditionen den Charakter der Selbstverständlichkeit; sie erscheinen mehr denn je als kontingente Möglichkeiten von Weltauslegung und Lebensgestaltung neben anderen. Indem der Horizont sich über die Grenzen der eigenen Kultur erweitert, droht die orientierende Kraft der je eigenen Tradition abzunehmen (vgl. Jaspers 1948). Dies kann Anlaß dazu geben, sich mit der eigenen, aber auch mit anderen Traditionen kritisch auseinanderzusetzen und neue Wege im Spannungsfeld von Tradition und moderner Emanzipation zu suchen. Ein mögliches Medium dafür sind die Geisteswissenschaften, die bekanntlich erst in der Moderne – und d. h. in der Krise der Tradition – entstehen konnten und zur mündigen Aneignung und kritischen Bewahrung von Tradition Hilfestellung leisten mögen. Die Angst vor Traditionsverlusten kann aber auch zum Impuls dafür werden, die Machtmittel des modernen Staates zu einer Politisierung von Tradition einzusetzen – mit dem Ergebnis freilich, daß humane und freiheitliche Aspekte der Tradition erdrückt werden und die politische Ideologisierung und Instrumentalisierung traditioneller Kultur oder Religion deren Verfall vermutlich nur beschleunigen.

Einen besonderen Aspekt der modernen Traditionskrise bildet die Säkularisierung. Sie gehört zu jenem Prozeß neuzeitlicher »Entzauberung der Welt«, dessen Ambivalenz Max Weber eindrucksvoll beschrieben, nicht aber begrifflich präzise geklärt hat. Auf der einen Seite droht die Entzauberung der Welt den Verlust ethisch-spiritueller Gehalte mit sich zu bringen, so daß am Ende die »mechanisierte Versteinerung« der Gesellschaft in einer von seelenlosen Apparaten verwalteten Welt stehen könnte (Weber 1981, S. 189). Dies ist die Schreckensvision, die von Weber nur als Möglichkeit beschworen, in Horkheimers und Adornos *Dialektik der Aufklärung* zur schicksalhaften Gewißheit geworden zu sein scheint (Horkheimer/Adorno 1969). Auf der anderen Seite läßt sich die Säkularisierung auch als Kehrseite einer bewußten »Konzentration« des Glaubens verstehen, der seine Differenz zu den Dingen der Welt schärfer markiert, um sich aus solcher Differenz zugleich in der Welt zu engagieren (vgl. Gogarten 1953). In diesem Sinne wäre die »Entzauberung der Welt« eine Befreiung des religiösen Bewußtseins von jenem falschen Zauber, in dem die Transzendenz zum Fetisch verdinglicht wird. Unter den vielen Fetischen, in denen sich Religion zu weltlichen Zwecken dienstbar macht, stellt die Politisierung der Religion bis heute die vielleicht größte Versuchung dar, gegen die die Säkularität von Staat und

Recht ein gleichsam institutionelles Hemmnis bildet. Das Verhältnis der Religionen zur modernen Säkularisierung erweist sich daher als komplex und reicht von Formen ausdrücklicher theologischer Anerkennung der Säkularität von Staat und Recht bis hin zu Versuchen, den vermeintlichen Verlust der religiösen Dimension der Gesellschaft mit Gewalt rückgängig zu machen (zur Diskussion vgl. Kerber 1986).

Religiöser Fundamentalismus in seinen vielfältigen Facetten läßt sich als eine moderne Reaktion auf die Risiken der Moderne begreifen. Die Auflösung religiös bzw. weltanschaulich geschlossener Gesellschaftsordnungen im modernen Pluralismus, die Zumutung selbstverantwortlicher Lebensführung durch den Emanzipationsanspruch der Aufklärung, die Heimatlosigkeit des Menschen in einer komplizierten und unüberschaubaren Welt, die Enttäuschung über uneingelöste und vielleicht uneinlösbare Verheißungen der modernen Fortschrittsideologien – solche Krisen und Ambivalenzen der Moderne nähren die fundamentalistische Versuchung zum Rückzug in ideologisch geschlossene und autoritär geführte Kollektive. Neben diesen »allgemeinen« Ursachen des Fundamentalismus aus den Ambivalenzen der Moderne sind selbstverständlich immer auch spezifische Ursachen regionaler Art für eine genauere Analyse zu berücksichtigen.

4. Zur politischen Auseinandersetzung mit religiösem Fundamentalismus

Wie kann und soll die demokratische Gesellschaft politisch auf religiösen Fundamentalismus reagieren? Zunächst gilt es sich zu vergegenwärtigen, daß in einem freiheitlichen Rechtsstaat auch religiöse Fundamentalisten Religionsfreiheit genießen. Da das Grundrecht der Religionsfreiheit in Artikel 4 des Grundgesetzes ohne Gesetzesvorbehalt gewährleistet ist, findet es seine Schranken allein an konkurrierenden Verfassungsnormen, insbesondere an den Grundrechten anderer. Nur im Falle einer *unmittelbaren* Kollision mit anderen Grundrechten (oder vergleichbar zentralen Verfassungsprinzipien) und unter Berücksichtigung des Grundsatzes des möglichst schonenden Ausgleichs darf die Religionsfreiheit im konkreten Fall eingeschränkt werden (vgl. Alexy 1994, S. 249ff.). Der bloße Verdacht – auch ein begründeter Verdacht –, daß fundamentalistische Bewegungen den Wertvorstellungen der freiheitlichen Demokratie entgegenwirken könnten, reicht als Rechtfertigung für Eingriffe in das Grundrecht der Religionsfreiheit jedenfalls nicht aus. Zur Ahndung etwaiger Rechtsverstöße von seiten religiöser Fundamentalisten steht im übrigen das *für alle geltende* Strafrecht zur Verfügung, das in einem freiheitlichen Rechtsstaat keine spezifischen »Gesinnungsdelikte« enthalten darf. Eine speziell gegen religiöse Fundamentalisten gerichtete Rechts- oder Strafrechtspolitik liefe auf die Zerstörung der rechtsstaatlichen Kultur hinaus und stellt demnach keine legitime Option in der politischen Auseinandersetzung dar.

Auch über die Möglichkeiten, religiösen Fundamentalismus mit sozialpolitischen Maßnahmen zu überwinden, darf man sich keine Illusionen machen. Gewiß: Das Unbehagen an der Moderne, das wir oben als eine zentrale Ursache religiös-fundamentalistischer Tendenzen angeführt haben, wird auch aus konkreten sozialen Desintegrationserfahrungen in der modernen Gesellschaft gespeist. Dazu zählen Arbeitslosigkeit, insbesondere Jugendarbeitslosigkeit, Wohnungsnot, soziale Verelendung, ökonomische Polarisierung usw. Eine konsequente Politik sozialer Gerechtigkeit könnte daher jener Perspektivlosigkeit entgegenwirken, die manche Menschen dazu verleiten mag, in fundamentalistischen Bewegungen Zuflucht zu suchen. Doch abgesehen davon, daß derzeit niemand umfassende Lösungen für die vielfältigen sozialen Probleme der Gegenwart bieten kann, lassen sich die Entfremdungs- und Desintegrationserfahrungen der Moderne nicht auf sozioökonomische Aspekte reduzieren. Sie hängen auch mit geistigen und kulturellen Umbrüchen zusammen und können daher mit sozialpolitischen Maßnahmen *allein* nicht zureichend bearbeitet werden.

Analoges läßt sich in bezug auf die politisch-rechtliche Diskriminierung von Minderheiten feststellen. Ob die Erleichterung der Einbürgerung sogenannter »Ausländer«, die ja oftmals de facto längst »Inländer« sind, Tendenzen etwa eines sich verstärkenden islamischen Fundamentalismus entgegenwirkt oder nicht, bleibt vorerst eine offene Frage. Der Abbau politisch-rechtlicher Diskriminierungen von Minderheiten ist indessen aus Gründen politischer *Gerechtigkeit*, d. h. aus dem Selbstverständnis der freiheitlichen Demokratie geboten; eine solche Politik sollte deshalb nicht zum Mittel der Bekämpfung von Fundamentalismus herabgewürdigt werden. Dasselbe gilt auch für Reformen zur rechtlichen Gleichstellung des Islams mit den etablierten christlichen Kirchen. Hier ist der demokratische Rechtsstaat um seiner eigenen Glaubwürdigkeit willen in der Pflicht, Diskriminierungen der dauerhaft in Deutschland lebenden Muslime auszuräumen. Daß die Frage, ob und wie ein islamischer Religionsunterricht als ordentliches Lehrfach eingeführt und ausgestaltet werden soll, gegenwärtig (wenn überhaupt) weithin unter dem Aspekt der Islamismusbekämpfung und nicht nach pädagogischen und Gerechtigkeitsgesichtspunkten diskutiert wird, ist einer demokratischen Gesellschaft eigentlich unwürdig.

Religiöser Fundamentalismus bedeutet in erster Linie eine Herausforderung der politischen Kultur. Auf diese Herausforderungen mit den Repressionsmitteln einer »wehrhaften Demokratie« oder mit technokratischem »social engineering« zu antworten hieße daher, genau jene zivilgesellschaftliche politische Kultur zu beschädigen, die gegen etwaige autoritäre Tendenzen eines religiösen Fundamentalismus gestärkt werden soll. Als Medium der Auseinandersetzung bleibt somit primär die kritische öffentliche Debatte, und zwar die öffentliche Debatte *über* religiösen Fundamentalismus und – wichtiger noch – *mit* Menschen, die zu fundamentalistischen Positionen neigen oder in entsprechenden Organisationen tätig sein mögen. Die Aufgabe, eine solche Debatte zu führen, stellt sich für politische Parteien, Kirchen und Religionsgemeinschaften, ökumenische Arbeitskreise, Schulpädagogen, Journalisten und nicht zuletzt die Wissenschaft. Dazu abschließend ein paar Hinweise.

Da religiös-fundamentalistische Bewegungen auf ihre Weise die sozialen und kulturellen Verwerfungen der modernen Gesellschaft zum Ausdruck bringen, mögen manche westlichen Kritiker der Moderne und des modernen Kapitalismus versucht sein, den religiösen Fundamentalismus zum neuen »revolutionären Subjekt« oder zumindest zu einem produktiven Störfaktor zu stilisieren. Eine solche Haltung verdient u. E. entschiedenen Widerspruch. Gewiß sollte man die sozialen Unrechts- und Ausgrenzungserfahrungen, die sich in der Sprache des religiösen Fundamentalismus spiegeln, als kritische Anfragen an den Zustand der modernen Gesellschaft ernst nehmen. Gleichzeitig gilt es indessen zu bedenken, daß der fundamentalistische Modus der Politisierung von Religion schwerlich geeignet ist, soziale Konflikte der Gegenwart demokratischer Bewältigung näherzubringen. Die gleichsam in der Tradition des »tiersmondisme« der sechziger Jahre stehende Romantisierung des religiösen Fundamentalismus erweist sich daher zuletzt als Flucht vor konkreter politischer Verantwortung und zugleich als Verharmlosung der autoritären Tendenzen und gesellschaftlichen Konflikteskalationen, die mit fundamentalistischen Bewegungen einhergehen können. Der gewiß notwendige Dialog mit Repräsentanten des religiösen Fundamentalismus muß daher ein *kritischer* Dialog sein, dessen Ernsthaftigkeit sich nicht zuletzt darin dokumentiert, daß man mit möglichem Scheitern rechnet und ggf. bereit ist, ein solches Scheitern – und d. h. die Grenzen der Verständigungsmöglichkeiten – auch offen zu erklären.

Die berechtigte Sorge vor autoritären oder aggressiven fundamentalistischen Bewegungen darf allerdings auch nicht in einen diffusen Alarmismus umschlagen, der seinerseits neue Gefahren der Ausgrenzung und autoritären Verhärtung birgt. Die Konflikte mit tatsächlichen oder vermeintlichen Fundamentalisten müssen stets *konkret* benannt werden, damit sie nicht in abstrakt-dichotomische Kategorisierungen münden, die sich der dichotomischen Welt- und Politiksicht, wie sie religiösen Fundamentalisten nachgesagt wird, zuletzt immer mehr angleichen. Verheerend wäre es v. a., wenn die Angst vor dem Fundamentalismus zu einer sich verschärfenden Stigmatisierung von religiösen und kulturellen Minderheiten führen würde, für die es derzeit viele Anzeichen gibt. Insbesondere muslimische Mädchen oder Frauen, die sich durch ihre Kleidung als strenggläubige Musliminen ausweisen wollen, leiden vielfach unter Verdächtigungen, denen durch eine undifferenzierte Fundamentalismusdebatte nicht noch zusätzliche Nahrung gegeben werden darf.

Die Verteidigung demokratischer Prinzipien in der Auseinandersetzung mit religiösem Fundamentalismus kann nur in Verbindung mit demokratischer Selbstkritik der Gesellschaft glaubwürdig sein. Dazu zählt die Bereitschaft, gesellschaftliche Desintegrationserfahrungen öffentlich zu thematisieren und politische, rechtliche und soziale Integrationshindernisse zu überwinden. Im Blick auf die Ängste kultureller und religiöser Minderheiten muß zugleich deutlich werden, daß die Integrationspolitik in einer liberalen Gesellschaft nicht auf kulturelle oder religiöse Assimilierung ihrer Minderheiten hinauslaufen kann und daß die »Säkularität« des demokratischen Rechtsstaates keineswegs mit einem die gesellschaftliche Öffentlichkeit von religiösen Symbolen und Auseinandersetzungen purifizierenden Laizismus gleichgesetzt werden darf. Im Gegenteil: Im Ernstnehmen der Religionsfreiheit bietet der säkulare Rechtsstaat gerade auch religiösen Minderheiten Chancen individueller wie gemeinschaftlicher Religionsausübung. Am Maßstab des Menschenrechts auf Religionsfreiheit wird sich die freiheitliche Demokratie jedoch auch immer wieder kritisch prüfen lassen müssen.

5. Zur Gliederung des Bandes

Bei den im vorliegenden Band versammelten Beiträgen handelt es sich zum größten Teil um Referate, die auf der Tagung »Religiöser Fundamentalismus als Herausforderung der modernen Zivilgesellschaft« (organisiert von der »Interdisziplinären Forschungsgruppe für multi-ethnische Konflikte«) im Oktober 1996 im »Zentrum für Interdisziplinäre Forschung« (Bielefeld) vorgetragen und diskutiert worden waren. Da die Tagung sich auf solche Formen des religiösen Fundamentalismus konzentriert hat, die in westlichen Industrieländern und den an Europa angrenzenden nichteuropäischen Mittelmeerländern derzeit virulent sind, beschränkt sich das Spektrum der Referate auf christliche und islamische Varianten von Fundamentalismus. Die Beiträge sind – analog zur Struktur der Tagung – nach Themenblöcken geordnet.

Die Beiträge des *ersten Themenblocks* enthalten theoretische Deutungen des religiösen Fundamentalismus aus der Sicht unterschiedlicher Disziplinen (Politikwissenschaft, Soziologie, Philosophie, Sozialwissenschaften). Bei aller Unterschiedlichkeit der Perspektiven kommen sämtliche Beiträge zu dem Ergebnis, daß Fundamentalismus mit der Ambivalenz der Moderne zusammenhängt, die mittels politisierter Religion bewältigt werden soll.

Gegen essentialistische Herleitungen des Fundamentalismus aus dem »Wesen« einer bestimmten Religion oder Kultur betont *Thomas Meyer*, daß es sich beim Fundamentalismus um ein politisches Phänomen handelt, das sich – genauso wie die mit dem Fundamentalismus konkurrierenden traditionalistischen oder modernistischen Bewegungen – quer durch die verschiedenen Religionen bzw. Kulturen hindurch beoachten läßt. Der Konflikt zwischen Fundamentalismus und Modernismus könne daher nicht nach dem Modell eines Kampfes zwischen gegensätzlichen Kulturen oder Zivilisationen – als »clash of civilizations« (Huntington) – beschrieben werden. Vielmehr gehe es um eine politische Auseinandersetzung zwischen rivalisierenden »Zivilisationsstilen«, die derzeit mutatis mutandis in allen Kulturen stattfindet. Näherhin versteht Meyer religiösen Fundamentalismus als eine politische Bewegung, die das »Offenheitsprinzip« der Moderne bekämpft und dabei ihrerseits spezifisch moderne Mittel einsetzt. Meyers Kritik an einem verdinglichten Kulturbegriff und an damit einhergehenden kulturalistischen Interpretationen des Fundamentalismus klingt übrigens mit unterschiedlichen Pointierungen in mehreren Beiträgen an (vgl. Cesari, Ruf, Calic, Harwazinski, Schiffauer).

Auch *Martin Riesebrodt* bestimmt religiösen Fundamentalismus als Reaktion auf soziale und kulturelle Risiken der Moderne, nämlich als den Versuch, die Verunsicherung durch anonyme Mächte wie den kapitalistischen Markt mittels der Restauration von mehr oder minder geschlossenen, personalistisch strukturieren Kulturmilieus zu kompensieren. Auffallend sei dabei die durchgängige Orientierung an traditionellen, partriarchalischen Wertvorstellungen, deren Erosion allgemein beklagt und für die Verwerfungen der modernen Welt verantwortlich gemacht werde. Relevante soziale Trägerschichten des religiösen Fundamentalismus sind nach Riesebrodt die von Marginalisierungsängsten heimgesuchten Teile der Mittelschichten, proletarisierte Intellektuelle, städtische Unterschichten (insbesondere Stadtmigranten) sowie Frauen.

Für *Ahmet Cigdem* bildet religiöser Fundamentalismus nur eine von mehreren Varianten einer »Entprivatisierung des Religiösen«, wie sie sich derzeit in der Türkei vollzieht, und zwar nicht nur in Gestalt des politischen Islams (d. h. der Refah-Partei), sondern auch in Gestalt der traditionellen islamischen Orden. Wie Meyer betont Cigdem das ambivalente Verhältnis fundamentalistischer Bewegungen zur Moderne, deren technische Errungenschaften gerne aufgegriffen werden, um aufklärerische Ansprüche der Moderne zu bekämpfen. Darüber hinaus erweist sich Fundamentalismus nach Cigdem auch insofern als »modern«, als er – im Unterschied zum Volksislam – in seinem Selbstverständnis nicht von der Tradition, sondern vom zeitlos gültigen Offenbarungstext bestimmt ist, der systematisch zur Geltung gebracht werden soll. Dabei geht es weniger um die kritische Wiederaneignung von verschütteten religiösen Gehalten als um die Verwirklichung einer idealen Gesellschaftsordnung, die mit politischen Mitteln gleichsam »hergestellt« werden soll.

Levent Tezcan konzentriert sich in seiner Analyse auf das Bild des »Westens« im Schrifttum türkischer Islamisten. Die identitätsstiftende Funktion der Orientierung am Westen führe dazu, daß der Westen in den islamistischen Diskursen nicht nur das schlechthin »Andere« bleibe, gegen das man sich abgrenzen müsse, sondern zugleich in die Konstitution des islamistischen Selbstverständnisses einwandere und dieses von innen her durchwirke. Da der »Westen« auch für die Moderne steht, kommt Tezcan – wie vor ihm schon Meyer und Cigdem – zu dem Schluß, daß der islamische Fundamentalismus spezifisch moderne Züge trägt und sich vom Traditionalismus des Volksislams deutlich unterscheidet. Im Gegensatz zu Cigdem, der in der »Modernität« des Islamismus auch Chancen einer Ausweitung politischer Partizipation sehen will, betont Tezcan jedoch die Gefahren, die aus dem fundamentalistischen Drang nach Reinheit für die freiheitliche Gesellschaftsordung entstehen können.

Obwohl sich religiöser Fundamentalismus quer durch die unterschiedlichen Kulturen und Konfessionen hindurch aufgrund gemeinsamer Merkmale idealtypisch bestimmen läßt, dürfen die inhaltlichen Differenzen nicht aus dem Blick geraten. Anderfalls besteht die Gefahr, daß den »linken oder liberalen Kreuzrittern der Moderne« im Kampf gegen tatsächlichen oder vermeintlichen religiösen Obskurantismus »alle Katzen grau« werden, wie *Otto Kallscheuer* ironisch zu bedenken gibt. Kallscheuer, dessen Beitrag den *zweiten Themenblock* über konfessionell unterschiedliche Formen politisierter Religion anführt, hält es nicht für sinnvoll, den Begriff des Fundamentalismus auf den katholischen Raum zu übertragen, weil – anders als in den protestantisch- oder islamisch-fundamentalistischen Bewegungen – nicht das Verhältnis von Heiliger Schrift und moderner Welt, sondern die Beziehung zwischen Kirche und Welt im Zentrum der katholischen Auseinandersetzungen um die Moderne steht. Hinzu kommt, daß selbst innerhalb des konservativen, antimodernistischen Katholizismus keine geschlossene Front besteht, sondern sehr verschiedene, teils gegensätzliche Versuche unternommen werden, die Moderne erneut unter kirchliche Kontrolle zu bringen, wie Kallscheuer an den Beispielen der charismatischen italienischen Bewegung »Comunione e Liberazione« und des weltweit operierenden »Opus Dei« illustriert.

Im Unterschied zum nach wie vor ausgeprägt institutionellen Denken, wie es für den Katholizismus typisch ist, zeigt der Protestantismus – zumal in Amerika – stärker individualistische Züge. Dies gilt auch für die fundamentalistischen Richtungen innerhalb des Protestantismus, die *Berndt Ostendorf* am Beispiel der von Pat Robertson angeführten »Christian Coalition« herausstellt. Die Auflösung kirchlich-institutioneller Milieus und Strukturen hat zur Folge, daß hochgradig individualisierte Menschen – quer zu den traditionellen Denominationen – zur Rekrutierungsmasse neuartiger Mega- oder Parakirchen werden, die nicht nur über enorme Finanzmassen verfügen, sondern auch politischen Einfluß ausüben und z.B. die politische Agenda der Republikanischen Partei entscheidend mitgeprägt haben.

Die im ersten Themenblock vorliegenden Thesen zum komplexen Verhältnis von Moderne und Fundamentalismus finden im Beitrag von *Friedemann Büttner* über islamischen Fundamentalismus Unterstützung, der Fundamentalismus als eine spezifisch moderne Form der Ideologisierung und Politisierung der Religion versteht, vermittels derer insbesondere die moderne Säkularisierung bekämpft werden soll. Islamisch-fundamentalistischen Bewegungen gehe es nicht etwa um ein »Zurück ins Mittelalter«, sondern um die politische Verwirklichung einer zeitlosen göttlichen Ordnung, deren Paradigma in der »communitas perfecta« der vom Propheten geleiteten Gemeinschaft der Gläubigen in Medina zu finden sei. Zugleich macht Büttner – gegen verbreitete Klischeevorstellungen – darauf aufmerksam, daß sich islamisch-fundamentalistische Gruppen oft erheblich voneinander unterscheiden, und zwar gerade auch in ihrer Einstellung zur Gewalt.

Die Beiträge des *dritten Themenblocks* beschäftigen sich exemplarisch mit Formen und Medien religiöser Identitätspolitik. Ein hierzulande wenig bekanntes Beispiel dafür stellt *Yvonne Haddad* mit der »Nation of Islam« (NOI) in den USA vor. Die bizarren Weltentstehungsmythen der NOI, die mit den religiösen Inhalten des orthodoxen Islams nichts gemein haben, spiegeln die Diskriminierungserfahrungen der Schwarzen in Amerika wider und bilden zugleich den Schmelztiegel einer alternativen Identität. Nach dem Zerbrechen der – durch das Verlangen nach politischer Gerechtigkeit zusammengeführten – Koalition von Juden und Afroamerikanern entwickelte die NOI immer deutlicher separatistische Tendenzen. Die Erfahrung der Ghettoexistenz wird gleichsam zum

Modell einer schwarzen kommunitären Eigenständigkeit umgewertet, die die Integration in eine ethnisch pluralistische, gemeinsame amerikanische Gesellschaft als illusionär verwirft.

Während Yvonne Haddad den Blick auf die afroamerikanische Minderheit in den USA lenkt, beschäftigt sich der Beitrag von *Berit Bretthauer* mit dem evangelikalen und fundamentalistischen Spektrum innerhalb des amerikanischen Protestantismus, das seit den sechziger Jahren die religiösen Fernsehsendungen völlig dominiert. In Übereinstimmung mit Ostendorf stellt Bretthauer heraus, daß die neuen »Fernsehkirchen« Menschen unterschiedlicher Denominationen an sich binden. Sie betont jedoch, daß es sich dabei in der Regel um bereits religiös orientierte Menschen handelt, daß man den missionarischen Einfluß der Fernsehkirchen folglich nicht überschätzen dürfe. Andere Akzente als Ostendorf setzt Bretthauer, wenn sie im Unterschied zu dessen Individualisierungsthese ein reges Gemeindeleben der Anhänger evangelikaler Fernsehkirchen gegeben sieht.

Ebenfalls dem Thema Medien ist der Aufsatz von *Wilhelm Heitmeyer*, *Joachim Müller* und *Helmut Schröder* gewidmet. In ihren Ausführungen geht es um den Einfluß, den türkische Medien, insbesondere türkische Fernsehkanäle, auf in Deutschland lebende Jugendliche türkischer Herkunft ausüben. Die von den Autoren durchgeführten empirischen Untersuchungen ergeben, daß türkischsprachige Medien bei den Jugendlichen der zweiten und dritten Generation einen großen Anteil des Medienkonsums ausmachen. Die Autoren zeigen außerdem einen engen Zusammenhang zwischen dem Konsum islamistischer bzw. nationalistischer Fernsehsendungen und Printmedien einerseits und islamistischen bzw. nationalistischen Einstellungen der Jugendlichen andererseits auf.

Während Heitmeyer, Müller und Schröder den Aspekt des medialen Auslandseinflusses thematisieren, konzentriert sich *Jocelyne Cesari* in ihrem Beitrag über Muslime in Frankreich auf die Beziehung islamischer Minderheiten zum Aufnahmeland. Sie sieht in der Orientierung an der Situation Frankreichs (bzw. anderer europäischer Länder) einen konstitutiven Faktor für die Ausbildung neuer Formen islamischer Identität. Die in jüngerer Zeit deutlicher vorgetragenen Ansprüche auf Anerkennung einer eigenen islamischen Identität versteht Cesari u. a. als Protest gegen die französische Assimilationspolitik, die eine (im Vergleich zu

Deutschland) relativ liberale Einbürgerungspraxis mit einer restriktiven Haltung gegenüber kommunitären Formen kultureller Identitätsbehauptung verbindet. Für einen großen Teil der muslimischen Migranten hat, so Cesaris Einschätzung, das Bekenntnis zum Islam in erster Linie eine symbolische Bedeutung, deren lebenspraktische Relevanz begrenzt bleibt und einer Einbindung in die lokale gesellschaftliche Lebenswelt im übrigen keinen Abbruch tut.

Ein *vierter Themenblock* enthält Beiträge über gewaltsame Konflikteskalationen. *Susan Zickmund* untersucht die Gewaltbereitschaft der rechten Milizen in den USA, deren paranoide Weltsicht durch eine gegenüber den gemäßigt-evangelikalen Fundamentalisten radikalisierte Variante des christlichen Fundamentalismus, die »Christian Identity«, geprägt ist. Als ideologische Gründe für die Gewaltbereitschaft der Milizen nennt Zickmund ein religiös verbrämtes rassistisches Auserwählungsbewußtsein, die Verbreitung antisemitischer Verschwörungstheorien, die Erwartung des bevorstehenden Endkampfes mit dem Antichrist sowie die Ablehnung zentralstaatlicher Institutionen. Eine entscheidende Rolle bei der Entstehung von Gewaltneigung spielen aber auch die Verfügbarkeit von Waffen in den USA sowie die modernen Kommunikationsmittel, Fax und Internet, die es politischen Sektierern erleichtern, eine geschlossene mentale Gegenwelt aufrechtzuerhalten und auszubauen.

Während es in den USA bislang nur vereinzelt zu gewaltsamen Zusammenstößen zwischen staatlichen Sicherheitskräften und religiösen Fundamentalisten gekommen ist, bietet Algerien das dramatische Beispiel für die Gewalteskalation zum offenen Bürgerkrieg. *Werner Ruf* stellt die Gewalt und Gegengewalt in Algerien in den historischen Kontext des brutalen französischen Siedlungskolonialismus, des auf beiden Seiten äußerst gewaltsam geführten Befreiungskrieges sowie der sozialen, politischen und kulturellen Spaltung der Gesellschaft, die aus den Widersprüchen zwischen sozioökonomischen Entwicklungsbemühungen und kultureller Identitätspolitik entstanden ist. Ruf versteht seine historische Analyse als Absage an kulturalistische Interpretationen, die den algerischen Konflikt aus dem Gegensatz zwischen westlich-moderner und islamischer Kultur interpretieren.

Gegen eine solche – v. a. mit dem Namen Samuel Huntington verbundene – Kulturkampfthese richtet sich auch der Beitrag von

Marie-Janine Calic. Sie betont, daß der Krieg in Jugoslawien nicht aus religiösen oder kulturellen Konflikten erklärt werden kann, sondern Ergebnis des militanten Nationalismus ist, der auf allen Seiten geschürt wurde. Auch international habe man keine durchgängigen ethnokulturellen Solidarisierungen beobachten können, zumal die bosnischen Muslime vom Westen mehr reale Hilfe erfahren haben als von den islamischen Ländern. Sofern seit den späten achtziger Jahren in Jugoslawien tatsächlich eine Aufwertung religiöser Zugehörigkeit verzeichnet werden könne, sei diese nicht als Ursache, sondern als Folge der nationalistischen Aufheizungen zu verstehen. Calic weist auch auf die Bedeutung sozioökonomischer Krisen hin, die bestehende Tendenzen zum nationalen Autismus zusätzlich verschärft haben.

Günter Seufert versteht seinen Beitrag als Absage an deterministisch-essentialistische Sichtweisen, die den politischen Islam per se als potentiell gewaltsam wahrnehmen. Er zitiert empirische Untersuchungen, denen zufolge die Wählerschaft der türkischen Refah-Partei politisch eher gemäßigte Positionen vertritt, in denen autoritäre patriarchalische Wertvorstellungen sich mit dem Streben nach sozialer Gerechtigkeit und konservativem Staatsgehorsam verbinden. Einen gewaltsamen Kulturkampf zwischen Anhängern der Refah-Partei und dem Staat hält Seufert für unwahrscheinlich. Gleichzeitig konstatiert er indessen eine Politisierung kultureller Lager – nämlich des islamistischen, des alewitischen, des kurdischen und des türkistischen Lagers –, die den für die siebziger Jahre typischen Rechts-Links-Gegensatz überlagert und weithin abgelöst haben. In der wechselseitigen Sprachlosigkeit dieser kulturellen Lager sieht Seufert längerfristig eine Bedrohung für den inneren Frieden der Türkei.

Um im Falle politischer Konflikte um religiösen Fundamentalismus einseitige Schuldzuweisungen zu vermeiden, gilt es, auch den Umgang der Mehrheitsgesellschaft mit religiösen Minderheiten zu analysieren. Die Beiträge des *fünften Themenkomplexes* enthalten dazu einige – zugegebenermaßen sporadische – Hinweise. Sie beziehen sich allesamt auf die Situation in Deutschland.

Zu den wenigen staatlichen Institutionen, in denen sogenannte Ausländer (tatsächlich handelt es sich bekanntlich vielfach um Defacto-Inländer) in begrenztem Maße politisch tätig sein können, gehören die kommunalen Ausländerbeiräte. *Reinhard Hocker* erläutert in seinem Aufsatz zunächst deren offizielle Funktion in den Kommunen Nordrhein-Westfalens. Anschließend analysiert er die Ergebnisse der letzten Beiratswahlen, bei denen türkisch-islamische bzw. islamistische Listenverbindungen vielfach durchgreifende Wahlsiege erringen konnten. Kritisch vermerkt Hocker, daß die Beiratsmitglieder in vielen Fällen kaum konkrete, kommunalpolitisch umsetzbare Konzepte entwickelt haben. Er übt aber auch Kritik an jenen Repräsentanten der kommunalen Administration, die den Sieg islamistischer Listen zum Anlaß nehmen, ihre Gesprächsbereitschaft gegenüber den Ausländerbeiräten zu suspendieren.

Daß man den Ausbau von Partizipationsrechten islamischer Minderheiten nicht zur Islamismusbekämpfung instrumentalisieren darf, ist entschieden die Meinung von *Werner Schiffauer.* In ethnographischen Untersuchungen muslimischer Verbände in Augsburg hat er Verschiebungen innerhalb des islamischen »Diskursfeldes« festgestellt, und zwar dergestalt, daß die Grenze zwischen »Modernisierern des Islams« und »Islamisierern der Moderne« in letzter Zeit durchlässiger geworden sei. Bei großen Teilen (aber nicht bei allen Gruppierungen) innerhalb des politischen Islams dürften erhöhte Partizipationsmöglichkeiten in der deutschen Gesellschaft, so Schiffauers Prognose, bestehende Tendenzen zu pragmatischer Politik verstärken.

Während in mehreren Beiträgen dieses Bandes der westlichen Öffentlichkeit ein zu negatives, dämonierendes Islambild vorgeworfen wird, sieht *Assia Maria Harwazinski* bei westlichen Intellektuellen eher eine Tendenz zur Romantisierung des Religiösen, die gelegentlich zu selektiver Blindheit gegenüber den repressiven Auswirkungen politisierter Religion führt. Harwazinski erläutert diesen Vorwurf sowohl am Beispiel islamischer Dissidenten, die auch von seiten westlicher Beobachter gelegentlich aus dem Islam »exkommuniziert« werden, als auch am Schicksal islamischer Frauenrechtlerinnen, die in ihrem Kampf um Freiheit und Gleichberechtigung von westlichen Kommentatoren – aufgrund der Orientierung an kulturalistischen Deutungsmustern – zu wenig Solidarität erfahren.

Eine andere Perspektive bringt *Yasemin Karakaşoğlu-Aydın* aufgrund ihrer Interviews mit kopftuchtragenden muslimischen Studentinnen ein. Ihre Interviewpartnerinnen berichten u. a. von Diskriminierungen seitens der deutschen Gesellschaft, die das Kopftuch vielfach pauschal als Zeichen von Fundamentalismus und Integrationsverweigerung interpretiert. Demgegenüber verbinden muslimische Studentinnen nicht selten eine bewußte, teils hochgradig reflektierte islamische Lebensführung mit einer ausgesprochenen Distanz gegenüber dem politischen Islam. In den Interviews erscheint das streng-islamische Kopftuch als persönliches Bekenntnissymbol, vielfach auch als Zeichen der Abgrenzung von den (weniger bewußt islamischen) Eltern, gelegentlich auch als Ausdruck von Protest gegenüber dem Assimilationsdruck der deutschen Gesellschaft.

An die Bedeutung der Religionsfreiheit für den freiheitlichen Verfassungsstaat erinnert abschließend *Heiner Bielefeldt*. Die Religionsfreiheit als Menschenrecht impliziert die Säkularität der Rechtsordnung, die nicht nach Maßgabe einer bestimmten religiösen Tradition, sondern nach dem menschenrechtlichen Prinzip gleicher Freiheit und gleichberechtigter Partizipation strukturiert sein soll. Die so verstandene Säkularität von Staat und Recht erweist sich nicht nur als Gegenteil jedes religiös-rechtlichen Integralismus, sondern auch als Gegenteil eines religionsfeindlichen, ideologischen oder etatistischen Laizismus, der religiöse Bekenntnisse aus der politischen Öffentlichkeit abdrängt.

Literatur

Al-Azm, S. J.: *Islamischer Fundamentalismus – neubewertet*, in: *Unbehagen in der Moderne. Aufklärung im Islam*. Frankfurt/M. 1993, S. 77-137.

Alexy, R.: *Theorie der Grundrechte*. Frankfurt/M. ²1994.

Beck, U./Beck-Gernsheim, E. (Hg.): *Riskante Freiheiten. Individualisierung in modernen Gesellschaften*. Frankfurt/M. 1994.

Berger, P. L./Berger, B./Kellner, H.: *Das Unbehagen in der Modernität*. Frankfurt/M. 1975.

Bielefeldt, H.: *Philosophie der Menschenrechte*. Darmstadt 1998.

Gogarten, F.: *Verhängnis und Hoffnung der Neuzeit. Die Säkularisierung als theologisches Problem*. Stuttgart 1953.

Heitmeyer, W. u. a.: *Gewalt. Schattenseiten der Individualisierungsprozesse bei Jugendlichen aus unterschiedlichen Milieus*. Weinheim/München 1995/³1998.

Hoffmann, L.: *Feindbild Islam* (hg. von der Ausländerbeauftragten des Landes Bremen). Bremen 1996.

Horkheimer, M./Adorno, Th. W.: *Dialektik der Aufklärung*. Frankfurt/M. 1969 (Neuaufl.).

Jaspers, K.: *Der philosophische Glaube*. München/Zürich 1948.

Kepel, G.: *Die Rache Gottes. Radikale Moslems, Christen und Juden auf dem Vormarsch*. München 1991.

Kerber, W. (Hg.): *Säkularisierung und Wertewandel. Analysen und Überlegungen zur gesellschaftlichen Situation in Europa*. München 1986.

Luf, G.: *Die religiöse Freiheit und der Rechtscharakter der Menschenrechte*, in: Schwartländer, J. (Hg.): *Freiheit der Religion. Christentum und Islam unter dem Anspruch der Menschenrechte*. Mainz 1993, S. 72-92.

Marty, M. E./Appleby, R. S.: *Herausforderung Fundamentalismus. Radikale Christen, Moslems und Juden im Kampf gegen die Moderne*. Frankfurt/M. 1996.

Meyer, Th.: *Fundamentalismus. Aufstand gegen die Moderne*. Reinbek bei Hamburg 1989.

Rawls, J.: *Political Liberalism*. New York 1993.

Reissner, J.: *Islamischer Fundamentalismus – Zur Tauglichkeit eines Begriffs bei der Erklärung der heutigen islamischen Welt*, in: Schwarz J. (Hg.): *Der politische Islam. Intentionen und Wirkungen*. Paderborn 1993, S. 87-98.

Senghaas, D.: *Schluß mit der Fundamentalismus-Debatte!*, in: *Blätter für deutsche und internationale Politik* 2 (1995), S. 181-191.

Schiffauer, W.: *Islamischer Fundamentalismus – Zur Konstruktion des Radikal Anderen*, in: *neue politische literatur. Berichte über das internationale Schrifttum* 40 (1995), S. 95-105.

Schmidt, A.: *Das Phänomen des Fundamentalismus in Geschichte und Gegenwart*, in: Kienzler, K. (Hg.): *Der neue Fundamentalismus. Rettung oder Gefahr für Gesellschaft und Religion?* Düsseldorf 1993, S. 9-33.

Schulze, R.: *Geschichte der islamischen Welt im 20. Jahrhundert*. München 1994.

Tibi, B.: *Der religiöse Fundamentalismus im Übergang zum 21. Jahrhundert*. Mannheim 1995.

Weber, M.: *Die protestantische Ethik I. Eine Aufsatzsammlung* hg. von Winckelmann, J. Gütersloh [6]1981.

I. Religiöser Fundamentalismus in der Moderne

Thomas Meyer
Die Politisierung kultureller Differenz. Fundamentalismus, Kultur und Politik

1. Die Politik kultureller Identität

Die Kultur der Moderne ist im Kern eine Kultur des Umgangs mit Differenzen, historisch ursprünglich v. a. solchen, die sich aus unterschiedlichen Deutungen derselben religiösen Überlieferung ergaben. Solche Unterschiede können sich bis zur erbitterten Verfeindung radikalisieren, wie die Epoche der europäischen Religionskriege des 16. und 17. Jahrhunderts gezeigt hat. Dieser Zeitabschnitt hat gleichfalls deutlich werden lassen, daß ganz andere Ursachen ins Spiel kommen, wenn aus religiösen Unterschieden politische Feindschaften werden, nämlich das politische Machtinteresse selbst, das sich der Religion als Mittel für die Durchsetzung seiner Ziele bedient. Und sie hat offenbar gemacht, daß für kulturell begründete Verfeindung prinzipielle kulturelle Differenzen keineswegs die entscheidende oder gar unabdingbare Voraussetzung sind; kleine und kleinste Unterschiede, die sich im Rahmen gemeinsamer kultureller Lebenswelten ergeben, können zum Anlaß für die größtmögliche Verfeindung genommen werden, während das engste Nebeneinander der unterschiedlichsten Kulturen Jahrhunderte des Gemeinschaftsfriedens kennt.

Die Kultur der Moderne ist auf einen gewaltlosen Umgang mit jeder Art von Differenz angelegt, auch der prinzipiellen im Bereich von Religion und Kultur. Sie erwartet aufgrund der geschichtlichen Erfahrung, der sie entsprang, und der immer weitergehenden Pluralisierung von Orientierungsmustern und Lebensweisen, die aus ihr folgten, in allen Arenen des gesellschaftlichen Lebens die Allgegenwart von Differenzen der Auffassung des Gleichen ebenso wie prinzipielle Unterschiede der kulturellen Prägung. Sie bietet *Regeln* und *Normen* ihrer Bewältigung, um den Zusammenhang des Ganzen zu wahren und den Bürgerkrieg fernzuhalten. Das und nicht der konsumistische Lebensstil und die Mentalität der Gleichgültigkeit gegenüber Wahrheit und Moral, die neben vielen anderen Lebensweisen im Westen Verbreitung gefunden haben, ist ihre generative Idee. Auf diesen Geltungssinn des gewaltlosen Umgangs mit kulturellen und anderen Unterschieden gründet sich der Universalitätsanspruch ihrer grundlegenden Normen – zumal Menschenrechte, Pluralismus und Demokratie –, da sich ihren Erwartungen gemäß in allen Kulturen der Welt die Differenzierung als bestimmende Grundtatsache im Prozeß der immer aufs neue erforderlichen Aktualisierung gemeinsam geteilter Überlieferung erweist.

Die Tage einer mit Aussicht auf Massenerfolg betriebenen Politisierung kultureller Unterschiede schienen seit der Aufklärung gezählt. Nun erlebt seit den siebziger Jahren unseres Jahrhunderts die politische Instrumentalisierung kultureller Unterschiede in allen Teilen der Welt eine ebenso unerwartete wie machtvolle Renaissance (vgl. Meyer 1989, Marty/Appleby 1996, Tibi 1992, Kepel 1991). Sie gewinnt aus dem Verlust der utopischen Energien des modernen Fortschrittsmodells ihren eigenen Antrieb. Der Zusammenbruch des Kommunismus als Gegenmacht und als Verheißung verleiht ihm Schubkraft. Dieser Befund ist kein Auswuchs spekulativer Kulturskepsis. Eine umfassende Überblicksstudie der *American Society of Arts and Sciences* mit vierzehn empirischen Fallanalysen für sieben unterschiedliche Kulturen aus fünf Kontinenten hat gezeigt, daß sprachliche, religiöse, ethnische und kulturelle Unterschiede *in allen* Kulturkreisen in verfeindender Absicht politisiert werden.

Als beispielloses Erfolgsrezept der Politisierung kultureller Differenz erweist sich am Ende des 20. Jahrhunderts in allen Kulturen der moderne *Fundamentalismus*, auch wenn er an den unterschiedlichen Schauplätzen, wo er seine Ansprüche geltend macht, ebenso verschiedenartige Gesichter zeigt wie die Dynamik der Modernisierung selbst.

Deutlicher denn je werden kulturelle Muster als Grundwerte und als Lebensformen, als Prägungen und als Erwartungen sichtbar, die unter dem Mantel der großen Ideologien kaum erkennbar waren. Dieser Tatbestand ist zum Objekt zweckgerichteter Überhöhungen und politischer Indienstnahme geworden, kaum daß er sich dem öffentlichen Bewußtsein eingeprägt hat. Teils in politischer Absicht fabriziert, teils in Erkenntnisabsicht pointiert, teils von desorientierten Öffentlichkeiten aufgesogen scheint kulturelles Selbstbewußtsein und mit ihm das Bewußtsein kultureller Differenz fürs erste das Erbe der großen ideologischen Konfrontation anzutreten, die das zu Ende gehende Jahrhundert beherrscht hatte.

Den protestantischen Fundamentalismus in den USA, den Hindu-Fundamentalismus in Indien, den evangelikalen Fundamentalismus in Guatemala, den jüdischen Fundamentalismus in Israel, den buddhistischen Fundamentalismus in Sri Lanka, den islamischen Fundamentalismus im Iran oder in Algerien, den konfuzianischen Fundamentalismus in Südasien, den römisch-katholischen Fundamentalismus in Europa und den USA, um wichtige Beispiele zu nennen, trennen im Inhalt ihrer Lehre und in der Gestalt der sozialen und politischen Ziele, die sie verfolgen, Welten, so wie es ihre Verwurzelung in höchst unterschiedlichen Kulturen erwarten läßt. Mehr aber als alles Trennende verbindet sie ein *Stil des verfeindenden Umgangs mit kulturellen Unterschieden*, also eine Strategie vormachtorientierter Politisierung der eigenen Kultur gegen die Kultur der anderen, im Inneren ihrer eigenen Gesellschaften und außerhalb. Kulturelles Selbstbewußtsein wird zum Hebel für politische Verfeindung im Interesse von Herrschaft und Macht.

Eine für das Ende des 20. Jahrhunderts höchst merkwürdige *Naturalisierung* des Verständnisses von Kultur selbst ebnet diesem Prozeß der Rückkehr eines Freund-Feind-Denkens durch die kulturelle Hintertür in die Mitte der politischen Arena den Weg, so als wären Kulturen und die Zugehörigkeit der einzelnen Menschen zu ihnen nicht weniger definitiv und so unverbrüchlich wie die Zugehörigkeit von Tieren oder Pflanzen zu ihren biologischen Gattungen und Arten. Diese Strategie erregt in aller Welt die Gemüter, denn sie steht in vollständigem Gegensatz zu dem, was heute für die politische Lösung der Überlebensprobleme der Menschheit – die Sicherung des Friedens, die Bewahrung der natürlichen Lebensgrundlagen, die wirtschaftliche Zusammenarbeit – geboten wäre, nämlich globale Kooperation über alle Unterschiede von Traditionen, Kulturen, Religionen und Regionen hinweg. Die Politisierung der kulturellen Differenz ist darum aufs Ganze gesehen ein selbstmörderisches Unterfangen, auch wenn sie im jeweiligen Einzelfall als erborgtes Lebenselexier für eine im eigenen Metier erschöpfte Politik eine kurzlebige Wirkung zeigt. Dabei ist in den letzten beiden Jahrzehnten klar geworden, daß die Erde auch als globale Migrationsgesellschaft zum »Weltdorf« wird. Fast überall mischen sich die Kulturen der Welt, und es gerät in enge Nachbarschaft fast alles, was sich an kulturellen Differenzen und Widersprüchen, vertrackten Fragen und fixen Antworten in allen übrigen Teilen der Welt daraus ergeben hat.

Weder die martialischen Fangzäune an den Südgrenzen der USA noch das Schengener Abkommen und seine Aushöhlung des Asylrechts können verhindern, daß so gut wie alle Kulturen dieser Welt nun auch in den Wohlstandsgesellschaften des Nordens ein Zusammentreffen und ihre je besonderen Identitätsansprüche geltend machen, sobald sie erst einmal Fuß gefaßt haben. Solche Erfahrungen der Differenz können je nachdem die kulturelle Neugier anregen oder das Andere, das sich überraschend und irritierend nähert, zum bedrohlichen Feind werden lassen, gegen den das »Eigene« mobilisiert werden muß.

Die Politisierung kultureller Unterschiede ist eine *außenpolitische Gefahr* und eine *innenpolitische Versuchung*. Beide gehen in vielen Fällen bruchlos ineinander über. Es ist so gut wie niemals die kulturelle Differenz selbst, die zum Verhängnis wird, sondern fast stets der *politische Gebrauch*, der von ihr gemacht wird.

Innerhalb der westlichen Demokratien wird sich weit mehr als in vergangenen Zeiten derselbe Regenbogen divergenter Kulturen entfalten, der die Welt im ganzen umspannt. Er wird sich zwar nicht in jedem dieser Länder in derselben Vollständigkeit der Farben und ihrer gleichbemessenen Bandbreite zeigen, aber doch überall so, daß mehrere der großen Kulturen der Welt zu Nachbarn werden. In den USA sind es heute so gut wie alle Kulturen der Welt mit sozialem Gewicht, in Frankreich v. a. der Islam, in Großbritannien neben diesem Buddhismus und Hinduismus, in Kanada zu diesen allen der Sikhismus und in Deutschland außer dem Islam auch die orthodoxen Religionen Osteuropas, daneben fast überall noch beinahe alle übrigen Kulturen und Religionen in Gestalt von kleineren Gruppen, die sich im Zweifelsfalle unter den Garantien des Rechtsstaats gleichwohl nachdrückliches Gehör verschaffen. Die Größe der kulturellen Gruppen innerhalb einzelner Gesellschaften wird unter dem Druck der Auseinandersetzung ums Prinzipielle ihre Rolle als Zugangsbedingung für kulturelle Schutz- und Förderungsansprüche verlieren. Die Politisierung der Kultur ist aus diesen Gründen unversehens aus einem Kapitel der Außenpolitik, das die Experten anging, zu einem Kernkapitel der Innenpolitik geworden, das uns alle beschäftigen wird.

Die Politisierung kultureller Unterschiede hat sich als universelles Patentrezept erwiesen, das immer dafür gut ist, Stimmungen zu entfachen, die sich in Stimmen oder Zustimmung ummünzen lassen, wo Mächte herrschen wollen, die zu dem, was *Politik* in

Wahrheit zu leisten hätte, nichts Tragfähiges beitragen können. Indem bloß *zugeschriebene* Unterschiede, die *im Alltagsleben der Menschen kaum je als Gegensätze* erfahren werden, mit den Mitteln symbolischer Politikinszenierung, gesteuerter Kampagnen oder gewalttätiger Provokationen zu Fragen von Leben und Tod, Würde oder Erniedrigung, Lebensglück oder Entfremdung, sozialer Sicherheit oder Gefährdung umfrisiert werden, lassen sich hochfliegende Hoffnungen wecken, vermeintliche Hindernisse ihrer Verwirklichung markieren und Emotionen entfachen, wie bei keinem wirklichen politischen Thema. Diffuse politische Loyalitäten werden als Freund-Feind-Gegensätze zugerichtet. Die wirklichen Herausforderungen und Verantwortlichkeiten verschwinden bei diesem Vorgang wie von selbst aus dem Blickfeld der Öffentlichkeit. Das ist für Politik und Politiker eine mächtige Versuchung überall auf der Welt, zumal da, wo sie auf entgegenkommende Orientierungen von Menschen zurückgreifen können, die darin einen letzten Ausweg aus zermürbenden Krisenerfahrungen sehen.

Die Politisierung der Kultur erfolgt *von innen* her. Das ist die Strategie des *Fundamentalismus.* Er möchte glauben machen, die Gebrechen der Welt könnten durchgreifend kuriert werden, sobald die je eigenen Gewißheitsansprüche der fundamentalistischen Charismatiker ohne weitere Widerrede die Welt regieren. Sie erfolgt auch *von außen* her. Das ist die Strategie derer, die, ohne selbst Fundamentalisten zu sein, fundamentalistischem Handeln den Weg bereiten, indem sie erklären, die divergenten Kulturen der Welt könnten ihrem Wesen nach nichts anderes sein als fundamentalistische Kampfprogramme, die auch die Nichtfundamentalisten nötigten, in gleicher Münze zurückzuzahlen, damit sie im vermeintlichen weltweiten Kampf der Kulturen nicht das eigene Leben gefährden.

Die Politisierung der Kulturen von innen und von außen schickt sich an, das Vakuum auf fatale Weise zu füllen, das der Zusammenbruch der großen Ideologien des 20. Jahrhunderts hinterläßt. Sie ist gleichermaßen in ihrem Ausgangspunkt wie in ihrem Ergebnis weit inhumaner, als es die Machtansprüche der Ideologien des auslaufenden Jahrhunderts je waren, denn sie stempelt den einzelnen nach seinem kulturellen Herkommen ein für allemal als unveränderliche Größe ab, während die großen Ideologien sich noch der Mühe der Konversion unterzogen, die dem einzelnen die

Chance der eigenen Selbstzurechnung und damit in gewisser Weise die Würde der Selbstbestimmung ließ.

Die Politisierung der Kulturen hat Aussicht, zum selbsttragenden Prozeß zu werden. Diejenigen, die sie von innen her betreiben, und diejenigen, die von außen her an ihr arbeiten, spielen einander in die Hände, ihre Erklärungen und Prognosen verifizieren sich auf trügerische Weise wechselseitig. Die politische Ideologie des *Fundamentalismus* und die politische Ideologie des *Kampfes der Kulturen* sind zwei Seiten derselben Medaille. Was beide ihrer Unwahrheit überführen kann, ist ein unbefangener Blick auf die Dimensionen, Reichweiten, Ursachen und Folgen der tatsächlichen Unterschiede der Kulturen – und auf das, worin sie übereinstimmen, wie die Praxis ernsthaft versuchter Verständigung überzeugend gezeigt hat.

2. Die Ideologie vom Kampf der Kulturen

Das 21. Jahrhundert, das politisch schon begonnen hat, soll das Zeitalter eines unversöhnlichen Konfliktes der Kulturen der Welt sein, weil sie sich über die Schranken ihrer divergenten Weltdeutungen hinweg in den Kernfragen, um die es beim Zusammenleben der Menschen geht – soziale und politische Grundwerte –, prinzipiell nicht verständigen können. Sie geraten in diese Falle der globalen Zivilisation erst am Ende des 20. Jahrhunderts, weil sie jetzt, nach dem Zusammenbruch der großen, kulturüberwölbenden Ideologien, einander zum ersten Mal ungeschminkt, ganz als sie selbst gegenüberstehen. Die radikale Globalisierung der Weltgesellschaft macht Nähe zwischen ihnen allen unvermeidlich, ganz gleich, ob sie nun gewünscht wird oder nicht. Dieses, aus der Tagesperspektive der »ethnischen Säuberungen« im vor den Augen des ohnmächtigen Europa zerfallenden Jugoslawien anscheinend plausible, im Blick auf die Zukunft der Welt im ganzen hoffnungslos düstere Szenario, hat der amerikanische Politikwissenschaftler Samuel Huntington in einem kurzen Aufsatz (1993) entworfen, der seither zum Paradigma einer neuen Weltsicht nach dem Ende des kalten Krieges geworden ist und in aller Welt Furore macht, in Redaktionsstuben und Seminaren, Planungsstäben und politischen Beraterrunden, bei den Advokaten einer solchen Weltsicht nicht weniger als denen ihrer Kritik (vgl. Huntington 1996). Die aggressive Politisierung der Kultur erscheint nach dem Ableben der großen Ideologien als das Schicksal einer ruhelosen Welt.

Das 21. Jahrhundert werde demnach mehr als alles sonst die Arena von unversöhnbaren Kulturkämpfen sein, bis hin zum keineswegs unwahrscheinlichen Kulminationspunkt eines großen Weltkriegs als Entscheidungsschlacht zwischen kulturellen Herrschaftsansprüchen, denen ihrem Wesen nach die Chance zu Vermittlung und Verständigung verwehrt sei. Die Welt werde zur Beute von Fundamentalismen, dem reinsten Ausdruck jeder Kultur, die einander in dem, worauf es politisch ankommt, weder verstehen wollen noch können.

Diese These, von höchster Warte im intellektuell-politischen Machtgefüge der entscheidenden Weltmacht konzipiert und verkündet und v. a. auch darum in vielfältigen Nuancen der Zustimmung und Ablehnung rund um den Globus wirksam, hat alle Aussicht, die *Wirklichkeit zu prägen*, auch wenn sie *unwahr* ist, weil viele zu handeln beginnen, als müßte sich jeder darauf einrichten, daß die anderen in ihrem Sinne handeln.

Sieben Kulturen konkurrieren demzufolge weltweit erbittert miteinander, teils im Außenverhältnis von Nationen oder Nationengruppen, teils innerhalb von Gesellschaften. Der *Westen*, der *Islam*, der *Konfuzianismus*, die *japanische* Kultur, der *Hinduismus*, die *orthodox-slawische* Kultur und der *Latein-Amerikanismus*. So wie im 18. Jahrhundert die Fürsten, im 19. die Nationen und im 20. die Ideologien, so werden es, letztlich unvermeidlich und unversöhnbar, im anbrechenden Jahrhundert diese Kulturen sein und die Mächte, die für sie stehen, die global und im Inneren der Gesellschaften, in denen sie zum Zuge kommen, feindselig und ohne Verständnis füreinander zusammenprallen. Die Gefahr wächst, daß ein Zusammenprall von Kulturen, der in keiner von ihnen zwingend angelegt ist, ebendadurch dennoch wahrscheinlich wird, daß allzu viele in maßgeblichen wissenschaftlichen, administrativen und politischen Positionen, in unübersichtlichen Zeiten bei der ordnenden Gewißheit Zuflucht suchen, die diese trostlose These auf ihre Weise bietet.

Huntingtons These gewinnt ihre vordergründige Evidenz aus der *Renaissance des politischen Fundamentalismus* in nahezu allen Kulturen der Welt. Fundamentalismen höchst unterschiedlicher Spielart haben nach dem Ende des kalten Krieges teils neuen Auftrieb erfahren und teils erstmals die Aufmerksamkeit gefunden, die ihnen, solange der Ost-West-Konflikt die Energien der politischen Beobachter band, verwehrt geblieben war. Überall auf der Welt – in Indien und den USA, in Afrika und dem Fernen Osten, in den christlichen Kirchen und im Judentum, auf den Philippinen und im Gaza-Streifen, in Guatemala, Sri Lanka oder Nigeria – erheben intransigente Verfechter mehr oder weniger bedeutender Teilströmungen ihrer Kultur den Anspruch, die allein berufenen Deuter und Künder der Kultur zu sein, in deren Namen sie sprechen. Sie sagen allen den Kampf an, die ihnen, sei es außerhalb, sei es innerhalb ihrer Kultur, entgegentreten. Sie sind es, die den Eindruck verbreiten, die Regel, nach der sich die Verhältnisse der Kulturen untereinander ordnen werden, wenn sie sich erst einmal ganz vom Einfluß der gescheiterten Ideologien des 19. und 20. Jahrhunderts freigemacht haben, könne keine andere sein als das Gesetz der reinen Intoleranz und ihrer uneingeschränkten Herrschaft in Staat und Gesellschaft.

Dogmatische und militante fundamentalistische Parteien, Bewegungen und Agitatoren erheben in allen Teilen der Welt lautstark und oft auch mit beträchtlichem Erfolg den Anspruch, die wahren Vertreter ihrer Kultur und damit allein zur Ausübung legitimer politischer Macht in ihr berufen zu sein. Sie wollen ihre Gesellschaften von allen modernen und fremden Einflüssen reinigen, damit deren Ursprungskultur, so wie sie sie verstehen, wieder ungetrübt hervortreten könne. Nur so, das ist ihr Anspruch, könne die eigene Gesellschaft Lösungen für ihre brennenden wirtschaftlichen und sozialen Probleme finden, weil nur auf diese Weise die Politik mit dem Wesen der Gesellschaft in Einklang gebracht werden kann, das nun einmal von ihrer wahren kulturellen Identität bestimmt werde.

Beobachter und Kommentatoren unterwerfen sich gewollt oder ungewollt den Spielregeln der Fundamentalisten, wenn sie diese Bewegungen, die in unserer Zeit erweislich nirgends das ganze ihrer Kultur repräsentieren, sondern überall nur *einen der widerstreitenden Zivilisationsstile, in denen sich diese Kulturen* entfalten, zum Wesen der jeweiligen Kultur und zur Speerspitze der Rückbesinnung der jeweiligen Gesellschaft auf ihre eigentliche Identität erklären.

Einer der wichtigsten Ausgangspunkte für die empirische Beurteilung der Prognosen über das Wechselverhältnis der Kulturen und ihre Politisierung ist darum die Analyse des politischen *Fun-*

damentalismus in der Welt von heute. Seine *Formen und Ursachen*, die Gründe für seine Verbreitung und die Chancen für seinen kulturellen und politischen Erfolg im Widerstreit mit konkurrierenden Kulturstilen in den unterschiedlichen Gesellschaften erlauben eher als alle Spekulationen über das vermeintlich wahre Wesen der Kulturen dieser Welt ein Urteil über die Entwicklungsalternativen, die ihnen tatsächlich offenstehen.

Die andere Quelle zur Beurteilung der möglichen Beziehungen von Kulturen und Politik ist eine *empirische* Untersuchung dessen, was Kulturen tatsächlich voneinander unterscheidet und wie sich diese Unterschiede zur politischen Verfassung der Gesellschaft, zu anderen Religionen und Kulturen und zur Idee des Gemeinwohls verhalten. Diesen beiden Fragen soll in diesem Aufsatz nachgegangen werden.

3. Zivilisationsstile und Kulturen

Beträchtliche Konfusion bis hin zur apriorischen Einengung der Wahrnehmungsfähigkeit für wirkliche Differenzierungen ist in der bisherigen Diskussion auch aus der Entscheidung für zu wenige und zu grobe Grundbegriffe entstanden. Die Begriffe *Zivilisation* und *Kultur* werden teils als Gegensätze verwendet und teils im Gegensinn, so daß für den einen Autor gerade das Zivilisation heißen muß, was für den anderen nur Kultur genannt werden darf.[1] Im übrigen zeigt die empirische Analyse, daß die Arbeit mit diesen beiden Grundbegriffen *allein* das Verständnis der Entwicklung und der Unterschiede von Kulturen beträchtlich erschwert und einer Neigung zum Apriorismus massiven Vorschub leistet. Aus diesen Gründen muß, um ein Mindestmaß an Klarheit zu schaffen, über die Verwendung und die hinreichende Differenzierung der Grundbegriffe Rechenschaft gegeben werden.

In der vorliegenden Analyse wird der Begriff der *Zivilisation* in der gleichen Weise verwendet, wie in Norbert Elias' Theorie über den *Prozeß der Zivilisation* (1976). *Zivilisation* bezeichnet den

1 So berichtet der Übersetzer von Huntingtons Werk (1996) in einem eigenen Vorwort ausdrücklich über die Unmöglichkeit, das von Huntington jeweils Gemeinte konsistent mit einem einzigen Begriff auszudrücken, so daß er gegen den Wunsch des Autors in den wechselnden Kontexten mit vier unterschiedlichen Begriffen arbeiten mußte: Kultur, Hochkultur, Kulturkreis und Zivilisation (ebd., S. 14).

Prozeß und das Resultat der *Hereinnahme* kultureller Normen und Gebote in die Motivationsstruktur der Individuen und, damit eng verbunden, die voranschreitende *Ausdifferenzierung* gesellschaftlicher Institutionen und Handlungsbereiche. Ein Prozeß der Zivilisation in diesem Verständnis entfaltet sich mithin in jeder der *Kulturen*. Es ist dabei, wie wir heute wissen, eine durchaus offene Frage, ob und gegebenenfalls in welcher Hinsicht seine voranschreitende Entfaltung ein Weg zum Besseren ist.

In einer offenen Weise, deren Grenzen und Schwerpunkte selbst jeweils erst am gegebenen Fall zu bestimmen sind, werden hingegen die aus unterschiedlichen religiösen und traditionalen Quellen gespeisten *übergreifendenden Deutungs- und Orientierungssysteme* als *Kulturen* bezeichnet, jedoch in pointierter Entgegensetzung zu allen Versuchen ihrer naturalistischen Verdinglichung. Allen Kulturen, die in den aktuellen Debatten eine Rolle spielen, eignet am Ende des 20. Jahrhunderts in unterschiedlichem Maße ein *reflexiver* Zug, seit sie untereinander und mit den Zentren der kulturellen Modernisierung in einen Austauschprozeß getreten sind. Kulturen sind darum, wie die empirische Betrachtung unzweideutig zeigt, in erster Linie *Diskursformationen*, wo in einem offenen Kräftefeld widerruflich entschieden wird, was die überlieferten Weltbilder, Werte und Lebensformen für die Gegenwart bedeuten können, auch wenn es zumeist nicht in erster Linie bloße Argumente sind, die über Dynamik und Kräfteverhältnisse im Prozeß ihrer Selbstentfaltung entscheiden. So werden Hinduismus, Buddhismus, Islam, der »Westen«, das Judentum beispielsweise in einer offenen Weise zunächst als Kulturen bezeichnet, ohne daß der Begriff eine Vorentscheidung darüber fällen kann, ob das Identische *in* diesen Traditionen das Verschiedene überragt, das vielleicht ja ein Identisches *zwischen* verschiedenen Kulturen sein kann. Es könnte immerhin sein, so lautet die Arbeitshypothese, daß wohlstrukturierte Varianten des Fundamentalismus oder des Modernismus in den Kulturen der Welt mehr *miteinander* verbindet als mit den großen Deutungsalternativen *innerhalb* ihrer eigenen kulturellen Tradition.

Die mitunter bis zur völligen Entgegensetzung unterschiedlichen *Modi der Selbstauslegung* des kognitiven, evaluativen und emotiven Gehalts kultureller Überlieferung, v. a. *eines modernen*, *traditionalistischen* oder *fundamentalistischen* Modus des Verständnisses und der Praktizierung identischer kultureller Überlieferung, werden im Anschluß an *Werner Sombarts* Begriff der Wirtschafts*stile* als *Zivilisationsstile* bezeichnet.[2]

Mit dieser Begriffswahl soll zum einen die grundbegriffliche *Festlegung auf das Mißverständnis* vermieden werden, als seien Modi der kulturellen Selbstauslegung wie Fundamentalismus, Modernismus oder Traditionalismus wesensmäßige Eigentümlichkeiten bestimmter Kulturen selbst. Zum anderen wird in ihr durch die Begriffskomponente *Zivilisation* im Einklang mit deren soeben vorgenommener Bestimmung dem empirisch belegbaren Sachverhalt Rechnung getragen, daß diese *Modi der Selbstauslegung* in unterschiedlichen Kulturen vorkommen und, wie der Prozeß der Zivilisation selbst, eine Weise der Entfaltung, der Differenzierung und des reflexiven Umgangs mit der eigenen *Überlieferung* darstellen.

So kann in diesem *grundbegrifflichen* Rahmen, um ein Beispiel zu wählen, eine islamische *Kultur* zu unterschiedlichen historischen Zeitpunkten unterschiedliche Formen der Zivilisation hervorbringen, unter dem Kalifat im Mittelalter eine andere als in den arabischen Republiken der Gegenwart, in der heutigen Türkei eine ganz andere als im Irak, ohne dadurch aufzuhören, *eine* islamische Kultur zu sein. Innerhalb der islamischen Republiken der Gegenwart, und das ist dann allein eine empirische Frage, die durch die Wahl der Grundbegriffe nicht vorentschieden werden darf, können gegebenenfalls Traditionalismus, Modernismus (Säkularismus), Fundamentalismus und andere Spielarten kultureller Selbstauslegung als unterschiedliche *Zivilisationsstile* vorgefunden werden. Ob alle islamischen Gesellschaften eine einzige *Kultur* bilden, ob die Unterschiede zwischen divergenten Zivilisationsstilen innerhalb derselben Kultur größer sind oder kleiner als zu den vergleichbaren *Stilen* in unterschiedlichen Kulturen, sind Fragen, die nicht durch die Festlegungen der Grundbegriffe, sondern auf dem Wege empirischer Forschung zu entscheiden sind. Die Antworten auf diese Fragen dürfen jedenfalls nicht durch die Wahl der Grundbegriffe vorweggenommen werden. Dann würde nämlich an die Stelle erfahrungsorientierter Erforschung der Kulturen, ihrer Entwicklung und ihrer Beziehungen zueinander ein apriori-

2 Auch Marty/Appleby verwenden in ihrem resümierenden Essay zu den vergleichenden Studien über Fundamentalismus und Staat den Begriff eines »›style‹ of fundamentalist's imaginings, and the ways in which these imagined communities have been realized in local and state goverments [...]« (1993, S. 624).

scher Dogmatismus treten, der wenig zu deren Erkenntnis, aber viel zur Verfestigung überlieferter Vorurteile über sie beizutragen vermag.

Die Vergleichsstudie der *American Society of Arts and Sciences* hat nicht nur die jeweiligen Fundamentalismen in den verschiedenen Kulturen aller Weltregionen beschrieben und analysiert und dabei eine sehr weitgehende kulturübergreifende Ähnlichkeit der unterschiedlichen Entfaltung desselben »fundamentalistischen Impulses« belegt. Sie hat in fast allen Fällen darüber hinaus auch die soziokulturelle Umwelt beleuchtet, in der sich die Fundamentalismen herausbilden und gegen die sie sich profilieren. Das Ergebnis, das dabei zutage getreten ist, hat zwei Seiten. Zum einen hat sich unmißverständlich gezeigt, daß es sich beim Fundamentalismus um einen *transkulturellen Zivilisationsstil* handelt, der in seiner wesentlichen Struktur in allen Kulturen unter bestimmten Krisenbedingungen in Erscheinung tritt. Und zum anderen ist erkennbar geworden, daß er überall in Konkurrenz zu anderen Zivilisationsstilen in der Selbstauslegung derselben kulturellen Überlieferung tritt.

Idealtypisch läßt sich als Grundstruktur im heute erreichten Entwicklungsstadium der Kulturen überall eine Trias von *modernisierendem*, *traditionalistischem* und *fundamentalistischem* Zivilisationsstil ausmachen. Sie treten in sehr verschiedenartigen Ausprägungen in Erscheinung und bilden Modelle, zwischen denen wiederum eine Reihe höchst individueller Mischvarianten Platz findet, aber die Grundstruktur dieser Trias ist überall erkennbar. In der Funktion und in der Weise ihrer differenzierenden Wirkung auf die Ausbildung von Organisationen und Parteien erinnert diese *Trias der Zivilisationsstile* an die politisch-ideologischen Grundströmungen, die sich in den modernen Industriegesellschaften des Westens im Verlaufe des 19. und 20. Jahrhunderts herausgebildet haben: Liberalismus, Konservatismus und Sozialismus.

Beide triadischen Strukturen wirken auf ähnliche Weise als *generative Kerne* in Prozessen der ideenpolitischen Differenzierung, haben aber trotz interessanter Überlappungen in ihren Inhalten und Zielsetzungen sonst nicht allzu viele Gemeinsamkeiten. So wie allerdings die politisch-ideologischen Grundströmungen der Industriegesellschaft als konkurrierende Ordnungsentwürfe interpretiert werden können, die den Anspruch erheben, eine überzeugende Konkretisierung *geteilter Grundwerte* einer Gesellschaft im Lichte ihrer geschichtlichen Erfahrung zu sein, so erheben die *Zivilisationsstile* den Anspruch, die gültige Auslegung geteilter kultureller Traditionsbestände für die Gegenwart im Lichte neuer Erfahrungen zu sein. Und so wie die politisch-ideologischen Grundströmungen werden die Zivilisationsstile zumeist auf den unterschiedlichen Ebenen von Wissenschaft, Kultur und politischer Organisation wirksam und können ihren generativen Kern auf all diesen Ebenen in vielfältigen Formen, gegebenenfalls auch Mischformen zwischen ihnen selbst, zur Entfaltung bringen.

Sobald nämlich in einer gegebenen soziokulturellen Lage Meinungsverschiedenheiten über die öffentlichen Angelegenheiten auftreten oder darüber, wieweit der öffentliche Verbindlichkeitsanspruch in die Sphären der privaten Lebensführung, der wirtschaftlichen Aktivitäten oder von Wissenschaft und Kunst legitimerweise reichen kann, wird die prinzipiellere Differenzierung der Selbstauslegung kultureller Überlieferung in die konkurrierenden Zivilisationsstile wirksam. Die *modernisierende* Richtung drängt auf Spielräume für legitime Unterschiede durch Individualisierung, Rationalisierung und die Ausdifferenzierung säkularisierter kultureller Wertsphären, die von den traditionellen Normen befreit werden sollen. Die *traditionalistische* Denkart verteidigt die Weisheit der Überlieferung und ihre integrative Kraft gegen solche Neuerungen, aber im ganzen gesehen eher auf eine defensive Weise, die Anpassungen an das Neue zuläßt. Der *fundamentalistische* Stil hingegen kann in der beginnenden Öffnung und wachsenden Uneindeutigkeit dessen, was die kulturelle Überlieferung für Privatleben und Öffentlichkeit, soziale Rollen und Ränge bedeuten kann, nur noch Bedrohung, Verfall und Unheil erkennen. *Dabei spielt für die soziale und politische Resonanz der fundamentalistischen Deutungsalternative stets die entscheidende Rolle, auf welche Weise eine Gruppe in ihrem sozialen Status, ihrer wirtschaftlichen Lage und der Anerkennung ihrer soziokulturellen Identität vom gesellschaftlichen Wandel betroffen ist.* Für die Erklärung und die spezifische Ausformung der verschiedenen Zivilisationsstile, in besonderem Maße des Fundamentalismus ist darum eine konkrete soziohistorische Analyse der betrachteten Gesellschaft unverzichtbar. Die Beschreibung der idealtypischen Strukturen der politischen Ideologie des Fundamentalismus und der grundlegenden Faktoren für sein Erstarken im Verhältnis zu den konkurrierenden Zivilisationsstilen läßt sich gleichwohl auf der Grundlage vergleichender Überblicksstudien in ausreichender Präzision vornehmen.[3]

4. Fundamentalismus: Strategie der Politisierung kultureller Differenz

Fundamentalismus ist eine politische Ideologie des 20. Jahrhunderts mit ethisch-religiösem Anspruch. Er kombiniert auf kennzeichnend pragmatische Weise Elemente der späten Moderne mit Rückgriffen auf dogmatisierte Bestände vormoderner Traditionen, um mißliebige *Grundlagen* und *Folgen der Kultur der Moderne* auf *moderne Weise* und mit *modernen Mitteln* wirkungsvoll bekämpfen zu können. Er tritt auf als eine politische Ideologie, die in krisenhaften Modernisierungsprozessen eine zumeist religiöse, seltener weltanschaulich-profane Ethik politisch absolut setzt und entweder im ganzen oder in symbolisch aufgewerteten Grundfragen gegen alternative Ethiken, gegen die für alle verpflichtende Moral und die auf ihr begründeten politischen Institutionen moderner Gesellschaften, insbesondere Menschenrechte, Pluralismus und Demokratie für das Gemeinwesen im ganzen verbindlich machen will.

Fundamentalismus setzt einen von mehreren konkurrierenden *ethischen* Ordnungs- und Lebensentwürfen an die Stelle einer Gemeinschafts*moral*, auf die sich alle, die in einem politischen Gemeinwesen zusammenleben, verständigen können, die einen je eigenen Freiraum für ihre unterschiedlichen ethischen Glaubenssysteme, Orientierungen und Lebensentwürfe beanspruchen.[4] In diesem Sinne ist der *fundamentalistische Zivilisationsstil* im Kern die Verweigerung eines friedlichen und fairen Umgangs mit kulturellen Differenzen. Er ist eine ausschließlich *hegemonieorientierte Politisierung kultureller Unterschiede.*

Hinweg über tiefgreifende inhaltliche und formelle Unterschiede fundamentalistischer Ideologien in offenbar allen Kulturen der Welt, seit sie in Wechselwirkung mit den Zentren der kul-

3 Das ist der zutreffende Kern in der ansonsten verengten soziologischen Interpretation des islamischen Fundamentalismus im Iran und des protestantischen Fundamentalismus in den USA von Riesebrodt (1990).

4 Vgl. zu dieser Interpretation des Begriffs Fundamentalismus Habermas 1992, S. 379.

turellen Moderne geraten sind, ist dies die gemeinsame Tiefenstruktur des »fundamentalistischen Impulses«.[5] Es ist diese *idealtypische Struktur* und nicht ihre *kulturspezifische* Verkörperung, was den Fundamentalismus von anderen Zivilisationsstilen unterscheidet und die unterschiedlichen Fundamentalismen der Gegenwart einander im Stil ihres Umgangs mit kulturellen Differenzen ähnlicher macht als den jeweils konkurrierenden Zivilisationsstilen innerhalb ihrer eigenen kulturellen Tradition. Für diesen Befund spricht nicht die Apriori-Definition des Begriffs, sondern das Ergebnis vergleichender kulturübergreifender Forschungen auf empirischer Grundlage.[6]

Fundamentalismus erweist sich in Theorie und Praxis als eine spezifische Form *kultureller Gegenmodernisierung*, da er im Kern in all seinen Formen gegen das Offenheitsprinzip der Moderne gerichtet ist. In seinen besonderen Ausprägungen zeigt er sich so unterschiedlich wie die Dynamik der Modernisierung in den unterschiedlichen Kulturen, in denen er auftritt. Der amerikanische Fundamentalismusforscher *Martin E. Marty* hat infolgedessen als Resümee des von ihm geleiteten breit angelegten interkulturellen Forschungsprojekts den Vorschlag gemacht, Fundamentalismus im Sinne Wittgensteins als einen Familienbegriff zu behandeln. Alle Fundamentalismen teilen eine Reihe charakteristischer Merkmale ihres Denkens und Handelns, aber nicht alle stimmen vollständig überein. Auch im Falle der fundamentalistischen Familie kann gleichwohl konstatiert werden, daß alle Mitglieder eine Reihe konstituierender Kernmerkmale in auffälliger und eindeutiger Weise teilen. Zwar ist bei der Beschreibung und Beurteilung jedes einzelnen Fundamentalismus *Unterscheidung* geboten, sowohl im Hinblick auf die soziale und kulturelle Situation, in der er auftritt, als auch im Hinblick auf seine Form, seine Handlungsweise und seine Ziele; alle Varianten verkörpern jedoch in ausschlaggebendem Maße den »idealtypischen fundamentalistischen Impuls«. Der Fundamentalismus ist darum eine distinkte politische Ideologie und Bewegung der Moderne im 20. Jahrhundert. *Er*

5 Vgl. zum Begriff und seiner Bestimmung Marty/Appleby 1991, S. 817.

6 Vgl. dazu in erster Linie das in insgesamt sechs voluminösen Bänden dokumentierte Forschungsprojekt der American Academy of Arts and Sciences, an dem überwiegend Sozial- und Kulturwissenschaftler beteiligt waren, die selbst aus der Kultur stammten, in der der von ihnen jeweils analysierte Fundamentalismus in Erscheinung getreten ist.

nutzt die technischen und organisatorischen Mittel, die die Moderne hervorgebracht hat, um ihre kulturellen Grundlagen zu bekämpfen.[7]

Der Prozeß der Modernisierung, in den westlichen Gesellschaften aus innerer Dynamik, in vielen Entwicklungsgesellschaften zunächst durch äußeren Einfluß, wenn auch so gut wie nie ohne eine gleichzeitige synergetische Dynamik durch Modernisierungsbefürworter in ihrem Inneren, führt zur Öffnung der kulturellen, sozialen und politischen Systeme für alternative Deutungen, Ordnungsentwürfe, Lebensethiken und Entwicklungswege. Überkommene Gewißheiten müssen sich durch Kritik und Alternativen in Frage stellen lassen, die Offenheit für Alternativen wird in sämtlichen Bereichen des Denkens und Handelns prinzipiell. Die öffentliche Ordnung muß sich von ihren gesellschaftlichen Grundlagen weit genug distanzieren, um den Verkehr und die Freiräume der konkurrierenden Orientierungen so zu regeln, daß die Integration der Gesellschaft als ganzer möglich bleibt.

Mit den *Voraussetzungen* für Freiheit und Selbstbestimmung schafft diese Entwicklung unvermeidlich zugleich in historisch ungekanntem Ausmaß *Risiken* des Orientierungsverlustes und des Sinndefizits. Sie bringt für den einzelnen und die Gesellschaft viele Chancen selbstbestimmter Entwicklung, aber kaum Garantien des Gelingens für die Ausbildung einer befriedigenden individuellen und kollektiven Identität hervor. Die Tradition mit ihren überlieferten Orientierungsangeboten, Identifikationsmöglichkeiten und Statussicherheiten steht unter modernen Bedingungen darum fortwährend zur Disposition, niemals in allen überlieferten Geltungsansprüchen zugleich, aber doch prinzipiell in einem jeden davon, sobald neue soziale Entwicklungen ihn fragwürdig machen. Traditionen gelten nicht mehr aus sich selbst heraus, sondern nur noch im Maße ihrer aktuellen Überzeugungkraft. Die Ausbildung und Bewahrung individueller und kollektiver Identität wird unter diesen Bedingungen zu einer fortwährend in Frage stehenden Anstrengung.

Im Lichte der Kultur der Moderne ist es daher immer eine offene Frage, wie die Tradition weitergeführt werden kann – und soll. Stets gibt es mehr als nur eine Möglichkeit dazu. *Generalisierte Ungewißheit* und *generelle Offenheit* machen sich als

7 Das war eine der grundlegenden Thesen in meinem Essay von 1989, was offenbar nicht allen Rezensenten aufgefallen ist.

Grundprinzipien der kulturellen, sozialen und politischen Selbstorganisation moderner Gesellschaften, sozusagen als ihre immerwährende Hintergrundstimmung geltend, auch dann, wenn durch sie mehr ins Rutschen gerät, als alle Beteiligten wünschen. In diesem präzisen Sinne der unentwegten Nötigung zur Selbstprüfung ist die Kultur der Moderne *unvermeidlich ambivalent.*[8] Die Chance der Selbstbestimmung ist ohne das Risiko des Orientierungsverlusts, die Möglichkeit der Freiheit ohne die Gefahr der Selbstverzweiflung nicht zu gewinnen.

Fundamentalismus als politische Ideologie und Bewegung ist der Versuch, den modernen Prozeß der Öffnung und der Ungewißheit, sei es ganz, sei es in seinen zentralen Bereichen, umzukehren und die von seinen Verfechtern als zur *absoluten Gewißheit* erklärte Variante der Weltdeutung, der Lebensführung, der Ethik, der sozialen Organisation zu Lasten aller anderen für alle verbindlich zu machen. Fundamentalismus als Produkt der Moderne will Ungewißheit und Offenheit überwinden, indem er eine der Alternativen im Rückgriff auf geheiligte Traditionen oder künstlich immunisierte Gewißheiten absolut setzt. Das darauf gestützte geschlossene System des Denkens und Handelns, das Zweifel und Alternativen künstlich ausschließt, soll nach dem Willen der Fundamentalisten an die Stelle der modernen Offenheit treten und damit Halt und Sicherheit, Orientierungs*gewißheit* und Wahrheit aufs neue möglich zu machen, indem sie *auf dieselbe Weise für alle* verbindlich gemacht und künftigem Wandel entzogen werden.

Es ist *daher nicht ein bestimmter Inhalt* grundlegender Gewißheitsansprüche, Ethik- und Rechtsvorstellungen oder politischer Ordnungsentwürfe, was den Fundamentalismus charakterisiert, sondern die *Form* und die *Konsequenzen* ihrer Handhabung als allem Zweifel entzogen und daher außerhalb des offenen Dialogs und der Infragestellung angesiedelt. Es ist die Haltung der *unbedingten Gewißheit* und alles, was aus ihr wie von selbst dann folgt.

In seinen kämpferischen Formen nimmt der moderne Fundamentalismus sein auf diese Weise immunisiertes Fundament als Legitimation für geistige, religiöse und politische Vormachts- oder Herrschaftsansprüche gegen die Abweichenden in Anspruch. In dem Maße, wie die geschlossenen Glaubenssysteme und Ordnungsentwürfe fundamentalistischer Prägung eine öffentliche

8 Das ist auch die Ausgangsthese in Heitmeyer/Müller/Schröder 1997.

Rolle übernehmen und Kritik, Alternativen, Zweifel, offene Dialoge über ihre Erkenntnisansprüche von gleich zu gleich ausschließen, stellen sie eine Rückkehr des Absoluten in die Politik dar. Das hat in der Regel die gänzliche oder selektive Mißachtung von Menschenrechten, Pluralismus, Toleranzgebot, des Rechts und der demokratischen Mehrheitsregel im Namen der unbedingten Wahrheit zur Folge, der sich die Fundamentalisten jeweils kompromißlos verpflichtet wähnen.

Da Fundamentalismus in erster Linie stets religiöse Intoleranz bedeutet, ist er entgegen dem verbreiteten Vorurteil gerade nicht die Rückkehr der Religion in die Politik, da er einzig und allein sein eigenes Verständnis von ihr im öffentlichen Leben gelten und, wo er an die Macht gelangt, auch wirksam werden läßt.[9]

In der Sache hat es Fundamentalismus seit dem Beginn der kulturellen Modernisierung als deren immanentem Gegenimpuls immer gegeben. Das Wort trat zuerst im Zusammenhang mit einer religiösen Schriftenreihe in Erscheinung, die in den Jahren 1910 bis 1915 in den USA unter dem Titel *The Fundamentals* erschien. Sie trug den kennzeichnenden Untertitel »A Testimony to Truth« – »Ein Zeugnis der Wahrheit«. 1919 gründeten die protestantischen Christen, die die Reihe herausgegeben hatten, eine weltweit tätige Organisation, die »World's Christian Fundamentals Association«. Damit war die Bezeichnung »Fundamentalismus« für diese Art christlicher Gläubigkeit geprägt und hat sich zunächst für sie im allgemeinen und im wissenschaftlichen Sprachgebrauch durchgesetzt. Allmählich wurde sie auch auf andere Ideologien und Bewegungen zunächst im Katholizismus und dann in anderen Kulturbereichen bezogen, wenn sie die charakteristischen Merkmale zu teilen schienen.

Es waren v. a. vier Fundamentals, die diese ursprüngliche fundamentalistische Bewegung, die der Sache ihren Namen gab, charakterisierten: (1) die buchstäbliche *Unfehlbarkeit* der Heiligen Schrift in all ihren Teilen, verbunden mit der unbeirrbaren Gewißheit, daß sie keinen Irrtum enthalten könne; (2) die Erklärung, daß alle Theologie, Religion und Wissenschaft *nichtig* seien, soweit sie den Bibeltexten widersprechen; (3) die Überzeugung, daß nie-

9 Das war ebenfalls eine der zentralen Pointen in meinem Essay von 1989. Es wäre interessant, in diesem Zusammenhang einmal die unterschiedlichen Beziehungen der Religion zur politischen Sphäre in modernen Gesellschaften systematisch zu untersuchen.

mand, der von den Bibeltexten abweicht, wie die Fundamentalisten sie auslegen, ein Christ sei könne, *auch* wenn er selbst diesen Anspruch überzeugt erhebt; und (4) die entschiedene Bereitschaft, die moderne *Trennung von Kirche und Staat*, Religion und Politik immer dann zugunsten einer direkten Verfügung über die politische Macht durch die eigene Auslegung der Religion aufzuheben, wenn politisch-rechtliche Regelungen in entscheidenden Kernfragen mit der eigenen Ethik kollidieren.

Das Grundmuster dieses Denkens und Handelns kennzeichnet alle Spielarten des Fundamentalismus in allen Kulturen. Identitätskern und Differenzspielräume im Fundamentalismus, die Variationen in der Ähnlichkeit dieser über alle Kulturen der Welt verteilten Familie, zeigen sich *exemplarisch* an zwei so *unterschiedlichen* Religionen und Bewegungen in zwei so verschiedenartigen Gesellschaften wie dem christlichen Fundamentalismus in den USA und dem indischen Hindu-Fundamentalismus, verkörpert v. a. in den kulturellen Organisationen VHP und RSS, sowie den politischen Parteien Shiv Sena und BJP.[10]

Den Anspruch, die einzigen authentischen Sprecher ihrer Religion zu sein, erheben beide. Die Legitimation zum Eingriff in das politische Geschehen beziehen beide aus vermeintlichen Privilegien und Konsensverletzungen der Mehrheitskultur, die von den wahren Grundlagen der für das Land auf immer gültigen religiös bestimmten kulturellen Grundlagen abgefallen seien. Die protestantischen Fundamentalisten in den USA pochen auf ihr Recht, im Falle der Legalisierung der Abtreibung und der Illegalisierung des Schulgebetes demokratischen Mehrheitsentscheidungen und Gerichtsurteilen den Gehorsam zu verweigern. Die Hindu-Fundamentalisten haben diesen Anspruch erstmals exemplarisch für die Wiedererrichtung des alten Hindu-Tempels in Ayodhya auf dem Terrain einer zu diesem Zwecke niederzureißenden Moschee aus dem 17. Jahrhundert erhoben und gleichzeitig kundgetan, daß sie weitere Aktionen mit derselben Zielsetzung im Sinne haben.

In beiden Fällen wird aus dem überlegenen Recht der eigenen Religionsauffassung das Ansinnen begründet, in Kernfragen des Gemeinschaftslebens die eigene Gruppenethik zur verbindlichen Moral für das ganze Gemeinwesen zu erheben und sie mit allen Mitteln durchzusetzen, einschließlich der *Mißachtung der Grund-*

10 Zu diesen Organisationen vgl. im einzelnen Voll 1989b.

rechte anderer und der *demokratischen* Entscheidungsregeln. Beide sind sich dessen sicher, mit der unanfechtbaren Überlieferung der wahren religiösen Gewißheiten die bessere und verbindliche Identität der eigenen Gesellschaft zu hüten. Andere Lesarten derselben Religion oder Weltanschauung gelten als abtrünnig.

Während die protestantischen Fundamentalisten in den USA den Wortlaut der Bibeltexte heiligen, verfügen die Hindus über keine für alle verbindliche schriftliche Überlieferung, noch nicht einmal über wohldefinierte Dogmen, die für alle gelten. Die Hindu-Fundamentalisten machen angesichts dieser Lage denn auch keinen Versuch der Heiligung von Texten oder der Einführung einer spezifisch hinduistischen Gesetzgebung. Sie berufen sich zur Kennung von Freund und Feind, Rechtgläubigen und Abtrünnigen auf symbolische Ereignisse der Tradition und härten diese durch *festgelegte Deutungen* dessen, was sie für *gegenwärtiges Handeln* zu bedeuten haben.

Die Trennlinien zwischen Freund und Feind verlaufen daher letzten Endes entlang von Loyalitätsbekenntnissen zu bestimmten Organisationen und Personen und dem, was diese in gegebener Lage als unverzichtbare Gewißheit verkünden. Darin zeigt sich aufs neue das auf eigentümliche Weise konstitutive pragmatische Element im Fundamentalismus, das bereits bei der Nutzung technischer Produkte der modernen Kultur für die Bekämpfung der kulturellen Grundlagen sichtbar wurde, aus denen sie hervorgehen.

Während die protestantischen Fundamentalisten in den USA stets die allerneuesten Produkte der modernen Kommunikationstechnologie nutzen, vom privaten Fernsehen bis zum Direct-mailing, um ihre Botschaft zu verbreiten, bleiben die Hindu-Fundamentalisten bislang, entsprechend der allgemeinen Entwicklung des Landes, noch überwiegend vormodernen Kommunikationsweisen verhaftet, etwa symbolischen Umzügen von Dorf zu Dorf oder Massenversammlungen in der Stadt und auf dem Land. Während die protestantischen Fundamentalisten der USA auf die Programme der bestehenden Parteien und die Auswahl ihrer Kandidaten für die politischen Führungsämter massiv und zielstrebig Einfluß nehmen, um politische Wirkungen zu entfalten, aber keine Anstalten machen, sich selbst als Partei zu organisieren, verfügen die Hindu-Fundamentalisten in Indien über zwei eigene Parteien. Beide gelangten in jüngster Zeit in einzelnen Bundesstaaten des

Subkontinents durch Wahlerfolge zur Macht. In beiden Ländern verfechten die Fundamentalisten ihre Authentizitäts- und Gewißheitsansprüche gegen große, sie zahlenmäßig weit überragende Gruppen traditionalistischer oder moderner Lesart derselben religiösen und kulturellen Tradition, die andere Vorstellungen vom Gemeinwesen hegen, und gegen zahlreiche große Gruppen von Vertretern anderer Religionen, gegen die, wie im indischen Falle, die Bestrebungen der Fundamentalisten gerade gerichtet sind, oder die, wie im Fall der USA, teils bekämpft, teils ignoriert werden.

Fundamentalismus ist daher auch eine Form systematisch verzerrter Kommunikation. Symmetrische Kommunikation, also offene Dialoge nach vereinbarten Regeln, setzen voraus, daß im Verständnis der Beteiligten gleichermaßen zurechnungsfähige Menschen über unterschiedliche Meinungen, Interessen, Konzepte, Interpretationen von Überlieferungen, die Bedeutung von Texten und Lesarten von Traditionen sich zu verständigen suchen. Alle Seiten stimmen in diesem Fall darin überein, daß keine von ihnen über einen unmittelbaren Zugang zur Erkenntnisgewißheit verfügt, in deren Licht a priori im Namen aller entschieden werden kann.

Die Prinzipien des Dialogs, der Menschenrechte und der Demokratie sind ja mit divergenten *Wahrheitsansprüchen* verträglich, die alle kooperativ verfolgen, nur eben nicht mit *Gewißheitsansprüchen*, die von einer Seite im Namen aller und für alle anderen geltend gemacht werden. So zu verfahren ist die Manier des »idealtypischen fundamentalistischen Impulses«. Er wird in dem Augenblick wirksam, wo eigene Wahrheitsvorstellungen über religiöse, ethische oder politische Fragen nicht mehr in einen Dialog eingebracht werden, der trotz allem offen ist, sondern als unverhandelbare Gewißheiten jeder offenen Prüfung entzogen, aber gleichwohl auch für die Widerstrebenden verbindlich gemacht werden sollen.

Politischer Fundamentalismus ist darum immer auch ein Dogmatismus. Aber er ist stets mehr als das. Fundamentalismus kann zu dem werden, was häufig Totalitarismus genannt wird, aber – abgesehen von den Unklarheiten und offenen Flanken dieses politischen Begriffs – er wird es nicht in jedem Fall, und er ist niemals dadurch allein gekennzeichnet. Fundamentalismus ist vielmehr eine neuartige *politische Ideologie in der Moderne*, die in spezifischen Modernisierungskrisen Auftrieb gewinnt. Er ist, wie die vergleichende empirische Analyse zeigt, nicht das eigentliche Wesen einer der Kulturen der Welt, sondern ein spezifischer Zivilisationsstil, der die je besonderen Überlieferungen einer jeden der Kulturen der Welt in Konkurrenz zu anderen Zivilisationsstilen innerhalb derselben Kultur auslegt und in einer besonderen Praxis verkörpert.

Identitätstheoretisch betrachtet ist der Fundamentalismus die Struktur einer *geschlossenen Identität*, die Ambivalenzen ausschließen will und sich ihrer selbst erst gewiß wird, wenn sie durch Differenzen und Alternativen innerhalb der für sie maßgeblichen sozialen Bezugsgruppen nicht mehr in Frage gestellt werden kann.[11]

5. Fundamentalismus – eine moderne Projektion?

Gegen den Fundamentalismusbegriff werden u. a. zwei Einwände geltend gemacht. Der erste lautet, der Begriff sei zu weit gefaßt, um noch sinnvolle Unterscheidungen treffen zu können. Der *zweite* setzt tiefer an, indem er die Kategorie Fundamentalismus selbst zu einer spezifischen Idee der westlichen Kultur erklärt, die schon als solche in ihrer Anwendung auf andere Kulturen deren prinzipielle Differenz verkenne. Dieses *kulturpartikularistische* Argument wird oft vehement mit dem Gestus *größtmöglicher Toleranz* und sozusagen *blindem Differenzverstehens* verknüpft, der schon das kritische Hineinfragen in andere Kulturen und Religionen als eine Art westlich kulturimperialistischer Haltung brandmarkt. Angemessen sei vielmehr allein die Ehrfurcht vor dem ganz Anderen und der Verzicht, es überhaupt in Begriffen verstehen zu wollen, die *wir* mitbringen können.

Gegen den ersten Einwand sprechen eine grundbegriffliche Überlegung und eine realgesellschaftliche Erfahrung. Kulturelle Moderne und Modernisierung haben in diesem Jahrhundert *universelle* und *globale* Bedeutung gewonnen. Überall in der Welt sind in ihrer Grundstruktur und Entfaltungslogik ähnliche Prozesse der Modernisierung in Gang gekommen, wenn auch durch die unterschiedliche kulturelle Einbettung auf unterschiedlich ak-

11 Vgl. dazu die klassische Studie von Rokeach 1960.

zentuierte Weise. Die Prozesse der Rationalisierung, Individualisierung und Universalisierung sind von Richard Münch (1986) als Modernisierungs*logik* bezeichnet worden. Diese Änderungs*richtung* ist eine ähnliche in allen Kulturen, auch wenn sich die Kraft, Eindeutigkeit und Geschwindigkeit ihrer Durchsetzung je nach der Ausgangslage der verschiedenen Traditionen von Kultur zu Kultur sehr erheblich unterscheiden.

Das in stetem Wandel begriffene jeweils kulturspezifische Produkt aus den Vorgaben der Tradition und der Wirkung der Modernisierungslogik nennt Münch hingegen Modernisierungs*dynamik*. Grundbegrifflich erscheint es darum geboten, für eine spezifische Form soziokultureller Gegenmodernisierung einen Begriff von gleicher Reichweite zu verwenden wie den der Modernisierung. Er bezieht sich auf genau diejenigen politischen Ideologien und Bewegungen, die auf eine spezifische Weise gegen die Richtung und die Kräfte der Modernisierungslogik wirken. Als analytischer Grundbegriff macht Fundamentalismus darum Sinn. Das, was er bezeichnet, läßt sich, wie gezeigt wurde, in strukturellen Kategorien beschreiben, die sich in äußerst verschiedenartigen kulturellen Umwelten entfalten können. Der Kern dieser Strukturen ist die Form des Umgangs mit Differenzen aus dem Geist absoluter Gewißheit. Insofern handelt es sich beim Fundamentalismus ebenso wie bei der Modernisierung um *kulturell universelle* Grundbegriffe, die überall Anwendung finden, wo sich die von ihnen bezeichnete Sache zeigt.

Soweit nun die Differenzierung im aktuellen Verständnis derselben kulturellen Überlieferung tatsächlich in einem nennenswerten Ausmaß stattfindet, stellt sich das Problem des kulturellen und politischen Umgangs mit ihr global. Und in der Tat wird *innerhalb* vieler der inhaltlich höchst unterschiedlichen Kulturen diese Kontroverse um den politischen Umgang mit kulturellen Differenzen geführt, zumeist unter expliziter Verwendung des Fundamentalismusbegriffs *innerhalb* der jeweiligen Kultur selbst.

Die Anwendungsfrage mag für einen weitgreifenden Grundbegriff in einem gewissen Ausmaß immer strittig sein, das mindert aber nicht seinen analytischen Gehalt. Freilich muß dabei die oberflächliche, wenn auch häufige Verwechslung vermieden werden, als handle es sich bei der *Kultur der Moderne* um nichts weiter als den sogenannten *»westlichen Lebensstil«* und nicht die *Grundnorm* für den gewährenden Umgang mit unterschiedlichen

Lebensstilen im Rahmen verbriefter Rechte. Die Sache gibt es in strukturell übereinstimmender Form in allen Kulturen der Gegenwart. Wer das Wort nicht schätzt, muß ein anderes finden, dessen zugehöriger Begriff dieselbe Sache bezeichnen müßte.

6. Empirische Befunde zu kulturellen Unterschieden

Huntington und andere Kulturtheoretiker markieren zur Begründung der Unverträglichkeitsthese v. a. soziale *Grundwerte* als das Feld, durch das sich die Bruchlinien der Verständigungsunfähigkeit zwischen den Kulturen zögen. Grundwerte sind Normen für die sozialen Beziehungen zwischen Menschen und für die von ihnen anerkannte öffentliche Ordnung. Sie regeln Möglichkeiten und Formen des Zusammenlebens von Menschen und Gruppen und schaffen Anlässe und Rechtfertigungen für Konflikte und das Verlangen nach sozialem und politischem Wandel. Huntington hat seine These daher ausdrücklich auf die Unvereinbarkeit von Grundwerten zwischen den Kulturen gestützt.

Genau diese Grundlage der Unvereinbarkeitstheorie erweist sich indessen im Lichte *empirischer Wertvergleiche* zwischen höchst unterschiedlichen Kulturen als unhaltbar. Dem Verständnis kultureller Strukturen dient das von Hofstede (1993) für seine eigenen empirischen Erhebungen herangezogene vereinfachte Modell. Ihm zufolge bilden *Werte* bzw. *Grundwerte* die tiefste Schicht des Sinngefüges einer Kultur. Auf ihr beruhen *Rituale*, *Heldenbilder* und *Symbole*, die das Sinnverständnis in verschiedener Hinsicht und für verschiedene Lebensbereiche konkret und anschaulich machen und ihrerseits in verschiedenartigen *Praktiken* zum Ausdruck kommen können. Gleichheit oder Ungleichheit sind solche Grundwerte, Napoleon ein kulturprägender Held, das Fest des 14. Juli in Frankreich ein zugehöriges Ritual und die Trikolore eines der verbundenen Symbole. Das Hissen der Fahne, die Kranzniederlegung am Grabmal des Unbekannten Soldaten beispielsweise sind profane Praktiken, religiöse etwa das Tragen des Kaftans bei orthodoxen Juden oder das Kahlscheren des Kopfes von Gläubigen auf der Pilgerschaft. Natürlich besteht zwischen den konkreten Ausdrucksformen einer Kultur und ihren Grundwerten kein einfaches Ableitungsverhältnis, aber die Grundwerte bilden den weitesten Sinnhorizont für alles Übrige.

Obgleich sie darum den kulturellen Wandel leiten und begrenzen, sind sie ihm selbst auf längere Frist keineswegs entzogen.

Die Grundwerte sind von ausschlaggebender Bedeutung, weil ja, um die Grundbegriffe von Hofstedes Modell zu wählen, die Geltung von *Gleichheit* oder *Ungleichheit* (als akzeptierte *Machtdistanz*), *Individualismus* oder *Kollektivismus*, Verständnis und Geschlechterzuschreibung von *Maskulinität* oder *Femininität* als Sozialrollen, Vermeidungszwang oder Akzeptanzfähigkeit für *Unsicherheit*, *Langfrist-* oder *Kurzfristorientierung* der Lebensführung für das Leben von Individuen und Gruppen Sinn und Orientierung bieten, ihre sozialen Ordnungen strukturieren und die wesentlichen Legitimationsideen für das politische System und seinen Prozeß zur Verfügung stellen. Religiöse Überzeugungen sind ursprünglich und in höchst unterschiedlichem Ausmaß auch gegenwärtig die übergreifenden großen Hintergrunderzählungen, in denen sich die Ursprünge der Natur und der jeweiligen gesellschaftlichen Gruppen mit der Geltung ihrer Gemeinschaftswerte, den Regeln für die Lebensführung und dem Schicksal der Individuen nach ihrem Tod verknüpfen.

Die enge Verbindung der jeweils speziellen religiösen Heilslehren der Kulturen mit ihren sozialen Grundwerten und den dominanten wirtschaftlichen und politischen Handlungsorientierungen, die Max Weber (1968) für alle großen Religionen in seiner Religionssoziologie herstellte, sind in gewissem Maße bis heute verständnisleitend geblieben. Sie sind, auf ihre Weise, auch Grundlage der These Huntingtons, allerdings unter Außerachtlassung der einschränkenden Annahme Webers, daß nicht allein die dogmatische Überlieferung der Heilslehren, sondern ebenso die *soziale Lage* und die *sozialen Interessen* der gesellschaftlichen Gruppen, die sie verbindlich *interpretieren*, für deren konkrete Auslegung und deren sozialen Geltungssinn von ausschlaggebender Bedeutung sind. Aus dem Wandel in der Verknüpfung dieser gesellschaftlichen Faktoren mit den Lehren der kulturellen Überlieferung kann eine *Dynamik* kultureller Veränderung hervorgehen, die eben die gleiche religiöse Lehre das eine Mal zum Käfig sozialer und wirtschaftlicher Beharrung, wie zu Zeiten der Dominanz der katholischen Weltsicht im Mittelalter, und das nächste Mal zum Sprengsatz sozialer und wirtschaftlicher Revolutionen werden lassen kann, wie in der Periode des Calvinismus und Frühkapitalismus. Wirtschaftliche Möglichkeiten, soziale Erfahrungen sowie die Interessen der gesellschaftlichen Führungsgruppen wirken kausal darauf ein, was eine gegebene Kultur für eine bestimmte gesellschaftliche Gruppe in einer gegebenen Lage bedeutet. Sie entscheiden v.a. auch darüber mit, ob die Kultur ihr Selbstverständnis im friedlichen Zusammenleben mit oder im aggressiven Kampf gegen andere Religionen und Kulturen findet. Die erforderlichen Deutungs*spielräume* für solche Unterschiede lassen sich im Zweifesfalle aus so gut wie *jeder Überlieferung* gewinnen.

Verschiedene empirische interkulturelle Vergleichsstudien im Bereich der Grundwerte aus den letzten Jahren haben eine Reihe von Erkenntnissen begründet, die das Bild von den geschlossenen Kulturen, die keine Gemeinsamkeiten aufweisen, unheilbar erschüttert haben (vgl. Hofstede 1993). Diese Erkenntnisse, die an dieser Stelle nicht im einzelnen entfaltet werden können, lassen sich folgendermaßen resümieren:

– Ähnliche Grundwerte finden sich in höchst unterschiedlichen religiös bestimmten Kulturen, während Gesellschaften, die sich derselben kulturellen Tradition zurechnen, mitunter gravierendere Unterschiede in ihrem Werteverständnis zu anderen Gesellschaften des eigenen Kulturkreises aufweisen als zu anderen Gesellschaften anderer Kulturkreise (Beispiel: Beim Grundwert Gleichheit sind sich Malaysia, die Philippinen, die arabischen Länder und Indien wesentlich näher als Japan, die USA, Deutschland oder Israel).

– Wichtige Werteentwicklungen wie der sogenannte *Postmaterialismus* mit seiner Hinwendung zur Selbstbestimmung in Arbeit, Lebenswelt und Freizeit, zu mehr Freiheit und zu mehr Rücksichtnahme auf die natürliche und soziale Umwelt setzen sich in *annähernd gleichem Umfang und Tempo* in Gesellschaften nach Maßgabe ihrer Wohlstandsentwicklung durch, ganz unabhängig von den spezifischen kulturellen Überlieferungen. (So haben Japan, Belgien, die Türkei und Spanien annähernd gleiche Daten in diesem Bereich, obwohl sie völlig unterschiedlichen Kulturkreisen angehören.)

– Sogar in der Wertschätzung des *Individualismus* spielen die kulturellen Traditionen nur eine begrenzte Rolle. Indien, Japan, Spanien, Argentinien und Israel haben annähernd gleiche Werte, während einige islamisch und christlich geprägte Gesellschaften größte Unterschiede untereinander aufweisen.

– Alles, was wir bisher wissen, spricht darüber hinaus dafür, daß innerhalb gegebener Gesellschaften die kulturellen Wertorientierungen sowie die anderen maßgebenden kulturellen Faktoren in höchstem Maße voneinander abweichen, in einigen Bezugsgruppen stärker als zwischen den vergleichbaren Bezugsgruppen in verschiedenen Kulturen. Gesellschaften differenzieren sich in der Gegenwart v. a. in *soziokulturelle Milieus* aus, deren einzelne Gruppen nur zum Teil nach Maßgabe von Einkommen und Ausbildung, zum Teil aber auch nach unterschiedlichen Entwürfen ihrer Lebensethik und Alltagsästhetik voneinander geschieden sind. Das Maß der Zustimmung zu Gleichheit oder Individualismus etwa hängt in und zwischen Indien, Japan, Israel, Thailand oder Deutschland mehr davon ab, welchem *sozialethischen* Milieu der einzelne zugehört als davon, aus *welcher Gesellschaft* er kommt.
Die empirische Forschung zeigt, daß es Übereinstimmungen der Grundwerte zwischen den Kulturen gibt und daß die Differenzierungen zwischen den Kulturen und innerhalb der einzelnen Gesellschaften überwiegend andere Ursachen haben als etwa die unentrinnbare Ankettung der Gruppen an bestimmte Dogmen ihrer kulturellen Tradition. Was überwiegt, ist der Wandel und die Unterscheidung nach Maßgabe konkreter Erfahrungen und gesellschaftlicher Entwicklungen. In wichtigen Bereichen, die für das gesellschaftliche und globale Zusammenleben zentral sind, wie der Gleichheit, dem Individualismus und dem Postmaterialismus, zeigt sich zudem eine deutliche Tendenz zur Verringerung der Unterschiede.

Schon heute ist die *innergesellschaftliche Differenzierung* der soziokulturellen Milieus im Begriff, die *zwischengesellschaftliche kulturelle Differenzierung* an Bedeutung zu überragen.[12] Für das, was der einzelne aus seinem kulturellen Herkommen macht und machen kann, wird es immer wichtiger, welcher Gruppe *in* seiner Gesellschaft er sich zurechnet, aus welcher Gesellschaft und Kultur er entstammt. Weder die Interpretation der kulturellen Überlieferungen selbst noch diese empirischen Erkenntnisse können es daher als Überraschung erscheinen lassen, daß ernstgemeinte und

12 Das Sigma-Institut Mannheim führt gegenwärtig unter der Leitung von Jörg Ueltzhöffer und Carsten Ascheberg vergleichende Forschungen zur Struktur der soziokulturellen Milieus in Thailand und Japan durch, auf deren unveröffentlichte Zwischenergebnisse ich mich teilweise stütze.

konkrete Verständigungsversuche zwischen Vertretern der Kulturen der Welt regelmäßig zu substantiellen Übereinstimmungen in Grundfragen des Zusammenlebens und der Stellung des Menschen in seiner Gesellschaft führen. Dies hat zuletzt das von Hans Küng (1994) vorbereitete Parlament der Weltreligionen in Chicago aufs neue gezeigt. Aus den Lehren aller Weltreligionen haben dort Gruppen ihrer Vertreter Mindestübereinstimmungen für Normen ihres gegenseitigen Respekts, der Achtung der menschlichen Würde, der Gewaltfreiheit, der Toleranz und Wahrhaftigkeit, der gleichen Grundrechte, einer solidarischen Weltwirtschaftsordnung und der Partnerschaft zwischen den Geschlechtern destilliert, die innergesellschaftliche und globale Kooperation zwischen ihnen allen möglich und fruchtbar machen können, ohne die kulturelle Identität irgendeiner der Gruppen in Frage zu stellen.

7. Empirische Evidenzen zur Ambivalenz der Moderne

Drei Quellen empirischer Erkenntnis sprechen eine eindeutige Sprache gegen die Ideologie vom Kulturkampf:
1. Die *Fundamentalismusforschung* zeigt, daß die verständigungsfeindliche Auslegung überall nur eine Strömung in den Kulturen der Welt ist, die innerhalb derselben Kultur in Frage gestellt wird.
2. Die kulturübergreifende *Werteforschung* zeigt, daß Unterschiede und Gemeinsamkeiten im Verständnis der Grundwerte, die auf Lebensentwürfe Einfluß nehmen und das öffentliche Leben legitimieren, nicht durch die Unterschiede kultureller Überlieferung unentrinnbar vorprogrammiert sind.
3. *Wirkliche Dialoge* beweisen, daß Verständigung über die Grundfragen der Behandlung von Menschen und der Organisation öffentlicher Ordnung auch zwischen authentischen Vertretern der Weltreligionen gelingt, wo sie gewollt wird.
Es sind also nicht die kulturellen Unterschiede, die Verständigung behindern, sondern der politische Gebrauch, der von ihnen gemacht wird. Die bisherige Forschung hat erkennen lassen, daß die gesellschaftliche und politische Breitenwirkung des fundamentalistischen Zivilisationsstils als Folge der politischen Instrumentalisierung kultureller Unterschiede vom *Ausmaß und von der Kumulation der Erfahrung großer Menschengruppen mit bestimmten Modernisierungskrisen* abhängt. Es sind *vier Typen von*

Krisen, die gegebenenfalls je für sich, um so mehr freilich, wenn mehrere von ihnen zugleich wirksam werden, fundamentalistischen Strategien den Nährboden bieten:

1. Soziokulturelle *Kränkungserfahrungen*, wenn durch kulturelle oder soziale Entwicklungsbrüche das Identitätsverständnis und das Verlangen nach Anerkennung gesellschaftlicher Gruppen massiv bedroht erscheinen.[13]
2. Soziale Abstiegserfahrungen oder deren Drohung ohne Aussicht auf Kompensation.
3. Wirtschaftliche Not ohne glaubwürdige Aussicht auf Besserung.
4. Völliger Vertrauensverlust in die herrschenden politischen Eliten.

Die Entwicklung in Algerien in den neunziger Jahren, wo sich alle vier skizzierten Krisen in ausgeprägter Weise gleichzeitig ereignen, illustriert diesen Zusammenhang zwischen Krisenerfahrung und Fundamentalismus. Häufig lassen sich die Anhänger fundamentalistischer Kampagnen und deren politische Regisseure dabei von ganz unterschiedlichen Motiven leiten. Während große Teile der Anhängerschaft in der Hauptsache an Anerkennung durch feste Identität und an sozialer Absicherung interessiert sind, geht es den Regisseuren, denen es an beiden persönlich gerade nicht mangelt, um die Konstruktion politischer Machtressourcen um politischer Herrschaft willen. Die politische Instrumentalisierung kultureller Unterschiede ermöglicht die Symbiose der verschiedenen Interessen, die anscheinend beide durch den Fundamentalismus befriedigt werden.

Aus diesen Gründen ist Fundamentalismus kein Schicksal und der Kampf der Kulturen alles andere als ein unvermeidlicher Reflex ihrer Unterschiedlichkeit. Er ist vielmehr ein Ausdruck unbewältigter Krisenerfahrungen in den Prozessen gesellschaftlicher Differenzierung und Modernisierung. Er kann diese Krisen niemals nachhaltig überwinden, da seine eigenen kulturellen, sozialen und politischen Handlungsprogramme aufgrund ihrer stets zur einfachen und zur geschlossenen Struktur für eine erfolgversprechende Reformpolitik ungeeignet sind. Der intellektuelle politische Nachweis in jedem gegebenen Falle, daß dies so ist, reicht aber, wie alle angeführten Gründe belegen, als Mittel der Eindäm-

13 Das ist die zutreffende Kernthese von Tibi 1992.

mung des Fundamentalismus nicht aus, solange die wirklichen Krisen andauern, die ihm materielle Nahrung zuführen.

Literatur

Elias, N.: *Der Prozeß der Zivilisation.* Frankfurt/M. 1976.

Flaig, B./Meyer, Th./Ueltzhöffer, J.: *Alltagsästhetik und politische Kultur.* Bonn 1997.

Habermas, J.: *Faktizität und Geltung.* Frankfurt/M. 1992.

Heitmeyer, W./Müller, J./Schröder, H.: *Verlockender Fundamentalismus.* Frankfurt/M. 1997.

Hofstede, G.: *Interkulturelle Zusammenarbeit.* Wiesbaden 1993.

Huntington, S. P.: *The Clash of Civilizations?*, in: *Foreign Affairs.* Vol. 72, No. 3. 1993, S. 22-49.

Ders.: *Kampf der Kulturen.* München/Wien 1996.

Kepel, G.: *Die Rache Gottes. Radikale Moslems, Christen und Juden auf dem Vormarsch.* München 1991.

Krappmann, L.: *Soziologische Dimensionen der Identität.* Stuttgart 1988.

Küng, H.: *Projekt Weltethos.* München 1994.

Marty, M. E./Appleby, S. R.: *Fundamentalism and the State.* Chicago 1993.

Dies.: *Fundamentalisms Observed.* Chicago/London 1991.

Dies.: *Herausforderung Fundamentalismus. Radikale Chisten, Moslems und Juden im Kampf gegen die Moderne.* Frankfurt/New York 1996.

Meyer, Th.: *Fundamentalismus. Aufstand gegen die Moderne.* Reinbek bei Hamburg 1989a.

Ders. (Hg.): *Fundamentalismus in der modernen Welt.* Frankfurt/M. 1989b.

Ders.: *Identitäts-Wahn. Über die Politisierung des kulturellen Unterschieds.* Berlin [2]1998.

Münch, R.: *Die Kultur der Moderne.* Frankfurt/M. 1986.

Riesebrodt, M.: *Fundamentalismus als patriarchalische Protestbewegung. Amerikanische Protestanten (1910-1928) und iranische Schiiten (1961-1979).* Tübingen 1990.

Rokeach, M.: *The Open and Closed Mind.* New York 1960.

Tibi, B.: *Die fundamentalistische Herausforderung: Der Islam und die Weltpolitik.* München 1992.

Voll, K.: *Fundamentalistischen Tendenzen unter Hindus und Moslems in Indien*, in: Meyer, Th. (Hg.): *Fundamentalismus in der modernen Welt.* Frankfurt/M. 1989b.

Weber, M.: *Wirtschaft und Gesellschaft.* Köln 1968.

Martin Riesebrodt
Fundamentalismus, Säkularisierung und die Risiken der Moderne

Der offensichtliche Widerspruch zwischen der Säkularisierungserwartung westlicher Intellektueller und dem weltweiten Erstarken religiöser und speziell fundamentalistischer Bewegungen hat zu einer Flut von Publikationen geführt, in denen der Versuch unternommen wurde, diese kognitive Dissonanz zu bewältigen. Innerhalb der Literatur haben sich dabei zwei merkwürdige Tendenzen abgezeichnet: einerseits ein kontrafaktisches Festhalten am Glauben als einen letztlich unaufhaltsamen Säkularisierungstrend, andererseits ein peinlich berührtes Abwenden von der Säkularisierungsthematik oder gar eine Erklärung stattgefundener Säkularisierungsprozesse primär aus spezifischen religiösen Marktkonstellationen.

Autoren, die an der Unaufhaltsamkeit des Säkularisierungstrends festgehalten haben, haben nach Ersatzerklärungen gesucht, welche die Grundannahmen ihrer Geschichtsteleologie letztlich unangetastet ließen. Unter dem Motto: Die Theorie muß stimmen, wurde das Erstarken religiöser Bewegungen nicht als empirische Widerlegung einer zumindest zu simplen und somit partiell falschen Säkularisierungsannahme verstanden, sondern eher – nach dem Modell der Parusieverzögerung – als vorübergehende Störung eines dennoch unaufhaltsamen Trends gewertet. Im Einklang damit wurde dann empört der Anschlag des Fundamentalismus auf »die Moderne« beklagt, so als handele es sich dabei um einen »Besitzstand«, den es nun im Kampfe des Lichtes gegen die Finsternis zu retten gelte; so etwa Thomas Meyer (1989), aber keinesfalls nur er. Selbst wenn man mit einem solchen Aufruf zur Verteidigung wesentlicher Elemente der westlichen Moderne politisch übereinstimmt, so drückt sich in der Art der Problemdefinition und in der Strategie zu seiner Bewältigung eine Haltung aus, die weder zum analytischen Verständnis noch zur diskursiven Versachlichung angemessen beiträgt und die selbst in ihrem Manichäismus nicht gerade spezifisch »modern« erscheint.

Innerhalb des Lagers von Vertretern der Säkularisierungsthese haben andere Autoren in einer Art verzweifeltem Optimismus versucht, in fundamentalistischen Bewegungen den Anpassungseffekt an die Moderne zu identifizieren. So haben etwa Gellner (1981) und Waardenburg (1983) den »puritanischen Geist« und die ethische Rationalisierung im islamischen Fundamentalismus hervorgehoben, und Arjomand (1988) hat die Einbeziehung breiter Bevölkerungsschichten in die moderne Massenpolitik betont. Obgleich diese Argumente keineswegs falsch sind, scheinen sie jedoch zu einseitig einem modernisierungstheoretischen Modell verpflichtet, einer Perspektive, die schon in der Faschismusdiskussion eher irritierend war. Die magische Beschwörung der Moderne kreiert keine modernen Sozial- und Denkstrukturen; sie schafft auch nur vorübergehend die Illusion, daß sich solche Strukturen aus funktionaler Notwendigkeit von selbst herstellten und legitimierten. Auch wird »die Moderne« von unterschiedlichen Gruppen, Klassen und Schichten ganz verschieden erfahren und löst demzufolge entsprechend unterschiedliche Reaktionen aus.

Im Gegensatz zu den Verteidigern der modernisierungstheoretisch begründeten Säkularisierungserwartung haben andere Autoren unter Zugrundelegung eines religiösen Marktmodells und einer behavioristischen Psychologie die Säkularisierungstheorie und Säkularisierungsthematik als spezifisches Merkmal der westlichen Moderne weitgehend über Bord geworfen. Extreme Säkularisierung sei lediglich der Effekt eines fehlenden religiösen Marktes und sei somit weder ein Zukunftstrend noch eine notwendige Begleiterscheinung der (westlichen) Moderne. Partielle Säkularisierung finde zwar statt aufgrund der Herausbildung anderer kultureller Systeme, welche Kompensation für relative Deprivation anböten, aber Religion sei damit noch lange nicht am Ende. Denn solange Akteuren volle Bedürfnisbefriedigung verwehrt sei, so lange würden sie auch auf dem religiösen Markt nach Ersatzbefriedigung für relative Deprivationserfahrungen suchen. Da relative Deprivation aber eine unaufhebbare Bedingung menschlicher Existenz sei, fände vollständige Säkularisierung nicht statt. Was sich verändere, sei lediglich die Rolle von Religion in modernen Gesellschaftssystemen (Stark/Bainbridge 1996, Young 1997).

Da der »Markt« in diesen Theorien nicht nur als ein mögliches, historisch kontingentes Organisationsmodell, sondern als ein »natürliches«, überhistorisches sowie zugleich moralisch gutes Prinzip verstanden wird, weil er allein der utilitaristischen Psychologie von individueller Glücksmaximierung angemessen sei, erscheint extreme Säkularisierung primär als Effekt einer illegitimen Intervention in eine (irgendwie doch metaphysisch gewollte?) natürliche Ordnung. Was an diesen Theorien verwundert, ist die Simplizität nicht nur ihrer Psychologie, sondern auch ihrer Erklärung von stattgefundenen Säkularisierungsprozessen. Dennoch muß man anerkennen, daß hier wenigstens der Versuch unternommen wird, den Widerspruch zwischen Säkularisierungserwartung und dem Wiederaufleben religiöser Bewegungen theoretisch anzunehmen und zu erklären.

Bei anderen Autoren hat die unvorhergesehene Koinzidenz von Prozessen der Säkularisierung mit Prozessen religiöser Revitalisierung eher zu Rückzugstendenzen geführt. So hat etwa Hans Kippenberg den Vorschlag gemacht, die Säkularisierungsthese aufzugeben und sich statt dessen der Religionspragmatik zuzuwenden. Und offenbar unter dem Eindruck der Debatte über fremdes Denken hat er dies verbunden mit der Aufgabe eines einheitlichen Religionsbegriffs (vgl. Kippenberg 1983, 1986, 1991 sowie Kippenberg/Luchesi 1978). Obgleich ich mit ihm in Weberscher Tradition die Religionspragmatik für eine zentrale Perspektive der Religionssoziologie halte, bin ich nicht der Ansicht, daß man die Säkularisierungsthematik einfach ausklammern sollte oder daß man Religionssoziologie ohne einheitlichen Religionsbegriff betreiben kann. Denn selbst ein jeweils historisierter und kulturell spezifizierter Religionsbegriff macht nur Sinn, wenn er in wesentlichen Elementen mit anderen vergleichbar bleibt. Die Bestimmung solcher Gemeinsamkeiten führt aber zwangsweise zur Formulierung eines generellen Religionsbegriffs.

Anstatt auf bisherige Positionen unangemessen zu beharren oder sie vorschnell über Bord zu werfen, sollte man die gegenwärtige Irritation in der Religionssoziologie als Anlaß nutzen, die religionstheoretischen Prämissen zu überdenken, von denen aus Säkularisierungsprozesse und das Wiedererstarken religiöser Bewegungen als Widerspruch erscheinen. Das Problem liegt m. E. in der Unzulänglichkeit der zur Zeit gängigen Religionstheorien, wie etwa denen von Bellah, Berger, Geertz oder Luckmann. Sie alle stammen aus den sechziger Jahren und sind durch ihre starke modernisierungstheoretische Prägung lediglich partiell hilfreich. Alle vier repräsentieren auf unterschiedliche Weise eine einseitige Aneignung klassischer Theorien des 19. und frühen 20. Jahrhunderts, von Kant, Hegel, Feuerbach und Marx zu Durkheim, Simmel, Freud und Weber. In ihren konventionalisierten Varianten bestätigen sie alle nur noch, was wir ohnehin zu wissen glauben. Für eine Erklärung des scheinbaren Paradoxes von einerseits Säkularisierungsprozessen sowie andererseits einem Wiedererstarken religiöser Bewegungen scheinen sie wegen ihrer starken Betonung der kognitiven und moralischen Integrationsfunktion von Religion bzw. wegen ihrer Annahme einer notwendigen Privatisierung von Religion in der westlichen Moderne unzureichend ausgestattet.

Mit anderen Worten, zur Erklärung der Koinzidenz beider Trends helfen uns weder eine Leugnung empirischer Tatsachen noch ein Aufgeben theoretischer Ambitionen weiter, sondern allein eine bessere Religionstheorie. Im Unterschied zu anderen (Warner 1993) sehe ich diese bessere Religionstheorie im »rational choice«-Ansatz nicht verwirklicht. Leider bleibt auch die Religionstheorie von Günter Dux (1982), mit der ich in einigen Punkten durchaus übereinstimme, wegen ihrer einseitigen Fixierung auf kognitive Prozesse sowie ihrem unglücklichen Festhalten an einem antiquierten Evolutionsmodell letztlich unbefriedigend.

Ich will im folgenden deshalb zunächst eine solche Religionstheorie in ihren Grundzügen skizzieren, die in der Lage ist, beide Prozesse adäquat zu erklären. Ich gehe dabei auf theoretische Ansätze zurück, die sich gleichfalls in klassischen Texten von Hobbes über Spinoza, Hume, Feuerbach und Marx bis zu Durkheim, Marett, Weber und Freud finden lassen, aber im Verlauf des 20. Jahrhunderts zugunsten anderer Elemente in den Theorien derselben Autoren an den Rand gedrängt wurden. Im Unterschied zu den gängigen Theorien mit ihrer Betonung der moralischen, ethischen oder kognitiven Funktionen von Religion für die Reproduktion sozialer Systeme oder für die Formung kultureller und politischer Ordnungen im affirmativen wie im kritischen Sinne lege ich den Schwerpunkt stärker auf die Logik religiöser Praktiken aus der Perspektive handelnder sozialer Subjekte, ohne deren Motive auf eine – aus meiner Sicht banale – utilitaristisch-behavioristische Psychologie zu reduzieren.

In einem zweiten Schritt wende ich diesen theoretischen Rahmen dann auf Prozesse der Säkularisierung wie auch des weltweiten Auflebens fundamentalistischer Bewegungen an. Die Bewährung der Theorie bestünde in ihrer Fähigkeit, beide Prozesse hinreichend zu erklären. Aus Raumgründen muß ich hier darauf verzichten, die Theorie ausführlicher darzulegen und in eine Diskussion anderer Ansätze einzubetten. Ich werde dies an anderem Orte nachholen.

1. Religion und Krisenerfahrung

Der Ausgangspunkt der Theorie beruht auf einigen Grundannahmen, die hinlänglich bekannt sind. Danach ist die Möglichkeit – nicht jedoch die Notwendigkeit! – von Religion in anthropologischen Bedingungen begründet. Im Verlaufe des evolutionären Menschwerdungsprozesses hat menschliches Verhalten seine Instinktregulierung weitgehend verloren, wodurch es in zunehmendem Maße auf Deutung, Sinngebung und Regulierung von Sozialverhalten, kurz: auf Kultur, angewiesen ist. Alles Gesellschaftliche ist deshalb kulturell geprägt und drückt somit »Kultur« aus. Darüber hinaus finden sich in allen Gesellschaften Institutionen, welche sich speziell mit Fragen der Deutung, Sinngebung und Regulierung von Sozialverhalten befassen und somit im engeren Sinne als »kulturell« bezeichnet werden können.

Innerhalb jeder Gesellschaft lassen sich idealtypisch zwei Dimensionen unterscheiden: Phänomene, Prozesse und Ereignisse, die weitgehend als alltäglich und beherrschbar gelten, und solche, die als außeralltäglich, riskant und bedrohlich sowie als von »normalen« Menschen nicht kontrollierbar gelten. Sofern angenommen wird, daß 1. die Dimension des Außeralltäglichen von übermenschlichen/außergewöhnlichen Mächten kontrolliert wird, zu denen man 2. auf irgendeine Weise Zugang haben und diese dadurch 3. im eigenen Interesse beeinflussen kann, spreche ich von Religion. Mit anderen Worten: Religiöse Glaubens- und Deutungssysteme erklären das Außeralltägliche, Riskante, Bedrohliche, von Menschen Unkontrollierte und veralltäglichen es gleichzeitig in einem gewissen Grade, indem sie es aus der subjektiven Sicht des Glaubenden zumindest indirekt doch wiederum kontrollierbar machen. Religion entsteht somit nicht aus dem individuellen Streben nach Bedürfnisbefriedigung oder Ersatzbefriedigung, wie im »rational choice«-Ansatz postuliert, sondern stellt eine kognitive wie emotionale Bewältigungsstrategie gegenüber Situationen individueller und kollektiver Bedrohung dar.

Religiöse Praktiken repräsentieren somit Prozeduren zur Beeinflussung übermenschlicher Mächte (oder in einigen Fällen Strategien und Techniken der Selbstermächtigung), welche im jeweiligen kulturellen Kontext für effizient gehalten werden. Sie stellen Versuche der praktischen Bewältigung des Außeralltäglichen dar, welche in der Regel auf der subjektiven Annahme sozialer Beziehungen zu übermenschlichen Mächten (bzw. der Selbstermächtigung) beruhen.

Die Erfahrung des Außeralltäglichen (Riskanten, Unbeherrschbaren) beziehen sich primär auf drei Dimensionen, die man analytisch unterscheiden kann, auch wenn sie sich keineswegs mit den von der jeweiligen Gesellschaft verwendeten Kategorien decken: auf die Natur, den menschlichen Körper sowie soziale Herrschaft. Je nach Gesellschaftstyp finden wir demzufolge in unterschiedlichem Grade eine Verdichtung religiöser Praktiken im Bereich der Manipulation der Natur (v. a. Wetter, Ernte, Jagd), des menschlichen Körpers (v. a. Tod, Krankheit, Fruchtbarkeit) sowie im Bereich sozialer Über- und Unterordnung (v. a. Legitimation von Herrschaft, Sanktion, Recht, Krieg) und sozialem Statuswechsel von Individuen und Gruppen (v. a. *rites des passages* sowie sozialem Auf- und Abstieg).

Die hier skizzierten theoretischen Annahmen werden auch dadurch bestätigt, daß sich selbst in weitgehend säkularisierten Gesellschaften religiöse Rituale und Symbole in den Bereichen von Herrschaft (Vereidigung politischer Funktionsträger, Rechtsprechung), Krankheit (religiöse Funktionäre und Symbole in Krankenhäusern), Krieg (Militärgeistliche) und Tod (Beerdigungen) am zähesten gehalten haben.

Rituale und andere religiöse Praktiken dienen somit der kognitiven wie praktischen Bewältigung des eigentlich gesellschaftlich Unbeherrschten. Sie schaffen eine relative Entdramatisierung des Bedrohlichen durch die Institutionalisierung von Handlungs- und Verhaltensstrategien, die im Einklang mit übermenschlichen Mächten das eigentlich Unkontrollierte in den Bereich des zumindest indirekt Beherrschbaren transformieren. Das Wissen, welche Methoden Zugang zu den übermenschlichen Mächten ermöglichen und welche Handlungsstrategien das Risiko neutralisieren, ist in der Regel gesellschaftlich ungleich verteilt und wird oft von Spezialisten appropriiert, welche untereinander in Konkurrenz stehen können (Weber 1922, Bourdieu 1991). Erfolgreiche Aneignung der Vermittlungskompetenz bildet eine Grundlage für Herrschaft.

Theologie ist von solchen religiösen Praktiken zu unterscheiden. Da religiöse Traditionen oft von Intellektuellen dominiert und repräsentiert werden, wird Religion oft mit Theologie verwechselt. Theologie im weiteren Sinne des Wortes bezieht sich jedoch auf Diskurse über angemessene Imaginationen übermenschlicher Mächte und effektive Methoden ihrer Beeinflussung bzw. Evozierung im Handelnden selbst. Es handelt sich um eine traditionsinterne normative Theorie der Religion, welche versucht, auf die religiöse Praxis gestaltend Einfluß zu nehmen. Es handelt sich aber nicht um eine religiöse Praxis im eigentlichen Sinne.

Der Versuch von Theologen, die religiöse Praxis zu regulieren und zu homogenisieren, gelingt stets nur unvollkommen. Denn was als spezifisch bedrohlich oder außeralltäglich gilt, betrifft keineswegs alle Gesellschaftsmitglieder gleichermaßen. Unterschiedliche Kategorien von Menschen (etwa getrennt nach Alter, Geschlecht, sozialem Status) sind auf unterschiedlichen sozialen Aggregationsniveaus (wie Individuum, Familie, Verwandtschaftsgruppe, Berufsgruppe, Statusgruppe, Stammesverband, politischer Verband) unterschiedlichen Risiken ausgesetzt und bewältigen diese durch eine Vielfalt von Praktiken. Dies führt in allen Religionssystemen zu einem internen Pluralismus. Der Blick für diese Vielfalt sollte weder durch interne oder externe Definitionen von Orthopraxie und Orthodoxie eingeschränkt werden noch durch die Restriktion einer »Religion« oder »religiösen Tradition« auf solche Praktiken, die von allen Mitgliedern einer Gesellschaft zur Abwendung kollektiver Risiken geteilt werden. Vielmehr verfügen alle religiösen Traditionen über ein komplexes Repertoire religiöser Praktiken, Symbole und Geschichten, die von unterschiedlichen sozialen Gruppen zu verschiedenen Zeiten zur Deutung ihrer Lage und zur praktischen Problemlösung genutzt werden können. Religiöse Traditionen sind somit ständig im Fluß und innovativ. Sie sind offen für drastische Reinterpretationen, für die Aneignung von Elementen anderer Traditionen sowie für neue Erfindungen.

2. Säkularisierung und Wiederbelebung von Religion

Legt man diese grob skizzierte Theorie zugrunde, dann stellen sich Säkularisierungsprozesse als Veralltäglichungsprozesse dar. Unerklärliche und bedrohliche Phänomene, Prozesse und Ereignisse, die vormals als von normalen Menschen unbeherrschbar galten und nur durch die Beeinflussung übermenschlicher Mächte wenigstens indirekt manipuliert werden konnten, werden zunehmend als von Menschen kontrolliert geglaubt. Alltagskultur verdrängt religiöse Kultur. Die Manipulation übermenschlicher Mächte für solche Zwecke wird unnötig, die entsprechenden Glaubensvorstellungen schwinden, die Praktiken entfallen. Säkularisierung erklärt sich demzufolge als ein Effekt der zunehmenden menschlichen Kontrolle über Risiken durch Naturwissenschaften, Medizin, soziale Sicherungssysteme sowie die Verbreitung von Wissen über solche Kontrollmöglichkeiten. Säkularisierung ist somit ein Prozeß, der notwendigerweise ungleichzeitig für unterschiedliche Gesellschaften wie auch für verschiedene soziale Gruppen und Kategorien von Personen innerhalb derselben Gesellschaft verläuft, je nach dem Grad von deren praktischer Erfahrung und kognitiver Einbeziehung in Prozesse alltäglicher Risikokontrolle.

Die alte These, daß Säkularisierung einen unilinearen und irreversiblen Prozeß darstelle, beruht demzufolge auf der einäugigen Wahrnehmung allein der Ausweitung menschlicher Kontrolle über bedrohliche und riskante Phänomene in der westlichen Moderne. Dabei wird verdrängt, daß die menschliche Kontrolle notwendig partiell ist und bleiben wird. Denn es steht außer Frage, daß nicht alle Risiken von Menschen kontrollierbar sind und zumindest Krankheit und Tod, Herrschaft und soziale Mobilität unaufhebbare Grundlagen von Risiken, Krisen und Bedrohungen und somit auch unaufhebbare *Potentiale* für religiöse Deutungen und Praktiken bilden. Säkularisierung ist demzufolge notwendigerweise ein tendenziell begrenzter Prozeß, der religiöse Deutungen in bestimmten Bereichen zwar schrumpfen läßt, das Potential für solche Deutungen aber keineswegs total beseitigt.

Aus der Perspektive der traditionellen Säkularisierungstheorien wird v. a. übersehen, daß sich im Zuge der Modernisierung auch neue Dimensionen unzulänglicher menschlicher Kontrolle auftun, die mögliche Ansatzpunkte für neue religiöse Deutungen anbieten. Tod und Krankheit stellen solche unaufhebbaren Defizite menschlicher Kontrolle dar. Neue Epidemien und die Zerstörung der Umwelt zeigen deutliche Grenzen unserer naturwissenschaftlichen Beherrschung der Natur auf. Darüber hinaus eröffnen sich auch aus geschichtlichen Entwicklungen und gesellschaftlichem Strukturwandel immer neue Verunsicherungen und Risiken. Bestehende soziale Gruppen erleben sozialen Abstieg, erhoffter sozialer Aufstieg findet nicht statt, Institutionen, wie etwa die Familie, werden radikal transformiert oder zerfallen, politische Unterdrückung und Krieg sind endemisch, und im Zuge technologischer, ökonomischer und demographischer Veränderungen formen sich neue soziale Gruppen, welche gesellschaftliche Kontrolle und Privilegien appropriieren. Andere Gruppen erleben sozialen Abstieg oder Marginalisierung und sehen sich neuen existentiellen Risiken ausgesetzt.

Während das religiöse Potential auf der einen Seite schrumpft, wächst es auf der anderen. Der wesentliche Unterschied, welcher der Säkularisierungsthese nach wie vor ihre partielle Legitimation verleiht, besteht darin, daß in vormodernen Gesellschaften Risiken und Krisen notwendigerweise religiös interpretiert wurden, während dies in modernen Gesellschaften neben dem Wissenschaftsglauben und der Chaosannahme nur eine Option unter mehreren darstellt. Im Kontrast zu gängigen Erwartungen sind freilich die »Gebildeten« gleichermaßen »anfällig« für religiöse Deutungen wie die weniger Gebildeten, wie allein schon der Büchermarkt zum Thema »New Age«, »Spiritualität« und ähnlichem demonstriert. Zukunftsangst, Privilegienverlust, Entfremdung von der Politik, problematische Partner- und Familienbeziehungen stellen Potentiale für religiöse Deutungen dar, relativ unabhängig vom Bildungsniveau, welches sich eher auf die Form der religiösen Praxis sowie den Inhalt religiösen Glaubens auswirkt als auf die »Anfälligkeit« für Religion überhaupt.

3. Fundamentalistische Bewegungen

Wenden wir uns nunmehr aus dieser Perspektive dem Thema des Fundamentalismus zu. Es ist gemeinhin bekannt, daß der Begriff des Fundamentalismus von verschiedenen Seiten kritisiert und abgelehnt wird. Dies nicht ohne Grund. Zum einen wird er häufig inflationär auf alle möglichen Arten religiöser Bewegungen angewendet und ist allein schon aus diesem Grund zu undifferenziert, um soziologisch brauchbar zu sein. Darüber hinaus dient er oftmals als Schlagwort zur Legitimation politischer Unterdrückung sozialen Protestes (vgl. etwa Juergensmeyer 1995) sowie zur Stigmatisierung bestimmter – speziell islamischer – Bewegungen. Mitglieder islamischer Bewegungen lehnen zudem die Ausweitung eines ursprünglich dem Protestantismus entstammenden Terminus auf ihre Religion ab, haben aber keinen alternativen Begriff anzubieten, der sozialwissenschaftlich brauchbar wäre. Ich anerkenne Teile dieser Kritik, sehe aber nach wie vor in einer wissenschaftlich präzisen und verantwortlichen Verwendungsweise des Fundamentalismusbegriffs kein ernsthaftes Problem. An anderer Stelle habe ich einen Vorschlag unterbreitet, wie man den Fundamentalismusbegriff versachlichen und durch typologische Differenzierung soziologisch angemessen strukturieren kann (Riesebrodt 1990). Ich will dies hier nicht wiederholen, sondern baue darauf auf.

Zugleich möchte ich jedoch über meine damalige Analyse in einigen Punkten hinausgehen. Zum einen stelle ich die Erklärung fundamentalistischer Bewegungen in den zuvor skizzierten religionstheoretischen Rahmen und verbinde sie mit meiner Interpretation von Säkularisierungsprozessen. Zum zweiten versuche ich die Probleme zu identifizieren, die in der Formierung fundamentalistischer Bewegungen beherrschbar gemacht und überwunden werden sollen. Dazu führe ich das letztlich auf Max Weber zurückgehende Modell eines religionsinternen Pluralismus ein, das zuletzt Rainer Albertz in seiner glänzenden Studie zur Religionsgeschichte Israels mit großem Gewinn verwendet hat (Albertz 1992). Dazu versuche ich, die Funktion der übergreifenden religiösen Ideologie für die einzelnen Teilgruppen und die sozialen Aggregationsniveaus, auf denen sie gelagert sind, differenziert zu analysieren.

Das Etikett »Fundamentalismus« bedarf der konkreten soziohistorischen Bestimmung und internen Aufschlüsselung. In meiner früheren Studie (Riesebrodt 1990) habe ich als einen Kernpunkt zur Charakterisierung zweier spezifischer fundamentalistischer Bewegungen innerhalb des amerikanischen Protestantismus zwischen 1910 und 1928 sowie des schiitischen Islam im Iran zwischen 1961 und 1979 deren übereinstimmende Idealisierung patriarchalischer Ordnungsprinzipien, Sozialbeziehungen und Sozialmoral herausgearbeitet. Diese Charakterisierung halte ich nach wie vor für angemessen und auch zur Abgrenzung fundamentalistischer Bewegungen von anderen Typen religiöser Bewegungen jenseits dieser beiden Fälle für nützlich. Zugleich habe ich gezeigt, daß dieselbe Ideologie die Erfahrungen verschiedener sozialer Gruppen adressiert, welche durch Ideologie und eine vereinheitlichte Praxis der Lebensführung in ein neu geschaffenes Milieu sozialisiert und integriert werden (Riesebrodt 1995). Für eine angemessene soziologische Analyse erscheint es mir unabdingbar, die Funktion der patriarchalischen Ideologie in zweierlei Hinsicht weiter aufzuschlüsseln: einerseits bezüglich der verschiedenen sozialen Trägergruppen, andererseits hinsichtlich des jeweiligen sozialen Aggregationsniveaus, auf der die zu bewältigende Krisenerfahrung angesiedelt ist.

Fundamentalistische Bewegungen zeichnen sich durch eine erstaunliche Konstanz und Übereinstimmung in ihrem ideologischen Kernbestand aus, die leicht über dessen interne Bedeutungsvielfalt für verschiedene Teilgruppen sowie für verschiedene Generationen (Riesebrodt 1993), typische Trägergruppen und Kategorien von Personen hinwegtäuscht. Der Verweis auf die verbindenden patriarchalischen Ideale darf nicht zu einer Vernachlässigung der Analyse der konkreten Funktion der Idealisierung des Patriarchalismus führen. Vielmehr gilt es in jedem Einzelfall, die Risiken und Verunsicherungen zu identifizieren, welche mit der Befolgung der gottgewollten Ordnung überwunden geglaubt werden. Die patriarchalische Ideologie dient unterschiedlichen Zwekken und hat unterschiedliche Auswirkungen je nachdem, von welchen Trägergruppen sie zu welchem Zeitpunkt angeeignet wird. Sie dient als eine Chiffre für eine von Gott gebotene, komplexe ideale Ordnung, die in der mythischen Vergangenheit realisiert geglaubt wird, aber von verschiedenen Trägergruppen oftmals selektiv gedeutet wird.

Dies führt zu meinem zweiten Punkt. Um zu verstehen, warum manche fundamentalistischen Bewegungen sich politisieren, während andere sich eher quietistisch von der Welt zurückziehen, sollte man zwischen verschiedenen sozialen Aggregationsebenen unterscheiden, auf denen die Probleme sozialer Trägergruppen fundamentalistischer Bewegungen angesiedelt sind, welche durch Repatriarchalisierung behoben werden sollen. Keineswegs alle fundamentalistischen Bewegungen politisieren sich ja in dem Sinne, daß sie entweder die politische Herrschaft für sich selbst oder zumindest für ihre Prinzipien auf der staatlichen Ebene anstreben. Im Gegenteil, viele schaffen v. a. ein religiöses Milieu, in dem die ideale Ordnung gelebt werden kann, und halten sich aber ansonsten von der verderbten Welt fern. Je nachdem, wie sich fundamentalistische Bewegungen zusammensetzen, bilden sich auch unterschiedliche Typen fundamentalistischer Haltungen zur Welt und Frömmigkeit heraus.

Da fundamentalistische Bewegungen häufig klassenheterogene Milieus ausbilden (Riesebrodt 1995), gilt es verschiedene Aggregationsebenen auch innerhalb ein und desselben Milieus zu identifizieren. Die Annahme ist, daß auch hier die einzelnen Teilgruppen oder Kategorien von Personen unter einer vereinheitlichten Ideologie Probleme ansprechen, welche auf unterschiedlichen Ebenen gelagert sind. So können unter derselben patriarchalischen Ideologie etwa Stadtmigranten Probleme der Partnerschafts- und Familienbeziehung adressieren, während marginalisierte Intellektuelle darunter enttäuschte Aufstiegserwartungen und Angehörige der traditionellen Mittelschicht Abstiegs- und Marginalisierungsängste thematisieren. Hierher gehört auch die Partizipation von Frauen in fundamentalistischen Bewegungen, die in ihrer großen Mehrheit unter dem Dach der fundamentalistischen Ideologie und Praxis eher neu entstandene Probleme zu bewältigen suchen, die mit dem Wandel der Familienstruktur und Familienmoral im Urbanisierungsprozeß zusammenhängen. Ich will im folgenden einige unterschiedliche Typen sozialer Trägerschaft und gesellschaftlicher Aggregationsniveaus skizzieren. Diese Skizze hat notwendigerweise illustrativen Charakter und stellt keinen Versuch einer umfassenden Typologie dar. Einen weitaus breiter angelegten Vergleich findet man in den von Marty und Appleby herausgegebenen Bänden zum Fundamentalismusprojekt, dessen theoretische Synthese freilich enttäuschend geblieben ist (Almond et al. 1995).

4. Der Fundamentalismus der marginalisierten »Mitte«

Der Fundamentalismus der marginalisierten »Mitte« läßt sich gut an den Beispielen des schiitischen Fundamentalismus im Iran (1961-1979) sowie des protestantischen Fundamentalismus in den Vereinigten Staaten (1910-1928) illustrieren. In beiden Fällen war das fundamentalistische Milieu zunächst weitgehend von der traditionalistischen Mittelschicht geprägt, die sich im Prozeß eines teils tatsächlichen, teils antizipierten Abstiegs und Prestigeverlustes befand. Aber die fundamentalistische Bewegung der marginalisierten »Mitte« stellt weit eher eine kulturelle denn eine sozialökonomische Einheit dar. Sozial heterogen zusammengesetzt, idealisiert das Milieu die mit der alten Mittelschicht assoziierte fromme Lebensführung und die damit verbundene patriarchalisch-personalistische Struktur sozialer Beziehungen. Das fundamentalistische Milieu kreiert das Bewußtsein einer Schicksalsgemeinschaft, die durch den Kampf gegen die Erosion der gottgewollten moralischen Ordnungsprinzipien zusammengeschweißt wird und sich dadurch zunehmend radikalisiert. Die dabei artikulierte Gesellschaftskritik adressiert dabei durchaus empirisch akkurat gesellschaftliche Umwälzungsprozesse, die in besonderem Maße das traditionalistische Milieu betrafen.

Politisch war es Prozessen der Zentralisierung und Bürokratisierung ausgesetzt, welche seinen politischen Einfluß und gegebenenfalls seine partielle politische Autonomie untergruben. Ökonomisch bedrohte es die Nationalisierung und Internationalisierung des Marktes sowie neue Formen der Produktion, Distribution und Finanzierung. Sozial fühlte es sich durch neu aufstrebende Mittelklassen wie auch durch die organisierte Arbeiterschaft marginalisiert. Und kulturell wurde es durch die Säkularisierungspolitik der Regierungen sowie durch das Aufkommen eines neuen Lebensstils und seine rapide Verbreitung in Massenmedien und Werbung seiner privilegierten Rolle als Repräsentant einer moralischen Lebensführung beraubt. Oft aufstiegsorientiert, sandte die traditionalistische Mittelschicht ihre Kinder in moderne Erziehungsinstitutionen. Doch der Preis war häufig Entfremdung zwischen den Generationen, Abwendung der jüngeren, gebildeteren Generation von der Elterngeneration und Herausforderung der elterlichen, patriarchalischen Autorität und Moral.

Andere soziale Gruppen assoziierten sich mit der traditionellen Mittelschicht. Für Teile der traditionalistischen Arbeiterschaft wie auch der Stadtmigranten stellte diese nach wie vor das soziale Ideal oder gar das angestrebte Ziel des eigenen sozialen Aufstiegs dar. Für solche Teile der modernen Mittelklassen, die von ihrer sozialen Lage aus unterschiedlichen Gründen enttäuscht waren, repräsentierte sie die »gute alte Zeit« der eigenen Kindheit oder einer idealisierten Vergangenheit.

Der Fundamentalismus dieses Milieus stellt somit überwiegend eine von der traditionellen Mittelschicht geprägte Rückzugsbewegung von Verlierern der Modernisierungspolitik dar, die versuchen, den politischen, ökonomischen, kulturellen und familialen Erosionsprozeß zumindest aufzuhalten und die Reproduktion ihrer kulturellen Vorstellungen und Werte zu sichern. Die Struktur der erfahrenen Bedrohung wie auch der Kampf um öffentliche Anerkennung ihrer kulturellen Stellung transponiert die Auseinandersetzung auf die Ebene eines gesamtgesellschaftlichen Kulturkampfes.

Der Fundamentalismus der marginalisierten »Mitte« interpretiert seinen Bedeutungsverlust jedoch in religiös-heilsgeschichtlichen Dimensionen (Riesebrodt 1996). Er akzeptiert keineswegs den Rückzug, sondern setzt dem Chaos diabolischer Veränderungen, dem Possenspiel der »verkehrten Welt«, den Kränkungen der Marginalisierung die Gewißheit einer gottgewollten, moralischen Ordnung entgegen, deren Träger man ist und deren objektiver Gültigkeit man sich gegenseitig versichert. Das heilsgeschichtliche Szenarium hebt den erlittenen praktischen Bedeutungsverlust nicht nur auf, sondern kehrt ihn um.

Die relative Abschottung des fundamentalistischen Milieus von der »Welt«, die Trennung von den Ungläubigen und die Errichtung einer sozialen Infrastruktur, macht das Milieu zudem auch tatsächlich relativ weniger abhängig von den Risiken der säkularen Kultur, Politik und Ökonomie. Fromme Lebensführung und patriarchalische Ordnung kreieren somit kognitiv wie emotional das Vertrauen und die Zuversicht, daß die einen umgebende, feindliche Welt letztlich Teil eines göttlichen Heilsplans ist. Dennoch bleibt dieser Fundamentalismus der marginalisierten »Mitte« aufgrund seiner Markt- und Besitzinteressen sowie seiner Aufstiegsorientiertheit relativ offen gegenüber der »Welt«.

5. Der Fundamentalismus proletarisierter Intellektueller

In allen sozialen Bewegungen finden sich Intellektuelle, welche die ideologisch-programmatische und oftmals auch die organisatorische Arbeit verrichten. Agitation und Propaganda sind Funktionen, die typischerweise von Intellektuellen wahrgenommen werden. Mit dem Aufkommen moderner Universitäten und v. a. seit deren Öffnung für tendenziell alle Klassen und Schichten hat sich ein Strukturproblem manifestiert, das immer wieder zur Mobilisierung von Studenten in autonomen Bewegungen oder im Kontext breiter organisierter Sozialbewegungen führt. So kommt es periodisch zu einer Diskrepanz zwischen den mit höherer und universitärer Bildung verbundenen Aufstiegserwartungen und der aktuellen Absorbtionsfähigkeit des Arbeitsmarktes, oder die Realität bleibt hinter den oft illusionären Aufstiegserwartungen zurück. Unterbezahlte Lehrer sowie arbeitslose oder taxifahrende Akademiker stellen ein solches Protestpotential dar. Dieses Strukturproblem verbindet sich häufig mit weiteren politischen und kulturellen Faktoren und beeinflußt wesentlich den Rhythmus ideologischer Verschiebungen zwischen verschiedenen Generationen von Intellektuellen.

Dennoch kam es sicherlich für traditionelle Vertreter der Modernisierungstheorie als eine Überraschung, daß es gerade auch Träger moderner Bildung waren, die sich nicht nur in mehr »modernistischen«, sozialistischen oder nationalistischen Bewegungen organisierten, sondern – wie etwa in Ägypten seit den siebziger Jahren, aber auch anderswo – zu Organisatoren fundamentalistischer Bewegungen avancierten (Ibrahim 1996, Kepel 1986). Was machte die fundamentalistische Ideologie so attraktiv für einen Teil der ägyptischen Studenten? Welche spezifische Bedeutung transportiert sie für diese?

Noch unter Nasser konnten Absolventen der Universitäten damit rechnen, in den Staatsdienst übernommen zu werden. Da dieser Anreiz jedoch die Studentenzahlen wachsen ließ und zugleich die Aufblähbarkeit des staatlichen Sektors irgendwann an Grenzen stieß, kam es zum vorhersehbaren Kollaps dieses Systems. Die Gegenreaktion formierte sich in den Universitäten. Nach den enttäuschenden Erfahrungen mit arabischem Sozialismus, Panarabismus, Nationalismus und westlichem Liberalismus wandten sich viele zur Bewältigung der Krise der eigenen religiösen Tradition zu. Getragen von Studenten, die jegliches Vertrauen in das politische System verloren hatten, wurde der Islam zu einer revolutionären Ideologie umgeschmiedet. Es waren v. a. Studenten angewandter naturwissenschaftlicher und technischer Fächer, die in diesen islamischen Bewegungen dominierten, während Studenten der Sozial- und Humanwissenschaften eher anderen politischen Ideologien anhingen (Kepel 1985). Sie gehörten zu den qualifiziertesten Studenten mit den größten Ambitionen, deren Ausbildung sie zugleich am wenigsten kulturell mit westlich-modernen kulturellen und sozialen Ideen konfrontierte.

Interessant ist wiederum, wie stark Fragen der Geschlechterbeziehungen und Sexualmoral auch bei ihnen im Mittelpunkt stehen. Die Frustration über ihre spezifische soziale Lage wie auch die durchaus berechtigte Gesellschaftskritik wurden von ihnen weitgehend als Effekt moralischen Niedergangs interpretiert. Die Repatriarchalisierung der Geschlechterbeziehungen, symbolisiert durch die Verschleierung der Frau sowie das Tragen von Vollbart und Dschelaba beim Mann, wird zunächst auf den Campi der Universitäten durchgesetzt und von dort in die Gesellschaft hineingetragen.

Doch auch der Fundamentalismus der Studenten und proletarisierten Intellektuellen organisiert sich nicht homogen, sondern findet Ausdruck sowohl in zurückgezogenen Kommunen, in radikaler Reformpolitik, wie auch in revolutionären und terroristischen Kaderbildungen. Im Unterschied zum Fundamentalismus der marginalisierten Mitte ist die Reaktion radikaler, weniger von pragmatischen Rücksichten auf bestehendes Eigentum und Familie eingeengt. Die Kritik an der bestehenden Ordnung ist prinzipieller Natur, die Verwirklichung der neuen Ordnung trägt stark utopische Züge.

Zur Verwirklichung der utopischen Ordnung bedarf der Fundamentalismus der proletarisierten Intellektuellen jedoch einer Massenbasis, welche er in der Regel unter den armen Stadtmigranten sucht, die in den Elendsvierteln der Großstädte im Übermaß zu finden sind. Zum einen versucht er, dort eine Infrastruktur von Hilfeleistungen zu errichten, um darüber neue Mitglieder und Sympathisanten zu rekrutieren. Zum Teil scheint ihm dies auch gelungen zu sein; denn seit den siebziger Jahren hat sich in Ägypten die Anzahl von Mitgliedern militanter islamischer Gruppen in den Elendsvierteln nahezu verfünffacht (Ibrahim 1996, S. 75). Was der Fundamentalismus der proletarisierten Intellektuellen mit dem der marginalisierten Mitte gemein hat, ist der Grad der Politisierung. Beide kreieren nicht nur eine »fundamentalistische Lebenswelt«, sondern erheben darüber hinaus noch den Anspruch, auch das »System« nach ihren Idealen umzustrukturieren.

6. Der Fundamentalismus der städtischen Unterschicht

Dem Fundamentalismus von städtischen Armen sind wir schon in den beiden zuvor besprochenen Typen des Fundamentalismus begegnet. Stadtmigranten spielten eine Rolle im Fundamentalismus der marginalisierten »Mitte« wie auch in dem der Intellektuellen. Die Struktur ihrer Probleme, die v. a. durch den tagtäglichen ökonomischen Überlebenskampf gekennzeichnet ist, macht sie zwar politisch durch andere Gruppen mobilisierbar, ohne diese entwikkeln sie jedoch eher eine auf die Bewältigung der Alltagsprobleme gerichtete Binnenkultur. Stadtmigranten sind oftmals eher Gegenstand der Rhetorik politisierter Fundamentalisten als aktive Teilnehmer in den Auseinandersetzungen auf der makropolitischen Ebene. Sofern sie sich eher unabhängig von anderen sozialen Gruppen organisieren, entwickeln sie eher eine Religiosität, die ich als charismatischen Fundamentalismus beschrieben habe (Riesebrodt 1990).

Obgleich der charismatische Fundamentalismus in den Ordnungsvorstellungen durchaus mit dem »rationalen«, auf Weltbeherrschung ausgerichteten Fundamentalismus übereinstimmt, spielt neben der moralischen Bewährung die ekstatische Erfahrung eine zentrale Rolle. Beispiele dafür wären etwa die frühe Pfingstbewegung in den Vereinigten Staaten (Anderson 1979) oder Sufi-Bruderschaften in Nordafrika (Crapanzano 1981). Gesucht wird die direkte körperliche Machterfahrung sowie ein damit verbundener herausgehobener religiöser Status, mit dem der Erfahrung sozialer Erniedrigung, dem Ohnmachtsgefühl gegenüber den das Leben bestimmenden anonymen Mächten, getrotzt wird. Der charismatische Fundamentalismus von Unterschichten hat in der Regel keine politischen Ambitionen mit reformistischer oder revolutionärer Zielsetzung. Die Ebene des »Systems« ist jenseits der Erwartungen und Erfahrungen. Worum es geht, ist die direkte kompensatorische Machterfahrung, gekoppelt mit einer moralischen Regulierung der »Lebenswelt«.

7. Fundamentalismus und Frauen

Einer der interessantesten Teilaspekte fundamentalistischer Bewegungen ist die Rolle, die Frauen in ihnen spielen. Da dieser Dimension des Fundamentalismus in der Regel weniger Aufmerksamkeit geschenkt wird (siehe freilich Bendroth 1984, Hawley 1994), will ich hier etwas ausführlicher auf sie eingehen. Zunächst sind Frauen natürlich Teil aller fundamentalistischen Bewegungen, egal ob sie von der traditionalen Mittelschicht, proletarisierten Intellektuellen oder der städtischen Unterschicht getragen werden. Und selbstverständlich sind ihre Motive und Interessen ganz wesentlich von ihrer jeweiligen sozioökonomischen Lage geprägt.

Wenn ich dennoch versuche, über die Rolle von Frauen in fundamentalistischen Bewegungen generelle Aussagen zu machen, so scheint mir dies dadurch gerechtfertigt, daß jenseits aller Klassenunterschiede die weibliche Sphäre häufig ähnlich definiert wird. Die jeweiligen Risiken und Krisenerfahrungen, denen Frauen ausgesetzt sind, weisen demzufolge strukturelle Ähnlichkeiten auf. Sie sind zentriert um Themen der häuslichen Sphäre, v. a. der häuslichen Ökonomie, der Partnerbeziehung und der Kindererziehung. *Wie* Frauen diese Risikobereiche jedoch in fundamentalistischen Bewegungen artikulieren, hängt wesentlich von deren Organisationsstruktur ab.

Unterscheidet man zwischen einem »rationalen« und einem »charismatischen« Typ von Fundamentalismus, so scheint es, als ob Angehörige der alten und neuen Mittelschicht sowie proletarisierte Intellektuelle primär Träger eines »rationalen« Fundamentalismus sind, der oftmals mit politischen Zielen utopisch-revolutionärer oder radikal-reformistischer Provenienz einhergeht. In diesem Typ fundamentalistischer Bewegung dominiert zumeist ein gesetzesethischer Rationalismus. Die Krise wird bewältigt durch Rückkehr zu einem ewig gültigen Gesetz. Der Zugang zu den Heilsgütern bleibt in der Regel durch Männer kontrolliert, die nahezu allein als qualifiziert angesehen werden, öffentliche religiöse Rituale zu leiten und die Sittenpolizei zu stellen. Männer kontrollieren auch nahezu ausschließlich die theologische Definition der außeralltäglichen Mächte, den Zugang zu ihnen, die Definition der religiösen Praxis sowie die Sanktionsmechanismen. Die Subordination der Frau erscheint hier weit strenger institutionalisiert als im charismatischen Typ.

Im gesetzesethischen Fundamentalismus können sich die Interessen von Frauen lediglich innerhalb des von den Männern gesteckten Rahmens artikulieren. Dennoch werden zentrale Probleme von Frauen adressiert, wie die häusliche ökonomische Situation, die

Partnerbeziehung und die Kindererziehung. Fromme Lebensführung heißt hier v. a., daß der Mann das verdiente Geld nicht in der Kneipe, beim Glücksspiel oder im Bordell abliefert, sondern nach Hause bringt. Die religiös gebotene frugale Lebensweise ermöglicht zugleich, mehr Geld in die Erziehung der Kinder zu investieren, die auch ansonsten durch strenge soziale Kontrolle eher davon abgehalten werden können, auf die schiefe Bahn zu geraten.

Mit seiner formalistischen Strenge und langzeitlichen Verschiebung der Heilsvergewisserung und des Heilserfolges adressiert der gesetzesethische Fundamentalismus die religiösen Alltagsbedürfnisse von Frauen wie von städtischen Unterschichten nur unzureichend. Diese bilden deshalb entweder innerhalb, am Rande oder jenseits des gesetzesethischen Fundamentalismus pietistische, charismatische oder »volksreligiöse« Formen religiöser Praxis aus, in denen die emotionalen Dimensionen stärker berücksichtigt sind, durch charismatische Praktiken direkte Machterfahrung ermöglicht wird und magische Praktiken zeitlich unmittelbare Heilswirkung zeitigen.

Wie stark der strikt gesetzesethische Fundamentalismus letztlich vom Bedürfnis von Männern der alten wie der neuen Mittelschicht nach ständischer Ehre und Autorität geprägt ist, macht ein Vergleich mit stärker von der Unterschicht geprägten charismatischen Formen des Fundamentalismus deutlich. Obgleich auch hier in der Regel eine gesetzesethische Regulierung der Lebensführung stattfindet, ist die Involvierung von Frauen eine wesentlich andere. Der Zugang zu den Heilsgütern ist für Frauen gleichermaßen geöffnet wie für Männer. Spezielle charismatische Begabung kann Frauen sogar religiös höher qualifizieren als Männer. Im charismatischen Fundamentalismus besteht also eine Diskrepanz zwischen der möglichen religiösen Gleichberechtigung von Frauen und ihrer sozialen Unterordnung, während sie im rein gesetzesethischen Fundamentalismus religiös wie sozial gleichermaßen untergeordnet ist. Dieses Muster findet weitgehende kulturübergreifende Bestätigung (Cucchiari 1990, Gill 1990, Hoffman-Ladd 1995).

Ein interessantes Modell zur Isolierung der spezifischen Interessen von Frauen innerhalb fundamentalistischer Bewegungen scheint mir die Konversionsbewegung zum Evangelikalismus in Lateinamerika darzustellen. Der Evangelikalismus in Lateinamerika ist oftmals stark charismatisch (pfingstlerisch) geprägt und wird überdurchschnittlich stark von Frauen getragen. Es sind oftmals Stadtmigranten der Unterschicht oder unteren Mittelschicht, die Mitglieder evangelikal-pfingstlerischer Gemeinden werden. Das typische Muster geht wie folgt: Zunächst tritt die Frau bei. Die religiöse Praxis der direkten Machterfahrung, die religiöse Deutung der sozialen Lage wie auch das Netzwerk sozialer Kontakte tragen zur partiellen Bewältigung der Situation bei. Zur Stabilisierung der häuslichen Situation wird der Versuch unternommen, den *machismo* des männlichen Partners religiös durch Zuschreibung patriarchalischer Standesehre und Verantwortung zu domestizieren und moralisieren (Brusco 1995, Martin 1990).

Eine überraschende Parallele dazu findet sich in den USA der Gegenwart, wo ein Trend von Konversionen von Frauen der amerikanischen Mittelschicht zu religiösen Bekenntnissen mit patriarchalischer Ideologie und Praxis beobachtet werden kann (Davidman 1991, Kaufman 1991, Klatch 1987, Stacey 1991). Auch hier sind es primär problematische Partnerbeziehungen sowie die Schwierigkeit, Berufs- und Privatleben in Einklang zu bringen. Auch sie erhoffen, die Risiken und Unberechenbarkeiten moderner, individualistischer Beziehungen durch Akzeptanz patriarchalischer Beziehungen zu überwinden und statt dessen klar geregelte, berechenbare und von wechselseitiger Verantwortung geprägte Partnerschaft zu erlangen.

8. Fundamentalismus und die Risiken der Moderne

Fundamentalistische Bewegungen stellen Reaktionen von sozialen Gruppen und Milieus auf spezifische Krisenerfahrungen dar. Ich habe oben vier typische Gruppen identifiziert und holzschnittartig gegenübergestellt, die Träger fundamentalistischer Ideologie und Lebensführung sind: die traditionale Mittelschicht, proletarisierte Intellektuelle, die städtische Unterschicht und Frauen.

Was alle fundamentalistischen Bewegungen teilen, ist die Tatsache, daß sie zur Bewältigung der jeweiligen Krisenerfahrung nicht mit pragmatischer Anpassung und reformistischer Einflußnahme auf die Politik reagieren, sondern ein religiöses Milieu schaffen, das auf einer spezifischen religiös-moralisch definierten, auf patriarchalischen Ordnungsprinzipien beruhenden Standesehre aufbaut. Alle fundamentalistischen Gruppen dramatisieren ihren

Sonderstatus durch ihre spezifische fromme Lebensführung, die symbolträchtig verkörpert wird durch Haartracht, Körperpflege, Kleidung und Nahrung, manchmal auch Gestik, Mimik, Diktion und dergleichen. Es ist auch diese Zentralität der religiösen Standesehre, die eine Integration der verschiedenen Krisenerfahrungen in ein Milieu ermöglicht, weil sie relativ unabhängig von ökonomischen Interessenlagen angeeignet werden kann.

Aus der Sicht des westlich-modernen Individualismus stellt die patriarchalische Ordnung zwar einen Rückschritt in personalistische Abhängigkeit dar und widerspricht die Unterordnung unter ein ewig gültiges religiöses Gesetz den Idealen des modernen autonomen Individuums. Realistisch betrachtet, bedeutet die patriarchalische Ordnung jedoch für viele Betroffene eine Chance, dem Ausgeliefertsein an anonyme, versachlichte Mächte des Marktes wie der nationalen und internationalen Politik ein moralisch geordnetes, personalistisch strukturiertes Kulturmilieu entgegenzusetzen. Zum einen werden die bedrohlichen Mächte praktisch aus dem fundamentalistischen Milieu durch eine strikte Regulierung der Lebensführung und Absonderung von den Ungläubigen ausgeschlossen. Zum anderen werden sie ideologisch zum Opponenten in einem heilsgeschichtlichen Szenarium stilisiert, in welchem die Frommen letztlich siegreich bleiben werden.

Fundamentalismus stellt somit keineswegs nur eine rein defensive oder gar passive Reaktion auf die Risiken der Moderne dar, sondern einen aktiven Versuch, den anomischen Tendenzen der für die betroffenen Personenkreise »real existierenden Moderne« eine lebbare und angemessene kognitive und normative Ordnung entgegenzusetzen. Die Errichtung eines fundamentalistischen Milieus relativiert das einen umgebende Chaos und erhöht die Kontrolle, die man über sein eigenes Leben ausübt. Fundamentalistische Bewegungen stellen somit spefizische Reaktionen v. a. auf die sozialen und kulturellen Risiken und Bedrohungen der Moderne dar, wie Proletarisierung, soziale Marginalisierung, enttäuschte Aufstiegserwartungen oder Zerfall bzw. Transformation der Familienstruktur und -moral. Die Ungewißheit und Verunsicherung über die kognitive und moralische Ordnung sowie über die eigene Identität und Zukunft wird durch die Errichtung des Milieus aufgehoben und in eine neue soziale Identität als Repräsentant der ewigen Ordnung transformiert.

Gerade dieser letzte Aspekt ist von zentraler Bedeutung zum

Verständnis des Fundamentalismus als einer religiösen Bewegung. Denn es ist nicht zuletzt die religiöse Heilsgewißheit, daß man selbst als Werkzeug Gottes (im gesetzesethischen Fundamentalismus) oder als Gefäß Gottes (im charismatischen Fundamentalismus) privilegierten Status und v. a. direkten Zugang zu der Macht genießt, die alles kontrolliert, was einen bedroht, was aber der eigenen Kontrollmöglichkeit und Beherrschbarkeit entzogen ist. So werden auch die Risiken der Moderne zumindest religiös handhabbar, indem der Fundamentalismus eine alternative kognitive wie moralische Ordnung und religiöse Praxis institutionalisiert, in der der einzelne sich nicht mehr anonymen Mächten ausgeliefert, sondern sich trotz seiner objektiven Lage zumindest als »Untermieter der Macht« (Popitz) fühlen kann.

Aus der vorgeschlagenen religionstheoretischen Perspektive erweisen sich Säkularisierung und religiöse Erneuerung als parallele, sich oft wechselseitig bedingende Prozesse. Individuen und Gruppen reagieren im Fundamentalismus wie in anderen religiösen Bewegungen auf spezifische Erfahrungen von Risiken, Bedrohungen und Krisen, zu denen auch die Säkularisierung selbst gehören kann. Aus dieser Dynamik entstehen die innovativen Tendenzen innerhalb religiöser Traditionen wie auch die Thematiken neuer Bewegungen. Deshalb ist es gerade die Analyse religiöser Bewegungen, die als ein unersetzlicher Seismograph zur Aufzeichnung und Diagnose gesellschaftlicher Erschütterungen und Verschiebungen unter angemessener Einbeziehung der Sicht der Betroffenen dienen kann.

Literatur

Albertz, R.: *Religionsgeschichte Israels in alttestamentlicher Zeit*. Göttingen 1992.

Almond, G./Sivan, E./Appleby, R. S.: *Fundamentalisms Comprehended. Part 3*, in: Marty, M./Appleby, R. S. (Hg.): *Fundamentalisms Comprehended*. Chicago 1995, S. 399-504.

Anderson, R.: *Vision of the Disinherited. The Making of American Pentecostalism*. New York 1979.

Arjomand, S.: *The Turban for the Crown. The Islamic Revolution in Iran*. New York 1988.

Bendroth, M. L.: *The Search for Women's Role in American Evangelicalism, 1930-1980*, in: Marsden, G. (Hg.): *Evangelicalism and Modern America*. Grand Rapids 1984.
Bourdieu, P.: *Genesis and Structure of the Religious Field*, in: Calhoun, C. (Hg.): *Religious Institutions*. Greenwich 1991, S. 1-44.
Brusco, E.: *The Reformation of Machismos: Evangelical Conversion and Gender in Colombia*. Austin 1995.
Crapanzano, V.: *Die Hamadsa*. Stuttgart 1981.
Cucchiari, S.: *Between Shame and Sanctification: Patriarchy und its Transformation in Sicilian Pentecostalism*, in: *American Ethnologist* 17 (1990), S. 487-507.
Davidman, L.: *Tradition in a Rootless World. Women Turn to Orthodox Judaism*. Berkeley 1991.
Dux, G.: *Die Logik der Weltbilder*. Frankfurt/M. 1982.
Gellner, E.: *Muslim Society*. Cambridge 1981.
Gill, L.: *»Like a veil to cover them.« Women and the Pentecostal Movement in La Paz*, in: *American Ethnologist* 17 (1990), S. 708-721.
Hawley, J. S. (Hg.): *Fundamentalism & Gender*. New York 1994.
Hoffmann-Ladd, V.: *Sufism, Mystics, and Saints in Modern Egypt*. Columbia/S. C. 1995.
Ibrahim, S. E.: *Egypt, Islam and Democracy*. Cairo 1996.
Juergensmeyer, M.: *Antifundamentalism*, in: Marty, M./Appleby, R. S. (Hg.): *Fundamentalisms Comprehended*. Chicago 1995, S. 353-366.
Kaufman, D.: *Rachel's Daughters. Newly Orthodox Jewish Women*. New Brunswick 1991.
Kepel, G.: *Muslim Extremism in Egypt*. Berkeley 1985.
Kippenberg, H. G.: *Die vorderasiatischen Erlösungsreligionen im Zusammenhang mit der antiken Stadtherrschaft*. Frankfurt/M. 1991.
Ders.: *Religionssoziologie ohne Säkularisierungsthese: É. Durkheim und M. Weber aus der Sicht der Symboltheorie*, in: Hubbeling, H. G./Kippenberg, H. G. (Hg.): *Zur symbolischen Repräsentation von Religion*. Berlin/New York 1986, S. 102-118.
Ders.: *Diskursive Religionswissenschaft*, in: Gladigow, B./Kippenberg, H. G. (Hg.): *Neue Ansätze in der Religionswissenschaft*. München 1983, S. 9-28.
Ders./Luchesi, B. (Hg.): *Magie. Die sozialwissenschaftliche Kontroverse über das Verstehen fremden Denkens*. Frankfurt/M. 1978.
Klatch, R.: *Women of the New Right*. Philadelphia 1987.
Martin, D.: *Tongues of Fire. The Explosion of Protestantism in Latin America*. Oxford 1990.
Marty, M./Appleby, S. (Hg.): *Fundamentalisms Observed*. Chicago 1991.
Dies.: *Fundamentalisms and Society*. Chicago 1993.
Dies.: *Fundamentalisms and the State*. Chicago 1993.
Dies.: *Fundamentalisms Comprehended*. Chicago 1995.

Meyer, Th.: *Fundamentalismus: Aufstand gegen die Moderne*. Reinbek bei Hamburg 1989.
Riesebrodt, M.: *Zur Politisierung von Religion. Überlegungen am Beispiel fundamentalistischer Bewegungen*, in: Kallscheuer, O. (Hg.): *Das Europa der Religionen*. Frankfurt/M. 1996, S. 247-275.
Ders.: *Kulturmilieus und Klassenkulturen. Überlegungen zur Konzeptionalisierung religiöser Bewegungen*, in: Kippenberg, H. G./Luchesi, B. (Hg.): *Lokale Religionsgeschichte*. Marburg 1995, S. 43-58.
Ders.: *Fundamentalism and the Political Mobilization of Women*, in: Arjomand, S. (Hg.): *Political Dimensions of Religion*. Albany 1993, S. 243-271.
Ders.: *Islamischer Fundamentalismus aus soziologischer Sicht*, in: *Aus Politik und Zeitgeschichte* B 33/93 (1993), S. 11-16.
Ders.: *Fundamentalismus als patriarchalische Protestbewegung. Amerikanische Protestanten (1910-28) und iranische Schiiten (1961-79) im Vergleich*. Tübingen 1990.
Stacey, J.: *Brave New Families*. New York 1991.
Stark, R./Bainbridge, W.: *A Theory of Religion*. New Brunswick [2]1996.
Waardenburg, J.: *The Puritan Pattern in Islamic Revival Movements*, in: *Schweizerische Zeitschrift für Soziologie* 3 (1983), S. 687-702.
Wamer, S.: *Work in Progress Toward A New Paradigm for the Sociological Study of Religion in the United States*, in: *American Journal of Sociology* 98 (1993), S. 1044-1093.
Young, L. A. (Hg.): *Rational Choice Theory and Religion*. New York 1997.
Weber, M.: *Wirtschaft und Gesellschaft*. Tübingen 1922.

Ahmet Cigdem

Religiöser Fundamentalismus als Entprivatisierung der Religion

1. Zur Definition des Fundamentalismus

Jede Definitionstätigkeit muß den empirischen Gehalt des zu definierenden Gegenstandes umfassen. Gleichwohl muß nicht jede Definiton, die ihren Gegenstand empirisch umkreist, deshalb auch schon theoretisch zureichend sein. Der Grund dafür liegt darin, daß die Spannung des zu definierenden Gegenstandes diesen empirischen Gehalt übersteigt. Denn die Spannung des Gegenstandes ist die Spannung der Subjekte, die die Definition vornehmen; und nur mit dieser Spannung kann die Definition überhaupt legitimiert werden.

Die Definition des Fundamentalismus muß daher sowohl die verschiedenen fundamentalistischen Ausprägungen in den verschiedenen Religionen als auch die nichtreligiösen Fundamentalismen enthalten und außerdem die bezüglich dieses Begriffes bestehenden Spannungen berücksichtigen.[1] Die Spannung hinsichtlich des Fundamentalismus aber erweist sich zuletzt als eine Spannung des modernen gesellschaftlichen Bewußtseins in sich selbst. Von daher enthält die Bestimmung des Fundamentalismus als eine Bedrohung, Herausforderung oder als eine radikale Alternative in Wirklichkeit eine bestimmte Überzeugung über den Stand der Moderne. Der Zeitgeist zwingt uns wie in jeder Frage auch beim Thema des Fundamentalismus dazu, den Gegenstand nicht in sich selbst, sondern stets in bezug auf die Moderne zu verstehen und zu deuten. Die Debatte über Fundamentalismus findet insofern

1 Es sei gleich zu Beginn vermerkt, daß der Begriff des Fundamentalismus im vorliegenden Beitrag durchgängig als islamischer Fundamentalismus verstanden ist und Debatten über Fundamentalismus im Kontext des islamischen Fundamentalismus bewertet werden. Man muß sagen, daß sich der christliche Fundamentalismus oder auch der Rechtsradikalismus, sofern er an ein fundamentalistisches Projekt gebunden ist, in bezug auf eine andere Problematik als der islamische Fundamentalismus entwickelt haben. Statt solcher Vergleiche zwischen verschiedenen Fundamentalismen könnte man sinnvollerweise über einen Vergleich zwischen dem islamischen Fundamentalismus und der lateinamerikanischen »Befreiungstheologie« nachdenken.

eigentlich als eine Debatte über die Moderne statt.

Das dominante Paradigma in dieser Debatte ist die Entgegensetzung von Fundamentalismus und Moderne (Meyer 1989, Tibi 1992). Studien über verschiedene Fundamentalismen in unterschiedlichen Gesellschaften[2] haben jedoch gezeigt, daß der Fundamentalismus neben den Tendenzen, die man als »Gegnerschaft zur Moderne«, »Herausforderung der Moderne« oder »Alternative zur Moderne« bestimmen könnte, auch andere Tendenzen enthält. Die Tatsache, daß man diese anderen Tendenzen weithin ignoriert, bedeutet ein zusätzliches Problem – neben den sonstigen methodologischen und theoretischen Problemen – im Themenbereich von Islam und Fundamentalismus.[3] Denn dadurch wird die Entstehung einer umfassenden Perspektive verhindert, die den empirischen Gehalt ihres theoretischen Gegenstandes umschlösse.[4]

Ausgehend vom Beispiel der Türkei, will ich im folgenden einen Ansatz zu entfalten versuchen, der den Fundamentalismus nicht mit externen Begriffen, sondern vornehmlich mit den der historischen Entwicklung des Fundamentalismus selbst internen und immanenten Begriffen versteht. Zudem will ich den Fundamentalismus als eine Politik der Entprivatisierung[5] der Religion begreifen,

2 Hilfreich in diesem Zusammenhang ist die Studie von Marty und Appleby (1994).

3 Zu einer wissenschaftlichen Analyse dieser Probleme aus Webers Sicht des Islam vgl. Schluchter 1987. Hier rührt das Problem aus den moderneren Versionen des Orientalismus her, dessen klassische Beispiele Edward Said dargelegt hat. Denn: »Modern orientalist discourse is precisely premised on the definiton of things Islamic in terms of contrasts of reason, freedom and perfectibility« (Azmeh 1993, S. 130). Binder (1988) zeigte auf, daß die Geschichte des modernen islamischen Denkens Perspektiven entwickelt hat, die die Orientalismus- und Fortschrittstheorien dekonstruieren. Ähnlich legte Enayat (1982) dar, daß die islamische Tradition des politischen Denkens von dem modernen politischen Denken und den politischen Ideologien gar nicht so weit entfernt ist, wie man gemeinhin annimmt.

4 Um ein Beispiel zu geben: Die Existenz verschiedener islamischer Positionen zum Thema Menschenrechte zu ignorieren, welche ungemein schwer miteinander versöhnt und kaum in einer homogenen Perspektive untergebracht werden können, dient in Fragen von Islam und Demokratie oder Islam und Menschenrechten letzlich zur Rechtfertigung einer ziemlich reduktionistischen und eindimensionalen Herangehensweise.

5 Den Begriff der »Entprivatisierung der Religion« entnehme ich den Arbeiten von Casanova (1992, 1994). Laut Casanova kommt man, wenn die Unterscheidung *öffentlich/privat** auf Religionen angewendet wird, zu folgenden Dualitäten: *Established* vs. *disestablished religion*; *civil religion* vs. *religious communities*; *individual mysticism* vs. *denominationalism*; *home* vs. *religious market* (Casanova 1992, S. 24-37). Jede Religion trägt fast alle diese Dualitäten in einer bestimmten Stufe ihrer historischen Evolution in sich. In dieser Hinsicht ist die politische

die das Ziel verfolgt, den Prozeß der Säkularisierung der Religionen (darunter auch des Islam) umzukehren bzw. zumindest die Konsequenzen dieses Prozesses zu korrigieren. Entprivatisierung der Religion meint dabei das Bemühen, die Religion »sichtbar« zu machen. Dieses Sichtbarmachen der Religion heißt nicht nur, die Religion als einen Diskurs zu konstruieren, der in ökonomischen, sozialen, insbesondere aber in politischen und öffentlichen Umlauf gebracht wird; gleichzeitig bedeutet es auch, daß die Religion in eine imperative und konstruktive Macht in den sozialen und politischen Lebenswelten der Individuen verwandelt wird. Der Fundamentalismus bildet in diesem Kontext die in politischer Hinsicht dominantere Dimension im Prozeß der Entprivatisierung der Religion.

Die in der Definition des Fundamentalismus steckende Problematik besteht in der Frage, ob man vom religiösen und kulturellen Rahmen, zu dem der Fundamentalismus gehört, ausgeht oder bei einer bestimmenden Dominanz jener Mächte ansetzt, die sich dem Fundamentalismus gegenübergestellt sehen bzw. denen sich der Fundamentalismus gegenübersetzt. Das »indigene« Herangehen an den Fundamentalismus kann bedeutende Möglichkeiten zum Begreifen historischer und kultureller Wurzeln des Fundamentalismus liefern. Ein »externes« Herangehen kann demgegenüber aufzeigen, welche soziale Bedeutung und welche Intentionen dem Fundamentalismus im historischen Augenblick eigen sind.

Wir stehen allerdings nicht vor der Notwendigkeit, einen dieser beiden Ansätze dem anderen vorziehen zu müssen. Es soll an dieser Stelle lediglich betont werden, daß der hegemoniale politische Hintergrund der Studien über Fundamentalismus bisweilen ein Gewicht erhält, das die Wirklichkeit des Untersuchungsgegenstandes als solche beseitigt. Diese Wirklichkeit kann nur dann in den Blick kommen, wenn der Fundamentalismus nicht nur nach äußerlichen Kontexten behandelt wird.[6] Selbstverständlich artiku-

Macht, die der Fundamentalismus in einem Land wie den USA, in dem »civil religion« institutionalisiert ist und sich der Säkularisierungsprozeß anders entwickelt hat als im kontinentalen Europa, bedeutsam.

6 Sayyid vertritt die Ansicht, daß der Begriff *islamischer Fundamentalismus* aus drei Gründen irreführend ist. Erstens, wenn Fundamentalismus buchstäbliche Schriftinterpretation bedeutet, so ist das, was die islamischen Fundamentalisten tun, weniger eine Interpretation als vielmehr eine imaginäre Wiederbeschreibung der Texte. Zweitens ist islamischer Fundamentalismus eine der Weisen, wie die Außenpolitik der USA ihre Gegner benennt. Aufgrund seines herkömmlichen Religions-

liert sich – wie dies für alle politischen und kulturellen Praktiken gilt – auch der Fundamentalismus in historischer Gestalt; es gibt konkrete objektive Bedingungen, die diese Praktiken bestimmen. Aufgrund des für den Fundamentalismus charakteristischen ahistorischen Diskurses wird gelegentlich erwartet, daß sich der Fundamentalismus von solchen historischen Bedingungen ganz lossagen könnte. Wenn man erklären will, daß der Fundamentalismus ein Antidiskurs ist, der zur Artikulation grundlegender sozialer Spannungen dient, reicht der Hinweis auf solche Bedingungen – ganz gleich, ob man damit die pathologischen Formen von Modernisierung in unterentwickelten Ländern oder die Krise des »Establishments« in Industrieländern meint – jedenfalls gewiß nicht aus.

2. Der Fundamentalismus *gegen* die Moderne?

Wie bei allen anderen Formierungen, die man als gegen den Diskurs der modernen Vernunft und des modernen Bewußtsein gerichtet versteht, wird auch die Entstehung der Fundamentalismen entweder – positiv – als Zeichen für das »Ende« der Moderne oder – negativ – als Zeichen der »Krise« der Moderne abgehandelt. Wenn wir von einem allgemeineren Prozeß sprechen wollen, so handelt es sich um die Zunahme an Religiosität, die aber nicht mit Fundamentalismus gleichgesetzt werden kann. Diese Zunahme findet Ausdruck in der Zuwendung der Individuen zur Religion, in der Herausforderung moderner Institutionen durch die religiösen Institutionen, in der Wirksamkeit kultureller und ideologischer Identitätsangebote und schließlich in der Formulierung der Religion als einer alternativen Macht gegenüber den modernen politischen Systemen, auch gegenüber der Demokratie. Die Religion bringt, mit anderen Worten, den Anspruch zur Sprache, in der Ausgestaltung der Gesellschaft als die oberste Instanz zu fungieren, indem sie die moralitätsbildende Funktion überschreitet,

verständnis müßte Saudi Arabien eigentlich »fundamentalistischer« als der Iran sein. Dennoch sehen die USA das Attribut »fundamentalistisch« als für den Iran passender an. Drittens kann der islamische Fundamentalismus nicht als eine Ablehnung der Moderne angesehen werden, denn er gründet auf der Kritik des traditionellen Islam und stammt außerdem nicht von den traditionellen Ulema, sondern hauptsächlich von der Intelligenz, die westliche Bildungsinstitutionen durchlaufen hat (Sayyid 1994, S. 268).

die ihr in der modernen Konstruktion von Religion zugewiesen wird, und es folglich ablehnt, in die Sphäre des rein Individuellen, des Privaten eingezwungen zu werden. Die Situierung der Religion als eine Frage der Moralität in der Moderne geht damit einher, daß der religiöse Glauben individualisiert bzw. subjektiviert wird und daß die religiösen Institutionen mit der Ausdifferenzierung modernen Lebens ihre Funktionen verlieren. Die Säkularisierung verweist in diesem Zusammenhang nicht auf den Rückgang religiöser Weltsicht und religöser Weltdeutungen, sondern auf die Schwierigkeit, außerhalb der Religon liegende moderne Weltsichten mit der Religion zu vereinbaren (Schluchter 1989, S. 253 f.).[7]

Die Tatsache, daß sich die Moderne in unterschiedliche autonome Handlungssphären ausdifferenzierte – Ethik, Ästhetik, Kunst, Recht, Wissenschaft etc. –, nötigte die Religion dazu, sich in diesen Sphären zu reproduzieren. Die Wahrnehmung dieser Notwendigkeit seitens der Religion fand zu Beginn unseres Jahrhunderts nur in einem politischen und militärischen Rahmen statt. Nun, da wir am Ende des Jahrhunderts stehen, sehen wir, daß sich die Religion nicht nur in politischer Gestalt präsentiert, sondern im Gegenteil zu der Überzeugung gelangt ist, daß das Politische alleine nicht ausreicht, das religiöse *corpus* zu sichern. Damit entwickelte sie eine neue Orientierung, indem sie alle gesellschaftlichen Institutionen und Handlungsbereiche ansprach. Zu den

7 Anders ausgedrückt, ist Säkularisierung tatsächlich der Name für den Prozeß, in dem sich die Religion als eine gesellschaftliche Institution und zu einer gesellschaftlichen Institution hin entwickelt. Religion funktioniert in diesem Prozeß nicht als ein diskursives Oberprinzip, das die Gesamtheit der Gesellschaft umfaßt, sondern als eines der Elemente der gesellschaftlichen Totalität, die in unterschiedlicher Weise gemeinsam artikuliert werden. Wenn man so ansetzt, dann muß man auch hervorheben, daß sich der Säkularismus mindestens in zwei unterschiedlichen Weisen entwickelt hat: Es gibt die französische Form, in der sich der Säkularismus, eine Art despotische Aufklärung beinhaltend, als jakobinischer Laizismus entwickelte; daneben gibt es die für England und Amerika typische »civic«-Form. Der Laizismus war ursprünglich als »die Religion des Bürgertums« entstanden bzw. als die Ideologie einer aufkommenden Klasse. Dementsprechend besaß er eine Strategie, einerseits die Religiosität der politischen Herrschaft, d. h. der juridischen und politischen Ordnung zu beseitigen, andererseits den Einfluß der Kirche zu beenden. Der Säkularismus in seiner protestantischen Form hat, wie zuerst von Weber dargestellt, sowohl im Blick auf die Privatisierung der Religion als Konstitutionsbedingung der Moral als auch im Blick auf die Entwicklung einer dem Kapitalismus förderlichen Verhaltenstechnologie eine andere Praxis hervorgebracht. Für den Laizismus hingegen ist es typisch, daß er sich als antireligiöse Ideologie entwickelt hat.

wichtigen Dimensionen dieses Prozesses gehört die Tatsache, daß der Fundamentalismus in der islamischen Welt eine andere Deutung der Religion *innerhalb* des allgemeinen bzw. traditionellen Religionsverständnisses hervorbringt.

Wenn man den Fundamentalismus als eine gegen die Moderne und ihre kulturellen und sozialen Formen gerichtete Macht einstuft, so bedeutet dies, ihn als die Vorgeschichte der Moderne zu verstehen, was aber zumindest für den islamischen Fundamentalismus oder für die unter diesem Etikett subsumierten Formationen nicht zutrifft. Dafür sind zwei Gründe maßgebend: Erstens verfügt der islamische Fundamentalismus nicht über den intellektuellen Reichtum und die Formierung, mit der er die Moderne kritisieren könnte; zweitens konzentriert der Fundamentalismus seine Kräfte im politischen Bereich. Er glaubt daran, daß das Politische bzw. der politische Bereich Entwicklungen in anderen gesellschaftlichen Bereichen bestimmen würde. Da er vom Vorrang politischer Errungenschaften überzeugt ist, verinnerlicht er gegenüber allen sonstigen Produkten der Moderne eine utilitaristische und instrumentelle Haltung. Dementsprechend kann der Kampf des Fundamentalismus mit epistemologischen und intellektuellen Prämissen nur in paradoxen Formen geschehen. Insbesondere in der Türkei zeigt der islamische Fundamentalismus eine Gestalt, die weniger gegen die Moderne gerichtet ist als vielmehr im Anschluß an Herf (1984) als »reactionary modernism«[8] bezeichnet werden kann. Diese Gestalt basiert, trotz ihrer ausdrücklichen Ablehnung der aufklärerischen Vernunft, auf der Anerkennung und Nutzung sämtlicher Produkte dieser Vernunft und v. a. der modernen Technologie und ihrer Errungenschaften als Mittel zum Wiederbeleben der toten Seele der Gemeinschaft.

Fundamentalismus ist zuallererst die Wiedergewinnung der religiösen Dimension in der Religion. Das Bestreben, die Entstellung des göttlichen Textes und der Geschichte durch eine Rück-

8 Herf umschreibt den »reactionary modernism«, der sich in der Weimarer Republik etablierte und den er als ein Paradox der deutschen Moderne interpretiert, als die Überzeugung, daß der Katastrophe, die durch die politischen Werte der Französischen Revolution und durch die ökonomischen und sozialen Werte der industriellen Revolution verursacht wurde, mit einer von der deutschen Kultur hervorzubringenden romantischen und pastoralen Vision Einhalt geboten werden könne (Herf 1984, S. 1-17). Der Fundamentalismus glaubt daran, mit einer von ihm produzierten Erfahrung der Innerlichkeit, die einen unmittelbaren Anklang an die Romantiker hat, die unheimlichen Kräfte der Moderne zähmen zu können.

wendung zum Text zu beseitigen, bildet das Wesensmerkmal des Fundamentalismus. Analog zur phänomenologischen Maxime »zurück zu den Sachen selbst« verlangt das fundamentalistische Projekt, daß das eigentlich *Religiöse* wieder in die *Religion* zurückkehrt.

Genau in diesem Bestreben liegt allerdings das Dilemma des Fundamentalismus. Die Rückkehr zum Text und zur authentischen Gemeinschaft realer Subjekte, die die Religion konstituiert haben, vollzieht sich tatsächlich nämlich nur ineins mit dem Ausschluß der Geschichte und der Kultur. Der Glaube daran, daß die Wahrheit, die im Logos der Religion einmalig und für alle Zeiten offenbart worden ist, nun doch mit dem Historischen und dem Sozialen überschüttet sei, wird dadurch gestützt, daß sich der Fundamentalist gegen die religiösen Praktiken und Erfahrungen der vorangegangenen Generationen immun wähnt. Der Fundamentalist glaubt daran, mittels der Immunität, die er seinem Projekt unterstellt, gegen die Geschichtlichkeit und Sozialität ankämpfen zu können, welche er einzuklammern versucht. Er will nicht sehen, daß auch die Religion geschichtlich ist, daß auch er selbst wie alle seine Vorgänger ein geschichtliches Produkt bleibt und daß er sich selbst ganz am Ende (und als bislang entwickelste Form) genau jenes historischen Prozesses befindet, den er insgesamt als Verfallsgeschichte deutet. Denn die Selbstwahrnehmung des Fundamentalismus fällt stets positiv aus, wie Marty und Appleby betonen: »Fundamentalists are innovative world-builders who act as well as react, who see the world that fails to meet their standards and who then organize and marshall resources in order to create an alternative world for their followers to inhabit and vivify« (1992, S. 182). Die Wahrnehmung der Außenwelt hingegen ist zwangsläufig negativ. Sofern der Wunsch nach Veränderung dieser Welt frustriert wird, reproduzieren sich Ressentiment und Ausschließung, die dem Fundamentalisten ständig neue Legitimation vermitteln.

Gesellschaftliche Deprivation bringt den Fundamentalismus nicht hervor, sie trägt lediglich dazu bei, daß er dauerhaft besteht. Ohne Zweifel wirken die Pathologien der Moderne bei der Entstehung der Fundamentalismen mit. Es ist jedoch keineswegs notwendig für das Bestehen der Fundamentalismen, daß bestimmte »Krisenerscheinungen« vorhanden sind. Solche Krisen verleihen, entgegen der allgemeinen Überzeugung, dem Fundamentalismus allerdings eine je spezifische Ausprägung; denn Fundamentalismen müssen Reaktionen auf gesellschaftliche Veränderungen entwickeln, die auch auf sie selbst Rückwirkung haben (Tibi 1993).

Die fundamentalistische Herausforderung in der modernen Welt spielte sich historisch auf drei Ebenen ab: gegen den Staat, gegen die Gesellschaft und schließlich gegen die Umma.[9] Die Bewegung der Muslimbrüder in Ägypten, deren Nachwirkungen weiterhin zu beobachten sind, die Nahda-Bewegung – Vorreiter verschiedener Fundamentalismen in der arabischen Welt – sowie die Tecdid-Bewegungen in Pakistan und Indien (bzw. die Jamaat-i Islami) organisierten sich aufgrund ihres antiimperialistischen Charakters anfangs auf politischer Ebene gegen die Einflüsse der westlichen Kultur und Zivilisation, v. a. gegen den als deren Träger betrachteten Kolonialstaat. Fast alle diese Bewegungen waren autoritär, und zwar sowohl im Sinne einer autoritären politischen Interpretation des Islam als auch in bezug auf die Organisationsprinzipien, an denen sie sich praktisch orientierten. Der Fundamentalismus war in dieser Phase, wie Laroui formuliert, traditionalistisch[10]; er zeichnete sich durch die Überzeugung aus, daß muslimische Gesellschaften nur mit einem reinen Islam in der modernen Welt überleben können.

Die Herausforderung der Gesellschaft vollzog sich hingegen in einer späteren Phase, als sich der Kolonialstaat als ein Nationalstaat konstitutierte. Dadurch, daß der Nationalstaat die Gesellschaft nach Kriterien egalitärer Staatsbürgerschaft organisierte, sollte die Institutionalisierung religiöser oder ethnischer Differenzierungen verhindert werden. Der skriptualistische Charakter des Fundamentalismus in dieser Phase zielte demgegenüber darauf ab, einen *homo religiosus* zu schaffen. Die unerwünschten Folgen des geschichtlichen Prozesses und die destruktiven Einflüsse der Modernisierung sollten also mit einer Rückwendung zum heiligen Text behoben werden. Der Text galt hier als eine Macht, mittels derer die Geschichte und das Soziale eingeklammert werden sollten, und die Rückkehr zum Text sollte eine Transformation des Indivi-

9 Umma (arab. »Volk, Gemeinschaft«) kennzeichnet die Religionsgemeinschaft des Islams. Im Koran wird jedes Volk, dem Gott einen Propheten sandte, Umma genannt. Heute dient Umma auch als Bezeichnung für »Nation« (Anm. d. Übers.).

10 Laroui, der originelle, dafür aber verkannte Vertreter der islamischen Intelligenz, beschreibt den Traditionalismus als eine soziale und kulturelle Praxis, die den Übergang in den bürgerlichen Staat und den Erwerb bürgerlicher Kultur erschwert, welche er (Laroui) als Zwischenstufen des Wandels in eine relativ liberale und demokratische soziale Ordnung versteht (Laroui 1976).

duums wie der Gesellschaft ermöglichen. Die Herausforderung der Gesellschaft spiegelte den modernen Glauben an die Möglichkeit der Herstellung einer imaginierten Gesellschaft wider. Der Fundamentalismus verfolgte damit eine Strategie, innerhalb der etablierten Gesellschaften normative und institutionelle Regelungen durchzusetzen, die zur Überwindung dieser Gesellschaften führen sollten.

Die Herausforderung der Umma durch den Fundamentalismus stellt nun eine Phase dar, in der die Umma dem Sozialen unterworfen wird, nachdem sie die Produkte der Modernisierung aufgegriffen und ihre Werte internalisiert hat. Paradoxerweise impliziert diese Phase einen Prozeß, in dem sich auch der Fundamentalismus modernisiert und in dem die etablierte Religion ihrerseits ihr oben skizziertes, auf Moralität und Privatsphäre beschränktes Schicksal zu verändern sucht; dies ist der Prozeß, den ich als »Sichtbarmachen« und »Entprivatisierung« der Religion bezeichnen möchte. In diesem Sinne sind Fundamentalismen, so ahistorisch, so radikal, so militant sie sich auch geben mögen, letzlich unvermeidlich ein Ergebnis dieses Prozesses der Entprivatisierung der Religion.

Das spezifische Merkmal des Fundamentalismus liegt nicht lediglich in der Art, wie die Entprivatisierung in die Tat umgesetzt werden soll. Um es deutlich zu sagen: Das Spezifikum des Fundamentalismus liegt nicht in der Frage nach möglicher Gewaltanwendung. Die spezifische Differenz besteht vielmehr in der Religionsauffassung, die der Fundamentalismus von seiner Vorgeschichte mitgeschleppt hat. Das beste Beispiel dafür, inwiefern das Schicksal der Fundamentalismen in der modernen Welt von ihrer Vorgeschichte abhängt, liefert derzeit vielleicht die türkische Gesellschaft.

3. Zur Besonderheit der Türkei

Das Beispiel Türkei ist in zweierlei Hinblick aufschlußreich: Zum einen konnte die Türkei politische und kulturelle Formen entwikkeln, die sie von anderen islamischen Gesellschaften in der islamischen Geschichte unterscheiden. Zum anderen stellt sie ein Modell dafür dar, wie die Entwicklung des Fundamentalismus als Entprivatisierung der Religion möglich wird. Im Vergleich zu anderen islamischen Gesellschaften verfügt die Türkei über eine spezifische

Entwicklungslinie und hat aufgrund dieser gesellschaftlichen Entwicklung ein besonderes Verständnis von Islam hervorgebracht.

Gellners auf das islamische Gesellschaftsmodell bezogene Formel »a weak state and a strong culture« (Gellner 1983, S. 55), die auf die Dichotomie von Kultur und Staat abstellt, kann hinsichtlich der türkischen Gesellschaft weder für die Zeit vor der Republik noch für die republikanische Zeit als Erklärung dienen. Obwohl Gellner einräumt, daß im Blick auf das von ihm vorgeschlagene Modell der islamischen Gesellschaft die Türkei eine Ausnahme bildet (ebd., S. 73), übersieht er doch die Tatsache, daß gerade diese »Ausnahme« zu einer besonderen Deutung des Islam geführt und bis zum 19. Jahrhundert eine entscheidende Rolle in der gesamten islamischen Welt gespielt hat. Die Türkei ist mit ihrer mehrheitlich muslimischen Bevölkerung im Nahen Osten, ja vielleicht in der ganzen Welt, eine einzigartige Gesellschaft. Das islamische Gesellschaftsmodell Gellners – »schwacher Staat, starke Kultur« – wird durch die historische Entwicklung der türkischen Gesellschaft empirisch falsifiziert. Denn in Wirklichkeit findet sich in der Türkei die umgekehrte Dualität »starker Staat und schwache Kultur«.

Diese Dualität hat sowohl eine spezifische Deutung[11] und Aktualisierung der islamischen Religion ermöglicht als auch die Bedingungen für die Entstehung bzw. Nichtentstehung einer Zivilgesellschaft bestimmt. In der Republik wie im Osmanischen Reich war der Staat stets die dominante gesellschaftliche Institution, während die Religion als ein Mittel der vertikalen Integration brei-

11 Diese spezifische Konstellation resultiert nicht daraus, daß die Mehrheit der Türken einer islamischen Konfession (nämlich den Hanefiten) angehören, die eine autoritäre Interpretation der Religion begünstigt und folglich dem Staat einen weiten Bewegungsraum zugesteht; sie hat eher mit der Aufspaltung der Religion in einerseits Volksislam und andererseits Hochislam zu tun. Die Differenz zwischen diesen beiden religiösen Kulturen ist nicht essentialistisch zu verstehen. Sie rührt aus dem gesellschaftlichen Stand der Träger beider Kulturen, daher enthält sie kein Potential, das die Einheit der Religion erschüttern oder die Herrschaft des Staates gefährden könnte. Das Osmanische Reich hatte die peripheren Kräften belassene Autonomie auch dem Volksislam zugestanden, gleichzeitig aber mit einer Einschränkung verknüpft: Der politische Gehalt des Volksislam wurde entleert, und das Fehlen des Privateigentums hatte die gesellschaftliche Dynamik des Volksislam von vornherein gelähmt. Der Hochislam meint eine höfische Kultur, an der die Stände der Bürokratie, des Militärs und der Intelligenz teilhatten. Wie jede imperiale Kultur, existierte sie auch nur als Recht, Geschichtsschreibung und Literatur.

ter Volksmassen genutzt wurde. Um es mit den Begriffen der europäischen Geschichte auszudrücken: Das *imperium* hatte stets den Primat gegenüber dem *sacerdotium*. Zwar waren die Rechtsgelehrten wie in allen islamischen Gesellschaften auch im Osmanischen Reich eine Instanz, an die man sich zur Regelung der Probleme des alltäglichen Lebens wandte, aber ihre Autorität war keineswegs so bestimmend und absolut wie die Dominanz des Klerus im Westen. Sie verfügten keineswegs über die Macht, die ganze Religion und die Gesamtheit religiöser und kultureller Praktiken zu bestimmen.

Im Übergang vom Osmanischen Reich in die Republik haben sich weder die Struktur sozialer Kasten noch die der politischen Herrschaft gewandelt. Der Kulturkampf, der der Republik seinen Stempel aufdrückte, implizierte die radikale Fortführung der Verwestlichungs- und Modernisierungsbewegung, die die letzten zwei Jahrhunderte des Osmanischen Reiches dominierte.[12] Wie Jäschke (1951) sehr gut gezeigt hat, hat der kemalistische Kulturkampf, trotz der seinem historischen Vorbild in Deutschland analogen Praktiken, eigentlich die patrimoniale Osmanische Tradition fortgesetzt, die darauf abzielte, die Religion unter der Kontrolle des Staates zu halten. Typisch für die Haltung des Kemalismus gegenüber der Religion ist der Anspruch, den Laizismus – d. h. die französische Version der Säkularisierung – als eine modernisierende Kraft in die Tat umzusetzen und die Modernisierung v. a. in Form eines *Kulturkampfes* durchzuführen. Auch der Übergang in die Ära des demokratischen Mehrparteiensystems (1950) bedeutete nicht das Ende der kemalistischen Praxis, Religion unter staatliche Kontrolle zu bringen. Tatsächlich haben in der Geschichte der türkischen Republik zwei einander widersprechende bedeutsame Entwicklungen Gestalt gewonnen. Dabei handelt es sich auf der einen Seite um die Entwicklung des modernen Staates, der sich mit westlichen politischen, administrativen und sozialen Institu-

12 Ein interessantes Beispiel dafür ist der Brief, den Auguste Comte an Resit Pascha schrieb, den Verfasser des Tanzimat-Erlasses vom 3. Oktober 1839 (verabschiedet unter Sultan Abdülmecid und als ein Meilenstein der Osmanischen Modernisierung in Richtung auf Verbreitung von Freiheit und Gleichheit angesehen). In diesem Brief teilt er ihm seine Meinung bezüglich der im Erlaß behandelten Punkte mit (Berkes 1964). Der Comtesche Positivismus spielte sowohl im Austragen des kemalistischen Kulturkampfes als auch bei der Etablierung der Soziologie als einer zivilisierenden (verwestlichenden) Disziplin in der Türkei eine sehr wichtige Rolle.

tionen zu organisieren versucht; auf der anderen Seite um die Entwicklung der islamischen Bewegung, die ihre Forderungen in einem relativ demokratischen Jargon zur Sprache bringt, dennoch im Blick auf die sie stützenden islamischen Kreise eine als islamistisch bekannte Partei an die Macht bringen will.

Die Kontrolle des Staates über die Gesellschaft schränkt jedoch die Forderungen nach Entfaltung politischer und kultureller Identitäten ein. Der Fundamentalismus nährt sich entweder aus der Spannung zwischen Staat und Religion oder aus der Spannung zwischen Gesellschaft und Religion. Die Spannung von Staat und Religion führt in politischer Hinsicht zu einem radikaleren, die Spannung von Gesellschaft und Religion zu einem flexibleren Fundamentalismus. Da die türkische Gesellschaft durch die historische Praxis der totalen Kontrolle der Gesamtgesellschaft (einschließlich der Religion) durch den Staat geprägt ist, sehen sich die als fundamentalistisch bezeichneten Gruppen zunächst dem traditionellen Islam gegenüber, wie er in der Gesellschaft verbreitet ist. Ihre primären Ziele bestehen daher nicht darin, entweder – in sozialer Hinsicht – die gegebene Gesellschaft zu transformieren oder – in politischer Hinsicht – die Macht und den Staat an sich zu reißen. Dies gilt auch deshalb, weil der türkische Islamismus bis in die achtziger Jahre stets um das Projekt der »Religion für die Gemeinschaft« kreiste. Als sich in den achtziger Jahren in der mit der Politik der partiellen Wirtschaftsliberalisierung entstandenen kapitalistischen Entwicklung verschiedene soziale Bewegungen bildeten und sich in dem durch den Militärputsch zuvor entpolitisierten, öffentlichen Raum besser artikulieren konnten, schickte sich auch der Islamismus an, einen Diskurs zu konstituieren, der auf die Gesamtgesellschaft zielte. Als Frucht sowohl der kapitalistischen Modernisierung als auch der Zivilgesellschaft band sich der Islamismus daher an ein Projekt der »Religion für die Gesellschaft«. Auch dieses Projekt entwickelte keineswegs den Radikalismus und die Antimodernität, auf die der islamische Fundamentalismus stigmatisiert wurde. Ich bin daher der Ansicht, daß der Fundamentalismus in der Türkei gar nicht so radikal sein könnte wie die Bewegungen in Ägypten oder Algerien.

Abgesehen von der Rolle des Staates gibt es weitere Gründe für die geringe Radikalität des türkischen Fundamentalismus, die sich aus der islamischen Kultur in der Türkei ergeben. Diese Kultur ist keine Kleruskultur bzw. Kultur der Ulema.[13] Der Klerus in Gestalt der Ulema besteht nicht aus dem Typ der Intellektuellen; man könnte allenfalls im Sinne Webers von den *literati* sprechen. Der Purismus des Fundamentalismus, der den Ausschluß von Geschichte und Gesellschaft anstrebt, benötigt aber eine hierarchische, strenge, elitäre Gemeinde, die die religiösen Texte exklusiv versteht. Zwischen dieser Gemeinde und dem Staat muß eine Kluft bestehen. Tatsächlich jedoch standen die Ulema und die Intelligenz (d. h. die säkulare Version des Klerus) immer dem Staat nahe und verdanken ihre Position der Existenz des Staates.

Charakteristisch für die islamische Kultur in der Türkei ist außerdem die Tatsache, daß sie nicht vom Text, sondern von der Tradition bestimmt wird. Und wie sehr diese Tradition auch immer erstarren mag, so birgt sie doch weiterhin pluralistische Interpretationsmöglichkeiten. Denn eine solche Tradition beruht nicht auf Orthodoxie, sondern auf Orthopraxie. Die aus ihr hervorgehenden Deutungen sind offen auch für jedweden Autoritarismus (populistische oder reaktionäre Varianten) und müssen daher nicht notwendigerweise positiv ausfallen. Deshalb kann der Fundamentalismus in seiner Gegnerschaft zu diesen (religiösen, politischen, gesellschaftlichen) Autoritarismen eine relativ progressive Haltung entwickeln. In der Tat haben einige fundamentalistische Gruppen in der Türkei politisch gesehen ein eher freiheitliches Verhalten an den Tag gelegt, während die islamistischen Massen ihre herkömmliche Politik fortgesetzt und die rechtskonservativen Parteien unterstützt haben.

Daraus wird deutlich, daß in der Türkei zwischen der allgemeinen islamischen Bewegung und den fundamentalistischen Bewegungen ein Unterschied besteht. Dieser Unterschied rührt primär daher, daß sich die allgemeine islamische Bewegung oder die unter solcher Bezeichnung zu fassenden Formierungen aus heterodoxen Quellen nähren und eine konventionelle Interpretation der Religion vertreten, während der Fundamentalismus aus orthodoxen Quellen schöpft. Aus diesem Grunde bildete beispielsweise das islamische Recht (fiqh) schon immer eines der Hauptinteressengebiete des Fundamentalismus. Dagegen stellen die Ordensgemeinschaften – und dahinter die Mystik – die wichtigste Orientierungsquelle für die allgemeine islamische Bewegung dar.

13 Die religiösen Gelehrten und Repräsentanten der religiösen Institutionen des Islams heißen Ulema (Anm. d. Übers.).

Innerhalb dieser Differenz befindet sich der Fundamentalismus in größerer Nähe zur Verantwortungsethik, die islamische Bewegung hingegen tendiert eher zur Gesinnungsethik. Gemeinsam ist beiden Typen der Ethik und den beiden Bewegungen indes das Ziel, die Religion zu vergesellschaften; sie lehnen sich gemeinsam gegen die Situtierung der Religion als einem Element des bloß Privaten auf.[14] Innerhalb der religiösen Gemeinde bewirkt der Fundamentalismus gerade deshalb eine Spaltung, weil er nämlich den gleichen Zweck mit beinahe identischen Methoden anstrebt und dennoch zugleich andere Intentionen verfolgt. Außerdem trifft sich der politische Diskurs des Fundamentalismus zuweilen mit einem radikaldemokratischen Diskurs.[15]

Die bezüglich des Fundamentalismus größte Gefahr für die Türkei bestünde derzeit wohl in dem Versuch, dem Fundamentalismus mit einem autoritären, zivilgesellschaftlichen Säkularismus oder mit dem Staatsmilitarismus beizukommen. Die Stigmatisierung des Islam, seine Identifikation mit dem Fundamentalismus führt dazu,

14 Denn das Recht verlangt, die individuelle Autonomie und die Folgen des eigenen Handelns zu verantworten. Die Differenz zwischen dem Willen Gottes und dem Willen des Menschen, die von der klassischen islamischen Theologie und dem islamischen Recht oft erwähnt wurde, erkennt dem Individuum einen, wenn auch beschränkten, Handlungsspielraum zu. Der Fundamentalismus faßt demgegenüber die Forderung nach Veränderung der Welt, nach Reorganisation der Gesellschaft und nach Rückkehr zur Religion als rechtliches Gebot auf. Die allgemeine islamische Bewegung, die auf einem traditionellen Verständnis von Islam basiert, sieht hingegen kein Problem darin, Gott seinen Willen anheimzustellen und die Religion als eine Glaubensfrage zu verstehen, um auf diese Weise eine Integration in die Welt und in die bestehende Gesellschaft zu ermöglichen. Mit anderen Worten: Der Fundamentalist ist der Welt gegenüber aktiv, während ein gewöhnlicher Muslim sich passiv verhält. Die Refah-Partei, die mit ihrer die allgemeine religiöse Befindlichkeit berücksichtigenden Politik die Anerkennung breiter islamischer Bevölkerungsgruppen genießt, zeigt gegenüber den etablierten Werten eine integrative Haltung.

15 Obwohl es sich um ein Paradox zu handeln scheint, sollte diese Feststellung nicht als eine strategische Initiative des Fundamentalismus verstanden werden. Der Fundamentalist glaubt an die Gültigkeit der Folgen der Moderne, inbesondere der politischen Moderne; er verlangt ihre Institutionalisierung. Denn er ist sich der Tatsache bewußt, daß das vom Verfassungsstaat anerkannte Feld der Freiheiten, das sich von Individualrechten über korporative Freiheiten bis auf den Kampf um Anerkennung erstreckt, seine eigene Existenz unter Schutz stellt. Er weiß außerdem, daß die Demokratie, die er als Wahlfreiheit der Lebensformen für partikulare Gruppen und die Umsetzung dieser Entscheidung in gesellschaftliche Praxis versteht, den Staat und die Machtzentren beschränkt. Die gelegentlich zum Ausdruck gebrachte Ablehnung der Demokratie ist lediglich eine Folge der Reaktion gegenüber der modernen Welt; sie hat jedoch keine praktische Funktion.

daß eine allgemeine und umfassende, für eine moderne Gesellschaftsform geeignetere Formierung in eine engere, homogenisierende Bewegung eingezwängt wird. In der türkischen Geschichte hatte die islamische Gemeinde keinesfalls pluralistische und zivile Praktiken entwickeln können – wäre das der Fall gewesen, hätten Fundamentalismus und die islamische Bewegung in wechselseitiger Beeinflußung und im wechselseitigen Verstehen für eine positive Entwicklung die Tür einen Spalt weit öffnen können.

Gegenwärtig zeichnen sich neue Chancen ab. Wir sollten uns weder in modernistischer Haltung damit begnügen, nichtwestliche Gesellschaften einfach von der Moderne auszuschließen noch dürfen wir der Leichtfertigkeit der Fundamentalisten verfallen, die glauben, die Moderne könne überwunden werden. Wir stehen an der Schwelle der produktiven Annäherung zwischen Moderne und Religiosität. Historisch gesehen war diese Möglichkeit aufgrund von Interventionen beider Seiten verschüttet worden. Allein jetzt – einerseits durch den Schub und die Errungenschaften der Moderne sowie ihre Kritik an Religion, andererseits durch rationale, praktische und funktionale Auseinandersetzungen mit Institutionen und Werten der Moderne – kann diese Möglichkeit *heute* wieder aufgedeckt werden. Indem die islamische Gemeinschaft interne Differenzen bewahrt und die Gruppen, die sie umfaßt, ihrer je eigenen Autonomie und Mündigkeit anheimstellt, wird sie dazu beitragen, daß das Geschichte und Gesellschaft ausschließende fundamentalistische Projekt mittels der Bildung durch die Geschichte und Gesellschaft umgebaut wird. Auf diese Weise wird die islamische Gemeinschaft beispielsweise auch eine Bewegung wie den Fundamentalismus erziehen können.

4. Ist der Fundamentalismus eine Chance?

Das fundamentalistische Projekt, ein neues gesellschaftliches Subjekt und eine neue kulturelle Identität hervorzubringen, unterliegt selbstverständlich der Kritik des modernen Bewußtseins. Wenn es jedoch darum geht, den »Ort«, von dem aus man den Fundamentalismus dazu aufruft, sich als eine Strömung bzw. als ein Subjekt der Moderne einzureihen, selbst zum Gegenstand der Kritik zu machen, wird man durchgängig feststellen, daß es an der Bereitschaft dazu mangelt. Wir übersehen gern, daß die Formen, zu denen wir den Fundamentalismus einladen (dessen kulturelle, politische und soziale Forderungen wir für unheimlich halten), längst weit entfernt sind von den Werten, die man ihnen in der Blütezeit der Moderne zugesprochen hatte, und daß diese Formen daher nicht imstande sind, den von ihnen erwarteten Funktionen gerecht zu werden. Der Schwund des Glaubens an die Zivilgesellschaft, den öffentlichen Raum, die politische Partizipation und die Demokratie, ganz gleich ob er sich in einem die Verhältnisse festigenden politischen Existentialismus oder in einem postmodernen Skeptizismus manifestiert, deutet darauf hin, daß sich die Stabilität der Moderne sukzessive abschwächt, zumindest nicht so standhaft ist, wie man gemeinhin annimmt. Indem die Moderne Angriffe seitens antimoderner Kräfte zum Anlaß nimmt, ihre Selbstkritik aufzuschieben und Fehler des »Anderen« in eigene Leistungen umzudeuten, trägt sie lediglich zum Verlust der eigenen Legitimität bei. Dabei kann der Fundamentalismus – wie alle anderen als antimodern klassifizierten Phänomene – prinzipiell nur in der Erziehung der »Moderne« ontologische Sicherheit für Individuen und eine Befreiungspolitik für Gesellschaften herbeiführen. Allein indem man die modernen Elemente im Fundamentalismus unterstützt, läßt sich verhindern, daß sich der Fundamentalismus als eine Bedrohung der Metaerzählungen der Moderne fortentwikkelt.

Die Türkei unterscheidet sich von anderen muslimischen Gesellschaften nicht nur dadurch, daß sie eine imperiale Geschichte oder ein anderes Islamverständnis hervorgebracht hat; zu ihren spezifischen Merkmalen gehört auch, daß sie sich von allen islamischen Gesellschaften am weitesten für die Errungenschaften der Moderne geöffnet hat. Die Türkei verfügt durchaus über soziale, kulturelle und personelle Ressourcen, um diese Besonderheit nutzbar machen zu können.

Der Fundamentalismus ist nicht die bedeutsamste Antwort der Religionen auf die moderne Welt. Er bringt lediglich *eine* Reaktion zum Ausdruck, die darauf zurückgeht, daß der Bewegungsraum der Heilsreligionen in der modernen Welt verengt wurde. Daher wäre es ein Irrtum, die Botschaft der Religionen mit Fundamentalismen gleichzusetzen. Insbesondere die Beziehung, die der Islam – wie sich analog am Beispiel des Christentums zeigen läßt – zu Demokratie und zivilgesellschaftlichen Institutionen herstellen kann, hat sowohl aufgrund interner Ursachen (wie despotischer

Herrschaft und sozialer Ungleichheit) als auch aufgrund externer Ursachen (des Kolonialismus, des vom Westen ausgehenden politischen Drucks und der kulturellen Hegemonie) noch kein Stadium erreicht, in dem sie ihre eigene Logik entfalten könnte. Im Hinblick auf das kulturelle und soziale Chaos, in dem wir uns derzeit befinden, bildet der Fundamentalismus sicherlich keine Chance; nichtsdestoweniger ist er unter all den Folgen, die aus dem Aufschub, der Verhinderung oder der Manipulation der Auseinandersetzung der islamischen Religion mit der Geschichte hervorgehen können, vielleicht die am wenigsten gefährliche Ausprägung. Lassen wir also den Islam sich mit der Geschichte auseinandersetzen, lassen wir den Islam eine historische Erfahrung durchmachen, für deren Folgen er allein die Verantwortung tragen wird.

Aus dem Türkischen von Levent Tezcan

Literatur

Al-Azmeh, A.: *Islams and Modernities*. London 1993.

Berkes, N.: *The Development of Secularism in Turkey*. Montreal 1964.

Bielefeldt, H.: *Muslim Voices in the Human Rights Debate*, in: *Human Rights Quarterly*, Vol. 17 (1995), S. 587-617.

Binder, L.: *Islamic Liberalism: A Critique of Development Ideologies*. Chicago 1988.

Casanova, J.: *Private and Public Religions*, in: *Social Research*, Vol. 59, Nr. 1 (1992).

Ders.: *Public Religions in the Modern World*. Chicago 1994.

Enayat, H.: *Modern Islamic Political Thought*. London 1982.

Gellner, E.: *Muslim Society*. Cambridge 1981.

Herf, J.: *Reactionary Modernism*. Cambridge 1984.

Jäschke, G.: *Der Islam in der neuen Türkei*. 1951.

Laroui, A.: *The Crisis of the Arab Intellectual: Traditionalism or Historicism*. Berkeley 1976.

Marty, E./Appleby, S.: *The Glory and the Power*. Boston 1992.

Dies.: *Accounting for Fundamentalism*. Chicago 1994.

Meyer, Th.: *Fundamentalismus. Aufstand gegen die Moderne*. Reinbek bei Hamburg 1989.

Sayyid, B.: *Sing O'Times: Kaffirs and Infidels Fighting the Ninth Crusade*, in: Laclau, E. (Hg.), *The Making of Political Identities*. London 1994.

Schluchter, W.: *Einleitung. Zwischen Welteroberung und Weltanpassung*, in: Ders. (Hg.): *Max Webers Sicht des Islam*. Frankfurt/M. 1987, S. 11-24.

Ders.: *Rationalism, Religion and Domination: A Weberian Perspective*. Los Angeles 1989.

Tibi, B.: *Islamischer Fundamentalismus, moderne Wissenschaft und Technologie*. Frankfurt/M. 1992.

Ders.: *Die fundamentalistische Herausforderung. Der Islam und die Weltpolitik*. München 1993.

Levent Tezcan
Der Westen im türkischen Islamismus

1. Einleitung

Ähnlich vielen anderen Varianten des Islamismus zeichnet sich auch die türkische Variante durch spezifische Merkmale aus, die den Fundamentalismus vom klassischen Islam abheben und die erst im Kontext der modernen Zeit begriffen werden können. Diese sind: der Anspruch auf eine authentische islamische Identität; die Transformierung des Islam in ein alternatives Gesellschaftsmodell; der politische Aufruf zur islamischen Revolution, die, obwohl oft in einem Atemzug mit dem klassischen islamischen Jihad beschworen, sich dennoch nicht in diesem erschöpft; und nicht zuletzt die Scharia als ein positives Rechtssystem. Diese Punkte sollten eigentlich Gegenstand einzelner Untersuchungen sein, was hier nicht leistbar ist. Ich beschäftige mich im vorliegenden Beitrag mit dem »konstitutiven Äußeren«, das zu Verschiebungen in der Vorstellungswelt islamisch geprägter Gesellschaften geführt hat. Der Begriff des »konstitutiven Äußeren« (Laclau) bildet das primäre Instrument eines theoretischen Unternehmens, das mit Formen des Essentialismus entschieden brechen will. Demnach ist »jede soziale Objektivität letzlich politisch und [trägt] die Spuren der Akte der Ausschließung, die ihre Konstitution regiert« (Laclau 1991, S. 29). Sie ist nicht aus sich heraus zu erklären. Für unser Thema bedeutet das, daß Konzepte und Strategien der Islamisten nicht einfach aus einer ungebrochenen islamischen Tradition heraus zu verstehen sind, sondern ihren Sinn durch Bezugnahme auf den Westen, d. h. mit wesentlicher Beachtung der historischen Dimension, erschließen lassen. Es ist demnach nicht so, daß eine präexistente islamistische Identität dem »Westlichen« gegenüberstünde; denn die *heutige* islamistische Identität entspringt erst aus der Konfrontation mit dem »Westlichen«, trägt folglich die Spuren dieser Konfrontation.

Dieses Äußere ist auch im türkischen Islamismus omnipräsent und tritt sowohl in intellektuellen als auch in politischen Diskursen als *der Westen* unverwechselbar auf. Das Gesamtfeld islamistischer Tätigkeiten ist infolgedessen markiert von Versuchen, die sich explizit dadurch auszeichnen, eine *nichtwestliche* Antwort zu finden. Andererseits läßt sich die Wirkungsweise des Westens nicht darauf beschränken, wie er in expliziten Konzepten von Islamisten behandelt wird. Subtiler wird die Wirkungsweise dadurch, daß das Außen in das Selbst hineinwandert, und zwar nicht nur mit augenscheinlicher Übernahme der Begriffe aus der Geschichte des westlichen Denkens; es geschieht gerade dort, wo die Islamisten angesichts der Frage nach der politischen Gestaltung des sozialen Lebens, die sich erst aufgrund der Begegnung mit der westlichen Moderne in dieser Form als Tätigkeitsfeld darbietet, »ursprünglich islamische« Alternativen prägen wollen. Dies läßt sich vordergründig schon an den erwähnten Merkmalen veranschaulichen: Islam als ein *Gesellschaftsmodell*, also die Vorstellung, daß die Gesellschaft von Subjekten und dies mittels Projekten gemacht wird (damit öffnet sich das Soziale als ein Feld, das Ziel der politischen Gestaltung wird); der Anspruch auf die *authentische* islamische Identität, die das Eigene, provoziert durch die Begegnung mit der Universalkultur, erst im *Rückblick* in seiner »ursprünglichen« Form zu finden sucht; *Revolution* als der Weg einer radikalen Veränderung (zu einem islamischen Gesellschaftsmodell hin), die die Zeit verräumlicht und damit die Zukunft selber zum Gegenstand der menschlichen Verfügung werden läßt; die Scharia nicht mehr eine Ansammlung von Präzedenzfällen, Analogieschlüssen etc., wie Schacht (1935) noch dargelegt hat, sondern als zumindest dem Anpruch nach *positives Recht*, das für alle Lebensbereiche Regelungen treffen und eine innere systematische Konsistenz aufweisen soll.

Bei all diesen Punkten könnte man, und nicht zu Unrecht, den Einwand erheben, daß solche Begriffe lediglich unergründete Importartikel bleiben und keineswegs zur Etablierung einer modernen Vorstellungswelt führten. Wir sollten uns davor hüten, in den Islamisten allzu schnell die Modernisierer des Islam zu sehen. Vieles spricht dafür, daß Konzepte wie *islamisches Gesellschaftsmodell*, *islamische Ökonomie*, *islamische Revolution*, *islamische Wissenschaft* etc. vielmehr pathetische Äußerungen darstellen, als daß sie von einer solchen materialisierten Kultur sprechen. Trotzdem dürfen wir nicht übersehen, daß sich hier die Formierung einer neuen (islamischen) Vorstellungswelt ankündigt; meiner Ansicht nach ist dies wichtig genug.

Im vorliegenden Aufsatz geht es also nicht um die Frage, ob

Fundamentalismus der unausgesprochene Name für die Moderne in islamischer Gestalt ist; auch interessiert uns hier nicht die gegenteilige Behauptung, daß er gegen die Moderne gerichtet sei. Wichtiger ist m. E. die Tatsache, daß Wahrnehmungsweisen aus der Vorstellungswelt der westlichen Moderne bei Islamisten zur Formierung ihres Weltverständnisses mitwirken. Entscheidend dabei ist, daß diese Wirkung nicht in einem bewußtseinstheoretischen Rahmen gedeutet werden kann. Sie verweist uns vielmehr auf unbewußt funktionierende Mechanismen, denen bei der Konstitution der Identitäten eine zentrale Funktion zukommt. Der »kulturübergreifende Austausch« (Stauth 1993, 1995) gemahnt uns in diesem Zusammenhang, daß soziale Formierungen und ihr Niederschlag in neuen Identitäten sich nicht als Entfaltung eines Wesenskerns (in unserem Fall aus dem Wesenskern des Islam) erfassen lassen, sondern ihre Konstitution immer schon (und in Zeiten der Globalisierung kulturell verstärkt) ihr Äußeres in sich trägt, worauf sie reagieren.

In der Moderne ändert sich zudem die Funktionsweise des Äußeren. Zeynep Sayin hat in einem Artikel (1997) dargelegt, daß die Muslime der klassischen Epoche keineswegs kulturellen Bezug auf die westlichen Gesellschaften nahmen, d. h., sie waren nicht interessiert an westlicher Kultur. Erst mit den Wiedererweckungsbewegungen im 19. Jahrhundert kommt ein Interesse am Westen als kultureller Einheit auf. Die Konzeptualisierung des kulturell Anderen spielt nun eine zentrale Rolle bei der Identitätsbildung. (Eine empirische Untersuchung würde ohne weiteres nachweisen, daß sich ein wichtiger Teil der islamistischen Literatur in der Türkei mit dem Westen beschäftigt und nicht mit den klassischen religiösen Fragen.) Es gilt nun die doppelte Aufgabe zu lösen. Zum einen soll die schicksalhafte Verstrickung der Islamisten in die modernen Technologien untersucht werden, wobei mit Technologien nicht so sehr die materiellen wie Waffentechnik, Transport, Kommunikation etc., sondern vielmehr Kulturtechniken gemeint sind. Zum anderen stellt sich die Frage, wie der »Westen« im islamistischen Diskurs konstruiert wird. Ich werde nach der Verknüpfung beider Aspekte suchen. Mein Hauptinteresse gilt hier jedoch dem zweiten Punkt, nämlich den Konstruktionsweisen des Westens im islamistischen Diskurs.

2. Das diskursive Feld: Kemalismus und Ausschluß der islamischen Sprache aus dem öffentlichen Raum

Wenn man sich mit einem Diskurs (hier dem islamistischen vom Westen) beschäftigt, dann versteht es sich, zunächst das diskursive Feld zu umschreiben, auf dem der Diskurs stattfindet und mit anderen Diskursen um Bestimmung und Fixierung der Bedeutung konkurriert.[1] Dieses Feld wird, konkret gesehen, über lange Zeit hinweg von zwei grundlegenden politischen Sprachen umkämpft. Der Diskurs der Verwestlichung hatte sich als die hegemonische Sprechweise mit der Etablierung der laizistischen Republik, so schien es jedenfalls lange Zeit, endgültig durchgesetzt. Die Etablierung der türkischen Verwestlichungsbewegung vollzog sich neben anderen Gründen dank zweier Versprechen: Die Verwestlichungsströmung bot den Eliten des auseinanderfallenden Osmanischen Reichs die Nation als einen neuen Integrationsmodus an, der zusätzlich durch bittere Erfahrungen unterstüzt zu werden schien, wie z. B. die, daß sich die arabischen Glaubensbrüder gar nicht um die Eintracht der Muslime (Umma) scherten, sondern ihre nationale Unabhängigkeit anstrebten. Dieses erste Versprechen war in seinem Wesen gleichzeitig mit dem zweiten verknüpft: Durch die Orientierung gesellschaftlicher Beziehungen und politischer Institutionen an westlichen Modellen sollte nicht nur der Niedergang des Staates gestoppt werden, sondern man versprach sich auch von der Fortschrittsutopie einen Sprung auf den Zivilisationszug. In diesem historischen Zustand hat sich eine »Äquivalenzkette« (Laclau 1991, S. 183ff.) gebildet, die den politischen Diskurs der Republik Türkei, durchaus mit folgenreichen Brüchen (vgl. die Ära der Demokratischen Partei 1950-1960 und die Zeit von Özal in achtziger Jahren), bis zu dem Zeitpunkt konkurrenzlos beherrschte, da der Islamismus in seiner heutigen Form die politische Bühne betrat und die Kette vielerorts aufbrechen ließ. Die besagte Äquivalenzkette bestand aus einer Folge von Formulierungen, die

1 Die Unterscheidung zwischen Diskurs und Feld der Diskursivität ist für den Begriff Diskurs, wie er hier gebraucht wird, entscheidend. Sonst wäre er lediglich ein bloßer Ersatz für den herkömmlichen Begriff der Ideologie, der einer äußerlichen, nichtdiskursiven Logik, nämlich der Logik vom Verhältnis zwischen Basis und Überbau, gehorchte. Der Begriff des diskursiven Feldes hingegen lenkt das Augenmerk auf die konstitutive Bedeutung anderer Diskurse, mit denen um die Fixierung der Bedeutung eines Elementes konkurriert wird.

den politischen Raum mit einem scharfen Antagonismus in zwei entgegengesetzte Lager teilten: Westliche Lebensweise (z. B. Bekleidung) = Republik = Laizismus = wissenschaftlicher Forschritt = ökonomischer Wohlstand = nationale Eintracht (Frieden im Lande) = außenpolitische Sicherheit durch Zugehörigkeit zur westlichen Welt (Frieden in der Welt) auf der einen Seite; rückwärtsgewandte Lebensweise (Turban, Verschleierung) = Kalifat bzw. Sultanat = Theokratie bzw. religiöser Fanatismus = Wissenschaftsfeindlichkeit = ökonomische Zurückgebliebenheit = fehlendes Nationalbewußtsein (Illusion der Umma) = Revanchismus (Gefährdung der nationalen Sicherheit). Diese Kette von Äquivalenzen korrespondierte teilweise mit sozialen Rollen: Neue Berufe wie Arzt, Offizier, Ingenieur, Lehrer als Vertreter des angestrebten Anschlusses an die Geschichte, die nun als Menschheitsgeschichte Einkehr hielt, standen den anderen gegenüber, für die die Gruppe von Hodscha (Geistlicher), Scheikh und Aga (Feudalherr) als Inbegriff des *Ancien régime* einstand. Die neue Ordnung wurde mit dem Ausschluß der islamischen Sprache aus der öffentlichen Sphäre begründet. Hiermit berühre ich einen für die politische Debatte in der Türkei überaus sensiblen Punkt. Eine weitere Klärung ist unabdingbar, denn die Formulierung »Ausschluß der islamischen Sprache« ist keineswegs unproblematisch. Ich möchte diesen Begriff weiterhin beibehalten, dennoch gleichzeitig problematisieren. Heute wird von der Rückkehr des Islam in die Politik gesprochen. Diese Sprechweise tritt in der türkischen Debatte oft mit einer Kemalismuskritik verbunden auf, die es sich aber m. E. ein wenig zu leicht macht, wenn es sich um das Verhältnis von Kemalismus, politischem Raum und Islam handelt. Man darf nämlich nicht aus den Augen verlieren, daß gerade dieser Ausschluß den Weg zur Entstehung einer öffentlichen, politischen Sphare bereitete, obwohl deren praktische Ausgestaltung gleichzeitig durch die Politik der kemalistischen Einheitspartei faktisch fast völlig verhindert wurde. Daher ist die Tatsache von nicht geringer Bedeutung, daß die Entstehung der Bedingungen für einen politischen Raum in der Türkei gleichzeitig von der Absenz politischer Kräfte wesentlich gekennzeichnet ist, die auf eine Vervielfältigung demokratischer Räume gezielt hätten. Es war also keineswegs so, daß die ausgeschlossenen (religiös artikulierten) Sprachen für die Etablierung einer demokratischen Ordnung eingetreten wären, während die kemalistischen Gruppen das größte Hindernis für etwaige Demokratisierungsbestrebungen gebildet hätten. Dieser Umstand ähnelt anscheinend der Genese der französischen Laizität, die sich bekanntlich gegen die katholische Kirche behaupten mußte, welche ebenfalls ein Hindernis für die Etablierung eines öffentlichen politischen Raumes war. Die strukturelle Ähnlichkeit zwischen der türkischen und der französischen Laizität ist daher nicht unbegründet. Ein zweiter Punkt sollte hier noch erwähnt werden: Es war nicht der Islam als Glaube, der verdrängt, ja gar, wie die Islamisten diesen Opfermythos aufbauen, einfach unterdrückt wurde.[2] Was verboten wurde, war in erster Linie die Artikulation einer religiösen Sprache in öffentlichen Angelegenheiten. Das wurde zudem an exemplarischen Symbolen, die an gewohnte islamische Kleidung erinnern, demonstrativ vollzogen (seinerseits eine ebenso radikale Reaktion auf die Rigidität islamisch geprägter Kleidungsvorschriften). Das kemalistische Regime strebte damit einen regimekonformen Islam an. Mit diesem Kampf um die Definition des Islam, mit dem Anspruch also, die Religion der staatlichen Kontrolle zu unterwerfen, beging es übrigens keineswegs einen radikalen Bruch mit der vorangegangenen türkischen Geschichte; vielmehr stand dieser Akt im Rahmen der osmanischen Reichstradition, in der die Geistlichen ebenso eine untergeordnete und hauptsächlich legitimatorische Funktion innehatten. Das trug denn auch bei zur beispiellos radikalen Durchsetzung des Laizismus in einem islamischen Land.

2 Dieser Streitpunkt scheint noch lange Zeit von Bedeutung zu bleiben. Er kam vor kurzem während der Pakistanreise des türkischen Staatspräsidenten Demirel wieder zur Sprache. Ein pakistanischer Journalist stellte die Frage: »Vor 70 Jahren haben Sie [die Türkei] sich vom Islam verabschiedet, jetzt sind Sie wieder zurückgekehrt, das erfreut uns sehr. Was denken Sie darüber?« Demirels Antwort lautete folgendermaßen: »Wir sind vor 73 Jahren vom Islam nicht abgegangen, wir haben den Islam gerettet. [...] Vor 73 Jahren haben wir einen gesellschaftlichen Konsensus ausgearbeitet. [...] Also wählte die Türkei vor 73 Jahren ihren Weg, gründete die Republik und bestimmte ihr Ziel« (*Hürriyet*, 26. 3. 1997). Nach einer essentialistischen Lesart des Islam, die auch im Westen viele Anhänger hat, dürfte diese Antwort kein Gewicht haben, und Demirel selbst dürfte nicht als »authentischer Muslim« gelten, weil die Authentizität nach der besagten Lesart nur für solche reserviert wird, die vehement auf der Unvereinbarkeit des Islam mit der Säkularität insistieren (dabei leisten sie den Fundamentalisten ungewollt Schützenhilfe, da diese ihren Kampf um die Definition des Islam genau mit dem Argument der Authentizität ausfechten).

3. Verschiebungen auf dem diskursiven Feld und Erstarkung des Islamismus

Es läßt sich vermuten, daß die scheinbar unumstrittene Vorherrschaft des laizistischen Diskurses ins Wanken geraten würde, wenn sich auf diesem diskursiven Feld grundsätzliche Verschiebungen ereignen. Die Verschiebungen wurden aus unterschiedlichen Bereichen motiviert. Es stand z. B. über lange Zeit die nationale Identität als Gewähr für eine Teilhabe an den Früchten der westlichen Zivilisation, indem sie das »größte Hindernis« auf dem Weg dahin, nämlich die öffentliche (und nicht die alltägliche) Macht der Religion, ausräumte, was im kemalistischen Diskurs gleichzeitig die Privatisierung der Religion bedeutete. Die kurdische Bewegung hat ihrerseits die Vorstellung von Zusammengehörigkeit auf der Basis der türkischen nationalen Identität erheblich beschädigt. So müßte auch nachvollziehbar sein, daß das andere, viel ältere Band zwischen Türken und Kurden, nämlich die Zugehörigkeit zum islamischen Glauben, öffentlich immer gewagter thematisiert wurde. Hinzu kommt, daß mit der Zerschlagung der sozialistischen Bewegung in der Türkei durch die Militärs 1980 der diskursive Platz für eine radikale Kritik am Regime leer wurde.[3] In der Phase der Demokratisierung wurde dann der Begriff »Zivilgesellschaft« zu einem geflügelten Wort. Seiner historischen Konnotationen verlustig gegangen, wurde schlicht jede beliebige, distanzierte Haltung gegenüber Militärs unter *Zivilgesellschaft* subsumiert. Naheliegend war denn auch, vom Islam als einem wichtigen ideologischen Element der Zivilgesellschaft zu sprechen. Es stellte sich in breiten Kreisen eine Selbstverständlichkeit her derart, daß die aus der öffentlichen Sphäre verdrängte islamische Sprache gegenüber dem als kemalistisch bezeichneten Staat per definitionem zivil wurde. Insbesondere die Verweise der Isla-

3 Dieser Punkt wird von Göle ausdrücklich unterbewertet. Sie geht statt dessen von der Krise der Moderne auf einer abstrakten Ebene aus, die als der eigentliche Grund der Entstehung/Erstarkung des Islamismus verstanden werden soll. Ich vertrete hingegen die Ansicht, daß der Zusammenbruch des Sozialismus die bestehenden Fronten aufgeweicht und damit Platz für neue Sensibilitäten ermöglicht hat, darunter aber auch für die islamistische. Da Göle kein Konzept politischer Sprachen kennt, würdigt sie diese diskursive Verschiebung nicht genügend. Sie möchte anscheinend die Krise der Moderne auf einer tieferen (zivilisatorischen) Ebene anlegen, die von »konjunkturellen« Veränderungen nicht beeinflußt werden soll.

misten auf den amerikanischen Umgang mit Religion wie den Schwur des Präsidenten auf die Bibel bei der Vereidigung, seine Ansprachen mit religiöser Rhetorik und die Beschriftung des Dollars gehören in den demagogischen Gebrauch von *civil society*. Der Begriff verdankt übrigens seine Beliebtheit u. a. der türkischen undogmatischen sozialistischen Linken, die, obwohl selbst sehr schwach, doch dem Konzept von Zivilgesellschaft in der politischen Rhetorik zur Hegemonie verhalf. Damit trug sie ihrerseits zur Ausbildung eines neuen diskursiven Platzes bei, an dem sich islamistische Positionen, indem sie das Konzept entleeren, als eine Alternative zum System immer attraktiver präsentieren. Dabei hatte die Linke zwar ihre utopische Dimension verloren, aber die mit dem Endziel (Revolution) innerlich verbundene Kritik am System als einer kapitalistischen Totalität blieb weiterhin erhalten. Diese Art totaler Systemkritik war folglich nicht sensibel für verschiedene Aspekte der bestehenden Ordnung, die aufgrund ihrer Heterogenität die Politik einer totalen Stellungnahme suspekt erscheinen lassen und entsprechend eine demokratische Politik auch innerhalb einer Gesellschaftsordnung mit kapitalistischen Grundzügen ermöglichen. Sowohl die Kritik der kurdischen PKK als auch die linke Kritik am System haben letztlich ihrerseits die symbolische Differenz überhaupt nicht bzw. wenig beachtet, die zum Verstehen der kemalistischen Grundlagen der Republik Türkei von entscheidender Bedeutung ist: Die kemalistische Revolution ist nämlich m. E. einerseits der Gründungsakt der Republik, mit dem in dem heute »Türkei« genannten Raum überhaupt erst die Bedingungen einer demokratischen Politik (mehr als nur Staatshandeln) *ermöglicht* wurden. Andererseits waren es geradezu die verschiedenen Varianten der kemalistischen Staatsideologie, die lange Zeit die praktische Entfaltung des demokratischen Raumes erheblich behindert haben. Die Nichtbeachtung dieser Differenz (ebenso wie der anderen Differenzen, daß die Republik eben nicht identisch mit Kapitalismus, Demokratie nicht einfach eine politische Ordnung der Bourgeoisie ist) kam unintendiert dem Aufbegehren der Islamisten zupaß, so daß sie sich in ihrem Widerstand als unterstützt betrachteten. Im islamistischen Diskurs wurden somit die Elemente der aktuellen Systemkritik resp. der Kritik am Kemalismus in einem neuen Diskurs artikuliert, in dem die »(einheimische) Zivilgesellschaft gegen den repressiven (laizistischen) Staat (den Fremdkörper)« und »die authentische, religiöse Identität gegen die aus dem Westen stammende Identität« ihre Rechte einforderten. Damit sich jedoch dieser Diskurs in den öffentlichen Raum hinein entfalten konnte, und zwar nicht lediglich als eine Fortsetzung des alten, defensiv gerichteten, ländlichen islamischen Konservatismus, der ja als der negative Pol in die Äquivalenzkette des kemalistischen Fortschrittsdiskurses unschwer eingereiht werden konnte, bedurfte es noch zwei weiterer Entwicklungen.

1. Selbst in ihrem Ursprungsort, in westlichen Ländern, war die Moderne in eine umfassende Kritik geraten, die sich mit Denkrichtungen wie Postmoderne, Poststrukturalismus u. ä. umschreiben läßt. Die (in der Regel oberflächliche und entstellende) Rezeption der westlichen Modernitätskritik durch die Islamisten wartet noch darauf, auf ihre Mechanismen und Auswirkungen hin gründlich erforscht zu werden.[4] Dennoch sei der Hinweis gestattet, daß die postmoderne Kritik an den sogenannten Metaerzählungen als die westliche Verkündung des Endes des Fortschrittsdenkens zwar zum Aufbrechen der beschriebenen Kette gebraucht wurde, woraus aber keineswegs eine Dezentralisierung des Subjekts erfolgt, wie es bei den Poststrukturalisten (z. B. Foucault) o. ä. der Fall ist, sondern ein Supersubjekt die politische Bühne betritt. Bei Foucault ist das Subjekt keine transzendentale Instanz, die ordnungsgenerierend ist, sondern selber verwickelt in verschiedene Praktiken und Systeme. Mit seinen Fragen an den Diskurs – Wer spricht? Von wo aus spricht er? Was sind die Positionen, die das Subjekt einnimmt? – situiert Foucault das Subjekt. So wird nun unmöglich, vom Islam oder von der muslimischen Gemeinde als

4 Eine solche Analyse sollte sich jedoch der Verzeichnungen der westlichen Modernitätskritik im islamistischen Diskurs bewußt bleiben und nicht jede Bezugnahme auf sie oder vordergründige Ähnlichkeit mit ihr als sachgerecht annehmen. In seinem Zeitungsartikel »Das Wahrheitsregime der Verbrecher« veranschaulicht Sadik J. Al-Azm unter vier Punkten, wie Islamisten Argumente aus der westlichen Diskussion zu Felde führen: »a) Der Islam ist ein selbstgenügsames Diskursuniversum [...]; b) Das Diskursuniversum des Islam erlaubt keinen Vergleichsmaßstab mit einem anderen Diskursuniversum. Es ist inkommensurabel im Sinne von Thomas Kuhn und Michel Foucault [...]; c) Der Islam braucht einen klaren ›erkenntnistheoretischen Bruch‹ mit dem Diskursuniversum des Westens, um seiner Authentizität gerecht zu werden [...]; d) Der Islam verkündet außerdem den Tod des Menschen als universelle Kategorie zugunsten eines Vorrangs des muslimischen im Unterschied zum westlichen, im Unterschied zum orientalischen Menschentum usf.« Dennoch setzt sich Al-Azm nicht mit Verzeichnungen dieser Konzepte auseinander, wobei sie in seiner Darstellung geradezu von selbst ins Auge stechen.

außerdiskursiv existierendem Subjekt zu sprechen. Die islamistische Kritik am Subjektbegriff nimmt lediglich an seinem menschlichen Antlitz Anstoß, versetzt aber an dessen Stelle den Islam oder die Gemeinde als das Subjekt, das seine Homogenität und Wahrheit vor jedem Diskurs besitzt und weder Macht noch Sprachspiele kennt.[5]

2. Mit diesen Verschiebungen auf dem diskursiven Feld ging eine Reihe von Veränderungen an sozialen Beziehungen einher. Das herkömmliche Bild vom Islamisten: ländlich = wissenschaftsfeindlich = niedrige Schulbildung etc. ließ sich angesichts der Formierung eines religiös orientierten Unternehmertums, der steigenden Anzahl islamistischer Studenten in Hochschulen, der Flut von intellektuellen Zeitschriften, ja gar der Modenschau für islamische Bekleidung und nicht zuletzt einiger Konversionen aus dem linken Lager usw. nicht mehr unbekümmert durchhalten. Zudem fanden die Zuwanderer der Metropole im neuen islamistischen Diskurs, der sich außerdem auf eine dichtvernetzte, informelle soziale Infrastruktur beziehen kann, eine Sprache, die Selbstverständlichkeiten schon aus ihrer Herkunft enthält. Die Durchsetzung kulturalistischer Politik (zeitgleich zum Abschwächen des Diskurses vom Klassenkampf) treibt die neuen Entwurzelten der Türkei islamistischen Gruppen und Ordensgemeinschaften zu. Was vorher als soziale Forderungen auf der Achse von Gleichheit und Freiheit von den Studenten und v. a. in den Vorstädten in einer marxistischen Sprache artikuliert wurde, wird nun in die Kette eines kulturellen Antagonismus eingereiht. Die Folge davon ist die »Politisierung der Lebensstile«.[6] In diesem Zusammenhang entwickelte der islamistische Diskurs immer stärker einen populistischen Antagonismus. Der Antagonismus wird entlang der Trennungslinie gezogen, die zwischen dem Westen (d. h. seinen

5 Jedoch ist zu erwähnen, daß das keine durchgehende Denkfigur ist. So tanzt z. B. Ö. Celik (1995) in einem bestimmten Sinne durchaus aus der Reihe. Ein Zufall ist es bestimmt nicht, daß bei ihm die gnostische Dichotomie Westen vs. Islam brüchig ausgeprägt ist. Seine Texte enthalten affirmative Verweise auf westliche Denker, ihr Inhalt ist darauf orientiert, durch eine kritische Auseinandersetzung mit der Geschichte des islamischen politischen Denkens Raum für politische Freiheit zu gewinnen.

6 Für eine gründliche Analyse dieser Entwicklung siehe Laciner 1994. Dabei beschränkt Laciner den Blick nicht auf die islamistische Politisierung der Lebensstile, sondern macht auf die modernistische Ideologie der Republik aufmerksam, die durch staatliche Verordnungen die Lebensstile (allen voran die Bekleidung) der Bürger bestimmte.

einheimischen Repräsentanten) und dem »wahren Wesen« der Türkei, nämlich dem Islam (den »unterdrückten Muslimen«), verläuft. Wie wird nun dieser Antagonismus aufgebaut?[7]

4. Der »gute« Islam und der »böse« Westen

Die Attribute, mit denen der Westen im islamistischen Diskurs versehen wird, zeugen von einer unverkennbaren Schlichtheit. In theoretischen Diskursen wird oft das folgende Schema befolgt: Der Westen ist der Name für einen folgenschweren ontologischen Verfall. Dieser Verfall begann schon im Christentum, da seine Quellen nicht mehr authentisch, sondern im Gegensatz zum Koran durch menschliche Hand entstellt worden waren.[8] So konnte

7 Den Begriff des Antagonismus verwende ich im Sinne von Laclau (1991). Er wird sowohl von der »Realopposition« als auch vom »logischen Widerspruch« unterschieden. Zur Realopposition: »Es gibt nichts Antagonistisches bei einem Zusammenstoß zwischen zwei Fahrzeugen: es handelt sich um eine materielle Tatsache, die positiven physikalischen Gesetzen gehorcht« (ebd., S. 178). Andererseits (zum logischen Widerspruch) »haben [wir alle] an einer Anzahl wechselseitig sich widersprechender Glaubenssysteme teil und doch taucht kein Antagonismus aus diesen Widersprüchen auf. Der Widerspruch beinhaltet deshalb nicht notwendigerweise ein antagonistisches Verhältnis« (ebd., S. 179). Mit Antagonismus ist hiermit ein Verhältnis gemeint, in dem die »Präsenz des Anderen mich daran [hindert], gänzlich Ich zu sein« (ebd., S. 180).

8 Die Sache mit der Entstellung wird mit einer Selbstverständlichkeit angenommen, die an einer beinahe unerträgliche Selbstgefälligkeit grenzt. Unerträglich wird es dort, wo sie in theoretischen Reflexionen zum Ausdruck kommt, und nicht mehr nur in der gewöhnlichen Vergewisserung des eigenen Glaubens gegenüber anderen; also eigentlich dort, wo man ganz entsprechend dem »Satz vom Grund« zu operieren vorgibt. Hier aber müßte dann entsprechend dem geführten Wissensdiskurs die naiv theologische Frage gestellt werden, warum Gott seine früheren Botschaften (das Alte und das Neue Testament) nicht vor Entstellung durch menschliche Hand bewahrt hat, während Er das für den Islam wohl praktiziere. Ich möchte mich hier nicht für einen Begründungszwang für den Glauben aussprechen. Mir ist bewußt, daß das Gesetz des Glaubens seine Autorität nicht durch Begründung erhält. Meine Intention ist lediglich die, auf das Problem hinzuweisen, das sich daraus ergibt, daß in einer zwei Glaubenssysteme betreffenden Kommunikation ein bestimmtes Element aus dem einen System für das andere auch als Maßstab genommen wird. Die These von der Entstelltheit der Bibel kann allenfalls in einer innerislamischen Angelegenheit als Glaubensfaktum vorausgesetzt werden. Das Problem liegt aber darin, daß der intellektuelle Diskurs des Islamismus genau von einem Universalitätsanspruch lebt, indem er die Entstelltheit der Bibel als objektive Tatsache ins Feld der Auseinandersetzung auch mit virtuellen, nichtmuslimischen Gesprächspartnern führt.

das Christentum die heidnischen Lehren (griechische und römische) nicht abschaffen, im Gegenteil, es war gegenüber ihnen empfangsbereit. Dieser Verfall radikalisierte sich mit der Aufklärung, indem sie die tranzendente Dimension des menschlichen Seins (sprich: die religiöse) gegen ein diesseitiges, trügerisches Glück austauschte. Was not tut angesichts der globalen Krise, die in ihrem Wesen epistemologischer Natur ist, kann nur eine erneute Zuwendung zur Religion, zu der wahren Religion (ed din) sein, die das ontologische Band wiederherstellen wird.[9] Bis hierher könnte man noch die Ansicht vertreten, daß sich das islamistische Muster durchaus im Rahmen der Vorstellungswelt des klassischen Islam bewegt. Auf der einen Seite stimmt dies auch. Themen wie göttliche Harmonie der Natur, Religion als Wissen von dieser Harmonie, die Zeit der Glückseligkeit u. ä. muten denn auch ziemlich vertraut an. Allein, die ursprüngliche »Unschuld«, wenn es sie je überhaupt gegeben haben sollte, mit der man ohne weitreichende Implikationen von der göttlich verbürgten, ontologischen Ordnung und dem Wissen von ihr sprach, läßt sich nicht bewahren, sobald man selber von dem »Verfall« mitgerissen wird und nun sich vor die Aufgabe gestellt sieht, das »Ursprüngliche« künstlich herzustellen. Von diesem Dilemma zeugen sicher nicht so sehr die Ordensgemeinschaften, die sich nach einem jahrzehntelangen Untergrunddasein in Wirtschaft, Bildung und sozialen Netzwerken einer unübersehbaren Erstarkung erfreuen.

Für intellektuelle Zirkel und radikale Grüppchen, vielleicht auch für Teile der Wohlfahrtspartei (Refah Partisi), stellt sich hingegen das Problem des Verhältnisses zur westlichen Moderne in einer stärker ambivalenten Weise. Dort wo die Islamisten die »künstliche« Entrückung durch den Westen wieder einrenken wollen, verwickeln sie sich in eine Dialektik. War der Gegensatz Orient vs. Okzident für die okzidentale Kultur konstitutiv, welcher »im Gefühl des Mangels und der Unvollständigkeit wurzelt, das dem okzidentalen Anspruch zugrunde liegt, die Welt mit seiner Praxis zu gestalten« (Marramao 1989, S. 132), so läßt die umkehrende Übernahme dieser Einstellung durch Islamisten die Aufgabe entstehen, ebenfalls mit einer Praxis die Welt in die Zukunft hinein zu gestalten. Eine Art »Herstellen« beherrscht den Umgang

9 Das ist das dem islamistischen Diskurs vom Westen zugrundeliegende Grundmuster. Seine prominenteste, systematischste Ausarbeitung unter türkischen Islamisten findet es bei Ali Bulac (1994, S. 3-14).

mit der Geschichte und der Gesellschaft.[10] Der planende Vorgriff in die Zukunft in Gestalt islamischer Revolution oder mit Projekten (wie z. B. der »Konvention von Medina«, die unter islamistischen Intellektuellen als alternatives Gesellschaftsmodell dargeboten wird) vollzieht sich aber nicht in der Form, wie es sich in der europäischen Geschichte zutrug. Er mündet nämlich *nicht* in eine Geschichtsphilosophie, die auf der Fortschrittsidee beruht, aus der selber der Sinn der menschlichen Tätigkeit entspringt, was nach Marramao die »extreme Säkularisierung des procursus zur Gottesherrschaft der christlichen Ontotheologie« ist (ebd., S. 87). Jedenfalls, die erst in der Moderne für die Gesellschaftlichkeit konstitutiv gewordene Vorstellung von der Machbarkeit der Geschichte und Planbarkeit des Sozialen durch die Subjekte, die dann der kemalistische Laizismus bis zu einem radikalen *social engineering* überzog, kehrt nun mit der verstärkten Radikalität einer Endabrechnung der »Unterdrückten« zurück. Die Legitimität der Herstellung des »ursprünglichen« Zustands wird zwar in Ursprüngen (im Koran und in der Zeit der rechtgeleiteten Kalifen) gesucht, aber selbst die Art dieses Ursprungsdenkens trägt gleichfalls das Merkmal der Begegnung mit der westlichen Moderne. »Nichts

10 Zu diesem Punkt möchte ich drei Hinweise anführen. Seufert (1995) hat in seiner Dissertation überzeugend dargelegt, daß gerade die Sakralisierung weltlicher Begriffe, nach denen die religiösen Quellen (v. a. der Koran) durch Islamisten »abgeklopft« werden, zur »Verweltlichung des Heiligen [als] notwendige Folge« (1995, Kap. 5, S. 12) führt. »Eine solche ›bewußte‹, ›verfeinerte‹, ›kreative‹ Nutzung der Tradition unterscheidet sich von der ›gewohnheitsmäßigen‹, ›unreflektierten‹, ›restriktiven‹ in früheren Perioden, welche den Zusammenhang des Heiligen Textes wahrte« (ebd.). Indessen ist die Frage an Seufert berechtigt, inwiefern oder ob sich in diesem »Abklopfen« die Einheit des Textes, welche in der traditionellen Umgangsweise gewahrt sein soll, tatsächlich verflüchtigt. Oder wird die Einheit des Textes nicht noch rigider unterstrichen, wenn er den Charakter eines ideologischen Pamphlets bekommt? Ebenfalls besteht Diskussionsbedarf darüber, was denn die Wahrung der Einheit des Textes in der traditionellen Lesart tatsächlich bedeutete. Eine hermeneutisch sensible Lesart könnte selbst Verschiebungen an der Auffassung von Einheit zeigen. Der zweite Hinweis schließt an den Umgang mit der Tradition an. Werner Schiffauer (1984) schildert die Wandlung der religiösen Identität einer türkischen Migrantin vom Beruhen auf Zeichen in die Bestimmung durch Bedeutung. Im neuen sozialen Kontext, der sich von ihrem Dorfleben grundlegend unterscheidet, vollzieht sie eine Abkehr von der »Ethik des Zeichenhaften«, vom »Lernen eines Korpus von Gesetzen und Ausführungsvorschriften«, hin »zum grüblerischen Suchen um den Sinn eines Texts oder einer Regel«. Das gleiche Phänomen hatte Stauth (1993) »Essentialisierung der Tradition« infolge der »interkulturelle[n] Kommunikation« genannt.

was noch ›Wert‹ und ›moralische Norm‹ erheischt«, meint Stauth (1995, S. 89), »kann sich ungebrochen auf kulturelle Urvisionen beziehen.« Daher stellt sich uns die Frage, »in welche Richtung die Simulation religiöser Urvisionen sich im Zeichen des kulturübergreifenden Diskurses entwickelt« (ebd.).

5. Islamistisches Projekt und Verwicklung in die Moderne

Welche Spuren die Begegnung mit der westlichen Moderne in die islamische Vorstellungswelt einschreibt, läßt sich am Beispiel der Suche nach dem Ursprung, also der Gründungszeit des Islam, aufzeigen. Asr-i Saadet, das Zeitalter der Glückseligkeit, ist die Bezeichnung für das islamische Projekt, an dem emsig und mit intellektueller Anstrengung gearbeitet wird. Das Projekt bezieht seine Bedeutung aus der Intention, die darin besteht, daß dem westlichen »Fremdling« mit seinen Ursprüngen (das »entstellte« Christentum, die griechische und die römische Kultur) nun eine authentische Alternative gegenübergestellt werden soll.[11] In diesem Projekt verklammern sich die Suche nach dem ursprünglichen Islam und der aufgezwungene Anschluß an die Herausforderungen der Gegenwart, der aber immer schon, und nicht nur für die muslimische Welt oder die dritte Welt, aufgezwungen war. Aziz Al-Azmeh hat in seinem Buch *Die Islamisierung des Islam* (1996) die Differenz zwischen dem klassischen islamischen Ursprungsmythos und dem fundamentalistischen Projekt herausgearbeitet. Nach Al-Azmeh enthält der islamische Ursprungsmythos eine eschatologische Dimension, die im fundamentalistischen Projekt

11 Eine Reihe von fünf Bänden beschäftigt sich beispielsweise mit mehreren Aspekten von Asr-i Saadet. Einige Titel seien erwähnt, um deutlich zu machen, in welchem Ausmaß die Suche nach den eigenen Quellen stattfindet und wie stark sie von gegenwärtigen Themen geprägt ist. Noch wichtiger ist jedoch die Verwendung des wissenschaftlichen Denkens zur Analyse bzw. Rekonstruktion der Geschichte, v. a. der Sozialgeschichte. Über die Folgen solcher strukturellen Veränderungen in der Vorstellungswelt der Muslime müßte nachgedacht werden: Häuser und Hausleben in Asr-i Saadet; Religionen und Traditionen in Asr-i Saadet; Beziehungen mit Juden, Beziehungen mit Christen in Asr-i Saadet; das sozioökonomische Leben in Medina vor Asr-i Saadet; die Gesellschaft von Mekka vor Asr-i Saadet; Besteuerung in Asr-i Saadet; ein Dokument des Zusammenlebens in Asr-i Saadet: die Konvention von Medina; Organisation der Justiz und Strafprozeßordnung in Asr-i Saadet.

in eine diesseitige Rettungsideologie verwandelt wird.[12] Die Erlösung, die Vollkommenheit, ist im Mythos nicht von dieser Welt. Wie Al-Azmeh sagt, war die Zeit der Offenbarung demnach ein Wunder; sie war nicht das Ergebnis einer politischen Handlung, das man nach Belieben wiederholen könnte, wenn man nur die entsprechenden Bedingungen dafür schafft. Daß die Gesellschaft und die Geschichte von handelnden Subjekten gemacht wird, ist in der Tat eine neuzeitliche Vorstellung. Der Unterschied läßt sich nach Al-Azmeh begreifen als einer zwischen der »didaktischen Utopie« und der »politischen«: »Die exemplarische Geschichte des medinensischen Kalifat ist das wahre Goldene Zeitalter, dem man sich annähern sollte, soweit das in einer unvollkommenen Welt wie der unseren möglich ist; es ist ein Zustand, der wiederholbar nur unter bestimmten Bedingungen ist [...]. Hier handelt es sich demnach nicht um eine ausgemacht totalitäre Utopie, sondern um eine Utopie, die sich in Begriffen des Hier und Jetzt artikuliert: ein Anderswo, einige vorbildliche Fälle, aus denen man für das Hier und Jetzt Gesetzesbestimmungen gewinnen kann – eine moralische, didaktische Utopie, die für das Rechtswesen von praktischem Nutzen ist, die sich aber nicht im vollen Umfang wiederholen läßt und deshalb auch mit keinem politischen Engagement verknüpft ist« (ebd., S. 74).

Indessen ist es nicht die Verknüpfung des fundamentalistischen Projekts mit einem politischen Engagement an sich, die meiner Ansicht nach zur Kritik stehen sollte. Das Entscheidende an dieser Unterscheidung ist nämlich, daß dem fundamentalistischen Projekt ein aktivistisches Moment innewohnt, das Anleihen mehr an einer *bestimmten Version* des modernen Subjekts macht, welches sich anschickt, die Gesellschaft durch totale Umwälzung[13] neu zu gestalten, als daß es sich an dem klassischen Politikverständnis des

12 Goldziher (1925) hingegen vertrat die Ansicht, daß die eschatologische Dimension selbst bei Mohammed nur während der mekkanischen Zeit eine Bedeutung hatte; sie ist in der medinensischen Zeit der praktischen Politik der Staatsgründung und Etablierung der Macht gewichen. Trotz dieser kritischen Anmerkung dürfte Al-Azmehs Unterscheidung ihre Bedeutung behalten. Denn er fokussiert konsequent auf die islamistische Idee von der Reproduzierbarkeit des einmalig vorgekommenen Wunders, womit der Bezugspunkt Asr-i Saadet zu einem *Projekt* wird.

13 Die modernen Subjektvorstellungen lassen sich durchaus nicht auf diese eine Version reduzieren. Möglich ist es auf jeden Fall, die Politik einer *radikalen* Umwälzung zu betreiben, die sich von der *totalen* Umwälzung wesentlich unterscheidet. Zu dieser Unterscheidung siehe Lipowatz 1986.

historischen Islam orientiert. Das klassische Verständnis (siyasa) läßt sich hingegen entweder im Diskurszusammenhang des Fürstenspiegel-Genre oder im Kontext des Rechtsdiskurses (siyasa scharia) aufspüren (ebd., S. 66).

6. Die Umgangsweisen mit der Verwicklung in die Moderne

Bisher wurde die These vertreten, daß moderne Spuren einen konstitutiven Bestandteil islamistischen Diskurses bilden. Nun stellt sich die Frage, wie mit dieser schicksalhaften Verwicklung in die Moderne umgegangen wird. Die hegemonische Strategie ist die, den Diskurs entlang einer Trennung zwischen Westen und Islam zu bilden, welche als Zivilisationen nicht nur einen Bezugsrahmen umreißen, sondern ineins geschlossene Systeme und Handlungssubjekte bedeuten sollen – es sei hier auf die Ähnlichkeit zu westlichen Kulturalisten wie Huntington hingewiesen. Von da aus ist es recht unproblematisch, die Fragen des geschichtlichen Augenblickes als übernommene (imitierte) Probleme zu denunzieren, die in der Umma eigentlich nichts zu suchen hätten. Den systematischsten Versuch zur Konzeption vom Westen hat der muslimische Autor Ali Bulac vorgelegt. Auch wenn er eine liberale Version des Islam bemüht und nicht mit den radikalen Fundamentalisten in einen Topf geworfen werden sollte, bleibt sein Denken wegen der Art und Weise, wie er den Westen konzipiert (und dabei handelt es sich immer um die Präsenz des Westens in der Türkei), letzten Endes nicht unvereinnahmbar für diejenigen, die im nationalen Rahmen eine radikale Endabrechnung mit dem prowestlichen Teil der Türkei und im internationalen Rahmen einen Kulturkampf gegen den »westlichen Imperialismus« anstreben, ohne die geringste Anerkennung der Liberalität im Denken und der Freiheit im Handeln. Die Konstruktion des Westens als Ursprung des »ontologischen Verfalls« (gemeint ist bei ihm aber eher ein realzeitlicher, sittlicher Verfall) erfüllt im islamistischen Diskurs eine wichtige Funktion. In ihr liegt im Grunde das Verdrängte des islamistischen Diskurses: die unheimliche Tatsache nämlich, daß die Umma wie jedes andere soziale Gebilde von einer ursprünglichen Gespaltenheit durchzogen sein könnte. Deutlich genug drückt sich die Angst vor der existentiellen Tatsache aus, wenn sich Bulac über das

Entscheidungsthema Frauenfrage äußert: »Feminismus ist in Gesellschaften wie unserer sowieso nicht erforderlich. Was haben wir denn? In unserer Geschichte und Kultur ist die Frau nie verächtlich behandelt und erniedrigt worden. In den Fabriken wurde sie auch nicht den ganzen Tag wie eine Sklavin beschäftigt, in den schmutzigen Gassen der Slums ließ man sie nicht ohne Brot, sie mußte ihre Ehre nicht verkaufen« (zitiert aus Göle 1995, S. 149).

Daß es mit der Umma so nicht stimmte, wurde interessanterweise von einigen islamistischen Frauen zur Sprache gebracht (vgl. Göle 1995). Für uns wichtig ist der Punkt, daß diese Frauen auf die innere Spaltung und Machtverhältnisse in der muslimischen Gemeinde nur deshalb hinweisen konnten, weil sie sich von der krassen Dichotomie von Islam vs. Westen ein Stück entfernten. Mehr noch: Gerade dadurch haben sie nicht einfach eine Tatsache, nämlich die vorgeblich immer schon bestehende Unterdrückung der Frauen enthüllt, sondern durch den Zugriff auf einen äußeren, nämlich westlichen Diskurs von Gleichheit und Freiheit haben sie ein »Unterordnungsverhältnis« als ein »Unterdrückungsverhältnis« (Laclau 1991, S. 212f.) artikuliert. Sie konnten sich dabei auf westliche Feministinnen positiv berufen. An diesem Punkt brach die Welt von geschlossenen Subjekten des Islam und des Westens auf, »Westen« und »Islam« wurden statt dessen jeweils ein Bezugssystem; insofern konnte auch eine Kommunikation über konkrete Differenzen hinweg entstehen. Diese Bezugnahme auf den Westen war also keineswegs rein strategisch motiviert, sondern enthielt ein Moment der Identifikation, das über vermeintlich einheitliche kulturelle Einheiten hinweg neue Identitätsansätze motivierte.[14] Dort wo Subjekterfahrungen einem Supersubjekt (dem Islam), in dem alle Differenzen verschwinden, aufgeopfert werden, wird die Möglichkeit einer konstruktiven Auseinandersetzung mit der Moderne verschüttet, in der es, wie z. B. Heidegger –

14 Ahmet Cigdem hat in seinen diversen Arbeiten dafür plädiert, den Westen nicht als »Ursache für alles Übel« und nicht als »Urheber aller Niederlagen und Dilemmata zu betrachten« (vgl. 1991, S. 22). In einem anderen Aufsatz, der zum Teil aus einer vergleichenden Analyse von zwei federführenden islamistischen Intellektuellen besteht, attestiert er einem von beiden, Ismet Özel, die Bemühung, »sowohl die islamische als auch die westliche Denktradition zu rekonstruieren [und] eine oberflächliche Dichotomie von Orient/Okzident zu überwinden, die als eine der zentralen Dichotomien des islamistischen Denkens existiert« (1996, Bd. 15, S. 1231). In der Tat lassen sich dort, wo die Dichotomie ein Stück aufgelockert wird, Denkinnovationen beobachten.

einer der radikalsten Destruierer des neuzeitlichen Denkens – sich der Herausforderung annahm, nicht um die »Verneinung des Geschichtlichen«, sondern um »dessen Austrag« geht. Dabei ist es doch u. a. die Leistung einiger Islamisten (z. B. Bulac, Özel und noch einige andere), daß die apologetische Haltung gegenüber einer durchaus hegemonischen Version der westlichen Moderne (Fortschrittsglauben, Szientismus etc.: Modernismus könnte man sagen) nicht mehr selbstverständlich ist. Allein, da der ganze Diskurs in erster Linie auf der Intention aufgebaut wird, dem Westlichen eine von Grund auf neue Welt entgegenzustellen, tauchen gelegentlich denn auch gnostische und apokalyptische Denkfiguren auf, die von der Gegenüberstellung des absolut Bösen und des absolut Guten bzw. der Endzeitstimmung leben. Heidegger nahm anscheinend die Schwierigkeiten des Umgangs mit dem modernen Denken vorweg, als er über das Wesen der Neuzeit nachdachte. »Die Besinnung auf das Wesen der Neuzeit stellt das Denken und Entscheiden in den Wirkungskreis der eigentlichen Wesenskräfte dieses Zeitalters. Diese wirken, wie sie wirken, unberührbar von jeder alltäglichen Bewertung. Ihnen gegenüber gibt es nur die Bereitschaft zum Austrag oder aber das Ausweichen in das Geschichtslose. Kein Zeitalter läßt sich durch den Machtspruch der Verneinung beseitigen. Diese wirft nur den Verneiner aus der Bahn« (Heidegger 1950, S. 86). Eine mögliche, ja geläufige Strategie, um nicht aus der Bahn geworfen zu werden, ist dann die, die Bahn rein zu halten. Der auf der Dichotomie »Westen« und »Islam« aufgebaute Diskurs trägt die Bedrohung in sich, in einen Wahn der Reinheit zu verfallen. Da seit dem Beginn des Verwestlichungsprozesses in der Türkei (immerhin über 200 Jahre) der konkrete, äußere Feind immer schwieriger greifbar geworden ist, hat sich nach und nach ein Feind*bild* entwickelt.[15] Der Unterschied zwischen Feind und Feindbild liegt aber u. a. darin, daß, während der Feind räumlich klar abgegrenzt ist, sich das Feindbild in einem unendlichen Verdacht auf alle Kreise, die in das eigene Konzept nicht hineinpassen, ausweiten kann, weil der »Feind« nun in das Innere eingewandert ist.[16]

15 Eine andere interessante Forschungsfrage wäre, der Art und Weise nachzugehen, wie in der Türkei über Europa gesprochen wurde. War z. B. vor dem Verwestlichungsprozeß überhaupt von *dem Westen* die Rede?

16 Zu der Frage, wie der Wechsel vom konkreten Feind zum Feindbild mit Verschiebungen in den Wahrnehmungsstrukturen einhergeht, siehe Dietmar Kamper 1996.

Aus dem Begehren, die Begegnung mit der westlichen Moderne als ein geschichtliches Ereignis völlig ungeschehen zu machen, geht ein unaufhörlicher Drang zur »Bereinigung«[17] hervor. Was die Gefährlichkeit der aktuellen islamistischen Bewegung ausmacht, ist nicht, daß sie von einer vormodernen Gesellschaft träumt. Ihre Bedrohlichkeit liegt vielmehr darin, daß sie in einer bestimmten Hinsicht zu sehr in der modernen Welt steckt. Mit ihrem Drang nach der Herstellbarkeit des Sozialen trägt sie eher totalitäre als nur die gewohnten autoritären Züge.

An dieser Stelle sei ein Aspekt erwähnt, der die Grenzen der konzeptionellen Ausrichtung, die meinem Beitrag zugrunde liegt, aufzeigt und dementsprechend auch die These von der islamistischen Gefahr, wie sie hier zum Schluß formuliert wird, ein wenig relativieren soll, ohne sie für inexistent zu erklären. Der intellektuelle Diskurs vom Islamismus, von dem die vorliegende Abhandlung hauptsächlich handelt, wird auf der Ebene der praktischen Politik, v. a. der Parteipolitik, mehrfach gebrochen und hat auf dem Feld unterschiedlicher Rationalitäten zu bestehen (siehe dazu den Beitrag von G. Seufert in diesem Band). Der politische Diskurs, den z. B. die Refah Partei führt, zeichnet sich tatsächlich durch einen Balanceakt zwischen dem Anspruch auf eine über den Staat zu schaffende islamische Gesellschaft aus, so wie er im intellektuellen Diskurs ausgearbeitet wird und die Refah Partei bei ihren Wählern als eine völlig neue Kraft im Unterschied zu den bürgerlichen Parteien erscheinen läßt, und den praktischen Zwängen, die sich aus den Kräfteverhältnissen in der türkischen Gesellschaft ergeben. Welchen Weg z. B. die Refah Partei einschlagen wird, ob sie sich entsprechend den äußeren Grenzen des laizistischen Staates situieren und die islamistische Lebensführung als lediglich eine unter anderen im sozialen Leben der Türken akzeptieren wird, oder ob sie sich weiterhin an der in diesem Beitrag nachgezeichneten Dichotomie von Westen und Islam leiten lassen wird, ist eine offene Frage. Welchen Weg sie auch beschreiten mag, die Entscheidung wird bestimmt nicht ohne Konsequenzen bleiben. Das Beharren auf der radikal islamistischen Politik wird sie weiterhin auf Konfrontationskurs mit anderen politischen Kräften (darunter

17 Für Bernhard-Henri Levy (1995) zeichnet sich wie jeder Integrismus auch der islamische Fundamentalismus durch den Willen zur Reinheit aus. Und man müßte gegen den Wahn der Reinheit mit Lean-Luc Nancy (1993) so oft wie möglich »das Lob der Vermischung« anstimmen.

v. a. den Militärs) halten, was die Refah so gar nicht will. Eine Integration in das säkulare politische System wird ihr hingegen unter Umständen ihre Besonderheit nehmen und sie zu einer gewöhnlichen konservativen Partei werden lassen. Das größte Problem bei einer solchen Orientierung ist die Vertrauensfrage. Man kann ruhig sagen, daß die Refah mit ihrer Imagepolitik gar nicht so sehr auf Vertauen aus der Bevölkerung setzen kann. In beiden Fällen wird es jedenfalls eine Zerreißprobe für die Refah Partei und damit auch für die gesamte islamistische Bewegung in der Türkei sein.

Literatur

Al-Azm, S. J.: *Das Wahrheitsregime der Verbrecher. Postmoderner Relativismus und die Frage der Menschenrechte*, in: *Frankfurter Rundschau*, 26. 11. 1996, S. 10.

Al-Azmeh, A.: *Die Islamisierung des Islam. Imaginäre Welten einer politischen Theologie*. Frankfurt/M. 1996.

Birikim: Nr. 91, Jg. 1996 (mehrere Beiträge).

Bulac, A.: *Din dışının seküler sitesinden, ed-din'in sahici dünyasına*, (dt.: *Vom säkularen Ghetto des Außerreligiösen zur wahren Welt der Religion)*, in: *Bilgi ve Hikmet* 6 (1994), S. 3-14.

Celik, Ö.: *Siyasal Özgürlük, Siyasal Bilginin Epistemolojisi ve Radikal İslam* (dt.: *Politische Freiheit, Epistemologie des politischen Wissens und der radikale Islam*), in: *Bilgi ve Hikmet* 12 (1995), S. 8-13.

Cigdem, A.: *İslami Hareket, Meşruiyet ve Demokrasi* (dt.: *Die islamische Bewegung, Legitimität und Demokratie*), in: *Tezkire* 11 (1991).

Ders.: *İslamcılık* (dt.: *Der Islamismus*), in: *Cumhuriyet Dönemi Türkiye Ansiklopedisi* (dt.: *Die Enzyklopädie für die Republikepoche der Türkei*), Bd. 15, Jg. 1996.

Göle, N.: *Republik und Schleier*. Berlin 1995.

Heidegger, M.: *Die Zeit des Weltbildes*, in: *Holzwege*. Frankfurt/M. 1950.

Kamper, D.: *Zeit des Menschen. Das Doppelspiel der Zeit im Spektrum der menschlichen Erfahrung*. Frankfurt/Leipzig 1996.

Laclau, E.: *Hegemonie und radikale Demokratie. Zur Dekonstruktion des Marxismus*. Wien 1991.

Laciner, Ö.: *Refah'ın Yükşelişi ve hayat tarzının siyasallaşması* (dt.: *Der Aufstieg der Refah und die Politisierung der Lebensstile*), in: *Birikim* 60 (1994), S. 3-10.

Levy, B.-H.: *Gefährliche Reinheit*. Wien 1995.

Lipowatz, Th.: *Die Verleugnung des Politischen. Die Ethik des Symbolischen bei Jacques Lacan*. Weinheim/Berlin 1986.

Marramao, G.: *Macht und Säkularisierung. Die Kategorie der Zeit*. Frankfurt/M. 1989.

Nancy, J.-L.: *Lob der Vermischung*, in: *Lettre*. Sommer 1993.

Sayın, Z. B.: *Filoloji ve İslam: Yeni Bir Kültürel Okumaya Doğru* (dt.: *Philologie und Islam: Zu einer neuen kulturellen Lesart*), in: *Birikim* 95 (1997), S. 31-36. (In der Tageszeitung *taz* vom 23. September 1997 erschien ein Artikel von ihr auf deutsch, in dem sie ihre Gedanken noch mal zusammengefaßt darlegt: *Von Konquistadoren und Glaubenskriegern*).

Schacht, J.: *Zur soziologischen Betrachtung des islamischen Rechts*, in: *Der Islam: Zeitschrift für Geschichte und Kultur des islamischen Orients* 22 (1935), S. 207-238.

Schiffauer, W.: *Religion und Identität. Eine Fallstudie zum Problem der Reislamisierung bei Arbeitsmigranten*, in: *Schweizerische Zeitschrift für Soziologie* 10 (1984), S. 485-517.

Seufert, G.: *Politischer Islam in der Türkei. Islamismus als Ausdruck einer sich modernisierenden muslimischen Gesellschaft* (Diss. Bremen 1995).

Stauth, G.: *Islam und westlicher Rationalismus. Der Beitrag des Orientalismus zur Entstehung der Soziologie*. Frankfurt/New York 1993.

Ders.: *Globalisierung, Modernität, nicht-westliche Zivilisationen*, in: Lemper, J./Pöllaur, W.: *Kleine Staaten in großer Gesellschaft*. Eisenstadt 1995.

II. Konfessionell unterschiedliche Ausprägungen politisierter Religion

Otto Kallscheuer
Intransigenz und Postmoderne. Gibt es einen katholischen Fundamentalismus?

1. Fundamentalismus, Puritanismus, Islamismus

Nennt man jede religiös motivierte Ablehnung der kulturellen »Moderne« – als normativer Basis des liberalen, säkularen, pluralistischen Gesellschaftsprojekts – *en bloc* »Fundamentalismus«, dann werden dem Kritiker schnell alle Katzen grau oder besser, in klerikalen Farben: schwarz. Er wird dann vielleicht reagieren wie jener Tübinger Student, der nach der ersten Lektüre islamistischer Schriften aus dem Maghreb seinem Professor sagte: »Das könnte eigentlich ja auch alles im *Osservatore Romano* stehen« (Halm 1993, S. 217). Diese Reaktion, die man bei zahlreichen linken oder liberalen Kreuzrittern der »Moderne« finden wird, sagt freilich weitaus mehr über den Sprecher aus als über das Objekt seiner Rede (Kallscheuer 1989). Es gehört nämlich zum klassischen rhetorischen Arsenal der Aufklärung, Zitate von religiösen *Hardlinern* diversester Observanz einfach nebeneinanderzustellen – in der Hoffnung, daß sich diese antimodernen Obskurantisten dann »automatisch« wechselseitig entlarven. So hat etwa Sadiq Al-Azm den *Syllabus* »moderner Irrlehren« des Papstes Pius IX. (1864) bzw. die Auffassungen der katholisch-traditionalistischen Lefebvre-Anhänger mit heutigem islamistischen Schrifttum konfrontiert. Das wenig überraschende Ergebnis eines solchen Vergleiches ist dann, »daß sowohl die heutigen Islamisten wie auch die päpstlichen Fundamentalisten [sic!] der Zeit von Pius die Modernisten und Freidenker ihrer jeweiligen Religion als inneren Feind schlechthin betrachten« (Al-Azm 1993, S. 129).

Wenden wir uns also einer präziseren sozialwissenschaftlichen Diagnose zu: Martin Riesebrodt hat zwei radikale religiöse Bewegungen dieses Jahrhunderts untersucht: die protestantischen »Fundamentals« in den USA und die schiitischen Mullahs im Iran (Riesebrodt 1990). Letzteren gelang es bekanntlich, mit der islamischen Revolution die Opfer der von Schah Rehza Pahlevi vorangetriebenen ökonomischen und kulturellen Modernisierung für das »gesetzesethische« Programm einer Herrschaft der muslimischen Rechtsgelehrten zu mobilisieren. In beiden Fällen handelte es sich beim Fundamentalismus um einen »revolutionären Traditionalismus«, welcher den harten Kern einer Gesetzesreligion – die rationale Weltbeherrschung durch eine *literarisch* (das geoffenbarte Buch) fixierte Lebensform – wider den Prozeß der sozialen Modernisierung mobilisiert bzw. »wieder«entdeckt. Das derart religiös reagierende – und im Iran durch eine im Vergleich zum sunnitischen Islam relativ autonome »Geistlichkeit« organisierte – »sozialmoralische Milieu« (Rainer Lepsius) war nicht nur ökonomisch, sondern auch kulturell bedroht; und in beiden Fällen war es schließlich der traditionelle städtische Mittelstand der US-amerikanischen bzw. persischen Gesellschaft, welcher auf die moderne Gefährdung seiner moralischen und »Lebenswelt« reagierte: *gesetzesethisch* in der Verteidigung rigoroser Lebensführung, *patriarchalisch* in seiner Familienmoral und *organizistisch* in seinem Gesellschaftsbild.

Diese anspruchsvolle Diagnose des Fundamentalismus vermag in der Tat gemeinsame ›reformatorische‹ Potenzen im islamischen und protestantischen Code deutlich zu machen: Ein »revolutionärer Traditionalismus«, die gesetzesethische Radikalisierung eines durch Modernisierungsprozesse bedrohten traditionellen »sozialmoralischen Milieus«, kann ja nur im Kontext einer puritanischen Schriftreligion auf Widerhall stoßen. Diesen sozusagen »protestantischen« Charakter des schriftgläubigen »Hochislam« – als permanente Reformation wider den »Volksislam« der lokalen Heiligen, Wundertäter und Marabouts – hat insbesondere Ernest Gellner in seinen Arbeiten häufig betont (z. B. Gellner 1992, S. 2-22). Ein auf Strukturhomologien zwischen puritanischem Protestantismus und Islamismus beruhendes soziologisches Modell des Fundamentalismus läßt sich jedoch nicht umstandslos verallgemeinern – und v. a. nicht auf die katholische Kirche übertragen. Es mag noch anwendbar sein auf das in den letzten Jahrzehnten weltweit sprunghafte Wachstum protestantischer »fundamentalistischer Sekten« (Martin 1990, Deiros 1991), wie diese jedenfalls von den jeweils hauptbetroffenen Konkurrenten auf dem religiösen Markt genannt werden (also von der katholischen Hierarchie in Lateinamerika und Südostasien bzw. den orthodoxen Nationalkirchen in Ost- und Südosteuropa). M. a. W.: auf Baptisten, Evangelikale und Pfingstler, deren Missionserfolge gewiß *auch* ihrer bibelzentrierten Identität, ihrer vergleichsweise geringen Institutionalisierung, ihrer marktförmigen, ›deregulierten‹ (David Martin), also staatsfreien und charismatischen Existenform zu verdanken sind.

Weitaus problematischer wird die Analogie schon für die unter den neuen Generationen »islamistischer Militanter« in vielen arabische Ländern und der islamischen Diaspora im Westen entstehenden Spiritualität (Roy 1990). Auch hier sind es – wie bei den »protestantischen Sekten« – nicht die traditionellen sozialmoralischen Milieus, die die »Kader« der Bewegung ausmachen: Die »neuen« Islamisten rekrutieren sich aus neuen – sozial, kulturell, und durch die Emigration auch geographisch mobilisierten – Intellektuellengenerationen, denen die klassischen Perspektiven sozialen Aufstiegs entweder in Universität und Staatsbürokratie oder per Aufnahme in die religiöse Korporation der Schriftgelehrten versperrt sind. Viele kommen aus technisch-naturwissenschaftlichen Fakultäten; für ihre religiöse Identität ist ein selektiver Gebrauch der Moderne eigentümlich: oft eine Bewunderung für die Naturwissenschaften und technischen Fächer, hingegen eine Ablehnung der historischen, sozialen oder Humanwissenschaften, die *en bloc* der *jahiliyya*, also der gottlosen Zivilisation zugeschrieben werden.

Olivier Roy hat diese (nach den Modernisten und den Traditionalisten) »dritte Welle islamischer Intellektueller« als autodidaktische *bricoleurs*, als politisch-theologische »Bastler« bezeichnet, die unter modernen, fragmentierten Wissensbedingungen – oft auch gegen die *ulama*, die offiziellen islamischen Gelehrtenschulen – mit einer einfühlenden Interpretation (*ijtihad*) als Weg zur göttlichen Einheit (*tawhid*) eines unübersichtlich gewordenen Wissens Motive der alten Sufi-Mystik des »totalen Menschen« wiederbeleben: unabhängig davon, ob sie dann einen politisch-revolutionären oder »pietistischen« Weg gehen (mit dem *tabligh*). Eine solche Einheit des Wissens – und des Lebens – ist aber auch in den arabischen Ländern nur noch prekär zu haben: Und die »Wiederbestätigung der Tradition« (Berger 1980), die doch stets eine Neuinterpretation ist, muß gerade darum »fundamentalistisch« reklamiert werden.

Nach dem Scheitern einer *direkten* politischen Implementierung des Islam in die politischen Systeme der arabischen Welt (Roy 1992) kommt es dabei heute zu neuen Spaltungen: zwischen der »Ethnisierung« der Religion zum Islamo-Nationalismus einerseits (Schulze 1994, S. 342ff.) – und der Erfindung einer universalistischen Tradition der »reinen Umma« andererseits, im internationalisierten Islam der Diaspora, der kulturellen Migranten, der *born again muslims* (Roy 1996).

2. Intransigenz und Moderne

Schwerlich aber läßt sich das Modell des gesetzesreligiösen Fundamentalismus auf gegenmoderne Strömungen im Felde der katholischen Tradition anwenden. Für diese war nämlich das (sozusagen »protofundamentalistische«) reformatorische Banner des reinen Biblizismus – *sola scriptura* – niemals bestimmend. Und für die gewöhnlich als »katholische Fundamentalisten« (Walf 1989, Niewiadowski 1991) etikettierten, in der Regel konservativen, rand- und innerkirchlichen Bewegungen und Lobbies, Fraktionen oder Strömungen ist jedenfalls – so gegensätzlich sie im einzelnen auch ausfallen mögen – nicht primär der Bezug von (Heiliger) Schrift und (moderner) Welt konstitutiv, sondern das Verhältnis von Kirche und Welt. »Katholische Fundamentalisten« reagieren auf Formen der Transformation und/oder Erosion der Kirche als klerikal verwalteter hierarchischer, monopolistischer, objektivistischer und universalistischer Gnadeninstitution, im Gefolge des Zweiten Vatikanischen Konzils und des nunmehr legitimerweise wachsenden innerkatholischen Pluralismus (Ebertz 1991, 1996; Gabriel 1989, 1993). Allerdings tun sie dies auf derart unterschiedliche Weisen – traditionalistisch oder kreativ, in hierarchischen oder charismatischen Bewegungsformen, innerhalb oder am Rande der kanonischen Legalität, mit nur teilweise denselben Gegnern (oder Verbündeten), aber derart konträren Theologien und Ergebnissen –, daß mir der Terminus »Fundamentalismus« im Rahmen der katholischen Kirche allenfalls ein polemischer Kampfbegriff, sozialwissenschaftlich hingegen ohne jeden Erkenntniswert zu sein scheint (vgl. auch Dinges 1991, S. 100f.).

Doch bevor ich diese Behauptung an zwei kontrastierenden antimodernistischen Strömungen innerhalb des Gegenwartskatholizismus belege, muß ich kurz den zentralen Stellenwert der Kirche selbst als der das Verhältnis von Welt und Glauben, von Immanenz und Transzendenz strukturierenden Institution in der modernen katholischen Identität erläutern. Im Kontext der *universalistischen*

Heilsbotschaft der christlichen Verkündigung kommt in der katholischen Tradition schließlich der (i. S. von Max Weber und Ernst Troeltsch) als Gnaden*anstalt* institutionalisierten Kirche – mit dem *Klerus* als hierarchisch verfaßter Status- und Funktionselite, welche die Verwaltung bestimmter sakramentaler Heilsgüter zu monopolisieren und ein die eigene Tradition dogmatisch objektivierendes *Magisterium* zu unterhalten vermag – eine zentrale Rolle zu. Im Horizont dieser (»Einen, Heiligen, Katholischen und Apostolischen«) Kirche konnte sich daher auch der Konflikt mit der säkularen Moderne erst dann (und erst insofern) produktiv entwickeln, als die Institution kraft ihrer Intransigenz allen Versuchen der Absorption durch die weltliche Gesellschaft erfolgreich widerstanden hatte: Jetzt erst war die (Kritik der) Moderne – *intra ecclesiam* – autoreferentiell thematisierbar, operationalisierbar, bearbeitbar.

Die institutionelle Gestalt der katholischen Kirche geht bekanntlich zurück auf die intransigente Verteidigung der *libertas ecclesiae* durch Gregor VII. und seine Nachfolger. Diese »päpstliche Revolution« des 11. Jahrhunderts hat – mit der Trennung von geistlicher und staatlicher Gewalt – den genetischen Code der westlichen Moderne grundlegend geprägt. Selbstbehauptung und Innovation – »Intransigenz und Moderne« (Andrea Riccardi) – bilden also für den römischen Katholizismus nicht einfach Gegensätze, sondern im Hegelschen Sinne ›Reflexionsbestimmungen‹: Sie implizieren, sie negieren, sie bestimmen einander. Dies gilt insbesondere für das Verhältnis von katholischer Kirche und *liberaler* Moderne: Ihre Todfeindschaft – deren höchster Punkt mit dem päpstlichen Anathema des *Syllabus errorum* (1864) von Pius IX. erreicht war – präludiert einen langen, schmerzhaften und bis heute nicht beendeten Lernprozeß beider Seiten (Douglass/Hollenbach 1994; vgl. Kallscheuer 1994, Kap. 3).

Der Konflikt prägt das gesamte lange 19. Jahrhundert: als Kampf eines in den mittel- und lateineuropäischen *Anciens régimes* historisch verwurzelten Katholizismus mit dem revolutionären und nachrevolutionären Frankreich und dann mit so gut wie allen nationalen, liberalen, demokratischen und sozialistischen Emanzipationsbewegungen in ganz Europa. Die antirevolutionäre Intransigenz des Papsttums, dem es gelingt, die Kirche im Gegenzug zur nationalen Disgregation des weltlichen Europa als geistliche Universalmonarchie zu rezentralisieren – und auf dem Ersten Vatikanischen Konzil diesen ›ultramontanen‹ Zentralismus samt Jurisdiktionsprimat und Unfehlbarkeitsdiktat gegen alle Versuchungen zu einem ›liberalen‹ oder nationalen Katholizismus durchzusetzen –, war vielleicht die einzige Chance, die nationale Zersplitterung der Una Sancta in Nationalkirchen nach ›anglikanischem‹ Modell oder auch der ›gallikanischen‹ Traditionen zu vermeiden (Riccardi 1996, S. 35 f.). Erst *nachdem* dieser Bestand der Institution mit allen Mitteln verteidigt worden war – wobei die ideologischen Mittel um so radikaler ausfielen, als die Kirche in ebendiesem 19. Jahrhundert das Gros ihrer weltlichen Machtmittel verloren hatte –, konnten im Rahmen der sich multiplizierenden konstitutionellen Nationalstaaten auch moderne Formen eines politischen Katholizismus entstehen und sich wider zahlreiche, ebenfalls z. T. »römische« (aber jetzt »nur« noch theologische, politische, empirische) Hindernisse durchsetzen (Lönne 1986).

Die ultramontanistische Intransigenz war somit eine historische Voraussetzung für die Entstehung oder Behauptung einer (zunächst anti- und dann) *trans*nationalen politischen Identität von Katholiken, wider alle ›heidnischen‹ Versuchungen einer religiösen Sakralisierung von Nationen, und seien es katholische Nationen (etwa mit Charles Maurras' *Action Française*). Sie war aber auch dafür verantwortlich, daß – im Gegensatz zum Protestantismus – die katholische Kirche sich mit Leos XIII. Enzyklika *Rerum novarum* (1891) in antiliberaler Stoßrichtung auch der sozialen Frage gegenüber mit einer eigenständigen Sozialdoktrin öffnen konnte (Kallscheuer 1991, S. 203-213).

Ähnlich war vermutlich für die gesamte katholische Intelligenz im 20. Jahrhundert traumatische – und unnötig lange – Erfahrung des ›Modernismusstreits‹ aus römischer Warte gesehen eine Inkubationsphase dafür, daß die Kirche mit dem Zweiten Vatikanischen Konzil zwar verspätet, aber als ganze und *ex officio* die kulturelle und soziale Moderne erfahren und erleiden konnte. Der ›kalte Krieg‹ des Katholizismus wider den weltlichen (und theologischen) Liberalismus war eine Voraussetzung dafür, daß die katholische Kirche vor zentralen Dimensionen der Modernität nicht einfach kapitulierte, sondern diese – sei es als »Gegenmodernisierung« (Peter L. Berger), sei es als autonome Form ›interner‹ Modernisierung – neu interpretieren konnte, um sie in dieser reinterpretierten Form zu Bestandteilen des eigenen Wertesystems zu machen. Das *Aggiornamento* des Zweiten Vaticanum (1962-1966) betraf ja nicht nur das revisionsbedürftige ›Außenverhältnis‹ der Kirche zur politischen Demokratie im weltlichen Staat, sondern die eigene Kompetenz der Heilsinstitution und -lehre im Kontext einer nunmehr auch ›intern‹ legitimierten funktionalen Autonomie sozialer Wertsphären, Erfolgskriterien und Rationalitätsdimensionen (Moschetti 1984), nicht zuletzt auch der historischen und theologischen Wissenschaften, und v. a. das Verhältnis des wahren Glaubens zur Religionsfreiheit: d. h. zur prinzipiellen Anerkennung des religiösen Pluralismus durch die römische Kirche.[1]

Erst mit dem Zweiten Vatikanischen Konzil, also der kritischen, aber ›internen‹ Aneignung bestimmter Freiheits- und Rationalitätsdimensionen der Moderne, wird die katholische Kirche somit vom Todfeind zum antagonistischen Partner der liberalen Moderne, deren Selbstbegrenzung sie nunmehr auch ›von innen‹ monieren kann. Die Gegnerschaft zur *kulturell* liberalen Moderne muß ja nicht eo ipso die Ablehnung der liberalen Gesellschaft als solcher bedeuten, sondern kann auch in der Kritik der Annahme bestehen, diese sei(en) *normativ* suisuffizient.

Nur wahrhafte Reaktionäre des ultramontanen Typs – wie Pius IX. oder Joseph de Maistre – lehnen die moderne Gesellschaft *in toto* ab (und damit natürlich auch die kulturelle Moderne). Viel ernster zu nehmen aber sind jene Kritiker der liberalen Gesellschaft, welche ihre Institutionen zwar bewahren wollen, diese aber für normativ nicht selbständig halten. Ob sie nun aus neokonservativer (wie Daniel Bell), wertkonservativer (wie Robert Spaemann), kommunitaristischer (etwa Alasdair MacIntyre), klassisch-republikanischer (Hannah Arendt), ökonomischer (Fred Hirsch), ökologischer (André Gorz) oder eben theologischer Warte argumentieren – solche Kritiker vertreten die These, daß die (oder doch einige) Institutionen liberaler Freiheit *um dieser Freiheit willen* der (Selbst-)Begrenzung bedürfen, soll liberale Freiheit von Dauer sein. Ihnen hat sich die katholische Kirche mit dem Zweiten Vaticanum angeschlossen.

1 Zu diesen Fragen vgl. die von Douglass/Hollenbach (1994) und Kaufmann/Zingerle (1996) versammelten Analysen. Brauchbare religionssoziologische Deutungen finden sich in den Arbeiten von Gabriel (1989), Valadier (1989), Casanova (1994) und Garelli (1996).

3. Das antimodernistische Feld

Die spezifisch katholischen Krisenmomente (in und mit) der Moderne betreffen ihre ›interne‹ Verarbeitung *intra muros ecclesiae*: die Wahrnehmung, Übersetzung, Anverwandlung moderner Rationalitätsdimensionen und Subjektivitätsansprüche durch die als Gnadenanstalt institutionalisierte Gemeinschaft der Gläubigen (oder doch eine bestimmte Teilgruppe oder Funktion von ihnen). Natürlich ist mein hyperinstitutionalistisches Bild der katholischen Kirche selbst eine idealtypische Abstraktion. Schließlich kennt auch der Protestantismus in fast all seinen Formen den ›Heiligen Geist in der Gemeinde‹ auch in institutionalisierter Gestalt: am meisten gewiß in der lutherischen oder anglikanischen staatskirchlichen »Anstalt«, weitaus weniger freilich in der freikirchlichen Form oder gar als Gemeinschaft der Auserwählten (als »Sekte« im Sinne Troeltschs). Und umgekehrt gibt es, wie wir sogleich sehen werden, auch in und am Rande der katholischen Kirche kommunitäre Bewegungen.

Doch das idealtypisierte Bild der katholischen Intransigenz als Autoreferenz der Heiligen Institution – der Hierarchie – macht verständlich, warum auch in allen sogenannten »katholisch fundamentalistischen« Strömungen oder Bewegungen neben die Rekonstituierung einer ›orthodoxen‹ oder ›authentischen‹ religiösen Identität für die eigene Gruppe oder Gemeinschaft (1) und die in bestimmten Fragen antagonistische Beziehung zu modernistischen Entwicklungen, Strömungen oder Ideologien der Gesellschaft (2) der beständige Rekurs auf die Kirche (3) tritt: Es geht katholischen Antimodernisten (wie übrigens auch Modernisten) nicht um die Einrichtung von Gottes Reich, wie in zahlreichen millenaristischen Tendenzen im protestantischen Fundamentalismus. Es geht primär um die (Gegen-)Reform der Kirche selbst.[2]

Was nun das von Außenseitern oder intimen Gegnern »fundamentalistisch« genannte Feld des katholischen Antimodernismus selbst betrifft, so empfiehlt es sich, *alte* (also »vor-« und »antikonziliare«) Traditionalisten und autoritäre Integristen von *neuen* re-

2 Die Kehrseite dieser Kirchenfixiertheit ist dann die bei den Kritikern des innerkatholischen Antimodernismus beliebte Neigung – ja Obsession – zu Verschwörungstheorien und Geheimbundphantasien: bei Autoren wie Gordon Urquhart (1995), Peter De Rosa, Robert Hutchison (1996), bei deutschen Drewermännern und der Küng-Gemeinde.

ligiösen Bewegungen und diversen rand- und innerkirchlichen Lobbies zu unterscheiden. Zur ersten Kategorie gehört zuallererst die klassische traditionalistische Mentalität in der Hierarchie, die sich natürlich bis heute innerhalb des Vatikans bester Gesundheit erfreut (ja, unter Johannes Paul II. gewiß einige Neuzugänge erhalten hat). So hat etwa der amerikanische Jesuit John Coleman in kritischer Absicht von einem »päpstlichen Fundamentalismus« gesprochen, um eine Haltung zu beschreiben, die wohl auch einen Teil der polnischen Entourage des aktuellen Heiligen Vaters charakterisiert – und deren Spuren sich etwa in dessen »Moralenzyklika« *Veritatis Splendor* (1993) finden lassen (vgl. die Beiträge in Mieth 1994). Dieser sogenannte ›Fundamentalismus‹ stellt freilich nichts anderes dar als den traditionellen Antimodernismus. Er beruft sich nicht primär auf die Bibel, sondern auf ein »wörtliches, ahistorisches, antihermeneutisches Verständnis päpstlicher und kurialer Verlautbarungen, als sicheres Bollwerk gegen die Gezeiten des Relativismus, die Ansprüche der Wissenschaften und andere Irrwege der Moderne« – mit einer Tendenz zum *solum magisterium*, d. h. dazu, das päpstliche Lehramt in einer Art »creeping infallibilism« zur einzigen Quelle theologischer Wahrheiten zu machen (Coleman, zit. nach Reese 1996, S. 259f.; vgl. auch Dinges 1991). Verbündet mit diesem Milieu des hierarchischen Antimodernismus ist jedenfalls derzeit auch das expandierende, konservative, wenngleich in fast allen säkularen Fragen hypermodernistische Opus-Dei-Kartell.

Das andere Extrem im autoreferentiellen Felde der katholischen Kirche bilden die neuen religiösen Bewegungen (vgl. die Übersicht über die neuen Laienbewegungen bei Secondin 1991): Ich denke v. a. an die verschiedenen und keineswegs durchweg konservativen neucharismatischen Strömungen, die in der Regel auf Krisen innerhalb der katholischen Milieus in den lateineuropäischen Ländern der Nachkriegszeit zurückgehen, aber zunehmend international organisiert sind: wie die von Chiara Lubich in den vierziger Jahren gegründete Focolare-Bewegung (vgl. Urquhart 1995, den Bericht eines Ehemaligen), die in den fünfziger Jahren entstandene *Comunione e Liberazione*, die seit den sechziger Jahren v. a. in Spanien und Italien verbreiteten Neo-Katechumenaten, den in Frankreich seit den siebziger Jahren erfolgreichen *Renouveau Charismatique* – um einige innerhalb der kirchlichen Legalität arbeitende und vom aktuellen Pontifex sehr geschätzte Strömungen zu nennen.

Außerhalb dieser Hauptspannungslinie finden wir aber auch hybride Mischformen und renitente, oft nationalistische Relikte in katholischen Ländern. So z. B. das aus der österreichischen Provinz stammende und auf den »Privatoffenbarungen« der Gabriele Bitterlich beruhende *Opus Angelorum* oder Engelwerk (samt »eigenem« Orden: die exhumierten Regularkanoniker vom Heiligen Kreuz), das offenbar neotraditionalistische Esoterik und Bruchstücke pseudodionysischer Mystik (des Areopagita) mit klerikalen Standesphantasien und k. u. k.-katholischem Engelskitsch vermengt und sich mit internationaler Ausstrahlung in Mitteleuropa und Lateinamerika ausbreitet. Allerdings arbeitet das Engelwerk nicht nur unter Ausschluß der Öffentlichkeit, sondern mittlerweile – nach einer Entscheidung der vatikanischen Kongregation für Glaubensfragen d. J. 1992 – auch am Rande der kirchlichen Legalität (Boberski 1993).

Ein keineswegs abgestorbenes nationales Relikt findet sich auch im französischen »National-Katholizismus« einer kleinbürgerlich-traditionalistischen *France profonde*, die ideologisch an das Erbe von Maurras und die konterrevolutionäre Tradition des 19. Jahrhunderts anknüpft und über zahlreiche Verbindungen auch in den Lefebvreschen Traditionalismus der schismatischen »Bruderschaft vom Hl. Pius X.« hineinwirkt (Kallscheuer 1991, S. 141-147; vgl. Lafage 1989). Aber auch in Ländern wie z. B. Polen dürfte es ähnliche traditionalistische Kampfgemeinschaften geben, die unter dem Schock der nach 1989 hereinbrechenden westlichen Moderne wieder- oder neuentstehen (und dabei den häufig mit katholischen Nationalismen verbundenen Antisemitismus wiederbeleben könnten).

4. Gemeinschaft und Bewegung

Ich selbst habe vor einigen Jahren Comunione e Liberazione (»Gemeinschaft und Befreiung«, abgekürzt CL), eine der genannten charismatischen Bewegungen, in einer Fallstudie untersucht, deren Ergebnisse ich hier kurz zusammenfasse (Kallscheuer 1993). Im Gegenwartskatholizismus nach dem Durchbruch der innerkirchlichen Moderne auf dem Zweiten Vatikanischen Konzil verkörpert CL – ähnlich wie die eingangs genannte »dritte Generation« der islamistischen Intellektuellen – eine »dritte« Welle religiöser Mobilisierung: Nach den altbackenen, *anti*konziliaren Traditionalisten (vom Typ der Anhänger Lefebvres) und nach den Modernisten einer euphorischen Deutung des Zweiten Vaticanum, deren theologische Impulse auf eine verstärkte Legitimation der Subjektivierung und Pluralisierung des Glaubenslebens innerhalb der Kirche hinausliefen, greift diese zunächst studentische Bewegung – unter veränderten, *post*konziliaren Bedingungen – auf die Leoninische Tradition des Katholizismus als Sozialbewegung zurück. Man kann hier von einem gleichzeitig ›postmodernen‹ wie ›antimodernen‹ katholischen Integralismus sprechen: Aus dem ›Ereignis‹ der Begegnung mit dem Glauben wird unter geistlicher Führung die in allen Lebensbereichen der säkularen Welt sichtbare christliche Gemeinschaft – als *fait social total* (Marcel Mauss).

Comunione e Liberazione entwickelte sich im Kontext und Kontrast mit der Studentenbewegung der Jahre um 1968 zu einer neuen religiösen Bewegung, die sich später dann auch zeitweilig an säkulare Organisationen, Lobbies und die »katholische Partei« Democrazia Cristiana anlagerte, ohne ihr charakteristisches kommunitäres Charisma zu verlieren. Der Erfolg dieser »weißen Extremisten« ist von Salvatore Abbruzzese (1991) als ihr langer Marsch von den Rändern zum Zentrum der katholischen Welt Italiens charakterisiert worden: als Weg einer kleinen auserwählten Gemeinschaft aus der Peripherie der Mailänder Jugendseelsorge in den fünfziger Jahren bis zur Ehre römischer Kathedralen und Kardinäle in den siebziger Jahren – und dann zur Machtergreifung innerhalb der großen Universitäten in Rom und Mailand in den achtzigern. Zu Beginn der neunziger Jahre sollte Comunione e Liberazione dann gleichzeitig Opfer und Nutznießer der Krise des politischen Katholizismus in Italien werden: Als sich nach dem (u. a.) durch die Bestechungsskandale *Mani pulite* ausgelösten politischen Erdbeben die italienische Christdemokratie spaltete und ein Teil dieser ehemaligen Volkspartei des politischen Katholizismus in das Mitte-Links-Bündnis mit der demokratischen Linken PDS einwilligte, fand sich die Mehrzahl der aus den »Ciellini« (von »Ciel«, der italienischen Aussprache der Abkürzung CL) hervorgegangenen Politiker im Bündnis mit der neuen rechten Sammlungsbewegung *Forza Italia* des Medienunternehmers Silvio Berlusconi wieder.

Entstanden ist CL aus der *Gioventù Studentesca* (GS), der »studentischen Jugend«, die der damals als Religionslehrer an Gymnasien tätige dreißigjährige Priester Luigi Giussani Mitte der fünfziger Jahre an den Rändern der offiziellen katholischen Laienorganisation *Azione Cattolica* (AC) ins Leben rief. Die politischinstitutionelle Stärke des offiziellen Verbandskatholizismus Italiens hatte längst dessen wachsende soziale Marginalität und abnehmende kulturelle Plausibilität überdeckt; und die entscheidende Innovation, die Don Giussani gegenüber der offiziellen Laienseelsorge und -organisation einführte, bestand darin, durch die Organisation christlicher *face-to-face*-Gruppen sichtbare Stätten der sozialen Begegnung zu schaffen und die Bildung religiöser Gemeinschaften durch eine »Pädagogik des Ereignisses« zu strukturieren: Giussani ›erfand‹ also eine neue, dem studentischen Milieu angepaßte, Methode der Sozialisation von Jugendlichen zu einer bekenntnisfreudigen christlichen Identität – im Rahmen einer charismatischen Gemeinschaft, die den offenen Kontrast zum säkularisierten Alltag nicht scheut.

Diese Pädagogik ging (und geht noch heute) aus von den »eigenen Bedürfnissen, den eigenen Versuchen, den eigenen Interessen und Erfolgen« der beteiligten Studenten, um sie dahin zu führen, diese Bedürfnisse, Versuche, Interessen etc. »als Teil eines einzigen Ganzen zu begreifen, einer wirklichen und tiefgreifenden Gemeinschaft« (Giussani 1987, S. 30). Die dazu von Giussani ›erfundenen‹ Techniken – inzwischen gewiß in zahlreichen Therapiesekten außerhalb und autoritär-charismatischen Gruppierungen innerhalb der katholischen Kirche gebräuchlich (Urquhart 1995) – waren im Italien der fünfziger Jahre ein Novum. Unterstützt wird das Gemeinschaftsleben durch gemeinsame Meditation, Exerzitien zur ›inneren‹ Entwicklung der Gruppenmitglieder und durch politische Aktionen ›nach außen‹ (gegen den Krieg, gegen die Abtreibung u. ä.). Die *communio* der CL-Gruppen wird gleichzeitig zum Ort der sozial relevanten (Studien-)Erfahrung und zum Ort der Begegnung mit dem Anderen (also von Gottes Eingriff in die Welt). Die Begegnung mit dem Anderen – mit Gottes Gnade »als etwas vom Menschen Verschiedenem, einem Objektiven, als etwas, was ›ihm zustößt‹« – kann im synergetischen Leben der Gruppe sichtbar, zur sozialen Erfahrung werden (Giussani 1977, S. 131).

In Giussanis Theologie der Erfahrung erfüllt also die charismatische Gruppe eine Doppelfunktion; ihr »Charisma als Lebensform« (Gebhardt 1994) stellt die strategische Antwort auf zwei Formen von »praktischem Atheismus« in einer nurmehr offiziell katholischen Gesellschaft dar: Zum einen richtet sie sich gegen das Verschwinden einer sichtbaren, manifest »katholischen Kultur« aus dem Alltagsleben der Industriegesellschaft. Zum anderen bekämpfte die Gruppe die Privatisierung der Religion, eine ›protestantische‹ reine Innerlichkeit der Glaubenserfahrung, die dem Christentum seinen Charakter als umfassende Alternative – als »Totalisierung« (Jean-Paul Sartre) – nähme. Ich fasse die Charakteristika der CL-Gruppenpädagogik in vier Essentials zusammen.

Erstens: Kommunitarismus und Transzendenz. Die charismatische Gruppenbildung ermöglicht eine über die individuelle Erfahrung vermittelte Neudefinition des sozialen Kosmos. Das »Faktum Christi« (das »Ereignis« der Begegnung mit Seiner Botschaft in der totalisierenden Gruppe) führt in die Welterfahrung des einzelnen eine »neue Ontologie« und eine »neue Anthropologie« ein: eine »Transfiguration« von Mensch und Welt. Das Ereignis der Begegnung mit Christus produziert jenen neuen Menschen, der durch die Kraft der göttlichen Liebe wiedergeboren wird. Die Bekehrung oder existentielle Neuentdeckung des Christentums in einer nurmehr nominell katholischen, de facto säkularen Gesellschaft koinzidiert mit der Gruppenerfahrung: Der individuellen Wiedergeburt in Christo entspricht somit kulturell eine (gruppeneigene) zweite Sozialisation. Am Anfang – und am Ende – steht die Begegnung mit der sichtbaren katholischen Gemeinschaft – als praktische Alternative zur im sozialen Raum »unsichtbar« gewordenen kirchlichen Religion (Luckmann 1991). Die Autorität des geistlichen Führers bildet dabei den Leitfaden der »Pädagogik des Ereignisses«: Der »Gehorsam« als »methodologisches Prinzip« liegt darin begründet, »daß der letzte Wert einer christlichen Gemeinschaft nur darin liegen kann, sich zusammenzutun, um gemeinsam das Andenken Christi zu leben« (Don Giussani, in: *il Sabato* Nr. 40/1987).

Zweitens: Das Private ist politisch. Diese von Don Giussani ›erfundene‹ (oder doch zur ›Methode‹ systematisierte) religiöse Pädagogik des Ereignisses erlaubt den CL-Gruppen auch einen selbstbewußten Umgang mit den säkularisierenden Tendenzen der modernen Gesellschaft. Die unweigerliche Individualisierung des religiösen Sinnhorizonts in einer posttraditionalen Welt wird von den Jüngern Giussanis gewissermaßen gleichzeitig akzeptiert und bekämpft: CL versucht nämlich, die zunehmende Subjektivierung des Religiösen zum Ausgangspunkt einer religiösen Praxis zu machen, die gleichzeitig den Trend zur Privatisierung des Religiösen konterkarieren kann.[3]

Drittens: Synergie und Effizienz. Medium und Message der Konversion ›privater‹ Glaubens-, Identitäts- usw. -krisen junger Christen zu einer ›öffentlichen‹ Rolle und (meta)politischen Identität als bekennende Christen ist dabei die »fusionierende Gruppe« (Sartre). In der Gruppe fusionieren individuelle Erfahrungen zu einem neuen, die einzelnen transzendierenden Gemeinschaftsgefühl (und Gruppencode). Die Fusion findet statt im Namen des Herrn und im Zeichen der Transzendenz – aber ihre Synergieeffekte sind, sofern es gelingt, die Gruppe als Lebensform zu stabilisieren, vielseitig einsetzbar: Das Netzwerk der »Ciellini« entwickelte sich in den achtziger Jahren zu einem politisch über das *Movimento Popolare* mit einem eigenen ›weltlichen Arm‹ in der Regierungspartei vertretenen und ökonomisch im parastaatlichen und Bildungssektor höchst einfluß- und kapitalkräftigen »Archipel« (Kallscheuer 1993, S. 156ff.).

Viertens: Corpus mysticum. Da nun im internen Code der »Ciellini« die Gruppenerfahrung selbst zur Form der Begegnung mit dem (ganz) Anderen, der unverdienten ›Gnade‹ des transzendenten Gottes wird, vermögen die CL-Gruppen für ihre Mitglieder auch die im sozialen Leben marginal gewordene Institution der Kirche als den mystischen Leib Christi ›lebensweltlich‹ neu zu begründen: Die in der Gruppe existentiell erfahrene Rolle der Gemeinschaft für die Gnade der Begegnung mit dem absoluten Du wird jetzt zur Chiffre der Reinterpretation bzw. Revitalisierung von Kirchlichkeit: »Die Begegnungen, die Gott geschaffen hat, um die Menschen – uns! – an seinem Reich teilhaben zu lassen, sind völlig ungeschuldet, reine Gabe, die sich unsere Natur nicht einmal hätte vorstellen können, geschweige denn, daß sie sie vorhergesehen hätte. Es ist eine reine Gabe, jenseits aller menschlichen Fähigkeiten, eben ›Gnade‹. In seinem mystischen Leib umfaßt Jesus Christus dieses ganze Reich der Gnade, diese übernatürliche Güte der Macht Gottes. So wie für die Juden vor zweitausend Jahren die Existenz Jesu unter ihnen eine Gnade war, so ist die Existenz der Kirche und die Möglichkeit, ihr in der Gesellschaft zu begegnen, dieselbe Gnade« (Don Giussani, in: *30 TAGE*, Nr. 4/1991).

3 Zur ›Subjektivierung‹ von Religion in modernen Gesellschaften vgl. die Arbeiten Peter L. Bergers und Thomas Luckmanns; zur ›Privatisierung‹ des Religiösen vgl. die präzise Studie von José Casanova (1994, v. a. Kap. 2).

5. Heiligkeit und Disziplin

Vielleicht läßt sich die Originalität von Comunione e Liberazione am besten dadurch verdeutlichen, daß wir diese Bewegung mit einer anderen äußerst erfolgreichen, gleichfalls inner- wie parakirchlich arbeitenden internationalen *pressure group* vergleichen, die zudem theologisch ebenfalls antimodernistisch eingestellt ist und – non ultimo – gleichfalls unter Papst Johannes Paul II. ihren triumphalen Aufschwung nahm: dem vom Diener Gottes Josemaría Escrivá y Albás de Balaguer 1928 gegründeten Opus Dei. Mit diesem »Gotteswerk« wird Comunione e Liberazione sogar gelegentlich in einen Topf geworfen: Werden nicht beide Truppen innerhalb der Weltkirche auch von denselben konservativen Fraktionen *in urbe et orbe* unterstützt?[4]

Von Drahtziehern oder Nutznießern in Kirche und Welt einmal abgesehen, gibt es v. a. eine Gemeinsamkeit zwischen beiden Bewegungen: Beide sind das Produkt einer charismatischen Gründergestalt. Man kann sogar ihre Unterschiede *in nuce* schon an der Person ihrer Gründer verdeutlichen: Hie ein optimistischer Bürokrat – dort ein pessimistischer Prophet. *Opus*-Gründer Escrivá war weder ein Kulturkritiker noch ein theologischer Neuerer, sondern ein Organisator. Als erfolgreicher Konservativer der Moderne war er ein v. a. im Umgang mit Institutionen äußerst geschickter Personalpolitiker. Den Studentenseelsorger Giussani haben wir als einen theologisch recht eigenwilligen, aber kulturell offenbar provozierenden und ansteckenden Propheten kennengelernt.

Auf eine detaillierte Analyse des seit 1983 auch kirchenrechtlich als »Personalprälatur«[5] offizialisierten Opus Dei muß hier freilich

4 Vgl. Della Cava (1992); differenzierter und präziser Abbruzzese (1993). Als Förderer sämtlicher (alt- und neu)konservativer Bewegungen innerhalb der katholischen Kirche gilt insbesondere der Privatsekretär des Heiligen Vaters, Monsignore Stanislaw Dziwisz (den ich in Castelgandolfo als milde, zurückhaltende Person erlebt habe). In der neuesten seriösen Studie zu Politik und Organisation des Heiligen Stuhls wird er als »the most powerful personal secretary« in der neueren Papstgeschichte beschrieben: Msgr. Dziwisz – so klagt ein Vertreter der amerikanischen Bischofskonferenz – »has never met a conservative movement that he didn't fall in love with [...] Therefore Opus Dei, the Neo-Catechumenate, Comunione e Liberazione, Legionaries of Christ – these people have great access [to the pope]« (Reese 1996, S. 186-188). – Bekanntlich ist der Pressechef Johannes Pauls II., Joaquim Navarro-Vals, Opus-Dei-Mitglied.

5 Nach dem neuen *Codex Iuris Canonici* (cc. 294-297) funktioniert dieses dem Opus direkt auf den Leib geschneiderte kirchenrechtliche Institut der »Personal-

verzichtet werden. Doch wir werden sogleich sehen, daß sich der Unterschied des persönlichen Charismas beider Gründer auch in der Typologie ihrer Bewegungen wiederfinden läßt. Einzig auf einen solchen idealtypischen Vergleich nämlich zielen die folgenden Bemerkungen – nicht auf eine empirisch abgestützte Geschichte und Analyse (vgl. Estruch 1995). Es geht mir auch weder um eine unter klerikalen wie antiklerikalen Verschwörungstheoretikern beliebte kriminalistische Einflußanalyse der Opus-*undercover*-Ausbreitung in Kirche, Politik und Gesellschaft noch um die bekannten und vermutlich berechtigten individualpsychologischen Kritiken an den dabei benutzten Methoden der Rekrutierung und Heiligung, der Züchtigung des Leibes und der Seelenwäsche. Diese Fragen muß der Sozialwissenschaftler den Moraltheologen und Entwicklungspsychologen sowie den Kirchen- und Strafrechtlern überlassen.

Die wichtigsten Differenzen, die das Opus von CL scheiden, lassen sich bereits aus der »Vision« des Dieners Gottes entwickeln, auch ohne auf die zahlreichen Ungereimtheiten der geistlichen und weltlichen Biographie Escrivás einzugehen. Dieser hatte am 2. Oktober 1928, drei Jahre nach seiner Priesterweihe, in Madrid eine Vision: Er »*sah*, daß Gott von ihm verlangte, das Opus Dei zu gründen und zu entwickeln. Jahrelang hatte er um Licht vom Himmel gebetet wie der Blinde von Jericho: *Domine, ut videam*! (Lk 18,41) An jenem Tag nun begriff der Diener Gottes, daß er den Gläubigen aller sozialen Schichten einen breiten und sicheren Weg der Heiligung mitten in der Welt bahnen mußte. Aus Liebe zu Gott sollten sie so vollkommen wie möglich ihrer beruflichen Arbeit nachgehen und ihre gewöhnlichen Alltagspflichten erfüllen, ohne deswegen ihren Stand in Kirche und Gesellschaft zu wechseln.«[6] Spitzen wir, um den Vergleich zu erleichtern, die Cha-

prälatur« als ein sogenanntes »exemtes Bistum«, das direkt dem Papst unterstellt und so (praktischerweise) jeder Kontrolle der Ortskirchen entzogen ist. Dunkelmännertum und Unterwanderungspraktiken wurden zumindest kirchenrechtlich Tür und Tor geöffnet.

6 *Congregatio de Causis Sanctorum* (gez. Kard. Angelo Felici, Präfekt; sowie Titularerzbischof Edoardo Nowak, Sekretär), Dekret über den »heroischen Tugendgrad« (und zwar sowohl *de virtutibus theologalibus*, den theologischen Tugenden Glaube, Hoffnung, Liebe, *necnon de cardinalibus*, als auch den vier Kardinaltugenden: Prudentia, Iustitia, Temperantia, Fortitudo) des Dieners Gottes Josemaría Escrivá de Balaguer, welchselbiger seitdem auch *Venerabilis* genannt werden darf, gegeben am 9. April 1990 in Rom (zit. nach den »Informationsblättern« der Seligsprechungslobby des Opus-Dei-Gründers, hier aus Nr. 10, aus denen auch

rakteristika dieser Vision und ihre Implementation auf vier Essentials zu.

Erstens: Individuelle Heiligung und Professionalität. »Du bist verpflichtet, dich zu heiligen – Auch du«, lautet eine der Maximen in Escrivás mittlerweile in ca. vierzig Sprachen übersetztem und in einer Gesamtauflage von dreieinhalb Millionen Exemplaren erschienenem Sentenzenbuch *Der Weg* (Nr. 291): »Der Herr nahm keinen aus, als Er sagte: ›Seid vollkommen, wie Euer Vater im Himmel vollkommen ist.‹« Und der Herr nahm auch keinen Beruf, keine Berufsgruppe, keine Rationalitätsdimension der modernen Gesellschaft aus: In allen Berufsfeldern und Lebensbereichen fordert er – individuell, von jedem einzelnen – den »Weg der Heiligung«. Das Opus Dei betreibt – ganz anders als CL – keine kulturelle Kritik der säkularen Moderne auf kommunitärer Grundlage, sondern strebt eine individuelle Heiligung von »Gläubigen aus allen sozialen Schichten« an, v. a. aber von Mitgliedern der modernen Funktionseliten.

Es geht dem Gotteswerk nicht um Kritik und Veränderung der modernen Gesellschaft, sondern – mitten im modernen *business as usual* – um die Heiligung des Individuums. Die individuelle Berufung zur Heiligkeit muß freilich, damit sie dauerhaft wirkt, tief genug – und d. h. biographisch: früh genug – in die Persönlichkeitsstruktur »imprägniert« werden. Die Präparierung des Knäbleins, das ein braver Heiliger und ein tüchtiger Professioneller werden will, verlangt nach einem kollektiven spirituellen Netzwerk: nach persönlichen Seelenführern, nach Prüfungen, Exerzitien, Kasteiungen etc. (samt all den schönen Details der Peinigung des in der Regel männlich-jungfräulichen Fleisches, die wir hier leider nicht weiterverfolgen können). Eine solche – *ceterum censeo*: am besten recht frühe – Konversion des zukünftigen Opus-Mitglieds auf den Weg der Heiligung steht aber nicht im Gegensatz zu seinem ausdrücklich geförderten späteren beruflichen Erfolg. Die persönliche Heiligung gilt vielmehr als Voraussetzung und/oder Ergänzung der professionellen Effizienz. Escrivá gründete 1950 in Madrid eine *business school*, seine »Botschaft von der Heiligung des Irdischen und durch das Irdische« begründet eine christlich

alle im folgenden nicht ausgewiesenen Zitate von und über den *Servus Dei* Escrivá stammen). Die Programmschrift des Dieners Gottes *Der Weg* (Escrivá 1983) wird nach den durchnumerierten Sentenzen zitiert.

grundierte (und legitimierte) Erfolgsethik – eine Art ›protestantische Ethik‹ für katholische Länder.

Zweitens: Headhunting und Eliten-TÜV. Natürlich steht hinter Escrivás detaillierter Menschenführung auch eine Gegenwartsdiagnose. Diese lautet: »Es gibt Weltkrisen, weil es an Heiligen fehlt« (*Der Weg*, Nr. 301). M. a. W.: Die moderne Gesellschafts- und Weltordnung ist schon in Ordnung, sobald nur in den »Kommandohöhen« (Rudolf Hilferding) von Wirtschaft und Politik die richtigen Leute sitzen. Am besten sind daher Opus-eigene Schulen, Universitäten, Sozial- und Bildungszentren, *business schools* und *public-relations*-Agenturen, in denen nicht nur der spirituelle, sondern auch der professionelle Teil der Ausbildung in den Händen von Opus-Dei-Fachkräften und Priestern der »Gesellschaft vom Heiligen Kreuz« liegt: 1996 wird in Rom an der pontifikalen Opus-Dei-Universität vom Heiligen Kreuz ein Studiengang für den Master in *corporate communication* eingerichtet. Es geht weniger um eine Kritik und »christliche Erneuerung« der säkularen Zivilisation, sondern um ihre politische, administrative, ökonomische usw. Steuerung durch authentisch »geheiligte« Christen. Während Don Giussani um die selbstbewußte, sozial sichtbare Behauptung einer christlichen »kognitiven Minderheit« (Peter L. Berger) *gegenüber* einer säkular vergleichgültigten Gesellschaft ringt, strebt das Opus Dei danach, ohne weiter aufzufallen, in der säkularen Mehrheit der kapitalistischen Moderne aufzugehen – sie dabei gewissermaßen *von innen* auf konservative Bahnen zu steuern, ohne daß diese es merkt.

Nach dieser Methode hatte das Opus bekanntlich bereits den kapitalistischen Modernisierungsflügel unter dem Franquismus unterwandert (Casanova 1983). Für traditionell katholische Länder, die sich mitten in einem riskanten Modernisierungsschub zur Marktwirtschaft und/oder zur Demokratie befinden, wie weiland das franquistische Spanien und heute zahlreiche lateinamerikanische Nationen, in denen eine neue technokratisch-kapitalistische Funktionselite den militaristischen Caudillismo ablösen soll, sind nun die durch den Heiligungstest des Opus Dei gegangene Fachleute, Politiker, Wirtschaftsführer oder Angehörige anderer Funktionseliten natürlich die besten Integrationsfiguren. Opus-Mitglieder sind gewissermaßen »doppelt zuverlässig«: durch den Weg der Heiligung diszipliniert und an professionellen Funktionsimperativen orientiert, daher für technokratische Modernisierungsprojekte ideal geeignet. »Indem die säkularisierte Welt sich nämlich als das soziale und institutionelle Szenario erweist, innerhalb dessen sich das *Werk* [der Heiligung] vollzieht, wird diese säkulare Moderne gleichzeitig auch substantiell legitimiert: und zwar ebenso in ihren Strukturen wie in ihren zivilisatorischen Entwürfen« (Abruzzese 1993, S. 92).

Drittens: Humankapitalakkumulation und externe Effekte. Die weltweite Wirkung dieser heute kirchenintern wohl am effektivsten durchorganisierten konservativen Lobby wird sich nur über eine präzise Analyse der Investitionen von Escrivás Kader- und Personalpolitik erklären lassen: vornehmlich durch die Gründung zahlreicher Opus-Dei-Universitäten in lateinamerikanischen »Schwellenländern«. Meine Hypothese dazu ist folgende: Der »ehrwürdige Diener Gottes Josemaría Escrivá« hat systematisch und kontinuierlich *human capital* in die höheren Ausbildungsinstitutionen für städtische Eliten in i. d. R. autoritär regierten Schwellenländern katholischer Tradition investiert: zunächst im franquistischen Spanien, dann v. a. in der lateinamerikanischen Welt, später dann auch in Länder wie Kenia, Japan, Australien (heute ist das Opus in mehr als fünfzig Ländern aktiv). Und er hat sich dabei stets rechtzeitig um höchste vatikanische Rückendekkung bemüht – auch wenn es der Allerhöchste zeitweilig zuließ, »daß sich das Kreuz der Anfeindung auf seine [Escrivás] Schultern senkte«.

Die »Methode Escrivá« macht also religiös erworbenes charismatisches Kapital – im Gegensatz zu CL ein ausschließlich kirchen*amtliches*, kein Bewegungscharisma! – und systematisch vermehrtes Bildungskapital (sprich: die ›Markierung‹ von zukünftigen Funktionseliten durch eine Opus-Dei-Loyalität) untereinander konvertierbar. Sie ermoglicht damit dem Opus einen inner- wie außerkirchlichen Vertrauenskredit und auf dieser Basis dann eine rapide Humankapitalvermehrung: Kaderakkumulation auf erweiterter Grundlage. Nicht nur die (inner)kirchliche Glaubwürdigkeit ließ sich durch Verweis auf säkulare Guthaben an institutioneller Verläßlichkeit, Macht, Ausbildungspersonal, Verbindungen etc. beträchtlich erhöhen. Umgekehrt verschaffte die (quasi)kirchliche Offizialität dem Opus gerade in autoritären Regimes traditionell katholischer Nationen einen nicht zu unterschätzenden Startvorsprung gegenüber allen anderen Anbietern von Humankapital. Und so erzielte das Werk des Dieners Gottes auf *beiden* institutionellen ›Märkten‹ – *intra et extra muros ecclesiae* – Surplusgewinne.

Viertens: Opus postumum. Das Werk wächst – auch international – kontinuierlich, wie eine gut geführte Firma.[7] Die Akten von Escrivás Seligsprechungsprozeß lesen sich daher z. T. wie der Geschäftsbericht einer Aktiengesellschaft. Sogar im Dekret der Kongregation für Heilig- und Seligsprechungen heißt es als Begründung für den »heroischen Tugendgrad des Dieners Gottes«: »Bei [Escrivás] Tod zählte das Opus Dei 60 000 Mitglieder aus achtzig Ländern, darunter knapp eintausend im Werk inkardinierte Priester. Die Schriften des Dieners Gottes sind in einer Gesamtauflage von fast sechs Millionen erschienen.« – Und von der innerkirchlichen Macht des Opus Dei zeugte dann zuletzt die von einer bewundernswert organisierten weltweiten Lobby wider weitgestreute inner- und außerkirchliche Kritik im Rekordtempo von nur 17 Jahren souverän durchgepowerte und dann im Mai 1992 erfolgte Erhebung seines Gründers zur »Ehre der Altäre«.[8]

Cui bono? Und die Interessen des Heiligen Stuhls in dieser ganzen Affäre? Man muß hier gar nicht die beliebten (und an sich nicht unplausiblen) Gerüchte um eine kräftige Opus-Dei-Kapitalspritze bemühen: Diese habe es dem Vatikan erlaubt, seine Bank I. O. R. aus dem *crash* des Banco Ambrosiano zu retten und *subito* wurde das Opus kirchenrechtlich privilegiert.

Aber das läßt sich auch viel einfacher erklären – als Ergebnis einer Interessenkonvergenz nach Antritt des polnischen Papstes: Die klassischen Sonderwaffen des Papsttums in der Weltkirche, die international strukturierten Orden, v. a. die Franziskaner und die Societas Jesu, hatten sich seit dem letzten Vaticanum – jedenfalls aus der Sicht von Wojtylas Beratern oder allgemein der konservativen Fraktion in der Kurie – selber in Vorreiter einer theolo-

7 Nach Angaben des *Annuario Pontifico* von 1991 und 1994 stieg die Anzahl der Priester des Opus Dei in den letzten drei Jahren von 1385 auf 1496, die der Laien beiderlei Geschlechts des Opus von 74710 auf 77415. (Den kontinuierlichen Wachstums- und Ausdehnungsprozeß des Opus Dei – im Gegensatz zum spontaneistischen, sprunghaften Wachstum von CL – unterstreicht Abruzzese 1993, S. 90).

8 Um den Kritikern dieser »turbosantitad« (Jesús Ynfante) etwas Wind aus den Segeln zu nehmen – große Teile des spanischen Episkopats boykottierten die Zeremonie –, wurde die Kanonisierung des *Servus Dei* in einem ansonsten eher bei den deutschen Grünen üblichen »Reißverschlußverfahren« mit der gleichzeitigen Erhebung einer (schwarzen) »Quotenfrau« kombiniert: der schwarzafrikanischen Nonne Giuseppina Bakhita.

gischen oder sozialen Moderne verwandelt. Der neue Papst benötigte somit gerade in der postkonziliaren, stärker »akkulturierten« und regionalisierten Kirche eine auch international funktionierende parahierarchische Lobby – nicht zuletzt als personalpolitisches Reservoir für die Besetzung von Bischofssitzen (Reese 1996, S. 241f.; vgl. Bobierski 1992).

6. Complexio oppositorum

Der vermeintliche »katholische Fundamentalismus« stellt – wie wir sahen – keine einheitliche Front dar: Sogar die konservative Fraktion des Weltkatholizismus ist eine complexio oppositorum. Beim Kontrast zwischen Opus Dei und CL handelt es sich um zwei gegenläufige Reaktionen auf die Säkularisierung. Man mag zwar, wenn man will, beide Gruppen »konservativ«, »reaktionär« oder »fundamentalistisch« nennen, aber sie sind dies aus entgegengesetzten Motiven: Das Opus Dei mobilisiert eine theologisch wenig originelle konservative Routine autoritärer Seelenführung *für* die (Binnen-)Steuerung von Modernisierungseliten – welchen außerdem, wie theologische Kritiker anmerken, mit einer halbpelagianischen »checklist-Spiritualität« auch noch ein gutes Gewissen verpaßt wird (Winters 1995, S. 49). Comunione e Liberazione hingegen aktiviert – aus deutlich augustinianischem Geiste – das prophetische Aufbruchs-Charisma »neuer sozialer Bewegungen« *wider* die systemische Neutralisierung religiöser Verpflichtungen in der modernen Gesellschaft.

Auf der einen Seite steht somit die von Opus Dei eingesetzte bürokratisch-autoritär verfaßte religiöse Disziplin im Dienste der Modernisierung konservativer Eliten; im Vordergrund befindet sich hier also die Kontrolle der individuellen Lebensführung (und im Hintergrund eine eher indirekte, »unsichtbare«, politische Einflußnahme). Auf der anderen Seite steht bei CL die charismatisch-autoritäre Gruppe im Dienste einer gemeinschaftlichen »Wiedereroberung des Heiligen«; im Vordergrund befindet sich hier also der Katholizismus als »sichtbare« soziale oder kulturelle Bewegung (und im Hintergrund letztendlich der Kampf wider die säkularistische Privatisierung des Religiösen). Das Opus Dei gedeiht am besten in der stillschweigenden systemischen Routine – charismatische Gruppen wie Comunione e Liberazione hingegen bedürfen (von Zeit zu Zeit) eines lebensweltlichen Inputs an realer oder symbolischer Krisenerfahrung.

Gewiß steht Johannes Paul II. diesem ›postmodernen‹ Bewegungs-Integrismus spirituell näher als dem theologisch flachen Professionalismus der konservativen Lobby des Opus Dei. Immerhin hat der Papst in *Centesimus annus* (1991) selber eine Ekklesiologie der Bewegung verkündet. Das zentrale Kapitel dieser seiner wohl bedeutendsten Enzyklika porträtiert die antitotalitären Bewegungen, die den osteuropäischen Kommunismus zum Einsturz brachten, als ein heilsgeschichtliches Zeichen für die Zukunft der Kirche (Kallscheuer 1991, S. 218ff.).

Mit diesem Leitbild der charismatisch geführten Bewegungskirche hat der Papst rund um die Welt moralische Kampagnen inszeniert, aber die fällige Organisationsreform der Weltkirche schleifen lassen ... die Routine überließ er der konservativen Fraktion des Apparats (Reese 1996). Eben weil aber die Kirche als Gnadenanstalt eine Institution ist – und kein Publikum, die sich mit televangelistischen Appellen an das Gewissen »fundamentalistisch« aufheizen ließe –, deshalb bescherte der *in partibus infidelium* derart telegene Kommunikator und »Eilige Vater« der apostolischen Kirche *intra muros* Konflikte von ungeahnter Härte.

Auch in der Moderne wird die *libertas ecclesiae* nur durch Konflikte mit offenem Ausgang garantiert. Innerhalb der ewigen Institution verwandeln sich radikale Bewegungen in Lobbies – und gerade der dogmatische Absolutismus der konservativen Sektoren der Zentrale treibt die Dialektik des Pluralismus nur noch weiter voran, statt sie eindämmen zu können. Die Wege des Herrn sind verschlungener als die Intentionen seiner Propheten und Geschäftsführer.

Literatur

Abbruzzese, S.: *Comunione e liberazione*. Roma/Bari 1991.

Ders.: *Opus Dei e CL – due modelli di espansione geopolitica*, in: *LiMes* 3 (1993), S. 83-92.

Al-Azm, S. J.: *Unbehagen in der Moderne*. Frankfurt/M. 1993.

Berger, P. L.: *Der Zwang zur Häresie*. Frankfurt/M. 1980.

Bobierski, H.: *Die Divisionäre des Papstes*. Salzburg 1992.

Ders.: *Das Engelwerk. Theorie und Praxis des Opus Angelorum*. Salzburg 1993.
Casanova, J.: *The Opus Dei Ethic, the Technocrats and the Modernization of Spain*, in: *Social Science Information*, Vol. 22, N. 1 (1983), S. 27-50.
Ders.: *Public Religions in the Modern World*. Chicago 1994.
Deiros, P. A.: *Protestant Fundamentalism in Latin America*, in: Marty, M. E./Appleby, R. S. (Hg.) *Fundamentalisms Observed*. Chicago/London 1991, S. 142-196.
Della Cava, R.: *Vatican Policy 1978-1990*, in: *Social Research*, Vol. 59, N. 1 (Spring 1992), S. 169-199.
Dinges, W. D.: *Roman Catholic Traditionalism*, in: Marty, M. E./Appleby, R. S. (Hg.): *Fundamentalisms Observed*. Chicago 1991, S. 66-101.
Douglass, B. R./Hollenbach, D. (Hg.): *Catholicism and Liberalism*. New York/London 1994.
Ebertz, M. N.: *Treue zur einzigen Wahrheit*, in: Kochanek, H. (Hg.): *Die verdrängte Freiheit*. Freiburg i. Br. 1991, S. 30-52.
Ders.: *Deinstitutionalisierungsprozesse im Katholizismus*, in: Kaufmann, F. X./Zingerle, A. (Hg.): *Vaticanum II und Modernisierung*. Paderborn 1996, S. 375-399.
Escrivá de Balaguer, J.: *Der Weg*. Köln 1983 (u. ö.).
Estruch, J.: *Saints and Schemers. Opus Dei and Its Paradoxes*. Oxford 1995.
Gabriel, K.: *Christentum zwischen Tradition und Postmoderne*. Freiburg i. Br. 1989.
Ders.: *Wandel des Religiösen*, in: *Forschungsjournal Neue Soziale Bewegungen* 3-4 (1993), S. 28-50.
Garelli, F.: *Forza della religione e debolezza della fede*. Bologna 1996.
Gebhardt, W.: *Charisma als Lebensform*. Berlin 1994.
Gellner, E.: *Postmodernism. Reason and Religion*. London 1992.
Giussani, L.: *Tracce di esperienza cristiana*. Milano 1977.
Ders.: *Il movimento di Communione e Liberazione*. Milano 1987.
Ders.: *Laico, cioè cristiano*, Beilage zu *il Sabato* 40 (1987).
Halm, H.: *Fundamentalismus – ein leeres Etikett*, in: Rotter, R. (Hg.): *Die Welten des Islam*. Frankfurt/M. 1993, S. 211-218.
Hutchison, R.: *Die heilige Mafia des Papstes*. München 1996.
Kallscheuer, O.: *Ökumene welcher Moderne?*, in: Meyer, Th. (Hg.): *Fundamentalismus in der modernen Welt*. Frankfurt/M. 1989, S. 62-80.
Ders.: *Glaubensfragen*. Frankfurt/M. 1991.
Ders.: *Katholischer Integralismus als postmoderne Bewegung*, in: Bergmann, J./Hahn, A./Luckmann, Th. (Hg.): *Religion und Kultur* (= Sonderheft 33 der *KZfSS*). Opladen 1993, S. 150-168.
Ders.: *Gottes Wort und Volkes Stimme*. Frankfurt/M. 1994.
Kaufmann, F. X./Zingerle, A. (Hg.): *Vaticanum II und Modernisierung*. Paderborn 1996.

Küenzlen, G.: *Religiöser Fundamentalismus – Aufstand gegen die Moderne?*, in: Höhn, H. J. (Hg.): *Krise der Immanenz*. Frankfurt/M. 1996, S. 50-71.
Lafage, F.: *Du refus au schisme*. Paris 1989.
Lönne, K. E.: *Politischer Katholizismus im 19. und 20. Jahrhundert*. Frankfurt/M. 1986.
Luckmann, Th.: *Die unsichtbare Religion*. Frankfurt/M. 1991.
Martin, D.: *Tongues of Fire*. Oxford 1990.
Mieth, D. (Hg.): *Moraltheologie im Abseits. Antwort auf die Enzyklika ›Veritatis Splendor‹*. Freiburg i. Br. 1994.
Moschetti (SJ), St.: *La leggitima autonomia delle realtà terrene*, in: *La Civiltà cattolica* 3227 (Dic. 1984), S. 428-445.
Niewidiadowski, J.: *Fundamentalistische katholische Gruppierungen*, in: Kochanek, H. (SVD), (Hg.): *Die verdrängte Freiheit*. Freiburg i. Br. 1991.
Reese (SJ), Th. J.: *Inside the Vatican*. Cambridge/Mass. 1996.
Riccardi, A.: *Intransigenza e modernità*. Roma/Bari 1996.
Riesebrodt, M.: *Fundamentalismus als patriarchalische Protestbewegung*. Tübingen 1990.
Roy, O.: *Les nouveaux intellectuels islamistes*, in: Kepel, G./Richard, Y. (Hg.): *Intellectuels et militants de l'Islam moderne*. Paris 1990, S. 259-280.
Ders.: *L'echec de l'Islam politique*, in: *Esprit* 8/9 (Aug./Sept. 1992).
Ders.: *Le néo-fondamentalisme islamique ou l'imaginaire de l'oummah*, in: *Esprit* 4 (April 1996), S. 80-107.
Schulze, R.: *Geschichte der islamischen Welt im 20. Jahrhundert*. München 1994.
Secondin (O. Carm), B.: *I nuovi protagonisti. Movimenti, associazioni, gruppi nella Chiesa*. Milano 1991.
Urquhart, G.: *Im Namen des Papstes*. München 1995.
Valadier, P.: *L'église en procès*. Paris 1989.
Walf, K.: *Fundamentalistische Strömungen in der katholischen Kirche*, in: Meyer, Th. (Hg.) *Fundamentalismus in der modernen Welt*. Frankfurt/M. 1989, S. 248-262.
Winters, M. S.: *The Gospel of Success*, in: *The New Republic*, 30. 10. 1995, S. 46-49.

Berndt Ostendorf
Conspiracy Nation. Verschwörungstheorien und evangelikaler Fundamentalismus: Marion G. (Pat) Robertsons »Neue Weltordnung«

Die Verschwörungstheorien des Fernsehpredigers Pat Robertson stellen einen Synkretismus aus widersprüchlichen religiösen *und* politischen Traditionen der USA dar. Die Grundlage seines Weltbilds bildet die calvinistische Heilsgeschichte des 17. Jahrhunderts, die von republikanischen Denkfiguren des mittleren 18. Jahrhunderts palimpsestartig überlagert wird. Weiter lassen sich Spuren aus der Antiföderalisten- bzw. *States-Rights*-Debatte, aus den chiliastischen Erweckungsbewegungen und dem populistischen Nativismus des frühen 19. Jahrhunderts finden, allesamt Traditionen mit einem Hang zum Antietatismus. Diese Ideologiebruchstücke werden überdeckt von einem Superpatriotismus, das heißt von einem ungebrochenen Glauben an die Mission Amerikas. Diese gebündelten Widersprüche werden, und das ist ganz neu, mit den Methoden des Showgeschäfts in der Tradition städtischer Erwekkungsprediger und des politischen Marketing des späten 20. Jahrhunderts umgesetzt. Hochmoderne Werbungs- und Vermarktungsstrategien und populärkulturelle Inszenierungen stehen aber im Dienst einer heilsgeschichtlichen, antimodernistischen Eschatologie. Für den europäischen Beobachter sind die Widersprüche unauflösbar und daher höchst befremdlich. Bei näherem Hinsehen entpuppen sie sich als Spätfolgen der ganz anderen Beziehungsgeschichte von Religion und Öffentlichkeit in den USA, in der Heilsgeschichte, Zivilgesellschaft und Politik sich mannigfaltig durchdringen (Ostendorf 1995, Tuveson 1968).

1. Die Mission Amerikas: weltlich oder göttlich?

Robertsons Weltbild steht unter einer typisch amerikanischen Spannung, nämlich den divergierenden Auslegungen calvinistischer Heilsgeschichte, die das Projekt Amerika seit Anbeginn begleiten. Es handelt sich hier, theologisch gesprochen, um den Unterschied zwischen einer prämillenarischen und postmillenarischen Interpretation der Nationalgeschichte. Die postmillenarische Lesart, die sich in der vorrevolutionären Stimmung zur Mitte des 18. Jahrhunderts herausbildete, geht davon aus, daß das Millennium sich mittels christlicher »stewardship« und Reform im Rahmen der realexistierenden Welt entfalten werde. In diesem Reformprojekt erhalten die Kirchen als Institutionen eine wichtige Rolle, und viele soziale, wirtschaftliche und pädagogische Probleme fallen ihnen als Aufgabe zu. Das Böse ließe sich zwar nicht völlig ausmerzen, spiele aber im Maße der Konversion der Bevölkerung eine immer geringere Rolle. Diese Denkrichtung ist als Arminianismus bekannt geworden. Kein Zufall also, daß der Postmillenarismus in der Zeit der Republikgründung die staatstragende Auslegung wurde, da in ihm die Zivilreligion, sein wohl typischster Ausdruck, bereits präfiguriert war. Die Zivilreligion wurde der Motor der großen Reformbewegungen des 19. Jahrhunderts. Zudem arrangiert sich der Postmillenarismus leichter mit der Politik, mit der »social gospel«, oder mit den aufgeklärten Wissenschaften, da auch sie ein Teil der graduellen Vollendung des Millennium sein können.

Der Prämillenarismus, oder der evangelikale »dispensationalism«, der von der Trennung göttlicher und weltlicher Projekte ausgeht und deswegen auch »separationism« genannt wird, ist die ältere Lehrmeinung. In der Zeit von 1700 bis 1800 in den USA unpopulär geworden, beginnt sie um 1820 als Neuimport der Plymouth Brethren aus Irland und England in den USA wieder Fuß zu fassen. Ihr Sprecher John Nelson Darby hielt sich häufig in den USA auf, wo seine Botschaft schneller und bereitwilliger aufgenommen wurde, ein Indiz dafür, daß der Prämillenarismus nach wie vor vorhanden und lediglich vom Gründungsenthusiasmus der Republik überlagert war. Seine Grundannahme ist die Ablehnung jeglicher menschlicher Norm. Das göttliche Wort und die heilsgeschichtliche Vorsehung sind absolut zu setzen und wörtlich zu nehmen. Dahinter versteckt sich die Abwehr der Hermeneutik und Interpretation einer historischen Religionswissenschaft, deren »Relativismus« verteufelt wird. »Gott wurde aus der Mitte des Seins entfernt, und der Mensch nahm seinen Platz ein« – dies ist Robertsons Erklärung allen Übels in der Welt (1992, S. 33). Das philosophische Wort »Der Mensch ist das Maß aller Dinge« zitiert er als eine *satanische* Verirrung. Prämillenarier lehnen jegliche weltliche Macht ab, also auch die des Klerus und der Institution Kirche, und halten sich strikt an die wörtliche Auslegung der Bibel. Es geht um den Erhalt einer göttlich gefügten, geschlossenen Welt. Ihr Geschichtsbild ist geprägt von sogenannten »dispensations«, d. h., die Menschheitsgeschichte ist eingeteilt in Perioden – die der Unschuld (Paradies), des Gewissens (Adam bis Noah), der Menschenmacht (Noah bis Abraham), der Hoffnung (Abraham bis Moses), des Gesetzes (Moses bis Christus) und der Gnade (Christus bis zum Jüngsten Gericht). In der Periode der Gnade sind die Menschen aufgefordert, den rechten Glauben durch »Konversion« zu suchen. Die Anhänger des *dispensationalism* machen eine klare Trennung zwischen dem weltlichen Volk Israel und der spirituellen Gemeinschaft der Christen im Millennium. Erstere ist durch natürliche Vererbung in dieser Welt entstanden, die zweite wird durch Konversion und Gnade realisiert und führt zum Gottesreich. Im Millennium wird die geistige Kirche als Braut neben Christus thronen. Damit dies geschehen kann, muß Israel zunächst sein irdisches Königreich zurückerhalten, um dann die Konversion der Juden möglich zu machen. Dies erklärt, warum Robertson aufgrund seiner prämillenarischen Grundüberzeugung ein eifriger Zionist ist, gleichwohl aber die Meinung vertritt, daß Gott das Gebet eines Juden nicht erhört (Sandeen 1967). Im Gegensatz zu den Postmillenaristen halten die *dispensationalists* nichts von Evolution oder Reform, von *social gospel*, von Kirchen oder Denominationen, vom Wohlfahrtstaat oder von zentralistischen, staatlichen Institutionen – nur das wiedergeborene Individuum steht in der Verantwortung, die von keiner weltlichen Macht eingeschränkt werden sollte. Die heilsgeschichtliche Sicherheit der Eschatologie erlaubt einen radikalen Individualismus und bietet ihm doch sicheren Halt in einem geschlossenen Weltbild. Das macht bei wachsender gesellschaftlicher Anomie und Orientierungslosigkeit die psychologische Attraktivität dieser Lehre aus.

2. Die Konservative Revolution seit 1970

Um den nationalen Erfolg dieses evangelikalen Predigers aus Virginia zu verstehen, lassen sich vier naheliegende historische Erklärungen anführen. Erstens hat, seit Richard Nixon nach 1970 mit seiner *Southern Strategy* Demokratische Wähler aus dem Süden abzuwerben begann, eine »Versüdstaatlichung« des Konservatismus stattgefunden, die die amerikanische politische Kultur und besonders die Republikanische Partei radikal verändert hat. George Bushs Wahl stellte eine letzte Machtprobe des alten, kosmopolitischen Flügels der Republikaner dar. Heute sind die republikanischen Eliten der Ostküste als Machtfaktor weitgehend ausgeschaltet. Sie werden von Pat Robertson gar als »Teil des Problems« identifiziert und erscheinen als Marionetten in seinem Verschwörungsszenario.

Zweitens hat eine Umstrukturierung der religiösen Landschaft der USA stattgefunden. Jenseits der Kirchen und Denominationen sind neue religiöse Gemeinschaften entstanden, die eher »Fangemeinden« als »Konfessionen« gleichen und die heute als Mega- oder Parakirchen über die Medien national und weltweit vernetzt sind. George Marsden führt die evangelikale Bewegung zu Recht auf die Dynamik des »unopposed revivalism« zurück, die sich in der Neuen Welt ab 1740 in immer wieder neuen Wellen entfalten konnte. Es gab in der jungen Republik keine Institutionen oder Traditionsbestände wie etwa in Europa, die die Tendenz zur radikalen »Individualisierung« des religiösen Erlebens hätte aufhalten können. Evangelikale Religiosität ist vom Temperament her antidoktrinär und anarchisch. Der ersten Erweckungsbewegung folgte bald eine Kette weiterer »revivals«, die eine immer stärkere Voluntarisierung der Religion und eine nichtendenwollende Ausfächerung der Denominationen zur Folge hatten (Ostendorf 1995), eine Glaubensvielfalt, die sich als Meinungsvielfalt in den wissenschaftlichen Kontroversen zur Rolle der Religion in den USA fortpflanzt. Die Klausel im ersten Zusatz zur Verfassung, die die »freie Religionsausübung« als individuelles Recht verbrieft, tat ein Übriges, dem »revivalism« und der Individualisierung der Religiosität einen ungehinderten Lauf zu garantieren (Marsden 1977). Im Maße des Erfolgs evangelikaler Erweckungsprediger, von George Finney und Dwight Moody im 19. Jahrhundert über Billy Sunday bis hin zu Billy Graham im 20., wurde die Krise der etablierten konfessionellen Denominationen zu einem Dauerzustand. Doktrin hatte es immer schon schwer in den USA. Viele Mitglieder von Kirchen wissen weder, was sie zu glauben haben, noch wollen sie es so genau wissen. Seit Beginn der Republik ist die permanente Destabilisierung religiöser Macht Teil dieser, speziell amerikanischen religiösen Energie des Evangelikalismus. Sie wirkt als eingebaute »politische Bremse« der religiösen Macht, also auch als Kontrolle der Fundamentalisten. Selbst Billy Graham mahnte zur Zurückhaltung, allerdings erst nach dem Fall Nixons, dem er eng, manche meinen zu eng, verbunden war. Religion müsse scheitern, wenn sie ihre Macht in der Welt und nicht in Gott suche (Clouse 1993, S. 294).

Drittens wirkt die derzeitige Mediatisierung der religiösen Gemeinschaft im sogenannten Televangelismus lediglich als Verstärker dieser Tendenz, das heißt, die Lockerung der Bindungen an klassische Religionsgemeinschaften oder kirchliche und weltliche Autoritäten geht weiter. Das Gleiche gilt für die Autorität der konfessionellen Doktrin, die zunehmend durch evangelikale »Gospelisierung« ersetzt wird. In dieser amerikanischen Beziehungsgeschichte von Religion und Gesellschaft, die von ungebrochenem Voluntarismus geprägt ist, nimmt der prämillenarische Fundamentalismus eines Robertson eine ältere, radikale Position ein, die er jedoch verdeckt, will sagen, eingepackt in einer postmillenarischen Rhetorik in den politischen Prozeß einbringt. »Eigentlich unterstützen sie [die Neofundamentalisten] eine postmillenarische Vision Amerikas, gleichzeitig wollen sie aber an der prämillenarischen Eschatologie festhalten« (Clouse 1993, S. 288).[1]

Der radikale Individualismus der Evangelikalen hatte schon nach dem *Second Awakening* (1800-1830) eine Entmachtung kirchlicher Institutionen zur Folge. Statt »fremdbestimmter« Doktrin stellte er die Erfahrung der »Gnade der persönlichen Wiedergeburt« in den Mittelpunkt des religiösen Lebens und verankerte die moralische Entscheidung zwischen Gut und Böse im Individuum (Marty 1993). Der Fokus auf das Individuum ist bei Robertson zwar heilsgeschichtlich begründet, er paßt aber in die neoliberale Stimmung und stärkt den republikanischen Marktwert der evangelikalen Fundamentalisten. Die chiliastischen Ziele des Fundamentalismus könnten, wenn sie denn in ihrer Radikalität ernst genommen würden, allerdings kaum republikanisch sein. Das wird durch die pathologischen Auswüchse dieses chiliasti-

1 Alexis de Tocqueville meinte sarkastisch, man könne bei den Predigten der Amerikaner nicht feststellen, ob das Ziel der Religion darin bestehe, »für die ewige Seligkeit im Jenseits oder für den Wohlstand in dieser zu sorgen« (*Democracy in America*, New York 1945, Bd. II. S. 135).

schen Erbes deutlich. Denn auch der libertäre Radikalismus rechtsreligiöser Gruppen (Christian Identity, White Aryan Resistance, Milizen, Ku-Klux-Klan) mit ihrem Hang zur anarchistischen Gewalt und direkten Aktion wie in Oklahoma nährt sich aus der gleichen Quelle. Chiliasmus pur ohne die postmillenarische Abfederung eines Robertson führt zur Violenz. Tatsache ist, daß die prämillenarischen Ansichten Robertsons und die der rechtsreligiösen Gruppierung weitgehend identisch sind.

Die evangelikale Revolution stellt ein Zentrum der bereits erwähnten Versüdstaatlichung der amerikanischen Politik dar. Neben Glaubensfragen geht es v. a. um die liberale Modernisierung, die zu einer gesellschaftlichen und lebensweltlichen Spaltung geführt hat. In den zwanziger Jahren hatte sich diese Trennung in religiöse Gegner und säkulare Befürworter des Darwinismus im sogenannten Affenprozeß angekündigt (Shell 1996). Nach 1960 hat die Frage der »moralischen« Lebensgestaltung auch in katholischen und jüdischen Gemeinden zu Spaltungen geführt. Daher nannte sich diese partei- und konfessionsübergreifende Bewegung *Moral* Majority.

Viertens läßt ein Blick in die amerikanische Presse auch auf eine umfassende Krise der Zivilgesellschaft und der Legitimation des Staates schließen. Der rapide soziale Wandel der letzten zwanzig Jahre hat soziale und wirtschaftliche Verwerfungen hervorgerufen, die die Wut der randständigen Bevölkerungsgruppen – hier v. a. weiße angelsächsisch-protestantische Männer – und den Aufstieg dieser neuen konservativen Klasse erklären helfen (Ostendorf 1996). Die letzte Erklärung ist jedoch die schwächste. Mit dem Etikett der bloßen Reaktion ist den heutigen Entwicklungen nicht beizukommen. Es handelt sich, ganz allgemein gesprochen, um eine voluntaristische Differenzierung sowohl der religiösen als auch der politischen Kulturen im Rahmen der Möglichkeiten der Verfassung (Roof/McKinney). In Pat Robertsons Weltbild artikulieren sich durchaus wohlbekannte Bestandteile eines postmillenarischen Glaubens an die Nation. Diese haben sich lediglich an der Moderne vorbei in einem neuen Synkretismus mit prämillenarischen Ideen »postmodernisiert«. Im postmodernen Milieu ist Widersprüchlichkeit kein Makel. Die Referenzrahmen sind flexibler und daher sind auch bestimmte Formen des Antiliberalismus akzeptabler geworden.

Aus der Sicht des prämillenarischen Fundamentalismus ist die

Krise der heutigen Welt lediglich eine Bestätigung chiliastischer Prämissen. Zwar mag die Staats- und Gesellschaftskritik der Evangelikalen heilsgeschichtlich motiviert sein, sie trifft aber auch den Nerv jener verunsicherten, staatsverdrossenen Amerikaner, die nicht zum Lager der evangelikalen Fundamentalisten gehören. Das erklärt den Erfolg Robertsons bei anderen konservativen religiösen Wählern. Auf diese verschränkten Motive soll nach Vorstellung des *New-York-Times*-Bestsellers *The New World Order* von Pat Robertson weiter eingegangen werden.

3. Fundamentalistische Politik

Pat Robertson stammt aus Virginia, dem Herzland demokratischer Politik. Er jedenfalls versteht sich als Uramerikaner, wie aus der Widmung seines Buches *America's Dates with Destiny* hervorgeht (Robertson 1986). Sein Vater diente 34 Jahre lang im Kongreß, zuletzt als Demokratischer Senator seines Staates. Der Sohn wuchs in einer Welt auf, in der die Werte und lebensweltlichen Orientierungen des alten Südens gesichert waren. Von 1876 bis 1970 konnten hier weiße Prämillenarier und Evangelikale trotz ihrer programmatischen Weltflucht ihren Lebensstil ungestört genießen; denn der Süden besaß unter südstaatlich-demokratischer Führung ein konservatives System, das ihren traditionellen Lebensstil verteidigte. Dann brach zwischen 1968 und 1972 die Roosevelt-Koalition an ihren eigenen Widersprüchen auseinander. Nach den Unruhen beim Parteikongreß von 1968 in Chicago stellten die neuen liberal-demokratischen Programme der McGovern-Kommission den Verbleib konservativer Demokraten aus dem Süden in der nunmehr von »Minderheiten und Frauen dominierten Partei« in Frage. Etwa gleichzeitig war Nixon mit seiner *Southern Strategy* in die Hochburgen der Demokraten in den Südstaaten eingedrungen. Diese wanderten zunächst zur Drittpartei von George Wallace ab, aber ihre »Wiedergeburt« als Republikaner war nur noch eine Frage der Zeit. Die Republikanische Partei mußte sich lediglich einer gewissen Rücksichtnahme auf die religiösen Sensibilitäten südstaatlicher Wähler befleißigen. In dieser Stimmung des Umbruchs begann unter der Leitung von Jerry Falwell das politische Erwachen der konservativen sozialmoralischen Milieus, d. h. jener fundamentalistischen Denominationen der Südstaaten, die nach langer Zeit politischer Abstinenz als politische Akteure mit dem Sammelnamen »Moral Majority« auf die politische Szene drängten.

Was erklärt die Politisierung prämillenarischer Gruppen, die bis in die sechziger Jahre ein Hang zur Weltflucht charakterisierte? Zwei Gründe sind zu nennen: ein gesellschaftskritischer und, dahinter verborgen, ein radikaler, heilsgeschichtlicher. Die Liberalisierung, Säkularisierung und Modernisierung der Gesellschaft, durch Maßnahmen der Judikative (Supreme Court), Legislative (Congress) und Exekutive im Rahmen der Bürgerrechtsbewegung bzw. der Great-Society-Programme von Johnson unterstützt, hatte für diese Moral Majority die Schmerzgrenze erreicht. Der linke Liberalismus wurde zur Bedrohung des heilsgeschichtlichen Designs eines »christlichen Amerika«.[2] In seinem »Porträt Amerikas« warnt Robertson vor dem »ausgeklügelten Plan« eines weltweiten linksliberalen Establishment, das Individuum zu entmachten und die »Erlösung durch die Gesellschaft« mit ihrem »verheerenden Trend zum Multikulturalismus, Antiamerikanismus, Antikapitalismus und historischem Revisionismus« zu propagieren (Robertson 1993, S. 245). Martin Riesebrodt listet die Gravamina der religiösen Reaktion auf, eine Liste, die sich wie ein Schadenskatalog der Modernisierung liest:

»Die Pluralisierung der Kultur und Lebensstile, die Versachlichung und Verrechtlichung von Sozialbeziehungen, die Bürokratisierung von Politik und Ökonomie und die damit einhergehende Entpersonalisierung und Entmoralisierung stellen einen direkten Angriff auf seine [des Fundamentalismus] Vorstellungen über die ideale Ordnung gesellschaftlichen Zusammenlebens dar« (Riesebrodt 1990, S. 246).

Unter Reagan kam diese Sammelbewegung der Moral Majority mit Jerry Falwell innen- wie außenpolitisch zum Zuge. Es waren v. a. die Maßnahmen gegen religiös geführte Schulen und gegen das Gebet in der Schule (Engel vs. Vitale 1962), die über die Glaubensbekenntnisse hinweg eine »Fundamentalisierung« der jeweiligen

2 Liberalismus ist im amerikanischen Kontext mehrdeutig. Neben der klassischen Bedeutung – Bürgerrechte plus freier Markt – hat sich seit Roosevelt die deutsche Bedeutung von »linksliberal« oder sozialdemokratisch durchgesetzt. Für Reagan das unaussprechliche »L-word«. Zur Abgrenzung nennt man den Wirtschaftliberalismus eines Milton Friedman »neoliberal«. Robertson ist gegen beide Formen des Liberalismus allergisch. Vgl. Stephen Holmes, *The Anatomy of Antiliberalism*, Cambridge 1993.

konservativen Mitglieder einleiteten (Shell 1994). Selbst katholische Bischöfe wie Spellman und Cushman waren von der radikalen Interpretation des ersten Verfassungszusatzes durch den Supreme Court schockiert. Neben dem Verbot des Schulgebets waren es die neue »Permissivität« in Fragen der Sexualität, die Frauenbewegung, das *Equal Rights Amendment* und das Eintreten für Schwule und Lesben – allesamt Themen der neuen Linken, die die Fundamentalisten mobilisierten und die ihren Dienstleistungseinrichtungen, v. a. den Privatschulen, gewaltigen Zulauf brachten. Die Abtreibungsfrage (Roe vs. Wade 1973) konsolidierte diese gesellschaftlich-moralische Spaltung quer durch Parteien und Konfessionen weiter. Ab 1978, wohlgemerkt unter dem evangelikalen Präsidenten Jimmy Carter, legte die Bundessteuerbehörde (IRS) harte Maßstäbe an die Steuerfreiheit jener privater Schulen in den Südstaaten an, die bis dato keine Maßnahmen zur Integration unternommen hatten. Zwar waren die Fundamentalisten keine Rassisten aus Überzeugung, aber dieser Eingriff in die Schulautonomie und die States Rights war zuviel. Schenkungen, von denen diese Schulen lebten, waren nicht mehr abschreibungsfähig. Nun, da selbst der wiedergeborene Carter zu den Feinden übergelaufen war, war keine Weltflucht und kein Rückzug unter dem Schutz der Südstaaten-Demokraten mehr möglich. Die Moral Majority begann den Gesamtangriff auf die neue permissive Demokratische Partei mit einer Kampagne gegen besonders liberale Senatoren wie Dick Clarke (Iowa) oder George McGovern (South Dakota), den »Zerstörern der Roosevelt-Koalition«, gegen die die vormaligen Demokraten aus den Südstaaten einen besonderen Groll hegten. Robertson zufolge formierte sich eine unheilige Allianz von »experts, bureaucrats, union leaders, journalists and publishers, media professionals, university professors, public school educators and members of fringe industries that trade on permissivement, self-indulgence, and vice«. Wegen der Dominanz liberaler Reform seit 1960 schloß er die Führung der Demokraten und »all three branches of government – executive, legislative and juridical« ein. An anderer Stelle definiert er seine Feinde als »Kosmopoliten, Anglophile, Internationalisten, Ostküstler, Absolventen der Eliteschulen, episkopalische Hochkirchler und kulturell nach Europa Orientierte« (NWO 113).

4. Postmoderner Fundamentalismus oder gespaltene Modernisierung

Überraschend ist die Strategie der Fundamentalisten, die nunmehr mittels der Logik des Liberalismus anfingen, ihre heilsgeschichtlichen Überzeugungen als eine von vielen kulturellen oder religiösen Optionen in die politische Arena einzubringen. Kreationismus, d. h. der Glaube an die Schöpfungsgeschichte der Bibel, so die Logik der Fundamentalisten, sei ebenso legitim im Rahmen der »freien Ausübungsklausel« des ersten Verfassungszusatzes wie der Darwinismus im Biologieunterricht staatlicher Schulen. Im übrigen stellten die aus der Aufklärung entstandenen Wissenschaften nichts anderes als eines unter vielen Glaubensbekenntnissen dar, nämlich das des säkularen Humanismus. Der Supreme Court schloß sich dieser Logik nicht an. Als Reagan in seiner Kampagne 1980 die Vertreter der Moral Majority zu werben versuchte, benutzte er eine ähnlich listige Strategie. Zunächst gab er, der in Scheidung lebende Repräsentant Hollywoods, unumwunden zu: »Ihr Fundamentalisten werdet mich wohl kaum wählen können.« Dann verwies er aber auf die Dekonstruktion wissenschaftlicher Paradigmen und erwähnte nebenbei, daß selbst innerhalb liberaler Diskurse der wissenschaftliche Darwinismus in Frage gestellt sei. Er jedenfalls sei ganz auf der Seite der Bibel. Mit dieser List brachte er die noch zögernden Evangelikalen in sein Lager. Die gegenseitige Instrumentalisierung im Sinne von »der höhere Zweck heiligt die zynischen Mittel« lief hier vom Stapel (Hodgson 1996). Das Neue an der Strategie der Fundamentalisten, so Jennifer Bradley kritisch, sei es, die Argumente und Rhetorik des aufgeklärten Liberalismus zu benutzen »to advance a pinched, illiberal worldview« (Bradley 1996, S. 57). Die Fundamentalisten, so scheint mir, hatten lediglich politisch dazugelernt.

Wie kann, so möchte man fragen, ein Evangelikaler ohne schlechtes Gewissen die Mittel seiner Feinde einsetzen? In der Logik des prämillenarischen Fundamentalismus ist jedes Mittel recht, um die Wiederkehr Christi vorzubereiten. Das erklärt auch die eigenartige Spaltung in der Haltung zur Modernisierung. In allen gesellschaftlichen Fragen sind die neuen Fundamentalisten Vertreter der prämillenarischen Gegenmoderne, aber sie haben alle Vorbehalte gegenüber modernster Technologie, die von ihren weltflüchtigen Vätern noch bis in die fünfziger Jahre als Teufelszeug gebrandmarkt wurde, aufgegeben. Mit modernsten Fernsehstationen, mit Homepages und PR-Kampagnen über Internet gehen sie souverän um. Ohne schlechtes Gewissen setzen sie die nützlichen Teile der technischen und wirtschaftlichen Moderne strategisch ein. Ihre tiefsten Überzeugungen sind zwar in der prämillenarischen Weltflucht mit ihrer pessimistischen Eschatologie verankert, aber sie sind in der derzeitigen »Krise« zu sehr Patrioten, um nicht in den politischen Prozeß in reformerischer Absicht einzugreifen. Letztlich aber geht es den evangelikalen Fundamentalisten um mehr als um Gesellschaftskritik oder -reform. Es geht ums Ganze, und dafür ist jedes Mittel recht. Robertson macht keinen Hehl daraus, daß sein Ideal das einer Weltbeherrschung durch eine gerechte Gesellschaftsordnung mit einer biblischen Gesetzesethik ist, um die Wiederkehr Christi gebührend vorzubereiten. In den radikalen Zielen und ihrer manichäischen Haltung ähneln sich christlicher und islamischer Fundamentalismus (Riesebrodt 1990). Die heilsgeschichtliche Weltsicht verortete die gegenwärtige gesellschaftliche Krise zwischen einer idealen Vergangenheit und einer eschatologischen Zukunft und das alles in einer manichäischen Dramaturgie des radikalen Entweder-Oder. Die Frage der Theodizee wird von Robertson so korrigiert, daß ein aktives Eingreifen für die politische Ordnung wichtiger sei als die von ihren Vätern geübte, religiöse Weltflucht. Mit anderen Worten, die Theologie bleibt grundsätzlich prämillenarisch, die politische Strategie kann nicht anders als sich unter den Bedingungen der amerikanischen Verfassung postmillenarisch zu gebärden. Der Meister dieser doppelten Strategie ist Pat Robertsons jugendlicher Helfer Ralph Reed, der langjährige Vorsitzenden der National College Republicans, der den neuen Typus eines konservativen Yuppie darstellt. Ralph Reed war auch Wahlkampfstratege für Jesse Helms und Newt Gingrich. Seinem Rat folgend wurden im Wahlkampf die heilsgeschichtlich motivierte, theologische Doktrin (Kreationismus, Wiederkehr Christi, religiös motivierter Antisemitismus, Prämillenarismus) unterschlagen, dafür die Gemeinsamkeiten der mehrheitsfähigen politischen Gesellschaftskritik betont (Abtreibung, Steuerreduktion, Schulpolitik).

5. Robertsons weltliches Reich

Pat Robertsons Kirche ist in Norfolk, Virginia, angesiedelt und gehört nominell zu den Southern Baptists. Sie ist aber keine Kirche oder Denomination im herkömmlichen Sinn, sondern stellt eine neue Art der Mega- oder Parakirchen dar, die vertikal und horizontal integrierten Industriekonglomeraten oder Dienstleistungsbetrieben gleichen und die eine transdenominationale Mitgliedschaft anziehen und bedienen. Seine »Kirche« geht in ein Netzwerk von stützenden Einrichtungen auf. Dazu gehören das Christian Broadcasting Network, der Verlag Word Publishing, der Family Channel mit 58 Millionen Subskribenten (1993), das International Family Entertainment, die United States Media Corporation, die Regent University, das American Center for Law and Justice, der Pat Robertson Newsletter und seine in Washington basierte Standard News. Dieses Imperium ist seinerseits locker eingebunden in die Partnerschaft der ihr nahestehenden National Religious Broadcasters und in ein weltweites System von evangelikalen Fundamentalisten, die sich besuchen und auch ideologisch unterstützen. Robertson reist wie ein Firmenchef in Sachen evangelikaler Fundamentalismus weltweit herum und sammelt Geld für seine fundamentalistischen Freunde in der dritten Welt. Nach groben Schätzungen sind für alle religiösen Programme etwa 20 Millionen Zuschauer vorhanden, von denen allerdings noch immer die Mehrzahl sich für nichtpolitische Prediger wie Oral Roberts interessieren. Jerry Falwell als wichtigster unter den politischer Predigern hatte zu seiner besten Zeit 1,7 Millionen Zuschauer für seine politischen Ziele mobilisieren können. Pat Robertson, der eine Zwischenstellung zwischen weltflüchtiger Theologie und politischem Aktionismus einnimmt, begann sein Christian Broadcasting Network mit dem erfolgreichen 700 Club, der eine Mischung aus Erweckungsgottesdienst, Talk-Show und Entertainment darstellt und der nach seiner eigenen Schätzung bis zu 7 Millionen Zuschauer bedient. Schon 1979 wurden seine Sendungen national auf 150 privaten Fernsehstationen gefahren, was ihm ein Einkommen von 54 Millionen Dollar einbrachte. Robertson trennt zwar offiziell seine »kirchlichen« von den »politischen« Tätigkeiten – dies ist sein republikanisches Lippenbekenntnis zur Trennung von Kirche und Staat –, aber seine chiliastische Theologie ist eminent politisch. Schließlich wurde Pat Robertson

Gründer und Spiritus rector eines der mächtigsten Graswurzelbewegungen der neueren amerikanischen Politik. Nach seiner erfolglosen Kandidatur für die Präsidentschaftswahlen 1988 gründete er die Christian Coalition mit einer Million Mitglieder und 1,6 Millionen Haushalten, die über Adressenlisten erfaßt und mobilisiert werden können. Wenn auch Robertson als Präsidentschaftskandidat nicht mehrheitsfähig war, das meint Godfrey Hodgson, so bestimmen die fundamentalistisch und evangelikal gestimmten Südstaatler und ihr verschwörungstheoretisches Weltbild die Politik der Republikaner stärker denn je zuvor.[3]

Diese neue konservative Koalition organisierte das mächtige National Conservative Political Action Committee (NCPAC), das nach Hodgson über einen Wählerblock von ca. 20-30% der Republikaner verfügt, mit dem Politiker auch heute noch rechnen müssen. Der besondere Erfolg seiner Bewegung beruht auf einer Strategie, die aus der Studentenbewegung bekannt ist, nämlich dem »Marsch durch die gesellschaftlichen Institutionen«. Robertson hielt seine Anhänger an, in »local school boards, city councils, county commissions, zoning boards, and state legislatures« einzudringen und dort die Majorität zu erreichen (Robertson 1993, S. 64f.). Das ist ihnen gelungen. Die Kongreßwahlen von 1994 fuhren die Ernte ein.

Dennoch ist die Frage berechtigt, wie lange diese Zweckkoalition zwischen kosmopolitischen Neokonservativen und evangelikalen Fundamentalisten halten kann. Nach wie vor ist die Akzeptanz der fundamentalistischen Republikaner durch die neokonservativen Republikaner, darunter viele Juden, schwer nachvollziehbar, da die Fundamentalisten ihre heilsgeschichtlichen Ziele nie verborgen haben. Die politische Ideologie Robertsons wird nachdrücklich auf vielen religiösen Kanälen und vom 700 Club verbreitet. Sein Buch *The New World Order* stand lange auf der Bestsellerliste der *New York Times*. Hier mag ein lebensweltlicher Graben zwischen den neokonservativen Kosmopoliten New Yorks und den evangelikalen Locals eine Rolle gespielt ha-

3 Eine linke Version einer Verschwörungstheorie zu Pat Robertson ist gut vorstellbar, zumal die Phänomenologie seiner Strategien und Maßnahmen das genaue Spiegelbild seiner eigenen paranoiden Vorstellungen bilden. Sein eigenes Imperium hält jeden Vergleich mit dem von ihm bekämpften »Octopus« einer jüdischen Weltverschwörung stand. Auch dieser Artikel kann sich dem Modell der »Verschwörung« nicht ganz entziehen.

ben. Robertsons Bücher und Ansichten wurden von den intellektuellen Neokonservativen oder Altrepublikanern bis 1995 nicht recht ernst genommen. Man wollte lediglich seine Stimmen. Erst durch einen Artikel von Michael Lind im Jahr 1995, der in der *New York Review of Books* erschien, wurde die Diskrepanz zwischen den prämillenarisch-heilsgeschichtlichen Zielen Robertsons und den postmillenarisch-gesellschaftskritischen Programmen der Neokonservativen zum Diskussionsstoff. Aber trotz des »Outens« seines prämillenarischen Prosemitismus und seines postmillenarischen Antisemitismus ist es still um Robertson und die radikale Rechte in der Republikanischen Partei geworden. Bemerkenswert ist allerdings, daß sich in der rechten Zweckkoalition Dissens breitmacht. Robertson warnt die Republikanische Partei immer wieder, daß er beim Abweichen der Partei vom Weg Gottes seine Wähler abziehen werde. Gleichzeitig gibt es Unruhe unter den verbleibenden »Kosmopoliten«. Für zwei wichtige Abtrünnige vom konservativen Lager, Michael Lind und Godfrey Hodgson, stellte die »Biblisierung« der Politik eine Bedrohung dar. Sie warnten, daß der heilsgeschichtliche Fundamentalismus Elemente eines totalitären Weltbilds transportiere und am Rande der Republikanischen Partei politisch gefährliche Meinungen wieder salonfähig geworden seien. Es lohnt sich also, einen Blick auf das Weltbild seiner wichtigsten Publikation, *The New World Order*, zu werfen, um diese Gefahr deutlicher benennen zu können. In gebotener Kürze folgt eine Zusammenfassung des Inhalts.

6. Robertsons neue Weltordnung: Jüdisch oder christlich?

Robertson geht von einer dunklen Verschwörung eines weltweit organisierten Zirkels aus, die aus der europäischen Geschichte der Verschwörungstheorien hinreichend bekannt ist. Ihr Ziel sei die Einrichtung einer säkularen, sozialistischen Weltregierung, die vier Grundsätze vertritt: 1. Abschaffung des Privateigentums; 2. Abschaffung der Nationalregierungen und der nationalen Souveränität; 3. Entmachtung der Religionen und Zerstörung der jüdisch-christlichen Moral hinsichtlich Familie und Schule; 4. Festschreibung der Macht in den Händen einer unsichtbaren, kosmopolitischen Elite, die die Agenten Satans sind (Robertson 1991, S. 71, 180). Diese Elite habe ihre Macht auf amerikanischer

Seite in den folgenden Institutionen ausgebaut: State Department, Federal Reserve Board, Internal Revenue Service, Rockefeller Foundation & Family, Ford Foundation, Carnegie Foundation, Chase Manhattan Bank, First National Bank, J.P. Morgan Company, Harvard, Columbia und Yale University, *Washington Post*, *New York Times*, *Los Angeles Times* (ebd., S. 96). Im Epizentrum seien das Council of Foreign Relations, die Zentralbanken, die UNO und die Trilateral Commission zu finden, über die die Verbindung zu anderen, etwa zu den sowjetischen Machtzentren verläuft. Die amerikanischen Mitglieder dieses inneren Kreises seien jedoch nochmals geteilt in eine innere, vollaufgeklärte Gruppe, die über die wahren Ziele Bescheid wisse. Zu ihnen zählt er etwa Henry Kissinger, Zbigniew Brezinski, die Rockefellers und den Chef der Federal Reserve Bank, Alan Greenspan – aber auch (im Jahr der Niederschrift 1991) Gorbatschow und den KGB (deren Verschwinden er heute als heilsgeschichtliche Intervention Gottes interpretiert). Um sie geschart sei der äußere Zirkel von Mitläufern, die über Karriereangebote eingekauft und damit die willigen Trottel (dupes) der Machtelite geworden sind, etwa Woodrow Wilson oder George Bush.

Die Quelle der Verschwörung findet er im Zeitalter der Aufklärung und Revolutionen. Diese hat sich danach in einer arisch-christlich-jüdischen Dramaturgie entfaltet. In Ingolstadt, einer verschlafenen Universitätsstadt Bayerns, nahm das Unheil seinen Anfang. Diese bayerische Ätiologie ist in den Postillen der religiösen und radikalen Rechten erstaunlich stabil (vgl. Roberts 1984, Webster 1921/1924, Mullins 1954). Robertsons Version stellt eine schlüssige Eingemeindung dieses *plot* in einen amerikanischen Erzählhorizont dar.[4] In Ingolstadt gründete Adam Weishaupt am 1. Mai 1776 den geheimen Orden der Illuminati und unterwanderte mit dieser Gruppe die Freimaurer, deren Geschäfte er in Frankfurt im Kreis der Rothschilds ansiedelte. Mit deren Hilfe bereiten sie eine Weltrevolution vor. Beim Kongreß der Freimaurer von Wilhelmsbad im Jahr 1786 war schon der Tod von Ludwig XVI. und Gustaf III. von Schweden beschlossen worden. Bald folgte das Blutbad der säkularen Französischen Revolution, welches das Modell ebensolcher Massaker bis zu Stalin wurde.

4 Die englische Sprache benutzt für Erzählzusammenhang und Verschwörung das gleiche Wort: *plot*. Aristoteles wählte für diese Bedeutungskonvergenz in seiner *Poetik* das Wort *mythos*.

Obwohl die Illuminati in Deutschland verboten wurden, gelang es ihnen, über geheime Kanäle ein militantes Manifest in Auftrag zu geben: das kommunistische (das frecherweise mit einer Verschwörungsformel beginnt: »Ein Gespenst geht um...«). Vermittler zwischen Illuminati und Kommunismus war, wie könnte es anders sein, der Jude Moses Hess. Als nächstes Ziel nahm sich die Illuminati-Freimaurer-Rothschild-Koalition die USA vor. Sie tat dies, indem sie ihre Bankiers vorschickten, also »die Deutschen« Paul Warburg und Jakob Schiff, um ein amerikanisches Äquivalent zur Bundesbank oder zur Bank of England zu gründen. Auf Jeckyl Island, New Jersey, gelang Colonel Edward House, dem »éminence grise der Woodrow-Wilson-Regierung« und dem Genossen der Illuminati-Freimaurer-Juden, schließlich der Durchbruch zur Macht: Der »Deutsche« Paul Warburg gründete die Federal Reserve Board, und das war der Anfang vom Niedergang der USA. Denn hier entriß eine kleine Gruppe von Eingeweihten aus dem Kreis der Weltverschwörer dem Kongreß die von der Verfassung verbriefte Kontrolle über das Geld.

In Robertsons Welterklärung mischen sich immer wieder links- und rechtschiliastische Motive, die aus der populistischen Tradition Amerikas bekannt sind. So sind etwa seine Warnungen vor dem Military Industrial Complex oder vor mafiosen Geldgeschäften der Regierung einzuordnen. Den eigentlichen Grund, den er für die Einrichtung einer zentralen Bank anführt, könnte sich auch ein Linker ausgedacht haben: Das Welt-Bankierstum wolle an globalen Kriegen und an der Aufrüstung verdienen. Sie stimulierten nationale Militärausgaben, um dann über den Weg der Einkommenssteuer die belehnten Bevölkerungen zu melken. Das sei im Ersten und im Zweiten Weltkrieg gelungen, dann nach 1945 durch die Verlängerung des heißen in den kalten Krieg. Auch Reagans Krieg der Sterne müßte damit letztlich also von den Illuminati-Rothschilds unserer Zeit gesteuert worden sein. Der kalte Krieg sei ein hochgeschaukelter Vorwand, um durch Aufrüstung die armen Amerikaner über die Einkommenssteuer abzuzocken. CIA und State Department hätten der Bevölkerung bewußt vorgegaukelt, daß die Sowjets militärisch überlegen seien, eine Lüge, die erst mit dem Zusammenbruch der maroden Militärmacht entlarvt worden sei.

Auch die Detente identifiziert Robertson als Teil eines Komplotts. Zuerst habe man im kalten Krieg ein großes Waffenarsenal aufgebaut, um dieses dann wieder für viel Geld zu zerstören. *Arms control* wurde von den Bankiers eingefädelt, um mittels einer *planned obsolescence* neue Waffensysteme produzieren und absetzen zu können. Aus diesem Grund, so Robertson, hätten Wall-Street-Bankiers im Laufe der modernen Geschichte nachhaltig den Sozialismus unterstützt – nicht um den Weltkommunismus zu fördern, sondern um die Sowjetunion vom Geld der Wall-Street-Bankiers abhängig zu machen. Auch der Golfkrieg war getürkt: Man habe Saddam die falschen Signale gegeben, um dann gegen ihn einen High-Tech-Krieg führen zu können.

Warum spielen die Juden eine zentrale Rolle? In seiner prämillenarischen Schrift *The New Millennium* weist Robertson ihnen eine Hauptrolle im kommenden Armageddon zu, das sich in Palästina/Israel abspielen werde. Zunächst müsse, den Weisungen der Bibel zufolge, Israel als Heimatland der Juden wieder erstehen, erst dann werde Christus wiederkehren und die Juden zwangsweise bekehren, weil sie ihn nicht erhört hätten. Dann werde auch die jüdische Elite der USA die Juden Israels nicht länger halten können. Die Tatsache, daß die liberalen, kosmopolitischen Juden New Yorks zu lange Pornographie und mörderische Abtreibung sanktioniert hätten, würde sich bitter rächen und, so bedauerlich das auch sein möge, in der totalen Vernichtung Israels als dem ersten Schritt des Jüngsten Gerichts enden. Dies ist die Erklärung für die stramme Unterstützung einer eschatologisch motivierten proisraelischen Außenpolitik durch Robertson und andere Fundamentalisten bei einem gleichzeitigen rassischen und gesellschaftlichen Antisemitismus. »Die Nation Israel ist Gottes prophetische Uhr« (Robertson 1992, S. 253). Die biblische Liebe zu Israel, die die Konversion der Juden und die Zerstörung Israels zum Ziel hat, enthält einen gerüttelten Bodensatz an gesellschaftlichem Antisemitismus.

7. Die Achse Fundamentalismus-Totalitarismus

Was bis heute relativ unbeachtet blieb und von den neokonservativen Befürwortern Robertsons völlig verschwiegen wird, ist, daß Robertson sich auf klassische faschistische Werke und deren Verschwörungstheorien stützt. Etwa auf das Buch von Commander William Guy Carr, der Hitlers Krieg als eine Maßnahme gegen die zentrale Bankherrschaft der Juden entschuldigt. Ganz im Sinn der

Nationalsozialisten machen Carr, und in seiner Nachfolge Robertson, jüdisches Kapital dafür verantwortlich, daß die bolschewistische Revolution habe stattfinden können. In einer dichten Analyse seiner Texte hat Jacob Heilbrunn nachgewiesen, daß Robertson sich auf Carroll Quigley, den Robertson als Lehrer Clintons outet, und auf die notorisch antisemitische Nesta H. Webster beruft. Eustace Mullins »Entlarvung« der Bundesbank als jüdisches Komplott ist seine dritte wichtige Quelle (Heilbrunn). Mit Rücksicht auf die Post-Holocaust-Gefühlsstruktur der Amerikaner übernimmt Robertson in seinen Büchern selten die antisemitische Rhetorik seiner Quellen. Statt von Juden spricht er dann von »Deutschen«, man muß aber nicht zwischen den Zeilen lesen, um seinen Antisemitismus zu entdecken. Immer wieder attackiert er die liberale jüdische New Yorker Intelligenz. Dahinter steckt die alte Denkfigur des Antisemitismus. Die Juden, so Robertson, seien durch die Aufklärung an die Macht gekommen und hätten die Permissivität erfunden, um das christliche Abendland den traditionellen Obrigkeiten, Kirche, Adel und Monarchie, zu entfremden und um einen weichen, permissiven, marktgerechten Liberalismus bzw. Sozialismus einzuführen. In seiner prämillenarischen Weltsicht ist der Unterschied zwischen liberalem Wohlfahrtskapitalismus und Kommunismus fließend. Beide definiert er als »Erlösungen durch den Staat«. So schiebt er den Juden sowohl den Bankiers-Kapitalismus, die Globalisierung und den Kommunismus in die Schuhe. Auch hier reiht Robertson sich in die Argumentationslinien klassischer Faschisten ein. Seit Father Coughlin und Henry Ford hat kein Politiker so offen die Juden für beide Abweichungen vom christlichen Amerika verantwortlich gemacht: für den liberalen Kapitalismus ebenso wie für den Kommunismus (Lind 1995).

Die neokonservative Intelligenz schluckte die Kröte seines Fundamentalismus, weil sie seine Gesellschaftskritik nur zu gerne teilte, wenn auch aus anderen Motiven. Weit wichtiger aber war die Außenpolitik, denn der Sechstagekrieg in Israel hatte die Neokonservativen zu Falken gemacht. Sie akzeptierten sogar sein prämillenarisches Weltbild, weil dessen verkappter Antisemitismus letztlich der Sicherung einer Pro-Israel-Koalition diente. Nur so kann man die Vernachlässigung der faschistoiden Ansichten des Pat Robertson etwa durch neokonservative New Yorker Juden erklären. Einer meinte: »Er ist meschugge, aber wir brauchen ihn.«

Michael Lind (ebd.) weist darauf hin, daß das Schweigen jüdischer Republikaner wie Midge Decter und Irving Kristol oder neokonservativer Kosmopoliten wie William Bennet zu derart offensichtlich antisemitischem Gedankengut gefährlich zu werden beginnt. Ebensowenig scheint die sonst so alerte amerikanische Presse seine Verschwörungsphantasien zur Kenntnis zu nehmen. Diese regt sich bei geringstem Anlaß über die steigende neofaschistische Gefahr oder die religiöse Unfreiheit (Scientology) in Europa auf, aber es fällt kaum ein Wort über das Weltbild einer mächtigen Figur der religiösen Republikaner. Vielleicht weil der Wahnsinn des *evangelical dispensationalism* (unter dem Schutz des ersten Verfassungszusatzes) in den USA so normal und alltäglich ist?[5]

8. Conspiracy Nation: Fünf Ängste

Es lohnt sich, Robertsons Verschwörungstheorie in der amerikanischen Nationalgeschichte zu verorten. Auf diese Weise läßt sich die Bandbreite der Reaktionen mit entsprechenden radikalen und gewalttätigen Strategien besser einordnen und auch ein Grund für die neuerliche Zunahme der Verschwörungstheorien finden. Robertson bringt alle Ängste der Nation in den Zusammenhang einer kohärenten Weltsicht: Insofern ist seine Verschwörungstheorie das Negativ des American Dream und daher auch so »schlüssig«. Fünf Ängste sind seit Revolution und Aufklärung in den USA immer wieder aufgebrochen, Ängste, an die sich Verschwörungen heften können (nicht müssen).

Erstens ist die obengenannte »fundamentalistische« Furcht, vom wahren Pfad des »christlichen Amerika« abzuweichen, zu nennen. Feinde sind der säkulare Humanismus, der Kommunismus, der liberale, permissive Hedonismus und Narzißmus. Diese Furcht haben protestantische Christen mit einigen Mormonen, Katholiken und konservative Kommunitaristen gemeinsam. Sie bündelt alle antiliberalen, rechten Gruppen seit der Amerikanischen Revolution in immer neuen Ad-hoc-Koalitionen.

Zweitens ist die »patriotische« Furcht vor der Auflösung der

5 So spricht der Pastor der Memorial Church in Harvard von Robertsons »loopy millennialism«. »Loopy« kann sowohl »Kurzschluß« und »Wahnsinn« beinhalten (Gomez 1996, S. 36).

Nation im Zeitalter der Globalisierung und dem Niedergang der USA als *exceptionalist society*, als *city upon a hill* und als Weltmacht zu nennen. Für Robertson sind diese Entwicklungen Indiz für die Absicht geheimer Mächte, Amerikas gottgegebene Führungsrolle schwächen zu wollen. Seiner Verschwörungstheorie gelingt es, weitgehend anonyme strukturelle Entwicklungen an Personen und Tätern festzumachen.

Drittens klinkt sich hier die »kommunitaristische« Furcht vor dem Auseinanderbrechen der Zivilgesellschaft ein. Es überrascht nicht, daß Pat Robertson die Meinungen von Amitai Etzioni häufig und nachdrücklich zitiert. Dem Verschwinden der republikanischen Tugenden und der Gemeinschaft wollen die Kommunitaristen mit einer Art moralischer Aufrüstung begegnen. Diese geht vom Verlust eines ehemals besseren Amerika aus, das es so nie gegeben hat, ist also von einer Nostalgie ohne Erinnerung gekennzeichnet. In dieser Verklärung eines Ursprungsmythos sind sich Robertson und Etzioni durchaus einig. Der latent patriarchalische Moralismus und die organische Sozialethik der Kommunitaristen entsprechen dem fundamentalistischen, heilsgeschichtlichen Weltbild Robertsons. Beide suchen ein Gegenmodell zum klassischen Konflikt- und Klassendenken im Wohlfahrtsstaat (Robertson 1993, S. 264). Die englische Zeitschrift *The Economist* vermutet bei den Kommunitaristen korporatistisches, ja totalitäres Gedankengut, eine Einschätzung, die durch diese Wahlverwandtschaft bestätigt wird. Wen wundert dann, daß Robertson den *Economist* eine »Rothschild publication« nennt.

Viertens ist die »lokalpopulistische« und »ohnmächtige« Furcht randständiger Gruppen vor elitärem Zentralismus und zentralistischer Machtanhäufung zu nennen. In einer Sondernummer sorgt sich die New Yorker Zeitschrift *Culturefront* über die Zunahme eines schwer zu fassenden Ressentiments: »Wenn man auf den Straßen einer typischen amerikanischen Stadt flaniert, fällt einem überall die latente Wut auf [...] Nicht nur in den verkommenen Vierteln der überfüllten und unterversorgten Sodoms und Gomorrhas wie Washington, New York, Detroit, Los Angeles, sondern zunehmend in den Springfields und Middletowns der Provinz. Die Stimmung dort hinkt der in den Städten kaum hinterher (Gaylin 1996, S. 13).«

Eine Gallup-Umfrage der University of Virginia präzisiert den letzten Satz dahingehend, daß die weiße protestantische, ländliche und suburbane Mittelklasse im Mittleren Westen, Süden und Westen voller Ressentiments steckt, das Max Scheler in Anlehnung an Nietzsche als »seelische Selbstvergiftung« der Marginalisierten definierte (McMillen 1996). Der Graben der Verachtung zwischen den kosmopolitischen Eliten und den lokalen WASPs, so eine weit verbreitete Meinung, sei merklich gewachsen, ein Graben, den gegenseitige Verschwörungsszenarios vertiefen. Hier kommt der Antietatismus zum Vorschein, der sich in der *Jacksonian Democracy* regte und in dem sich viele Traditionen bündeln: der Vorbehalt gegen Zentralgewalt (»Washington ist das Problem, nicht die Lösung«), der Antiföderalismus während der Republikgründung, die südstaatliche Verteidigung der *States' Rights*, die Ablehnung zentraler Einrichtungen wie des FBI und CIA und die Vorbehalte gegen den Military Industrial Complex (MIC). Robertsons Prämillenarismus nistet sich in dieser Stimmung ein, wenn er gegen die »gottgleiche Zentralregierung der USA« wettert.

Fünftens hat die »rassistisch-biologische« Furcht vor der Vermischung mit dem radikal »Anderen« tiefe Spuren in der kollektiven Erinnerung und in der Geschichte der USA hinterlassen. Das »Andere« hat im Laufe der Geschichte vielfältige Formen angenommen und die Phantasie der Nativisten, mit denen die Fundamentalisten zu allen Epochen der Geschichte eine Wahlverwandtschaft verband, auf neue Weise angeregt. Es gibt einen traditionellen Nativismus, der das protestantische Amerika von Katholiken, Schwarzen, Chinesen, Juden und Bolschewiken befreien wollte. In der postmodernen Phantasie kommen zunehmend Außerirdische, UFOs und epidemische Bedrohungen wie Aids hinzu. Diese Angst vor dem radikalen Bösen in Form des »Anderen« ist in Robertsons Verschwörungtheorie spürbar vorhanden. Das Überraschende ist: Im Zentrum der Gefährdung eines »christlichen Amerika« steht nach wie vor der kosmopolitische, liberale Jude. Diese Furcht wird aber über verschlüsselte Signale wiedergegeben und von seinen militanten außenpolitischen Meinungen überdeckt. In der deutschen Übersetzung von Mullins Buch über die Federal Reserve sind die Juden mit »Sataniden« übersetzt (Anon.).

Diese Ängste werden, daher der Titel seines Buches, vom Entstehen einer weltlichen *New World Order* (Robertson 1991) beschleunigt. In geraffter Form sei auf zwei umfassende Entwicklungstendenzen seit den frühen siebziger Jahren eingegangen, die die Verschwörungstheorien haben exponentiell anwachsen lassen: auf die (supranationale) Globalisierung der Politik, der Wirtschaft, der Märkte und der Migrationsmuster einerseits und auf die (subnationale) Fragmentierung (oder Differenzierung) der kulturellen und politischen Identitäten andererseits. Gegen beide Auflösungstendenzen der heilsgeschichtlich legitimierten Nation (city on the hill, manifest destiny) mobilisiert Robertson seine Politik: Einerseits höhlt die zunehmende Globalisierung den Glauben an die Nation aus, deren Entmachtung, so Robertson, mit radikalen Maßnahmen korrigiert werden muß. Zudem bewegt ihn die »politisch-wirtschaftliche« Furcht, daß der Wohlstand und die Volkswirtschaft von Fremden gesteuert werden könnten. Je nach Gemütslage kann sich dieser Zorn auf die Japaner in Hollywood, die Federal Reserve Bank, die UNO, die Weltbank, auf die NAFTA oder auf das ZOG (»Zionist Occupational Government«) entladen. Andererseits beunruhigt ihn das Anwachsen »verwundeter Minderheiten« in einem Wohlfahrtspluralismus, der nicht mehr die individuelle Verantwortung in den Mittelpunkt der politischen Kultur stellt. Beide gleichermaßen schwer durchschaubare Tendenzen nähren den Verdacht, daß finstere, unsichtbare Mächte am Werk sind, und wecken Wünsche nach der Restauration eines »besseren vormaligen« Zustands. Im Maße der Auflösung der Nation als Orientierungs- und Problemlösungsrahmen wächst das Ressentiment einer latenten »conspiracy nation«, deren pathologische Überhöhung sich in reaktive, militante, neoreligiöse Mobilisierungen ausfächert. Es wäre interessant, auf diese Dynamik der Veränderungen seit 1970 in den wirtschaftlichen, demographischen, politischen und kulturellen Sektoren einzeln einzugehen und gleichzeitig ihre Interaktion zu beachten. Denn im Zusammenspiel dieser gesellschaftlichen Kräfte entstehen die obengenannten sozialmoralischen Milieus, die für Fundamentalismus anfällig werden (Riesebrodt in diesem Band).

Einerseits ist eine Segmentierung aller Milieus festzustellen, d. h., Wirtschaft, Politik, Kultur, Technik, Medien als Lebens- und

Diskurswelten verselbständigen sich und driften auseinander (Appadurai 1990). Alte religiöse Gemeinschaften, ethnische Enklaven, städtische Viertel und Arbeitsverhältnisse lösen sich auf in weitgehend inkompatible *life style clusters*, die vom globalen Markt bedient (und kooptiert) werden. Die Ausfächerung der Religiosität in *life style religions* ist dafür ein beredtes Zeugnis. Andererseits führt das Ineinandergreifen der divergierenden Interessen auf der Ebene der nach wie vor nationalen Politik und prozeduralen Justiz zu einer Art moralischem Stillstand, wie etwa bei der Affirmative Action oder bei dem Gerichtsverfahren gegen O. J. Simpson deutlich geworden ist. Auf lokaler, städtischer, staatlicher und Bundesebene, wo nur noch auf die neue Macht einer neoliberalen Globalisierung reagiert wird, schrumpfen die Entscheidungsspielräume und wächst die Problemlösungsunfähigkeit der politischen Institutionen. Und das trägt zu einem allgemeinen Ressentiment zwischen den alten und neuen Gruppen und politischen Akteuren bei.

In der wachsenden Komplexität der Prozesse und der zunehmenden Hilflosigkeit politischer Akteure, die sich aus Angst vor Abwahl nur noch ein *impression management* mittels *sound-bytes* leisten können, liegt der Grund für die Popularität, die »fundamentalistische Problemlösungen« heute genießen. Mittels Verschwörungstheorien können relativ anonyme strukturelle Prozesse plausibel und die Übeltäter haftbar gemacht werden. Verschwörungstheorien »entlarven« die wahren und geheimen Drahtzieher und Sündenböcke. Sie sind das ideologische Äquivalent zu »labor-saving devices«, nämlich ideologische Instrumente der Vereinfachung und im Zeitalter mediatisierter Politik die arbeitssparende Antwort auf Komplexität. Wegen der mangelnden öffentlichen Aufklärung (»Alle Politiker lügen«) nehmen Zynismus und Wut allenthalben zu und die Bereitschaft, einem auserwählten, wiedergeborenen »Mann Gottes« mehr Glauben zu schenken als jenen Politikern, die ihre Fähnchen nach dem günstigsten Wind zur Wiederwahl hängen, ist im nach wie vor christlichen Amerika enorm gewachsen.

10. Manichäische Familienähnlichkeiten

Sucht man nach den historischen Quellen von Robertsons Verschwörungsszenarios, so trifft man über kurz oder lang auf die manichäischen Gründungsmythen Amerikas. Die religiöse Legitimation der Gründung erlaubte nur die Wahl zwischen dem heilsgeschichtlichen gottgewollten Programm und seiner Vereitelung durch die Mächte Satans. Vor diesem Horizont wird Geschichte entweder als »God's design« oder »vast conspiracy« vorstellbar (Robertson 1992). Beide gehören zusammen, denn die Verschwörung ist integraler Bestandteil der Mythe. Letztere wird in der Bedrohung definiert. Hofstadter (1965) nennt sie eine »motive force in history«. Durch das Endzeitdiktat erhält diese Vision eine unvermeidliche Dringlichkeit, die sich bis in Paul Kennedys These mitteilt. Die passende Textsorte ist daher die Jeremiade, deren Endzeitmillenarismus bei Abweichen vom gerechten Pfad mit schrecklichen Konsequenzen droht, für die – im Rahmen einer Verantwortungsneurose – jeder einzelne regreßpflichtig gemacht werden kann. Dies ist die geschichtsphilosophische Tradition des amerikanischen Sonderwegs, in die sich Robertsons Verschwörung einfügt.

Bei der Betrachtung dieser Ängste und der therapeutischen Gegenmaßnahmen fallen systematische, binäre Familienähnlichkeiten auf, binär, weil sie alle in einem manichäischen Denk- und Koordinatensystem verortet sind. Die wichtigste Denkfigur ist der Kampf zwischen Gut und Böse. In der manichäischen Welt des prämillenarischen Denkens gibt es nur radikale Optionen. Spuren davon sind sogar noch auf Stoßstangen mit dem Spruch »America love it or leave it« zu sehen. Sie kehrt auch in akademischen Paradigmen und Publikationen wieder: etwa in Benjamin Barbers Konfrontation zwischen *Jihad und McWorld* oder Samuel Huntingtons *Clash of Civilizations.* Der Hang der Amerikaner, in »killer-oppositions« zu denken, mag durchaus calvinistischen Modellen verpflichtet sein. In diesem Kampf gibt es nur ganz Mächtige und ganz Schwache, totale Freiheit oder totale Unfreiheit, völlige Mitgliedschaft oder Ausschluß. Die Dramaturgie der »killer-oppositions« legitimiert jene radikale Gewaltbereitschaft zur Durchsetzung der Ziele, wie sie etwa in den rechtsradikalen Gruppen Amerikas gang und gäbe ist. Richard Hofstadter schrieb 1965 über den »paranoiden Stil«: »The paranoid disposition is mobilized into action chiefly by social conflicts that involve *ultimate schemes of values* and that bring *fundamental fears and hatreds*, rather than negotiable interests, into political action.« Das Christian Identity Movement oder die Militias sind davon überzeugt, daß nur noch direkte Aktion und nicht mehr demokratischer Prozeduralismus die Nation retten kann. Sie stellen die heutige Avantgarde prämillenarischen Denkens dar (Zickmund in diesem Band).

Es herrschen in der manichäischen Welt paritätische Machtverhältnisse: Man nimmt das Böse als Gegner ernst, weil es ein Teil des Plans Gottes ist. Das führt oft zu einer sklavischen Imitation der Methoden des Gegners. Da für Robertson der Feind in Form der liberalen Wissenschaften einherkommt, gibt er sich überwissenschaftlich in der Akribie seiner Beweisführung und in seinem Hang zum Klassifizieren. Das mag eine Erklärung dafür sein, warum Robertson wie besessen publiziert (Ostendorf 1997). Das »Wissen« selbst erfährt in der manichäischen Welt eine Radikalisierung, da es nur Eingeweihte und Nichteingeweihte gibt, totale Aufklärung oder Ignoranz. Etwas von der Dämonie des Wissens aus der Genesis klingt in Robertsons Fantasien an: Die Lust auf das Wissen führte zu Adams Ungehorsam. Nur das Gute – Gott schuf die Welt und sah, daß sie gut war – hat Substanz. Falsches, menschliches Wissen ist immer auch dämonisch: Hierher passen die Hexenverfolgung und der McCarthyismus. Trotz der biblischen Dämonie des Wissens, die bei Robertson anklingt, kann er die Gewohnheiten seines amerikanischen Herzens nicht verleugnen. Er übernimmt nicht nur die Denkfigur seiner aufgeklärten Feinde, sondern seine Publikationen und seine Dienstleistungsmaßnahmen stehen ganz in der Tradition der bürgerlichen »Aufklärung« mittels Erziehung. Insofern ist sein Unternehmen eine biblische Variante des amerikanischen Aufklärungsauftrags. Er sieht seine Rolle in der Politik als Aufklärer des einfachen Mannes, um ihn von der falschen Aufklärung zur Offenbarung zurückzuführen.

Robertson benutzt zudem recht geschickt ein ideologiekritisches Motiv: Glaubt nicht, was ihr zu sehen meint. Das beweist er am Beispiel vermeintlich integrer Führer wie Woodrow Wilson, Franklin D. Roosevelt, Dwight Eisenhower und George Bush, die entweder »als Nichteingeweihte« willige Handlanger jüdischen Kapitals geworden sind oder die, wenn sie »eingeweiht« waren und daher schuldig geworden sind, von Robertson und seinesgleichen mit wissenschaftlicher Akribie noch geoutet werden müssen. (Eine seiner Lieblingsformeln lautet: It has been proven beyond doubt.)

Eine zweite Denkfigur geht von dem unüberbrückbaren Graben zwischen »geheim« und »öffentlich« aus. Man könnte irrtümlicherweise meinen, daß seine diversen Aktivitäten vom Wunsch nach bürgerlicher Öffentlichkeit gespeist werden. Öffentlichkeit heißt für ihn jedoch die Akzeptanz der göttlichen Offenbarung. Die göttliche Öffentlichkeit ist bereits hergestellt, die Menschen haben sie nur nicht akzeptiert bzw. noch nicht die Gnade der Konversion erfahren. Daher besteht die besondere Gefährdung des Projekts Amerika durch die nichtbiblische Öffentlichkeit: die Medien, Politik, die Universitäten. Aus diesem Grund haben Oral Roberts, Jerry Falwell, Pat Robertson, Jimmy Swaggart als erste Maßnahme ihre eigenen Universitäten und Nachrichtendienste gegründet. Robertson vermischt die republikanische und heilsgeschichtliche Ebene, weil sie für ihn identisch sind. Auf jeden Fall erlaubt ihm dieser Palimpsest die doppelt kodierte Verteufelung jener Kräfte, die das christliche Amerika bedrängen. Er kann je nach Bedarf und Publikum postmillenarisch oder prämillenarisch argumentieren und um beide Gruppen werben. Robertson kann hier auf der Klaviatur der Ängste, die das Problem des Strukturwandels der »politischen Öffentlichkeit« in einer Demokratie mit ihren diversen offiziellen und inoffiziellen, legalen und illegalen Gewalten hervorruft, meisterhaft spielen. In einer Welt, in der die Beziehung von Öffentlichkeit und Privatsphäre und die Frage der Vermittlung der Politik immer problematischer wird, zieht er die populistische Karte: Weltliche Macht lügt. Er führt den Beweis, indem er die politische Klasse vielfacher Lügen überführt und hier durchaus die linke Entlarvungspresse auswertet: Kennedy log zur Kubakrise, Johnson tischte der Nation Vietnam-Lügen auf, Nixon gab uns Watergate und Clinton Whitewatergate.

Mit dem Gestus populistischen Triumphs werden mit Vorliebe besonders heilige, tabuisierte Kühe geschlachtet: Woodrow Wilson, Franklin D. Roosevelt, Winston Churchill, aber auch George Bush (sein Gegner als Kandidat für die Präsidentschaft). Dieses antielitäre Moment des Populismus kommt in einer calvinistischen *guilt culture* gut rüber. Das schlechte Gewissen der Machthabenden ist eingebaut in eine politische Kultur, die die Vorbehalte gegen die Macht verinnerlicht hat. Daher ist die Entlarvung eine Art demokratischer Nationalsport der USA. Auch in der Populärkultur ist der Entlarver als der einfache aufrechte Patriot eine feste Größe. Robertson reiht sich ein in die Riege populistischer Helden eines Frank Capra, etwa *Mr. Smith goes to Washington* oder *Mr. Deed goes to Town.*

Schließlich kreist sein Denken um die Dichotomie Einschluß und Ausschluß. In der manichäischen Vorstellung ist das Ausgeschlossensein von der Macht, also die Ohnmacht der Antietatisten gegenüber der Staatsmacht total. So wird der Zugriff auf radikale Mittel in der Rebellion der Ausgeschlossenen, etwa bei den Milizen und dem Christian Identity Movement, erklärbar. W. E. Mühlmann listet die Quellen des Chiliasmus auf: »Koloniale Unterdrückung, rassische oder ethnische Diskriminierung, ›Paria-Lage‹, Armut und Elend mit ihrer kompensatorischen Ausmalung glückseliger Endzustände, Phantasien des sozialen Umschwungs und der Umkehrung der sozialen Pyramide, also soziales Virulentwerden des Mythologems von der ›verkehrten Welt‹« (Mühlmann 1971, S. 1005).

Anfällig sind also jene Gruppen, die eine soziale Randständigkeit oder politische Exklusion erfahren haben und die von einer speziell gegen sie gerichteten »Verschwörung des amerikanischen Staatsimperiums« oder einer realen Verschwörung der »white supremacy« ausgehen. *Why do bad things happen to good people?* faßt Groh (1992) die Wut zusammen. Gruppen mit einer jahrhundertelangen Erfahrung der Exklusion wie etwa innerstädtische Schwarze oder neuerlich benachteiligte Gruppen wie die Vietnamveteranen oder weiße angelsächsische Milizen, die ein »subjektives« Gefühl der Ohnmacht befällt und die zudem den Niedergang des Gesamtprojekts der tugendhaften Republik USA feststellen, sind besonders violenzanfällig und reif für Verschwörungstheorien.

11. Conspiracy Superhighway

Welche Rolle spielen die neuen Medien? Sie erlauben, daß sich die amerikanische Conspiracy Nation mittels modernster Technologie an alten Formen der Gemeinschaft vorbei neu vernetzt. Im Internet fallen die vielen Adressen und Homepages mit »conspiracy« im Titel auf, die allesamt auf der Basis von postmoderner Wut gedeihen (etwa ‹conspire@webcom. com›). Klinkt man sich in die *Conspiracy Nation* ein, eine virtuelle Zeitschrift der neuen Unzufriedenen, die sich im alten Links-Rechts-Schema nicht unterbringen läßt, so kann man erfahren, daß Bill Clinton in Wirklichkeit der illegitime Sohn von Nelson Rockefeller sei, also Mitglied einer verhaßten Dynastie, eine Erklärung, die Robertson ebenso wie wütende Altlinke plausibel finden könnten. Denn nun hat man eine schlüssige Antwort darauf, warum Clinton an dem von den Republikanern eingesetzten, konservativen Banker Alan Greenspan als Chef der Federal Reserve festhält.

Ob diese Internet-Verschwörungen von allen Surfern gleichermaßen ernst genommen werden, bezweifelt man spätestens dann, wenn man im Internet den »Verschwörungsbaukasten« entdeckt, mit dem jedermann durch Eingabe eigener relevanter Daten seine eigene Verschwörungstheorie bauen kann. In den Conspiracy Websites herrscht ein postmoderner Ton vor, in dem sich Ironie und Paranoia mischen. Es gibt also neben der ernsten die verspielte Version der Conspiracy, die kaum noch unterscheidbar sind. Letztere hat jedoch die erste nicht abgelöst, sondern koexistiert mit ihr. So surrealistisch das Weltbild eines Tim McVeigh sein mag, die Tat von Oklahoma City bleibt real.

12. Zusammenfassung

Der Horizont, der die paranoide Weltsicht Robertsons definiert, ist prämillenarisch, apokalyptisch und eschatologisch, das heißt nach biblischen Mustern geordnet, insofern passend zu einer *nation with a soul of a church*. Um jedoch politisch wirksam zu werden, mußten sich die Neofundamentalisten in die postmillenarische Tradition politischer Reform einbringen. In den USA entstanden die Verschwörungstheorien aus den außerparlamentarischen Zweifeln an den »Exzessen« der Amerikanischen Revolution einerseits und der durch die Aufklärung in Gang gesetzte Freiheiten im Verbund mit Modernisierung und Säkularisierung andererseits. Sie artikulierten populistische Ängste vor den dunklen und unsichtbaren Quellen der politischen Macht oder paranoide Ängste der (noch) Mächtigen über dunkle revolutionäre Umtriebe haltloser Mobs. Der systematische Charakter der Verschwörungstheorien erklärt sich daraus, daß sie das Negativ eines »exceptionalist American Dream« sind, den Robertson in großer Gefahr glaubt. Da der Mythos der »Redeemer Nation« (Tuveson 1968) immer schon einen hohen Systemcharakter besaß, sind auch die Verschwörungstheorien Robertsons entsprechend schlüssig. Insofern sind diese in den USA lediglich negative Artikulationen des »American Dream« in einer dialektisch fortschreitenden manichäischen Geschichte. Hier spätestens kann man der Anregung des Historikers Gorden Wood nachgehen und fragen, ob der staatstragende, klassische American Dream der Aufklärung nicht die Sonderform einer Verschwörungstheorie darstellt. Beide Seiten sind Teil eines öffentlichen Streits in einer manichäisch programmierten Conspiracy Nation, in der sich aufklärerische und antiaufklärerische, prämillenarische und postmillenarische Phantasien gegenseitig erzeugen und stabilisieren.

Literatur

Appadurai, A.: *Disjuncture and Difference in the Global Cultural Economy*, in: *Public Culture* 2 (1990), S. 1-23.

Anon.: *Der falsche Fünfzehner*, in: *Der Spiegel*, 15.8. 1956, S. 11-14.

Bradley, J.: *Fighting the Establishment* (Clause), in: *Religion & Politics* 28 (Sept./Oct. 1996), S. 57.

Carr, W. G.: (RCN, Ret) *Pawns in the Game*. Toronto 1955.

Clouse, R. G.: *The New Christian Right, America, and the Kingdom of God*, in: Marty, M. E. (Hg.): *Fundamentalism and Evangelicalism*, Band 10 der Serie *Modern American Protestantism and its World*. München/London/New York 1993, S. 281-294.

Gaylin, W.: *Angry all the Time*, in: *Culturefront* 5.2 (1996), S. 13.

Gomes, P. J.: *The New Liberation Theology. What's wrong, and right, with the religious right*, in: *Harvard Magazine* Nov./Dec. 1996, S. 34-36.

Groh, D.: *Die verschwörungstheoretische Versuchung oder Why do bad things happen to good people?*, in: *Anthropologische Dimensionen der Geschichte*. Frankfurt/M. 1992, S. 267-304.

Heilbrunn, J.: *His Anti-Semitic Sources*, in: *The New York Review of Books*, 20.4. 1995, S. 68-71.

Hodgson G.: *The World Turned Right Side Up. A History of the Conservative Ascendancy in America*. New York 1996.

Hofstadter, R.: *The Paranoid Style in American Politics*. New York 1965.

Holmes, S.: *The Anatomy of Antiliberalism*. Cambridge 1993.

Lind, M.: *Rev. Robertson's Grand International Conspiracy Theory*, in: *The New York Review of Books*, 2.1. 1995, S. 21-25; sowie: *On Pat Robertson. His Defenders*, in: *The New York Review of Books*, 20.4. 1995, S. 67-68.

Marsden, G.: *Fundamentalism as an American Phenomenon. A Comparison with English Evangelicalism*, in: *Church History* Jg. 46/2 (Juni 1977), S. 215-232.

Ders.: *Fundamentalism,* in: Lippy, C. H./Williams, P. (Hg.): *Encyclopedia of the American Religious Experience*. New York 1988, S. 947-962.
Marty, M. E. (Hg.): *Fundamentalism and Evangelicalism*, Band 10 der Serie *Modern American Protestantism and its World*. München/London/New York 1993.
McMillen, L.: *The State of U. S. Democracy*, in: *The Chronicle of Higher Education*, 11. 10. 1996, A 16.
Michel, K. M.: *Sonderheft Verschwörungstheorien. Kursbuch* 124 (Juni 1996).
Mühlmann, W. E./Biesterfeld, W.: *Chiliasmus*, in: Ritter, J. (Hg.): *Historisches Wörterbuch der Philosophie*. Darmstadt 1971, S. 1001-1006.
Mullins, M.: *Secrets of the Federal Reserve*. Stannton/Va. 1954.
Ostendorf, B.: *Identitätsstiftende Geschichte: Religion und Öffentlichkeit in den USA*, in: *Merkur*, Jg. 49, Heft 3 (März 1995), S. 205-216.
Ders.: *Der amerikanische Traum in der Krise?*, in: *Internationale Politik*, Jg. 51. 5 (Mai 1996), S. 10-20.
Ders.: *Rhythm, Riots and Revolution: Political Paranoia, Cultural Fundamentalism and African American Music*, in: Lehmkuhl, U. (Hg.): *Enemy Images in American History*. New York/Providence/Oxford 1997.
Quigley, C.: *Tragedy and Hope*. New York 1966.
Riesebrodt, M.: *Fundamentalismus als patriarchalische Protestbewegung. Amerikanische Protestanten (1910-28) und iranische Schiiten (1961-1979) im Vergleich*. Tübingen 1990.
Roberts, A. E.: *The Most Secret Science: A Solution to the Federal Reserve Problem Fort Collins*, Co 1984.
Robertson, M. P.: *America's Dates with Destiny*. Nashville/Camden/New York 1986.
Ders.: *The New World Order*. Dallas/London/Vancouver/Melbourne 1991.
Ders.: *The Secret Kingdom*. Dallas/London/Vancouver/Melbourne 1992.
Ders.: *The Turning Tide. The Fall of Liberalism and the Rise of Common Sense*. Dallas/London/Vancouver/Melbourne 1993.
Rogin, M.: *American Political Demonology*, in: *Ronald Reagan, the Movie and Other Episodes in Political Demonology*. Berkeley 1987.
Sandeen, E.: *Toward a Historical Interpretation of the Origins of Fundamentalism*, in: *Church History*, Jg. 36/1 (1967), S. 20-23.
Shell, K.: *Multikulturalismus und die Verfassung: Der Supreme Court zu den Grenzen des ethnischen oder religiösen Pluralismus*, in: Ostendorf, B. (Hg.): *Multikulturelle Gesellschaft. Modell Amerika?* München 1994, S. 95-109.
Ders.: *Der religiöse Fundamentalismus als Herausforderung an die amerikanische Politik*, in: Lange, D. (Hg.): *Religionen, Fundamentalismus, Politik*. Frankfurt/M. 1996, S. 29-46.

Tuveson, E. L.: *Redeemer Nation: The Idea of America's Millennial Role*. Chicago/London 1968.
Webster, N. H.: *World Revolution: The Plot Against Civilization*. London 1921.
Ders.: *Secret Societies and Subversive Movements*. (ohne Erscheinungsort 1924).
Wood, G.: *Conspiracy and the Paranoid Style: Causality and Deceit in the Eighteenth Century*, in: *The William and Mary Quarterly*. Vol. XXXIX, No. 3, S. 401-441.
Wuthnow, R.: *The Restructuring of American Religion*. Princeton 1988.

Friedemann Büttner

Islamischer Fundamentalismus: Politisierter Traditionalismus oder revolutionärer Messianismus?

1. Islam, Fundamentalismus und Gewalt

Keine der vielfältigen Erscheinungsformen des Fundamentalismus ist tiefer ins Bewußtsein einer breiten Öffentlichkeit gedrungen als der islamische Fundamentalismus. Kein anderer Fundamentalismus scheint so klar das gängige (Vor-)Urteil zu bestätigen, Fundamentalismus sei ein zutiefst irrationaler »Kampf gegen die Moderne«. Und da islamische Fundamentalisten ihren Weg »zurück ins Mittelalter« mit besonderer Gewalttätigkeit – oder doch zumindest Gewaltbereitschaft – zu verfolgen scheinen, nimmt es nicht wunder, daß islamischer Fundamentalismus für viele zum Synonym für Fundamentalismus schlechthin geworden ist und »der Islam« zugleich zum Kristallisationspunkt für neue Feindbilder (Hippler/Lueg 1993).

Das hat sicher viel mit der Art seiner Vermittlung zu tun, die für die deutsche Öffentlichkeit 1979 mit der Revolution in Iran zunächst als Medienspektakel begann: Frauen im schwarzen Tschador, fanatisierte Mullahs, dann das Geiseldrama in der amerikanischen Botschaft, der Terror der Revolutionswächter und schließlich der grausame, in Blutmystik verklärte »Heilige Krieg« gegen den Irak. Verstärkt wurde die Wirkung der Bilder noch durch die unverblümte Absicht des Regimes, seine »Islamische Revolution« zu exportieren.

Entwicklungen im Iran hätten jedoch allein wohl kaum ausgereicht, die Bilder vom Islam als einer »Religion des Schwertes« tief festzusetzen und damit Ängste zu schüren. Vielmehr trugen dazu, besonders nach dem Ende des kalten Krieges, in einer Vielzahl von Staaten Konflikte bei, für die sich aus den Elementen Islam, Fundamentalismus und Gewalt stets neue Erklärungsmuster stricken ließen. Doch so einleuchtend die Bürgerkriege in Afghanistan, in einigen Nachfolgestaaten der Sowjetunion und auch in Bosnien oder der Terrorismus in Algerien, Ägypten, Palästina/Israel und dem Libanon Zusammenhänge von Islam, Fundamentalismus und

Gewalt unterstreichen mögen, ist doch bei genauerer Betrachtung jedes Beispiel für sich zugleich geeignet, ebendiesen Zusammenhang zu relativieren:

– In Afghanistan haben die USA mit pakistanischer und saudiarabischer Unterstützung Milliardensummen in islamistische Kräfte investiert, die die beste Garantie für eine antikommunistische Politik zu gewährleisten schienen. Da auch Iran auf Islamisten setzte, wollten nach dem Abzug der Sowjets schließlich fast alle Kriegsparteien einen »islamischen Staat«. Doch nicht etwa über die Frage, wie ein solcher auszusehen habe, sondern darüber, wer ihn kontrollieren wird, brach dann der erbitterte Bürgerkrieg aus, den die verschiedenen Parteien nur durchhalten konnten, weil sie weiterhin von außen massiv mit Waffen und Geld unterstützt wurden – bis hin zu den *Taleban*, deren Sturm auf Kabul hauptsächlich von einer amerikanischen Ölgesellschaft finanziert wurde, die sich von den *Taleban* die endgültige »Befriedung« Afghanistan erhoffte. Denn nur durch ein befriedetes Afghanistan wird sich die geplante Pipeline zu den Öl- und Gasfeldern in den nördlich gelegenen GUS-Staaten bauen lassen.

– Über Jahrzehnte waren in der Sowjetunion keine politischen Alternativen zugelassen, so daß in dem Vakuum, das der Zusammenbruch des realexistierenden Sozialismus hinterließ, neben einem neuen Ethnonationalismus die Religion ein naheliegender Bezugspunkt für die Herausbildung neuer politisch-sozialer Identitäten war; die massive finanzielle Unterstützung, die Saudi-Arabien beispielsweise in die islamistische Bewegung in Tadschikistan pumpte, erleichterte deren Aufstieg. Die Verwicklung solcher Bewegungen in gewaltsam ausgetragene Konflikte ist jedoch weniger ihrer Religion geschuldet als dem Versuch, im Kampf um Macht und knappe Ressourcen – oder wie in Tschetschenien um die Unabhängigkeit vom übermächtigen Rußland – über authentische Identitätsangebote breite Bevölkerungsteile zu mobilisieren. »Muslim« zu sein, war in Tschetschenien also eher ein Kriterium ethnischer Selbstabgrenzung – im Sinne von Fredrik Barths Grenzziehungsbegriff (1969) – als ein Ausdruck religiöser Bindung.

– Auch im Krieg um Bosnien läßt sich kein primärer Zusammenhang zwischen Islam und Gewalt belegen, denn hier war es der religiös überhöhte Nationalismus der Serben, der sich im Wahn »ethnischer Säuberungen« austobte und erst dadurch die Bosnier ihre muslimische Identität (wieder-)entdecken ließ.

– Anders gelagert war die Situation während der Golfkrise, als sowohl Saddam Hussein als auch König Fahd den Islam für ihre jeweiligen politischen Zwecke funktionalisierten, indem sie sich von religiösen Gelehrten die Legitimität ihrer Standpunkte bestätigen ließen – wobei es im nachfolgenden »Heiligen Krieg« so wenig um Religion ging wie etwa im Ersten Weltkrieg, als Deutschland und Frankreich einander mit gesegneten Waffen bekriegten.
– Der mit religiösen Argumenten gerechtfertigte Terrorismus von *Hamas* und *Jihad* in Palästina/Israel oder der *Hizbollah* im Südlibanon trifft noch am ehesten jenen in allen Fällen zunächst unterstellten engen Zusammenhang zwischen islamisch-fundamentalistischer Mobilisierung und Gewalt. Doch auch hier ist Vorsicht bei den Schlußfolgerungen geboten: Zum einen unterstreichen Terroranschläge jüdischer Fundamentalisten, daß es sich nicht etwa um ein Islam-spezifisches Phänomen handelt. Zum anderen gibt es jahrzehntelange Vorgeschichten von Gewalt, Mordanschlägen und gezielt eingesetztem Terror – Vorgeschichten, in denen nationalistische und andere politische Rechtfertigungen lange vor religiös artikulierten herhalten mußten. Gegenstand der Analyse sollten also weniger die jeweiligen Rechtfertigungsdiskurse sein, sondern eher jene Konfliktlagen in Palästina/Israel wie im Libanon – oder auch in Algerien[1] –, in denen Gewalt zur »normalen« Form des Konfliktaustrags geworden ist.
Viel von dem, was uns die Medien als Ausdruck »*des* islamischen Fundamentalismus« präsentieren, hat bei näherem Zusehen wenig mit Fundamentalismus – oder gar mit Religion in einem existentiellen Sinne – zu tun. Vor der Frage, was denn nun unter »islamischem Fundamentalismus« zu verstehen sei, muß darum die Frage stehen, warum hierzulande gerade im Fall des Islam so oft derart undifferenziert berichtet wird: Warum beispielsweise Iran stets eine schlechte Presse bei uns hat, Saudi-Arabien aber fast nie, obwohl es einen nicht minder fundamentalistischen Islam aggressiv nach innen und außen vertritt. Oder warum man kaum etwas erfährt über die Einbindung fundamentalistischer Bewegungen in Demokratisierungsprozesse – oder vorsichtiger formuliert: Pluralisierungsprozesse – über längere Zeiträume in Ägypten, Jordanien, der Türkei oder Malaysia.

Diese Fragen sollen hier nicht beantwortet werden – nicht zu-

1 Vgl. dazu den Beitrag von Werner Ruf in diesem Band.

letzt, weil dies teilweise bereits Thomas Meyer in seinem Einleitungsbeitrag mit dem Hinweis auf den »Stil des verfeindeten Umgangs mit kulturellen Unterschieden« getan hat. Hier soll mit den Fragen v. a. vor vorschnellen Schlüssen und Verallgemeinerungen gewarnt werden, ehe im folgenden versucht wird, einen brauchbaren, auf islamische Kontexte anwendbaren Fundamentalismusbegriff abzugrenzen.

2. Die Anfänge des islamischen Fundamentalismus

Der Begriff »Fundamentalismus« geht zurück auf eine 1910 bis 1915 in den Vereinigten Staaten erschienene Schriftenreihe *The Fundamentals. A Testimony to the Truth*, in der sich protestantische Theologen mit Grundsatzfragen ihres Religionsverständnisses auseinandersetzten. Das einende Band war ihr Festhalten an bestimmten *fundamentals*, unaufgebbaren Glaubensgrundlagen, wovon der Glaube an die Unfehlbarkeit der Bibel als verbalinspiriertes Wort Gottes am wichtigsten war. Gemeinsames Ziel der Autoren war es, in einer gesellschaftlichen Umbruchsituation, die sie als kulturelle Krise erfuhren, den wesentlichen Kern ihres Wertesystems zu erhalten.

Anlaß war die fortschreitende Auflösung evangelikaler Wert- und Ordnungsvorstellungen im Gefolge des rapiden sozialen Wandels, der nach dem Bürgerkrieg eingesetzt hatte, als v. a. im Nordosten der USA rasche Urbanisierung und Industrialisierung sowie Einwanderungswellen nichtprotestantischer Bevölkerungsgruppen aus Süd- und Osteuropa zunehmend den Charakter der protestantisch geprägten, überwiegend agrarischen Gesellschaft veränderten. Wissenschaftliche Erkenntnisse, besonders Charles Darwins Evolutionstheorie, aber auch die historisch-philologische Bibelkritik, erschütterten das traditionelle Weltbild. Als der Erste Weltkrieg diese Prozesse noch beschleunigte und die politischen und sozialen Dimensionen der Transformation zur Industriegesellschaft schärfer spürbar machte, wandelte sich der Fundamentalismus von einer theologischen Debatte innerhalb der protestantischen Bekenntnisse zu einer konfessionsübergreifenden sozialen und politischen Protestbewegung.

Die legitime Frage, ob ein Begriff wie der des »Fundamentalismus«, der in einer konkreten historischen Situation entstanden ist und sich sowohl auf eine spezifische geistige Haltung als auch auf eine von ihr getragene soziale Bewegung bezieht, ohne starke Ausweitung und damit verbundenen Substanzverlust auf ganz andere Kontexte übertragen werden kann, darf für den hier zu behandelnden islamischen Fall zunächst einmal bejaht werden: Sowohl in den Entstehungsbedingungen für muslimische fundamentalistische Bewegungen als auch in den Inhalten und Formen der Reaktion finden sich im Vergleich zu den amerikanischen Protestanten hinreichende Parallelen.[2]

Die Konfrontation mit der überlegenen wirtschaftlichen und militärischen Macht Europas sowie die mit Marktöffnung und kolonialer Durchdringung verbundenen rapiden politischen, wirtschaftlichen und sozialen Veränderungen zwangen auch in der islamisch geprägten Welt die Gelehrten (*ulama*), seit langem unbefragte Deutungsmuster erneut zu reflektieren. Als Theologen, Juristen und Lehrer waren die *ulama* die wichtigsten Vertreter der gebildeten Schichten in den städtischen Zentren. Eher und anders als die aktiven Träger des Wandels unter den Bürokraten, Händlern, Großgrundbesitzern und bald auch unter den Angehörigen neuer, an europäischen Vorbildern orientierter intellektueller Berufe bekamen die *ulama* die Brüche und Gefahren zu spüren, die eine Übernahme der säkular geprägten Moderne Europas für das religiös geprägte Weltbild in ihren Gesellschaften mit sich bringen würde.

Zum Ansatzpunkt für fundamentalistische Bewegungen wurde das Denken des ägyptischen Reformtheologen und Juristen Muhammad Abduh (1849-1905), der die Schwäche und Rückständigkeit der Muslime auf eine Erstarrung zurückführte, die, nach der Entfaltung des Islam unter den rechtschaffenen Altvorderen (*salaf*), etwa im 4. Jahrhundert islamischer Zeitrechnung eingesetzt hatte und sich in bloßer Nachahmung des Überkommenen äußerte. Nur durch eine Wiederbelebung der von den *salaf* vertretenen Prinzipien des Islam würden nach Abduh die Muslime aus der Krise ihrer Zeit herausfinden können. Diese Orientierung am Vorbild der Altvorderen wurde zum Grundmuster für die in unterschiedlichen Ausprägungen von Marokko bis Indonesien wirksame Bewegung der *salafiya*.

2 Vgl. dazu ausführlicher die Langfassung meines ursprünglichen Vortrags zur Bielefelder Fundamentalismus-Tagung sowie die dort genannte Literatur (Büttner 1996).

Da sich bei Abduh die Orientierung aber mit dem Versuch verband, die Probleme seiner Zeit durch eine *neue* Interpretation alter Prinzipien zu lösen, bewegten sich seine Schüler in sehr verschiedene Richtungen: Sein engster Mitarbeiter Raschid Rida (1865-1935) suchte Lösungen für alle Fragen bei den Vorbildern, ließ dabei als *salaf* nur noch die Generation des Propheten selbst gelten und leitete aus der damaligen Einheit des Gemeinwesens, in dem religiöse von politischen Funktionen noch nicht klar geschieden waren, die Forderung nach einem islamischen Staat ab. Einige andere konzentrierten sich dagegen auf jene Bereiche, die nicht eindeutig durch Koran und *sunna*, also durch die Offenbarung oder das Vorbild des Propheten und seiner Gefährten, festgelegt waren, und kamen mit ihren Interpretationen zu einem offenen Verständnis des Islam. Die damit verbundene implizite oder gar explizite Trennung von Religion und Politik wird allerdings von der Mehrheit der Gelehrten bis heute scharf als mit dem Islam unvereinbarer Säkularismus abgelehnt.

An Raschid Rida orientierte sich Hasan al-Banna (1906-1949), der 1928 in Ägypten die Gemeinschaft der Muslimbrüder (*al-ikhwan al-muslimun*) gründete – die hier als Beispiel für einen islamischen Fundamentalismus dienen soll. Wie Abduh und Rida wollte auch al-Banna eine Modernisierung der Gesellschaft, die wissenschaftlich-technischen Fortschritt nach westlichem Muster mit einer grundlegenden ethischen Erneuerung aus der islamischen Tradition verbindet. Ohne daß die Details ausformuliert waren, ging es bei al-Banna und späteren Muslimbrüdern immer auch um einen Staat, in dem alle gesellschaftlichen Bereiche aus dem Geist bzw. dem Buchstaben des Koran geregelt sein sollten. Wenn zugleich der Westen scharf abgelehnt wurde, bezog sich das nicht auf alle vom Westen ausgehenden Modernisierungsanstöße, sondern v. a. auf damit verbundene Strukturen und Werte: auf den Kolonialismus als politische Struktur, auf die durch ihn begründeten Ausbeutungsverhältnisse als sozioökonomische Dimension, auf den mit der westlichen Modernisierung verbundenen Säkularismus als geistig-kulturellen Begründungszusammenhang.

Mit der Industrialisierung als wichtigstem Motor von Modernisierung hatten die Muslimbrüder dagegen keine Schwierigkeiten. So wie Mitglieder der ägyptischen Nationalbewegung im Aufbau einer nationalen Industrie einen wichtigen Hebel in der Auseinandersetzung mit der britischen Kolonialmacht sahen, gründeten auch die Muslimbrüder schon in den dreißiger Jahren und v. a. nach dem Zweiten Weltkrieg Industriebetriebe und andere Wirtschaftsunternehmen. Hier verstanden sie sich als national gesinnte Kapitalinvestoren, deren Unternehmen aber zugleich Modellcharakter für die Gemeinschaft haben sollten, indem beispielsweise die Arbeiter Anteilseigner waren. Auch in den Krankenhäusern, Sozialstationen und Bildungseinrichtungen, die von Muslimbrüdern bis zum Verbot ihrer Organisation 1954 betrieben und seit ihrer Duldung in den siebziger und achtziger Jahren erneut eingerichtet wurden, verbanden sie, soweit verfügbar bzw. finanzierbar, neueste Technologien mit sozialethischen Zielsetzungen aus einem fundamentalistischen Islamverständnis.

3. Fundamentalismus und Moderne

Dezent gekleidete – d. h. in diesem Kontext: mehr oder weniger tief verschleierte – Frauen am Computer oder am Elektronenmikroskop haben für Muslimbrüder durchaus nichts Widersprüchliches an sich. Den Widerspruch schafft erst der westliche Beobachter, der ein solches Bild aus einer entsprechenden Erwartungshaltung heraus kommentiert. Die Handlungsspielräume, die der Schleier Frauen in der Öffentlichkeit beispielsweise für eine Beruftätigkeit zu schaffen vermag, dürfen aber nicht dahingehend mißverstanden werden, daß muslimische Frauen generell so etwas wie »Freiheit unter dem Schleier« genießen. Denn zum einen verdeckt eine solche Formel den patriarchalischen Charakter des fundamentalistischen Familien- und Gesellschaftsverständnisses.[3] Und zum anderen wird, was Muslimbrüder, besonders solche, die selbst im Berufsleben erfolgreich sind, im allgemeinen fördern, von anderen Fundamentalisten – etwa im wahhabitisch geprägten Saudi-Arabien oder von den *Taleban* in Afghanistan – strikt abgelehnt, weil nach deren Auffassung Frauen jegliche Rolle im öffentlichen Raum verwehrt sein muß.

Das Beispiel illustriert einerseits die ambivalente Funktion des Schleiers, der Freiräume schaffen, aber – selbst wenn zunächst

3 Dies hat besonders Martin Riesebrodt am Beispiel protestantischer Fundamentalisten in den USA und schiitisch-muslimischer in Iran herausgearbeitet (Riesebrodt 1990).

freiwillig angelegt – zur Fessel werden kann. Es illustriert andererseits das Dilemma, in das Fundamentalisten geraten können, wenn sich ihre Modernisierungsvorstellungen nicht bruchlos mit überkommenen Normen der Lebensführung in Einklang bringen lassen. Die grundlegende Absicht hat der Staatsgründer des heutigen Saudi-Arabien, König Abdul Aziz Ibn Saud, auf die vielzitierte Formel gebracht: »Wir wollen Europas Gaben, aber nicht seinen Geist!« Ohne sich direkt auf Ibn Saud zu beziehen, hat Bassam Tibi den darin implizierten Versuch, moderne Wissenschaft und Technik losgelöst von ihrem säkularen und aufklärerischen Entstehungszusammenhang zu be- und ergreifen – bzw. wie von ihm in Anlehnung an Habermas formuliert: techno-wissenschaftliche Modernität von kultureller Moderne zu trennen –, als den islamisch-fundamentalistischen »Traum von der halben Moderne« bezeichnet (Tibi 1992).

Dieser »Traum von der halben Moderne« führt uns an den Kern des Verhältnisses von Fundamentalisten zur Moderne. Denn anders als auf plakativen Buch- und Aufsatztiteln, in denen »Radikale Christen, Moslems und Juden im Kampf gegen die Moderne« (Marty/Appleby 1996, vgl Kepel 1991) und damit als eine »Internationale der Unvernunft« (Meyer 1989) gesehen werden, zeigen gelassenere Untersuchungen, daß sich – wie schon die ursprüngliche protestantische Bewegung in den USA – auch spätere fundamentalistische Bewegungen nicht gegen »die Moderne« schlechthin wenden, sondern sich gegen bestimmte soziale, geistige und v. a. ethische Auswirkungen und Begleiterscheinungen von Modernisierungsprozessen wehren.

Diesen Aspekt hat Bruce Lawrence (1990) in einer vergleichenden Studie von christlichem, jüdischem und muslimischem Fundamentalismus herausgearbeitet, in der er einleitend verschiedene Elemente der Moderne unterscheidet: Während »Modernisierung« als ein sich selbst tragender Prozeß verstanden wird, der sich aus der kapitalistischen Verwertung von neuen technischen Erfindungen ergibt, ist »Modernismus« ein davon zu trennendes, rein geistiges Phänomen, das sich in Übereinstimmung mit seinen eigenen autonomen künstlerischen und intellektuellen Imperativen entwickelt (Lawrence 1990, S. 1f.). In die Perspektive von Fundamentalisten übersetzt, bedeutet das: Während Modernisierung als ein wertneutraler Prozeß verstanden werden kann, der die Produktivität der menschlichen Arbeit erhöht, erscheint Modernismus als eine das Wertesystem bedrohende Ideologie, nicht zuletzt, weil er alle Ergebnisse der Modernisierung allein dem Menschen zuschreibt, der sich als autonomes Wesen damit an die Stelle Gottes setzt und zunehmende Naturbeherrschung und technische Entwicklung als Teil eines allgemeinen menschlichen Fortschritts auch im moralischen Sinne wertet.

Wenn wir unter »Moderne« die Summe dessen verstehen, was sich seit der Renaissance zunächst in Europa bzw. im Westen entwickelt hat und zunehmend global geworden ist, bilden Modernisierung und Modernismus die beiden Stränge dieser Entwicklung. Beide Begriffe tauchen so auch bei Jürgen Habermas auf – vorzugsweise jedoch in der Gegenüberstellung von »gesellschaftlicher Modernisierung« und »kultureller Moderne« (Habermas 1980/1994). Gegen letztere richten sich Widerstand und Protest der Fundamentalisten: also gegen jene, aus dem Projekt der Aufklärung hervorgegangene, kulturelle Moderne, die ja auch bei uns das »Unbehagen« in der Kultur (Freud) bzw. der Modernität (P. L. Berger) ausgelöst hat und die auch hier »gegenaufklärerische Intellektuelle« (Habermas) auf den Plan rief und keineswegs nur die Fundamentalisten anderswo.

Ein letztes Element im Bedeutungszusammenhang der Moderne ist »Modernität« – nach Habermas das Bewußtsein einer Epoche, die sich zur Vergangenheit in Beziehung setzt, um sich selbst als Resultat eines Übergangs vom Alten zum Neuen zu begreifen (1980/1994, S. 33). Modernität bezieht sich bei Habermas zwar auf die Moderne insgesamt, betont aber nicht den ideologischen Charakter, der beim »Modernismus« im Vordergrund steht. Modernität in diesem Sinne und nicht Modernismus bildet für Lawrence – um zu seinem Argument zurückzukehren – das komplementäre Ergebnis von Modernisierung. »Die Moderne«[4] ist darum für ihn die Schlüsselkategorie zum Verständnis des Fundamentalismus: »Ohne Moderne gibt es keine Fundamentalisten, wie es auch ohne sie keine Modernisten gibt« (Lawrence 1990, S. 2).

Fundamentalismus ist also gleichermaßen eine Reaktion auf die Moderne, wie er Produkt und Bestandteil der Moderne ist: Er ist ein Ergebnis der Modernisierung und des »Projekts Moderne« sowie zugleich die Antithese zum Modernismus. Und weil die Mo-

4 Da im Englischen »modernity« sowohl die Bedeutung von »Moderne« als auch von »Modernität« hat, kann Lawrence hier nur interpretierend übersetzt werden.

derne global ist, ist es für Lawerence auch der Fundamentalismus: Zwar bezog sich die Bezeichnung zunächst auf protestantische Christen, aber das Phänomen Fundamentalismus ist für ihn, wie andere Reaktionen auf die Moderne, religions- und kulturübergreifend (1990, S. 2ff.). In seiner vergleichenden Untersuchung hat er eine Reihe von Gemeinsamkeiten herausgearbeitet, von denen die für den vorliegenden Zusammenhang wichtigste ein übergreifendes Charakteristikum dieser Bewegungen ist: Fundamentalismus entsteht im Konflikt mit dem Modernismus als eine zunächst religiös motivierte und durch Rückgriff auf religiöse Symbole artikulierte Ideologie.

Die Ursachen für die vieldeutige und oft schwammige Verwendung des Begriffs »Fundamentalismus« und für die scheinbar widersprüchliche Haltung von »Fundamentalisten« im Umgang mit der »Moderne« sind also nicht nur in der Schwierigkeit zu suchen, das zwischen Religion, Ideologie und Politik angesiedelte Phänomen sauber zu definieren, sondern auch in der Schwierigkeit, die unterschiedlichen Bedeutungskomponenten des Begriffs »Moderne« auseinanderzuhalten. Was sich zunächst als »irrational« darstellen mochte – etwa das »Mit der Moderne gegen die Moderne« von fundamentalistischen Fernsehpredigern –, relativiert sich im Lichte dieser Begriffsklärungen, v. a. wenn wir den Begriff »rational« nicht verengt für aufklärerische Positionen reservieren, sondern ihn so verstehen, wie Max Weber es in der »protestantischen Ethik« vorgeführt hat (Weber 1920, S. 35, Anm. 1).

In diesem Verständnis von Rationalität ist Fundamentalismus dann als eine der möglichen Haltungen, mit denen Menschen auf gesellschaftliche Modernisierungs- bzw. Säkularisierungsprozesse reagieren, »weniger als eine irrationale als vielmehr eine interessengeleitete wertrationale Position in einem Gruppenkonflikt« zu verstehen, bei dem es um Fragen der richtigen Lebensführung, der sozialen Beziehungen und der institutionalisierten Werte geht (Riesebrodt [nach P. L. Berger] 1990, S. 27).

Offen bleibt danach allerdings noch die von Tibi mit seinem »Traum von der halben Moderne« aufgeworfene und von ihm mit triftigen Argumenten verneinte Frage, ob die Moderne teilbar ist (Tibi 1992). Auf Tibis Ausführungen kann im gegenwärtigen Kontext jedoch ebensowenig eingegangen werden wie auf Brüche und Widersprüche im Denken muslimischer Fundamentalisten. Auch die Frage, die sich im Anschluß an Max Weber oder Peter L. Berger stellt, welche Auswirkungen sozioökonomische Veränderungen in den vorliegenden Fällen auf die religiöse Ethik haben werden bzw. können, muß hier ausgeklammert bleiben. Vielmehr geht es mir an dieser Stelle nur um die Haltung von islamischen Fundamentalisten, um deren prinzipielle *Orientierungen* im Umgang mit Moderne und Modernisierung. Dabei gehe ich – ohne das an dieser Stelle näher begründen zu können – davon aus, daß etwa Japan, Israel oder auch Norwegen historische Beispiele dafür liefern, daß Modernisierung ohne (volle) Säkularisierung von Staat und Gesellschaft möglich ist und entsprechende Versuche islamisch-fundamentalistischer Bewegungen vor diesem Hintergrund nicht von vornherein zum Scheitern verurteilt sind (vgl. Hanf 1986, Büttner 1991).

4. Die traditionelle Orientierung an den Fundamenten der Religion

Die Art des Umgangs mit der Moderne ist die eine Dimension des Fundamentalismus, die andere ist die dem Modernismus bzw. der westlichen kulturellen Moderne entgegengehaltene Ethik, die sich aus einem spezifischen Verständnis der »Fundamente« der eigenen religiösen Tradition speist. Diese zweite Dimension gilt es im folgenden zu erhellen.

Bereits in der Gründungsphase der Muslimbruderschaft, etwa bei Hasan al-Bannas Rückgriff auf die *salafiya*, bildeten der Koran und die als Antwort auf die Offenbarung entstandene Ordnung der Gemeinde Muhammads die zentralen Bezugspunkte, die »Fundamente« der Bewegung. Der heute – auch als Selbstbezeichnung – häufig gebrauchte Begriff »Fundamentalismus« (*usuliya*) wurde allerdings erst in den achtziger Jahren übernommen.

Das Abstraktum »Fundamental*ismus«*, arab. »usul*iya«*, ist also neu, die Haltung dagegen, die ein Muslim ausdrücken will, wenn er sich als *»usuli«* bezeichnet, d. h. als »einer, der sich an den Fundamenten ausrichtet«, ist bald so alt wie die Fundamente selbst: Koran und *sunna* bilden die *»usul«*, die »Wurzeln« der Religion, ihren »Grundstock«, und sind für den Muslim der generelle Bezugspunkt der Theologie, des Rechts, der Ethik – kurz seiner religiösen Handlungsorientierung in dieser Welt *sub specie* der nächsten. *Usul al-din*, »Grundlagen der Religion«, ist die Bezeichnung der Theologiefakultät der Azhar-Universität in Kairo, der ältesten und wichtigsten Lehrinstitution des orthodoxen Islam. Viele der Gegenstände, die dort gelehrt werden, entsprechen denen der christlichen Fundamentaltheologie – die ja ebenfalls mit Fundamentalismus zunächst nur einen Wortbestandteil gemeinsam hat.

Die Orientierung an den *usul al-din* ist in muslimischen Traditionen tief verwurzelt. Der Wunsch der Gläubigen, in jeder konkreten Situation und insbesondere im Konfliktfall möglichst genau zu wissen, was denn wohl Gottes Wille ist, führte Generationen von Gelehrten zu dem Versuch, mit immer neuen Interpretationen des Offenbarungstextes und mit immer neuen Beispielen vom Verhalten der Menschen in der Urgemeinde deren Ordnung als Modell für richtiges Verhalten zu (re-)konstruieren. Vereinfachend kann sogar gesagt werden, daß letztlich aus diesem Versuch die großartige Vielfalt islamischer Rechtsschulen, mystischer Bewegungen und selbst häretischer Abspaltungen entsprungen ist.

Gerade in Krisenzeiten wird dies besonders deutlich. Denn die Erfahrung, daß mit der Offenbarung und der Gründung der islamischen Gemeinschaft (*umma*) keineswegs eine Zeit des Friedens und der Gerechtigkeit angebrochen ist, sondern daß neben den Triumphen der frühen Muslime Niederlagen stehen, daß innere Auseinandersetzungen die Gemeinschaft zerreißen können, verstärkt den Impuls, in die urspüngliche Gemeinde alles hineinzuinterpretieren, was sie zum Gegenbild des alltäglich Erfahrenen macht. So wird, losgelöst von aller historischen Kontingenz, aus der einst gewesenen Gemeinde, die als unmittelbare Antwort der Menschen auf Gottes Offenbarung herausgehoben ist unter allen früheren und späteren Gemeinschaften, eine *communitas perfecta*, ein Modell von Ordnung schlechthin.

Das Modell, auf das sich dieser Impuls bezieht, ist aber weder eindeutig noch widerspruchsfrei. Denn da alle, die Antworten auf eine Krisenerfahrung suchen – oder auch solche, die einfach nur ihre politischen und sonstigen Ziele rechtfertigen wollen –, sich auf dieselbe Tradition beziehen bzw. sie für ihre Zwecke funktionalisieren, blieb und bleibt die *communitas perfecta* für Interpretationen offen: Zwar beziehen sich immer alle auf das *eine* Modell und berufen sich dabei stets auf *dieselben* Quellen, aber in den Erfahrungen und Vorstellungen der Menschen konkretisiert sich das

Modell je verschieden, so wie die Texte und Beispiele aus den Quellen ebenfalls je verschiedene sind.

5. Fundamentalismus als politisierter Traditionalismus

Der Impuls, in einer Krise unmittelbar zu den Fundamenten zurückzugehen, war also schon lange vor dem modernen Fundamentalismus da. Das macht es Fundamentalisten leicht, sich als bloße Traditionalisten zu geben. Die Begriffe sollten jedoch geschieden werden, auch wenn – oder: gerade weil – »Fundamentalismus« im arabischen Sprachgebrauch heute so vieldeutig benutzt wird, daß Fundamentalisten einander gelegentlich sogar die Bezeichnung streitig machen. Ein Beispiel soll das verdeutlichen.

Mustafa Mahmud, einst linksorientierter Journalist, hat nach einem Bekehrungserlebnis, das die katastrophale Niederlage Ägyptens gegen Israel 1967 in ihm auslöste, die größte private Wohltätigkeitsorganisation Ägyptens mit modernsten Krankenhäusern, Sozialstationen, Ausbildungszentren usw. aufgebaut. Parallel dazu verbreitet Mahmud in Dutzenden von Schriften, Romanen und Traktaten und seit Jahren auch in einer wöchentlichen Fernsehsendung sein Verständnis von Gott, Welt und Natur, vom richtigen Glauben und von entsprechend gottgefälliger Lebensführung.

In seinem Koran-festen Eifer für die Sache Gottes wie auch mit seiner Geschäftstüchtigkeit hat Mustafa Mahmud viel Ähnlichkeit mit fundamentalistischen Laienpredigern in den USA. Nur mit jenen radikalen Islamisten, an die wir gemeinhin zuerst denken, wenn von muslimischen Fundamentalisten die Rede ist, hat er nichts gemein. Im Gegenteil: Gerade jenen, die ein engstirnig »fundamentalistisches« Islamverständnis vertreten und zudem oft gewillt sind, ihre Gesellschaftsvorstellungen mit Gewalt und Terror durchzusetzen, spricht Mahmud das Recht auf die Bezeichnung »Fundamentalisten« ab, weil sie kaum eine Ahnung vom Islam haben: Nicht sie, sondern er, Mustafa Mahmud, und jeder gute Muslim, der seine Religion kennt und ernst nimmt, sind für ihn die wahren Fundamentalisten.[5]

5 Mustafa Mahmud mit ähnlichen Formulierungen 1994 mehrfach in seiner wöchentlichen Fernsehsendung; vgl. auch Michael Lüders: *Kairos Konsalik. Biedermann mit zündelnden Freunden: Mustafa Mahmud*, in: *Die Zeit*, Nr. 39, 23. 9. 1994.

Da er sich mit diesem Selbstverständnis zu einer traditionalistischen Haltung bekennt, könnten wir Mahmud in Abgrenzung zu radikaleren Fundamentalisten einen »Traditionalisten« nennen. Doch sein Traditionalismus unterscheidet sich von dem eines traditionellen Muslims oder gar eines Gelehrten im vorigen Jahrhundert nicht nur durch die Gegenstände, auf die er sich in seinen Abhandlungen bezieht. Riesebrodt berücksichtigt in seiner Unterscheidung zwischen Traditionalismus und Fundamentalismus deren Überschneidung und definiert fundamentalistische Ideologie und das auf ihr basierende Handeln »als eine unter dem Eindruck dramatisch empfundener sozialer Umwälzungsprozesse formulierte und praktizierte Reinterpretation der religiösen Tradition«. Fundamentalistisches Denken könne darum mit Karl Mannheim als »reflexiv gewordener Traditionalismus« bezeichnet werden, wobei der Traditionalismus im Zuge der Reflexion Umdeutungen, Radikalisierungen und sogar Innovationen erfährt (Riesebrodt 1990, S. 27f.).

Während in fundamentalistischen Diskursen einerseits versucht wurde, unerwünschte Einflüsse der Moderne als unzulässige Neuerungen (*bida'*) fernzuhalten, wurden gleichzeitig Traditionsbestände durch Umdeutungen an veränderte Bedingungen angepaßt und immer da, wo es wünschenswert schien, auch »Traditionen« erfunden. Diese Umdeutungen und Innovationen bezogen sich insbesondere auf den gesellschaftlichen und politischen Bereich, der mit der zentralen Forderung nach einem islamischen Staat von einem neuen Islamverständnis durchdrungen wurde.

Die Politisierung der religiösen Tradition ist neben der Ideologisierung Kernbestandteil aller Formen des islamischen Fundamentalismus. Die Abgrenzung gegenüber dem Traditionalismus ist dabei nicht immer einfach; in Anlehnung an den Titel dieses Bandes könnte ein »milde Form« des fundamentalistischen Umgangs mit der Tradition als »politisierter Traditionalismus« bezeichnet werden. Damit soll die eine Seite eines Kontinuums von Ausdrucksformen benannt werden, das sich, mit wachsender Radikalisierung von Ideologie und Handeln, bis zum »revolutionären Fundamentalismus« der messianischen und terroristischen Gruppen erstreckt. Radikalisierung meint in diesem Kontext den immer freieren – oder besser: willkürlicheren – Umgang mit der Tradition, bis hin zu deren weitgehender Neuformulierung im Interesse ideologischer und politischer Ziele.

6. Das fundamentalistische Credo: »Der Islam ist die Lösung!«

»*Der Islam ist die Lösung!*« lautet die Wahlkampfparole, wo immer sich islamistische Parteien oder Bewegungen im politischen Leben artikulieren können. Aus der Ablehnung des mit dem Westen identifizierten Modernismus wie auch der bestehenden Verhältnisse im jeweiligen Land heraus versuchen sie, einen fundamentalistisch interpretierten Islam als Lösungsrahmen für *alle* gesellschaftlichen Probleme anzubieten, als umfassende Alternative, die denjenigen, die sich ihr verschreiben, Hoffnung und Sinn vermittelt. Auch wenn solche Parteien bzw. Bewegungen ideologisch überfrachtet sind und ihre hohen Ansprüche kaum erfüllen können, können sie doch als Strategien im Umgang mit der Moderne nicht nur pragmatisch als Träger von Modernisierungsprozessen zweckrational und zugleich als Bewegungen, die ihren Anhängern eine »authentische« Gemeinschaft versprechen und ihnen Orientierung in der Welt ermöglichen, – im definierten Sinne – wertrational sein.

Diese »islamische Alternative« geht davon aus, daß Religion und Politik eine untrennbare Einheit zu bilden haben, wie sie in der Errichtung eines »islamischen Staates« zum Ausdruck käme. Entsprechend lehnen islamische Fundamentalisten säkularistische Modelle entschieden ab, denn für sie kann es nur einen einzigen sinnstiftenden Begründungszusammenhang für alle Bezüge geben, in denen der Mensch lebt. Diese Forderung nach Einheit der sinnstiftenden und handlungsleitenden Bezüge wird aus dem in der islamischen Theologie zentralen Prinzip der Einheit Gottes, dem *tauhid*, abgeleitet. Der Forderung liegt dabei ein Islamverständnis zugrunde, nach dem der Islam
– als Religion die Bedingungen für eine sinnhafte Existenz des einzelnen und der Gemeinschaft unter Gott setzt,
– als Rechtssystem die Ordnung der sozialen und rechtlichen Beziehungen unter den Menschen festlegt, also Sozialordnung und Recht begründet,
– als Ideologie die Gesellschaft politisch integrieren und mobilisieren und schließlich auch
– als Rahmenordnung für den Staat die institutionellen Grundlagen für die wirtschaftliche Entwicklung und die politischen Strukturen vorgeben kann.

Der Islam ist nach dieser Auffassung also weit mehr als eine Religion, die den Menschen an den transzendenten Grund seiner Existenz bindet, die Grundprinzipien der Ethik vorgibt und darauf aufbauende Rechtsbestimmungen enthält: Der Islam selbst *ist* »Religion und Staat« (*al-Islam din wadaula*) im Sinne eines allumfassenden Systems.

Ideologisierung und Politisierung sind die neuen Elemente dieses Islamverständnisses; sie haben jedoch über die Jahre – nach ersten Auseinandersetzungen über die Einheit oder Trennung von Religion und Politik bereits in den zwanziger Jahren – eine so breite Akzeptanz gefunden, daß ein solches Islamverständnis weit über fundamentalistische Ideologen oder Bewegungen hinaus verbreitet ist. Auch wenn die Formel »Der Islam ist die Lösung!« politisch auf Fundamentalisten verweist, werden heute selbst Kritiker der Fundamentalisten die Formel »Der Islam ist Religion und Staat« für einen grundlegenden Glaubenssatz halten. So ist ein Teil dessen, was im folgenden als Erfindung radikaler Fundamentalisten angeführt wird, selbst schon dabei, Teil der Tradition zu werden.

7. Radikaler Fundamentalismus: die Neuschöpfung der »Tradition«

Die Radikalisierung des Fundamentalismus begann innerhalb der Muslimbruderschaft bei denen, die unter Präsident Gamal Abdel Nasser verfolgt wurden und sich in den Gefängnissen fragen mußten, ob eine Gesellschaft, die fromme Muslime nur wegen ihrer Überzeugungen quält und foltert, noch islamisch ist. Während die Mehrheit zwischen ungerechter Herrschaft und einer im Prinzip guten, zumindest reformierbaren muslimischen Gesellschaft unterschied, sah eine Minderheit – im Anschluß an ihren 1966 hingerichteten Vordenker Sayyid Qutb – die ägyptische Gesellschaft im Zustand der *jahiliya*, der (religiösen) Unwissenheit, wie sie in vorislamischer Zeit herrschte.

Nachdem Präsident Anwar al-Sadat Anfang der siebziger Jahre die Muslimbrüder aus den Gefängnissen entlassen hatte, bildete sich um diese Interpretation, teils als Abspaltungen von der Bruderschaft, teils als Neugründungen v. a. an den Universitäten, eine kaum überschaubare Vielfalt von Gruppen, deren gemeinsame

Grundposition hier nur sehr vereinfacht zusammengefaßt werden kann[6]: Da die bestehende Gesellschaft als heidnisch erfahren wird, muß man sie nicht nur wegen ihres Unglaubens verurteilen (*takfir*), sondern muß – nach dem Vorbild von Muhammads Emigration (*hijra*) von Mekka nach Medina – auch aus ihr ausziehen, um die (wahre) »islamische Gemeinschaft« (*al-jama'a al-islamiya*) zu begründen. Aus dieser Gemeinschaft heraus gilt es dann, die ungläubige Gesellschaft und insbesondere ihr Herrschaftssystem zu bekämpfen. Dieser Kampf, arabisch: »das Sich-Abmühen auf dem Pfade Gottes« (*jihad fi-sabil Allah*), kann – wie beim *»jihad«* in der klassisch-islamischen Tradition – zwei Formen annehmen: nämlich sich zu bemühen, entweder die anderen durch vorbildliche Lebensführung zu überzeugen oder aber sie mit Gewalt zu bekriegen. Die Namen, unter denen die radikalen Gruppen Ägyptens bekannt geworden sind, sind also zugleich Programm: »Verdammung [der Gesellschaft als ungläubig] und Auszug [aus ihr]« (*al-Takfir wa'l-Hijra*), »Die Islamische Gemeinschaft« (*al-Jama'a al-Islamiya*), »Der Heilige Krieg« (*al-Jihad*).

Die Verdammung der bestehenden Verhältnisse und die Vorstellungen davon, wie die islamische Alternative auszusehen hat, begründen diese Fundamentalisten aus *ihrem* Verständnis von Koran und *sunna*. Mit selektivem Bezug auf diese oder jene Stelle im Koran oder auf eine andere Quelle der Tradition werden die Vorstellungen von der »wahren islamischen Gemeinschaft« belegt, wobei sie den Koran zwar als unmittelbar geoffenbartes Wort Gottes verstehen, in ihrem »wortwörtlichen« Verständnis aber zwischen wörtlicher und nichtwörtlicher Interpretation schwanken. Dabei zögern sie zudem nicht, ihre Vorstellungen mit Argumenten zu belegen, die sich nicht direkt aus den kanonischen Quellen schöpfen lassen: So erweisen sich beispielsweise die vielzitierten Behauptungen, der Islam sei »Religion *und* Staat« (*din wadaula*) als untrennbare Einheit und böte ein umfassendes, alle gesellschaftlichen Fragen regelndes System (*nizam*), bei näherer Untersuchung als moderne Ideologeme, deren Schlüsselbegriffe *daula* und *nizam* weder im Koran noch in der frühen Tradition auftauchen.

6 Für Details vgl. Kepel 1995, Guenena 1986; deutschsprachige Zusammenfassungen der Quellenlage und des Diskussionsstandes liefern Lücke 1993 und Kogelmann 1994; Auszüge aus Quellentexten in deutscher Übersetzung Meier 1994.

An der subjektiven Frömmigkeit solch fundamentalistischer Interpreten soll hier nicht gezweifelt werden, doch was sie mit ihren selektiven Interpretationen betreiben, ist Ideologisierung – und in der Praxis zugleich Politisierung – von Religion. Fundamentalistische Bewegungen von Muslimen erweisen sich somit als zwar *religiös artikulierte, aber politisch motivierte ideologische Bewegungen.*

8. Revolutionärer Fundamentalismus: die Erlösung der Geschichte

Wieweit sich radikale Fundamentalisten von der Tradition entfernen bzw. neue »Tradition« erfinden, mag das Geschichtsverständnis radikaler ägyptischer Fundamentalisten illustrieren.

Wie die frühe *salafiya* lassen die Fundamentalisten nur den Koran und die Praxis der Urgemeinde als Leitbild gelten. Dieses Leitbild ist aber bei den radikaleren von ihnen völlig abgelöst von der oben charakterisierten *communitas perfecta* der Tradition: Hatte sich diese entwickelt als eine Art *summa*, als Summe all dessen, was Menschen zu verschiedenen Zeiten als gottgewollt erfahren und immer neu interpretiert haben, überspringen radikale Fundamentalisten die Geschichte – ja, verurteilen zum Teil die 1400 Jahre seit der Offenbarung als einen einzigen Irrweg. Sie wollen keineswegs »zurück ins [finstere] Mittelalter«. Ihr Modell ist vielmehr eine – zwar in der Offenbarung vorgezeichnete und in der Urgemeinde vorgelebte, aber auch in ihr nicht vollendete, sondern erst noch zu verwirklichende – »ewige« Ordnung unter der »Herrschaft Gottes«. Wir haben es also nicht mit einem konservativen Traum zur Bewahrung oder Wiederherstellung einer (verklärten) Vergangenheit zu tun, sondern mit einem revolutionären Traum zur Erlösung der Zukunft.

Fundamentalisten werden gemeinhin als konservativ oder auch als reaktionär bezeichnet. Das mag im Einzelfall – beispielsweise für die Fundamentalisten unter den Neokonservativen in den USA – berechtigt sein. Bezeichnungen wie »konservativ« und »reaktionär« verdecken jedoch den revolutionären Charakter, den fundamentalistische Bewegungen annehmen, wenn sie sich radikal gegen die etablierte gesellschaftliche und politische Ordnung stellen wie Fundamentalisten in Ägypten und Algerien oder wenn sie gar versuchen, eine neue islamische Verfassung an deren Stelle zu setzen wie in Iran (vgl. Schirazi 1996).

Radikale Kritik an den bestehenden gesellschaftlichen Verhältnissen und, darin impliziert, eine von revolutionärem Willen getragene *Zukunfts*orientierung kennzeichnen die revolutionäre Variante des Fundamentalismus. Wenn darum die Fixierung dieser Fundamentalisten auf ihre Vorstellungen von der wahren (Ur-) Gemeinde gelegentlich als *»rückwärtsgewandte Utopie«* charakterisiert wird, geht auch diese Bezeichnung am Problem vorbei, weil die Verbindung mit der heilsgeschichtlichen Dimension außer acht bleibt.[7] Schließlich haben die Muslime einst den halben Erdkreis erobert in der Erwartung, daß ihr Siegeszug bzw. der Triumph des Islam in der Welt Teil eines göttlichen Heilsplanes ist.

Auch hieran knüpfen Weltsicht und Geschichtsbild der revolutionären Fundamentalisten an: Einerseits können sie sich in ihrem Krisenbewußtsein und mit ihrer Gesellschaftskritik auf einen schon früh dem Propheten Muhammad zugeschriebenen Ausspruch (*hadith*) beziehen, seine Generation wäre die beste von allen, die nach ihm kommende würde die nächstbeste sein und jede nachfolgende immer etwas schlechter als die vorangegangene. Andererseits können sie ihre Gegenbilder – so vage sie im konkreten Detail sein mögen – in eschatologischen Traditionen des Islam verorten: in der Gewißheit, daß am Ende der Zeit ein *Mahdi*, ein »Rechtgeleiteter«, kommen bzw. – in der schiitischen Tradition des Islam – der »verborgene Imam« zurückkehren wird, um ein Reich des Friedens und der Gerechtigkeit zu errichten. Dadurch ergibt sich ein doppelt gerichtetes Geschichtsverständnis, mit dem Fundamentalisten für jeden nachvollziehbare Krisenerfahrungen und allen vertraute Heilserwartungen religiös und politisch zugleich artikulieren können und aus dessen Spannung ihre Bewegung ihre spezifische Dynamik zieht.

Ideologisch verengte Interpretationen der sozialen und politischen Realität und der unbedingte Wille, die falsche Ordnung zu

7 Entsprechende Stichworte – Apokalypse, Heilsgeschichte, Mahdi(smus), Messianismus etc. – spielen meist eine marginale Rolle oder fehlen ganz; im Fundamentalism Project (Marty/Appleby 1991-1995) tauchen sie in den späteren Bänden verstärkt auf. Besonders klar sind die Zusammenhänge von Riesebrodt 1990 benannt worden; vgl. Hans G. Kippenberg: »Fundamentalismus: es herrscht Klärungsbedarf«, Nachwort zu Marty/Appleby 1996, S. 226-247.

zerschlagen, um der wahren zum Sieg zu verhelfen, können sich mit der religiösen Heilsgewißheit zu einer Weltsicht verbinden, die wegen ihres polarisierenden Charakters manichäisch wirkt. Angesichts solch brisanter Mischung kann es nicht überraschen, daß radikale Fundamentalisten im Kampf gegen die »Mächte der Finsternis« auch Gewalt und Terror rechtfertigen: sei es konkret, wie in den Gerichtsverfahren nach dem Attentat auf den »ungerechten Pharao« Anwar al-Sadat 1981, nach Mordanschlägen auf Politiker und Intellektuelle oder nach Anschlägen auf Touristen, durch die das Regime wirtschaftlich geschwächt werden sollte, oder sei es eher symbolisch als Kampf gegen den Zionismus und den »großen Satan« USA.

9. Fundamentalisten zwischen pragmatischer Anpassung und terroristischer Gewalt

Der Impuls, sich an den Fundamenten der religiösen Tradition zu orientieren, rührt aus dem Wunsch nach Glaubensgewißheit und Nähe zu Gott. Aus diesem Impuls folgt aber nicht eine bestimmte, für jeden mehr oder weniger gleiche Umgangsweise mit den Fundamenten. Der Gelehrte geht als Theologe und Jurist anders damit um als der einfache Gläubige in seiner Alltagspraxis oder der Mystiker in seiner Bruderschaft. Die Vielfalt der religiösen Symbole und Praktiken, die sich dadurch, mit großen Unterschieden von Ort zu Ort und von Generation zu Generation, herausgebildet hat, belegt die Offenheit, mit der Muslime immer wieder die für ihre spezifische gesellschaftliche Situation und für ihre Zeit geeigneten Antworten gesucht haben. Auch heute lebt und praktiziert die Mehrzahl der gläubigen Muslime solch prinzipiell offene Umgangsweisen mit den Grundlagen ihrer Religion, wobei das Spektrum der Haltungen von überzeugten Säkularisten, die die Religion aus der Politik heraushalten wollen, bis zu Traditionalisten reicht, bei denen sich die Grenze zum Fundamentalismus verwischt.

Die Grenze zwischen dem Impuls, sich an den Grundlagen zu orientieren, und einer fundamentalistischen Interpretation dieser Grundlagen ist jedoch scharf zu ziehen: Islamischer Fundamentalismus, so wie er hier bestimmt wurde, ideologisiert und politisiert religiöse Symbole und Traditionsbestände. Radikale Fundamentalisten treten – ähnlich wie die Avantgarde totalitärer Ideologien im Westen – mit dem Anspruch auf, die absolute Wahrheit zu besitzen, und dulden dementsprechend neben der eigenen keine andere Interpretation der Realität. Bei allen Variationen von einer Bewegung zur anderen liegt hier eine der Ursachen für den tendenziell totalitären Charakter der angestrebten Ordnung – *tendenziell* totalitär, weil solchen radikalen ideologischen Bewegungen in sozioökonomisch schwach entwickelten Ländern die organisatorischen Mittel fehlen, wie sie dem stalinistischen und dem nationalsozialistischen Staat zur Errichtung eines totalitären Systems zur Verfügung standen.

Je verbohrter aber die Führer solch fundamentalistischer Bewegungen mit ihrer als sicher gewußten Wahrheit umgehen, und je radikaler – bzw. im angestrebten politischen System totalitärer – damit ihre Bewegungen werden, desto häufiger kommt es zu Auseinandersetzungen um die »reine« Lehre wie um die konkrete Macht innerhalb solcher Bewegungen. In der dadurch bedingten Zersplitterung liegt zugleich eine politische Chance: nämlich gemäßigte Mehrheitsfaktionen in das politische System zu integrieren und darüber gewaltbereite Radikale ins Abseits zu drängen. Wo immer muslimische Fundamentalisten in halbwegs offenen Wahlen antreten konnten, haben sie nur um die 20% der Stimmen bekommen – selbst in Algerien nicht mehr, wo sie nur aufgrund des Wahlsystems im zweiten Wahlgang gewonnen hätten. Wo Fundamentalisten aber mit Repression von der Partizipation ausgeschlossen werden, wächst zugleich die Gewaltbereitschaft.

Literatur

Al-Azm, S. J.: *Islamischer Fundamentalismus – neubewertet*, in: ders.: *Unbehagen in der Moderne. Aufklärung im Islam.* Frankfurt/M. 1993, S. 77-137.

Al-Azmeh, A.: *Die Islamisierung des Islam.* Frankfurt/M. 1996.

Barth, F.: *Introduction*, in: ders. (Hg.): *Ethnic Groups and Boundaries. The Social Organization of Culture Difference.* Oslo etc. 1969, S. 9-38.

Büttner, F.: *Zwischen Politisierung und Säkularisierung. Möglichkeiten und Grenzen einer islamischen Integration der Gesellschaft*, in: E. Forn-

dran (Hg.): *Religion und Politik in einer säkularisierten Welt.* Baden-Baden 1991, S. 137-167.
Ders.: *Der fundamentalistische Impuls und die Herausforderung der Moderne*, in: *Leviathan. Zeitschrift für Sozialwissenschaft* 24 (1996), S. 469-492.
Göle, N.: *Authoritarian Secularism and Islamist Politics: The Case of Turkey*, in: A. R. Norton (Hg.): *Civil Society in the Middle East*, Bd. 2. Leiden etc. 1996, S. 17-43.
Guenena, N.: *The ›Jihad‹. An ›Islamic Alternative‹ in Egypt*. Kairo 1986.
Habermas, J.: *Die Moderne – ein unvollendetes Projekt* (1980), in: ders.: *Die Moderne – Ein unvollendetes Projekt. Philosophisch-politische Aufsätze*. Leipzig 31994, S. 32-54.
Hanf, Th.: *Modernisierung ohne Säkularisierung? Versuch über religiös-politische Ideologien in der Dritten Welt*, in: U. Matz (Hg.): *Die Bedeutung der Ideologien in der heutigen Welt*. Köln 1986, S. 129-152.
Hippler, J./Lueg, A. (Hg.): *Feindbild Islam*. Hamburg 1993.
Kepel, G.: *Der Prophet und der Pharao*. München 1995.
Ders.: *Die Rache Gottes. Radikale Moslems, Christen und Juden auf dem Vormarsch*. München/Zürich 1991.
Kogelmann, F.: *Die Islamisten Ägyptens in der Regierungszeit von Anwar as-Sadat (1970-1981)*. Berlin 1994.
Krämer, G.: *Cross-Links and Double Talk? Islamist Movements in the Political Process*, in: L. Guazzone (Hg.): *The Islamist Dilemma*. London 1995, S. 39-67.
Lawrence, B.: *Defenders of God. The Fundamentalist Revolt Against the Modern Age*. London/New York 1990.
Lücke, H.: *›Islamischer Fundamentalismus‹ – Rückfall ins Mittelalter oder Wegbereiter der Moderne? Die Stellungnahme der Forschung*. Berlin 1993.
Marty, M. E./Appleby, R. S. (Hg.): *The Fundamentalism Project*, 5 Bde. Chicago/London 1991-1995.
Dies.: *Herausforderung Fundamentalismus. Radikale Christen, Moslems und Juden im Kampf gegen die Moderne*, Frankfurt/New York 1996.
Meier, A.: *Der politische Auftrag des Islam. Programme und Kritik zwischen Fundamentalismus und Reformen. Originalstimmen aus der islamischen Welt*. Wuppertal 1994.
Meyer, Th. (Hg.): *Fundamentalismus in der modernen Welt. Die Internationale der Unvernunft*. Frankfurt/M. 1989.
Mitchell, R. P.: *The Society of the Muslim Brothers*. London 1969.
Riesebrodt, M.: *Fundamentalismus als patriarchalische Protestbewegung. Amerikanische Protestanten (1910-1928) und iranische Schiiten (1961-1979) im Vergleich*. Tübingen 1990.
Salvatore, A.: *Islam and the Political Discourse of Modernity*. Reading/Berkshire 1997.

Scheffler, Th.: *Ethnizität, symbolische Gewalt und internationaler Terrorismus im Nahen Osten*, in: ders. (Hg.): *Ethnizität und Gewalt*. Hamburg 1991, S. 221-250.
Schirazi, A.: *The Constitution of Iran. Politics and the State in the Islamic Republic*. London/New York 1996.
Schulze, R.: *Geschichte der Islamischen Welt im 20. Jahrhundert*. München 1994.
Tibi, B.: *Islamischer Fundamentalismus, moderne Wissenschaft und Technologie*. Frankfurt/M. 1992.

III. Formen und Medien religiöser Identitätspolitik

Yvonne Yazbeck Haddad
»The Nation Shall Rise«: Islam als »Empowerment«, Würde und Erlösung im afroamerikanischen Kontext

Louis Farrakhan füllt seit einiger Zeit die Schlagzeilen der nationalen Presse. Er wird im allgemeinen so dargestellt, als treibe er sich in verschwörerischer Absicht mit muslimischen Terroristen herum, also mit denen, die man sowieso schon außerhalb der Grenzen der zivilisierten Menschheit sieht. Die Verfasser entsprechender Schlagzeilen und Kommentare waren jedoch verblüfft über die große Zahl afroamerikanischer Teilnehmer am »Marsch der Million Männer«, den Farrakhan organisiert hatte, um Buße für die Fehler der Vergangenheit zu tun und sich für einen Neubeginn im Wiederaufbau zerbrochener Lebenspläne und Gemeinschaften in den Ghettos Amerikas einzusetzen.

Die »Nation of Islam« wurde von dem geheimnisumwitterten Fard Muhammad gegründet, dessen Herkunft, Beruf und Schickal nach wie vor umstritten sind. Seine Botschaft der Erlösung durch die Wiederentdeckung des eigenen Selbst predigte er in Detroit in den Jahren nach dem Ersten Weltkrieg, als Tausende ehemaliger Sklaven aus den Baumwollfeldern des Südens in die Städte des Nordens zogen, um im wachsenden industriellen Sektor Beschäftigung zu finden. Als Fard zu Beginn der dreißiger Jahre verschwand, übernahm Elija Muhammad die Führung und lehrte seine Anhänger, daß Fard Gott sei. Er sei gekommen, um den schwarzen Mann aus der Wildnis Nordamerikas in das verheißene Land zu geleiten. Er habe sich ihm, Elija Muhammad, geoffenbart und ihn als seinen Botschafter eingesetzt.

Fard lehrte, daß die schwarze Zivilisation göttlichen Ursprungs und Quelle aller Wissenschaften und des gesamten menschlichen Wissens sei. Der weiße Mann sei von Mister Yakoub, einem frustrierten schwarzen Wissenschaftler, erzeugt worden, und zwar dadurch, daß er die göttliche Essenz aus diesem Wesen herausgenommen habe. So sei ein neues Geschöpf gebildet worden: ein Teufel, zuinnerst böse und unfähig zum Guten. Der weiße Teufel habe sich 6000 Jahre lang entwickeln können, doch seine Tage seien gezählt. Sobald die Schwarzen Selbsterkenntnis und Solidarität erringen würden, könnten sie die Welt erlösen, indem sie die weißen Teufel vernichten und einen schwarzen Himmel errichten, in dem Gleichheit, Freiheit und Gerechtigkeit herrschen.

Fard Muhammad lehrte, die Afroamerikaner seien keine Neger, sondern die Ursprungsbevölkerung der heiligen Stadt Mekka. Sie bildeten die verlorene und wiedergefundene »Nation of Islam« aus dem Stamme von Shabbazz, die der blonde und blauäugige Teufel in die Wildnis Nordamerikas gebracht habe. Fard verkündete eine Botschaft der Hoffnung und entwarf einen Befreiungsplan, durch den die Nation zu ihrem ursprünglichen Leben zurückkehren und neu geschaffen werden sollte. Zu diesem Zweck sollten die Angehörigen aufhören, unreine Speisen zu verzehren. Sie sollten sich selbst reinigen, um ihr ursprüngliches Selbst und ihren Ruhm wiederfinden und nach Mekka, der Stätte des Glanzes, zurückkehren zu können. Die Ernährung wurde zu einem zentralen Unterscheidungsmerkmal, das den sozialen Zusammenhalt und die Kultur der neuen Gemeinschaft bekräftigen sollte. Elija schrieb zwei Bücher zu diesem Thema: *How to Eat to Live* (1967) und *How to Eat to Live, Book II* (1972). Jedes neue Mitglied mußte durch einen Initiationsprozeß hindurchgehen, im Verlauf dessen es seinen Sklavennamen aufgeben und einen neuen Namen mit einem »X« als Zeichen der Erlösung und einer neuen Identität annehmen sollte.

Fard predigte seine Botschaft in der Hoffnung auf eine Umkehr der Geschicke – derart, daß die leidenden Massen der Afroamerikaner Wiedergutmachung finden sollten und der weiße Mann für das von ihm angerichtete Übel Bestrafung erführe. Im Zentrum der Botschaft steht, daß der schwarze Mann ein Übermensch ist, ein Meister seines Schicksals, der seinen Bedränger und Unterdrücker letztendlich besiegen wird. Der schwarze Mann sei gut; er sei es, der den weißen Mann gebildet und geschaffen habe. Da er den weißen Mann geformt habe, könne er ihn auch zerstören. Diese Botschaft bot nicht nur Hoffnung für die Zukunft; sie verhieß zugleich Bestrafung für den weißen Unterdrücker und Wiedergutmachung für den schwarzen Mann und all sein Leiden.

Die »Nation of Islam« griff das Christentum an, weil es angesichts der Unterdrückung nur Resignation und Hinnahme von Bedrängnis, Schmerz und Leiden befürworte und die Menschen auf den Himmel vertröste. Die »Nation of Islam« ist eine konstruierte Religion, deren besondere Weltsicht die herrschenden Überzeugungen der weißen Rassisten Amerikas gleichsam spiegelverkehrt wiedergibt. Sie propagierte die Vorstellung, der Himmel befände sich auf Erden, sei derzeit allerdings von den weißen Teufeln in Beschlag genommen, die das Geburtsrecht des schwarzen Mannes usurpiert hätten. Um gerechten Anteil am Überfluß des Landes zu bekommen, verlangte der schwarze Nationalismus zunächst ökonomische Unabhängigkeit als Voraussetzung für die Schaffung einer schwarzen Nation. Er setzte eine Reihe moralischer und ethischer Werte fest, darunter rechte Lebensweise und Fleiß, und fügte ein paar Mythologeme hinzu. Auf der Basis des schwarzen Nationalismus bekräftigte die »Nation of Islam« die Auserwähltheit und Besonderheit der Schwarzen, förderte eine starkes Gefühl für die Würde der Rasse, verwarf die gegenwärtigen Lebensumstände und versprach eine von Gott garantierte bessere Zukunft.

Die »Nation of Islam« wirkte mit am Widerstand gegen die rassistische Re-Interpretation der Geschichte, wie sie von weißen Wissenschaftlern der »American School of Anthropology« und weißen Bibelwissenschaftlern unternommen wurde, die die Ägypter und Äthiopier als zivilisatorische Erben der auf demselben Gebiet lebenden weißen Hamiten darstellten. Ihnen zufolge waren die Schwarzen von Gott verflucht und durften folglich versklavt werden. Afroamerikanische Intellektuelle wie Wilmont Blydon (1832-1912) und Bischof Henry McNeal Turner (1834-1915) entdeckten schließlich einen islamischen Zug. In ihrer Interpretation der Geschichte legten sie Wert darauf, daß die Ägypter und Äthiopier Afrikaner waren und als solche einen bedeutenden Beitrag zur menschlichen Zivilisation geleistet hätten.

Die Ideologie der »Nation of Islam« teilt die Weltsicht der schwarzen Befreiung, wie sie von Marcus Garvey, dem Gründer der »Universal Negro Improvement Association« (UNIA), propagiert wurde, der den Weg zur wahren Befreiung der schwarzen Bevölkerung Amerikas weisen wollte. Beide Organisationen betonten die Notwendigkeit, in einem ersten Schritt die ökonomische Abhängigkeit von der weißen Machtstruktur zu überwinden; beide verlangten den Erwerb von Land als Voraussetzung der Befreiung, wobei Garvey die Rückkehr nach Afrika unterstützte, während die »Nation of Islam« einen Teil der Vereinigten Staaten für sich wollte; beide legten großen Wert auf Wissen als Machtquelle und förderten die Bildung als Mittel zum Durchbruch aus der Unterwürfigkeit; schließlich versuchten beide, einen spezifischen Stolz auf das Schwarzsein zu stiften. Garveys Parole: »Mach' dich auf, du mächtige Rasse, du kannst alles erreichen, was du willst!« klang in jeder Rede der Führungsfiguren der »Nation of Islam«, Elija Muhammad, Malcolm X und Louis Farrakhan an.

Die »Nation of Islam« verkündete ihre eigene Version vom Islam als Schmelztiegel einer alternativen Identität. Der Inhalt von Elijas Lehre lag unterdessen im christlichen Imaginären begründet, wie es den Afroamerikanern vertraut war. Seine Theologie wollte dementsprechend Umkehr, Rechtfertigung, Befreiung und Triumph zustande bringen. Die von der Bewegung errichteten »Tempel des Islams« waren nicht den Moscheen, sondern den christlichen Kirchen nachgebildet, und die Predigten konzentrierten sich nicht auf den Koran und Lehren des Propheten Muhammad, sondern stützten sich weitgehend auf das Alte und Neue Testament, wobei die Exodus-Geschichte und die Befreiung der Hebräer von der Sklaverei in Ägypten besonders hervorgehoben wurden. Das Christentum war im amerikanischen Kontext zur Religion der Unterdrückung geworden, da es zur Rechtfertigung von Versklavung, Leiden und Tod der Schwarzen gedient hatte. Der Islam bot daher nicht nur die Verheißung der Befreiung, sondern auch ein Medium, um Gerechtigkeit zu suchen und die Gleichheit aller Menschen, ungeachtet ihrer Hautfarbe, zu bekräftigen.

Die Theologie der »Nation of Islam« ist synkretistisch und enthält Elemente der Lehren der islamischen Ahmadiyya-Bewegung, christlich-theologische Themen von Erlösung und Errettung durch das Blut sowie Bestandteile aus den Lehren der Zeugen Jehovas. Obwohl den einzelnen Menschen keine spirituellen Vollmachten zugesprochen werden, ermächtigen der Ursprungsmythos und die Umwertung der Wirklichkeitswahrnehmung die Anhänger dazu zu glauben, daß sie die Herren ihres eigenen Schicksals seien.

Unter Elija Muhammad lag der Schwerpunkt der Bewegung auf einer sauberen Lebensführung, Ordnung, Würde und ökonomischer Produktivität. Dadurch sollte eine bessere Zukunft hier auf Erden erreicht werden. Die eigentlich islamischen Lehren, der Koran und der Prophet Muhammad, spielten kaum eine Rolle. Der Islam war bloß ein Name, mit dem eine neue Identität bezeichnet werden sollte, und hatte nichts zu tun mit der Theologie jener Religion, der Hunderte Millionen Muslime in aller Welt angehören. Die Lehren der »Nation of Islam« werden in der Tat auch heute noch von sunnitischen Muslimen als unislamisch angesehen, da darin verkündet wird, Fard sei Gott, der nach Detroit gekommen sei, um den schwarzen Mann zu erretten.

Elija Muhammad propagierte einen separaten Staat für die Schwarzen. Die Integration in die amerikanische Gesellschaft betrachtete er als einen Kompromiß mit dem Teufel. Deshalb forderte er den schwarzen Mann auf, dem göttlichen Aufruf zum Exodus zu folgen und eine neue, erlöste Weltordnung zu schaffen: »Kommt aus ihr heraus, mein Volk, damit ihr nicht an ihren Sünden teilhabt und damit ihr keine ihrer Plagen empfangt!« (Apokalypse 18,4). Die Nation sollte von einem erlösten Volk mit Selbsterkenntnis geschaffen werden, ein eigener Staat sein, eine eigene Flagge haben und durch eine paramilitärische Organisation, die »Fruit of Islam«, gegen Aggression von außen geschützt werden. Die Lösung konnte nur durch den schwarzen Mann selbst zustande kommen, nicht dadurch, daß er vor dem weißen Manne zu Kreuze kroch. Es galt daher, zunächst eine eigenständige ökonomische Basis zu schaffen. Als Elija Muhammad 1975 starb, besaß die »Nation of Islam« u. a. eine Farm, auf der Rinder und Hühner gezüchtet wurden, mehrere Schlachtereien, in denen Fleisch verkauft wurde, ein Restaurant, verschiedene Frisör-, Bekleidungs-, Kurzwaren-, Autoersatzteil- und Malerläden, eine Reinigungsfirma sowie eine Bank. Im Rahmen der Bildungsbemühungen war eine Reihe von Schulen entstanden, die »Universitäten des Islams« genannt wurden; ihr Schwerpunkt lag bei Naturwissenschaften, Mathematik, Arabisch, Islam und schwarzer Geschichte.

Malcolm X, Elija Muhammads bekanntestem und sehr sprachgewandtem Schüler, gelang es, die »Nation of Islam« auch im städtischen Amerika zu verbreiten. Durch seine unermüdlichen Rekrutierungsaktionen und seine eloquenten Predigten wurde die »Nation of Islam« zur Massenbewegung; sie breitete sich mit dramatischer Geschwindigkeit aus, indem sie eine große Zahl von enttäuschten jungen Leuten an sich zog. Die Bewegung schaffte den Sprung von 400 Mitgliedern, organisiert in vier Tempeln, zu 40 000 Anhängern in mehr als 100 Tempeln. Malcolms feurige Reden brachten die »Nation of Islam« in den sechziger Jahren in die Schlagzeilen. Die unterschiedlichen Optionen der Afroamerikaner waren nun klar: Sie hatten die Wahl zwischen den Integrationsbemühungen Martin Luther Kings und seiner christlichen Botschaft, die im anhaltenden Betteln um das Wohlwollen und die Duldung des weißen Mannes zu bestehen schien, und der separatistischen Option, wie sie die »Nation of Islam« verfocht. Malcolms Botschaft bestand in Selbstverteidigung und ökonomischer und politischer Eigenständigkeit.

Im Jahr 1963 wurde Malcolm X von Elija Muhammad vom Predigtdienst suspendiert, weil er einige abschätzige Bemerkungen über die Ermordung von Präsident Kennedy gemacht hatte. Er begab sich auf die Pilgerfahrt nach Mekka, wo er ein Bekehrungserlebnis hatte und feststellte, daß die Lehren der »Nation of Islam« mit dem sunnitischen Islam unvereinbar waren. Er stellte außerdem fest, daß er während der Pilgerfahrt keinerlei Rassismus oder Unterscheidung von Menschen aufgrund ihrer Hautfarbe erlebte. Nach seiner Rückkehr entfremdete er sich von Elija Muhammad, da er erfuhr, daß dieser gegen seine eigenen Lehren moralischer Lebensführung verstoßen und mit mehreren seiner Sekretärinnen Kinder gezeugt hatte. Gestützt auf sunnitisch-islamische Lehren, gründete Malcolm X seine eigene Organisation, wurde jedoch kurz darauf ermordet. Viele sind davon überzeugt, daß Louis Farrakhan in seine Ermordung verstrickt war, hatte er doch gesagt: »Ein Mann wie Malcolm hat den Tod verdient und wäre längst tot, wenn Muhammad nicht auf Allahs Sieg über seine Feinde vertrauen würde.«

Louis Farrakhan wurde zunächst durch einen Freund in die Lehren der »Nation of Islam« eingeführt. Als er später die Gelegenheit hatte, Malcolm sprechen zu hören, war er anfangs über dessen Haßpredigten gegen die Weißen beunruhigt. Seine Entscheidung, der »Nation of Islam« beizutreten, fiel erst im Jahr 1955 nach einer direkten Begegnung mit ihrem Führer. Auf Drängen eines Freundes besuchte er die jährliche Zusammenkunft zum Savior's Day in Chicago. Elija Muhammad war durch seine Anwesenheit im Auditorium alarmiert. Farrakhan gab zu, daß er durch Elijas Englisch anfangs abgestoßen war. Während der Predigt schaute Elija ihn jedoch direkt an und sagte: »Bruder, achte nicht darauf, wie ich spreche; achte darauf, was ich sage. Ich hatte keine Gelegenheit, auf die feinen Schulen der Weißen zu gehen, denn immer wenn ich es versucht habe, waren die Türen verschlossen. Aber wenn du aufnimmst, was ich sage, und es in der schönen

Sprache, die du gelernt hast, ausdrücken kannst, kannst du mir helfen, unser Volk zu retten.« Von diesem Tag an nahm Louis Farrakhan die Herausforderung und die Verantwortung an, sich für die Verbesserung der Lebensbedingungen der afroamerikanischen Bevölkerung einzusetzen.

Farrakhan wurde ein treuer Jünger. Vor seiner Konversion hatte er als Musiker und Calypso-Sänger in Nachtclubs gejobt. Er schrieb einen populären Song »White Man's Heaven is Blackman's Hell«, der auf den Versammlungen der »Nation of Islam« gesungen wurde:

»Ein göttlicher Botschafter,
von dem einst prophezeit wurde, daß er kommen sollte:
sein Name ist Elija.
Wir können jetzt aufstehen,
um es der ganzen Welt zu sagen:
Unser Gott ist gekommen, um uns den Himmel zu geben
und den Teufel in die Hölle zu schicken.

Warum werden wir Neger genannt?
Warum sind wir taub, dumm und blind?
Warum kommt jedermann voran,
und nur wir bleiben anscheinend zurück?
Warum werden wir mißhandelt?
Warum befinden wir uns in solcher Lage, beraubt unserer Namen,
unserer Sprache, unserer Kultur, unseres Gottes und unserer Religion?

Man hat uns von einem Himmel erzählt, weit über den Wolken,
den wir derzeit aber nicht genießen dürfen,
sondern erst wenn wir gestorben sind ...
Die Bibel spricht von einem Himmel voll von materiellem Luxus,
den der weiße Mann und der Prediger hier schon haben, wie wir sehen.
So nimm es, mein Freund, wie es ist:
Dein Himmel und Deine Hölle sind hier auf der Erde.

Der schwarze Mann ist überall im Kommen.
Er hat den weißen Mann aus Asien herausgeschmissen,
und aus Afrika geht er auch schon schnell heraus.
Mit jeder Unze Kraft und Atem
schreit er heraus: ›Gib uns Freiheit oder Tod!‹
Die ganze schwarze Welt richtet ihre Augen auf euch,
um zu sehen, was der sogenannte Neger macht.
So, mein Freund, man kann es leicht sagen:
Unsere Einigkeit wird dem weißen Mann die Hölle geben.

Gott gab ein Versprechen an Abraham.
Seine Nachkommen würden Fremde in fremdem Land sein.
Sie würden 400 Jahre lang leiden und dulden.
Doch dann würde er kommen und ihre Tränen wegwischen.
Unser Gott und Erlöser Allah ist gekommen
und hat erklärt, daß die Tage des weißen Mannes vorbei sind.«

Farrakhan schrieb auch zwei Theaterstücke. In *The Trial* spricht eine durchgängig schwarze Jury die Weißen schuldig, die größten Lügner, Trunkenbolde, Spieler, Friedensbrecher und Unruhestifter auf Erden zu sein. Das Stück *Orgena* (= »a negro«, rückwärts buchstabiert) enthält das Lied »Black Gold« und stellt dar, wie schwarze Frauen durch ihre Lebensumstände gezwungen sind, ihre Körper zu verkaufen. Elija scheint diese Art von Darstellung mißbilligt und Farrakhan gebeten zu haben, sich seinem Dienst als Pfarrer zu widmen. Dieser schrieb auch »Look at My Chains«, das von Radio Kuba in die Vereinigten Staaten ausgestrahlt wurde.

Als Elija Muhammad 1975 starb, wurde sein Sohn Warith Deen Muhammad als sein Nachfolger anerkannt. Unter seiner Führung wurde die »Nation of Islam« in Richtung auf den sunnitischen Islam auf Kurs gebracht. Die Tempel wurden in Moscheen umbenannt. Das Mobiliar in den Versammlungsräumen wurde durch Gebetsteppiche ersetzt. Die Muslime wurden in den fünf Säulen des Islams unterrichtet sowie in die vorgeschriebenen täglichen Gebete und in das Ramadan-Fasten eingeführt. Man ermutigte sie, Arabisch zu lernen, um den Koran lesen und verstehen zu können. Die Mitgliedschaft wurde nun auch Weißen ermöglicht. Vielen gingen diese dramatischen Veränderungen zu weit. Um das Jahr 1978 gab es eine Krise, im Verlauf derer Warith Deen Muhammad als Führer zurücktrat und einen Regionalrat von sechs Imamen einsetzte, der die Geschäfte der Gemeinschaft leiten sollte.

Viele der enttäuschten Mitglieder der »Nation of Islam« verließen die Organisation, darunter mehrere Angestellte der »Nation«, die über die dramatischen Veränderungen unglücklich waren. Farrakhan hatte Warith Deen Muhammad eine Zeitlang unterstützt, war aber später über dessen fehlende charismatische Führungskraft und die propagierten Integrationstendenzen enttäuscht. Als Warith Deen Muhammad die Organisation auflöste und ihre Mitglieder dazu aufrief, mit eingewanderten Muslimen zu kooperieren, entschloß sich Farrakhan dazu, die »Nation of Islam« neu aufzubauen. Indem er zu ihren ursprünglichen Lehren und der alten

Rhetorik zurückkehrte, konnte er die Unterstützung all derer gewinnen, die mit der Neuausrichtung auf den orthodoxen Islam hin unzufrieden waren. Anfangs hatte er nur wenige Gefolgsleute, die sich in Hinterzimmern trafen. Im Jahr 1981 nahmen bereits 5000 Anhänger am Savior's Day teil. Laut Farrakhans Bericht war sein Wiederaufbau der »Nation of Islam« vom verstorbenen Elija Muhammad sanktioniert worden. Während eines Urlaubs in Mexiko, so erzählte er, wurde er in ein Raumschiff gebracht und traf dort Elija Muhammad, der ihm den Mantel der Führung überreichte. Er publizierte sodann *The Final Call*, wo er die Forderungen Elija Muhammads wiederaufnahm. Es entstanden übrigens auch andere Splittergruppen, die sich »Nation of Islam« nannten; zu ihren Führern zählten John Muhammad in Detroit, Caliph in Baltimore und Silas Muhammad in Atlanta.

Mehr als alle anderen afroamerikanischen Führer scheint Farrakhan extreme Reaktionen auszulösen; sie reichen von Dämonisierung bis hin zu Bewunderung. Er erhält Schimpfnamen sowohl von der Presse als auch von denen, die seine Ansprüche bekämpfen und/oder sich von ihm trennen. Man hat ihn rassistisch, bigott, antisemitisch und einen schwarzen Hitler genannt oder auch als Extremisten, Haßprediger und Demagogen bezeichnet. Es ist als der »Prophet des Zornes» und als »Charmeur« dargestellt worden. Nachdem er im Laufe seines Lebens mehrere Namen gehabt hatte – Louis X, Louis Farrakhan, Abdul Haleem Farrakhan und schließlich wieder Louis Farrakhan –, präferiert er derzeit »Pastor Louis Farrakhan«.

Die »Nation of Islam« besitzt zur Zeit mehr als 120 Moscheen und ein Wirtschaftsimperium von vielen Millionen Dollar. Unter den Wirtschaftseinheiten finden sich Kosmetik-, Pharma- und Seifenfirmen, außerdem einige Bekleidungs- und Medienunternehmen, die von Muammar al-Qaddafi gesponsert werden; der Rest hängt hauptsächlich von staatlicher Unterstützung für Sicherheitsfirmen ab, weshalb Farrakhan Gefahr läuft, von den Wechselfällen der staatlichen Politik in Beschlag genommen zu werden.

Die »Nation of Islam« hatte eine wechselhafte Beziehung zu verschiedenen Behörden des Bundesstaates. Während des Zweiten Weltkriegs stand die Führung unter sorgfältiger Beobachtung durch das FBI, weil man sie der Agententätigkeit für die Japaner verdächtigte. Mehrere Mitglieder, darunter Elija Muhammad, wurden wegen Widerstands gegen die Einberufung zum Militärdienst in Haft genommen. In der Nachkriegsperiode entwickelte das FBI ein Programm der Gegenspionage, um die »Nation« zu diskreditieren und die amerikanische Öffentlichkeit mit den »widerwärtigen Aspekten der Organisation und ihren rassistischen Haßlehren«, wie es hieß, bekannt zu machen. Im Jahr 1959 ließ man Informationen über die Organisation an bedeutende amerikanische Magazine wie *Saturday Evening Post*, *Time* und *US News and World Report* durchsickern, die pflichtgemäß Artikel über die »Nation of Islam« herausbrachten. Ihre simultane Negativ-Berichterstattung wurde von einigen Mitgliedern der »Nation« als eine Verschwörung seitens der amerikanischen Regierung angesehen: »Wie auf ein Zeichen hin startete die weiße Presse einen wütenden Angriff auf Botschafter Muhammad und die Nation of Islam. [...] Es ist kein Zufall, wenn die Mitglieder eines großen Orchesters gleichzeitig dieselbe Melodie anstimmen« (Cushmere 1971, S. 39f.). Später stiftete das FBI Unstimmigkeiten innerhalb der »Nation«. Dadurch soll dem Ausschluß und schließlich der Ermordung von Malcolm X der Boden bereitet worden sein. Im August 1967 erweiterte das FBI seine Aktivitäten auf andere schwarze nationalistische Gruppen und bemühte sich systematisch, »die Aktivitäten von schwarzen Nationalisten, Haßorganisationen und -gruppen, ihre Führer, Sprecher, Mitglieder und Sympathisanten zu entlarven, zu stören, in Mißkredit zu bringen oder sonstwie zu neutralisieren«.

Seit Beginn dieses Jahrhunderts stand die Jüdische Gemeinschaft stets an vorderster Front, wenn es um die Unterstützung für Bürgerrechte und die Abschaffung der Segregation im Süden ging. Jüdische Gruppen waren auch die wichtigsten finanziellen Förderer verschiedener afroamerikanischer Organisationen; dazu zählen der »Congress of Racial Equality« (CORE), das »Student Non-Violent Coordinating Committee« (SNCC), die »National Association for the Advancement of Colored People« (NAACP) und die »Southern Christian Leadership Conference« (SCLC). Gleichzeitig kamen die Schwarzen in den Ghettos im Norden jedoch täglich in Kontakt mit den jüdischen »Slum-Lords« und Ladenbesitzern, die zunehmend als Ausbeuter angesehen wurden. Die »Black Power«-Bewegung der sechziger Jahre verfocht mit Nachdruck die Selbstbestimmung und den Machtanspruch der Afroamerikaner. Sie versuchte, die Führung der schwarzen Organisationen unter ihre Kontrolle zu bekommen, und verkündete das Recht der Schwarzen, ihr Schicksal selbst zu bestimmen. Ermutigt durch die wachsende Zahl afrikanischer Nationen, die die Unabhängigkeit erlangten, und durch die Bekräftigung der »Jewish Power«, die ihrerseits durch den Zionismus Auftrieb fand, verdrängten die Protagonisten der »Black Power« die meist jüdischen Weißen aus ihren Organisationen. Hinzu kam in jüngerer Zeit, daß, wenn immer Schwarze für »Affirmative Action«, für Quotierungen in den Arbeitsverhältnissen, für bessere Chancen in Bildung, Kreditwesen und Wirtschaftsleben kämpften, die Juden gegen solche Maßnahmen waren, weil sie Angst hatten, ihre Positionen in den Unternehmen und Universitäten zu verlieren.

Farrakhan erlangte nationale Berühmtheit, als Jesse Jackson sich in den Vorwahlen von 1984 um die Präsidentschaft bewarb. Unmittelbar nachdem sich Jackson entschieden hatte anzutreten, verbreitete die »Anti-Defamation League« ein Memorandum, in dem er aufgrund einer Begegnung mit Yasser Arafat als Terroristenunterstützer und Antisemit dargestellt wurde. Als Jackson zahlreiche Todesdrohungen der »Jewish Defense League« erhielt, weigerte sich anfänglich der Geheimdienst, der für die Sicherheit der Präsidentschaftskandidaten verantwortlich ist, ihm Schutz zu gewähren. Daraufhin bot Farrakhan Jackson den Leibwächterdienst der »Fruit of Islam« an. Später begleitete Farrakhan Jackson nach Syrien und half ihm, die Freilassung des Piloten Robert O. Goodman auszuhandeln. Infolgedessen brach die Koalition zwischen Schwarzen und Juden, die im Kontext der Bürgerrechtsbewegungen zustande gekommen war, auseinander. Während 90% der Schwarzen für Jackson stimmten, erhielt er weniger als 10% der jüdischen Stimmen.

Farrakhans Kritik an der amerikanischen Unterstützung für Israel hat ihn bei der jüdischen Gemeinschaft nicht gerade beliebt gemacht. Er bezeichnete die ständige Hilfeleistung an den jüdischen Staat als einen Akt des staatlichen Rassismus, weil die Hilfe zugunsten von Millionen von Afrikanern daran gemessen minimal sei. »Amerika gibt 4 Milliarden Dollar Hilfeleistung an Israel, dessen Bevölkerungszahl gerade 6 Millionen beträgt, während es nur 1 Milliarde an Hilfeleistung an das gesamte subsaharische Afrika mit seinen mehr als 600 Millionen Einwohnern gibt. Dies zeigt uns deutlich, wo die Prioritäten der Regierung liegen. Amerika will einen Posten behalten und die weiße Vorherrschaft in der Welt aufrechterhalten, während es seine Menschen daheim beraubt.

Amerika hat 10 Milliarden für obdachlose Juden in Rußland ausgegeben, während Millionen seiner eigenen Menschen unter den Brücken, in Pappkartons oder auf der Straße leben« (Farrakhan 1993, S. 33).

Farrakhan glaubt, daß die jüdische Gemeinschaft von ihm besessen sei, daß sie jede seiner Bewegungen beobachte und versuche, seine Bemühungen um Selbsthilfe in der schwarzen Gemeinschaft zu behindern. Er ist davon überzeugt, daß die Medien der Elite, die seine Stellungnahmen ohne Berücksichtigung des Kontextes geißeln, an einer unfairen Dämonisierungskampagne mitwirken. Er wehrt sich gegen den angeblichen jüdischen Einfluß in den elitären Medien (z. B. in *The New York Times*, *Wall Street Journal*, *The Washington Post*, *Time*, *Newsweek*, *U. S. News and World Report*, den Nachrichtenabteilungen von ABC, NBC, PBS und CBS), die nach seiner Schätzung von 1982 zu 25 bis 30% in jüdischer Hand seien.

Für die jüdische Gemeinschaft ist Farrakhan zu einer überlebensgroßen Bedrohung ihrer Existenz geworden. Jedes Statement wird sorgfältig auf mögliche Ansätze von Rassismus oder Antisemitismus hin analysiert. Als er beispielsweise die Teilnehmer am »Marsch der Million Männer« dazu aufrief, von Sonnenuntergang zu Sonnenuntergang zu fasten, um einen Tag der Buße einzulegen, »wurden die Juden wütend, weil sie darin eine Nachahmung des Yom Kippur sahen: war dies eine weitere Beleidigung von seiten des Mannes, der sie und ihren Glauben schon so oft geschmäht hatte?« (Magida 1996, S. 191).

Farrakhan ist außerdem darüber erbost, daß die Medien das Leiden der Schwarzen nicht ernst nehmen. Während der Schrekken des Holocaust Darstellung in Erzählungen und Filmen, in Denkmälern und Museen gefunden habe, sei dem Schrecken der Sklaverei in den Vereinigten Staaten wenig Aufmerksamkeit gewidmet worden. Zu dieser Ungerechtigkeit kommt für Farrakhan die Beleidigung, daß die amerikanischen Medien seinem Gefühl nach das jüdische Leiden betonen und dessen Erinnerung festigen, während sie das Leiden der Afroamerikaner ignorieren und letztere noch dafür beschuldigen, daß sie darauf herumreiten. Ein Beispiel dafür ist das Interview, das er am 22. April 1994 Barbara Walters in der ABC-Sendung *20/20* gab:

Farrakhan: »Wenn ich einen Film anschauen muß und sehe, daß ein Schwarzer als Blödmann dargestellt wird ...«

Walters: »Das kommt doch nicht mehr vor; das hat sich geändert.«
Farrakhan: »Aber das Bild existiert.«
Walters: »Die Gesellschaft ist auf dem Wege...«
Farrakhan: »Aber das Bild existiert. Als ich zur Schule gehen mußte und im Schulbuch über ›Little Black Sambo‹ las...«
Walters: »Es hat sich geändert. Das gibt es nicht mehr.«
Farrakhan hatte den Eindruck, daß Barbara Walters mit zweierlei Maß messe und fragte, wie sie sich wohl fühlen würde, wenn die Leute das jüdische Leiden während des Holocausts abtun würden, indem sie es der Vergangenheit zurechneten und nicht als erinnerungswürdig darstellten.

Farrakhan beleidigte die jüdische Gemeinschaft außerdem dadurch, daß er die Ergebnisse des Buches *The Secret Relationship Between Blacks and Jews* verteidigte, das die Forschungsabteilung der »Nation of Islam« 1991 veröffentlichte. Darin werden die Juden beschuldigt, in den Sklavenhandel verwickelt gewesen zu sein: »Sie nahmen teil an der Gefangennahme und der gewaltsamen Auslieferung von Millionen schwarzafrikanischer Bürger an das elende und inhumane Leben der Sklaverei um des finanziellen Vorteils der Juden willen. Die Auswirkungen dieser Tragödie werden von den Völkern der Welt bis in die gegenwärtige Stunde verspürt« (The Nation of Islam 1991, S. VII).

Die Dämonisierungskampagnen gegen Farrakhan haben dazu geführt, daß es außerordentlich schwer geworden ist, seine Rolle und Ideen, seine Botschaft und seinen Einfluß fair zu beurteilen. Seine Anhänger schimpfen darüber, daß die »Anti Defamation League« jeden, der den Namen Farrakhan erwähnt, dazu zwingt, damit sogleich dessen Verurteilung als Antisemit zu verknüpfen. Die League hat die Führungsfiguren der afroamerikanischen Community mehrfach aufgefordert, Farrakhan zu isolieren und ihn von der Teilnahme an größeren Veranstaltungen auszuschließen. Die afroamerikanische Gemeinde wurde auf diese Weise in die schwierige Lage gedrängt, sich entscheiden zu müssen zwischen einem Bruder, der als Sprecher der Forderungen der schwarzen Unterklasse gilt (was das Risiko impliziert, von der Elite an den Rand gedrängt zu werden), oder sich im Rampenlicht jener ausgewählten und anerkannten afroamerikanischen Führer zu sonnen, die in die amerikanische Mainstream-Gesellschaft kooptiert worden sind. Als Coretta King im Jahr 1993 einen Marsch nach Washington organisierte, um an den 25. Jahrestag des historischen Marsches Martin Luther Kings nach Washington zu erinnern, drohten jüdische Organisationen mit ihrem Rückzug von der Veranstaltung, um gegen die Teilnahme der »Nation of Islam« und arabischstämmiger Amerikaner zu protestieren.

Ein Jahr später wurde Farrakhan widerstrebend in die Reihen der afroamerikanischen Führung aufgenommen, als man ihm gestattete, an einem Treffen am Convention Center in Washington, D. C. teilzunehmen, zu dem 10 000 afroamerikanische Führungsfiguren aus allen Teilen der USA zusammenkamen, um über den Zustand der afroamerikanischen Community zu debattieren. Farrakhan beschuldigte die Führung, »den Juden nachgegeben« und ihn – aufgrund einer Drohung des Rabbi Saperstein – vom Marsch des Jahres 1993 ausgeschlossen zu haben. Es fand eine Art Versöhnung statt, und man nahm Farrakhan in die Führungsgruppe auf, indem man einen »heiligen Bund« schuf.

Die Dämonisierung Farrakhans durch die Medien der Mehrheitsgesellschaft wirkte schließlich als ein zusätzlicher Anreiz für die männlichen Afroamerikaner, seinem Aufruf zum Marsch zu folgen. Denn die Afroamerikaner sind es weitgehend leid, sich von den Weißen sagen zu lassen, was sie denken, fordern und wünschen sollen. Außerdem waren sie durch den herablassenden Ton derer beleidigt, die ihnen ohne Zögern erklärten, was sie als berechtigten Ärger und was sie als Buße verstehen sollten, wer an dem Marsch teilnehmen und v. a. wer ihre legitime Führung sein sollte.

Entgegen der Annahme, daß Farrakhans Botschaft primär für die Unterklasse attraktiv sei, zeigte der Marsch, daß sich weite Kreise angesprochen fühlten. Nach einer Untersuchung, durchgeführt vom Wellington Group Research Think Tank und der Howard University, hatten lediglich 8 % der Teilnehmer ein Jahreseinkommen von weniger als 15 000 Dollar; 25 % verfügten über ein Einkommen zwischen 50 000 und 74 000 Dollar. In derselben Untersuchung zeigte sich, daß Farrakhan als Nummer 1 unter den Führungsfiguren der Afroamerikaner rangierte – noch vor Colin Powell, Jesse Jackson, Coretta King und Johnnie Cochran (vgl. al-Islam 1996, S. 21).

Für viele, die dem Aufruf zum Marsch Folge leisteten, war er nicht sosehr die Erfüllung von Farrakhans separatischen Wünschen als vielmehr eine Bestätigung der Tatsache, daß die schwarze Bevölkerung faktisch in separaten Ghettos existiert. Es ging darum, den Schleier wegzureißen, den der herrschende öffentliche

Diskurs über Integration, Differenz, Pluralismus und Multikulturalismus legt, um die Realität von Armut, Arbeitslosigkeit und Gewalt in den Ghettos zu verbergen. Es ging darum, auszubrechen aus der Beengung und zu bekräftigen, daß die Nation aufstehen und ihren Platz einfordern wird, damit sie auch in Washington repräsentiert ist.

Die meisten Teilnehmer am Marsch sind anscheinend Farrakhans Aufforderung gefolgt, Buße zu tun für ihre Vernachlässigung der schwarzen Gesellschaft. Sie unterstützten Farrakhans Diagnose dessen, was die amerikanische Gesellschaft plagt, und waren bereit, wieder etwas in die schwarze Gesellschaft zu investieren, um die Hoffnungslosigkeit zu überwinden und unerfüllte Träume zu verwirklichen. Sie machten mit, weil sie durch den Marsch ihre Männlichkeit, d. h. ihre Rolle als Väter, Söhne und Ehemänner, bestätigen wollten, um so Amerika wissen zu lassen, daß sie keineswegs dem Schicksal erliegen werden, das die Mainstream-Gesellschaft für sie vorgesehen hat. Sie verlangen mehr und dies zu Recht. Die Gesellschaft kann sie weder ignorieren noch die Verantwortung für ihre gegenwärtige Lage verdrängen.

Die typische »orthodox-islamische« Antwort auf den Marsch der Million Männer war: »Der Mann ist kein Muslim, sondern ein *Kafir* [Ungläubiger], und wir können nichts von dem unterstützen, was er tut« (al-Islam 1996, S. 21). Oberflächlich gesehen, ähnelt dies den Positionen von Angela Davis, General Colin Powell und der National Baptist Convention, die die Botschaft, nicht aber den Verkünder der Botschaft unterstützten und deshalb ihre Teilnahme absagten. Einige sahen darin gleichwohl eine besondere Bedeutung und bekamen über das Fernsehen eine eigene Lektion: »Ich fühle ganz deutlich, daß einige wichtige Lektionen aus den Ereignissen um Pastor Farrakhan gelernt werden können. Der Marsch der Million Männer hat mir gezeigt, daß es eine Menge schwarzer Männer gibt, die spirituelle Leitung brauchen, und ich bin davon überzeugt, daß der Islam ihnen alles geben kann, was sie brauchen. Pastor Farrakhan hat auch mich aufgeweckt und mir klargemacht:

1. Sei aggressiver und strategischer in der Ausbreitung der Botschaft des Islams.
2. Kümmere dich mehr um solche Gemeinschaftsangelegenheiten, die die geistigen Werte fördern.
3. Arbeite unermüdlich für die Einheit und Kooperation der Muslime.

4. Entwickle spezielle Programme für Jugendliche.
5. Bemühe dich, ein besserer Muslim zu werden.

Letztendlich steht Gott selbst in Pflicht [...]« (al-Islam 1996, S. 28).

Die Teilnehmer am Marsch gelobten, zur Befreiung der afroamerikanischen Gesellschaft beizutragen: »Ich gelobe, daß ich mich von diesem Tag an darum bemühen werde, meinen Bruder wie mich selbst zu lieben. Von diesem Tag an werde ich mich darum bemühen, mich spirituell, moralisch, geistig, sozial, politisch und ökonomisch zu verbessern – für mich selbst, für meine Familie und für mein Volk. Ich gelobe, daß ich mich darum bemühen werde, Geschäfte, Häuser, Krankenhäuser und Fabriken aufzubauen und in den internationalen Handel einzusteigen – für mich selbst, für meine Familie und für mein Volk. Ich gelobe, daß ich von diesem Tag an niemals meine Hand mit einem Messer oder einer Schußwaffe erheben werde, um ein Mitglied meiner Familie oder irgendein menschliches Wesen zu schlagen, zu stechen oder niederzuschießen, es sei denn zur Selbstverteidigung. Ich gelobe, daß ich von diesem Tag an niemals meine Ehefrau durch Schläge oder Respektlosigkeit mißhandeln werde, denn sie ist die Mutter meiner Kinder und die Quelle meiner Zukunft. Ich gelobe, daß ich von diesem Tag an niemals Kinder, kleine Jungen oder kleine Mädchen sexuell mißbrauchen werde, denn ich will, daß sie in Frieden aufwachsen, um starke Männer und Frauen zu werden, für die Zukunft unseres Volkes. Ich werde niemals mehr eine Frau – und zuallerletzt meine schwarze Schwester – mit einem Schimpfwort beleidigen. Ich gelobe, daß ich von diesem Tag an meinen Körper nicht mit Drogen vergiften werde, noch auch mit anderen Stoffen, die schädlich für meine Gesundheit und mein Wohlbefinden sind. Ich gelobe, daß ich von diesem Tag an schwarze Zeitungen, schwarzes Radio und schwarzes Fernsehen unterstützen werde. Ich werde schwarze Künstler unterstützen, die ihre Darstellungen sauberhalten aus Respekt für ihr Volk und für die Erben der menschlichen Familie. All dies werde ich tun, so wahr mir Gott helfe.«

Eine jüngst erschienene Artikelserie der *San José Mercury News* hat über Operationen der CIA in der Verteilung und dem Verkauf von Kokain unter Schwarzamerikanern berichtet, die dazu dienen sollten, Waffenlieferungen an die Kontra-Rebellen in Nicaragua zu finanzieren; dies hat den Anschuldigungen Farrakhans, die er über ein Jahrzehnt lang im *Final Call* veröffentlicht hatte, Glaubwürdigkeit verliehen. Unterschwellige Ansichten, die schon seit langem unter Afroamerikanern existieren, nämlich daß es eine staatliche Verschwörung gegen die schwarze Bevölkerung gebe, sind auf diese Weise zutage getreten. Viele Afroamerikaner sagen inzwischen offen: »Drogen, Aids, Waffen, Gefängnisse – all das ist eine neue Form von Sklaverei für uns.« Es laufe auf einen »systematischen Genozid« hinaus. Die Tatsache, daß eine unverhältnismäßig große Zahl von Schwarzen an Aids gestorben ist, hat den Verdacht aufkommen lassen, daß es sich dabei um eine künstliche Seuche handelt, die gegen die schwarze Bevölkerung gerichtet ist. Solche Wahrnehmungen gewinnen für manche Leute Plausibilität, wenn sie in Verbindung mit einem – wie manche sagen – »Präzedenzfall« gebracht werden, der darin bestand, daß die Regierung der Vereinigten Staaten zwischen 1932 und 1972 einer Zahl von 399 afroamerikanischen Männern die Behandlung der Syphilis vorenthielt, um den Verlauf der Krankheit zu untersuchen.

Obwohl im Lauf des 20. Jahrhunderts große Fortschritte in der Öffnung der amerikanischen Gesellschaft für die Schwarzen und deren Integration in den Mainstream der weißen Gesellschaft gemacht worden sind, bleibt eine große Diskrepanz zwischen Schwarzen und Weißen hinsichtlich von Lebenserwartung (besonders für die Männer), Einkommen, Zugang zu Krankenversorgung, Bildung, Wohnung und anderen Ressourcen. Ein Beispiel: Schwarze Männer machen 7% der Gesamtbevölkerung und zugleich 48% der Gefängnisinsassen aus.

In jüngerer Zeit haben mehrere staatliche Behörden ihre Kontrakte mit der »Nation of Islam« gekündigt und deren ökonomische Basis auf diese Weise in Gefahr gebracht. Bei der Aufkündigung von Verträgen mit der »Nation«, in denen es um Sicherheitsdienste für innerstädtische Wohnprojekte ging, hat man in Kauf genommen, daß erfolgreiche Bemühungen der »Nation« um die Befreiung der Ghettos von Drogen, Prostitution und Gewalt zerstört werden würden.

Im Bestreben, Gelder für Investitionen in den Ghettos zu akquirieren und die Beschäftigung junger Leute zu verbessern, unternahm Farrakhan im Januar und Februar 1996 eine Reise – seine »World Friendship Tour« –, die ihn in 23 Länder, darunter Libyen, Irak und Iran, führte. Berichten zufolge versprach Muammar al-Qaddafi ihm eine Milliarde Dollar, um die unterdrückten

»Schwarzen, Araber, Muslime und Indianer« zu mobilisieren und die amerikanischen Wahlen zu beeinflussen. Das Justizministerium versuchte daraufhin, Farrakhan als ausländischen Lobbyisten registrieren zu lassen, während das Außenministerium ihn beschuldigte, sich mit Diktatoren abzugeben. Seine Antwort erfolgte am 25. Februar, zum Savior's Day in Chicago. Dort gab er bekannt, daß er, wenn er vor dem Kongreß Zeugnis ablegen müßte, die Abgeordneten als »Ehrenmitglieder der israelischen Knesset« bezeichnen würde. Er kündigte außerdem an, daß er die Frage der uneingeschränkten amerikanischen Unterstützung für Israel aufbringen wolle. »Jedes Jahr gebt ihr vier bis sechs Milliarden Dollar Steuergelder an Israel, ohne die Leute deshalb gefragt zu haben. Wessen Vertreter seid ihr eigentlich?«[1]

Die Bürgerrechtsbewegung der sechziger Jahre war insofern erfolgreich, als sie die gesetzliche Segregation beenden konnte und Partizipationschancen für Afroamerikaner in Bereichen eröffnete, die bis dato als exklusiv weiß gegolten hatten. Die Vorurteile gegen Menschen dunkler Hautfarbe sind jedoch nicht verschwunden. Nach wie vor fühlen sich Afroamerikaner ohnmächtig, weil sie eben keinen gleichen Einfluß auf die Definition und Gestaltung der amerikanischen Gesellschaft nehmen können. Die Bürgerrechtsbewegung hat sicherlich dazu beigetragen, herrschende Diskurse zu verändern. Die alten, biologisch unterlegten Theorien der weißen Überlegenheit gelten mittlerweile als politisch »unkorrekt«. An ihre Stelle sind indes neue Theorien getreten, die die persönliche Befähigung und Leistung glorifizieren. Wenn es jemandem nicht gelingt, sich aus seiner Umwelt zu befreien, so ist dies aus dieser Perspektive ein Ausdruck persönlichen Unvermögens und nicht die Nebenfolge struktureller oder sozioökonomischer Hindernisse.

Farrakhan bietet sich selbst als Fackelträger an, der die nach Gerechtigkeit und Wahrheit Hungernden und Dürstenden führen will. Er attackiert die amerikanische Gesellschaft, weil sie der von ihm angebotenen göttlichen Lösung nicht folgen will. Liegt es daran, daß diese Lösung »nicht von jemandem aus eurer eigenen Klasse, eurem Geschlecht, eurem Glauben, eurer Hautfarbe, Parteizugehörigkeit und Nationalität getragen wird?« (Farrakhan 1993, S. 5). Das rassische Vorurteil der Amerikaner hindert sie sei-

1 Zitiert nach *Washington Post*, 21. 2. 1996, S. A 1.

ner Meinung nach daran, die Wahrheit anzuerkennen. »Gott hat stets aus dem Kreis der Verachteten und Verstoßenen ausgewählt. Wenn es einen Herrn und einen Sklaven gab, hat Gott die Lösung stets in den Kopf des Sklaven gegeben. Aber wenn Amerika keinen Respekt mehr für menschliches Leben oder für die ehemaligen Sklaven hat, dann wird Amerika die Lösung seines Problems verpassen« (ebd., S. 24).

In einem Interview aus dem Jahr 1989 faßte Farrakhan seine Beurteilung der staatlichen Sozialreformen zusammen und nannte sie das eigentliche Problem. Er allein, so glaubt er, hat die Antwort auf die Hoffnungslosigkeit des schwarzen Mannes. Er allein kennt die Lösung. »Wir können den Verurteilten bessern, ihr könnt es nicht. Wir können den Drogensüchtigen bessern, ihr könnt es nicht. Wir bessern den Alkoholiker und die Prostituierte, ihr tut es nicht. Wir nehmen die Armen auf und geben ihnen Hoffnung, indem wir sie etwas für sich tun lassen. Ihr tut es nicht. Wir sind eure Lösung« (Gardell 1994, S. 42).

Aus dem Englischen von Heiner Bielefeldt

Literatur

Al-Islam, A.: *Minister Farrakhan and the Multi-Positional Self*, in: *The Message* (März 1996).

Cushmere, B.: *This is the One: Messenger Muhammad. We Need Not Look for Another.* Phoenix 1971.

Farrakhan, L.: *A Torchlight for America.* Chicago 1993.

Gardell, M.: *The Sun of Islam Will Rise in the West: Minister Farrakhan and the Nation of Islam in the Latter Days*, in: Haddad, Y. Y./Smith, J. I. (Hg.): *Muslim Communities in North America.* Albany 1994.

Gardell, M.: *In the Name of Elija Muhammad: Louis Farrakhan and the Nation of Islam.* Durham 1996.

Glazer, N.: *Ethnic Dilemmas 1964-1980.* Cambridge 1983.

Kaufman, J.: *Broken Alliance: The Turbulent Times between Blacks and Jews in America.* New York 1988.

Magida, A. J.: *Prophet of Rage: A Life of Louis Farrakhan and his Nation*, New York 1996.

The Nation of Islam (Historical Research Department): *The Secret Relationship Between Blacks and Jews.* Vol. 1. Chicago 1991.

Berit Bretthauer
Geschäftsmänner Gottes auf Erden: Fundamentalismus und Medien in den USA

Ministry can be entertainment. *Robert Schuller*[1]

Millionen von Zuschauern und Zuhörern verfolgen jede Woche die Programme des religiösen Rundfunks in den USA. Hunderttausende unterstützen das religiöse Fernsehen, auch Televangelismus[2] oder elektronische Kirche genannt, kontinuierlich durch monatliche Spenden. Dieses breite Engagement des Publikums zielt v. a. auf den von protestantischen Fundamentalisten und Evangelikalen[3] dominierten religiösen Rundfunk in den USA. Die konservativen Protestanten in den Vereinigten Staaten üben nicht nur ein nahezu uneingeschränktes Monopol auf das religiöse Fernsehen aus, sondern sie kontrollieren auch drei Viertel aller religiösen Radioprogramme. In einem der modernsten westlichen Länder der Welt also, in dem Religion vom säkularen Fernsehen weitestgehend ignoriert wird, dominieren Evangelikale und Fundamentalisten fast den gesamten religiösen Rundfunk. Die Konsequenzen dieser konservativ-religiösen Medienoffensive für das politische und religiöse Leben in den USA sind kaum zu überschätzen. So ist beispielsweise die starke öffentliche Wirkung der

1 Zitiert in: Happening Production 1995.

2 »Televangelismus« als fachsprachlicher Neologismus für »televangelism« (Hadden/ Shupe 1988) oder auch »elektronische Kirche« (Gerbner u. a. 1984a) bzw. »Telekirche« bezeichnet das von Predigern aus dem konservativ-protestantischen Lager produzierte Fernsehen in den USA.

3 Die fundamentalistische Bewegung in den USA hat ihre theologischen Wurzeln im Dispensationalismus, der Theologie von Princeton, der Heiligkeitslehre und den Erneuerungsbewegungen und entstand in der Konfrontation mit dem Modernismus im ersten Viertel des 20. Jahrhunderts. Charakteristisch für den protestantischen Fundamentalismus sind der hohe Stellenwert der Evangelisation, der Glaube an die verbale Inspiration und wörtliche Gültigkeit der Bibel, ein oft starker Prämillenarismus (der auf den Einfluß des Dispensationalismus zurückzuführen ist) und die klare organisatorische Trennung von allen Kirchen, die diese Doktrinen nicht teilen. Evangelikal steht für das stärker auf innerreligiöse Kooperation zielende, theologisch jedoch dem Fundamentalismus nahestehende konservativ-protestantische Spektrum in den USA. Der in den letzten fünfundzwanzig Jahren weniger öffentlichkeitswirksame liberale Flügel des evangelikalen Lagers wird vernachlässigt.

evangelikalen Erneuerungsbewegung in den letzten fünfundzwanzig Jahren ohne den Televangelismus gar nicht denkbar. Ich möchte daher in den vorliegenen Betrachtungen über Fundamentalismus und Medien in den USA zunächst auf die politische Bedeutung der medienbezogenen Kompetenz des konservativen Protestantismus eingehen, um dann in einem historischen Rückblick der Frage nachzugehen, warum gerade das fundamentalistische und evangelikale Spektrum den religiösen Rundfunk in den USA dominiert. Anschließend werden die wichtigsten religiösen Fernsehprogramme, ihre Teleprediger und Zuschauer vorgestellt. Im letzten Teil meiner Betrachtungen soll der Einfluß der religiösen Medien, insbesondere des Televangelismus, auf ihr eigentliches Wirkungsfeld – die amerikanische Religionslandschaft – analysiert werden.

1. Die politische Bedeutung des evangelikalen und fundamentalistischen Rundfunks

Es ist unbestreitbar, daß der religiöse Rundfunk in Gestalt des Televangelismus einen entscheidenden Beitrag für die Rückkehr des evangelikalen und fundamentalistischen Spektrums in das öffentliche Leben der USA leistete. Nach Jahrzehnten politischer Abstinenz bewies der von vielen totgeglaubte konservative Protestantismus in den letzten fünfundzwanzig Jahren enorme öffentliche Agilität. Die Bedeutung des religiösen Fernsehens für diese politische Wiedergeburt des evangelikalen Spektrums sollte nicht außer acht gelassen werden. Das religiöse Fernsehen, bereits seit den siebziger Jahren fest in der Hand des fundamentalistischen und evangelikalen Lagers, wurde zur wichtigsten Stimme der Bewegung und stellte die Führer sowie einen wichtigen Teil der aktiven Basis des konservativ-religiösen Lagers. Der Teleprediger Jerry Falwell rief beispielsweise die in den achtziger Jahren öffentlich wirksamste Organisation der Neuen Christlichen Rechten, die »Moral Majority«, ins Leben; der Televangelist Pat Robertson kandidierte 1988 für die Präsidentschaftsnomination der Republikaner und ist Gründer der gegenwärtig wichtigsten Assoziation der religiösen Rechten, der »Christian Coalition«. Robertsons »Christian Coalition«, die von dem dynamischen Jungpolitiker Ralph Reed geführt wird, hat momentan mehr als eine Million engagierter Mitglieder. Sie gehört damit zu einer der aktivsten politischen Interessenorganisation in den USA. Falwell und Robertson nutzten außerdem ihr gewaltiges Spendenpotential zur Unterstützung der von ihnen geplanten politischen Aktivitäten.

Der entscheidende Beitrag der Telekirchen zur Politisierung der evangelikalen Bewegung hingegen war und ist wohl die öffentliche Debatte moralischer Fragen. Die Teleprediger wandten sich in ihren Sendungen gegen den Schwangerschaftsabbruch, gegen das »Equal Rights Amendment«, gegen Pornographie und hohe Scheidungsraten, gegen vor- und außerehelichen Sexualverkehr sowie gegen die Schwulen- und Lesbenbewegung. Mit diesen öffentlichen Protesten traten die Teleprediger ganz entschieden der Privatisierung von Moral entgegen. Der Versuch der Televangelisten, moralische Pluralisierungstendenzen in den USA aufzuhalten, ist nicht ohne Folgen geblieben. Obwohl ein Einfluß des religiösen Fernsehens auf das Wahlverhalten der Zuschauer bisher nicht direkt nachgewiesen werden konnte, scheint eines festzustehen: Der Televangelismus legitimierte das konservativ-protestantische Weltbild und stärkte somit das Selbstverständnis der Bewegung.[4] Eine zuvor marginalisierte religiöse Gruppierung rückte in das Blickfeld der Öffentlichkeit und machte sich zum Fürsprecher der bisher zum »Schweigen gezwungenen Mehrheit« (Moral Majority). Die starke Wirkung der »Neuen Christlichen Rechten«, des politischen Flügels des konservativen Protestantismus, ist ohne das religiöse Fernsehen gar nicht denkbar. In diesem Sinne hat Robert Wuthnow kürzlich festgestellt: »Communications media have been tremendously important for the Religious Right. It was clearly religious television that gave the movement its widest exposure. Had the Religious Right not enjoyed the technologies of religious television, it might never have become the powerful movement it did.«[5]

In einer Bestandsaufnahme der politischen Wirkung der »Neuen Christlichen Rechten« hat Corwin Smidt nachgewiesen, daß die politische Aktivität im evangelikalen Lager nicht nur in der

4 Auch Steve Bruce macht darauf aufmerksam, daß der Televangelismus politische Bedeutsamkeit durch die öffentliche Diskussion moralischer Fragen erlangte (Bruce 1988, S. 95 ff.). Zur engen Verknüpfung von religiösem Fernsehen und evangelikaler Erneuerungsbewegung: Fore 1987, S. 85; Hoover 1988, S. 18 ff.; Alexander 1994, S. 31 ff.

5 Zitiert nach: Wuthnow 1993, S. 41.

Führungsspitze, sondern auch an der Basis zugenommen hat. Evangelikale, die immerhin fast ein Viertel der amerikanischen weißen Wählerschaft stellen, gehen heute öfter zur Wahl als vor fünfzehn Jahren und sind in weit größerem Ausmaß Anhänger der Republikanischen Partei.[6] Da die Kirchengemeinden im evangelikalen Lager nach wie vor wachsen[7] und ihre Mitglieder stärker republikanisch orientiert sind als früher, kann man von der zunehmenden politischen Bedeutung dieses Sektors sprechen. In diesem Sinne bezeichnet James L. Guth den steigenden politischen Konservatismus der Evangelikalen als eine neue religiöse Komponente im Parteiensystem der USA (Guth 1993, S. 122). Es wäre allerdings falsch, einen kausalen Zusammenhang zwischen der öffentlichen Wirkung des Televangelismus und der Politisierung der evangelikalen Bewegung aufzustellen, schon allein deshalb, weil dafür kaum empirische Belege existieren.[8] Klar ist jedoch, daß die Legitimation des evangelikalen Weltbildes und die öffentliche Diskussion moralischer Fragen durch das religiöse Fernsehen das Selbstbewußtsein der konservativen Protestanten stärkten und die Dringlichkeit politischen Handelns anmahnten. Eine vergleichbare politische Bedeutung des religiösen Radios konnte bisher nicht nachgewiesen werden.[9] Deshalb konzentriere ich mich in meiner Analyse der fundamentalistischen und evangelikalen Medienoffensive v. a. auf den Televangelismus.

6 Dabei werden Evangelikale in Smidts Studie folgendermaßen definiert: Evangelikale sind weiße Protestanten, die der Konversionserfahrung und der Bibel als Grundlage religiöser Autorität eine zentrale Stellung einräumen (Smidt 1993, S. 86ff.).

7 Das Anwachsen des evangelikalen Sektors wurde u. a. von Roof und McKinney dokumentiert (Roof/McKinney 1987, S. 20ff.).

8 Die wenigen Daten, die es gibt, erlauben keine Aussagen über kausale Zusammenhänge: 1984 wurde festgestellt, daß ein hoher Anteil der Zuschauer religiöser Programme wählen geht, während Zuschauer säkularer Programme einen geringen Wähleranteil aufweisen (Gerbner u. a. 1984a, S. 166). Außerdem konnte gezeigt werden, daß Pat Robertson in seiner Wahlkampagne durch seine Zuschauer unterstützt wurde (Johnson u. a. 1989, S. 394).

9 Mit wenigen Ausnahmen, wie beispielsweise James Dobsons »Focus on the Family«, erreichen Radioprogramme kaum die breitere Öffentlichkeit. Für eine Beschreibung des fundamentalistischen und evangelikalen Zugriffs auf das Radio: Schultze 1990, S. 171ff.

2. Eine kurze Mediengeschichte des protestantischen Fundamentalismus

Der politisch brisante und überraschend offensive Umgang des fundamentalistischen und evangelikalen Spektrums mit neuen Medien hat in den USA Tradition. Schon im 19. Jahrhundert übertönte der Missionsgedanke jede im protestantischen Spektrum aufkommende Kritik an der zunehmenden Verbreitung von Printmedien. Die konservativen Protestanten dieser Zeit wehrten sich gegen die aus ihrer Sicht unmoralische Pennypresse nicht etwa mit dem Eintreten für staatliche Zensur, sondern mit der massenhaften Verbreitung ihrer religiösen Anschauungen durch die gleichen Drucktechniken. Die »teuflische Presse« versuchten sie mit der »heiligen Presse« zu bekämpfen. So waren die Bibel- und Traktatgesellschaften beispielsweise in der Verwendung von Drucktechnologien und in der Organisation nationaler Verteilungsnetzwerke führend (Peck 1993, S. 3; Schultze 1991, S. 45 ff.; Nord 1993, S. 246). Gleichzeitig entwickelten sie eine systematische Betriebsführung, die den Vergleich mit dem säkularen Bereich nicht zu scheuen brauchte (Nord 1993, S. 254 ff.). Auch den großen Missionaren dieser Zeit war jedes Mittel recht, solange es nur zur Gewinnung neuer Gläubiger führte. Bereits Charles Grandison Finney, der Vorreiter moderner Erneuerungsbewegungen, führte den Erfolg seiner Predigten nicht auf ein göttliches Wunder zurück, sondern auf gute Planung und Organisation. Finney setzte sein rhetorisches Talent, seine positive Botschaft, gekoppelt mit populistischer Intellektuellenfeindlichkeit, gezielt ein, um möglichst viele Anhänger zum wahren Christentum zu bekehren. Mit ihm begann die bis heute andauernde Liaison zwischen amerikanischer Populärkultur und religiösen Erneuerungsbewegungen. Dwight Lyman Moody, ein vormaliger Schuhvertreter, trieb diese Fusion weiter voran. Durch Moody wurde die Evangelisationsbewegung der siebziger Jahre des 19. Jahrhunderts zum Geschäft, dessen Ziel die Massenproduktion von Bekehrungserlebnissen war. Als religiöser Autodidakt bediente sich Moody populärer Rituale und Ausdrucksweisen, simplifizierte seine religiöse Botschaft auf wenige Dogmen und entwickelte eine ausgeklügelte Bekehrungstechnologie. Das Lebensmotto Moodys: »I look on this world as a wrecked vessel. God has given me a life-boat, and said to me, ›Moody, save all you can‹.«[10]

Das tat er denn auch – als Gottes Geschäftsmann auf Erden. Billy Sunday vervollständigte diesen Prozeß der Herauslösung der Erneuerungsbewegungen aus dem engeren Raum religiöser Institutionen und ihre Einbettung in die amerikanische Populärkultur. Obwohl er der letzte Massenevangelist war, der noch keine elektronischen Medien einsetzte, legte er doch wichtige Grundsteine für das religiöse Fernsehen heute. Sunday verwandelte religiöse Veranstaltungen durch seine lebendige Sprache in professionelle Unterhaltung. Die dabei von ihm zur Schau gestellten athletischen Fähigkeiten beeindruckten nicht nur seine Anhänger, sondern auch die anwesenden Journalisten. Die Effektivität seines Konversionsgeschäftes zeigt sich daran, daß seine Organisation von Ökonomen neben der Standford Oil Company, United Steel und dem National Cash Register zu den fünf erfolgreichsten Unternehmen im Land gezählt wurde. Die kalkulierten Kosten pro geretteter Seele beliefen sich auf zwei Dollar.[11]

Die Teleprediger des 20. Jahrhunderts knüpfen an diese Tradition an. Auch sie setzen alle Mittel wie Unterhaltung, Sensation und technische Perfektion ein, um neue Anhänger zu gewinnen. Die religiöse Botschaft wird ebenso vereinfacht und emotional aufgeladen. Das Starsystem – auch Moody und Sunday waren schon nationale Berühmtheiten – wird im evangelikalen Fernsehen ebenfalls eingesetzt: Der Teleprediger wird zum Star, der selbst Stars als Gäste in seiner Show empfängt. In Stil und Ethos setzen die Televangelisten also die distinktiv amerikanische Mischung von Religiosität und Populärkultur fort, die sich mit den Erneuerungsbewegungen ausbildete. Dies gilt auch in institutioneller Hinsicht: Sowohl die Evangelisten des 19. Jahrhunderts als auch die Teleprediger von heute arbeiten denominationenübergreifend.

Die frühe Verwendung elektronischer Medien durch religiöse Gruppen war jedoch keineswegs nur auf das fundamentalistische Lager beschränkt. Bis in die sechziger Jahre hinein präsentierten sich auch andere protestantische Strömungen und die katholische Kirche in Fernsehen und Radio. Werfen wir also einen kurzen Blick auf die ersten Jahrzehnte des religiösen Rundfunks.

Religiöse Sendungen gehörten zu den Geburtshelfern der elektronischen Medien: Das erste religiöse Programm wurde nur zwei

10 Zitiert nach: Martin 1991, S. 46.

11 Razelle Frankl hat den Zusammenhang von Erneuerungsbewegungen und Televangelismus deutlich aufgezeigt (Frankl 1987).

Monate nach der Premiere des kommerziellen Radios gesendet. Am 2. Januar 1921 konnte man von Pittsburgh aus der Fernübertragung eines Gottesdienstes der »Calvary Episcopal Church« folgen (Fore 1987, S. 77; Neuendorf 1990, S. 73). Nach den zunächst chaotischen Anfangsjahren wandten sich auch fundamentalistische Gruppierungen schnell dem neuen Medium zu, und ihre Radiosendungen erfreuten sich schon in den dreißiger Jahren großer Popularität. Man denke nur an den Erfolg von Charles Fuller, Walter Maier oder an den umstrittenen Father Charles Coughlin. Vor 1960 kämpften konservativ-evangelische Sendungen allerdings gegen eine harte Konkurrenz von liberalen religiösen Programmen an. Dieser Wettbewerb fand jedoch nicht unter gleichen Ausgangsbedingungen statt: Den etablierten Denominationen stand seit 1926 anteilmäßig kostenlos Sendezeit bei nahezu allen Sendern zur Verfügung. Die konservativ-evangelischen Organisationen waren davon ausgeschlossen. Verantwortlich für diesen unterschiedlichen Zugang zu freier Sendezeit war eine Auflage der Federal Communications Commission aus den zwanziger Jahren, die besagte, daß Radiostationen (und später Fernsehstationen) kostenlos Sendezeit für Programme zur Verfügung stellen mußten, die im öffentlichen Interesse lagen. Religiöse Programme fielen unter die Klausel über das öffentliche Interesse, und die Radiostationen standen vor einer schwierigen Situation. Die Frage war, nach welchen Kriterien entschieden werden sollte, wer Zugriff auf die Medien erhielt und wer nicht. Die Nachfrage seitens des unendlich vielfältigen religiösen Spektrums war höher als die angebotene Zeit. Um sich Selektion und mögliche Angriffe seitens der Denominationen zu ersparen, gingen die meisten Stationen den leichteren Weg. Sie gaben die Entscheidung über den Medienzugang an den »Federal Council of Churches« weiter, der 25 etablierte Denominationen unter seinem Dach vereinte. Fundamentalistische Organisationen gehörten nicht dazu. Die katholische Kirche und die jüdischen Glaubensgemeinschaften wurden ebenfalls über ihre zentralen Organisationen vertreten. Der »Federal Council of Churches« hatte somit in den dreißiger Jahren eine Monopolstellung über das protestantische Radio inne. Um gegen die Kontrolle der elektronischen Medien durch die etablierten Denominationen besser angehen zu können, vereinigten sich im Jahr 1944 die verschiedenen Produzenten konservativ-evangelischer Programme. Dies erschien ihnen notwendig, weil die meisten Radiosender seit den vierziger Jahren auch keine Sendezeit mehr an die Prediger aus dem fundamentalistischen und evangelikalen Lager verkaufen wollten. Die neugegründete Assoziation der »National Religious Broadcasters« verfolgte eine offensive politische Strategie, um wieder Sendezeit bei den großen Stationen erwerben zu können und um ebenfalls von der kostenlosen Sendezeit zu profitieren (Ward 1994, S. 231). Gerade weil die fundamentalistische Bewegung sich außerhalb der bestehenden Denominationen formierte, waren ja Informationen über Medien ein wesentliches Mittel der Selbstverständigung der Bewegung.[12] Überraschenderweise waren aber einige Programme trotz Eigenfinanzierung sehr erfolgreich. Durch den Druck des Wettbewerbs geschult, entstanden die populärsten Radiosendungen der vierziger Jahre im konservativ-evangelischen Milieu. Genannt seien hier nur Walter Maiers »The Lutheran Hour« und Charles E. Fullers »The Old-Fashioned Revival Hour«. Quentin J. Schultze, ein sehr kritischer Beobachter evangelikaler Programme, behauptet sogar, daß die konservativ-evangelischen Sendungen wahrscheinlich das religiöse Radio dominiert hätten, wenn es keine institutionellen Arrangements gegeben hätte, die das verhinderten (Schultze 1991, S. 55). Billy Graham, der 1950 seine »Hour of Decision« zu senden begann, knüpfte an die Erfahrungen der fundamentalistischen Bewegung im Umgang mit dem Radio an. Er wurde zum Vorreiter in der Nutzung des Fernsehens für evangelikale Zwecke, als er 1957 mit der Fernsehübertragung seines Kreuzzuges in New York gleich 6,4 Millionen Zuschauer erreichte. Dieses erfolgreiche Format verwendete Graham in den letzten dreißig Jahren, ohne große Veränderungen vorzunehmen, und blieb so bis heute einer der großen Stars des religiösen Fernsehens.

Für alle religiösen Fernsehprogramme, die ab 1947 über den Bildschirm liefen, galten nahezu die gleichen Regeln wie für das Radio: Auch hier kontrollierten die etablierten Denominationen den Zugang zur kostenlosen Sendezeit. Peter G. Horsfield weist darauf hin, daß die fünfziger Jahre die Hochphase für das Fernsehen der etablierten Denominationen darstellten. In jenem Jahrzehnt wurden im Rahmen der kostenlosen Sendezeit so beliebte und prämierte Programme wie »Lamp Unto My Feet«, »Direc-

12 Die konservativen Protestanten beschränkten sich jedoch nicht auf elektronische Medien. Die Bibelschulen waren gleichzeitig Verlagsanstalten, die Journale und Zeitschriften für die Bewegung produzierten.

tions«, »Frontiers of Faith« und »Look Up and Live« gezeigt (Horsfield 1984, S. 5).

Das Monopol der etablierten Denominationen über das religiöse Fernsehen wurde 1960 durch eine Verfügung der Federal Communications Commission (FCC) schlagartig zerstört. Die FCC entschied, daß es nicht länger im öffentlichen Interesse liege, zwischen kostenloser und bezahlter Sendezeit zu unterscheiden (Neuendorf 1990, S. 77). Ob eine Fernseh- oder Radiostation dem Kriterium des öffentlichen Interesses genügte, wurde fortan von den Sendungen abhängig gemacht und nicht von der Vertragsbasis, auf der diese Sendungen beruhten. Inwiefern die Stationen an religiösen Programmen verdienten oder nicht, war nicht länger entscheidend. Die Bedingung war nur, daß religiöse Programme gesendet wurden. Diese an sich geringfügige Änderung der Kriterien der FCC revolutionierte den Charakter des religiösen Fernsehens in den USA. Die Manager der Stationen strichen die kostenlose Sendezeit und damit auch die Programme, die auf freie Sendezeit angewiesen waren. Die Stationen sendeten statt dessen wettbewerbsfähige Programme, die finanziellen Gewinn einbrachten. Die Umstellung des religiösen Fernsehens auf kommerzielle Programme war nach 25 Jahren nahezu komplett vollzogen. Während 1959 nur 58% des religiösen Fernsehens auf kommerzieller Basis beruhten, waren es 1977 bereits 92% (Bruce 1990, S. 130). Hier lag die Chance für das evangelikale Fernsehen: Lange geschult im Organisieren von finanzieller Unterstützung, waren die Teleprediger nun im Vorteil gegenüber den subventionierten Programmen der liberalen Denominationen. Das evangelikale Netzwerk von unterstützenden Parakirchen und die Innovationsfreudigkeit der Produzenten, die permanent auf der Suche nach neuen Spendern waren, zahlten sich aus. Die Gewinner der Kommerzialisierung des religiösen Fernsehens waren die Televangelisten. Das Monopol über das religiöse Fernsehen ging von den etablierten Denominationen in die Hände der evangelikalen Bewegung über.

3. Die Teleprediger und ihr Publikum

Zu den Pionieren des religiösen Fernsehens zählten neben Bischof Sheen und Billy Graham auch Oral Roberts und Rex Humbard.

Roberts, der im Jahr 1954 sein Fernsehprogramm startete, wurde schnell zu einem der Stars der elektronischen Kirche. Von seinen Einnahmen baute er einen neuen Parakirchenkomplex: die »Oral Roberts University« und später das »Oral Roberts Medical Center«. Rex Humbard begann seine Fernsehkarriere noch vor Roberts zu Beginn der fünfziger Jahre (Hoover 1988, S. 57). Um die Übertragung seiner Gottesdienste zu erleichtern, baute er eine riesige, fernsehgerechte Kathedrale, legte den Grundstein für das höchste Gebäude in Ohio und kaufte Land, um ein College zu gründen. Jimmy Swaggart, der den Konservatismus der Südstaaten am aggressivsten vertritt, kontrollierte zu Beginn der achtziger Jahre sechs Radiosender und ließ ein 30 Millionen Dollar teures Missionsobjekt in Louisiana errichten. Robert Schuller, der einzige Televangelist, der Mitglied einer etablierten Denomination ist, sendet seine Gottesdienstübertragungen seit über 25 Jahren aus Garden Grove. Als Schuller seine Gemeinde in den fünfziger Jahren um sich zu versammeln begann, war nicht daran zu denken, daß die Gottesdienste als »Hour of Power« einmal zu den populärsten Programmen des religiösen Fernsehens zählen würden. Schuller finanzierte über Spendengelder ebenfalls den Bau einer fernsehgerechten Kirche. In seinem Auftrag schuf Philip Johnson ein Meisterwerk religiöser Baukunst, die »Crystal Cathedral« in der Nähe von Los Angeles. Weitere Televangelisten wären zu nennen: Jim Bakker und seine Frau Tammy Faye, die den religiösen Vergnügungspark »Heritage USA« bauten und – bis zu den Skandalen – eine eigene Fernsehstation unterhielten. Oder Jerry Falwell, der bewies, daß auch klare Bekenntnisse zum Fundamentalismus ein großes Publikum anziehen. Und nicht zuletzt Pat Robertson, der 1961 den ersten religiösen Fernsehsender betrieb, als erster ein Satellitensystem nutzte und mit dem »Family Channel« in den achtziger Jahren das drittgrößte Kabelnetz der USA besaß.

Da die Teleprediger seit der Deregulierung des religiösen Fernsehens die Monopolstellung in diesem Marktsektor haben, kommt ökumenischen Programmen, lokalen Gottesdienstübertragungen und Sendungen einzelner Denominationen nur ein geringer Marktanteil zu. Die wichtigsten religiösen Fernsehsender aus dem evangelikalen und fundamentalistischen Lager sind heute Pat Robertsons »Christian Broadcasting Network«, Paul und Jan Crouchs »Trinity Broadcasting Network« und Mutter Angelikas

»Eternal World Network«.[13] Zu den meistgesehenen Programmen zählen Robert Schullers »Hour of Power«, Pat Robertsons »700 Club«, Jerry Falwells »Old Time Gospel Hour«, Jack van Impes »Jack van Impe Presents«, Charles Stanleys »In Touch« und immer noch Billy Grahams Sendungen.[14] Angelehnt an das säkulare Fernsehen, entwickelten die Teleprediger eine ganze Spannbreite von Programmtypen. Christliche Talkshows lassen sich finden (700 Club vor 1980), Kinderprogramme (David and Goliath), Gameshows (Bible Bowl), Soap Operas (Another Life) und Nachrichtenmagazine (700 Club nach 1980). Auch Sportprogramme (Athletes in Action) und Musikshows (PTL) existierten bereits (Abelman 1987, S. 200). Natürlich erfreut sich v. a. die redigierte Übertragung religiöser Gottesdienste hoher Popularität (Hour of Power).

Teil der Triumphgeschichte der Teleprediger ist sicherlich auch ihr finanzieller Erfolg. So betrug beispielsweise das Jahresbudget von PTL vor dem Rücktritt der Bakkers 129 Millionen Dollar. Falwells Telekirche hatte Ende der achtziger Jahre ein durchschnittliches Jahreseinkommen von mehr als 72 Millionen Dollar. Pat Robertson herrscht über ein 230-Millionen-Dollar-Imperium (Hadden/Shupe 1988, S. 128 ff.).

Finanziert werden diese ambitionierten Projekte v. a. durch Spendengelder. Jeder Televangelist gründete deshalb eine spezielle Organisation für die Fans, die das Programm unterstützen. Die Mitglieder dieser Klubs spenden regelmäßig eine bestimmte Summe, im Falle des »Eagles Club« von Robert Schuller besteht der Beitrag beispielsweise aus 600 Dollar jährlich. Zusätzlich zu den regelmäßigen Spenden eröffnen sich die Teleprediger andere Einnahmequellen. Sie bieten »Geschenke« in ihren Programmen an, die gegen eine (oft beachtliche) Spende erworben werden können. Dazu zählen beispielsweise Sticker, Kassetten, Bücher, Videos oder kleine Schmuckgegenstände. Außerdem fordern sie regelmäßig zu Sonderspenden für bestimmte Zwecke auf. Um die Fans von der sinnvollen Investition ihrer Gelder zu überzeugen, werden immer wieder neue Projekte in Angriff genommen. Die Tele-

13 Noch aktiv sind Jerry Falwells »Liberty Broadcasting Network« und das »Southern Baptist American Christian Television System«.

14 Auch diese Aufzählung ist mit Vorsicht aufzunehmen, da die Schätzung der Zuschauerzahlen des religiösen Fernsehens insgesamt ein Problem darstellt. Ich beziehe mich hier auf: Nielsen 1995 und Ward 1994, S. 146.

prediger beschränken sich nicht auf den Erhalt ihres Fernsehimperiums, sie bauen Krankenhäuser, Hotels[15], Konferenzzentren, prunkvolle Großkirchen, Kindergärten, Schulen und Universitäten.[16] Außerdem finanzieren die Stars der elektronischen Kirche eigene Missions- und Hilfsorganisationen, politische Verbände und Telefonberatungszentren. Diese Zusatzprojekte erwiesen sich in vielen Fällen als effiziente Mittel, neue Spendengelder zu erwerben. Den Zuschauern wird das Gefühl vermittelt, nicht nur das Fernsehprogramm zu unterstützen, sondern auch wohltätige Institutionen.

Kritiker des Televangelismus haben auf den extremen Stellenwert aufmerksam gemacht, den Spendenappelle in den Programmen des religiösen Fernsehens einnehmen. Frankl hat gezeigt, daß mehr als 10% der Programmzeit dafür verwendet werden (Frankl 1987, S. 134). Wenn man die diversen Spendenaufrufe einmal addiert, kann man folgende atemberaubende Rechnung aufstellen: Sieht man ein Jahr lang wöchentlich zwei Stunden religiöse Fernsehprogramme, insbesondere mit Predigtformat, wird man um Spenden in Höhe von 33 361 Dollar gebeten (Sweet 1993, S. 76).

Nicht jeder Zuschauer läßt sich von den oft stark emotional gefärbten Spendenappellen verführen. Razelle Frankl schätzt, daß nur 20% der Zuschauer die Programme finanziell unterstützen. Sie ermittelt ein jährliches Einkommen von 67 920 000 Dollar für die größten religiösen Fernsehkomplexe (Frankl 1987, S. 150). Todd V. Lewis zitiert eine Schätzung der Zeitschrift *US News and World Report* von mehr als zwei Milliarden Dollar, die den Televangelisten insgesamt jährlich zufließen sollen (Lewis 1988, S. 94). Auch wenn diese Ziffer wahrscheinlich zu hoch gegriffen ist, muß die starke Bereitschaft der Zuschauer, für die Teleprediger zu spenden, doch überraschen. Um so mehr stellt sich die Frage, wer denn eigentlich die Zuschauer und Fans der elektronischen Kirche sind.

Eine exakte Angabe der Zuschauerzahlen für religiöse Programme ist nicht möglich. Seit den fünfziger Jahren wurden mehr-

15 CBN hat das Vier-Sterne-Hotel »Founders Inn«, das auch mit großen Konferenzräumen ausgestattet ist.

16 Die bekanntesten Universitäten sind »Oral Roberts University« in Tulsa; das Harvard der Religiösen Rechten: die mit einem Graduiertenprogramm ausgestattete »Regent University« in Virginia Beach und Falwells »Liberty University«. Schuller hat das »Robert H. Schuller Institut for Successful Church Leadership« in seinem »Robert Schuller Conference Center«.

fach Versuche unternommen, die Gesamtziffer der Zuschauer zu bestimmen. Aufgrund verschiedener Meßprobleme, die Stewart Hoover 1988 detailliert beschrieben hat, kamen die Forscher zu ganz unterschiedlichen Ergebnissen (Hoover 1988a, S. 265ff.). So schätzte die »Gallup Organization« die Anzahl der Zuschauer auf 60 Millionen Amerikaner (Gerbner u. a. 1984b, S. 3). Die »Annenberg School of Communication« nannte eine Zahl von 13,3 Millionen regelmäßigen Zuschauern (Gerbner u. a. 1984a, S. 3). Diese beträchtliche Differenz der Ergebnisse zeigt ganz deutlich, wie schwierig es ist, objektive Zuschauerzahlen für ein Genre mit begrenzter Popularität anzugeben.

Die in wissenschaftlichen Kreisen meistzitierten Studien deuten jedoch darauf hin, daß die Programme nur eine Minderheit der amerikanischen Bevölkerung und einen ganz bestimmten Teil des evangelikalen Spektrums erreichen (Hoover 1990, S. 110; Alexander 1994, S. 9; Wuthnow 1988, S. 196; Peck 1993, S. 109). Die Teleprediger wenden sich an ein hoch selektives Publikum, das bereits eine starke Affinität zu Programmen dieser Art entwickelt hat.

Die stark divergierenden Schätzungen der Zuschauerzahlen für religiöse Programme stehen in auffälligem Kontrast zu der relativ einheitlichen soziodemographischen Beschreibung der Zuschauer. Nahezu alle Beobachter des Phänomens sind sich darin einig, daß die Zuschauer älter, ärmer und weniger gebildet sind als die Zuschauer säkularer Programme (Gerbner u. a. 1984a, S. 3; dies. 1984b, S. 4; Bruce 1990, S. 107ff.; Abelman 1987, S. 295; Wuthnow 1990, S. 96ff.). Das Publikum evangelikaler Programme ist zu einem hohen Anteil weiblich und in manuellen Bereichen oder als Hausfrau tätig. Ein Drittel aller Zuschauer kommt aus den Südstaaten, vier Fünftel des Publikums sind weiße Protestanten. Der deutlichste Unterschied zwischen den Zuschauern säkularer und religiöser Programme ist, daß letztere häufig dem fundamentalistischen, charismatischen oder evangelikalen Spektrum angehören. Das Publikum steht dem konservativ-protestantischen Weltbild der Teleprediger also sehr nahe. Die Zuschauer sind bereits religiös gebundene, in den meisten Fällen sogar »wiedergeborene« Kirchenmitglieder (Alexander 1994, S. 25). Diese Charakterisierung der Zuschauer erlaubt es, die Televangelisten in einem entscheidenden Punkt ihrer »Selbstmythologisierung« in Frage zu stellen. Die Teleprediger behaupten nämlich immer wieder, daß sie Ungläubige durch ihre Fernsehprogramme zu einem Leben mit

Gott bekehren könnten. Angesichts der vorliegenden Beschreibung ihres Publikums erscheint dies jedoch als sehr fragwürdig.

Die Sendungen der elektronischen Kirche bestätigen die Glaubenshaltungen des Publikums oder verstärken sie sogar; tatsächliche Bekehrungserlebnisse scheinen jedoch die Seltenheit zu sein (Horsfield 1984, S. 144ff.; Schultze 1991, S. 185ff.; Bruce 1990, S. 122ff.). Der von den Telepredigern aufgebaute Mythos des Televangelismus als aktiver »Evangelisation« dient wohl eher dazu, Spendengelder anzulocken. Die bereits religiösen Zuschauer unterstützen den Teleprediger nur, wenn sie an die Wirksamkeit der Sendungen glauben. Wenn diese Fans wüßten, daß die Teleprediger nur überzeugte Christen wie sie selbst erreichen, wären sie wohl kaum zu solchen Opfern bereit. Die Bekehrungsrhetorik der Teleprediger dient also v. a. der Legitimation der Fernsehprogramme in den Augen der Spender.

Selbst Robert Schuller, der Teleprediger, welcher wohl am ehesten als Evangelist gelten könnte[17], hat in einem persönlichen Gespräch zugegeben, daß religiöse Programme zwar Menschen die christliche Botschaft brächten, sie aber nicht in ein Leben als Christen einführen könnten. Dies wiederum sei die Aufgabe der Kirchen. Wenn ein offenes Wort dieses bekannten amerikanischen Televangelisten auf die Bedeutsamkeit eines engen Verhältnisses von Medien und Religionsgemeinschaften verweist, dann liegt nichts näher, als genau dieses zu untersuchen.

4. Der Televangelismus zwischen Vergemeinschaftung und Individualisierung von Religion

Die mit viel Engagement geführte Diskussion um die Bedeutung des Televangelismus für das religiöse Leben in den USA dreht sich oft um die Frage, ob die Telekirchen die Individualisierung und Privatisierung von Religion fördern. Mit der Annahme, der Televangelismus treibe die Privatisierung religiösen Lebens voran, ist in diesem Zusammenhang jedoch nicht gemeint, daß sich die elektronische Kirche aus dem öffentlichen und politischen Leben zurückzieht. Dieser Vorwurf wäre auch absurd, da die Telekirchen ja

17 Eine 1996 durchgeführte Studie von OmniPoll zeigt, daß ein Drittel der Zuschauer der »Hour of Power« nicht kirchlich gebunden war. 42 % der Zuschauer waren keine »born again Christian« (Barner 1995, S. 2).

einen ganz wesentlichen Faktor für die öffentliche Wirksamkeit des konservativ-protestantischen Lagers darstellen. Privatisierung steht in diesem Zusammenhang eher für Individualisierung, für eine Bedrohung kollektiver religiöser Praxis durch das religiöse Fernsehen und die Auflösung religiösen Gemeinschaftslebens. Diese Kritik am Televangelismus muß vor dem Hintergrund der in der Religionssoziologie gängigen Individualisierungstheorien gesehen werden. Führende Köpfe der Disziplin haben bereits seit langem behauptet, daß die bestehenden religiösen Organisationsformen in der modernen Gesellschaft an Bedeutung verlieren und individuelle Formen religiöser Praxis an ihre Stelle treten (Luckmann 1991, Bellah 1985). Der Televangelismus wird nun von verschiedenen Autoren als ein wichtiger Träger der diagnostizierten Individualisierung von Religion gesehen. Hierbei lassen sich im wesentlichen zwei Argumentationslinien unterscheiden: Ein Teil der Kritiker behauptet, die elektronische Kirche schwäche oder verdränge die lokalen Kirchengemeinden. Da die Fans des religiösen Fernsehens regelmäßig ihre Lieblingsprogramme finanziell unterstützen und sich sehr loyal gegenüber ihrem Teleprediger verhalten, äußerten Kritiker die Vermutung, die Telekirchen würden einen bequemen Ersatz für die Kirchengemeinden bilden (Bourgault 1980, S. 16; Fore 1987, S. 101; Korpi/Kim 1986, S. 410ff.; Gaddy/Pritchard 1985, S. 123ff.). Auf diese Weise zerstöre die elektronische Kirche das Herzstück religiösen Lebens in den USA: die lokalen Kirchengemeinden (Marty 1990, S. 919). Diese Vermutung ist jedoch mehrfach widerlegt worden. So haben die »Gallup Organization« und die »Annenberg School of Communication« gezeigt, daß nur 14% der Zuschauer des religiösen Fernsehens die Programme anstelle des Gottesdienstbesuches verfolgen (Gerbner u. a. 1984a, S. 66; dies. 1984b, S. 11). 86% der Zuschauer hingegen scheinen ein aktives Gemeindeleben mit der Begeisterung für die Telekirchen zu verbinden. Von einer wirklichen Bedrohung des Gemeindelebens durch den Televangelismus kann also keine Rede sein.

Andere Einwände zielen auf die vom Televangelismus selbst geschaffenen religiösen Netzwerke. Die um die Telekirchen gelagerten Megakirchen, Fangemeinden und Zweckgemeinschaften wurden als Ausdruck der zunehmenden Individualisierung und Kommerzialisierung der amerikanischen Religionslandschaft gesehen. Meine eigenen Untersuchungen zum religiösen Fernsehen haben jedoch gezeigt, daß die Telekirchen sehr wohl ein reges Gemeinschaftsleben entfalten können. Die durch den Televangelismus geförderten religiösen Organisationen sind zwar stärker voluntaristisch geprägt als traditionelle Kirchengemeinden, es gelingt ihnen aber in vielen Fällen trotzdem, ihre spezifischen Zielsetzungen durch gemeinschaftliches Handeln zu transzendieren. Die an den eigenen Präferenzen ausgerichtete Beitrittsentscheidung der Mitglieder und die begrenzten organisatorischen Zielsetzungen schränken die gemeinschaftlichen Potentiale dieser Netzwerke nicht unbedingt ein. Im Gegenteil, mit diesen Gruppierungen gelingt es den Telekirchen in vielen Fällen, das voluntaristisch gefärbte Entscheidungsverhalten ihrer Mitglieder wieder in gemeinschaftliche Zusammenhänge einzubetten. Die vom Televangelismus getragenen Netzwerke liefern daher auch ein wesentliches Erklärungsmoment für die aktuelle Attraktivität des konservativ-protestantischen Lagers. Hier werden religiöse Individualisierungstendenzen in neuen Gemeinschaftsformen aufgefangen. Eine abschließende kurze Analyse der gemeinschaftlichen Potentiale dieser Netzwerke soll ihre Bedeutung für die evangelikale Erneuerungsbewegung unterstreichen.

Im Hinblick auf die elektronische Kirche möchte ich zwischen drei Organisationstypen unterscheiden, die mit den Telekirchen in enger Verbindung stehen: die Megakirchen, die Zweckgemeinschaften und die Fangemeinden.

Der Aufstieg vieler Telekirchen ist in mehrfacher Hinsicht mit dem Boom von Megakirchen verflochten. Die Mehrzahl der Teleprediger sind gleichzeitig Pastoren solcher Riesengemeinden, die oft um die zehntausend, in Extremfällen sogar bis zu siebzigtausend Mitglieder haben (Niebuhr 1995, S. 12; Holifield 1994, S. 43). Teleprediger wie Falwell, Swaggart, Humbard, Hagee, Schuller haben es verstanden, den Aufbau einer Megakirche und eines Fernsehprogramms zu verbinden (Bruce 1990, S. 7ff.; Schultze 1991, S. 188).

Der Televangelismus hilft aber nicht allein bei der Vergrößerung der Mitgliederzahlen von Megakirchen, auch die Architektur der Kirchengebäude und der Stil des Gottesdienstes sind auf die Fernsehübertragung bereits ausgerichtet. Rex Humbard hat als erster seine Kirche klar nach telegenen Aspekten entworfen, Jerry Falwells »Thomas Road Baptist Church« und Robert Schullers »Crystal Cathedral« folgten. Die Crystal Cathedral in Garden Grove, ein Pionierprojekt unter den Megakirchen, strotzt von zusätzlichen optischen Effekten, die der Fernsehübertragung zugute kommen. Die Kirche, die ganz aus Glas ist, hat bewegliche Wände, die sich öffnen, um den Blick auf Fontänen zu intensivieren, viele tropische Pflanzen und einen riesigen Bildschirm, auf dem die Kirchenbesucher den Teleprediger großformatig sehen können. Auch der Gottesdienst vieler Megakirchen ist auf Fernseheffekte ausgerichtet: Die meisten Televangelisten sind charismatische Prediger, die einen stark affektiven Austausch mit der eigenen Gemeinde suchen. Die Kamera wandert hin und her, von den ausdrucksstarken Gesten des Telepredigers zu der nickenden oder lachenden Gemeinde und wieder zurück. Berühmte Gäste erhöhen die Attraktivität der Programme, und professionell geleitete Chöre und Solisten geben dem Ganzen eine musisch-ästhetische Abrundung.

Die Verbindungen zwischen dem Televangelismus und den Megakirchen sind offensichtlich: Der Teleprediger kann durch Fernsehsendungen neue Mitglieder für seine Großgemeinde gewinnen, und sowohl die Gottesdienste der Megakirchen als auch ihre architektonische Gestaltung sind auf die Fernsehübertragung ausgerichtet.

Der seit den siebziger Jahren andauernde Aufstieg der überwiegend konservativen Großkirchen ist von vielen Beobachtern kritisch wahrgenommen worden. Oft wurden Megakirchen als Symptome der Kommerzialisierung und Individualisierung von Religion gedeutet (Marty 1990, S. 919; Schultze 1991, S. 220ff.). Diese einseitige Betrachtungsweise sollte durch ein differenzierteres Bild ersetzt werden. Zu beobachten ist hier meines Erachtens nicht das Ende von Gemeinschaft, sondern ein sehr aktives, jedoch stark differenziertes Gemeinschaftsleben. In Megakirchen können Senioren, Singles, Kinder, Jugendliche oder Geschiedene in kleinen Gruppen die ihren Lebenssituationen entsprechenden Angebote wahrnehmen. Die dadurch entstehende innere Differenzierung deutet darauf hin, daß Solidarität mehr in kleinen Gruppen erlebt wird als in der großen Kirchengemeinde als Ganzer. Diese Vielfalt von Kleingruppen kommt der Generation der »Baby Boomer« entgegen, deren religiöses Engagement eher durch persönliche Präferenzen bestimmt wird als durch die stabile Einbettung in eine gegebene theologische Tradition (Roof 1993, S. 254). Mit der Verlagerung der Gemeindeaktivitäten in kleine Gruppen entsteht allerdings die Gefahr, daß die religiöse Gesamtgemeinschaft mehr und mehr in kleine Subgemeinschaften zerfällt (Wuthnow 1994, S. 350) und die Großkirchen nicht mehr als ein Dach für die Aktivitäten verschiedenster Kleingruppen darstellen.

Welche Rolle spielen nun die Telekirchen für das Gemeinschaftsleben in Megakirchen? In Interviews mit Mitgliedern von Robert Schullers »Garden Grove Community Church« hat sich gezeigt, daß die dort produzierte »Hour of Power« für die Gemeinde eine Möglichkeit bildet, sich wirklich noch als große Gemeinschaft zu erleben. Ein hoher Anteil der Gemeindemitglieder unterstützt das Fernsehprogramm finanziell, weil er es als sein wesentliches Mittel zur Gewinnung neuer Gläubiger betrachtet. Meine Interviewpartner waren sich darin einig, daß der Missionsgedanke für ihre Gemeinde zentral ist. Das Fernsehprojekt scheint in dieser Megakirche als ein gemeinsames Projekt der Zersplitterung der Gemeinde entgegenzuwirken.

Entgegen vorschneller Kritik kann also festgehalten werden, daß Megakirchen keineswegs der Anonymität freien Raum lassen, sondern in Kleingruppen ein reges Gemeinschaftsleben entfalten. Die von den Großkirchen getragenen Programme können sogar eine positive Wirkung haben und als ein identitätsstiftendes Projekt zum Zusammenhalt der Megakirche beitragen.

Die zweite Art religiöser Gemeinschaften, die sich parallel zum Aufstieg der Telekirchen verbreitet haben, sind die Zweckgemeinschaften, auch parakirchliche Netzwerke genannt. Obwohl diese parakirchlichen Institutionen einen festen Platz in der amerikanischen Religionsgeschichte einnehmen, wurden sie erst nach 1960 zur dominanten Form öffentlicher religiöser Partizipation (Wuthnow 1988, S. 108). Diese Ausbreitung des parakirchlichen Sektors ist eng mit dem Aufstieg des Televangelismus verbunden, da die Teleprediger ihre Zuschauer in vielen Fällen zur Mitarbeit in parakirchlichen Organisationen bewegen (Hoover 1988, S. 70). Gleichzeitig bilden sich auch um die einzelnen Fernsehstationen und Fernsehprogramme eine ganze Reihe von Zweckgemeinschaften wie Telefonberatungszentren, Missionsorganisationen oder sogar politische Gruppierungen. Pat Robertsons »Christian Broadcasting Network« (CBN) gründete beispielsweise 1963 eine Telefonberatung, die Mitte der achtziger Jahre auf nationaler Ebene organisiert war und an die 5000 ehrenamtliche Mitarbeiter hatte. In den achtziger Jahren wurde zusätzlich die Missions- und Hilfsorganisation »Operation Blessing« aufgebaut, die mit freiwilligen Helfern und vielen lokalen Kirchengemeinden zusammenarbeitet.

Zweckgemeinschaften dieser Art vereinigen sich, um ein ganz bestimmtes Ziel zu erreichen. Die Mitgliedschaft ist frei gewählt und den persönlichen Prioritäten der jeweiligen Mitarbeiter verpflichtet. Dieser Kontrast zu den Kirchengemeinden, die zumindest auf eine allumfassende Solidarität abzielen, führte zu scharfer Kritik an den Zweckgemeinschaften. Sie wurden als zynische und egoistische Interessenverbindungen beschrieben, deren Mitglieder nur aus Namen in einer computergenerierten Mitgliederliste bestånden (Warner 1994, S. 60; Fore 1987, S. 29). Kritik dieser Art greift jedoch oft zu kurz: Persönliche Präferenzen und enge organisatorische Zielsetzungen mögen zwar für diese Netzwerke konstitutiv sein, daraus darf aber nicht geschlossen werden, daß intensive Gemeinschaftserfahrungen in solchen Organisationen unmöglich sind. Im Gegenteil, viele Zweckgemeinschaften fordern ein hohes soziales Engagement von ihren Mitgliedern, das die Beteiligung von Gemeindemitgliedern an den Aktivitäten ihrer Kirche weit übersteigt. Zweckgemeinschaften stärken zwar das voluntaristische Element der amerikanischen Religionslandschaft, müssen aber keineswegs das Ende gemeinschaftlichen Handelns signalisieren. Meine Gespräche mit freiwilligen Mitarbeitern von »Operation Blessing« und dem »National Phone Counseling Center« von CBN haben gezeigt, daß es parakirchlichen Organisationen oft gelingt, den zunehmenden religiösen Voluntarismus wieder in gemeinschaftliche Zusammenhänge einzubetten.

Der dritte Typus religiöser Organisationen, der wohl am engsten mit den Telekirchen verbunden zu sein scheint, ist die religiöse Fangemeinde. Um ein Gefühl echter Loyalität seitens der Spender aufzubauen, haben fast alle elektronischen Kirchen eine spezielle Organisation für ihre Fans: Oral Roberts hat seine »Prayer Partners«, Pat Robertson die Mitglieder des »700 Club«, Robert Schuller seinen »Eagles-« und »Sparrows Club«, Jerry Falwell die »Faith Partners«, und Rex Humbard hatte seine »Prayer Key Family«. Die in diesen Klubs organisierten Zuschauer spenden regelmäßig, um die Ausgaben der jeweiligen Fernsehimperien zu decken. Als unverzichtbare Spender werden die Fans auf vielfache Weise zu einer parasozialen Interaktion mit dem Teleprediger eingeladen. Die parasoziale Interaktion (Horton/Wohl 1986, S. 185ff.; Horton/Strauss 1957, S. 579ff.), in der sich beide Seiten so verhalten, als würden sie sich von Angesicht zu Angesicht begegnen, wird von den Telepredigern durch die Begrüßung der Zuschauer zu Beginn der Show eingeleitet. Auch während des Programms werden die Fans direkt angeredet. Selbst die Studioatmosphäre gibt dem Zuschauer das Gefühl, den Teleprediger wirklich zu kennen.

Die über das Programm aufgebaute parasoziale Interaktion wird durch andere Kommunikationsstrategien vervollständigt. Die Teleprediger wenden sich beispielsweise in personalisierten Briefen (direct mail) an ihre Fans. Moderne Computertechnik macht es möglich, den Namen des Adressaten und andere persönliche Angaben in den Brief einzubauen sowie auch die Unterschrift des Telepredigers täuschend echt, massenhaft zu drucken. So bestärken die Televangelisten in ihren Schreiben den Eindruck persönlicher Vertrautheit mit dem Zuschauer. Briefsendungen dieser Art werden in fast allen Telekirchen durch Telefonberatungszentren ergänzt. Freiwillige und bezahlte Berater stehen Anrufern rund um die Uhr zur Verfügung. Durch die Telefonberatungen wird den Zuschauern das Gefühl vermittelt, wirkliche Ansprechpartner in den Telekirchen zu haben, die ihnen Tag und Nacht zur Seite stehen. Seit einigen Jahren sind die meisten Telekirchen auch über das Internet erreichbar.

Die heftige Kritik an den parapersonellen Kommunikationsstrategien der Teleprediger, die als bloße Vortäuschung von Intimität (Peck 1993a, S. 17) und als einseitige, unsolidarische Beziehungen gewertet wurden (Bruce 1990, S. 138), hat dem Erfolg der Telekirchen keinen Abbruch getan. 90% der kürzlich in einer Studie interviewten Fans glaubten, daß sich der Teleprediger persönlich um sie bemühe (Alexander 1994, S. 67). Interviews mit Partnern des »700 Club« haben ebenfalls gezeigt, daß die Mitglieder dieser Spenderorganisation sich als Teil der Telekirche empfinden. Sie sehen sich nicht so sehr als Zuschauer, sondern als Partner des Telepredigers (Hoover 1988). Meine eigenen Studien haben gleichfalls die starke Identifikation der Spender mit ihrem Lieblingsprogramm offengelegt. Wirklich gemeinschaftliche Bindungen entstehen in den Fangemeinden jedoch kaum, da sich die Telekirchen aus finanziellen Gründen selten um Begegnungsmöglichkeiten für ihre Fans bemühen. Auch die Spender scheinen zufrieden damit zu sein, ohne direkte soziale Kontakte ihrer unsichtbaren Kirche anzugehören.

Die von der elektronischen Kirche getragenen Netzwerke reflektieren zwei wesentliche Trends der amerikanischen Religionslandschaft: Sie sind erstens Teil der von Wuthnow beschriebenen Polarisierung des amerikanischen Protestantismus. Wuthnow verweist auf die abnehmende Bedeutung der Denominationen und den Aufstieg von Zweckgemeinschaften, die denominationenübergreifend arbeiten und moralische oder politische Zielsetzungen verfolgen (Wuthnow 1988). Die vom Televangelismus geförderten Netzwerke sind eindeutig Teil dieses Prozesses: Die Zweckgemeinschaften, Fangemeinden und Megakirchen arbeiten denominationenübergreifend und verfolgen klar definierte, mit Ausnahme der Großkirchen auch politisch brisante Zielsetzungen. Zweitens, der Televangelismus steht im Dienste des von Roof und McKinney thematisierten neuen religiösen Voluntarismus, der individuelle Wahl vor religiöse Verwurzelung stellt (Roof/McKinney 1987). Hier vereinigen sich Menschen auf der Basis ähnlicher Lebensstile und moralischer Präferenzen, um bestimmte Ziele zu realisieren. Durch Tradition festgeschriebene Gruppensolidaritäten verlieren in dem Maße an Gewicht, wie sich diese auf der Basis persönlicher Prioritäten gebildeten Netzwerke verbreiten. Die Stärkung des voluntaristischen Elements führt jedoch nicht unbedingt zur zunehmenden Privatisierung und Individualisierung von Religion. Auf den zurückliegenden Seiten wurde deutlich, daß Zweckgemeinschaften und auch Megakirchen ein intensives gemeinschaftliches Leben entfalten können. Diese Organisationen konstituieren sich zwar auf der Basis gemeinsamer Ziele. In vielen Fällen gelingt es jedoch, diese Zweckgebundenheit durch ein gemeinschaftliches Miteinander zu transzendieren. Den Fangemeinden scheint diese gemeinschaftliche Qualität zu fehlen. Hier wird nur die Loyalität zu den Telekirchen gefestigt.[18] Das Mobilisierungspotential dieser Spenderorganisationen sollte man trotzdem nicht unterschätzen, da die Millionen-Dollar-Projekte der Teleprediger allein durch die Fans finanziert werden.

Gerade dem konservativ-protestantischen Spektrum gelingt es

18 Wie bereits zuvor argumentiert besteht immer noch Forschungsbedarf zum Verhältnis von Telekirchen und Kirchengemeinden und insbesondere zu der Frage, wie genau diejenigen Fans soziologisch und religionswissenschaftlich zu charakterisieren sind, die sich ganz von den Kirchen abwenden, um der »Telereligion« zu frönen.

also häufig, individuelle Präferenzen wieder in gemeinschaftliches Handeln einzubetten. Die vom Televangelismus getragenen Netzwerke liefern daher ein wichtiges Erklärungsmoment für die Attraktivität der evangelikalen Bewegung: Mit diesen Netzwerken bleibt es Ende des 20. Jahrhunderts möglich, vitales Gemeinschaftsleben und zielgerichtetes Handeln zu verbinden. Die elektronische Kirche stärkt also das konservativ-protestantische Lager in zweifacher Hinsicht: Der Televangelismus verleiht dem evangelikalen Spektrum eine überall präsente, öffentliche Stimme und ist gleichzeitig ein bedeutender Organisationsfaktor der Bewegung. In diesen beiden Funktionen wird die elektronische Kirche wohl auch in Zukunft die Religionslandschaft in den USA entscheidend beeinflussen.

Literatur

Abelman, R.: *Religious Television. Uses and Gratifications*, in: *Journal of Broadcasting and Communication*, Jg. 31, H. 1 (1987), S. 293-307.

Alexander, B.: *Televangelism Reconsidered. Ritual in the Search for Human Community*. Atlanta 1994.

Barner Research Group, Ltd.: *Omnipoll*. Jan. 1995.

Bellah, R. u. a.: *Habits of the Heart. Individualism and Commitment in American Life*. Berkeley 1985.

Bourgault, L.: *An Ethnographic Study of the »Praise the Lord Club«*. Ann Arbor 1980.

Bruce, S.: *The Rise and Fall of the New Christian Right. Conservative Protestant Politics in America 1978-1988*. Oxford 1988.

Ders.: *Pray TV*. London 1990.

Fore, W.: *Television and Religion. The Shaping of Faith, Values and Culture*. Minneapolis 1987.

Frankl, R.: *Televangelism. The Marketing of Popular Religion*. Carbondale 1987.

Gaddy, G./Pritchard, D.: *When Watching Religious TV is like Attending Church*, in: *Journal of Communication* 35 (1985), S. 123-131.

Gerbner, G. u. a.: *Religion and Television*. Band I. Philadelphia 1984a.

Dies.: *Religion and Television*. Band II. Philadelphia 1984b.

Guth, J.: *Response*, in: Cromartie, M. (Hg.): *No Longer Exiles*. Washington 1993, S. 118-124.

Hadden, J./Shupe, A.: *Televangelism Power and Politics on God's Frontier*. New York 1988.

Happening Production: *Robert Schuller. Portrait of a Televangelist*. Video, 1.6. 1995.
Holifield, B.: *Toward a History of American Congregations*, in: Wind, J./ Lewis, J. (Hg.): *American Congregations*. Band 2. Chicago/London 1994, S. 23-53.
Hoover, S.: *Mass Media Religion. The Social Sources of the Electronic Church*. Beverly Hills 1988.
Ders.: *Audience Size: Some Questions*, in: *Critical Studies in Mass Communication*, Jg. 5, H. 3 (1988a), S. 265-271.
Hoover, S./Abelman, R. (Hg.): *Religious Television*. Norwood 1990, S. 109-130.
Horsfield, P.: *Religious Television. The American Experience*. New York 1984.
Horton, D./Strauss, A.: *Interaction in Audience-Participation Shows*, in: *The American Journal of Sociology*, Jg. LXII (1957), S. 579-587.
Horton, D./Wohl, R.: *Mass Communication and Para-Social Interaction. Observation on Intimacy at a Distance*, in: Gumpert, G./Cathcart, R. (Hg.): *Inter/Media. Interpersonal Communication in a Media World*. New York 1986, S. 185-206.
Johnson, S. u. a.: *Pat Robertson: Who Supported His Candidacy for President?* in: *Journal for the Scientific Study of Religion*, Jg. 28, H. 4 (1989), S. 387-399.
Korpi, M./Kim, K.: *The Uses and Effects of Televangelism. A Factorial Model of Support and Contribution*, in: *Journal for the Scientific Study of Religion*, Jg. 25, H. 4 (1986), S. 410-423.
Lewis, T.: *Charisma and Media Evangelists. An Explication and Model of Communication Influence*, in: *Southern Speech Communication Journal*, Jg. 54, H. 1 (1988), S. 93-111.
Luckmann, T.: *Die unsichtbare Religion*. Frankfurt/M. 1991.
Martin, W.: *A Prophet with Honor. The Billy Graham Story*. New York 1991.
Marty, M.: *Minichurch and Megachurch*, in: *The Christian Century* 107 (1990), S. 919.
Neuendorf, K.: *The Public Trust versus the Almighty Dollar*, in: Hoover, S./Abelman, R. (Hg.): *Religious Television*. Norwood 1990, S. 71-84.
Niebuhr, G.: *Where Shopping-Mall Culture Gets a Big Dose of Religion*, in: *The New York Times*, 16.4. 1995, S. 1ff.
Nielsen Syndicated Program Analysis. Report for May 1995 (nicht publiziert).
Nord, D.: *Systematic Benevolence. Religious Publishing and the Marketplace in Early Nineteenth-Century America*, in: Sweet, L. (Hg.): *Communication and Change in American Religious History*. Grand Rapids 1993, S. 239-269.
Peck, J.: *The Gods of Televangelism*. Cresskill 1993.

Dies.: *Selling Goods and Selling God Advertising*, in: *Journal of Communication Inquiry*, Jg. 17, H. 1 (1993a), S. 5-24.
Roof, W./McKinney, W.: *American Mainline Religion. Its Changing Shape and Future*. New Brunswick 1987.
Roof, W.: *A Generation of Seekers. The Spiritual Journeys of the Baby Boom Generation*. New York 1993.
Schultze, Q.: *The Invisible Medium. Evangelical Radio*, in: Schultze, Q. (Hg.): *American Evangelicals and the Mass Media*. Grand Rapids 1990, S. 171-197.
Ders.: *Televangelism and American Culture*. Grand Rapids 1991.
Smidt, C.: *Evangelical Voting Patterns 1976-1988*, in: Cromartie, M. (Hg.): *No Longer Exiles*. Washington 1993, S. 85-117.
Sweet, L.: *Communication and Change in American Religious History. A Historiographical Probe*, in: Sweet, L. (Hg.): *Communication and Change in American Religious History*. Grand Rapids 1993, S. 1-90.
Ward, M.: *Air of Salvation. The Story of Christian Broadcasting*. Grand Rapids 1994.
Warner, S.: *The Place of the Congregation in the Contemporary Religious Configuration*, in: Wind, J./Lewis, J. (Hg.): *American Congregations*. Band 2. Chicago/London 1994, S. 54-99.
Wuthnow, R.: *The Restructuring of American Religion. Society and Faith since World War II*. Princeton 1988.
Ders.: *Religion and Television. The Public and the Private*, in: Schultze, Q. (Hg.): *American Evangelicals and the Mass Media*. Grand Rapids 1990, S. 199-214.
Ders.: *The Future of the Religious Right*, in: Cromartie, M. (Hg.): *No Longer Exiles*. Washington 1993, S. 27-46.
Ders.: *Sharing the Journey. Support Groups and Americas New Quest for Community*. New York 1994.

Wilhelm Heitmeyer/Joachim Müller/
Helmut Schröder

Islamistische Expansionspropaganda. Mediennutzung und religiös begründete Machtansprüche bei türkischen Jugendlichen

1. Grundannahme und Zielsetzung

Hintergrund der folgenden Ausführungen ist die von uns durchgeführte Studie zu islamisch-fundamentalistischen Orientierungen bei türkischen Jugendlichen in der Bundesrepublik (Heitmeyer/Müller/Schröder 1997). Dabei wird davon ausgegangen, daß Islam und Fundamentalismus nicht gleichgesetzt werden können. Mit Fundamentalismus ist hier nur jene Variante des Islam gemeint, die die Umwandlung des Islam in eine politische Ideologie betreibt, indem eine Monopolisierung von Weltdeutung zum Zweck politischer Macht durchgesetzt werden soll. Dies schließt unter Umständen auch Gewaltoptionen ein. Die Sehnsucht von Menschen nach Sinn und Transzendenz sowie nach einer überschaubaren (geschlossenen) Ordnung wird durch die Forderung einer Einheit von Religion, Politik und Staat instrumentalisiert. Um die unterschiedlichen Zugänge zu dieser Variante eines islamischen Fundamentalismus deutlich zu machen, ist in unserer Untersuchung nach drei Aspekten differenziert worden: 1. religiöse Überlegenheitsansprüche, 2. Positionen, in denen auch Gewaltbereitschaft als Mittel zur politischen Durchsetzung des islamischen Glaubens nicht ausgeschlossen wird, und 3. die Nähe zu entsprechenden Organisationen. Im Mittelpunkt unseres Interesses standen die *Zustimmungen* von Jugendlichen zu diesen Aspekten sowie die Suche nach deren *Ursachen*.

Dazu unterscheiden wir nach gesellschafts*internen* und *-externen* Ursachen. Die Grundfigur der gesellschafts*internen* Ursachen ist anschlußfähig an die Analysen von Kepel (1996), der amerikanische, britische und französische Entwicklungen aufzeigt und im Zusammenhang von Gemeinschaftsbildung und desintegrativen Entwicklungen plaziert. Ebenfalls anschlußfähig ist diese Grundfigur an die Analyse von Riesebrodt (in diesem Band).

Auch bei ihm spielt gesellschaftliche Desintegration eine wichtige Rolle.

Ein zentraler Unterschied zu den genannten Analysen ergibt sich durch die besondere Situation bei jungen Türken in Deutschland aufgrund des Verhältnisses zum Herkunftsland ihrer Eltern, der Türkei, das verstärkt wird durch die Ausweitung des Medienangebotes und durch die schwierigen politischen Verhältnisse. Mithin sind auch gesellschafts*externe* Faktoren einzubeziehen.

2. Ergebnisse

Die empirische Basis der Ergebnisse bildet eine Befragung von 1221 türkischen Jugendlichen im Alter von 15 bis 21 Jahren, die nach den üblichen sozialstatistischen Kriterien ausgewählt wurden. Ihre Befragung fand in 63 Schulen Nordrhein-Westfalens statt, die auf Großstädte, Städte und ländliche Gebiete verteilt waren.

Für mehr als zwei Drittel der Jugendlichen türkischer Herkunft nimmt nach unseren Ergebnissen die persönliche Religiosität in der muslimischen Gemeinschaft einen zentralen Stellenwert ein, und zwar *unabhängig* von fundamentalistischen Positionen. Darüber hinaus hat der weitaus größte Teil der Jugendlichen, nämlich mehr als zwei Drittel, keine Probleme damit, wie ein Muslim zu denken und zu fühlen und gleichzeitig in Deutschland zu leben.

Jenseits dieses positiven Befundes für einen deutlich überwiegenden Teil der in Deutschland lebenden Jugendlichen türkischer Herkunft interessierten uns jedoch v. a. die drei Problemkreise, die wir als Voraussetzungen dafür ansehen, daß Jugendliche islamisch-fundamentalistische Sichtweisen akzeptieren oder übernehmen.

a) Als erstes ist ein Orientierungsmuster zu nennen, in dem sich Überlegenheitsansprüche und die Abwehr von kulturell-religiösen Assimilationsforderungen verbinden. Dabei ist zu berücksichtigen, daß das Orientierungsmuster nicht nur komplex, sondern auch in seinen »Wirkungen« ambivalent ist. Es kann sowohl befriedend wirken – gewissermaßen als gedankliches Kompensat für erfahrene Unterlegenheit – als auch die Grundlage für Verschärfungen in Richtung auf die Verbindung mit religiös fundierter Gewaltbereitschaft bilden. Insgesamt stimmt etwa die Hälfte der Befragten diesem Orientierungsmuster zu. Ein solches Orientierungsmuster erscheint dann sehr problematisch, wenn darin eine politisch monopolisierende Weltdeutung mit scharfen Abgrenzungen zwischen Gläubigen und Ungläubigen dominant wird. Während geschlechtsspezifisch kaum Unterschiede zu verzeichnen sind, entwickeln islamische Überlegenheitsansprüche v. a. jene Jugendlichen, die niedrige Bildungs- und Berufsaspirationen aufweisen.

b) Die Durchsetzung religiöser Prinzipien und die Ausdehnung des Machtbereiches u. U. mit Gewalt haben wir als religiös fundierte Gewaltbereitschaft bezeichnet. Entsprechenden Postulaten stimmt etwa ein Viertel der Jugendlichen zu. Bei den Jugendlichen mit höheren oder niedrigeren Chancen der Integration über Schul- und Berufsausbildung wiederholt sich das Muster: Die Zustimmung ist um so höher, je geringer die eigenen Chancen wahrgenommen werden. Die ermittelte und bei männlichen stärker als bei weiblichen Jugendlichen ausgeprägte Gewaltbereitschaft ist nicht mit Gewalttätigkeit gleichzusetzen. Es ist zunächst »nur« eine Disposition, die jedoch eine erhöhte Möglichkeit der Umsetzung erfährt, wenn ein entsprechender Interaktionskontext vorhanden ist und Legitimationen bereitgestellt werden. Dies geschieht nicht selten durch organisierte Eliten.

c) Zu den wichtigsten Elementen der Umwandlung von Gewaltbereitschaft – nicht nur bei Jugendlichen – gehört die Nähe zu politischen Organisationen und die damit gegebene Einflußmöglichkeit der dortigen Meinungsführer, die Legitimationen für Handeln bieten. Bei den von uns befragten jungen Türken fühlt sich mehr als ein Drittel in seinen Interessen sowohl durch Milli Görüş als auch durch die »Grauen Wölfe« gut oder teilweise vertreten. Auch hier wieder dasselbe Bild. Je schlechter die Jugendlichen ihre Chancen sehen, desto größer ist die Nähe zu diesen Organisationen.

3. Gesellschafts*interne* Ursachenkomplexe

Warum lassen sich solche Orientierungen unter den türkischen Jugendlichen feststellen, die doch in dieser Gesellschaft aufgewachsen sind? Im Kern einer ersten Antwort, so unsere These, steht die Desintegration: Hinter einem als Selbstschutz konstruierten, überwiegend positiven Selbstbild spielen massive Ängste vor Ausgrenzungen, vor unsicheren Lebensläufen sowie verletzte Identitäten durch emotionale und soziale Ablehnung eine Rolle.

Tagtäglich bewegen sich die Jugendlichen neu in der Spannung, sich in »ihre« Gesellschaft der Bundesrepublik, die sie aber dennoch als Fremde behandelt, einzugliedern und die Anforderungen der eigenen ethnischen Gruppe zu erfüllen. Je stärker die eigene Diskriminierung erfahren wird und je eindringlicher die traditionalen Erziehungs- und Wertvorstellungen in den türkischen Familien an nachfolgende Generationen weitergegeben werden, um so größer sind tendenziell der Anspruch islamischer Überlegenheit und eine religiös begründete Gewaltbereitschaft. Dieses Problem ist aktueller denn je, weil sich immer mehr türkische Jugendliche aus der deutschen Gesellschaft zurückzuziehen scheinen.

Nichtzugehörig zur deutschen Gesellschaft, in der sie meist wie Fremde behandelt werden und sich entsprechend auch als Fremde fühlen, wurzellos in der ihnen längst ebenso fremd gewordenen türkischen Gesellschaft, klammert sich ein erheblicher Teil der Jugendlichen an die »Umma«, die religiöse Gemeinschaft der Muslime, in der sie sich verstanden fühlen. Auch von daher ist zu erklären, daß mehr als die Hälfte der Jugendlichen ihre eigenen Kinder auf Koranschulen schicken würde und für mehr Koranschulen plädiert.

Dabei fällt auf, daß junge Männer sehr viel stärker an eine Überlegenheit des Islam glauben. Gerade für jene Jugendliche, denen immer noch Maßstäbe einer traditional patriarchalischen Gesellschaft in der Familie vermittelt werden, muß die von der deutschen Umgebung erzeugte Unterlegenheit mit eigenen Überlegenheitsphantasien »bekämpft« werden. Hinzu kommen die auch unter türkischen Jugendlichen weit verbreiteten Law-and-Order-Positionen.

Wesentliche Ursachen für die Hinwendung zu einer religiös fundierten Gewaltbereitschaft sind nach unseren Analysen die Reaktionen auf fremdenfeindliche Gewalt und die Verweigerung der Anerkennung einer (kollektiven) muslimischen Identität durch die Mehrheitsgesellschaft, aber auch konkrete Diskriminierungserfahrungen im privaten Bereich sowie die negativen Folgen der gesellschaftlichen Modernisierungsprozesse. Gleichzeitig sind die Rückzugstendenzen in die eigenethnische Wir-Gruppe[1], die Beto-

1 Die eigenethnische Wir-Gruppe soll weder im engen essentialistischen Sinne als quasi naturgegebene Größe noch als beliebig konstruierbare Kategorie verstanden

nung einer auf Abgrenzung ausgerichteten national und religiös begründeten Identität sowie die Ablehnung »moderner« Erziehungswerte und ein innerfamiliales Konfliktpotential zentral für dieses Orientierungsmuster. Insgesamt stellt sich ein emotional hoch aufgeladenes Ursachenbündel aus individualbiographischen, sozialen und politischen Aspekten heraus, das der religiös fundierten Gewaltbereitschaft zugrunde liegt.

Betrachtet man die Ergebnisse im Verhältnis zur Moderne, dann können sie als Indizien für die These gesehen werden, daß die *dominierenden* gesellschaftlichen Entwicklungen vielfältige Identitäts- und Gemeinschaftsfragen vor dem Hintergrund zunehmender Komplexität und Desintegrationsbedrohungen neu und verstärkt aufwerfen.

Dadurch wächst die Attraktivität solcher Postulate, die über Entdifferenzierungen klare Orientierungen versprechen und die mittels religiöser Gewißheiten wie nationaler Aufheizungen eine ethnisch-kulturell ausgerichtete Binnenintegration zu sichern scheinen. Zugleich geraten aber auch Gewißheiten ins Wanken; Religion wird verfügbar, der Heiligkeit entkleidet und funktional einsetzbar.

Die hier verzeichneten Entwicklungen werden damit als *Produkt der Moderne* verstanden. Das bedeutet auch, daß sich in der jüngeren Generation die Hinwendungen und Zuspitzungen nicht mehr nur durch die unreflektierte Übernahme unhinterfragbarer Selbstverständlichkeiten zu entwickeln scheinen, sondern daß sie ganz *bewußt* erfolgen. Die Interpretation der Ergebnisse unserer Studie läßt aber noch weitere Schlüsse zu. Diese sind vielleicht noch bedeutsamer als die bisherigen.

So teilen wir nicht die Annahme, daß es sich lediglich um jugendtypisch zugespitzte *kulturelle Episoden* handelt, die sich durch gelassenes Warten verflüchtigen wie bei jugendkulturellen Moden westlichen Stils. Dagegen spricht die Verankerung des Islams als »kulturelles Kapital« ebenso wie die Hinwendung zu Institutionen, die die Jugendlichen durch ihre vielfältigen Angebote binden, organisieren und mobilisieren, mithin den *politischen Charakter* manifestieren können. Daher wird hier die These ver-

werden. Vielmehr handelt es sich immer auch um politische Gruppenbildungsprozesse, die sowohl durch Fremdethnisierung (durch die Mehrheitsgesellschaft) als auch durch Selbstethnisierung (der Minderheit) zustande kommen bzw. sich verstärken.

treten, daß es sich um ein dauerhaftes Problem handelt, dessen Brisanz sich aus unterschiedlichen individuellen und sozialen sowie gesellschaftlichen und politischen Entwicklungen ergibt und dessen Schärfe in den nächsten Jahren noch deutlicher hervortreten wird, falls keine grundlegenden migrationspolitischen Änderungen vorgenommen werden.

Bisher ist noch unklar, welche »formierenden« Entwicklungen sich ergeben. Zumal vielfach zu Recht darauf verwiesen worden ist, daß es auch »Integration durch Segregation« gebe, indem kulturell-religiöses »Eigenleben« jene Sicherheit und Geborgenheit vermittle, die dazu befähigen, gesellschaftliche Anforderungen zu bewältigen und Diskriminierungen auszuhalten. Ein solches »Integrationsmodell« ist aber nur so lange tragfähig, wie die Zugänge zum Arbeitsmarkt etc. weitgehend gesichert sind, die Hoffnungen auf politische Partizipation noch realistisch scheinen, die Angebote für Freizeitgestaltung oder die soziale Versorgung durch Kommunen nicht noch weiter abgebaut werden. Diese zentralen Bedingungen sind indes immer weniger gegeben. Die Chancen für Jugendliche der dritten Generation werden u. E. nur theoretisch größer – faktisch reduzieren sich eher die Realisierungsmöglichkeiten ihrer Lebensplanungen und einer angemessenen Existenzsicherung.

Dagegen gibt es unübersehbare Anzeichen dafür, daß eher partikulare Wertvorstellungen und Rückzüge in eigenethnische Gruppen und (Sport-)Vereine zunehmen – mitsamt einer eigenethnischen Identitätspolitik. Es handelt sich dabei um eine Verstärkung solcher Bearbeitungsweisen, über die man selbst verfügen kann. Daß dieser Prozeß eher schleichend verläuft, wird ebenso häufig übersehen wie die Entwicklungen zu Protest und Widerstand in vielfältigen, z. T. offenen, z. T. verdeckten Formen.

Zuspitzungen ethnisch-kultureller Gewalt lassen sich in einer Gesellschaft vermeiden, solange es gelingt, die Auseinandersetzungen im Zustand von »cross-cutting-conflicts« zu halten. Dieser ist dann gegeben, wenn die beteiligten Personen oder Gruppen in mehrere Statuslinien eingebunden sind und sich ihre Interessenpositionen vielfältig überlappen. Verringert sich dieser Zustand, eskaliert nicht nur die Gefahr durch Teile der Mehrheitsgesellschaft, sondern auch durch Teile der Minderheiten, wenn z. B. eine Reduzierung auf eine muslimische Identität erfolgt, die keine Verletzungen (mehr) erträgt.

Trotz aller Anstrengungen zur Analyse sozialer und politischer Ursachen kommt man wohl nicht daran vorbei: Die Suche nach Gewißheiten bleibt. Sie wird u. U. stärker, je bewußter es Menschen wird, daß Gewißheiten verlorengehen. Daher sind solche Hinwendungen zu islamisch-fundamentalistischen Orientierungen nicht bloß Ergebnisse von Deprivation und Verführungen, sondern auch eine Verbindung von bewußten Entscheidungen und verlockenden Angeboten kultureller Sicherheit in der Gemeinschaft; zumal in solchen Gemeinschaften, die Stärke versprechen. Wenn diese Annahmen stimmen, dann steigt die Gefahr der politischen Instrumentalisierung der Religion in einer zunehmend desintegrierenden Gesellschaft.

4. Gesellschafts*externe* Ursachen: Geopolitische Ausweitungsansprüche

Nach dieser kurzen Skizzierung der Ursachenmuster für islamzentrierte Überlegenheitsansprüche bzw. für eine religiös fundierte Gewaltbereitschaft bei türkischen Jugendlichen, die im wesentlichen auf *inner*gesellschaftliche sowie individual-biographische Ursachen focussiert (vgl. ausführlich Heitmeyer/Müller/Schröder 1997, S. 146ff.), soll im folgenden der Frage nachgegangen werden, welche anderen Ursachen, die nicht im Bereich der Mehrheitsgesellschaft liegen, für demokratie- und integrationsfeindliche Einstellungen türkischer Jugendlicher sowie deren Präferenzen für islamisch-fundamentalistische bzw. nationalistisch ausgerichtete Organisationen in der Bundesrepublik Deutschland wie Milli Görüş oder die »Grauen Wölfe« verantwortlich sind.

Dazu werden wir aufzuzeigen versuchen, wie stark islamisch-fundamentalistische Einstellungsmuster mit islamischen Macht- und Expansionsvorstellungen zusammenhängen, in welchem Ausmaß diese von Sympathisanten der Milli Görüş getragen werden und schließlich, ob die Emergenz solcher Einstellungsmuster auch von der Nutzung türkischsprachiger Massenmedien abhängig ist, insbesondere solcher mit türkisch-nationalistischer und islamisch-fundamentalistischer Ausrichtung.

Ein Blick auf zwei Items, die die geopolitischen Ausweitungsansprüche des Islam prägnant zum Ausdruck bringen, zeigt zunächst, daß diese zwar von der Mehrheit aller türkischen Jugend-

Tab. 1: Islamische Macht- und Expansionsansprüche (Angaben in Prozent)

	trifft				
	ganz genau zu	zu	nicht zu	überhaupt nicht zu	k. A.
»Der Islam muß in allen Ländern an die Macht kommen.«	14,7	16,6	32,3	24,5	12,0
»Der wahre Frieden kann nur entstehen, wenn der Islam sich ausdehnt.«	16,1	24,6	29,3	16,5	13,5

Frage: »Auch über den Islam gibt es verschiedene Auffassungen. Welche Position vertreten Sie?«

lichen abgelehnt, gleichzeitig aber von einer großen Minderheit präferiert werden (vgl. Tab. 1).

Spiegelt man diese Macht- und Expansionsansprüche nun vor dem Hintergrund der oben dargestellten Überlegenheitsansprüche und einer religiös fundierten Gewaltbereitschaft, zeigt sich folgendes Ergebnis: Je stärker die befragten Jugendlichen sich durch solche auf Abkehr von der Mehrheitsgesellschaft zielenden Muster religiös gespeister Selbstvergewisserung auszeichnen, desto deutlicher sprechen sie sich auch für eine Ausweitung der islamischen Macht- und Einflußsphäre aus.[2]

Die Berechnungen zeigen gleichzeitig, daß geopolitische Ausweitungsansprüche insbesondere von Jugendlichen, die sich in ihren Interessen von Milli Görüş gut vertreten fühlen, getragen zu sein scheinen. Vergleicht man die Ergebnisse dieser Jugendlichen mit den Antworten der gesamten Stichprobe, dann wird bei den Sympathisanten von Milli Görüş besonders deutlich, daß deren ideologische Grundlage auch auf dem Ausbau der islamischen Macht- und Einflußsphäre fußt (vgl. Abb 1).

2 Die Korrelationen der Variablen »Der Islam muß in allen Ländern an die Macht kommen« und »Der wahre Frieden kann nur entstehen, wenn der Islam sich ausdehnt« mit dem Faktor »Islamzentrierter Überlegenheitsanspruch« betragen r = .52 und r = .55 sowie mit der Skala »Religiös fundierte Gewaltbereitschaft« r = .38 und r = .31.

Abb. 1: Islamische Macht- und Expansionsansprüche der Milli-Görüş-Sympathisanten (Angaben in Prozent*)

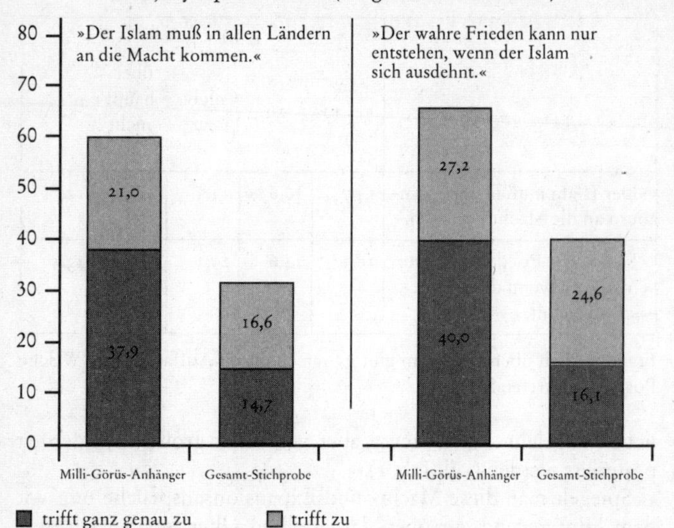

* Fehlende Werte sind aus den Berechnungen ausgeschlossen.

Daß die Emergenz solcher Phantasien in den Köpfen der Jugendlichen aber nicht nur in den Lebensbedingungen der Bundesrepublik Deutschland, sondern auch als ein via Medien importiertes Problem gesehen werden muß, wird ersichtlich, wenn die Nutzung türkischer Medien zur Erklärung der genannten Phänomene herangezogen wird.

Wie die neueste Studie des Zentrums für Türkeistudien (1997) zum Medienkonsum der türkischen Bevölkerung in Deutschland darlegt, kann allgemein zunächst festgehalten werden, daß eine »heimatsprachliche Orientierung« des Medienkonsums der türkischen Bevölkerung insgesamt deutlich abhängig ist vom zunehmenden Alter, einer geringeren Bindung an die Aufnahmegesellschaft und einer schwächeren sozioökonomischen Lage (vgl. ebd., S. 24f.). Medienanalysen belegen, daß die deutschlandbezogene Berichterstattung bei den großen TV-Anstalten und den größten Tageszeitungen *Hürriyet*, *Milliyet* und *Tercüman* eher marginalen

Tab. 2: Mediennutzung; Informationen über die politischen Verhältnisse in der Mehrheitsgesellschaft
(Angaben in Prozent)

	oft	manchmal	nie	k. A.
Türkische Zeitungen	35,6	43,5	11,7	9,2
Deutsche Zeitungen	25,2	51,9	13,8	9,1
Türkisches Fernsehen	53,5	32,1	6,1	8,4
Deutsches Fernsehen	55,1	33,7	4,3	7,0

Frage: »Wenn Sie sich über die politischen Verhältnisse in Deutschland informieren, wie stark informieren Sie sich dann durch ... ?«

Stellenwert besitzt (vgl. dazu für den Zeitraum zwischen 1983 und 1989 ZfT 1991, S. 45). Auch in der subjektiven Wahrnehmung fühlt sich die Mehrheit der Befragten durch die türkischen Medien nicht ausreichend über Deutschland und die dortigen Ereignisse informiert (vgl. ZfT 1997, S. 13). Wird der Medienkonsum der türkischen Bevölkerung in der Bundesrepublik dann außerdem nach Fernsehkonsum und Printmedien differenziert, dann erweist sich, daß jeweils von besonders vielen Befragten das türkische Fernsehen für Nachrichten- und Informationssendungen, das deutsche Fernsehen außerdem noch für Spielfilme genutzt wird (ebd., S. 10). Bezüglich der Printmedien läßt sich feststellen, daß neben der Dominanz der heimatsprachlichen Tagespresse von einem großen Teil der Befragten auch regionale deutsche Tageszeitungen genutzt werden (ebd., S. 7).

Auch wenn man davon ausgehen kann, daß sich die Gewohnheiten der Mediennutzung der zweiten oder dritten Generation junger Türken kaum von denen junger Deutscher unterscheiden, finden die türkischsprachigen Massenmedien auch unter den jungen Türken ein beachtliches Interesse, nicht zuletzt weil damit auch die Möglichkeit zur Identifikation mit der Türkei gesucht und gefunden wird. Für die von uns untersuchten Jugendlichen ist hier zunächst festzustellen, daß deren Informationen über die politischen Verhältnisse in Deutschland in einem nicht unerheblichen Ausmaß auch über türkische Medien erfolgt (vgl. Tab. 2).

Die Zahlen verdeutlichen darüber hinaus, daß dem türkischen Fernsehen, aber auch den deutschen TV-Sendern – wie zu erwarten – gegenüber den Printmedien eine wesentlich bessere Erreichbarkeit unter den türkischen Jugendlichen attestiert werden muß.

Türkischsprachiges Fernsehen

Durch die technischen Anlagen ist heute eine Vielzahl der türkischen Haushalte via Satellit mit dem Herkunftsland verbunden. Während man noch bis in die achtziger Jahre hinein davon ausgehen konnte, daß die »normalen« Fernsehprogramme für Ausländer nahezu die gleiche Bedeutung hatten wie für Deutsche (vgl. Darkow/Eckhardt/Maletzke 1985, S. 122), ist dies seit der Einführung der privaten und der muttersprachlichen Sender zumindest für die große Gruppe der Bevölkerung türkischer Herkunft grundsätzlich anders. Eine Auswertung des »Berliner Kabelprojektes« hinsichtlich der Mediennutzung und -beurteilung der türkischen Bevölkerung von Berlin machte bereits Anfang der neunziger Jahre deutlich, daß Türken aufgrund ihrer größeren Unterhaltungs- und Sprachorientierung deutlich stärker als beispielsweise Deutsche die »neuen« privaten Programme (hier SAT 1 und TD 1) nutzten (vgl. Roters 1990, S. 91). Seit der Etablierung der v. a. via Satellit zu empfangenden privaten sowie staatlichen muttersprachlichen Programme aus der Türkei ist die noch vor einigen Jahren von den öffentlich-rechtlichen Rundfunk- und Fernsehanstalten geförderte Funktion, mit der Ausgestaltung ihres Programmangebotes für die türkischen Migranten auch eine »Brücke zur Heimat« zu bieten, längst hinfällig geworden.[3] Nachdem diese Brückenfunktion zwischenzeitlich (insbesondere in den achtziger Jahren) von einem vielfältigen türkischen Videomarkt, der quasi als türkischsprachiges »Ersatzprogramm« (ebd., S. 90) diente, übernommen worden war, wird diese heute nahezu ausschließlich von den türkischsprachigen Fernsehanstalten übernommen.

Wie unsere Berechnungen zeigen, zieht bei den untersuchten Jugendlichen dabei generell eine intensive Nutzung türkischspra-

3 Die bekanntesten fremdsprachigen Sendungen, die seinerzeit von den öffentlich-rechtlichen Fernsehanstalten diese Funktion (auch für andere »Gastarbeiter«) übernehmen sollten, waren zum einem die erstmals am 17. 12. 1965 vom WDR ausgestrahlte Sendereihe »Ihre Heimat – unsere Heimat« und die erstmals 1966 vom ZDF ausgestrahlte Serie »Nachbarn in Europa« (vgl. Roters 1990, S. 11 f.).

chiger Fernsehprogramme auch einen »positiven« Effekt auf die Ausformung islamischer Macht- und Expansionsvorstellungen nach sich.[4] Besonders deutlich ist dieser Effekt der Ausformung geopolitscher Ausdehnungsansprüche in Abhängigkeit der Nutzung muttersprachlicher Fernsehsender, wenn der Einfluß des religiösen Senders TGRT – ebenfalls über Satellit in Deutschland zu empfangen – berücksichtigt wird. Je häufiger sich Jugendliche das Programm dieses Senders ansehen, desto deutlicher stimmen sie den islamischen Macht- und Expansionsansprüchen zu (vgl. Abb. 2).

Dieser nationalistisch-konservativ und religiös ausgerichtete Sender, der ähnlich wie Kanal 7, der konsequent die Interessen der islamischen Refah Partei vertrat, ein verzerrtes Bild der westlichen Staaten vermittelt (vgl. ZfT 1997, S. 47), verfolgt sowohl im Unterhaltungs- als auch im Informationsangebot die klare Strategie der Stärkung der islamistischen und rechtskonservativen Parteien und gesellschaftlichen Strömungen (ebd., S. 30). Wenn von denjenigen Jugendlichen, die häufig das Programm von TGRT verfolgen – dies ist insgesamt immerhin ein Viertel aller Jugendlichen –, deutlich mehr als die Hälfte islamischen Machtansprüchen zustimmen und zur Sicherung des »wahren« Friedens mehr als drei Viertel eine Ausdehnung des Islam befürworten, muß der Einfluß eines

4 Zwei getrennt durchgeführte Varianzanalysen der Nutzung des »Türkischen Fernsehens« auf die Variablen a) »Der Islam muß in allen Ländern an die Macht kommen« und b) »Der wahre Frieden kann nur entstehen, wenn der Islam sich ausdehnt« erbrachten folgende statistisch relevanten Ergebnisse: a) Mean (oft = 2.5; manchmal = 2.0; nie = 1.8), Eta = .23, Sig. $< .01$; b) Mean (oft = 2.6; manchmal = 2.3; nie = 2.2), Eta = .15, Sig. $< .01$.

Daß selbst Sendungen des staatlichen türkischen Fernsehens TRT-INT hart an der Grenze der Legalität operieren und mitunter deutliche nationalistisch-patriotistische Züge erkennen lassen, die nur schwer mit der demokratischen Grundordnung der Bundesrepublik Deutschland vereinbar sind, wird beispielsweise an einer im April 1995 ausgestrahlten, in der Türkei produzierten und durch direkte Satellitenübertragung in das deutsche Kabelnetz eingespeisten 56stündigen Livesendung deutlich, in der u. a. für den türkischen Militäreinsatz in Nordirak geworben wurde und eine deutliche Verherrlichung des Krieges stattfand. Da jedoch vom Kampf der türkischen Armee gegen Terroristen, nicht aber gegen Kurden die Rede war, konnte dem Sender kein Verstoß gegen Artikel 7 (Anstachelung zum Rassenhaß, unangemessene Gewaltdarstellung) des europäischen Übereinkommens für grenzüberschreitendes Fernsehen nachgewiesen werden. Damit blieb der Antrag auf Einleitung eines Beanstandungsverfahrens gegen TRT-INT, der durch die »medienagentur für menschenrechte (mfm)« bei der Direktorenkonferenz der Landesmedienanstalt (DLM) eingegangen war, ohne rechtliche Konsequenzen (vgl. Greiff 1995).

Abb. 2: TGRT-Nutzung und islamische Macht- und Ausdehnungsansprüche (Angaben in Prozent*)

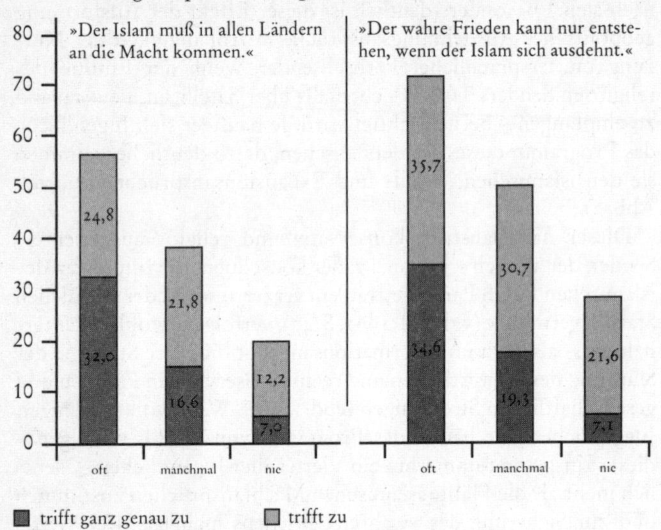

* Fehlende Werte sind aus den Berechnungen ausgeschlossen.

solchen Senders auf die politische Meinungsbildung als außerordentlich hoch eingeschätzt werden.

Darüber hinaus gibt es inzwischen auch (Einzel-)Sendungen, die sowohl auf die Türkei als auch auf die türkische Gemeinde ausgerichtet sind. So wird folgendes berichtet: »Machtlos [...] waren die Behörden gegen eine am Wochenende über Eutel-sat-2 in türkische Wohnungen gestrahlte einstündige Sendung. Darin verdammte Metin Kaplan, der in Köln lebende Sohn des 1996 gestorbenen religiösen Fanatikers Cemalettin Kaplan, den türkischen Republikgründer Mustafa Kemal Atatürk als ›Satan‹ und rief die Türken zum bewaffneten Kampf gegen die teuflische ›Grundordnung‹ auf.«[5]

5 Bericht in der *Frankfurter Rundschau*, 30. 4./1. 5. 1997, S. 2.

Die Nutzung der türkischen Printmedien bei der Information über politische Verhältnisse fällt bei den türkischen Jugendlichen zwar klar hinter die Nutzung des Fernsehens zurück; sie liegt mit 35,6 % aber dennoch deutlich über der vergleichbarer deutscher Medien (vgl. Tab. 1). Ähnlich wie dem türkischen Fernsehen ein nicht unerheblicher Einfluß auf den politischen Meinungsbildungsprozeß bei den in Deutschland lebenden türkischen Jugendlichen zugesprochen werden muß, zeigt auch der Gebrauch türkischer Zeitungen als politisches Informationsmedium insgesamt, daß eine intensive Nutzung mit einer vernehmlicheren Formulierung geopolitischer Ausweitungsansprüche korreliert.[6] Dies hängt u. E. damit zusammen, daß in den türkischsprachigen Printmedien und zunehmend auch in den liberalen bis national-liberalen Massenblättern eine auf Deutschland bezogene negative Berichterstattung stattfindet, die auch in eher abgrenzungsbetonende Einstellungsmuster münden kann. Diese negative Berichterstattung ist jedoch ein Phänomen vieler Massenmedien. Will man die Verkaufszahlen in die Höhe treiben, scheinen v. a. schlechte Nachrichten gute Nachrichten zu sein. Auch in deutschen Printmedien wird über Ausländer bzw. Türken in einer eher verzerrenden Weise berichtet und somit einer Aufschaukelung bzw. einer Verfestigung negativer Vorurteile Vorschub geleistet (vgl. Merten 1987, S. 69ff.).

Unsere Berechnungen machen deutlich, daß die Ausformung geopolitischer Ausweitungsansprüche auch von der Rezeption türkischsprachiger Printmedien abhängig ist, insbesondere von solchen, die nationalistische bzw. fundamentalistische Positionen vertreten und das eigenethnische Moment betonen (vgl. Abb. 3).

Je häufiger von den Jugendlichen türkische Zeitungen und insbesondere die seit 1987 in Deutschland erscheinende *Türkiye*, die allgemein als konservativ-religiös-nationalistisch charakterisiert wird (vgl. Goldberg 1997, S. 133), oder die seit 1973 in Deutschland erscheinende islamisch-fundamentalistische *Milli Gazete* –

6 Zwei getrennt durchgeführte Varianzanalysen der Nutzung türkischer Zeitungen auf die Variablen a) »Der Islam muß in allen Ländern an die Macht kommen« und b) »Der wahre Frieden kann nur entstehen, wenn der Islam sich ausdehnt« erbrachten folgende statistisch relevanten Ergebnisse: a) Mean (oft = 2.5; manchmal = 2.2; nie = 1.9), Eta = .21, Sig. < .01; b) Mean = (oft = 2.7; manchmal = 2.4; nie = 2.2), Eta = .17, Sig. < .01.

Abb. 3: Islamische Macht- und Expansionsansprüche und Nutzungsfrequenz der türkischen Zeitungen *Türkiye* und *Milli Gazete* (Angaben in Prozent*)

»Der Islam muß in allen Ländern an die Macht kommen.«

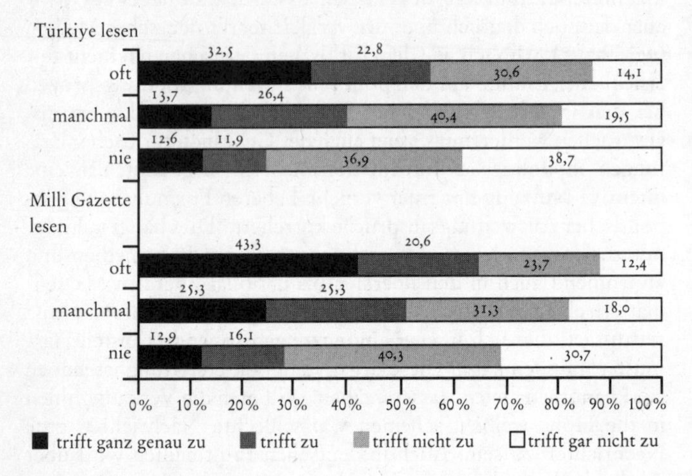

»Der wahre Frieden kann nur entstehen, wenn der Islam sich ausdehnt.«

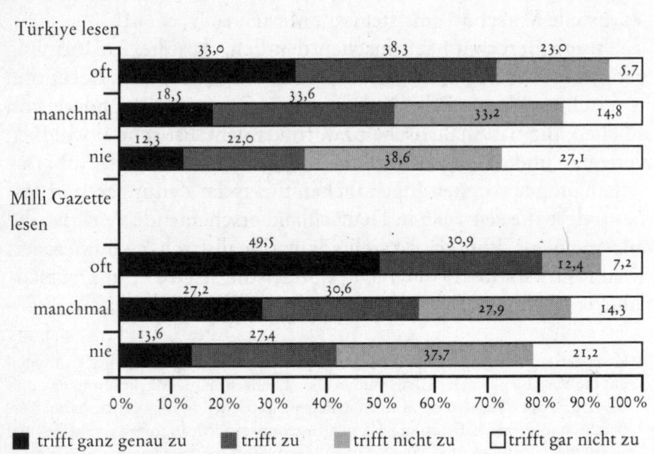

* Fehlende Werte sind aus den Berechnungen ausgeschlossen.

die beide von einer geistig-moralischen Überlegenheit des Islam ausgehen (ZfT 1991, S. 70) – zur politischen Informationsbildung herangezogen werden, desto nachdrücklicher votieren sie für islamische Macht- bzw. Expansionsansprüche.[7]

Erklärungen bieten sich an, wenn – wie vom Zentrum für Türkeistudien (1991) geschehen – die Inhalte der Tageszeitungen *Türkiye* und *Milli Gazete* u. a. hinsichtlich ihrer deutschlandbezogenen Berichterstattung und ihrer Haltung zur Frage der Integration analysiert werden. Auch wenn in beiden Zeitungen das Thema Rückkehr keine Rolle mehr spielt, der Aufenthalt der türkischen Migranten in der Bundesrepublik Deutschland also auch im redaktionellen Selbstverständnis auf Dauer gestellt zu sein scheint, sind Informationen über die ökonomische und soziale Situation der türkischen Wohnbevölkerung in Deutschland im Gegensatz etwa zu den Tageszeitungen *Hürriyet* und *Milliyet* kaum zu finden (vgl. ebd., S. 68 u. S. 72). Obwohl laut Binswanger (1988) die gesamte türkische Presse in der Bundesrepublik von ihrem Selbstverständnis her eine anwaltschaftliche Funktion für ihre jeweiligen Leser und Leserinnen ausübt und massiv für deren Interessen insbesondere gegenüber Institutionen eintritt (vgl. ebd., S. 23), bieten *Türkiye* und *Milli Gazete* ihren in der Bundesrepublik lebenden Lesern und Leserinnen kaum Orientierungshilfen, um die Situation der Türken in Deutschland zu verbessern und die vorhandenen Möglichkeiten optimal zu nutzen (vgl. ZfT 1991, S. 68). Auch der Beitrag beider Zeitungen zur Integration, die nach Özdogan (o. J.) »die Eingliederung der ausländischen Bevölkerung in die Gesellschaft mit der Erhaltung ihrer kulturellen und religiösen Besonderheiten« (S. 63) bedeuten sollte, um ein gemeinsames Leben unterschiedlichster Menschen in gegenseitiger Toleranz und Achtung, also Anerkennung (vgl. Taylor 1993) zu ermöglichen, muß als kontraproduktiv betrachtet werden. So kann für die *Türkiye*, mit einer Auflagenhöhe von ca. 40 000 Exemplaren nach *Hürriyet* zweitgrößte türkischsprachige Tageszeitung in der Bundesrepublik Deutschland (vgl. ZfT 1997, S. 44), festgestellt werden, daß diese »weitgehend eine Isolation der Migranten fördert, indem sie ausschließlich über Themen berichtet, die die Türkei oder die tür-

7 So betragen die Korrelationen zwischen dem Item der Nutzung »Türkischer Zeitungen« (V158) und der Variable »Der Islam muß in allen Ländern an die Macht kommen« r = –.20 und der Variable »Der wahre Frieden kann nur entstehen, wenn der Islam sich ausdehnt« r = –.17.

kisch-islamische Kultur betreffen und den Stolz auf diese bestärken« (ZfT 1991, S. 71). Die *Türkiye* liefert also zu wenig Informationen über die Aufnahmegesellschaft, um ihren Leserinnen und Lesern eine Partizipation am politischen, sozialen und kulturellen Leben zu ermöglichen und damit einen aktiven Beitrag zur Integration zu liefern. Etwas anders stellt sich der fehlende Beitrag zur Integration bei der *Milli Gazete* dar. Auch bei *Milli Gazete*, deren Auflagenhöhe in der BRD ca. 12 000 Exemplare beträgt und die nur im Abonnementbetrieb verteilt wird (vgl. ZfT 1997, S. 44), sind die Informationen über die soziale Situation und die Bestimmungen in der Bundesrepublik äußerst dürftig, wenn auch etwas zahlreicher als bei der *Türkiye*. *Milli Gazete* setzt sich in der Berichterstattung dabei ganz bewußt von den »Boulevardblättern« ab, kritisiert offen die »Quasireligiosität« auch einiger rechtsgerichteter Zeitungen (vgl. ebd., S. 71) und hat sich selbst überdies die Verschmelzung von Islam und Journalismus zum Ziel gesetzt (vgl. Özdogan o. J., S. 39). Für *Milli Gazete* ist die Religion das entscheidende Moment, und das Spannungsverhältnis zwischen Migranten und Aufnahmegesellschaft wird für sie als ein Konflikt zwischen Christen und Muslimen interpretiert. Obwohl *Milli Gazete*, eine Zeitung, die ganz bewußt islamische Werte und Traditionen vertritt, ganz deutlich und realistisch die Veränderungen von Menschen in der Migrantensituation wahrnimmt und dabei keineswegs auf die Rückkehroption setzt, nimmt auch sie eine informierende und mobilisierende Funktion für ihre Leserschaft nicht wahr. Während Zeitungen wie *Hürriyet* oder *Milliyet* ihre Leser und Leserinnen ausführlich über die politische, ökonomische und soziale Situation im Aufnahmeland informieren, dadurch Orientierungshilfen für ein Leben in der Bundesrepublik liefern und somit einen wichtigen Beitrag zur Integration leisten, scheinen Zeitungen wie *Türkiye* und *Milli Gazete* so von der eigenen Kultur überzeugt zu sein, »daß sie einen Austausch mit der nichttürkischen Umwelt als unmöglich darstellen und dadurch einer Isolation der Migranten Vorschub leisten« (ZfT 1991, S. 78).

Schaut man sich vor diesem Hintergrund nun die Zustimmungen der Jugendlichen zu islamischen Macht- und Expansionsvorstellungen in Abhängigkeit zur Nutzungsfrequenz der beiden Tageszeitungen *Türkiye* und *Milli Gazete* an, dann dokumentieren diese Ergebnisse den Einfluß türkischer Medien auf die Ausformung islamischer Macht- und Expansionsansprüche unter den türkischen Jugendlichen, die in einem nicht unerheblichen Ausmaß mit den islamisch-fundamentalistischen Einstellungsmustern sowohl auf inhaltlicher (islamzentrierter Überlegenheitsanspruch, religiös fundierte Gewaltbereitschaft) als auch auf struktureller (Interessenvertretung durch Milli Görüş) Ebene korrelieren.

Reichweite und Folgen eigenethnischer Mediennutzung

Betrachtet man die Reichweite türkischer Massenmedien und dabei insbesondere die der religiösen, nationalistischen und fundamentalistischen Varianten, dann läßt sich feststellen, daß diese insbesondere von Jugendlichen genutzt werden, die sich durch nationalistische bzw. fundamentalistische Organisationen vertreten fühlen. Anhänger von Milli Görüş und den »Grauen Wölfen« stützen sich zur Information über die politischen Verhältnisse in Deutschland wesentlich häufiger als der Durchschnitt aller türkischen Jugendlichen auf Medien (TV/Zeitungen), die Eigenethnizität fördern. Mit Ausnahme der Intensität der Lektüre der islamisch-fundamentalistischen *Milli Gazete* – hier unterscheiden sich die Anhänger der »Grauen Wölfe« nicht vom Durchschnitt aller Jugendlichen – stützen sich die Anhänger beider Gruppierungen deutlich häufiger als alle anderen auf den religiösen Fernsehsender TGRT und auf die nationalistische Zeitung *Türkiye*.

Diese Ergebnisse werden auch bestätigt, wenn man die Präferenz der Jugendlichen für die inzwischen verbotene Refah Partei oder die nationalistische MHP in der Türkei in Abhängigkeit von der Nutzung und Rezeption türkischer Medien betrachtet.

Ein weiteres Indiz für die These, daß die Präferenz einer geopolitischen Machtausdehnung des Islam – die, wie oben gezeigt, in einem deutlichen Zusammenhang mit islamisch-fundamentalistischen Positionen gesehen werden muß – auch mit politischen Entwicklungen in der Türkei selbst zusammenhängt, ist der Einfluß des türkischen Parteiensystems auf demokratie- und integrationsfeindliche Orientierungen der in der Bundesrepublik Deutschland lebenden türkischen Jugendlichen. Insgesamt sprachen sich zum Untersuchungszeitpunkt im Sommer 1995, d. h. vor den Dezemberwahlen, aus denen die Refah Partisi als Wahlsieger hervorging, 17,3 % aller befragten Jugendlichen für einen größeren Einfluß von Refah auf die türkische Politik aus. Für eine größere Einflußnahme der MHP sprachen sich 18,6 % aus. Auf den eindeutigen Zusammenhang zwischen der Refah Partisi und der Milli Görüş einerseits und der MHP und den »Grauen Wölfen« andererseits sowie deren ideologische Überschneidungen einer islamistischen und/oder nationalistischen Politik haben wir bereits an anderer Stelle hingewiesen (vgl. Heitmeyer/Müller/Schröder 1997, S. 132ff.). Zentral in diesem Zusammenhang ist nun, daß sich Anhänger der Refah Partisi und der MHP im Gegensatz zu Jugendlichen, die DYP/ANAP (25,7%), CHP/DSP (7,8%) oder andere Parteien wie z. B. YDH, kurdische oder sonstige Parteien präferieren, überproportional stark sowohl durch islamzentrierte Überlegenheitsansprüche und religiös fundierte Gewaltbereitschaft als auch durch islamische Macht- und Expansionsvorstellungen auszeichnen.[8]

Welche Folgen haben nun solche geopolitischen Postulate der Ausdehnung der Machtsphäre des Islam – die in einem erheblichen Ausmaß von der Nutzung türkischsprachiger, insbesondere aber religiöser, nationalistischer sowie fundamentalistischer Massenmedien abhängig sind – für die Integrationsfähigkeit der türkischen Minderheit in die Mehrheitsgesellschaft? Findet eher ein Rückzug in eigenethnische Wir-Gruppen statt, wird mithin die Entwicklung einer (muslimischen) Parallelgesellschaft[9] gefördert,

8 Drei getrennt durchgeführte Varianzanalysen der Variable »Parteienpräferenz« (V 253, rekodiert) auf die Skalen a) »Islamzentrierter Überlegenheitsanspruch«, b) »Religiös fundierte Gewaltbereitschaft« und c) »Geopolitische Einflüsse« erbrachten folgende statistisch relevanten Ergebnisse: a) Mean. (RP = .67, MHP = .34, DYP/ANAP = –.09, CHP/DSP etc. = – .48, YDH = –.79, kurdische Parteien = –.93, sonst. Parteien = – .36), Eta = .47, Sig. < .01; b) Mean. (RP = 2.4, MHP = 2.4, DYP/ANAP = 2.1, CHP/DSP etc. = 1.7, YDH = 1.6, kurdische Parteien = 1.6, sonst. Parteien = 1.9), Eta = .34, Sig. < .01; c) Mean. (RP = 3.0, MHP = 2.7, DYP/ANAP = 2.3, CHP/DSP etc. = 2.1, YDH = 1.9, kurdische Parteien = 1.9, sonst. Parteien = 2.1), Eta = .44, Sig. < .01.

9 Unter Parallelgesellschaft wird hier ein relativ eigenständiges Gemeinwesen verstanden, das über religiös-kulturelle »Parallelwelten« hinausgeht, weil eine vielfältige Infrastruktur gegeben ist, so daß Interaktionen und soziale Beziehungen zunehmend getrennt von Angehörigen der Mehrheitsgesellschaft und eingegrenzt auf die Herkunftskultur und -sprache und in reduzierten Kontakten mit Institutionen der Mehrheitsgesellschaft vonstatten gehen.

Hinweise auf die Entwicklung einer Parallelgesellschaft ergeben sich nicht schon durch gemeinschaftliche Einrichtungen wie Sportvereine etc. Die Bildung eigener Schulen (Internate) ist zwar legitim, aber aus Gründen der gesamtgesellschaftlichen Integration nicht wünschenswert. Ein qualitativer Unterschied ergäbe sich dann, wenn die Gültigkeit z. B. eines eigenen Familienrechts gefordert würde oder die »Ordnung« in einem Stadtteil in die »eigenen Hände« genommen würde, um eigene »Rechtsauffassungen« durchzusetzen.

Tab. 3: Rückzug in die eigenethnische Wir-Gruppe (Angaben in Prozent)

	eigenethnisch	ethnisch-gemischt	k. A.
verbringe Freizeit*	30,7	53,4	15,9
	nein	ja	k. A.
interethnischer Kontaktwunsch**	27,8	65,6	6,6

* Frage: »Mit wem verbringen Sie vorwiegend Ihre Freizeit? Bitte machen Sie nur ein Kreuz.«
** Frage: »Möchten Sie mit deutschen Jugendlichen intensiveren Kontakt haben?«

oder haben solche Orientierungsmuster keinen Einfluß, wenn beispielsweise Fragen der politischen Integration in die Mehrheitsgesellschaft thematisiert werden?

Zur Operationalisierung der Beantwortung dieser Fragestellung sind den beiden Items, die die islamischen Macht- und Expansionsansprüche zum Ausdruck bringen, Aussagen gegenübergestellt worden, die den Rückzug in die eigenethnische Gruppe anzeigen, und solche, die die politisch-rechtliche Integration in die Mehrheitsgesellschaft zum Ausdruck bringen.

Zunächst läßt sich zeigen, daß die Mehrheit aller von uns befragten Jugendlichen ihre Freizeit mit türkischen *und* mit deutschen Jugendlichen verbringt und gleichzeitig zwei Drittel der Befragten einen intensiveren Kontakt zu altersgleichen Deutschen wünschen. Dem steht etwas mehr als ein Viertel unter den türkischen Jugendlichen entgegen, das Freizeit eher eigenethnisch organisiert. Gleichzeitig wünschen fast ebenso viele Jugendliche explizit keine Intensivierung interethnischer Kontakte (vgl. Tab. 3).

Obwohl der Rückzug in die eigenethnische Gruppe (Freizeit) nicht gleichbedeutend mit der Ablehnung des Ausbaus interethnischer Kontakte zu deutschen Jugendlichen ist, zeigen die Berechnungen sehr deutlich, daß Rückzug auch von Abschottung begleitet ist. Während sich Jugendliche, die ihre Freizeit ethnisch-gemischt organisieren, zu 80,7% für einen stärkeren Kontakt zu deutschen Jugendlichen aussprechen, sind es von den Jugendlichen, die Freizeit eher eigenethnisch organisieren, nur 55,0%.[10] Auch wenn wir hier keine genaueren Angaben über die Qualität und die Intensität der Intergruppenbeziehungen sowohl der »Rückzugsbefürworter« als auch der um interethnischen Kontakt Bemühten machen können, läßt sich doch davon ausgehen, daß Jugendliche, die Kontakt zu deutschen Altersgenossen haben, besser in die Mehrheitsgesellschaft integriert sind als die Jugendlichen, die ihre Freizeit *ausschließlich* mit türkischen Jugendlichen verbringen oder weitere Kontakte zu deutschen Gleichaltrigen ablehnen. Obwohl noch unklar ist, ob diese Konzentration auf die eigenethnische Gruppe freiwillig oder unfreiwillig erfolgt, zeigen die Auswertungen, daß diese Jugendlichen der Tendenz nach den islamischen Macht- und Expansionsvorstellungen eher zustimmen als Jugendliche, die ihre Freizeit in ethnisch gemischten Gruppen verbringen.[11] Ein weiteres Indiz dafür, daß die intensive Zustimmung zu solchen demokratie- und integrationsfeindlichen Einstellungen bei den hier lebenden und aufgewachsenen Jugendlichen zu einer Abwendung von dieser Gesellschaft führt, ist die Tatsache, daß Jugendliche, die explizit angeben, ihren Kontakt mit deutschen Altersgenossen nicht intensivieren zu wollen, islamische Macht- und Expansionsvorstellungen stärker befürworten als Jugendliche, die eine Intensivierung der sozialen Kontakte unter deutschen Gleichaltrigen eher wünschen.[12] Es läßt sich also festhalten, daß islamische Macht- und Expansionsansprüche begleitet sind von einem deutlichen Rückzug in eigenethnische Gruppen.

Wie oben bereits angedeutet, stellt sich hinsichtlich der politisch-rechtlichen Integration in die Mehrheitsgesellschaft die Frage, ob und inwieweit die von Teilen der türkischen Jugendlichen befürworteten islamischen Expansionsvorstellungen mit

10 Fehlende Werte sind aus den Berechnungen ausgeschlossen.

11 Zwei getrennt durchgeführte Varianzanlysen der Variable »Freizeit verbringen« auf die Variablen a) »Der Islam muß in allen Ländern an die Macht kommen« und b) »Der wahre Frieden kann nur entstehen, wenn der Islam sich ausdehnt« erbrachten folgende statistisch relevante Werte: a) Mean (eigenethnisch = 2.4, ethnisch gemischt = 2.2), Eta = .11, Sig. < 0.1; b) Mean (eigenethnisch = 2.6, ethnisch gemischt = 2.4), Eta = .13, Sig. < .01.

12 Zwei getrennt durchgeführte Varianzanalysen der Variable »Möchten Sie mit deutschen Jugendlichen intensiveren Kontakt haben?« auf die Variablen a) »Der Islam muß in allen Ländern an die Macht kommen« und b) »Der wahre Frieden kann nur entstehen, wenn der Islam sich ausdehnt« erbrachten folgende Resultate: a) Mean (ja = 2.1, nein = 2.5), Eta = .14, Sig. < .01; b) Mean (ja = 2.4, nein = 2.6), Eta = .09, Sig. < .01.

einer Distanz gegenüber der bundesrepublikanischen Gesellschaft einhergehen. Nach unseren Ergebnissen zeigt sich, daß Jugendliche, die die deutsche Staatsangehörigkeit – aus welchen Gründen auch immer – nicht beantragen würden, eher islamischen Macht- und Expansionsvorstellungen anhängen als Jugendliche, die bereit sind, sie zu beantragen. Von den Jugendlichen, die die deutsche Staatsbürgerschaft beantragen würden, sprechen sich 29,6% für eine Ausdehnung der islamischen Machtsphäre und zum Zwecke der »wahren« Friedenssicherung 39,9% aus, während es bei den Jugendlichen, die die deutsche Staatsbürgerschaft nicht beantragen würden, 44,2 bzw. 51,4% sind.[13] Dieses Ergebnis bekräftigt nochmals die Rückzugsthese.

5. Fazit

Die Bedeutung der Medien ergibt sich nicht nur aus der quantitativen Nutzung eines Angebotes. Hinzu kommt, daß die Medien in der Türkei, insbesondere die islamisch-fundamentalistisch orientierten, auch Akteure im Konfliktgeschehen zwischen Laizisten-Islamisten, Sunniten-Aleviten, rechts-links, Türken-Kurden sind.

Insofern sind sie effektiv in den Konflikttransfer involviert, was gleichzeitig bedeutet, daß die Rezipienten in Deutschland gewissermaßen genötigt werden, in den Konfliktauseinandersetzungen auch Positionen zu beziehen (vgl. Brieden 1996). Eine offene Frage ist derzeit beispielsweise, wie sich die zunehmende Verschärfung des Konflikts zwischen Laizismus und Islamismus insbesondere zwischen der Armee und den islamistischen Parteien entwickeln und welchen Einfluß diese auf die türkische Wohnbevölkerung in der Bundesrepublik haben wird. Auch Massenveranstaltungen wie die der IGMG am 14. Juni 1997 in Dortmund, die im Zeichen der Diskussion um die Machtbeteiligung von Islamisten in der Türkei stand und die aktuellen Probleme der Türken oder Muslime in Deutschland nur am Rande thematisierte, verdeutlichen einen »neuen Türkei-Bezug« (Tezcan 1997) mit neuen Re-Identifikationen, die Trennungslinien auch innerhalb der türkischen Migrantengemeinde akzentuieren, aber zugleich ebenso binnengemeinschaftlich integrieren – gesellschaftlich dagegen des-

13 Unter Ausschluß fehlender Werte ist jeweils die Summierung der »trifft ganz genau zu«- und »trifft zu«-Antworten angegeben.

integrativ wirksam sind. Dies läßt sich auch am abnehmenden Identifikationsgrad von »Ausländern« mit der bundesrepublikanischen Gesellschaft bei »Ausländern« insgesamt feststellen (Seifert 1996, S. 11), was als Reaktion auf die gesellschaftsinternen Entwicklungen interpretiert werden kann.

Der Konflikttransfer via Medien ist zwar derzeit noch nicht hinreichend valide einzuschätzen, aber er verdient mehr Aufmerksamkeit, als ihm bisher zuteil wird. Dies signalisieren auch die Ergebnisse dieser Auswertung hinsichtlich der Funktion der Medien zur Verfestigung islamisch-fundamentalistischer Positionen und zur Propagierung der Ausdehnung der Machtsphäre. Nun sind solche subjektiven Voten kaum realpolitisch ernst zu nehmen; statt dessen sollten sie angemessen als binnenintegrativ wirkungsvolle »Stärke-Phantasien« interpretiert werden. Das schmälert jedoch nicht ihren Wirkungsgrad im Hinblick auf die Entwicklung einer muslimischen Parallelgesellschaft, zumal dann nicht, wenn die entsprechenden Eliten in den islamistischen Organisationen diese umlenken in entsprechende propagandistische Formeln.

Zusammenfassend ist zu sagen, daß es angemessen ist, das Ausmaß und die Ursachen islamisch-fundamentalistischer Orientierungen unter türkischen Jugendlichen, die aktuell – und dies ist zu betonen – nur einen relativ kleinen Teil der jugendlichen »Inländer mit ausländischem Paß« betreffen, auf zwei Ebenen zu analysieren. Zum einen betrifft dies die Integrations-Desintegrationsdynamik und daraus entstehende gesellschafts*interne* Konflikte und zum zweiten die gesellschafts*extern* angesiedelten Konflikte und den Konflikttransfer.

Literatur

Binswanger, K.: *Die türkische Presse in der Bundesrepublik Deutschland*, in: Zentrum für Türkeistudien (Hg.): *Die türkische Presse in der Bundesrepublik Deutschland und ihr Einfluß auf die Interpretation von Türken-Standpunkte und Analyse*. Bonn 1988, S. 16-38.

Brieden, Th.: *Konfliktimport durch Immigration. Auswirkungen ethnischer Konflikte im Herkunftsland auf die Integrations- und Identitätsentwicklung von Immigranten in der Bundesrepublik Deutschland.* Hamburg 1996.

Darkow, M./Eckhardt, J./Maletzke, G.: *Massenmedien und Ausländer.* Frankfurt/M. 1985.

Frankfurter Rundschau, 30.4./1.5.1997, S. 2.

Goldberg, A.: *Importierte Freiheit*, in: *Zeitschrift für KulturAustausch*, 47. Jg. H. 1/2 (1997), S. 132-136.

Greiff, N.: *Türkische Medien in Deutschland.* Köln 1995.

Heitmeyer, W./Müller, J./Schröder, H.: *Verlockender Fundamentalismus. Türkische Jugendliche in Deutschland.* Frankfurt/M. [2]1997.

Kepel, G.: *Allah im Westen. Die Demokratie und die islamische Herausforderung.* München 1996.

Merten, K.: *Das Bild der Ausländer in der deutschen Presse*, in: Bundeszentrale für politische Bildung (Hg.): *Ausländer und Massenmedien. Bestandsaufnahme und Perspektive.* Bonn 1987, S. 69-78.

Özdogan, H.: *Versuch einer Verschmelzung von Islam und Journalismus*, in: Zentrum für Türkeistudien (Hg.): *Studien und Arbeiten*, o. J.

Roters, G.: *Publikum ohne Programm? Eine repräsentative Studie zur Mediennutzung und -beurteilung der türkischen Bevölkerung von Berlin.* Berlin 1990.

Seifert, W.: *Zunehmende Arbeitsmarktintegration bei anhaltender sozialer Segregation*, in: *ISI*, 15. Jg., H. 1 (1996), S. 7-11.

Şen, F./Goldberg, A.: *Türken in Deutschland. Leben zwischen zwei Kulturen.* München 1994.

Taylor, Ch.: *Multikulturalismus und die Politik der Anerkennung.* Frankfurt/M. 1993.

Tezcan, L.: *Über die Befindlichkeiten türkischer Einwanderer zwischen Abwanderung und Widerspruch.* Bielefeld 1997 (unveröffentl. Manuskript).

Zentrum für Türkeistudien (Hg.): *Zum Integrationspotential der türkischen Tagespresse in der Bundesrepublik Deutschland. Ergebnisse einer quantitativen und qualitativen Inhaltsanalyse türkischer Tageszeitungen.* Opladen 1991.

Zentrum für Türkeistudien (Hg.): *Medienkonsum und Medienverhalten der türkischen Wohnbevölkerung in der Bundesrepublik Deutschland*, ZfT-aktuell 31. Essen 1995.

Zentrum für Türkeistudien (Hg.): *Medienkonsum der türkischen Bevölkerung in Deutschland und Deutschlandbild im türkischen Fernsehen*, Kurzfassung der Studie. Essen/Bonn 1997.

Jocelyne Cesari
Ausbildung und Wandel islamischer Identitäten in Frankreich

1. Zur Überwindung des Neo-Orientalismus: Ein neuer Zugang zur Religion

Der Erfolg der Huntington-These vom »clash of civilizations« belegt, daß der Neo-Orientalismus nach wie vor existiert. Selbst die akademische Analyse islamischer Regierungspolitik gerät allzu oft in eine Art von Neo-Orientalismus, der sich auf die Komplexität des politischen Islams in der arabischen bzw. der muslimischen Welt nicht ernsthaft einläßt. In rationalisierter Sprache, hinter der sich gleichwohl normative und wertgeladene Ansätze verbergen, wird die muslimische Welt in bezug auf politische Mäßigung, Demokratie und Menschenrechte zum Gegensatz der westlichen Welt aufgebaut. Neo-Orientalismus impliziert einen substantialistischen Zugang zur Religion sowie ein lineares Verständnis von Geschichte, demgemäß Politik in der islamischen Welt niemals etwas anderes als Theokratie und Rückfall in die Vergangenheit bedeuten kann (vgl. Dupret 1994).

Seitdem Muslime sich auch in europäischen Ländern niedergelassen haben, bezieht man das Thema des islamischen Fundamentalismus in ähnlich unangemessenen Begriffen auch auf die westlichen Gesellschaften und stellt Fundamentalismus hier in Gegensatz zu den Erfahrungen von Pluralismus und Demokratie. Muslime in Europa werden folglich zu Opfern des genannten substantialistischen Ansatzes. Er entfaltet eine totalisierende Wirkung, insofern von Muslimen erwartet wird, daß sie das islamische Gesetz einfach deshalb befolgen, *weil* sie Muslime sind oder zu sein vorgeben. Ihre Anpassungsleistungen, Fehler oder Schwächen, die für ihre Beziehung zum Islam genauso charakteristisch sein mögen, werden also von vornherein überhaupt nicht in Betracht gezogen.

Eine derartige Sicht des Islams impliziert drei Fehlwahrnehmungen. Erstens führt sie zu einer Vernachlässigung der sehr bedeutenden Veränderungen in der islamischen Identität, wie sie sich innerhalb der jungen Generation der in westlichen Ländern geborenen oder ausgebildeten Muslime derzeit vollziehen. Die islamische Jugend steht inmitten eines neuartigen Säkularisierungsprozesses, durch den der Islam ein Bestandteil ihres privaten Lebens wird. Eine zweite Folge des essentialistischen Islamverständnisses besteht darin, daß die kulturellen Differenzen zwischen verschiedenen Wegen des Muslimseins weitgehend ignoriert werden. Die spezifischen kulturellen und ethnischen Ausprägungen haben jedoch Auswirkungen auf Bedeutung und Inhalt islamischer Identitäten, die u. U. wichtiger sein können als die allgemeine Zugehörigkeit zur islamischen Umma. Das dritte Problem betrifft den künstlichen und falschen Antagonismus von Islam und Moderne. Durch diese Entgegengesetzung verbaut man sich a priori das Verständnis der beträchtlichen Wandlungen in der arabischen bzw. der muslimischen Welt, wo die Bezugnahme auf das islamische Gesetz und auf islamische Begrifflichkeit keineswegs einen Archaismus darstellt, sondern die Fähigkeit der islamischen Kultur signalisiert, die Aufgaben sozialer und politischer Modernisierung aktiv in Angriff zu nehmen (vgl. Burgat 1995).

In Europa und insbesondere in Frankreich steht der genannte Antagonismus im Kontext einer größeren Debatte über die »Rückkehr des Religiösen«. Diese Debatte scheint mir jedoch in eine Sackgasse zu führen. Es wäre m. E. nach besser, die Frage anders zu stellen und die neuen Formen der Beziehung zwischen Religion und Politik zu betrachten, wie sie sich auch in solchen Gesellschaften entwickeln, die eine prinzipielle Trennung von politischem und religiösem Bereich durchgesetzt haben. In einer Zeit, in der die Grundwerte der westlichen Gesellschaften in Zweifel gezogen und Moderne und Westen nicht mehr einfach gleichgesetzt werden, nehmen sich Gesellschaften der dritten Welt die Freiheit, die anstehenden Themen in ihrer eigenen kulturellen Sprache zu formulieren. Die Bezugnahme auf den Islam in der Politik der islamischen Ländern läßt sich so verstehen. In dieser Perspektive ist ferner erklärlich, daß religiöses Vokabular in sozialen Auseinandersetzungen auch in den westlichen Gesellschaften erneut an Relevanz gewinnt.

Um die zunehmende Bedeutsamkeit des Religiösen angemessen würdigen zu können, gilt es, einen neuen begrifflichen Rahmen zu entwerfen und die abstrakte Trennung von Politik und Religion zu überwinden (vgl. Hervieu-Leger 1993, Michel 1996). Beide Bereiche zeichnen sich nämlich durch ähnliche soziale und symbolische

Prozesse aus; daher sollten die Wechselwirkungen der Glaubensüberzeugungen zwischen beiden Bereichen betont werden. Dennoch bleibt die Religion eine besondere Art von Glaubenssystem, weil sie ihre Legitimation durch Tradition bezieht. Daraus ergeben sich zwei Gefahren: auf der einen Seite dogmatischer Rigorismus und auf der anderen Seite die Kontrolle von Gewissen und Verhalten. Die Tendenz, Kontrolle auszuüben, kann dabei in zwei Richtung gehen: *ad extra*, nämlich in Richtung auf religiöse Beeinflussung der Gesellschaft im ganzen, oder *ad intra*, d. h. mit dem Ziel, diejenigen, die dieselbe Glaubenstradition teilen, vom Rest der Gesellschaft abzusondern.

Die Verbindung dieser internen und externen Dimensionen kann je nach religiöser Sozialisation sehr verschieden aussehen. So lassen sich Gruppen ausmachen, die sich auf die externe Dimension, d. h. auf die »extensivere« Befolgung der religiösen Tradition konzentrieren; andere konzentrieren sich statt dessen auf die interne Dimension, d. h. auf die »intensivere« Befolgung der Tradition. Dies macht auch einen wesentlichen Unterschied zwischen der arabischen Welt und der Situation von Muslimen in Europa aus. So zielt der sogenannte islamische Fundamentalismus in den islamischen Ländern auf die Ausweitung islamischer Bezüge in verschiedenen sozialen, kulturellen, ökonomischen und politischen Räumen ab, die zumindest seit Erlangen der Unabhängigkeit als säkularisiert gelten. In Europa ist die Islamisierung demgegenüber ein Weg, die Verbindung zum Islam in einem nichtislamischen Umfeld zu bewahren und zu bekräftigen. Der andere Hauptunterschied betrifft die Erfahrung der Minderheitensituation in einem Kontext des politischen und kulturellen Pluralismus. Für die meisten in Europa lebenden Muslime handelt es sich dabei um eine relativ neuartige Erfahrung, stammen sie doch aus Ländern, in denen der Islam Staatsreligion oder zumindest Religion der Bevölkerungsmehrheit ist. Sie sind folglich im Begriff, eine ungewohnte Art des Muslimseins zu entdecken, mit der sich die islamische Tradition nicht beschäftigt hatte (vgl. Schnapper/Lewis 1992).

2. Muslime in Frankreich: Das Thema des Pluralismus

Zunächst sei betont, daß Sichtbarkeit und Rückkehr des Islams nicht gleichbedeutend sind. Das Phänomen, das man im allgemeinen als Rückkehr des Islams oder als Wandel in der Intensität islamischer Praxis ansieht, hat in Wirklichkeit mit einer Veränderung der Beziehung zur Mehrheitsgesellschaft zu tun. Bei den Muslimen in Frankreich und generell in Europa handelt es sich bekanntlich um Migranten. Der Bau von Moscheen zu Beginn der achtziger Jahre bezeichnet daher nicht eine Rückkehr des Islams und eine Zunahme religiöser Praxis, sondern markiert eine neue Stufe im Prozeß der Ansiedlung von Muslimen in der französischen Gesellschaft. Wenn die Muslime darüber hinaus teils in einem höheren Maße »sichtbar« als andere Menschen sind, so liegt dies an den spezifisch französischen Empfindlichkeiten gegenüber Nordafrikanern und insbesondere Algeriern.

Seit den achtziger Jahren kochen bei der Frage der nordafrikanischen Einwanderer die französischen Emotionen hoch. Ereignisse wie die zunehmende Zahl von Moscheen, rassistische Morde, Unruhen in den Vorstädten liefern Fakten und Argumente bezüglich der Lage der Nordafrikaner in der französischen Gesellschaft. Derzeit leben etwa vier Millionen Muslime in Frankreich; die Hälfte davon sind französische Staatsbürger. Die große Mehrheit stammt aus Nordafrika, obwohl es auch Muslime aus der Türkei, dem Senegal, dem Libanon usw. gibt. Aufgrund des kolonialen und postkolonialen Ursprungs dieser Migration ist die Situation für viele Franzosen unerträglich. Man hat die Migranten deshalb lange Zeit als bloß temporäre Bewohner angesehen, selbst nachdem manche von ihnen zwanzig oder dreißig Jahre in Frankreich verbracht hatten. Viele Franzosen weigern sich, die Sichtbarkeit des Islams zu akzeptieren, weil ihre Wahrnehmung des Islams durch die koloniale Vergangenheit, insbesondere durch Algerien, geprägt ist. Während der Kolonialzeit galten Muslime zwar als Franzosen, da Algerien den Status eines französischen Departements hatte; sie genossen aber keine Staatsbürgerrechte – es sei denn, sie hatten das islamische Recht als für sich nicht mehr verbindlich erklärt und aufgegeben. Es ist deshalb für viele Leute schwierig, die Ansiedlung von Muslimen in Frankreich nach der Unabhängigkeit Algeriens zu akzeptieren; sie haben den Eindruck, daß die Geschichte sich – unter umgekehrten Vorzeichen – wiederholt.

Unter den Migranten gibt es extrem unterschiedliche Ausprägungen islamischer Identität, je nach ethnischer bzw. nationaler Herkunft, Geschlecht, Alter, sozialer Klasse usw. Gleichwohl läßt sich die große Mehrheit, die keinerlei Unterschiede zwischen ethnischen und religiösen Bindungen macht, von zwei einander entgegengesetzten Minderheiten unterscheiden, von denen die eine dem Säkularismus, die andere dem Fundamentalismus anhängt.

2.1 *Islam und Ethnizität*

Für die erste Generation der Migranten galt, daß der Islam nicht von ihrer Nationalität getrennt werden konnte, sondern sich auf den Status des Islams in ihrem Herkunftsland bezog. Zugehörigkeit zum Islam und nationale Zugehörigkeit waren für die Betroffenen miteinander eng verbunden; der Islam machte einen bedeutenden Bestandteil ihrer Identität aus und mußte deshalb gegen die französische Überlegenheit bewahrt werden. Aus dieser nationalen Orientierung erklärt sich, daß diese Migranten sich lange Zeit dagegen sperrten, die Konsequenzen aus ihrer Migration zu ziehen; so lehnten sie es während der ersten zehn Jahre vielfach ab, ihre Familien nach Frankreich nachziehen zu lassen.[1] Die entsprechende Weigerungshaltung zeigt sich noch heute in der Ablehnung der französischen Staatsbürgerschaft, würde die Annahme der Staatsbürgerschaft für sie doch wie ein Widerruf ihres Kampfes gegen den Kolonialismus wirken. Nach wie vor hegen viele Migranten die Hoffnung, eines Tages in ihr Herkunftsland zurückzukehren – auch wenn die wenigen diesbezüglichen Bemühungen meist erfolglos blieben.

Inzwischen hat die Identifikation mit dem Islam die nationale Identifikation als sozialen Referenzpunkt für den Kampf gegen die Assimilation ersetzt. Man will nicht in der französischen Gesellschaft verschwinden, sondern möchte als Muslim betrachtet und anerkannt sein. Die Bezugnahme auf den Islam eröffnet eine Möglichkeit, dem Leben und dem eigenen Umfeld durch einige wenige Attribute, insbesondere durch die Unterscheidung zwischen *haram* und *halal*, Sinn zu geben. Indem man Handlungen und Beziehungen nach *haram* und *halal* unterscheidet, kann man

1 Ein Vergleich zwischen algerischer und portugiesischer Migration zeigt, daß die portugiesischen Migranten ihre Familien in weniger als zwanzig Jahren zusammengeholt haben, während die Algerier dies erst nach annähernd einem halben Jahrhundert geleistet haben. Die algerische Migration war in der Tat über lange Zeit eine Migration einsamer Männer; erst seit dem Beginn der sechziger Jahre kamen ihre Familien nach Frankreich. Vgl. Hifi 1985.

dem Lebensstil eine bestimmte Bedeutung verleihen und zum Ausdruck bringen, daß man nicht völlig im Exil aufgegangen ist. Die Unterscheidung gewinnt Gestalt in der Beachtung von Speiseregelungen, in der Trennung von Männern und Frauen in der Öffentlichkeit, im Bau von Moscheen, die nicht nur religiöse Orte darstellen, sondern über das religiöse Band zugleich auch ethnische und nationale Netzwerke verstärken. Denn es werden dort ethnische Aktivitäten und Dienstleistungen – z. B. soziale Unterstützung, Kindererziehung, Kontakte mit dem Herkunftsland – angeboten. Es ist daher nicht ungewöhnlich, in ein und demselben Stadtviertel beispielsweise eine Moschee für Nordafrikaner und eine für Türken zu finden, selbst wenn es keinen Unterschied in der religiösen Orientierung gibt. Kultur und ethnische Zugehörigkeit bilden somit einen Bestandteil der islamischen Identität. Die daraus resultierende Vielfalt bedeutet eine echte Herausforderung. Es stellt sich nämlich das Problem, wie man die kulturelle Vielfalt islamischer Ausdrucksformen innerhalb der religiösen Gemeinschaft bewahren und gleichzeitig eine Priorität des Ethnischen vor dem Religiösen verhindern kann, v. a. wenn es um Forderung nach Anerkennung des Islams und um Beziehungen zur öffentlichen Macht bzw. zur politischen Klasse geht (vgl. Cesari 1994).

Die innerislamische Vielfalt verstärkt sich zusätzlich durch den Akkulturationsprozeß der nachwachsenden Generationen. Auch bei der zweiten und dritten, ja selbst bei der vierten muslimischen Generation zeigen sich spezifische Bedürfnisse und Identifikationen mit dem Islam. Der wichtigste Aspekt des Wandels ist in diesem Zusammenhang die zunehmende Individualisierung und Privatisierung.

2.2 *»Der Islam ist meine Kultur«*

Unter den nordafrikanischen Migranten tritt die Kluft zwischen den Werten der ersten Generationen und denen ihrer Kinder deutlicher zutage als in anderen Migrantengruppen (vgl. Malewska-Peyre 1982). Als Proletarier in der französischen Gesellschaft hatten die Eltern unter Schwierigkeiten Kontakt zu ihrem Herkunftsland gehalten, während die Kinder über Schule, Sozialarbeit usw. in die Institutionen ihrer französischen Umwelt sozialisiert worden sind. Die Selbstdefinition als Araber oder Muslime hat für diese jüngere Generation daher die Bedeutung eines symbolischen

Ausdrucks, der nicht immer mit ihrer alltäglichen Lebensweise in Beziehung steht; vielmehr ist ihre Lebensweise der anderer Leute desselben Alters in den Vorstädten ähnlich. Die jüngeren Muslime haben die wichtigsten Werte der französischen Gesellschaft, nämlich Freiheit und Gleichheit, angenommen. Sie stehen der Lage in den Herkunftsländern ihrer Familien, insbesondere dem dortigen Lebensstil und der Tatsache, daß sie selbst von ihren Verwandten als zu »verwestlicht« betrachtet werden, sehr kritisch gegenüber. Wenn sie sich selbst in Frankreich als Araber oder Muslime bezeichnen, so bedeutet dies daher nicht etwa, daß sie Heimweh hätten. Vielmehr bezieht sich die Selbstbezeichnung auf ihre Situation in Frankreich; es handelt sich um eine Antwort auf die Praxis der Diskriminierung. Die Beziehung zur französischen Gesellschaft ist nämlich insofern von Ungleichheit gekennzeichnet, als diese Migranten aus Ländern stammen, die als arm eingeschätzt werden. Sofern es um Nordafrika geht, ist die Opposition außerdem eine Folge der Kolonialgeschichte. Je stärker die Beziehungen zwischen den Gruppen durch Ungleichheit geprägt sind, desto stärker werden die jeweiligen Migranten nach pejorativen ethnischen Kategorien bewertet. Auch wenn die neuen Generationen aufgrund des liberalen Staatsbürgerschaftsrechts automatisch Franzosen werden, werden sie als Araber oder Muslime definiert; sie gelten als Fremde.

Diese negative Wahrnehmung führt zu unterschiedlichen und oft entgegengesetzten Reaktionen. Der größere Teil der Betroffenen sieht die arabische und muslimische Identität trotz der negativen Konnotationen in der französischen Gesellschaft als etwas Positives an. Ihnen gelingt, mit anderen Worten, eine semantische Umwertung. Je mehr der muslimische bzw. arabische Ursprung verächtlich gemacht wird, desto bedeutsamer ist die Identifikation damit. Diese Identifikation bedeutet indes keineswegs, daß die Betreffenden tatsächlich als Muslime oder Araber leben. Vielmehr handelt es sich um eine symbolische Parteinahme, die über die Beziehung mit den Werten ihrer Familien gleichzeitig sehr emotional und leidenschaftlich ist. Die Identifikation beschränkt sich nicht auf das Land der Väter, sondern erstreckt sich auf die gesamte arabische Welt, insbesondere auf den Kampf der Palästinenser, aber auch die Kriege um Bosnien und Tschetschenien. Die Aufmerksamkeit gegenüber der arabischen Welt war besonders auffallend während des Golfkriegs, als man sich einerseits mit dem irakischen

Volk solidarisch fühlte und andererseits nicht der Illoyalität gegenüber dem im Kampf mit Saddam Hussein befindlichen französischen Staat verdächtigt werden wollte.[2]

Die Anhänglichkeit an die kulturellen Familienwerte geht somit einher mit der Suche nach Annäherung an das kulturelle System Frankreichs. Dies hat nichts mit Doppelzüngigkeit oder Betrug zu tun; vielmehr handelt es sich um den Versuch, unterschiedliche Loyalitäten lebenspraktisch zu bewältigen. Während die politischen Werte Frankreichs wie Freiheit und Demokratie tatsächlich geschätzt werden, tut man sich bei der Identifikation mit der französischen Nation schwerer. Wichtiger ist indes die Identifikation mit dem lokalen Sozialraum: Man betrachtet sich als Mitglied lokaler Kollektive, die durch den Ort der Geburt und der Erziehung definiert werden.

Auch wenn die jungen Muslime nicht immer sehr fromm sind, so heißt dies nicht, daß sie die islamischen Regeln und Werte nicht respektieren. Die meisten bezeichnen sich als Gläubige und haben ein positives Verständnis des Islams. Damit drücken sie ihr Bemühen aus, innerhalb der Gemeinschaft ihrer Vorväter zu verbleiben. Der Islam bezieht sich für sie v. a. auf die größeren Familienereignisse und -feste. Solche besonderen Momente bedeuten gleichsam einen Durchbruch durch Raum und Zeit der herrschenden sozialen Umgebung.

Es ist wichtig darauf hinzuweisen, daß die zweite Generation keine wirkliche religiöse Erziehung innerhalb oder außerhalb der Familie erhalten hat.[3] Das Fehlen religiöser Erziehung innerhalb der Familie erklärt sich aus der Einstellung der Väter der ersten Migrationsphase gegenüber dem Islam: Sie haben islamische Vorschriften deshalb vernachlässigt, weil sie davon ausgingen, daß sie sich nicht dauerhaft in der französischen Gesellschaft ansiedeln würden. Außerdem galt innerhalb der traditionellen ländlichen Familien Nordafrikas die religiöse Kindererziehung eher als Auf-

2 Während des Golfkriegs trat das Mißtrauen deutlich zutage in Gestalt der besonderen Beobachtung seitens der französischen politischen Klasse und der öffentlichen Meinung, insofern die Loyalität der Muslime gegenüber den französischen Instititutionen in Frage gestellt wurde (vgl. Cesari 1991).

3 Für die heute 25- bis 34jährigen gab es zu ihrer Kindheit keine Koranschulen. Aufgrund der Entwicklung islamischer Verbände seit Anfang der achtziger Jahre und der gleichzeitigen Entstehung von Korankursen hat sich die Situation mittlerweile geändert. Die meisten seit dieser Zeit entstandenen Moscheen bieten religiöse Erziehung für Kinder an.

gabe der Großväter oder Onkel und nicht so sehr als Sache der Eltern. Während diese traditionale Struktur in Frankreich nicht beibehalten werden konnte, ist die entwurzelte Familie andererseits auch nicht in der Lage, neue Formen der Verantwortlichkeit zu entwickeln; insbesondere gilt dies dann, wenn die Familie während des Migrationsprozesses zuerst auseinandergerissen worden und erst später wieder zusammengekommen war.[4]

Die neuen Generationen der Muslime unterscheiden, wenn sie ihre Beziehung zum Islam beschreiben sollen, oftmals zwischen »praktizierend« und »gläubig«. Die Religion gehört zu ihrem privaten kulturellen Erbe und hat keinen direkten Einfluß auf ihr soziales und politisches Verhalten. Insbesondere für die sozial mobilen Gruppen gilt der Islam als eine Ethik, d.h. als eine Quelle moralischer Werte, die ihrem Leben Bedeutung verleiht, aber ansonsten keine praktischen Konsequenzen mit sich bringt. Durch Akkulturation an die französische Gesellschaft bilden die jungen Muslime neue Formen islamischer Identität ohne die Lasten der Tradition aus. Die Individuen beweisen somit ihre Autonomie gegenüber der Gruppe und leisten eine eigenständige Vermittlung zwischen dem Inhalt des islamischen Gesetzes und der Art und Weise seiner Anwendung. Auf diese Weise bringen sie ihren Erfindungsreichtum und ihre Freiheit zum Ausdruck. Der sich darin abzeichnende tiefgreifende Wandel muß in Beziehung gesetzt werden mit den neuen Formen von Religiosität in modernen Gesellschaften überhaupt: Der Gläubige gehorcht nicht mehr einfach den durch Tradition und Institutionen beglaubigten Normen, sondern wählt gemäß seiner Subjektivität zwischen verschiedenen »Heilsgütern« aus (vgl. Champion/Hervieu-Leger 1990). Die kollektive Dimension islamischer Mitgliedschaft wird hier also durch eine individuelle Logik gemäßigt. Besonders bedeutsam ist diese Einstellung, wenn es um die religiöse Erziehung der nächsten Generation geht und eine liberale Erziehung in diesem Bereich vorgezogen wird, wie überhaupt generell zu beobachten ist, daß mit zunehmendem Bildungsgrad liberalere Erziehungsvorstellungen vorherrschend werden.

4 Diese zwei Phasen sind typisch für die erste Generation nordafrikanischer Migranten, die zumeist allein nach Frankreich kamen. Man war im Herkunftsland verheiratet und reiste zunächst häufig in die Heimat, um die Frau und die ersten Kinder zu besuchen; erst in einer zweiten Phase holte man die Familie nach Frankreich, wo dann auch die späteren Kinder geboren wurden.

Die Individualisierung des Islams findet indessen ihre Grenze an zwei Elementen, nämlich der Beschneidung und dem Verbot interreligiöser Ehen. Der Beschneidung wird große Bedeutung beigemessen. Obwohl es sich bei dieser Vorschrift nicht um eine der »fünf Säulen« des Islams handelt, betrachtet man sie doch als eine starke Verpflichtung, an der die Identität der gesamten Gruppe hängt. In einer nichtislamischen Gesellschaft gilt die Beschneidung gleichsam als das letzte Zeichen der Zugehörigkeit zur religiösen Herkunft. Die Endogamie bildet die andere Vorschrift, gegen die man nur unter großen Schwierigkeiten verstoßen kann. Bei dieser Frage sollte man allerdings sowohl zwischen Mann und Frau als auch zwischen Worten und Taten differenzieren. Obwohl das Verbot streng genommen die Frauen betrifft, zeigen sich auch die jungen Männer gegenüber gemischten Ehen reserviert. In diesem Fall ist die Ablehnung weniger durch religiöse als durch kulturelle Argumente bedingt. Man verweist auf die kulturellen Unvereinbarkeiten zwischen den Ehegatten und auf das Risiko, daß der eine den anderen dominiert. Die neueren nationalen Statistiken belegen dennoch eine steigende Zahl interreligiöser Ehen auf seiten der jungen islamischen Männer (vgl. Tribalat 1995). Was die muslimischen Frauen angeht, so muß man einen Unterschied machen zwischen denen, die finanzielle und soziale Autonomie erreicht haben, und denen, die dies nicht geschafft haben. Bei ersteren sind sexuelle Beziehungen und Wohngemeinschaften mit nichtmuslimischen Männern eher möglich. Aber auch sie haben Schwierigkeiten damit, ihre Beziehungen zu legalisieren; denn oft bedeutet dies, daß sie von ihren Familien enterbt und verstoßen werden.[5] Die Tatsache, daß es eine wachsende Kluft zwischen Männern und Frauen hinsichtlich des sozialen und bildungsmäßigen Werdegangs gibt, hat im übrigen zur Folge, daß eine gewisse

5 Zwei soziale Kreise scheinen interreligiöse Eheschließungen zu begünstigen: Die Universität und die Vereine (vgl. Streiff-Fenart 1989). Es sei darauf hingewiesen, daß es in Frankreich unmöglich ist, genaue Informationen über Eheschließungen zwischen Ausländern und Staatsangehörigen zu bekommen. Bezüglich der neuen Generationen, die Franzosen geworden sind, gibt es keinerlei Hinweise über Exogamie, weil es verboten ist, Franzosen aufgrund religiöser oder ethnischer Herkunft zu diskriminieren. Feststellen läßt sich nur die Tatsache, daß sich die Zahl der Heiraten zwischen Franzosen und Nordafrikanern von 1974 bis 1985 von 2703 auf 5189 verdoppelt und diese damit die Zahl der Eheschließungen zwischen Franzosen und Italienern bzw. zwischen Franzosen und Portugiesen übertroffen hat (vgl. Munoz-Perez/Tribalat 1984).

Zahl junger muslimischer Frauen im Alter von 25 Jahren und mehr immer noch unverheiratet ist – was nach den nordafrikanischen kulturellen Normen sehr ungewöhnlich ist.

Die meisten in Frankreich geborenen oder aufgewachsenen Muslime versuchen also, eine Kohärenz herzustellen zwischen den Werten des kulturellen Systems ihrer Vorväter einerseits und den Werten der französischen Gesellschaft andererseits. Dies ist der Grund dafür, daß sie, auch wenn sie in ihren religiösen Praktiken keineswegs rigoros sind, diesen Teil des Familienerbes dennoch keineswegs aufgeben wollen. Er gilt ihnen gleichwohl als Bestandteil ihres Privatbereichs und bleibt ohne gesellschaftliche Folgen. Insofern Individualität und Privatheit Vorrang genießen, stellt ihr Verhältnis zum Islam, gemessen am Status des Islams in den Herkunftsländern, etwas Neues dar. Es gibt freilich auch eine entgegengesetzte, nämlich eher fundamentalistische Einstellung zum Islam.

2.3 *Die Islamisierung in der französischen Gesellschaft*

Die bewußte Beschäftigung der neuen Generationen mit dem Islam ist ein vergleichsweise junges Phänomen. In den letzten fünf Jahren ist eine wachsende Zahl von jungen Leuten fromm und streng in der Beachtung islamischer Regeln geworden, selbst wenn es sich dabei, verglichen mit der eben erwähnten Gruppe, immer noch um eine geringe Zahl von Personen handelt. Die tatsächliche Praktizierung des Islams bedeutet oft einen Bruch mit der Religion der Väter. Wenn die Jungen sich entscheiden, Muslime zu werden, distanzieren sie sich von den abergläubischen Einstellungen ihrer Eltern und nehmen sich vor, statt dessen das zu lernen, was sie »den wirklichen Islam« nennen. Sie lernen entweder autodidaktisch oder mit Unterstützung junger Studenten. Letztere stammen aus der arabischen Welt und sind oft engagierte Anhänger islamistischer Ideologien. Sie repräsentieren oder identifizieren sich mit Organisationen wie der Muslimbruderschaft, der Tabligh wa Jamaat, der tunesischen MTI von Rached Ghannouchie oder algerischen islamistischen Bewegungen (wie dem FIS oder der algerischen Hamas). Sie haben neue Vorstellungen über Gemeinschaft und religiöses Engagement entwickelt, wonach der Islam nicht auf eine Ethik oder private Lebenshaltung reduziert werden kann, sondern das soziale Verhalten betrifft und auch soziale Aktionen rechtfertigen kann. Obwohl einige dieser arabischen Studenten der politischen Opposition in ihren Herkunftsländer angehören, benutzen sie den Islam nicht als politische Propaganda im Blick auf die jungen Muslime in Frankreich. Vielmehr besteht ihr Ziel darin, den Islam innerhalb der neuen Generationen von Muslimen zu bewahren und deren Assimilation zu verhindern; genau damit treffen sie in der Tat ein Anliegen dieser Gruppe von Jugendlichen.

Für viele Jugendliche stellt der Islam nach Jahren von Arbeitslosigkeit, Drogenkonsum, Alkoholmißbrauch und Kriminalität eine glaubwürdige Alternative dar, die es ihnen ermöglicht, Würde und Selbstvertrauen wiederzugewinnen. Dies bedeutet allerdings nicht, daß die Islamisierung ausschließlich den marginalisierten Teil der muslimischen Jugend betrifft. Wie bereits betont, ist es notwendig, die unterschiedlichen Formen muslimischer Identität im französischen Gesamtkontext zu analysieren. Wenn man die Tatsache nicht im Blick behält, daß die neuen Generationen von Muslimen ein Teil der französischen Jugend sind, ist es unmöglich, ihr Verhalten zu begreifen.

In der gesamten westlichen Welt und insbesondere in Frankreich sind Fortschritt und Moderne inzwischen sehr fraglich geworden, auch wenn manche Interpreten die Zweifel bezüglich der Moderne als Zeichen einer »Ultramoderne« deuten. Wenn die kollektiven Orientierungsleistungen von Schule, politischen Parteien und Gewerkschaften geschwächt werden oder ganz verloren gehen und die Zuerkennung eines sozialen Status über den ökonomischen Prozeß nicht mehr hinreichend funktioniert, kann religiöse Mitgliedschaft für einen Teil der muslimischen Jugendlichen eine kollektive Identitätsdefinition bedeuten. (Diese Verwendung von Religion zeigt sich im übrigen auch bei jungen Leute anderer religiöser Zugehörigkeit.) Die Islamisierung erweist sich somit als eine Art und Weise kollektiver Identitätsbestimmung, ohne daß dem eine reale Praxis entsprechen muß. Der Islam ist vielmehr ein Ausdruck von Protest gegen die soziale Lage und kann darüber hinaus auch zu kollektiven Aktionen führen. Im Hintergrund stehen dabei die Erfahrungen mit anderen Formen kollektiver Aktion, etwa dem Kampf für Bürgerrechte und gegen Rassismus, wie er in den achtziger Jahren geführt worden war. Der Mobilisierungsprozeß erklärt sich aus der Erfahrung von Diskriminierung und Rassismus, v. a. aber aus der derzeitigen Tendenz, den Islam als neuen Hauptfeind der westlichen Welt zu definieren.

In den achtziger Jahren bestand die erste Form der Mobilisierung in Aufruhr und Gewalt als Reaktionen auf rassistische Morde oder Rassismus innerhalb der Polizei. Die politische Unterstützung, die der antirassistische Kampf erfuhr, führte jedoch sehr schnell zu einem Wandel in Ausrichtung und Bedeutung kollektiver Aktion. Konkret zeigte sich die politische Unterstützung, wie sie v. a. innerhalb des sozialistischen Lagers geboten wurde, in beträchtlichen öffentlichen Finanzhilfen für die von den genannten Aktivisten neu gegründeten Vereine. Diese öffentliche Unterstützung war gleichzeitig eine indirekte Art und Weise, die definitive Ansiedlung nordafrikanischer Migranten in Frankreich anzuerkennen. Dennoch trug sie dazu bei, eine ethnische Elite in Abhängigkeit von der politischen Macht zu bevorzugen, nämlich durch die Schaffung spezieller Arbeitsplätze im Sozialdienst, durch die einige Angehörige der neuen Generation die Chance sozialen Aufstiegs erhielten. Der »Fonds d'Action Sociale«, eine öffentliche Einrichtung aus dem Jahr 1958 zur Verbesserung der Wohnverhältnisse und der sozialen Eingliederung algerischer Migranten, ist bis heute die wichtigste Trägerinstitution dieser Art von Politik. Sie fungiert als Unterstützer der Verbände und als wichtiger Partner der Kommunen in der Stadtpolitik. Die Unterstützung bedeutet für junge Leute einen Anreiz, solche Aktionsformen zu entwickeln, die in Übereinstimmung mit den öffentlichen Orientierungen stehen, damit sie auf diese Weise Subventionen erlangen können. Sie betonen deshalb häufig ihren ethnischen Ursprung, sofern dies für die Beschaffung finanzieller Ressourcen günstig ist. Eine derartige kollektive Selbstdarstellung bedeutet jedoch nicht, daß die ethnische Komponente für ihr tägliches Leben oder für ihre Beziehungen zu anderen Menschen Bedeutung hat. Vielmehr erweist sich die Zugehörigkeit zu einer Vorstadt oder einer marginalisierten Gruppe oftmals als wichtiger in der Konstruktion politischer Identität.

Die antirassistischen Vereine scheiterten schließlich in dem Versuch, die sozialen und ökonomischen Bedingungen der Jugendlichen in den Vorstädten zu verbessern. Zehn Jahre nach dem Kampf um Bürgerrechte hat sich immer noch nichts geändert. Angesichts dieser Lage erscheint der Islam als ein besserer Weg zur Aktion. Deshalb bemühen sich derzeit neue, von jungen Muslimen gegründete Vereine darum, soziale Aktionen zustande zu bringen. Die Vereine basieren auf religiösen Werten, auch wenn sie keinen Proselytismus betreiben und der Öffentlichkeit eher multikulturell zu sein scheinen. Es entsteht so letztendlich eine neue Form aktiver Staatsbürgerschaft, bei der es weniger um Wahlen und die Mitwirkung in politischen Parteien als vielmehr vornehmlich um konkrete und lokale Aktionen geht. Mit anderen Worten, die »zivilgesellschaftliche« Dimension hat mehr Relevanz als die »staatsbürgerliche«.

In der Tat haben die neuen Akteure, seien sie säkular oder religiös orientiert, einen Wandel in der Gestaltung der Politik in Frankreich bewirkt. Nach dem französischen Modell gilt Politik als legitim eigentlich nur im Rahmen von Interessengruppen oder öffentlichen Gruppen, die nicht auf der Grundlage ethnischer oder kultureller Herkunft operieren. Inzwischen versuchen jedoch auf partikularer Grundlage geschaffene Vereine, zwischen spezifischen Gruppeninteressen und der öffentlichen Macht zu vermitteln. So gelang es während der Gemeindewahlen von 1989 einem Verein mit Namen »France Plus«, eigene Kandidaten aufzustellen, und zwar mit der Begründung, daß Personen nordafrikanischer Herkunft gewählt und damit als realer Bestandteil der französischen Gesellschaft anerkannt werden sollten. »France Plus« verhandelte über die Kandidatenaufstellung mit verschiedenen Parteien von der Linken bis zur Rechten (ausgenommen der »Front National«). Andere Vereinsführer versuchten, über eine Verbindung unterschiedlicher Minderheiten wie Frauen und Migranten, nicht aber auf der Grundlage nordafrikanischer Herkunft, eigenständige Wahllisten aufzustellen. Bei den Parlamentswahlen vom März 1993 versuchten auch die Führer von »France Plus«, eine eigene Liste nach ethnischen Kriterien aufzustellen. Da die Zustimmung allerdings lediglich bei ein bis zwei Prozent der Stimmen lag, war dieser Versuch nicht erfolgreich. Obwohl es eine wachsende Zahl von Vereinen junger Muslime gibt, sind sie derzeit also noch nicht wirklich in den politischen Wettbewerb einbezogen.

Bei den verschiedenen Aktionen ging es letztlich darum, die neuen politischen Akteure zu legitimieren, die sich als »Franzosen aus Nordafrika« oder »Frankomaghrebiner« bezeichnen. Sie verwendeten ein ethnisches Label, um politische und finanzielle Ressourcen zu mobilisieren. Diese Strategie war allerdings nicht erfolgreich und erforderte so viele Kompromisse, daß die jungen Muslime es mittlerweile vorziehen, auf ihre eigene Kraft zu setzen. Durch diese Haltung tragen sie dazu bei, die Staatsbürgerschaft von der nationalen Mitgliedschaft weiter abzulösen. Denn für die betroffenen Akteure bedeutet die Staatsbürgerschaft Bürgerrechte und Freiheiten, nicht aber gleichzeitig die vollständige Identifikation mit der französischen Nation. Es geht ihnen um den Zugang zur französischen und europäischen Staatsbürgerschaft und nicht um das Gedenken und die Geschichte der nationalen Gemeinschaft.[6]

Schließlich lassen die Formen der Mobilisierung (Vereine statt politischer Parteien) und die Art der Forderungen (mit Bezug auf Wohnverhältnisse, Lebensverhältnisse in den Vorstädten, Staatsangehörigkeit für Menschen nichtfranzösischer Nationalität) einen neuen Begriff von Staatsbürgerschaft erkennen, der die Verschiedenheit kultureller und ethnischer Gruppen in einer Zivilgesellschaft betont – für das französische politische Leben ein recht neues Phänomen, obwohl es sich nicht nur bei Muslimen, sondern auch in anderen Minderheitengruppen in Frankreich zeigt.

In dem Maße, in dem lokale und sonstige spezifische Grenzen deutlicher sichtbar werden, verändert sich gegenwärtig also das politische Leben in Frankreich. Es gibt deshalb immer mehr Forderungen nach Anerkennung intermediärer Gruppen und Grenzen. Dies ist nicht etwa Ausdruck eines globalen Trends zur Ethnisierung, sondern zielt umgekehrt auf eine Übertragung von Partizipationsmöglichkeiten von der nationalen und zentralistischen auf die lokale Ebene. Wichtig ist dabei die Loyalität der betroffenen Gruppen gegenüber der Gesellschaft und den gemeinsam geteilten Werten.

2.4 Das Thema der pluralen Gesellschaft

Der Islam führt in dieser Perspektive zu einem Wandel nicht nur auf seiten der Muslime, sondern auch auf seiten der französischen Gesellschaft, inbesondere was den Stellenwert der Religion angeht. Die Ansiedlung von Muslimen in säkularisierten europäischen Gesellschaften hat zu Kontroversen über Religionsfreiheit, Toleranz und die Grenzen öffentlicher Glaubensausübung geführt. In Frankreich geht es bei dieser Auseinandersetzung um die

6 Deshalb fordern sie auch das kommunale Wahlrecht für Personen, die nicht französischer Staatsangehörigkeit sind, um so die Entscheidungsfreiheit ihrer Eltern zu stärken, die die Staatsangehörigkeit ihrer Herkunftsländer behalten wollen, selbst wenn sie nicht mehr dorthin zurückkehren werden.

inhaltliche Bedeutung der Säkularität. Die Islamisierung innerhalb der französischen Gesellschaft macht nämlich deutlich, daß die französische Säkularität (»laicité«) keineswegs so universal ist, wie sie zu sein vorgibt. Das Hauptziel des laizistischen Gesetzes von 1905 zur Trennung von Staat und Kirchen bestand darin, den Katholizismus aus dem öffentlichen Raum abzudrängen und seinen sozialen Einfluß zu begrenzen. Es ist ein Paradox, daß das Gesetz, um die gewünschte (ungleiche!) Balance zwischen Politik und Religion zu erreichen, die Gleichheit aller Religionen durchsetzen mußte. Allerdings scheint derzeit niemand in Frankreich den genauen Inhalt des Gesetzes zu kennen; denn die kulturelle Sichtweise des Säkularismus wirkt sich in der Praxis sehr intolerant gegenüber religiösen Ausdrucksformen aus.

Die Katholiken haben die Trennung von Staat und Kirche akzeptiert und die Religion auf einen Teil ihres Privatlebens reduziert, in dem religiöse Praxis immer mehr an Bedeutung verliert. Seit dem Jahr 1905 ist das soziale Leben von der Religion in zunehmendem Maße abgelöst worden, auch wenn von seiten religiöser Amtsträger gelegentlich Forderungen nach Einführung von Religionsunterricht im öffentlichen Schulsystem vorgetragen worden sind. Erst die »Kopftuchaffäre« des Jahres 1989 hat die Debatte um die Eigenart des französischen Säkularismus erneut eröffnet. Französische Mädchen fordern immer noch das Recht, in öffentlichen Schulen den Hijab zu tragen, und betrachten ihren Schulausschluß als Diskriminierung. Seit 1989 hat der Conseil d'État zwar wiederholt bekräftigt, daß das Tragen eines religiöses Symbols, *was immer es auch sei*, keinen Gesetzesbruch darstellt. Offensichtlich aber paßt der Hijab nicht mit der herrschenden Auffassung von Säkularismus zusammen, dergemäß die öffentliche Darstellung religiöser Zugehörigkeit als nicht legitim gilt. Die Kluft zwischen der vorherrschenden kulturellen Auffassung von Säkularismus und dem Inhalt des Gesetzes von 1905 ist im Falle des Hijab also evident.

Die Zugehörigkeit zum Islam führt zu Verwirrung an der Grenze zwischen öffentlichem und privatem Raum – einer Grenze, die seit 1905 stabil gewesen zu sein schien. Denn der Islam läßt sich – anders als der Katholizismus – nicht auf Gotteshäuser und Privatbereiche begrenzen. Vielmehr sind die sozialen Dimensionen des Islams für die Mehrheit der französischen Muslime nach wie vor bedeutsam, so daß sie sich weigern, das Glaubensleben auf die Moscheen zu reduzieren, und eine Reihe von Regeln für das soziale Leben beibehalten, selbst wenn diese Einstellung für die Mehrheit der Franzosen schockierend wirken sollte.

Der Islam hat die Balance zwischen den drei wichtigen »Säulen« des politischen Lebens in Frankreich – nationale Einheit, Respektierung des religiösen Pluralismus, Gewissensfreiheit – verändert. Wenn Pluralismus mit Demokratie zusammenhängt, so kann der Pluralismus sich nicht länger bloß auf die Integration domestizierter Gruppen oder auf die Repräsentation der Unterschiede zwischen einzelnen Bürger beziehen, sondern muß sich auch auf die Balance zwischen dem Multikulturalismus und den Gemeinschaften erstrecken. Die französische politische Klasse und die Gesellschaft sind allerdings nicht bereit, sich mit diesem Thema auseinanderzusetzen.

Die Frage des Pluralismus in den westlichen Gesellschaften hat außerdem etwas zu tun mit der Überschreitung des Nationalen. Wenn es immer mehr französische Staatsbürger muslimischer Orientierung gibt, dann ist davon auszugehen, daß diese Bürger solidarische Beziehungen auch außerhalb des französischen Nationalstaats aufrechterhalten. Denn beispielsweise befinden sich die bedeutendsten Plätze des islamischen Glaubens außerhalb Europas bzw. der westlichen Welt. Die wichtigsten religiösen Führer haben ihre Ausbildung oftmals innerhalb der islamischen Welt erfahren und sind deshalb nicht darauf vorbereitet, auf die spezifischen Bedürfnisse muslimischer Minderheiten einzugehen. »Transnationale« Identitäten traten auch bei einigen äußeren Ereignissen zutrage, etwa der Rushdie-Affäre, dem Golfkrieg oder dem Krieg in Bosnien; solche Anlässe geben den französischen Muslimen Möglichkeiten, ihre Solidarität mit ihren auswärtigen »Brüdern« zu bekunden.

Abschließend sei gesagt, daß islamische Identitäten dazu beitragen können, das Defizit an sozialen Bindungen und kollektiven Zielen zu überwinden, ohne deshalb – wie gegenwärtig auf der anderen Seite des Mittelmeeres – einen politischen Streit um Regierung oder Staat zu implizieren. Tatsächlich ist das wichtigste Thema am Ende dieses Jahrhunderts nicht etwa der »clash of civilizations«, sondern ein Streit um unterschiedliche Konzeptionen des Universalismus.

Aus dem Englischen von Heiner Bielefeldt

Burgat, F.: *L'islamisme en face*. Paris 1995.
Cesari, J.: *La guerre du Golfe et les Arabes de France*, in: *Revue du Monde Musulman et de la Mediterranée, no hors série*. Paris 1991, S. 125-129.
Dies.: *Etre musulman en France: associations, militants et mosquées*. Paris 1994.
Dies.: *Etre musulman en France aujourd'hui*. Paris 1997.
Dies.: *Géopolitique des islams*. Paris 1997 (en collaboration).
Champion, F./Hervieu-Leger, D. (Hg.): *De l'emotion en religion, Renaissance et traditions*. Paris 1990.
Dupret, B.: *Interpréter l'Islam politique: une approche diachronique de la matrice coranique*. Louvain 1994.
Hervieu-Leger, D.: *La religion pour mémoire*. Paris 1993.
Hifi, B.: *L'immigration algérienne en France. Origines et perspectives de non retour*. Paris 1985.
Malewska-Peyre, H.: *Crise d'identité et déviance chez les jeunes immigrés*. Paris 1982.
Michel, P.: *Politique et religion, la grande mutation*. Paris 1996.
Munoz-Perez, F./Tribalat, M.: *Marriages d'étrangers et mariages mixtes en France*, in: *Population* 3 (1984), S. 427-462.
Schnapper, D./Lewis, B.: *Musulmans en Europe*. Poitiers 1992.
Streiff-Fenart, J.: *Les couples franco-maghrébis en France*. Paris 1989.
Tribalat, M.: *Faire France, enquète INED 1995*. Paris 1995.

IV. Gewalteskalationen

Susan Zickmund
Religiöse Verschwörungstheorien und die Milizen in den USA

Der Bombenanschlag in Oklahoma City war eines der ersten Ereignisse in einer Serie von Vorfällen, durch die die Welt auf eine Gruppe amerikanischer militanter Terroristen aufmerksam wurde. Die heftige Gegnerschaft zum Staat, wie sie in Gruppen wie den »Freemen of Montana« und den Milizen in Arizona, Washington State und West Virginia zutage tritt, hat einen beunruhigenden Grad an Unzufriedenheit innerhalb der amerikanischen Gesellschaft aufgedeckt. Die Anzahl an Bombenanschlägen in den USA hat innerhalb der letzten fünf Jahre um 50% zugenommen; viele dieser Anschläge waren gegen Repräsentanten der amerikanischen Regierung gerichtet. So stieg die Zahl der Bombenattentate gegen die Regierung von 17 im Jahr 1990 auf 51 im Jahr 1994; im Jahr 1995 kam es zu einer weiteren Zunahme.[1] Die genannten Statistiken schließen auch Vorfälle ein, die der Öffentlichkeit weniger bekannt geworden sind, etwa die Anbringung einer mit 100 Pfund Explosivstoff gefüllten Trommel am Gebäude des International Revenue Service in Nevada. Weil die Zündung glücklicherweise versagte, konnte eine Katastrophe verhindert werden; später wurden zwei Steuerverweigerer verhaftet und angeklagt. Schockierend waren auch die Beschreibungen einiger dieser Personen, die gleichzeitig gute Mitglieder der Gesellschaft und Terroristen sind. Wie die *New York Times* schrieb, ist es so, als würde man dem vertrauten Fernsehpaar »Ozzi und Harriet« zusehen, wie sie eine Bombenlegerschule besuchen.[2]

Derartige Vorfälle sowie die Tatsache, daß die Mitgliedschaft in den Milizen auf eine Anzahl von 50 000 bis 100 000 angewachsen ist, haben die Führer von Bürgerrechtsbewegungen alarmiert. Sie sehen die Milizen inzwischen als eine der am schnellsten wachsenden »grass-roots«-Bewegungen der jüngeren Geschichte.[3] Die

1 Vgl. Egan, T.: *Terrorism Going Homespun As Bombings in U.S. Spread*, in: *New York Times*. 25.8.1996.

2 Vgl. ebd.

3 Vgl. McGraw, C.: *The Revolution Within*, in: *The Orange Country Register*, 2.6.1996.

Zunahme der Mitgliedschaft hat Wissenschaftler dazu veranlaßt, die Gründe hinter dem Interesse an organisierter Gewalt näher zu untersuchen. Die im vorliegenden Beitrag vertretene These geht dahin, daß der plötzliche Aufstieg zumindest teilweise auf Glaubensüberzeugungen und Gruppenstrukturen zurückgeht, die vom radikalen religiösen Fundamentalismus bereitgestellt werden.

Die Verbindung von Milizen und religiösem Fundamentalismus bildet einen komplexen Untersuchungsgegenstand, der einfache Antworten verbietet. Die wechselseitigen Bezüge schließen nämlich auch politische Bewegungen und religiöse Gruppen ein, die einander feindlich gesonnen sind. Es ist gleichwohl das Ziel des vorliegenden Aufsatzes, die religiöse Basis der Milizbewegung deutlicher werden zu lassen, indem der religiöse Fundamentalismus und seine konspirative Weltsicht mit der zunehmenden Gewalt in Amerika in Beziehung gesetzt werden. Um diese Aufgabe zu erfüllen, beschäftigt sich der Aufsatz mit fünf Aspekten: Zunächst sollen zwei Typen des christlichen Fundamentalismus in den USA unterschieden werden (1). Sodann geht es um jene Form des religiösen Fundamentalismus, die am stärksten mit den Milizen in Verbindung gebracht wird, nämlich die Bewegung der »Christian Identity« (2). Weiterhin sollen die Entwicklung der Milizbewegung sowie die Rolle der Verschwörungstheorien bei ihrer zunehmenden Radikalisierung dargestellt werden (3). Zur Untersuchung stehen sodann die Implikationen der Milizbewegung für die amerikanischen politischen Institutionen (4). Schließlich sollen die verschiedenen Fäden der Analyse zusammengebunden werden zu einer Einschätzung des allgemeinen Einflusses, den religiöser Fundamentalismus derzeit auf das politische Klima in den USA hat (5).

1. Die dominante Form des Fundamentalismus in den USA

Zunächst soll es also um den dominanten Typus des religiösen Fundamentalismus in Amerika gehen, nämlich den traditionellen christlichen Fundamentalismus, der aus dem protestantischen Evangelikalismus entstanden ist. Letztere Bewegung bildete sich zu Beginn der zwanziger Jahre des 19. Jahrhunderts als Bestandteil einer religiös-sozialen Verkündigung, die von einem unorthodoxen protestantischen Geistlichen namens Charley Finney betrieben wurde.[4] Finney entwickelte in den neuen amerikanischen Territorien den später sogenannten evangelikalen Predigtstil. Er zog von Stadt zu Stadt und weckte durch seine leidenschaftlichen Predigten intensive religiöse Emotionen. Die religiös-emotionalen Ausbrüche veranlaßten viele Menschen zur Konversion zum evangelikalen Glauben. Der Schwerpunkt der Predigten lag dabei auf der persönlichen Erfahrung mit Gott. Demgegenüber wurden traditionelle Dogmen und Lehren, mit denen sich die herkömmlichen religiösen Autoritäten beschäftigten, heruntergespielt, weil nun die spirituelle Präsenz Gottes zum Beweis persönlicher Erlösung wurde.

Das Werk Finneys und seiner Helfer entwickelte sich zu einer Kultur des sozialen Evangelikalismus, der religiös und politisch recht geschmeidig war. Finneys Assistent William Lloyd Garrison inspirierte die Abolitionisten, die sich in der Zeit vor dem Bürgerkrieg für die Abschaffung der Sklaverei einsetzten. Bald zeigte die Verbindung von evangelikalem Spiritualismus und sozialer Politik jedoch eine dunklere Seite, als evangelikale Prediger sich in den 1860er Jahren mit besiegten Soldaten der Konföderierten verbündeten, um den Ku-Klux-Klan zu gründen.

Das Erbe dieses evangelikalen Predigtstils haben die gegenwärtigen Mediengeistlichen übernommen. So entwickelte Jerry Falwell in den siebziger und achtziger Jahren das Genre des sogenannten »Televangelismus«. In dieser Zeit zogen Gestalten wie Falwell, Jim und Tammy Bakker oder Jimmy Swaggart Millionen von Amerikanern an. Falwell war der erste Televangelist, der seine Zuhörerschaft von einer geldspendenden Gemeinde in eine politische Organisation umwandelte. Seine Gruppe, die »Moral Majority«, nahm zugunsten einer konservativ-christlichen Agenda Einfluß auf die Gesetzgebung. Während die Autorität der meisten Televangelisten im Laufe der achtziger Jahre durch eine Reihe von Finanz- und Sexskandalen erschüttert wurde, blieb Pat Robertson ungeschoren und konnte seine Sendungen fortsetzen, mit denen er ein großes Publikum an sich band und beträchtliche Finanzmittel requirierte. In den späten achtziger Jahre gab er seinem wachsenden Mediennetzwerk einen politischen Flügel: die »Christian Coalition«, die er der Kontrolle seines jungen Assistenten Ralph Reed unterstellte (vgl. Ostendorf in diesem Band).

4 Vgl. Finn, F. K.: *Question: Is Apocalyptic Religion Bad for America? Answer? »Yes: It is Breeding Intolerance«*, in: *Washington Times*, 19.6.1995.

Diese Verbindung von Politik und religiösem Fundamentalismus hat einen Prozeß in Gang gesetzt, den man als »religiöse Koptierung« der politischen Agenda und der politischen Strukturen bezeichnen könnte. Beispielsweise gewannen im Jahr 1994 Mitglieder der »Christian Coalition« die Kontrolle über die republikanischen Parteisektionen in 13 von 50 Einzelstaaten. Außerdem brüsteten sie sich damit, während der Kongreßwahlen von 1994 52 republikanischen Kongreßabgeordneten zu ihren Ämtern verholfen zu haben.[5] Dieser Einfluß kam nicht zuletzt durch Wahlleitlinien für Nichtparteigebundene zustande, die in 33 Millionen Exemplaren in Kirchen in ganz Amerika verteilt wurden. Die »Christian Coalition« war derart einflußreich, daß man ihre Präsenz auch beim Republikanischen Konvent von 1996 in San Diego deutlich spürte. Mit ihren 1,6 Millionen Mitgliedern konnte sie die Plattform der Republikanischen Partei wesentlich beeinflussen. Pat Robertson verkörpert somit eine bestimmte Art und Weise, wie religiöser Fundamentalismus auf die Machtstruktur eines säkularen Staates einwirken kann.

Auch wenn die evangelikale Bewegung mitsamt ihrer politischen Lobby die dominante Form des Fundamentalismus in den USA darstellt, handelt es sich nicht um den einzig existierenden Typus. Schaut man auf den politischen Radikalismus der Milizen, so wird deutlich, daß hier eine andere Form des religiösen Fundamentalismus mit ganz eigenen Doktrinen im Entstehen begriffen ist. Dieser Fundamentalismus wird primär durch eine kleine, aber militante religiöse Bewegung repräsentiert, die als »Christian Identity« bekannt ist. Wie das folgende Kapitel zeigen wird, unterscheidet sich die »Christian Identity« in wesentlichen Punkten vom traditionellen Evangelikalismus; dies ist zugleich ein Beleg dafür, daß der religiöse Fundamentalismus in Amerika viele Gesichter hat.

2. Geschichte und Verschwörungstheorien der »Christian Identity«

Die »Christian Identity« ist eine reichlich obskure religiöse Sekte mit nicht mehr als 50 000 Anhängern. Aufgrund ihrer Beziehun-

5 Vgl. *The Tablets of Ralph*, in: *The Economist*, 20. 5. 1995, S. 60.

gen zur radikalen politischen Rechten hat sie jedoch zunehmend Beachtung gefunden. Michael Barkun, ein Fachmann in der Analyse der »Christian Identity«, sieht eine beträchtliche personelle und inhaltliche Überschneidung zwischen der Sekte und den Milizen gegeben.[6] Sowohl die Mitgliedschaft als auch die spezifischen Glaubensüberzeugungen geben der »Christian Identity« eine besondere Rolle innerhalb der Milizbewegung. Um die Eigenart der Sekte besser zu verstehen, will ich im folgenden ihre Geschichte kurz skizzieren, einige ihrer zentralen Doktrinen darlegen, durch die sie sich vom evangelikalen Fundamentalismus unterscheidet, und auf einige Verschwörungstheorien aufmerksam machen, wie sie in diesen Kreisen kursieren. Diese Verschwörungstheorien sind wichtig für das Verständnis des spezifischen Radikalismus der Milizbewegung.

Die »Christian Identity« ist der Sprößling einer religiösen Bewegung des 19. Jahrhundert, die den Namen »British Israelism« trug. Die ursprüngliche britische Sekte verstand sich als Nachkomme der zehn verlorenen Stämme Israels und betrachtete die Juden daher als israelitische Brüder (Barkun 1994, S. 5 f.). Entstanden aus millenaristischen Vorstellungen über das bevorstehende Ende der Welt, glaubten die »britischen Israeliten«, daß erst nach der endgültigen Rückkehr aller Stämme Israels die Zeit der großen Bedrängnis beginnen würde, die die Wiederkunft Christi einleiten sollte (ebd., S. 12). Die Sekte hat sich niemals als offizielle Religion formiert; statt dessen ermutigte sie ihre Anhänger, sonstigen Kirchen anzugehören. Aus diesem Grund versickerte die Bewegung schließlich, nachdem das neue Jahrhundert ohne die Apokalypse begonnen und das millenaristische Fieber nachgelassen hatte. Gleichwohl erwiesen sich die Offenheit und Toleranz gegenüber anderen Religionen sowie die Fixierung auf das explosive Weltende nach wie vor als attraktiv für Gruppen mit alternativen Sichtweisen.

Die Sekte kam im Lauf des 19. Jahrhunderts nach Amerika, wo sie das Etikett »Anglo-Israelism« erhielt. Ihre Gründer behaupteten, die angelsächsische Rasse stamme von den verlorenen Stämmen Israels ab; auch zeigten die Anhänger wiederum Sympathie für die Juden. Die neue Religion paßte im übrigen vorzüglich zu der politischen Sicht, die bereits vor der Amerikanischen Revolution propagiert worden war, nämlich daß Gott die Kolonialisten

6 Vgl. Scheinin, R.: *Words of Wrath* (darin ein Interview mit Barkun), in: *The San José Mercury News*, 2. 9. 1995.

als ein besonderes Volk auserkoren hatte, das er für seinen Heilsplan einsetzen würde. Nach der Jahrhundertwende, als Christus wieder einmal nicht erschienen war, ging es mit dem »Anglo-Israelism« bergab. Einige wenige über das Land verstreute Führer verfolgten die Sache weiter, wobei jeder von ihnen der Bewegung seine ganz persönliche Note gab. Ein wichtiger Führer namens Reuben Sawyer hielt es für nötig, den »Anglo-Israelism« mit seiner Mitgliedschaft im Ku-Klux-Klan in Übereinstimmung zu bringen (ebd., S. 22). Andere radikale Anhänger folgten ihm, insbesondere in den dreißiger Jahren, als das Chaos der ökonomischen Depression millenaristische Erwartungen wiederbelebte. Diese neuen Anführer übernahmen antisemitische Überzeugungen, wie sie in dieser Zeit stark verbreitet waren.

Die Betonung der Sonderrolle der angelsächsischen Rasse als des wahrhaft auserwählten Gottesvolkes, die millenaristische Obsession, die Rassenlehre der dreißiger Jahre sowie der fragmentarische und anpassungsfähige Charakter der Bewegung ermöglichten es, die Restbestände des »Anglo-Israelism« zur »Christian Identity« umzuformen. Antisemitismus, Rassismus und Verschwörungstheorien bildeten darin eine Brutstätte des Radikalismus. Drei Aspekte ihrer Doktrin machen die Sekte besonders anfällig für Radikalisierungen und markieren zugleich die Differenz zum traditionellen evangelikalen Fundamentalismus.

Erstens unterscheidet sich die »Christian Identity« vom evangelikalen Lager in ihrer Einstellung zur sogenannten »Verzückung«. Gemeint ist damit der Glaube, daß Gott die guten Christen zu sich rufen wird, bevor die Zeit der Bedrängnis, d. h. die Entscheidungsschlacht am Ende der Welt, einsetzen wird. In ihrem Glauben an die »Verzückung« erwarten evangelikale Christen, daß sie aufgrund ihres Widerstands gegen die Sünde und ihrer spirituellen Beziehung zu Christus noch vor Beginn der Bedrängnis gerettet werden. Evangelikale teilen außerdem die verbreitete Überzeugung, daß in der kosmischen Schlacht zwischen Christus und dem Antichristen das Gute letztlich siegen wird. Ein Zeichen dieses Sieges ist u. a. die Anerkennung Christi als des Messias durch die Juden, womit der Weg frei wird für die Errichtung von Gottes neuem Jerusalem auf Erden. Die »Christian Identity« lehnt diese Vorstellung der Verzückung ab. Ihre Mitglieder glauben, daß gute Christen nicht von Christus heimgeholt werden, sondern statt dessen gezwungen sein werden, die Zeit der großen Bedrängnis durchzustehen. Diese Sichtweise hat verschiedene Auswirkungen auf die Bewegung. Einige Mitglieder der »Christian Identity« stellen die Ernsthaftigkeit des evangelikalen Glaubens in Zweifel. Sie betrachten die Evangelikalen als unernste Christen, weil sie nicht bereit seien, in der bevorstehenden kosmischen Schlacht an der Seite Christi zu kämpfen (Doskoch 1995, S. 12). In ihren millenaristischen Erwartungen ist die »Christian Identity« folglich viel eifriger. Aufgrund der Ablehnung der »Verzückung« gilt, daß der wahrhaft Gläubige in ständiger Bereitschaft für den Endkampf ausharren muß. Diese Bereitschaft impliziert das Anlegen von Vorräten an Trinkwasser, Nahrungskonserven und Waffen. In der für die »Christian Identity« typischen Sprache wird die geforderte Bereitschaft von einer der Milizen mit den Worten »Bibles, Bullets, Beans and Bandages« auf den Begriff gebracht (Bennett 1995, S. 462). Das Internet, ein weitverbreitetes Forum des Austauschs radikaler Ideen, ist voll von Briefen, in denen es um die beste Vorbereitung auf die bevorstehende Apokalypse geht. Die apokalyptische Bedrängnis bedeutet eine Bewährungsprobe für Seele und Körper der Gläubigen, an der sich zeigen wird, wer tatsächlich zu den guten Christen und zu Gottes auserwähltem Volk gehört. Um mit dieser Herausforderung fertig zu werden, haben Mitglieder der »Christian Identity«, insbesondere diejenigen, die an der Milizbewegung beteiligt sind, Guerillataktiken entwickelt, mittels derer sie ihr Überleben sichern wollen.[7]

Zweitens unterscheidet sich die »Christian Identity« von den Evangelikalen dadurch, daß sie nicht von vornherein von einem sicheren Ausgang der kosmischen Schlacht zwischen Gut und Böse überzeugt sind. Während der Sieg Christi über den Satan für die meisten Kirchen feststeht, gilt dies für die Mitglieder der »Christian Identity« gerade nicht. Sie müssen daher bereit sein, in der großen Bedrängnis nicht nur um ihr eigenes Leben, sondern auch für den Sieg Christi über den Teufel zu kämpfen.

Drittens besteht ein Unterschied zwischen Evangelikalen und »Christian Identity« im Blick auf die Juden. Obwohl auch das evangelikale Christentum nicht frei von Antisemitismus ist, geht man in diesem Lager davon aus, daß die Juden vor der Errichtung des neuen Jerusalem zum Christentum konvertieren werden (Barkun 1994, S. 113). Die »Christian Identity« lehnt diese Lehre völlig

7 Vgl. Conway, F./Siegelmann, J.: *Perspective*, in: *Arkansas Democrat-Gazette*, 3. 12. 1995.

ab und wirft den Evangelikalen Komplizenschaft mit den Kräften des Satans vor. Da die Konversion der Juden ein unaufgebbarer Bestandteil der evangelikalen Interpretation des Buches der Apokalypse ist, gelten selbst rechtsgerichtete evangelikale Gruppen wie Pat Robertsons »Christian Coalition« für die Mitglieder der »Christian Identity« als von der Sünde Satans befleckt. Auch wenn diese Lehrdifferenzen für Außenstehende gering erscheinen mögen, so geben sie den Mitgliedern der »Christian Identity« doch genügend Gründe dafür, die evangelikalen Kirchen heftig zu attackieren und sich selbst dabei immer mehr zu isolieren.

Aus dem Gesagten ergibt sich, daß die Gläubigen unter Bedingungen des Mißtrauens und intensiver Furcht leben. Um die Gründe für diese Furcht besser zu verstehen, muß man sich mit den in der Sekte kursierenden Verschwörungstheorien beschäftigen. Bei der Untersuchung dieser verschiedenen Verschwörungstheorien stößt man auf einen gemeinsamen Punkt: Im Zentrum aller Geschichten steht der allmächtige Jude. Beispielsweise dient die von der »Christian Identity« vertretene Schöpfungsgeschichte dazu, den Glauben mit einer konspirativen Weltsicht aufzuladen. Obwohl je nach Sekte gewisse Unterschiede bestehen, geht die maßgebende Version der Schöpfungslegende davon aus, daß Gott zunächst einen Typus von Leben geschaffen hat, den er schließlich für minderwertig befand. Diese aus Schlamm geschaffenen Kreaturen mißfielen Gott. Deshalb bemühte sich Gott um eine Vollendung der Schöpfung und erschuf Adam und Eva. So entstanden der erste Mann und die erste Frau, nicht jedoch der erste Bewohner der Erde. Adam und Eva werden als hellhäutig beschrieben und gelten als Ureltern der arischen Rasse.[8] Obwohl ihre arischen Züge sie vollendet erscheinen ließen, wurden beide jedoch bald schon aus dem Garten Eden verbannt, nachdem Eva vom Teufel verführt und zur Kopulation gezwungen worden war. Als Kind dieser Vereinigung entstand Kain, der seinen arischen Bruder Abel ermordete und bei der Gesellschaft der Schlammleute Zuflucht fand. Aus Kains Nachkommenschaft wiederum entsprang die jüdische Rasse. Trotz ihrer Verschmähung durch Gott leben auch die Schlammleute noch heute und stehen in der Literatur der »Christian Identity« für die nichtarischen Rassen.

8 Israel-Identity FAQ: *Frequently Asked Questions and Answers on Israel-Identity: 11. What About Adam and Eve? Were They of the White ›Race‹ or Are They Mother and Father of all the ›Races‹?*, in: *http://ra.nilenet.com/-tmv/faq/eleven.html.*

Die »Christian Identity« versteht sich als das wahre Haus Israel und wirft den Juden vor, den Titel des von Gott erwählten Volkes usurpiert zu haben. In den Schriften der Bewegung heißt es, die Juden seien eine Rasse, die sich von einem türkisch-mongolischen Stamm herleite, der im 12. Jahrhundert ein Königreich namens »Khazaria« geschaffen habe. Diese Khazaren seien um das Jahr 740 n. Chr. zum Judentum konvertiert und anschließend in die europäische Diaspora geraten.[9] Obwohl diese konvertierten Juden sich den Titel des von Gott erwählten Volkes angemaßt hätten, handele es sich bei ihnen in Wirklichkeit um ein menschliches Unterstützungssystem für die im Kosmos herumwirbelnden Kräfte des Bösen. Sie haben deshalb eine übermenschliche Macht, die sie dazu verwenden, politischen und ökonomischen Aufruhr zu stiften und auf diese Weise die Nationen zu zerstören und die Religionen zu ruinieren.

Zusätzlich zu den *religiösen* Verschwörungstheorien um die Juden hat die »Christian Identity« auch säkulare antisemitische Mythen übernommen, wie sie von den verschiedensten religiösen und politischen Bewegungen im Lauf der Jahrhunderte vertreten worden waren. So ist in der Literatur der Sekte von »internationalen jüdischen Bankiers« die Rede, die die Weltwährung unter Kontrolle hätten. Diese Mythen stammen aus so diskreditierten Werken wie den unter einem russischen Zaren gefälschten *Protokollen der Weisen von Zion*. Dieses Pamphlet, das in der Nazi-Zeit verwendet und in Amerika unter dem Industriellen Henry Ford neu in Druck gegeben worden war, versteht sich als angebliches Zeugnis eines jüdischen Komplotts zur Übernahme der Weltherrschaft.

Sowohl die von der Doktrin der »Christian Identity« vertretenen religiösen Legenden als auch die säkularen Geschichten veranlassen Mitglieder der Gruppe, Extrempositionen einzunehmen, die wiederum Furcht und Paranoia nähren. Um die Verschwörungstheorien der »Christian Identity« mit ihrer politischen Manifestation in Beziehung zu bringen, soll nun das Phänomen der Milizen näher untersucht werden.

9 Vgl. *Israel-Identity FAQ.: Frequently Asked Questions and Answers on Israel-Identity: 5. Who are the Self-Styled ›Jews‹ Then If They Are Not Israelites?*, in: *http//ra. nilenet. com-tmw/faq/five. html.*

3. Die Entwicklung der Milizbewegung

In diesem Kapitel soll es v.a. um die Frage gehen, wie sich die religiösen Überzeugungen der »Christian Identity« politisch manifestieren. Der Aufstieg der Milizen hängt mit einer ganzen Spannbreite unterschiedlicher radikaler politischer Vereinigungen zusammen, die großteils schon in der amerikanischen Vergangenheit existierten. Im allgemeinen gibt es einen weiten Überschneidungsbereich zwischen der Mitgliedschaft in den verschiedenen Gruppen. Experten haben festgestellt, daß die »Christian Identity« in vielen dieser Organisationen eine Rolle spielt.[10] Oft ist es so, daß der Führer einer radikalen Gruppe Glaubensüberzeugungen der »Christian Identity« teilt, die dadurch Einfluß auf andere Mitglieder der Bewegung haben. So wird beispielsweise eine der einflußreichsten Milizgruppen, die »Militia of Montana«, von zwei Konvertiten der »Christian Identity« geleitet.[11] Da die »Militia of Montana« eine der ersten aktiven Milizen in Amerika war, haben ihre Post- und Faxsendungen sich auf die Entwicklung der religiösen und politischen Ideologie auch bei anderen Gruppen im ganzen Land ausgewirkt.[12] Um die Spannungen innerhalb der Milizbewegung, die teilweise vom religiösen Radikalismus hervorgerufen wurden, zu verstehen, seien zunächst einige radikale Vorläuferbewegungen innerhalb der USA vorgestellt.

3.1 Ältere Formen des Radikalismus in den USA

James Ridgeway zufolge hat es in den USA Hunderte von unterschiedlichen radikalen Bewegungen gegeben (Ridgeway 1990). Die Analyse dieses Hexenkessels von Haßgruppen läßt sich durch die Konzentration auf vier Hauptorganisationen vereinfachen. Wie oben erwähnt, war der Ku-Klux-Klan die erste berühmte radikale Haßgruppe in den USA. Während der Klan als solcher sich aufgrund interner Machtkämpfe und rechtlicher Maßnahmen inzwischen weitgehend aufgelöst hat, sind andere Organisationen stärker in den Vordergrund getreten. Die entscheidenden Gruppen während der siebziger und achtziger Jahre waren die Skinheads, die Neonazis, der Klan in seinen Restbeständen und der

10 Vgl. Scheinin, a. a. O.

11 Vgl. *Militias: Armed and Angry*, in: *The Economist*, 29.4.1995, S. 31.

12 Vgl. *Militia of Montana*, in: *web site: http://nidlink.com/-bobhard/mom.html.*

Posse Comitatus. Die letztere Bewegung, außerhalb der USA weniger bekannt, existierte hauptsächlich im amerikanischen Mittelwesten und bestand primär aus verbitterten Farmern. Die Bewegung war der Entwicklung legaler oder illegaler Formen lokaler Herrschaftsausübung gewidmet und wollte auf diese Weise den Einfluß der Regierung auf die Landwirtschaft schwächen. Seine Mitglieder wurden zunehmend militant, indem sie lokale Territorien unter ihre Kontrolle brachten und schließlich dazu übergingen, Vertreter der staatlichen Rechtsdurchsetzung zu terrorisieren oder zu lynchen. Nach der Erschießung eines Farmers in Lone Tree Iowa in den achtziger Jahren setzte der allmähliche Niedergang der Bewegung ein, die sich plötzlich dem Rampenlicht öffentlicher Untersuchungen ausgesetzt sah.

Im Laufe der neunziger Jahre wurde die Überschneidung zwischen den vier Hauptgruppen größer, und zwar teilweise aufgrund der verbesserten Kommunikationsmöglichkeiten, wie sie Internet, Fax und Mobiltelefon zur Verfügung stellten. Aus diesen zentralen Gruppen gingen andere eher fragmentierte Bewegungen hervor. Teilweise wichtig war die »White Aryan Nation« (W. A. R.). Diese Gruppe, unter Führung eines ehemaligen Großdrachens des Ku-Klux-Klan mit Namen Tom Metzger, war besonders erfolgreich in der Rekrutierung und Ausbildung von Skinheads und Neonazis. Als Geistlicher der »Christian Identity« schuf Metzger zugleich ein Fundament für diesen religiösen Glauben in mehreren Sekten der extremen Rechten.

3.2 Mitgliedschaft in der Milizbewegung

Vor dem Bombenanschlag von Oklahoma hatten wenige Amerikaner überhaupt nur von den Milizen gehört. Die Gruppenmitglieder, typischerweise Männer mittleren Alters in Militärkleidung, beschrieben sich selbst als normale Mitglieder ihrer örtlichen Gemeinde, die am Wochenende in den Wäldern mit Waffen übten, um Haus und Familie schützen zu können. Der Begriff der Milizen war dem zweiten Zusatzartikel der US-Verfassung entnommen, der besagt, daß die USA eine wohlgeordnete Miliz unterhalten sollen. Der zweite von den Mitgliedern gewählte Begriff war der des »Patrioten« – in Anlehnung an die Beschreibung des einfachen Mannes, der während der Amerikanischen Revolution in den Kampf zog. Der Diskurs der Milizen beschrieb das

Ethos der Mitglieder vielfach als die Bereitschaft schlichter Bürger, ihr Leben für den Schutz von Heimat und Familie aufs Spiel zu setzen.[13] Während dieses Bild bis zum Jahr 1994 in der Öffentlichkeit weitgehend akzeptiert worden war, wurde seine Glaubwürdigkeit als ein besonderer sozialer Männerbund zusammen mit dem Bombenanschlag auf das Bundesgebäude in Oklahoma ernsthaft erschüttert. Mit jeder neuen Entdeckung einer lokalen Bombendrohung seitens der Milizen wurde das negative Image von nun an zusätzlich verstärkt.

Das widersprüchliche Bild des harmlosen Verteidigers des Wohnviertels und gleichzeitig des üblen Terroristen erklärt sich teilweise aus der Zusammensetzung der Milizen selbst. Die Milizen entstanden im wesentlichen im Jahr 1993 als Antwort auf Präsident Clintons Waffenkontrollgesetzgebung und auf die Demonstration staatlicher Stärke gegen das Davidianische Lager der Sekte von David Koresh in Waco (Texas).[14] Die Bewegung griff anfangs auch auf eher gemäßigte Teile der Gesellschaft über, die sich von einer monolithischen Staatsstruktur irritiert und bedroht fühlten. Später fand die Bewegung Zulauf von Gruppen, etwa den Steuerverweigerern und Waffenenthusiasten, die sich mit rechtsradikalen Organisationen verbündet hatten. Außerdem tendierten Mitglieder des früheren Posse Comitatus zu den Milizen und brachten ihre radikale Neigung zu lokaler Herrschaft in die Bewegung ein. Durch dieses komplexe und widersprüchliche Zusammenspiel unterschiedlicher Gruppen wandelte sich die Milizbewegung zum Zentrum eines weiten Spektrums radikaler politischer und religiöser Ideen. Die meisten der gegenwärtig bestehenden ca. 100 Milizen scheinen auf der Ebene eines unzufriedenen sozialen Verbands für entfremdete Männer mittleren Alters stehengeblieben zu sein.[15] Andere – in Montana, Arizona, Washington State und West Virginia – haben allerdings radikalere Tendenzen zutage treten lassen. Ein Mitglied der Anti-Haß-Organisation »Klan Watch« hat geschätzt, daß derzeit 45 Milizen aus 22 Staaten Verbindungen zu Gruppen der »White Supremacy« unterhalten (zitiert nach Doskoch 1995, S. 70).

13 Vgl. z. B. *Patriot's Canteen*, in: *http://www.mojoski.com/canteen/.*

14 Vgl. *Committee for Waco Justice: Committee's April 18 and 19 Memorials to Remind Village and Its Children*, in: *http://www.constitution.org/mil/tx/65091cwj.txt.*

15 Vgl. *Militias: Armed and Angry*, in: *The Economist*, 29. 4. 1995, S. 31.

Während die bloße Mitgliedschaft in einer Miliz nicht notwendig eine direkte und gezielte Bedrohung der Gesellschaft bedeuten muß, gibt es einige Faktoren, aufgrund derer Teile der Milizbewegung zur gewaltsamen Aktion übergegangen sind. Drei Aspekte, durch die sich die Wahrscheinlichkeit terroristischer Aktivität erhöht, seien im folgenden voneinander unterschieden. Erstens operieren die radikalsten Milizgruppen häufig in isolierten Gemeinden, in denen die »Christian Identity« oftmals die Verbindungen zur Mainstream-Gesellschaft ersetzt. Ihre Mitglieder teilen die Überzeugung, daß man sich für die Zeit der großen Bedrängnis rüsten müsse. Die Kombination von Isolation und religiöser Verstärkung dieser Thematik führt dazu, daß die Mitglieder sich im Stile eines Survival-Trainings auf den bevorstehenden Weltuntergang vorbereiten.[16] Einige Gemeinschaften, etwa das Lager der »Freemen«, sind so weit gegangen, daß sie sich aus der Öffentlichkeit völlig zurückgezogen haben. Dies ist v.a. im amerikanischen Nordwesten der Fall, wo sich Anhänger der »White Supremacy« versammelt haben, weil sie eine separate arische Heimstatt gründen wollen. Solche isolierten Gemeinschaften legen in Erwartung der großen Bedrängnis oftmals Vorräte an illegalen Feuerwaffen an – wie es beim Lager von David Koresh in Waco und bei der Hütte Randy Weavers, eines Anhängers der »Christian Identity«, in der Nähe von Ruby Ridge der Fall war. Die Anhäufung illegaler Waffen wiederum nährt die Angst vor einem Eingreifen von außen, insbesondere durch den Staat. Die Lagerbewohner entwickeln daher häufig eine Wagenburgmentalität – derart, daß sämtliche Kontakte zur Außenwelt als Bedrohung wahrgenommen werden. Aber auch für diejenigen Milizangehörigen, die innerhalb der Mainstream-Gesellschaft verbleiben, hat die spezialisierte Kommunikation, wie sie über Internet und Mobiltelefon möglich geworden ist, zur Folge, daß sie inmitten einer offenen Gesellschaft nur an einem restringierten Informationsfluß teilhaben. Robert Wright, ein Bürgerrechtsaktivist, der die Milizen untersucht, stellt fest, daß das Verlangen nach Anarchie sehr viel mit diesem geschlossenen Glaubenssystem zu tun hat, und zwar insbesondere dann, wenn es keine Gegenansichten gibt, die diesen Glauben mäßigend beeinflussen können.[17] Milizversammlungen, Militär-

16 Vgl. National Public Radio's Morning Edition: *An Historical Perspective of Civilian Extremism Groups*, 27.4.1995.

17 Vgl. McGraw, a.a.O.

übungen, die Zuflucht bei der »Christian Identity« sowie die populären und einflußreichen »gun shows« tragen dazu bei, daß die Betroffenen gleichsam in einer Welt von Paranoia und Verschwörung eingeschlossen sind.

Zweitens wird die Paranoia durch eine Reihe jüngerer Verschwörungsgeschichten genährt, die weithin aufgegriffen werden. Auf der Grundlage der oben dargestellten historischen Verschwörungstheorien schaffen die gegenwärtigen Verschwörungstheorien ein geschlossenes Glaubenssystem, das viele Aspekte extremistischer Ideologien in sich aufgenommen hat. Dazu zählt das Mißtrauen gegen die Vereinten Nationen als den vermeintlichen Drahtzieher hinter der »neuen Weltordnung«.[18] Regiert wird diese neue Welt angeblich durch die von den Anhängern der »White Supremacy« sogenannte »zionistische Besatzungsregierung«, abgekürzt ZOG (»Zionist Occupation Government«). Es heißt, die ZOG habe mittels der Vereinten Nationen die Milizen mit schwarzen Hubschraubern angegriffen und plane eine Invasion der USA von Mexiko aus. Die gigantische Macht der ZOG als der gegenwärtigen Manifestation der internationalen jüdischen Verschwörung sei so groß, daß sämtliche Kriege, Rezessionen und wirtschaftlichen Depressionen von ihr geplant und gesteuert werden. Derartige extreme Einstellungen können durch einige reale Entwicklungen geschürt werden. Dafür ein Beispiel: Während in einigen anderen Ländern strikte Rechtsvorschriften zum Schutz der Privatsphäre bestehen, kann man in Amerika persönliche und finanzielle Informationen abrufen und verbreiten. Ein Beleg für den weitreichenden Zugriff auf private Informationen ist die Vorschrift, daß die Empfänger staatlicher Wohlfahrtsprogramme in New Jersey sich ihre Fingerabdrücke abnehmen lassen müssen, bevor sie Zuwendungen erhalten. Einige Firmen arbeiten derzeit an einer Technologie, mittels derer man Fingerabdrücke auf Kreditkarten ziehen lassen kann.[19] Als Reaktion auf diese Entwicklung bemühen sich nun die Milizangehörigen darum, ihre Identität gegenüber dem Staat zu verbergen. Die User-Gruppe, die ich für den vorliegenden Aufsatz untersucht habe, hat häufig dazu aufgerufen, offizielle Waffenanmeldungen zurückzuziehen und neugeborene Kinder gar nicht erst registrieren zu lassen. Die dahinterliegenden

18 Vgl. *Are We Losing America to UN Control?*, in: *http://www. com/vcm/ranger/july/uncontrol. html.*

19 Vgl. *National Public Radio's All Things Considered*, 10. 10. 1996.

Ängste treten zugleich in der Zunahme von Hausunterricht für die Kinder zutage. Deutlich wurden sie auch in dem von einer Milizgruppe aus West Virginia versuchten Anschlag auf ein Staatsgebäude, in dem wichtige Informationen, darunter Archive von Fingerabdrücken, gespeichert waren. Die Verschwörungstheorien – einschließlich der sie nährenden realen Ereignisse – erklären somit, daß die entsprechenden Geschichten nicht nur dazu dienen, Sündenböcke zu finden, sondern daß sie auch katalysatorische Wirkung für reale Aktionen und Revolten entfalten.

Ein weiterer Faktor bei der Radikalisierung der Milizen ist drittens die Verbreitung von Waffen in den USA.[20] In Verbindung mit der großen Angst vor der ZOG, den Vereinten Nationen und der Polizei erhöht die Waffenkultur die Wahrscheinlichkeit von Gewaltakten. Bauanleitungen für verschiedene Bomben lassen sich leicht im Internet finden. »Gun shows« reisen durch das ganze Land. Auch der der Beteiligung am Oklahoma Bombenanschlag verdächtigte Timothy McVeigh war Teil einer »gun show«-Truppe. Diese Art Subkultur kann leicht dazu führen, daß das Interesse an Waffen übergeht in die Neigung, die Waffen auch tatsächlich einzusetzen.

Neben den genannten Faktoren, durch die die Milizen offenbar radikalisiert worden sind, treten nun noch die gewalthaltigen millenaristischen Vorschriften der »Christian Identity«. Statt Waffen zu ächten, verteidigen die Führer der Sekte deren Besitz als einen Bestandteil ihres Bibelverständnisses. Ein Geistlicher der »Christian Identity« sagte in diesem Sinne: »Es gibt eine Menge von Verwirrung in unserem Land, und im Grunde handelt es sich dabei um eine geistliche Schlacht, nicht um eine politische Angelegenheit. Es handelt sich um etwas, daß zunächst und hauptsächlich aus der Schrift stammt. Aus der Schrift ersehe ich, daß wir nicht bloß ein Recht haben, Waffen zu besitzen und zu tragen, sondern daß wir dazu verpflichtet sind.«[21] Diese Konzentration auf Waffen, in Verbindung mit der Paranoia und mit dem religiösen Dogma der »Christian Identity«, erklärt die Tendenz einiger Milizgruppen zur Gewaltanwendung.

20 Vgl. Rich, F.: *›Rambo Culture‹ is Source of Paramilitary Paranoia*, in: *Arizona Republic*, 13. 5. 1995.
21 Reynolds, M.: *Day of the Zealots*, in: *Playboy*, August 1995.

4. Die Implikationen der Milizen für die US-Gesellschaft

Einige Implikationen des militanten Fundamentalismus sind von vornherein offensichtlich, etwa die Gefahr der Entstehung einer Gewaltkultur oder die Ausbreitung von Angst und Einschüchterung innerhalb der allgemeinen Öffentlichkeit. Nicht gleichermaßen offensichtlich ist indes die Tatsache, daß die Milizen sowie die Lehren der »Christian Identity« einen bedeutenden Einfluß auf die staatlichen Institutionen entfalten können. Drei Aspekte sollen im folgenden betrachtet werden: Verfassungsfragen, die Justizreform und die durchgreifende »Biblisierung« der amerikanischen Gesellschaft.

Was zunächst den Verfassungsaspekt angeht, so ist es bemerkenswert, daß die Anhänger der Milizen ihre Anliegen in einen Verfassungsdiskurs einkleiden. Die amerikanische Unabhängigkeitserklärung und die Verfassung haben eine solch hohe Bedeutung, daß die Milizanhänger sie geradezu wie eine heilige Schrift behandeln (womit sie zugleich ein Element der wissenschaftlichen Definition von Fundamentalismus einlösen).[22] Trotz dieser Umwandlung eines säkularen in einen heiligen Text verhalten sich die Mitglieder der Milizen allerdings in der Regel nur selektiv, wenn es um die Anerkennung der einzelnen Verfassungszusätze geht.[23] Viele betrachten den zweiten Zusatzartikel, der sich auf die Regelung des Waffenbesitzes und die Notwendigkeit eines starken stehenden Heeres bezieht, als den wichtigsten Artikel.[24] Die Milizen stimmen außerdem dem zehnten Zusatzartikel, der den Einzelstaat gegen unziemliche Macht der Zentralregierung schützt, entschieden zu, weil sie darin eine Unterstützung für ihr eigenes Bestreben nach lokaler Herrschaft sehen.[25] Im Gegensatz dazu werden spätere Verfassungszusätze, die häufig dem Schutz von Minderheiten oder der Stärkung der Bundesgewalt gewidmet sind, kritisiert oder völlig verworfen. So machen manche einen Unterschied zwischen »regulären Bürgern« und den sogenannten »Bürgern des 14. Zusatzartikels«, um auf diese Weise die afroamerika-

22 Vgl. Fishwick, M.: *It's Coming! A New Millennium! Apocalypse!*, in: *Roanoke Times & World News*, 7.4.1996.

23 Vgl. z.B. *The Rise of the Militia Movement*, in: *http://nidlink.com/-militias.html.*

24 Vgl. *Firearms & Liberty,* in: *http://www.shadelanding.com/firearms/firearms.html.*

25 Vgl. *Militia – a Constitutional Check and Balance*, in: *http://www.intrlink.com/vcm/ranger/august/checkandbalance.html.*

nischen Ansprüche auf Bürgerrechte als illegitim zu diskreditieren (Bennett 1995, S. 443). Einige der Milizangehörigen bezeichnen sich selbst als »Konstitutionalisten«, die die Nation gemäß dieser engeren, heiligen Interpretation der Verfassungsurkunde definieren. Einige dieser »Konstitutionalisten« haben sich sogar dazu verstiegen, die Abschaffung der Verfassung und ihre Ersetzung durch das »wahre« Gründungsdokument, nämlich die ursprünglichen Konföderationsartikel, zu verlangen. Diese Milizmitglieder machen sich zugleich den Diskurs zu eigen, der in den 1780er Jahren von den »Anti-Federalists« geführt wurde. Dabei handelt es sich um eine von Farmern und Kleinhändlern getragene Oppositionsbewegung gegen den Kontinentalkongreß und die »founding fathers« wie James Madison und Alexander Hamilton. Mit ihrer Betonung des zehnten Zusatzartikels zur Verfassung, der die Macht in die Hand des Einzelstaates legt, oder gar der Konföderationsartikel plädieren die »Konstitutionalisten« für den Abbau des Bundesstaates – genauso wie sie dazu aufrufen, die Vereinten Nationen zu beseitigen.

Zur Justizreform ist zu sagen, daß die Tendenz zur Unterminierung nationaler Souveränität Druck auf die Justiz bedeutet, die Staatsinstitutionen zu festigen, die über die Jahre hinweg für Stabilität gesorgt haben. Dies mag ein Grund dafür sein, daß die Milizgruppen darauf aus sind, die Legitimität von Gerichten und Rechtsdurchsetzungsinstitutionen zu bestreiten. Insbesondere in südlichen und nordwestlichen Gemeinden haben die Milizen Richter und Polizisten angegriffen, ihr eigenes Rechtssystem entwickelt und gelegentlich Waffen gegen die Vertreter des Staates gerichtet, um tatsächlich ihre eigenen Prozesse in Milizgerichten durchführen zu können.

Dieses Bestreben, das Recht in die eigene Hand zu nehmen, resultiert teilweise aus der von Michael Barkun so genannten »Biblisierung« Amerikas.[26] Im Banne der »Christian Identity« glauben manche Milizeinheiten, die Bibel stelle das einzige für die Angelsachsen verbindliche Gesetz dar. Im Sinne der Überzeugung, daß sie der verlorene Stamm Israels seien, gilt ihnen die Bibel als Quelle sämtlicher Rechtsentscheidungen. Diese Vorstellung des »wahren« Rechts bringt die »Christian Identity« und die ihr folgenden Milizen in einen Konflikt mit der Zivilgesellschaft, der

26 Vgl. Scheinin, a. a. O.

nach Meinung mancher Milizangehörigen nur durch gewaltsame Konfrontation mit dem Staat gelöst werden kann.

5. Schlußbetrachtung: Der Einfluß des Fundamentalismus auf die Politik der USA

Um die unterschiedlichen Fäden der vorliegenden Untersuchung zusammenzuführen, sei nun kurz die Frage erörtert, welchen Einfluß religiöser Fundamentalismus im ganzen auf die amerikanische Mainstream-Politik hat. Wie oben dargestellt, sieht sich der Staat derzeit zwei unterschiedlichen Formen des religiösen Fundamentalismus gegenüber. Der »Christian Identity« und den Milizen geht es darum, Vertreter und Symbole des amerikanischen Bundesstaates zu attackieren. Demgegenüber geht es der »Christian Coalition« als dem politischen Arm der evangelikalen Bewegung um die religiöse Kooptierung des traditionellen Systems.

Obwohl die religiösen und politischen Angriffe auf den Staat von unterschiedlichen Organisationen ausgehen und auf der Grundlage unterschiedlicher Strategien operieren, können sie gemeinsam eine Atmosphäre schaffen, die die Autorität eines auf Kompromisse zielenden zivilen Diskurses immer mehr unterminiert. Die Radikalität der Milizangriffe und die Übernahme von Staatsfunktionen durch Evangelikale haben dazu beigetragen, die politische Arena nach rechts zu verschieben. Beispielsweise hat die Republikanische Kandidatin für den Gouverneursposten in Washington sich in den Wahlen von 1996 selbst als »christliche Radikale« bezeichnet und geschworen, ausschließlich »göttliche Leute« anzustellen.[27] Solche Beispiele sind ein Beleg dafür, daß religiöser Fundamentalismus durchaus eine Rolle bei der Kandidatenkür spielt und daß inzwischen selbst radikale politische Positionen in der sogenannten Mainstream-Gesellschaft Konjunktur haben.

Der vorliegende Aufsatz hatte zum Ziel, den historischen und zeitgenössischen religiösen Fundamentalismus in den USA sowie die dortige Milizbewegung zu beschreiben. Es wurden Gründe genannt für die Entstehung eines solchen Radikalismus innerhalb

27 Vgl. *Washington: Gap Narrows in Governor's Race*, in: *New York Times*, 8. 10. 1996, S. A 13.

einer liberalen Demokratie und für den Einfluß, den der Fundamentalismus auf die Nation derzeit ausübt. Eine von Paranoia und Verschwörungstheorien geprägte Stimmung sollte gewiß ein Alarmzeichen sein und auf eine ernstzunehmende Schieflage innerhalb einer Gesellschaft hinweisen. Martin Marty, der Direktor des bekannten »Fundamentalismusprojekts« in den USA behauptet: »Wir müssen uns daran erinnern, daß jeder Fundamentalismus inhaltlich und und in bezug auf das Innere des Gehäuses von jedem anderen Fundamentalismus äußerst verschieden ist; dennoch haben die Fundamentalismen weithin dieselben Formen und sie teilen Verhaltensmuster und Gestalten.«[28] Der Radikalismus der Milizen und der »Christian Identity« sind gegenwärtig die Manifestationen des militanten Fundamentalismus in der US-Gesellschaft. Weitere Forschungen werden nötig sein, um die Faktoren festzustellen, durch die individuelle Milizangehörige radikalisiert werden. Bis dahin sind die Forscherinnen und Forscher über Fundamentalismus und kulturelle Gewalt gut beraten, eng zusammenzuarbeiten, die Diskurse der Radikalen zu analysieren und deren Verschwörungsalpträume ernstzunehmen. Vielleicht kann akademische Forschung auf diese Weise dazu beitragen, sowohl die den Milizen zugrundeliegende Ideologie als auch den Haß besser zu verstehen, der zu solch apokalyptischen Ereignissen wie dem Bombenanschlag von Oklahoma führen kann.

Aus dem Englischen von Heiner Bielefeldt

Literatur

Barkun, M.: *Religion and the Racist Right: The Origins of the Christian Identity Movement*. Chapel Hill 1994.

Bennett, D. H.: *The Party of Fear: The American Far Right from Nativism to the Militia Movement*. New York 1995.

Doskoch, P.: *The Mind of the Militias*, in: *Psychology Today*, Juli/Augst 1995.

Ridgeway, J.: *Blood in the Face. The Ku Klux Klan, Aryan Nations, Nazi Skinheads, and the Rise of a New White Culture*. New York 1990.

28 *›Fundamentalism Project‹ Author Discusses Phenomenon*, in: *Cable New Network*, 18. 12. 1995.

Werner Ruf

Gewalt und Gegengewalt in Algerien[1]

1. Vorbemerkung

Vielleicht ist es kein Zufall, daß die Beschäftigung und Auseinandersetzung mit dem »Fundamentalismus« seit dem Ende des Ost-West-Konflikts geradezu zum Thema Nummer Eins der Sozialwissenschaften, aber auch der Politik geworden zu sein scheint. Galt doch der Islam – inklusive des militanten Islamismus – bis dahin als ein wichtiges Bollwerk gegen den atheistischen Kommunismus. Daher erfreute er sich auch der direkten und indirekten (v. a. via Saudi-Arabien) Unterstützung des Westens. Dies alles änderte sich schlagartig mit dem Zweiten Golfkrieg, der ja zugleich das Ende des bipolaren Zeitalters markiert. Ohne soweit gehen zu wollen wie Schulze (1991), der in der Produktion des Feindbilds Islam die unmittelbare und direkte Nachfolge des Feindbilds Kommunismus sieht, ist es doch beeindruckend, die neuen planetarischen Konfliktmuster zur Kenntnis zu nehmen, die der prominente Vertreter der amerikanischen realistischen Schule der Politikwissenschaft, Samuel Huntington (1993), entwirft, indem er die Konfliktlinien der Zukunft nicht mehr zwischen Staaten, sondern zwischen Kulturen sieht. Wie schnell diese Deutungen für die politische Nutzanwendung in einer globalisierten Welt instrumentalisiert werden, belegt nicht zuletzt das französische Verteidigungsweißbuch (République Française 1994, S. 18), wo festgestellt wird, daß »der extremistische Islam in gewisser Weise den Kommunismus als Gegenkraft zur westlichen Welt ersetzt« hat.

Damit stellt sich die Frage, inwieweit die aktuelle (oder aktualisierte?) Fundamentalismusdebatte, die nicht zufällig so gut wie ausschließlich auf den Islam blickt, die bald 200jährige, von den europäischen Orientalisten initiierte Debatte wieder aufnimmt, wonach der Islam – und die Muslime – grundsätzlich modernisierungsunfähig sind. Muslimische Authentizität wurde und wird hochstilisiert zum *fundamentalen* Gegenpol westlicher, i. e. moderner Rationalität. Sollte es Zufall sein, daß diese Debatte die

1 Abschluß des Manuskripts Januar 1997.

grundlegenden Arbeiten von Edward Said (1978) ebenso ausblendet wie etwa die brillante jüngst erschienene Studie von Al-Azmeh (1993)? Unbeachtet bleibt bei dieser Art der Auseinandersetzung ja auch die Feststellung, daß jede Definition des Anderen, des Fremden immer auch eine Eigendefinition impliziert. Das heißt, die Konstruktion eines dichotomischen Kulturverständnisses, das dem Anderen die Unfähigkeit zur Auseinandersetzung mit der Moderne attestiert, identifiziert zugleich das Wir als Träger der Moderne, zu der der Andere im Sinne dieser Dialektik keinen Zugang finden kann und darf. Erst im Spiegel des Anderen profiliert sich die Identität des Wir.

So gelingt es dann, den »Fundamentalismus« als Gegenpol zur derzeitigen Ausformung der Moderne, der »Zivilgesellschaft« aufzubauen. Dabei ist bei der Verwendung des Begriffs Zivilgesellschaft mittlerweile fast niemandem mehr klar, ob dieser Begriff mehr in Referenz auf Antonio Gramsci oder aber im Sinne der bereits in den sechziger Jahren in den USA entworfenen Konzepte der »Civil Society« verwendet wird. Im Sinne des Antagonismus »Zivilgesellschaft« vs. »Fundamentalismus« spielt dies ja auch keine Rolle, geht es doch um ein ideologisches Konstrukt, welches das Wir positiv identifiziert und den Anderen negativ ausgrenzt. Geflissentlich wird in dieser Debatte darüber hinweggesehen, daß die »postmoderne Zivilgesellschaft« eben gerade nicht nur durch Selbständigkeit, Partizipation, Individualismus gekennzeichnet ist, sondern ganz wesentlich auch durch eine zunehmende politische Apathie, so daß die Frage gestellt werden darf, ob das Konstrukt der Zivilgesellschaft als Apotheose der bürgerlichen Gesellschaft und zugleich Gegenbild des »Fundamentalismus« einer empirischen Überprüfung standhalten dürfte. Wird hier Säkularität zur Quasireligion hochstilisiert (so die Frage von Bielefeldt, in diesem Band)?

Zweifelsohne ist es richtig, daß ein wie auch immer diagnostizierter »Fundamentalismus« ein Phänomen der Moderne ist (Heitmeyer, in diesem Band). Was jedoch ist die Moderne? Gerade wenn die Anfänge des (islamischen) »Fundamentalismus« im 19. Jahrhundert verortet werden, so sind sie dort definitiv Reaktion auf die damalige Moderne – den Imperialismus. Und sie fanden ihren ersten Höhepunkt in der Debatte zwischen Ernest Renan und al-Afghani (Keddie 1968). Wenn aber Modernisierung verstanden wird als Steigerung der Produktivität der menschlichen

Arbeit, dann meint dies nichts anderes als die Entfaltung und Weiterentwicklung der kapitalistischen Produktionsweise mit all ihren Folgen, zu denen insbesondere auch die Verschärfung sozialer Antagonismen gehört. Daß diese nicht nur innerhalb der kapitalistischen Gesellschaften, sondern weltweit stattfand, ist zwangsläufig Folge der Ausbreitung ebendieser Produktionsweise in weltweitem Maßstab. Somit wäre dann zutreffender zu unterscheiden zwischen Modernisierungsgewinnern und Modernisierungsverlierern auf einer transnationalen Ebene, wobei selbstverständlich die Bewohner des Westens zumindest relativ zu den Modernisierungsgewinnern zählen, die der ehemaligen dritten Welt in ihrer überwiegenden Mehrheit jedoch zu den Modernisierungsverlierern. Vor diesem Hintergrund erscheint es wenig verwunderlich, daß die Modernisierungsverlierer sich auf die Suche nach einem alternativen Ordnungs- und Wertesystem begeben, wobei ihnen – ebenso wie »dem Westen« – der uralte kulturologische Antagonismus zwischen Okzident und Orient, der ja zugleich Ausdruck eines Gewaltverhältnisses ist, hervorragend zupaß kommt – und somit die alten Vorurteilstrukturen im Westen wiederum bestätigt. Der Fall Algerien erscheint hierfür als plastisches Beispiel.

2. Identität und Gewalt

Im Gegensatz zu den beiden ehemaligen französischen Protektoraten Tunesien und Marokko war Algerien eine reine Siedlungskolonie. Siedlungskolonialismus implizierte die – in der Regel – gewaltsame Inbesitznahme des bebaubaren Landes, also die Vertreibung jener, die bis dahin das Land in Besitz genommen hatten. Die Brutalität des Vorgehens der französischen Kolonisation in Algerien (Beginn 1830) beschrieb kein geringerer als Alexis de Tocqueville (1988, S. 169): »Die Städte der Eingeborenen wurden besetzt, überrannt und geplündert, noch mehr von unserer Verwaltung als durch die Waffen. Eine große Zahl von individuellen Besitztümern wurde mitten im Frieden verwüstet, unkenntlich gemacht, zerstört. Eine Vielzahl von Eigentumstiteln, die wir uns hatten aushändigen lassen, um sie zu überprüfen, wurde niemals zurückgegeben. Selbst in der unmittelbaren Umgebung von Algier wurden sehr fruchtbare Ländereien den Händen der Araber entrissen und Europäern gegeben, die, sei es, daß sie diese nicht selbst bewirtschaften konnten oder dies nicht wollten, sie verpachtet haben an dieselben Eingeborenen, die so einfache Tagelöhner auf dem Besitz wurden, der ihren Vätern gehört hatte« (Übersetzung W. R.).

Weiter referiert Tocqueville die Positionen der französischen Verwaltung und des Militärs in Algerien, mit denen er im Rahmen einer offiziellen Mission 1841 Gespräche geführt hatte: »Um die Araber in die Schranken zu weisen, müssen wir den Krieg gegen sie mit äußerster Gewalt und nach Art der Türken führen, d. h., wir müssen töten, wen immer wir treffen. Ich habe diese Meinung von Offizieren gehört, die soweit gingen, daß sie es bitter bedauerten, daß bisweilen sogar Gefangene gemacht werden, und es ist mir mehrfach versichert worden, daß diese Offiziere ihre Soldaten dazu aufforderten, niemandem Gnade zu gewähren. Ich, für meinen Teil, habe aus Afrika die bedauerliche Vorstellung mitgebracht, daß wir in diesem Augenblick eine viel barbarischere Kriegsführung betreiben als die Araber. Derzeit findet man die Zivilisation auf ihrer Seite [...] Gibt es etwas Schändlicheres als die Ernten zu verbrennen und die Frauen und Kinder gefangenzunehmen, die friedliche Bevölkerung eines belagerten Dorfes zu bombardieren [...]? Wenn man in Europa die Ernten nicht verbrennt, dann weil man im allgemeinen Krieg gegen Regierungen führt und nicht gegen Völker« (ebd., S. 76f.; Übersetzung W. R.)

Administrativ stand Frankreich vor dem Problem, daß es Algerien als Teil des französischen Territoriums betrachtete, jedoch den Einwohnern dieses Gebiets die vollen Staatsbürgerrechte vorenthalten mußte, sollte die Kolonisation dauerhaft sein. So erhielten die Algerier nicht die *citoyenneté française*, sondern sie wurden *sujets français*, französische Untertanen. Um diese Diskriminierung administrativ handhabbar zu machen, galt für die *sujets*, die Untertanen, das muslimische Rechtsstatut. Es implizierte, daß bestimmte Bereiche des Familien- und Erbrechts nach islamischer Tradition geregelt wurden, zugleich wurde den *sujets* die Ausübung der bürgerlichen Rechte versagt.

Um jedoch eine islamische Identitätsbildung zu verhindern, wurde der Unterricht der arabischen Sprache verboten, Moscheen wurden zerstört oder in Kathedralen und Kirchen umgewandelt, die Bildung von politischen Parteien oder Gewerkschaften blieb verboten. Diese Maßnahmen entsprachen den Interessen der französischen Siedler, die in ihren auf saisonale Beschäftigung angewiesenen landwirtschaftlichen Betrieben billige Tagelöhner benötigten und jeder Industrialisierung des Landes feindlich gegenüberstanden, da industrielle, also kontinuierliche Lohnarbeitsverhältnisse das Entstehen von Gewerkschaften befördert hätten. So ist es kein Zufall, daß erst in der Folge der Zwangsrekrutierung von Algeriern als Hilfstruppen während des Ersten Weltkriegs und für die Rüstungsindustrie so etwas wie eine algerische Arbeiterschaft entstand – jedoch nicht in Algerien, sondern in Frankreich.

Dies bedeutet im Kontext unseres Themas, daß soziale und politische Organisationsformen »der Moderne« dem Kolonisierten versagt wurden unter Zuhilfenahme einer administrativ konstruierten »islamischen Identität«. Diese kollektive Diskriminierung hatte ihrerseits identitätsbildende Wirkung: Das Kollektiv der Muslime erkannte sich als diskriminierte Minderheit und wendete das Diskriminierungsinstrument, den Islam, zur Bildung einer kollektiven Identität. Am deutlichsten zeigt sich dies in der Entstehung der ersten nationalistischen algerischen Gruppierung: In der Folge der für den Ersten Weltkrieg erfolgten massenhaften Zwangsrekrutierung von Algeriern bildete sich ansatzweise ein algerisches industrielles Proletariat in Frankreich. Diese Algerier organisierten sich in der französischen Confédération Générale du Travail (CGT) und wurden großenteils Mitglieder der französischen kommunistischen Partei. Als sie aus dieser wegen nationalistischer Umtriebe ausgeschlossen wurden, gründeten sie 1926 die erste syndikalistisch-politische Organisation: den Nordafrikanischen Stern, der die Keimzelle des wichtigsten Stranges des algerischen Nationalismus wurde. Somit kann festgehalten werden, daß die religiös-kulturologische Zuweisung einer Identität von den Diskriminierten aufgegriffen wurde, um eine eigene, separate (Gegen-)Identität zu konstituieren, in der konsequenterweise die Zugehörigkeit zum Islam zentrales Kriterium war.

Darüber hinaus ist im Fall der Siedlungskolonie Algerien die extreme Gewaltförmigkeit des Kolonisationsprozesses auch Schlüssel der äußerst gewaltförmigen Auseinandersetzung um die Unabhängigkeit des Landes. Auf die Brutalität der Landnahme ist – verengt auf die Berichte Tocquevilles – bereits hingewiesen worden. Gegen diese Landnahme formierte sich gleich nach Beginn der Kolonisation der algerische Widerstand unter Führung des Emirs Abdelkader, der bis 1846 dauerte. Die Siedlungskolonisation war weiter gekennzeichnet durch eine Vielzahl von Aufständen während des ganzen 19. Jahrhunderts, deren wichtigster der Mokrani-Aufstand in der Kabylei 1870/71 war, der 10 000 Tote zur Folge hatte und – wie alle anderen Aufstände – in der massenhaften Beschlagnahmung von Land zugunsten der französischen Siedler endete – im Fall des Mokrani-Aufstands waren es allein 500 000 ha fruchtbaren Landes. Zur Gewaltförmigkeit des Verhältnisses zwischen Kolonisatoren und Kolonisierten gehörte auch der massenhafte Einsatz der algerischen Hilfstruppen im Ersten und Zweiten Weltkrieg, in denen diese Truppen die Funktion der Sturmtruppen (oder des Kanonenfutters) hatten: Von den 170 000 zwangsrekrutierten Algeriern des Ersten Weltkriegs fielen nach Benamrane (1983) knapp die Hälfte, allein in der Schlacht um Monte Cassino kamen im Zweiten Weltkrieg 8000 Algerier um. Als im Rahmen der Siegesfeiern vom 8. Mai 1945 über die Kapitulation Nazi-Deutschlands Algerier nationalistische Forderungen erhoben und es zu Angriffen auf Europäer kam, reagierte die Kolonialadministration mit äußerster Brutalität: Allein in Ostalgerien wurden – je nach ideologischer Zugehörigkeit der Berichterstatter – zwischen 15 000 und 80 000 Menschen von der französischen Repression umgebracht. Der Befreiungskrieg (1. 11. 1954-18. 3. 1962), der von beiden Seiten mit äußerster Gnadenlosigkeit geführt wurde, forderte – bei einer Gesamtbevölkerung von damals neun Millionen Algeriern muslimischen Glaubens – auf algerischer Seite eine Million Tote. Zweieinhalb Millionen Menschen wurden in konzentrationslagerähnliche *camps de regroupement* umgesiedelt, 600 000 bis 800 000 Menschen flohen nach Tunesien oder Marokko.

Vor diesem Hintergrund kann festgestellt werden, daß der Prozeß der Kolonisation wie der der Dekolonisation eine Form des pathologischen Lernens darstellte, in dem Gewalt als einziges Mittel der politischen Auseinandersetzung galt. Zugleich muß für den algerischen Fall als Spezifikum festgehalten werden, daß die Siedlungskolonisation in ihrer geradezu idealtypischen Ausformung die Entstehung von sozialen Mittel- und Zwischenschichten verhinderte, die als Träger des politischen Kompromisses zwischen den antagonistischen Parteien hätten dienen können. Der algerische Widerstand hatte seine Basis in der Masse der Expropriierten und Entrechteten, deren einigendes Band die Zugehörigkeit zum Islam und deren Interesse die Rückgewinnung des von den Kolonisatoren enteigneten Landes war. Die Zugehörigkeit zum Islam, die benutzt worden war zur rechtlichen Diskriminierung der »Eingeborenen«, wurde so nicht nur zum einigenden Band der Algerier, sondern zugleich zur Projektionsfläche einer wiederzuschaffenden Identität, hatte doch der Kolonisator den Unterricht der arabischen Sprache und die religiöse Instruktion in jakobinisch-laizistischem Staatsverständnis verboten.

3. Die Konstruktion der algerischen Identität nach der Unabhängigkeit

Auf einen sehr knappen Nenner gebracht kann die Programmatik der algerischen Befreiungsfront, die nach der Unabhängigkeit die (Re-)Konstruktion des algerischen Staates in Angriff nahm, auf drei zentrale Programmpunkte reduziert werden (ausführlich Ruf 1997):

1. Materielle Konstruktion der algerischen Unabhängigkeit durch Industrialisierung und Inwertsetzung der natürlichen Ressourcen des Landes.
2. Soziale Sicherung sämtlicher Bürger nach sozialistischem Vorbild, insbesondere allgemeiner und unentgeltlicher Zugang zu Bildungswesen und medizinischer Versorgung.
3. *Nation-Building* oder Schaffung einer nationalen kulturellen Identität.

Die ersten Jahre der algerischen Unabhängigkeit waren bis zum Staatsstreich des Verteidigungsministers Boumedienne am 19. Juni 1965 gekennzeichnet durch die zum Teil mit Hilfe des Militärs erfolgende Eliminierung unterschiedlicher politischer Fraktionen und regionaler Führer des Aufstandes gegen Frankreich, durch spontane ökonomische und soziale Maßnahmen wie insbesondere die Errichtung von Selbstverwaltungsbetrieben im Bereich der Landwirtschaft und durch eine populistische Propaganda für die Errichtung einer genuin-algerischen, arabischen und islamischen Nation. Diese drei zentralen Zielpunkte, die sich aus dem Programm der nationalen Befreiungsfront von Tripolis (beschlossen im Juni 1962, kurz vor der Unabhängigkeit) ergaben, erscheinen nicht notwendigerweise widersprüchlich, jedoch waren sie von den verschiedenen Kräften der algerischen Befreiungsfront mit unterschiedlicher Priorität besetzt: Die quantativ wenig bedeutenden, ideologisch jedoch einflußreichen Elemente, die sich mehr oder weniger explizit zum Marxismus bekannten, legten den Akzent auf die wirtschaftliche und soziale Entwicklung des Landes, waren selbst Laizisten, tolerierten jedoch die islamisch-arabische Programmatik der populistischen Strömungen der Befreiungsfront. Nach dem Staatsstreich des Obersten Boumedienne, der als »réajustement révolutionaire [revolutionäre Kurskorrektur]« propagiert wurde, versuchten die neuen Machthaber, durch ein gigantisches Industrialisierungsprogramm ihre Vorstellung von einer zugleich modernen und sozial gerechten Gesellschaft durchzusetzen. Ihnen gegenüber standen jene Kräfte und Tendenzen, die in einer Arabisierung und Islamisierung Algeriens die Voraussetzung für die Schaffung einer nationalen Identität und einer nach nichtwestlichen (d. h. auch nichtmarxistischen) Werten organisierten Gesellschaft sahen.

Die Möglichkeit zur Fundierung einer nationalen und unabhängigen Ökonomie erblickte die algerische Führung im Reichtum des Landes an Erdöl und Erdgas, das die Voraussetzung zur Finanzierung des nationalen Entwicklungsprogramms bieten sollte. Mit der Nationalisierung der Erdölindustrie im Jahr 1971 und dem enormen Anstieg des Erdöl- und Erdgaspreises im Jahr 1973 in der Folge des Oktoberkrieges zwischen den arabischen Staaten und Israel und der Schaffung der Organisation Petroleum exportierender Staaten (OPEC) schien diese Voraussetzung gegeben. Genau hier ergab sich eine Dichotomie in der algerischen Entwicklung, die gradlinig in die heutige Krise führte: Auf der einen Seite eine modernistische, im westlichen, aber auch im sozialistischen Ausland ausgebildete Elite, die das Industrialisierungsprogramm vorantrieb, auf der anderen Seite die ideologischen Kräfte einer Arabisierung und Islamisierung, für die die Bildung einer nationalen Identität des durch den Kolonialismus französisch überfremdeten Algerien oberstes politisches Ziel war. Solange die Einnahmen aus den Öl- und Erdgasexporten ausreichten, um beide Konzepte zu finanzieren, verlief diese Entwicklung auf der Erscheinungsebene relativ harmonisch: Algerien investierte gigantische Summen in die sogenannten industrialisierenden Industrien (Schlüsselindustrien im Bereich der Stahl-, Energie- und Chemischen Industrie), die den Grundstein zu einer auf Weltmarktkonkurrenz angelegten Ökonomie schaffen sollten, da erwartet wurde, daß diese sogenannten industrialisierenden Industrien gewissermaßen im Schneeballeffekt weiterverarbeitende Industrien generieren sollten (Destanne de Bernis 1966, 1971). Den islamistischen Tendenzen der nationalen Befreiungsfront wurde zugestanden, daß das Erziehungswesen arabisiert und islamisiert werden sollte, was durch die Anwerbung von meist mit den ägyptischen Muslimbrüdern sympathisierenden Lehrern und Professoren vorangetrieben wurde.

Abgesehen von der Tatsache, daß die »industrialisierenden Industrien« ihren Industrialisierungseffekt nicht erreichten, da nationales algerisches Kapital weder vorhanden noch investitionsfreudig war, führte diese Politik in einen elementaren Widerspruch: Die industrialisierenden Industrien erforderten ein weitgehend westlich orientiertes hochkompetentes Management, das sich außerdem die Privilegien reservierte, die aus den Verhandlungen und Kontakten mit den ausländischen Firmen entstanden; die Masse der Jugend aber wurde einer arabischsprachigen und islamistischen Ausbildung überantwortet, die die notwendigen Kompetenzen für die Handhabung der technologisch komplexen Industrien nicht zu vermitteln vermochte. Als dann, in der Folge des ersten Golfkriegs im Jahr 1985, der Erdölpreis zusammenbrach, stand Algerien einerseits vor der Problematik einer erheblichen Auslandsverschuldung. Auf der anderen Seite stand eine Masse von Jugendlichen, die – meist schlecht – arabophon und für die Ingangsetzung der ultramodernen Technologie nicht ausgebildet war.

Die Spaltung der algerischen Gesellschaft, begonnen durch den Prozeß der Kolonisation, mündete in einen zugleich sozialen und identitären Antagonismus zwischen einer dünnen Schicht westlicher »modern« ausgebildeter Intellektueller und einer Masse von arabisch ausgebildeten Jugendlichen, die vom ultramodernen Sektor der Gesellschaft ausgeschlossen waren. Hinzu kam ein Bevölkerungszuwachs von 3,3%. So war die Hälfte der Bevölkerung unter 17 Jahre alt – und fast in ihrer Gesamtheit arbeitslos.

Diese Spannungen führten mit dem Zusammenbruch des Ölpreises direkt in die erste große Krise des Jahres 1988, als im Oktober, beginnend mit Streiks und Demonstrationen der Schüler, die Wut auf den Einparteienstaat sich in der Plünderung und Brandschatzung staatlicher Läden und öffentlicher Gebäude entlud. Die Armee intervenierte brutal, allein in Algier wurde die Zahl der Toten auf 800 geschätzt, Militär und Polizei folterten massenhaft und gnadenlos.

4. Von der Krise in den Krieg

Jedoch hatte das Industrialisierungsmodell unerwartet soziale Veränderungen hervorgebracht: Spekulation und Schwarzmarkt hatten dazu geführt, daß in den Händen Weniger große Mengen Geldes aufgehäuft worden waren, die auf Inwertsetzung und damit auf ökonomische Liberalisierung drängten. Das gräßliche Erlebnis der Repression des Oktober 1988, aber auch die inzwischen sozial stärker differenzierte Gesellschaft Algeriens drängten auf eine politische Liberalisierung. Beides schlug sich nieder in einer neuen Verfassung vom Februar 1989, in der formal das Wirtschaftsmonopol des Staates ebenso aufgehoben wurde wie das strenge Einparteiensystem. In der Folge bildeten sich zahlreiche politische Vereinigungen, darunter auch islamistische. Letztere hatten bereits während des Oktobers 1988 versucht, die protestierenden jugendlichen Massen für sich zu instrumentalisieren. Ihre Propaganda war einfach: Sie geißelten den – atheistischen – Sozialismus der Einheitspartei und versprachen eine gerechte, weil auf göttlicher Ordnung basierende Gesellschaft. Die unmittelbar nach Inkrafttreten der neuen Verfassung gegründete Islamische Heilsfront (FIS) präsentierte sich so als legitime Erbin des von Staat und FLN-Führung verratenen Programms des algerischen Unabhängigkeitskampfes. Bei den ersten freien Kommunalwahlen im Juni 1990 errang die FIS auf Anhieb 55 % der Stimmen, in sämtlichen Großstädten erreichte sie 80 % und mehr, was ihren Charakter als Protestpartei eindeutig belegte. Die erste wirkliche Kraftprobe stellten dann die Parlamentswahlen vom Dezember 1991/Januar 1992 dar: Gewählt wurde erstmals nach dem absoluten Mehrheitswahlrecht, d. h., errang ein Kandidat im ersten Wahlgang die absolute Mehrheit, so war er gewählt. In einem zweiten Wahlgang sollten die beiden Kandidaten gegeneinander antreten, die zwar die absolute Mehrheit verfehlt, jedoch die meisten Stimmen erhalten hatten. So erreichte die FIS bereits im ersten Wahlgang 188 der insgesamt 430 Parlamentssitze, gefolgt von der Front der Sozialistischen Kräfte (FFS), die ihre Basis so gut wie ausschließlich in Kabylei hatte, mit 25 Mandaten und von der alten Staatspartei FLN mit 15 Sitzen. Es war daher vorhersehbar, daß die FIS im zweiten Wahlgang weit mehr als jene zwei Drittel der Mandate erreichen würde, die für eine Verfassungsänderung notwendig waren. Angesichts dieser Situation putschte am 11. Januar

1992 das Militär, annullierte die Wahlen, verhängte den Ausnahmezustand, verbot die Islamische Heilsfront und verhaftete Tausende ihrer Mitglieder.

Zwar hatte es schon während des Jahres 1991 vereinzelt gewalttätige Übergriffe von Islamisten gegeben, nun aber gingen sie zu gezielten Terroranschlägen in großer Zahl über. Die Militärführung eskalierte ihrerseits den Gegenterror durch Massenverhaftungen, Systematisierung grauenhaftester Foltermethoden und blindwütiger Repressionen gegen einzelne Stadtviertel, Dörfer, ja ganze Regionen. Es ist an dieser Stelle nicht möglich, den Umfang von Terror und Gegenterror zu beschreiben, dessen Eskalation kaum mehr Grenzen kennt (siehe u. a. Comité Algérien 1994, ai 1995, Burgat 1996, Labat 1996, Ruf 1997).

Tatsache ist, daß trotz der Verhängung des Ausnahmezustandes, trotz der Willkür und Brutalität staatlicher Repression der Widerstand bewaffneter Islamisten bisher nicht gebrochen werden konnte. Ganz im Gegenteil: Die Zahlen der getöteten Bürgerinnen und Bürger steigen von Jahr zu Jahr, allein im Jahr 1994 kostete der Krieg der Konfliktparteien gegen die Bürgerinnen und Bürger 25 000 Menschenleben – von den Verletzten, Gefolterten und Verstümmelten ganz zu schweigen. Allerdings scheint es den »Sicherheitskräften« gelungen zu sein, die Strukturen der Islamischen Heilsfront im Lande weitgehend zu zerschlagen. Ihre »kämpfenden Einheiten« stellen daher auch nur einen Teil des terroristischen Untergrunds dar. Aktiver, brutaler und unberechenbarer sind die sogenannten bewaffneten islamischen Gruppen (GIA), von denen nicht klar ist, inwieweit sie ihre Terrortätigkeit untereinander koordinieren oder einem wie auch immer gearteten militärisch-politischen Oberkommando folgen. Eher scheint es sich hierbei um Gruppen zu handeln, die sich spontan für bestimmte Anschläge konstituieren, danach wieder auflösen und anders zusammensetzen. Seriöse Kenner der terroristischen Szene in Algerien weisen immer wieder darauf hin, daß zahlreiche spektakuläre Anschläge mit ziemlicher Wahrscheinlichkeit vom Regime selbst gesteuert wurden, um so der Weltöffentlichkeit den Nachweis zu führen, wie brutal und menschenverachtend die islamistischen Terroristen agieren. Hierdurch soll dann v. a. im Westen die Stimmung verbreitet werden, die notwendig ist, damit das Regime weiterhin Unterstützung findet (siehe u. a. Burgat 1996, Labat 1996, Rouadjia 1994). Im unklaren bleiben so auch Anschläge wie die Ermordung des der FIS angehörigen Chikh Sahraoui in Paris im Sommer 1995, Unklarheiten verbleiben auch bezüglich der Bombenanschläge auf die Pariser Untergrundbahn im Sommer 1995, für die der bei seiner Verhaftung von der französischen Polizei erschossene Khalid Kelkal verantwortlich gemacht wurde (*Le Monde*, 26.6. 1996), nachdem er bereits als Urheber der Bombenanschläge auf den Hochgeschwindigkeitszug Lyon-Paris galt.

In Algerien selbst wird die Situation immer undurchsichtiger, die Unsicherheit ist so groß, daß ausländische Journalisten praktisch nicht mehr arbeiten können, die nationalen Medien unterliegen strengster Kontrolle und Zensur und dürfen nur offizielle Informationen in einer vom Innenministerium vorgegebenen Sprachregelung veröffentlichen (*Alternatives Algériennes* 1995, S. 26-28). Auch gibt es offenen antiislamistischen Terror, der von einer »Organisation de Jeunes Algériens Libres« (OJAL) durchgeführt wird. Vom Comité Algerien wird diese als eine vom militärischen Sicherheitsdienst gesteuerte Organisation bezeichnet. Bezeichnend ist das Folgende, von amnesty international berichtete Faktum (ai 1995): »Neben den bewaffneten islamistischen Gruppen gibt es auch erklärte antiislamistische Gruppierungen, die für Mord und Geiselnahme verantwortlich zeichnen. So brachte die OJAL im Herbst 1993 Todesdrohungen gegen zivile Islamisten in Umlauf. Nach der Ermordung von Katia Bengana durch bewaffnete Islamisten droht die OJAL am 29. März öffentlich die Ermordung von 20 verschleierten Frauen und 20 bärtigen Männern für jede Frau an, die getötet wurde, weil sie keinen Schleier getragen hat. Kurz nach dieser Ankündigung wurden zwei verschleierte Gymnasiastinnen an einer Bushaltestelle am Stadtrand von Algier erschossen.«

Somit bleibt die Frage nach den Interessen, die hinter diesem sinnlosen und undifferenzierten Morden steht. Das Militärregime, das mit seinem Putsch im Januar 1992 den Wahlgang beendete und die Machtübernahme der Islamisten verhinderte, präsentiert sich nach außen als Bollwerk der Demokratie und der Sicherung der Menschenrechte vor der Errichtung eines islamischen Gottesstaates. Zugleich jedoch praktiziert dieses Militärregime systematischen Mord und Terror, seit seiner Machtübernahme hat es sämtliche verfassungsmäßigen Regelungen außer Kraft gesetzt, die Spezialtruppen der »Sicherheitskräfte« agieren nur vermummt, die

Strafmündigkeit ist auf 16 Jahre herabgesetzt worden, auf die Veröffentlichung der Namen von Richtern an den eilends eingesetzten Sondergerichten stehen Haftstrafen von sechs bis acht Jahren. Diesen Zustand der Rechtlosigkeit versuchte das Regime durch eine Volksabstimmung über eine neue Verfassung am 26. November 1996 zu heilen, die dem Präsidenten vollkommene diktatorische Machtfülle überträgt, indem er selbst Gesetze erläßt und in Kraft setzt, jede parlamentarische und judikative Kontrolle ausgeschlossen wird. Zugleich betont diese Verfassung den islamischen Charakter des Staates, macht den Islam zur Staatsreligion, droht Parteien, die »islamische Werte« nicht vertreten, mit dem Verbot (vgl. Ruf 1997).

Erkennbar werden die Interessen jedoch, wenn man der Rolle nachspürt, die die kleine militärische Führungsgruppe im algerischen politischen System innehatte und innehat: Sie ist der Kern jener dünnen korrupten Führungsschicht, die allein während der Regierungszeit Chedli Bendjedids (1979-1991) nach Aussagen des früheren algerischen Ministerpräsidenten Brahimi (*Le Monde*, 3.4. 1990) 26 Milliarden Dollar Bestechungsgelder für die Vermittlung von Industrieaufträgen und Außenhandelsprovisionen eingestrichen hat. Auch im Zusammenhang mit dem Umschuldungsabkommen von 1994 verschwanden in den Taschen des Regimes über eine Milliarde US-Dollar. Daß über diese Gruppe auch der Waffenimport mit den üblichen »Provisionen« läuft, ist angesichts der derzeitigen politischen Strukturen selbstverständlich. Darüber hinaus erlaubt ihr die Kontrolle des Außenhandels die Verteilung von Pfründen und Lizenzen im Bereich des Grundnahrungsmittelimports – Algerien muß derzeit über 80% seiner Grundnahrungsmittel einführen. Erpressungen, Schutzgeldzahlungen und Bestechungen kennzeichnen diesen Bereich, der den täglichen Bedarf der Bevölkerung zum Objekt krimineller Praktiken macht und die Grundnahrungsmittel unerschwinglich teuer werden läßt, während zugleich die industrielle Produktion zum Erliegen gekommen ist. Leveau (1995, S. 146) spricht in diesem Zusammenhang von der »Basarisierung der algerischen Wirtschaft«.

Somit erweist sich die Beschwörung von Menschenrechten und Demokratie durch das aktuelle Regime als eine reine Fassade. Statt dessen geht es darum, gewachsene Strukturen der Ausplünderung von Staat und Gesellschaft aufrechtzuerhalten. Daß hierdurch die soziale und damit politische Situation in Algerien noch verschärft wird, liegt auf der Hand.

5. Lösungsmöglichkeiten?

In mehr als fünf Jahren sich ständig verschärfenden Terrors und Gegenterrors hat es das Militärregime nicht vermocht, die bewaffneten Islamisten auszuschalten, ganz im Gegenteil scheint es, daß der landesweite Terror der Konfliktparteien gegen die Masse der Bürgerinnen und Bürger weiter wächst. Allerdings kann angenommen werden, daß die Repression der »Sicherheitskräfte« dazu geführt hat, daß die politischen Führungsstrukturen der Islamisten weitestgehend zerschlagen bzw. physisch vernichtet sind, daß der Terror immer mehr zum Bandenkrieg geworden ist und daß, je länger diese Situation andauert, eine politische Kontrolle und damit eine Befriedung der Situation zunehmend schwieriger wird, auch wenn das Regime in Algier dazu gebracht werden sollte, mit den Islamisten zu verhandeln. An einer Verhandlungslösung müssen neben den demokratischen Parteien Algeriens auch die Islamisten beteiligt werden. Einen solchen Ansatz stellte die Konferenz von Sant' Egidio bei Rom dar, in der es der katholischen Laienbruderschaft ebendieses Ortes gelungen war, die Islamisten und fast alle anderen politischen Parteien Algeriens an einen Tisch zu bekommen und eine gemeinsame politische Plattform zu verabschieden (vgl. Ruf 1995). Selbstverständlich beharrt das Militärregime auf seiner Position, mit Terroristen könne nicht verhandelt werden. Jedoch ist der die moralische Verurteilung mit implizierende Begriff des Terrorismus dann zu relativieren, wenn einer großen und wichtigen Gruppe, die offensichtlich weite Teile der Bevölkerung hinter sich weiß, jede andere Form der politischen Äußerung unmöglich gemacht wird. In einem solchen Fall kann Terrorismus nur dadurch beseitigt werden, daß man die legitimen Ansprüche einer solchen Gruppe akzeptiert und sie durch politische Anerkennung und Verhandlungen auf den Weg nichtgewaltförmiger politischer Artikulation zwingt – so wie dies schließlich von Frankreich im Konflikt mit der FLN, von Israel im Konflikt mit der PLO oder auch von Großbritannien im Konflikt mit der IRA begriffen wurde.

Die Spirale von Gewalt und Gegengewalt zu beenden ist im Fall der derzeitigen algerischen Situation jedoch nicht mehr nur Sache der dortigen Konfliktparteien. Wichtigste Voraussetzung wäre, die Machthaber in Algier nicht mehr quasi bedingungslos durch Waffenlieferungen und Umschuldungsaktionen zu unterstützen, sondern den entsprechenden Druck auszuüben, daß Initiativen wie der Sant' Egidio-Prozeß zu politischen Resultaten führen, wie dies übrigens von Staatspräsident Mitterrand und Bundeskanzler Helmut Kohl 1994 in der Folge des EU-Gipfels in Essen versucht worden war. Schließlich steht hier auch die Glaubwürdigkeit westlicher Politik auf dem Prüfstand, die allenthalben die Einhaltung der Menschenrechte und die Verwirklichung demokratischer politischer Prozesse einfordert, im Falle Algeriens jedoch die Augen verschließt und sich der Begründung der dortigen Machthaber anzuschließen scheint, hier ginge es um die Verteidigung von Zivilgesellschaft und Säkularismus gegen einen islamischen Gottesstaat und eine fundamentalistische Bedrohung im Sinne der alten Dominotheorie aus der Zeit des kalten Krieges: Wenn Algerien islamistisch wird, dann folgen demnächst auch Tunesien und Marokko und womöglich andere arabische Staaten. Auch wäre bei der Rückkehr zu wirklich demokratischen Verhältnissen in Algerien durchaus die Frage offen, ob sich die Islamisten durch ihre Gewaltanwendung nicht ihrerseits in den Augen weiter Kreise der Bevölkerung diskreditiert haben – hatten doch schon an den Parlamentswahlen von 1991 nur die Hälfte der Wahlberechtigten teilgenommen.

Statt um eine fundamentalistische Bedrohung handelt es sich im Kern um einen sozialen inneralgerischen Konflikt, für dessen Fortdauern der Westen solange die Verantwortung mitträgt, wie er ein Regime unterstützt, das offensichtlich mit repressiven Mitteln der Lage nicht Herr zu werden vermag. Ja es stellt sich die Frage, inwieweit gerade das Militärregime die teilweise hysterische antifundamentalistische Welle in Europa benutzt, um sich als Vorposten zivilgesellschaftlicher Werte zu gerieren: »In der Praxis scheint es, als sei das Regime in einem ungeschriebenen Vertrag mit den extremistischen Islamisten verbunden. Indem es die friedlichen politischen Parteien wie die FIS marginalisierte und indem es die politischen Führer der verbotenen FIS isolierte, fördert es die Gewalt und spielt in die Hände der radikalen Islamisten, die [...] dann das Spiel des Regimes machen. Haß gebiert Haß« (Ayat Ahmad, in: *Le Monde*, 23. 2. 1995)

Nicht nur trägt der Westen durch seine offizielle Inaktivität und gleichzeitige inoffizielle Unterstützung der Putschisten zur weiteren Eskalation des Konflikts bei; er sorgt mit dieser Politik auch dafür, daß im Falle eines Sieges der Islamisten deren radikalste Kräfte an die Macht getragen werden (Fuller 1996, S. 116). Solche, durch das Fundamentalismus-Syndrom motivierte Politik läuft Gefahr, nicht nur die Rückkehr Algeriens zu demokratischen Verhältnissen zu verhindern, sondern zur *self fulfilling prophecy* zu werden, die erst die Machtübernahme jener ermöglicht, die man zu bekämpfen vorgibt.

Literatur

Al-Azmeh, A.: *Islams and Modernities*. London 1993.

Alternatives Algériennes 1 (Nov. 1995).

amnesty international: *Algeria*. AI Index: MDE 28/01/95.

Burgat, F.: *L'islamisme en face*. Paris 1996.

Comité Algérien des militants libres de la dignité humaine et des droits de l'homme: *Livre Blanc sur la répression en Algérie (1991-1994)*. Plan-les-Ouates (Schweiz) 1994.

Destanne de Bernis, G.: *Industries industrialisantes et contenus d'une politique d'intégration régionale*, in: *Economie Appliquée* 3-4 (1966), S. 415-473.

Ders.: *Les industries industrialisantes et les options algériennes*, in: *Revue Tiers Monde*, Band 12, Nr. 47, Juli-Sept. 1971, S. 545-563.

Fuller, G. E.: *Algeria – the next fundamentalist state?* RAND Corporation. Santa Monica 1996.

Huntington, S. P.: *The Clash of Civilizations?* in: *Foreign Affairs*, Sommer 1993, S. 22-49.

Keddie, N.: *An Islamic Response to Imperialism: Political Writings of Sayyid Jamal al-Din al-Afghani*. Berkeley/Los Angeles 1968.

Labat, S.: *Les Islamistes Algériens*. Paris 1996.

Leveau, R.: *Le sabre et le turban, l'avenir du Maghreb*. Paris 1993.

Ders. (Hg.): *L'Algérie dans la guerre*. Brüssel 1995.

République Française: *Livre Blanc de la Défense*. Paris 1994.

Rouadjia, A.: *Grandeur et Décadence de l'État algérien*. Paris 1994.

Ruf, W.: *Die Plattform von Rom: Eine Chance für Algerien?* in: Birckenbach/Jäger/Wellmann (Hg.): *Jahrbuch Frieden 1996*. München 1995, S. 91-101.

Ders.: *Die algerische Tragödie. Vom Zerbrechen des Staates einer zerrissenen Gesellschaft*. Münster 1997.
Said, E.: *Orientalism*. New York 1978.
Schulze, R.: *Vom Antikommunismus zum Antiislamismus. Der Kuweit-Krieg als Fortschreibung des Ost-West-Konflikts*, in: *Peripherie* 41 (1991), S. 5-12.
Tocqueville, A. de: *De la colonie en Algérie*, hg. von Tzvetan Todorov. Paris ²1988.

Marie-Janine Calic

Religion und Nationalismus im jugoslawischen Krieg

Als der gewaltsame Zerfall Jugoslawiens vor wenigen Jahren schlagartig das Interesse der Weltöffentlichkeit auf sich zog, beschränkte sich das Wissen über Geschichte, Kultur und Politik dieses Landes auf einen kleinen Expertenkreis. Paradoxerweise wuchs die Sensibilität und das Interesse an der Vielfalt der südosteuropäischen Zivilisationsformen in dem Maße, wie sie der Vernichtung anheimfielen. Erst die gezielte Zerstörung der multiethnisch und multikonfessionell geprägten Lebenswelten in Bosnien-Herzegowina hat das Bewußtsein für die Einzigartigkeit jener Kulturräume geschärft, die sich im Verlauf von Jahrhunderten an der südöstlichen Peripherie Europas etabliert hatten.

Die klamme Frage, wie es denn im ausgehenden 20. Jahrhundert »mitten in Europa« zu Krieg und Vernichtung der bosnischen Dimension habe kommen können, fand bald zwei beliebte, sich im Kern widersprechende Erklärungen. Auf der einen Seite wurde der Mythos vom multikulturellen Biotop Bosnien-Herzegowina gepflegt, der durch ein in Europa einzigartiges Milieu der Toleranz gekennzeichnet gewesen sei und nur durch propagandistische Verführung und militärische Aggression erschüttert wurde. Als Symbol dieser friedlichen Idealwelt entdeckten westliche Intellektuelle die bosnische Hauptstadt Sarajevo, die sich wohl gerade wegen der durch langjährige Belagerung verursachten Isolation besonders für solcherart Projektionen eignete.

Die Protagonisten der zweiten Theorie behaupteten dagegen, daß ein jahrhundertealter, kulturell und religiös begründeter Völkerhaß die Lunte zum »Pulverfaß Balkan« gelegt habe und daß nur das kommunistische Regime Titos die quasi naturnotwendige Explosion des jugoslawischen Kunststaates unterdrückt habe. Eine neuere Variante dieser kulturdeterministischen Interpretation ordnet den postjugoslawischen Krieg zwischen katholischen Kroaten, orthodoxen Serben und muslimischen Bosniaken und ihren historischen Schutzmächten sogar in jenen angenommenen globalen »clash of civilizations« ein, der laut Samuel P. Huntington nach Ende der Ost-West-Konfrontation zum dominanten Konfliktmuster geworden sei.

Die Lebensrealität vieler Bosnier entsprach allerdings weder der einen noch der anderen Theorie: Sie war weder primär durch latente Kulturkonflikte noch absolute multiethnische Harmonie geprägt. Es gab viele verschiedene, zwischen Stadt und Land, zwischen Regionen, Dörfern und Familien variierende Arten, auf die Angehörige unterschiedlicher sozialer, ethnischer und religiöser Herkunft mit- oder nebeneinander lebten. Viele Menschen waren sich der nationalen und religiösen Unterschiede in ihrer näheren Umgebung durchaus bewußt, ohne daß sie darin aber zwangsläufig Konfliktpotentiale erkannten. Toleranz und Koexistenz, aber auch Mißtrauen und Konflikte, prägten ihre soziale Umwelt, so daß es letztlich von den jeweiligen Umständen, aber auch von persönlichen Entscheidungen abhing, ob Nachbarn zu Brandstiftern, Plünderern und Mördern wurden.

Aber konnten nicht kulturelle Prägungen, religiöse Orientierungen oder ethnische Stereotype im Zusammenspiel politischer, sozialökonomischer und psychisch-mentaler Krisenerscheinungen dazu beitragen, Interessengegensätze zwischen den Völkern zu verschärfen und gewaltsame Auseinandersetzungen zu produzieren? Im folgenden wird untersucht, wie sich ethnokulturelle Unterschiede im Alltag und im politischen Leben Bosnien-Herzegowinas manifestierten und welcher Stellenwert den Glaubensgemeinschaften im Kontext der ethnopolitischen Mobilisierung des jugoslawischen Krieges zukam. Das ambivalente Verhältnis zwischen Religion und Nationalismus soll dabei im Mittelpunkt stehen.

1. Die Religion als nationsbildender Faktor

Wenn der bosnische Krieg eine religiöse Dimension besitzt, dann deshalb, weil auf dem Balkan konfessionelle häufig organisch mit nationalen Identitäten verschmolzen (Powers 1997, S. 228ff.). Das Phänomen der »Konfessionsnation«, die Herleitung nationaler durch religiöse Zugehörigkeit, ist im wesentlichen das Resultat der jahrhundertelangen Fremdherrschaft in Südosteuropa.

Bosnien-Herzegowina, wo sich im 7. Jahrhundert südslawische Stämme niedergelassen und wo sich im 8. Jahrhundert quasistaatliche politische Organisationsformen herausgebildet hatten, stand seit dem Mittelalter unter Fremdherrschaft. Der fränkischen folgte die kroatische, dann die serbische und schließlich byzantinische Vereinnahmung. Seither rivalisierte die West- mit der Ostkirche um die Vorherrschaft in dieser Region. 1254 mußte der bosnische Adel die ungarische Oberhoheit formell anerkennen, bevor das Land 1463 dem osmanischen Reich zufiel. Die nun einsetzende intensive Islamisierung Bosniens, wo seit dem Mittelalter die katholische, die serbisch-orthodoxe und eine unabhängige bosnische Kirche zu Hause waren, gab dieser Region ein eigentümlich synkretistisches Gepräge.

Im Mittelalter und in der frühen Neuzeit konnte man die Bewohner Bosniens und der Herzegowina noch nicht in die modernen Nationen der Serben, Kroaten und Bosniaken unterscheiden, sondern bestenfalls in katholische, orthodoxe, bogumilische und muslimische Südslawen. Durch das osmanische Millet-System, das den Glaubensgemeinschaften zwar keine politische Mitbestimmung oder Vertretungsrechte, jedoch Religionsfreiheit und kirchliche Autonomie gewährte, konnten über Jahrhunderte hinweg kulturelle und religiöse Traditionen bewahrt und kollektive Identitäten konserviert werden (Karpat 1973). Im Zeitalter der Nationalbewegungen des 19. Jahrhunderts wurde die Religions- in Volkszugehörigkeit uminterpretiert. Statt zwischen katholischen und orthodoxen Südslawen wurde nun immer häufiger zwischen Kroaten und Serben unterschieden. Aus den Religionsgemeinschaften, die funktionale Autonomie praktizierten, jedoch keine Souveränitäts- und Territorialansprüche erhoben, entstanden moderne Nationen, die immer unverhohlener die Bildung souveräner Staaten einforderten (Dugundžija 1983, S. 175 ff.).

Als Nachfahren jener orthodoxen und katholischen Südslawen, die in den Jahrhunderten nach der osmanischen Eroberung Bosniens zum Islam übergetreten sind, leiteten auch die bosnischen Muslime aus ihrer Religion spezifische Kulturformen und Lebensweisen, schließlich ein ethnisches Abgrenzungsbewußtsein und den Anspruch auf Anerkennung als eigenständige Nation ab (Friedman 1996). Über die konfessionelle Gruppenloyalität hinaus entwickelten sie ein eigenständiges System von Geschichtsbildern, Traditionsverständnis und Alltagssitten, aber auch ein spezifisches territoriales Sonderbewußtsein (Höpken 1991, S. 244 f.). Phasenverschoben gegenüber Kroatien und Serbien entstand gegen Ende des 19. Jahrhunderts auch eine bosnisch-muslimische bzw. bosniakische Nationalbewegung.

Einige bosnische Historiker haben versucht, den nationalen Ursprung der bosnischen Muslime, die seit 1993 nach einer historischen Bezeichnung offiziell ›Bosniaken‹ genannt werden, aus der im 13. Jahrhundert entstandenen, unabhängigen bosnischen Kirche abzuleiten. Ob diese bosnische Kirche, wie vielfach angenommen, ein Ableger der in Bulgarien verbreiteten häretischen Bogumilen-Sekte war, blieb wissenschaftlich umstritten. Die dualistische, manichäische Theologie des Priesters Bogomil (Gottlieb) hatte sich ausgehend von Bulgarien im 10. Jahrhundert auf dem Balkan verbreitet. Aber es sind keine Quellen überliefert, die eindeutigen Aufschluß über religiöse Praktiken und Theologie der bosnischen Kirche geben. So läßt sich nicht mit Sicherheit bestimmen, ob die bosnische Kirche dem Bogumilismus anhing, ob sie eine Abspaltung der römisch-katholischen oder der serbisch-orthodoxen Kirche darstellte, oder ob sie eine eigenständige Kirchenorganisation bildete, die Merkmale aus den beiden christlichen Religionen mit häretischen Elementen verband (Malcolm 1996, S. 45 ff.).

Die intensive Erforschung der Islamisierung eines großen Teils der bosnischen Bevölkerung unter den Osmanen konnte jedenfalls die These widerlegen, daß nach der osmanischen Eroberung vorwiegend die Anhänger der bosnischen Kirche zum Islam übergetreten seien. Nationalbewußte bosnische Historiker behaupteten dies, um zu beweisen, daß es schon im Mittelalter ein autochthones Volk von Bosniaken mit einer eigenständigen Religion gegeben habe. Dessen Angehörige seien später zum Islam übergetreten, um dem Assimilationsdruck der christlichen Kirchen auszuweichen. Nationalistisch eingestellte serbische und kroatische Historiker behaupteten dagegen, daß die Bosniaken eigentlich Renegaten der Orthodoxie bzw. des Katholizismus, eigentlich also Serben oder Kroaten gewesen seien. Mithin könne man Bosnien also ursprünglich – je nach Perspektive – als kroatisches oder serbisches Land betrachten. Es kann heute als gesichert gelten, daß keine dieser drei nationalistisch gefärbten Deutungen zutrifft, sondern daß Angehörige der verschiedensten Religionsgemeinschaften massenhaft zum Islam konvertiert sind, teils unter Zwang, teils auch, um politische und wirtschaftliche Privilegien zu genießen (Džaja 1978).

Während sich im 19. Jahrhundert die Bezeichnungen ›Kroaten‹ und ›Serben‹ für die katholischen und serbisch-orthodoxen Südslawen etablierten, blieben Namengebung und nationale Anerkennung der bosnischen Muslime unklar. Erst unter Tito wurden sie als eines von sechs jugoslawischen Staatsvölkern anerkannt. Bis 1961, als sie sich zum ersten Mal bei einer Volkszählung als »Muslim im ethnischen Sinn« erklären durften, galten sie als »muslimischer Kroate«, »muslimischer Serbe« oder »national nicht erklärter Muslim«. In den sechziger und siebziger Jahren wurde ihr Status als staatstragende Nation schließlich in den Verfassungen Bosnien-Herzegowinas und Jugoslawiens verankert.

Darüber, was die bosnisch-muslimische von den anderen südslawischen Nationen unterscheide, erzielten deren Eliten bis heute keinen Konsens. Seit der Zwischenkriegszeit wurde das politische und nationale Denken der bosnischen Muslime durch zwei Hauptströmungen dominiert: Während die Anhänger des ›Muslimanstvo‹ den islamischen Glauben als wichtigstes nationales Identifikationskriterium ansahen, betrachteten die Advokaten des säkularen ›Bošnjaštvo‹ in erster Linie historisch-staatliche Traditionen und die territoriale Zugehörigkeit als oberstes Prinzip der ethnischen Vergemeinschaftung (Babuna 1996, S. 295f.). Heute bezeichnen sich die Muslime Bosniens in ihrer Mehrheit als ›Bosniaken‹ und betonen dadurch das politisch-territoriale Herkunftskriterium.

2. Religion und Religiosität in Jugoslawien

Als ethnisches Unterscheidungs- und Identifikationskriterium trat die Religion nach dem Zweiten Weltkrieg immer weiter in den Hintergrund. Der Verlust religiöser Bedürfnisse und Identitäten im Rahmen eines säkularen sozialen Wandlungsprozesses widerspricht dem Argument, es könne so etwas wie einen innerjugoslawischen »Kampf der Kulturen« oder gar einen »Religionskrieg« geben. Das Volksbewußtsein von Kroaten, Serben und bosnischen Muslimen gründete schließlich – neben religiösen – vorwiegend auf historischen, kulturellen und politischen Merkmalen.

Zum Verlust der religiösen Orientierungen hatte die Politik der jugoslawischen Kommunisten nach dem Zweiten Weltkrieg maßgeblich beigetragen. Zwar verhielten sich die jugoslawischen

Machthaber gegenüber den Glaubensgemeinschaften wesentlich liberaler als in den anderen Ostblockstaaten. Religiöses Leben war jedoch nur innerhalb bestimmter ideologischer Grenzen erlaubt und nur in ausgewählten gesellschaftlichen Nischen geduldet.

Seit 1946 gewährten die jugoslawischen Verfassungen Glaubens- und Gewissensfreiheit und gestatteten die freie Religionsausübung. Alle Glaubensgemeinschaften waren gleichberechtigt. Eine stärkere Teilnahme am öffentlichen Leben ließen die Kommunisten jedoch nicht zu, da sie sich der zentrifugalen Dynamik bewußt waren, die die enge Verknüpfung von religiösem und nationalem Bekenntnis produzieren konnte. Da sie auf der anderen Seite die destabilisierenden Effekte fürchtete, die die Unterdrükkung der Religionen hätte auslösen können, schwankte die jugoslawische Religionspolitik zwischen Phasen größerer Liberalität und solchen stärkerer Repression, ohne aber je von dem Ziel abzulassen, die Vertreter der Glaubensgemeinschaften für eine Zusammenarbeit mit dem jugoslawischen System zu gewinnen.

Die bosnischen Muslime wurden von Tito besonders umworben. In den ersten Nachkriegsjahren hatten die jugoslawischen Kommunisten zunächst damit begonnen, traditionelle und panislamische Tendenzen zu unterbinden. 1947 wurden die Frommen Stiftungen (vakf) nationalisiert und die religiösen Bildungseinrichtungen geschlossen. Und per Gesetz wurde 1950 den Frauen das Schleiertragen verboten.

Daneben wurden die islamistischen politischen Bewegungen zerschlagen, die in den dreißiger Jahren in Bosnien-Herzegowina entstanden waren, nachdem Vertreter der bosnischen Islamischen Glaubensgemeinschaft (Islamska Vjerska Zajednica) an den panislamischen Kongressen in Jerusalem (1931) und Genf (1935) teilgenommen hatten. Nach dem Vorbild des Jamaat al-Chubban al-Muslimin (Verband der Jungen Muslime) formierten sie 1941 die »Mladi Muslimani« (Junge Muslime) in Bosnien-Herzegowina, eine traditionalistisch und panislamisch eingestellte Bewegung (Trhulj 1992). Im Gegensatz zum laizistischen Teil der bosnisch-muslimischen Elite propagierten die Jungen Muslime »Erziehung und Kampf« für eine islamische Gesellschaftsordnung sowie die Gründung eines panislamischen Staates (Bougarel 1994, S. 283f.). Nach dem Zweiten Weltkrieg wurde die Organisation »Junge Muslime« als staatsfeindlich eingestuft und verboten. Zwischen 1946 und 1949 wurden führende Mitglieder, darunter der spätere bosnische Präsident Alija Izetbegović, zu schweren Gefängnisstrafen verurteilt.

Unterdessen bemühten sich die jugoslawischen Kommunisten um den Aufbau und die Pflege einer staatsloyalen, patriotischen und reformorientierten Islamischen Glaubensgemeinschaft. 1947 wurde der erste Reis-ul-Ulema ernannt, den Muslimen wurden kulturelle und religiöse Rechte eingeräumt. Tito verfestigte mit seiner 1955 eingeschlagenen Politik der Blockfreiheit die guten Beziehungen zur arabisch-islamischen Welt und förderte einen aufgeklärten Islam im eigenen Land. In den sechziger und siebziger Jahren bauten die Jugoslawen zahlreiche neue Moscheen, und die bosnische Hauptstadt Sarajevo erhielt 1977 sogar eine islamische Fakultät. Wegen der relativen Toleranz gegenüber ihrer Glaubensgemeinschaft und wegen der Anerkennung als Nation fühlten sich viele bosnische Muslime dem jugoslawischen Staat besonders verpflichtet.

Gleichwohl führten die ansonsten atheistische Haltung der Kommunisten, aber auch allgemeine Modernisierungseffekte im Umfeld von Industrialisierung, Bildungsrevolution und sozialer Mobilisierung zu einem allmählichen Rückgang der religiösen Orientierungen in Jugoslawien. Mit der raschen Industrialisierung des Landes wandelte sich beispielsweise die Sozialstruktur: Zwischen 1948 und 1981 fiel der Anteil der landwirtschaftlichen Bevölkerung von 67% auf rund 20%, parallel stieg der Prozentsatz der Städter von 21% auf 47%. Wie in vielen europäischen Gesellschaften ging der Anteil Gläubiger zurück, während gleichzeitig eine Art »weltliche Religiosität« um sich griff. Statt in den Religionen suchten die jugoslawischen Jugendlichen ihre Idole immer häufiger in der Welt der Sportler, Politiker, Schauspieler und Popstars und unterschieden sich damit kaum von ihren westlichen Altersgenossen (Pantić 1988, S. 177ff.). Nur eine Minderheit glaubte in den achtziger Jahren noch an Gott und übte die Religion in der Kirche aus. 61% der jugendlichen Muslime in Bosnien-Herzegowina gaben 1990 an, nie eine Moschee besucht zu haben. 70% der bosnisch-serbischen Jugend und 35% der kroatischen war nie in der Kirche gewesen. Sofern man doch ein Gotteshaus aufsuchte, dann häufig aus Neugier, um Freunde zu treffen oder um Traditionen zu pflegen (Pantić 1990, S. 222).

Erst in der zweiten Hälfte der achtziger Jahre, vor dem Hintergrund tiefgreifender wirtschaftlicher Probleme und einer ausgeprägten politischen Legitimitätskrise, nahm die Religiosität wieder leicht zu. Gesamtgesellschaftliche Anomie, sinkende Lebenschancen, aber auch die Kompromittierung der kommunistischen Ideologie und der wachsende Nationalismus führten zu einer gewissen Belebung und Aufwertung spiritueller Werte. 1990 bezeichneten sich gleichwohl nicht mehr als 43 % der jugoslawischen Staatsbürger als religiös, weitere 43 % als nichtreligiös, 5 % als Atheisten und 9 % als unentschieden. Zwischen den Völkern und Regionen offenbarten sich gleichzeitig erhebliche Differenzen. Deutlich mehr Albaner (70 %), Slowenen (60 %) und Kroaten (53 %) empfanden sich als religiös denn als Muslime (37 %), Serben (34 %) und Jugoslawen (10 %) (Pantić 1991, S. 247f.).

Mit der Wiederentdeckung des Nationalismus durch die Politik in der zweiten Hälfte der achtziger Jahre wurde die Rolle der Religionsgemeinschaften auch im öffentlichen Leben stark aufgewertet. Die demonstrative Präsenz von Politikern bei religiösen Feierlichkeiten, das Buhlen bestimmter Kreise der politischen Klasse um die Gunst der Gläubigen, Priester und Imame half bei der populistischen Massenmobilisierung. Die nationalistischen Parteien und Politiker, die in Kroatien, Serbien und Bosnien in den späten achtziger Jahren an die Macht strebten, verstanden religiöse Betätigung eindeutig als Instrument, um das nationale Abgrenzungsbewußtsein ihrer politischen Klientel zu schärfen. Und in der Tat wollten viele Menschen durch ihr Interesse an Gottesdiensten, Religionserziehung und Erwachsenentaufen nicht unbedingt religiöse Bedürfnisse befriedigen, sondern v. a. die Zugehörigkeit zu einer Nation, der kroatischen, serbischen oder muslimischen, unterstreichen (Bremer 1996, S. 146f.).

3. Ethnosoziale Distanz als Konfliktfaktor

Der in den Nachkriegsjahrzehnten einsetzende tiefgreifende soziale Wandel hat nicht nur die Religiosität verdrängt, sondern auch generell zu einer Nivellierung ethnosozialer Differenzen geführt. Die markanten Unterschiede im Alphabetisierungsgrad, im demographischen Verhalten und in der Berufsstruktur wurden immer stärker, jedoch nicht vollständig eingeebnet.

Fast alle Sozialindikatoren in Jugoslawien wiesen (und weisen bis heute) ethnospezifische Unterschiede auf. Noch in den achtziger Jahren wuchs die muslimische Bevölkerung um 1,5 % pro Jahr, die der Kroaten und Serben Bosnien-Herzegowinas jedoch nur um 0,9 % bzw. 0,8 %. Gleichzeitig war die regionale Mobilität von Serben und Kroaten höher als die der Muslime. 1981 lebten 32,4 % der Muslime, 44,2 % der Serben und 39,5 % der Kroaten an einem anderen als ihrem Geburtsort. Und prozentual mehr Serben und Kroaten wanderten in andere Republiken oder ins Ausland als die Muslime. Zwischen 1953 und 1991 stieg der Anteil der Muslime an der bosnischen Bevölkerung daher von 31,3 % auf 43,5 %, während der der Serben von 44,4 % auf 31,2 %, der der Kroaten von 23 % auf 17,4 % sank.

Prozentual mehr Muslime als Serben und Kroaten lebten in Städten, nämlich 24,7 % der Muslime, 21,7 % der Serben und 15,5 % der Kroaten Bosniens (1981). Entsprechend niedriger lag der Anteil der in der Landwirtschaft Beschäftigten: Er betrug bei den Muslimen 19,7 %, bei den Serben 32,3 % und bei den Kroaten 26,1 %. In der Industrie arbeiteten dagegen 41,3 % der muslimischen, 30,2 % der serbischen und 32,5 % der kroatischen beruflich aktiven Bevölkerung Bosniens. In den anderen Beschäftigungssektoren näherten sich die Werte weitgehend an. In wichtigen Führungspositionen waren in den ersten Nachkriegsjahrzehnten die Serben deutlich über-, die bosnischen Muslime unterrepräsentiert gewesen, was in den sechziger Jahren zu merklichen Spannungen führte. Nicht zuletzt die Bildungsrevolution brachte eine selbstbewußte, professionelle und aufstiegsorientierte Akademikerschicht hervor, die gleichberechtigte Partizipationschancen verlangte. Erst nach und nach wurde die serbische Dominanz in Staat, Gesellschaft und Militär zurückgedrängt, der ethnische Proporz auch in Führungsorganen eingeführt (Calic 1996, S. 78ff.).

Dennoch entsprach Bosnien auch in den achtziger Jahren keineswegs einer multikulturellen Idealwelt. Auch den »Brüderlichkeit und Einheit« predigenden Kommunisten war es bestenfalls graduell gelungen, die vor dem Zweiten Weltkrieg noch stark ausgeprägte soziale Distanz zwischen den Völkern und Religionsgemeinschaften abzubauen. Noch 1991 gaben 43 % der Muslime, 39 % der Kroaten und 25 % der Serben in Bosnien an, daß die Nationalität ein wichtiges Kriterium bei der Partnerwahl darstelle. Jeweils ein Drittel der Bevölkerung meinte, sich unter Nachbarn derselben Volksgruppe sicherer zu fühlen als unter anderen (Bakić 1991).

Obwohl in der Regel zusammen gearbeitet und gefeiert wurde, blieb das Verhältnis zwischen andersnationalen Nachbarn häufig ambivalent, und in manchen Gegenden konnten sich die sozialen Beziehungen sogar vollkommen auf die eigene ethnisch-religiöse Gemeinschaft beschränken. Außerhalb der großen Städte blieb der ›komšiluk‹, die häufig multikulturelle Nachbarschaft, ethnisch geschichtet. An anderen Orten, besonders in Städten, waren Freundschaften üblich und sogar Heiraten zwischen Angehörigen unterschiedlicher Volksgruppen nicht ungewöhnlich. Anders als auf dem flachen Land, zählten im urbanen Milieu Bildungsstand und sozialer Hintergrund häufig mehr als die Nationalität (Bringa 1995, S. 3f.). So lag in den achtziger Jahren der Anteil der ethnischen Mischehen in Bosnien-Herzegowina bei 12%, und nur in Sarajevo bei 28% (Bougarel 1996, S. 87).

Bestimmte soziale Befindlichkeiten und Verhaltensweisen konnten Konflikte schüren, v. a. dann, wenn sie in bezug zu politischen Ideologien gesetzt wurden. Das traditionell höhere Bevölkerungswachstum und die geringere regionale Mobilität bei den Muslimen führten beispielsweise dazu, daß sich die Ethnostruktur Bosniens im Verlauf der Jahrzehnte verschob. Nationalbewußte Serben und Kroaten fürchteten, daß dies zur Majorisierung der nichtmuslimischen Völkerschaften führen werde, sollte Bosnien-Herzegowina weiterhin zentralistisch regiert werden. In den neunziger Jahren forderten sie deshalb regionale Autonomie bzw. die Kantonisierung oder (Kon-)Föderalisierung der kleinen Vielvölkerrepublik. Die bosnischen Muslime widersetzten sich schon aufgrund der Siedlungsstruktur diesem Ansinnen. Jedwede Unterteilung Bosniens in ethnische Regionen hätte mindestens eineinhalb Millionen Menschen (ein Drittel der bosnischen Gesamtbevölkerung) zur Minderheit in ihrem jeweiligen Landesteil bzw. Kanton gemacht.

4. Der Faktor Ethnizität in der politischen Landschaft

Die ethnische Schichtung der bosnischen Gesellschaft spiegelte sich auch und v. a. in der politischen Landschaft wieder. Während die Machthaber des ersten jugoslawischen Staates noch geglaubt hatten, daß Serben, Kroaten und Slowenen eine einzige, dreinamige Nation bildeten, die zentralistisch regiert und serbisch dominiert werden könne, hatten die jugoslawischen Kommunisten aus den Schwächen des politischen Systems der Zwischenkriegszeit Lehren gezogen. Als sich der kommunistische ›Rat der Volksbefreiung‹ unter Führung Josip Broz Titos am 29. November 1943 zum obersten legislativen und exekutiven Organ Jugoslawiens erklärte, wurde den Völkern Serbiens, Kroatiens, Sloweniens, Makedoniens, Montenegros sowie Bosniens und der Herzegowina im Nachkriegsjugoslawien die volle Gleichberechtigung und eine föderale Verfassung versprochen. Die bundesstaatliche Ordnung, die anfänglich nur auf dem Papier stand, wurde v. a. in den sechziger Jahren zu einem ausgeklügelten System ethnischer Repräsentation in den obersten politischen Entscheidungsorganen des Bundes und der Republiken ausgebaut und 1974 in den Verfassungen verankert. Wichtige Entscheidungen, darunter Sezession oder Veränderung von Grenzen, sollten die Staatsvölker einvernehmlich treffen.

Die nach dem Tode Titos 1980 eingeleitete Liberalisierung des politischen Systems Jugoslawiens, die mit einer dramatischen Verschlechterung der Wirtschaftslage zusammenfiel, stellte das auf interethnischem Konsens beruhende Power-Sharing-System allerdings in dem Maße in Frage, wie sich die Legitimitätskrise Jugoslawiens vertiefte und der Nationalismus wuchs. In diesen Jahren verschärften sich u. a. die aus dem regionalen Entwicklungsgefälle resultierenden Verteilungskonflikte. Trotz der Strukturförderung der Kommunisten hatte sich der Abstand zwischen den reicheren und ärmeren Landesteilen vergrößert. 1989 lag das Volkseinkommen Sloweniens pro Kopf der Bevölkerung doppelt so hoch wie in Bosnien, fast zehnmal so hoch wie im Kosovo. Gleichzeitig sanken überall die Realeinkommen. Zwischen 1980 und 1986 wuchs das Gesellschaftsprodukt nur noch um 0,6% im Jahr, und die Realeinkommen lagen 1985 um 27% niedriger als 1979. Die sozialökonomische Dauerkrise stellte Jugoslawien auf eine harte Belastungsprobe: Immer weniger Menschen waren bereit, ihren Wohlstand zu teilen, und die wachsenden sozialen Ängste machten die Menschen anfällig für nationalistische Parolen (Calic 1996, S. 82ff.).

Viele Menschen verfielen in nationalen Autismus, der sie nur noch die eigenen Probleme wahrnehmen und die Schuld bei »den anderen« suchen ließ. Die extreme sozialökonomische Unsicherheit, eine tiefgreifende politische Legitimitäts- und gesellschaftliche Identitätskrise stärkten den Wunsch nach einfachen Erklärungen und raschen Lösungen. Bei einer Meinungsumfrage behaupteten im November 1991 rund 60% der Muslime, daß die Serben einen zu großen Einfluß in Bosnien-Herzegowina ausübten. 52% der Serben waren dagegen der Meinung, daß die Kroaten, und 44%, daß die Muslime zu einflußreich seien. Die Kroaten wiederum sahen zu 70% die Serben in einer zu starken Rolle (ebd., S. 80). Immer mehr Menschen hofften, daß die Rückbesinnung auf Volk und Nation, die Abschottung von anderen ethnischen Gemeinschaften und die Bildung unabhängiger Nationalstaaten diese existentiellen Probleme umfassend lösen würden. Von den politischen Eliten wurden sie in diesem Irrglauben bestärkt.

Aus historischen und sozialstrukturellen Gründen stand, anders als in einigen mitteleuropäischen Ländern, die Opposition gegen das kommunistische Regime im wesentlichen in der Tradition eines extremen, rückwärtsgewandten Nationalismus und nicht in der des aufgeklärten Liberalismus. Zahlreiche Führungspersönlichkeiten verfielen dem Gedankengut der Zwischenkriegs- und Kriegszeit, als Mitte der achtziger Jahre die kommunistische Ära zu Ende ging. Denn zu den historischen Erblasten der Balkangesellschaften gehört das Fehlen eines unabhängigen Bildungs- und Wirtschaftsbürgertums als Träger einer Bewegung, die demokratisches Gedankengut und den Aufbau zivilgesellschaftlicher Strukturen promoviert hätte. Dies hat sich u. a. auch an der frühzeitigen ideologischen Vereinnahmung vieler Intellektueller für die nationalistischen Ziele der politischen Eliten gezeigt.

Die Mehrheit der 41 Parteien, die sich 1990 nach Zerfall des Bundes der Kommunisten, der jugoslawischen Einheitspartei, in Bosnien-Herzegowina formierten, hatten Marktwirtschaft und Demokratie in ihre Programme geschrieben. De facto war die neue Mehrparteienlandschaft jedoch ethnisch geschichtet und zu einem überwiegenden Teil national orientiert. Unter den größeren Parteien waren nur die Ex-Kommunisten und die Allianz der Reformkräfte ausdrücklich multiethnisch ausgerichtet. Gegen sie verbündeten sich bei den ersten freien Wahlen im November und Dezember 1990 die muslimische SDA, die kroatische HDZ-BiH und die serbische SDS, die schließlich die Mehrheit der Sitze im Zweikammerparlament gewannen und daraufhin eine Regierungskoalition bildeten.

Die politischen Ziele, denen sich die SDS und die HDZ-BiH

verschrieben hatten, lassen sich vereinfacht auf die Begriffe ethnische Separation, politisch-territoriale Selbstverwaltung und Vereinigung mit den Konnationalen in Serbien und Kroatien bringen. Beide Parteien haben keinen Hehl daraus gemacht, daß sie sich ausschließlich als Protagonisten des kroatischen bzw. serbischen Volkes begriffen. Auch die SDA figurierte, anders als sie sich während des Krieges im Ausland darzustellen versuchte, als gesamtmuslimische Sammlungspartei mit klarer nationalistischer Zielsetzung. In ihrem Programm forderte sie, das »nationale Bewußtsein der bosnisch-herzegowinischen Muslime zu beleben«, ihre nationale Eigenart anzuerkennen, einschließlich aller »rechtlichen und politischen Konsequenzen« (Babuna 1996, S. 299). Dies schloß auch die Fürsorge für die Muslime in der serbischen Provinz Sandžak ein.

Die politische Klasse in Bosnien-Herzegowina, wo sich traditionell die drei staatstragenden Völker der Muslime, Serben und Kroaten die Macht geteilt hatten, machte 1990 nur noch halbherzige Anstrengungen, ethnische Quoten und Power-Sharing in die Mehrparteienära hinüberzuretten. Bei rotierendem Vorsitz sollte das bosnische Präsidium zwar künftig aus je zwei Muslimen, Serben und Kroaten sowie einem Jugoslawen bestehen. Im Parlament durfte keines der Völker zu mehr oder weniger als 15 % über- oder unterrepräsentiert sein. Das Konsensprinzip brach jedoch bald an fundamentalen Meinungsverschiedenheiten, in erster Linie über die innere Reformfähigkeit Jugoslawiens, zusammen. Als muslimische und kroatische Abgeordnete gegen den Willen ihrer serbischen Kollegen im Oktober 1991 einen Mehrheitsbeschluß über Souveränität und Unabhängigkeit Bosniens fassen wollten, brach die Regierungskoalition auseinander (Calic 1996, S. 84ff.). Die serbischen Parlamentarier argumentierten, daß SDA und HDZ den in der Verfassung festgeschriebenen historischen Konsens der Völker Bosniens verletzt hätten. Aus Protest verließen sie Regierung und Parlament und bauten nebenstaatliche Strukturen auf.

Nach dem Zerfall der Regierungskoalition und des Parlamentes erfaßte die ethnische Fragmentierung alle Bereiche des öffentlichen, politischen und wirtschaftlichen Lebens. Die Führungen aller drei nationalen Parteien begannen, »ihre« Volksgruppen zu bewaffnen und eigene Armeen aufzustellen. Die Führung der bosnischen Serben rief im September, die der Kroaten im November 1991 autonome Gebiete aus, denen sie schrittweise staatliche

Funktionen übertrugen. Im Frühsommer 1992 hatte die bosnische Regierung auf einen Großteil der Territorien, politischen Strukturen und militärischen Macht Bosniens keinen Zugriff mehr.

5. Muslimischer Nationalismus vs. islamischer Fundamentalismus

Der Erfolg der muslimisch dominierten SDA bei den ersten Mehrparteienwahlen im November und Dezember 1990 erklärt sich vornehmlich aus dem Erwachen des muslimischen Nationalismus, nicht des islamischen Fundamentalismus. Der bosnische Islam ließ zwei Hauptströmungen erkennen: die eines reformierten, säkularisierten und die eines konservativen und traditionellen Islam, je in einer politischen und einer apolitischen Variante. Reformierter war jedoch nicht zwangsläufig mit unpolitischem bzw. konservativer mit politischem Islam gleichzusetzen (Bougarel 1995, S. 91). Zum Beispiel galten die Imame auf dem flachen Lande in ihrer Mehrheit als traditionell, waren jedoch weit weniger politisiert als ihre Kollegen in den Städten. Während Wahlanlysen auf eine vorwiegend ländliche, sozial schwächere, religiös und konservativ orientierte Basis der SDA hindeuten, rekrutierte sich die Parteielite vorwiegend aus städtischen Intellektuellen.

Maßgebliche Führungspersönlichkeiten der SDA standen in der Tradition der in den vierziger Jahren verbotenen »Jungen Muslime«. Schon in den siebziger Jahren war es zu einer Renaissance des von den »Jungen Muslimen« vertretenen Panislamismus gekommen, in deren Kontext Alija Izetbegović 1970 die »Islamische Deklaration« verfaßte. Die Brisanz dieser Schrift, die zeitgleich mit neuen oppositionellen Bewegungen (Kroatischer Frühling, Praxis-Gruppe, etc.) entstand, lag v. a. darin, daß sie die »Wiedergeburt« der bosnisch-muslimischen Nation nicht in den jugoslawischen, sondern einen gesamtislamischen Kontext einordnete. Leitmotiv der »Islamischen Deklaration« war die vermeintliche Benachteiligung und Bedrohung der Muslime, der mit geistig-moralischer Erneuerung und der Gründung eines islamischen Staates begegnet werden müsse. Ziel sei die »Islamisierung der Muslime« unter der Devise »Glauben und kämpfen« (Izetbegović 1990, S. 1 ff.). Explizit lehnt der Verfasser das laizistische Prinzip ab, um statt dessen eine allumfassende islamische Gesellschaftsordnung zu propagieren: »Die Verwirklichung des Islam in allen Bereichen des persönlichen Lebens des einzelnen, in Familie und Gesellschaft, durch die Erneuerung des islamischen Glaubens und der Schaffung einer einheitlichen islamischen Gemeinschaft von Marokko bis Indonesien« (ebd., S. 3). Im August 1983, nach dem Ableben Titos, wurden Alija Izetbegović und zwölf weitere Personen wegen »islamischen Fundamentalismus« und »muslimischen Nationalismus« zu langjährigen Gefängnisstrafen verurteilt. Acht der Verurteilten sollten später zu den Gründungsmitgliedern der SDA gehören, darunter Alija Izetbegović, Hasan Čengić sowie Salih und Omer Behmen.

Als bosnisch-muslimische Sammlungspartei trafen in der SDA traditionalistische, laizistisch-liberale, religiös-konservative und islamisch-fundamentalistische Strömungen aufeinander. Die Partei repräsentierte somit, zumindest anfänglich, ein relativ breiteres weltanschauliches und politisches Spektrum. Die dominante Stellung, die die Exponenten des islamischen Flügels in der Partei einnahmen, weckte allerdings das Mißtrauen und die Verärgerung der nichtreligiös eingestellten Führungspersönlichkeiten. Unbehagen verursachten besonders die vom religiösen Flügel der Partei organisierten Massendemonstrationen, bei denen grüne Fahnen geschwenkt wurden und aus dem Koran zitiert wurde (Djilas/Gaće 1996, S. 159ff.). Im September 1990 spaltete sich deshalb die Partei der Muslimisch-Bosniakischen Organisation (MBO) von der SDA ab.

Eine der zentralen Fragen innerhalb der muslimischen Gemeinschaft und ihrer politischen und religiösen Institutionen betraf den Zusammenhang zwischen ethnischem Abgrenzungsbewußtsein und Reislamisierung. Die Säkularisten erkannten in der Religion ein Instrument, mit dessen Hilfe die nationale Selbstfindung und Vergemeinschaftung der Muslime, jener Volksgruppe, die traditionell die größte Affinität zum jugoslawischen Staat hegte, beschleunigt werden könne. Die Islamisten versuchten dagegen umgekehrt, gerade den wachsenden Nationalismus für die Reislamisierung der weitgehend säkularisierten muslimischen Bevölkerung einzusetzen (Bougarel 1995, S. 99). Denn anders als Alija Izetbegović in seiner »Islamischen Deklaration« postuliert hatte, gehörte nicht dem »Panislamismus schon immer das Herz des muslimischen Volkes, während der Nationalismus seit jeher eine Importware gewesen ist«. Erst das Aufleben des bosnisch-muslimischen Nationalismus hat den bosnischen Panislamisten Gelegenheit gegeben, aus der politischen Marginalität herauszutreten (Bougarel 1994, S. 298 f.).

Anders als die religiösen Muslimvertreter gehofft hatten, führten die nationalistischen Auseinandersetzungen aber gerade nicht, oder nur in geringem Maße, zu einer Reislamisierung der Muslime, obwohl die islamische Glaubensgemeinschaft, besonders nach Ausbruch des Krieges, unter starkem politischen Druck stand. Im April 1993 wurden der Reis-ul-Ulema, Jakub ef. Selimovski, sowie der Präsident der Mesihat, Salih ef. Čolaković, beide Repräsentaten einer Kultur der Toleranz und Kompromißfähigkeit, abgelöst. Seither nahm der Einfluß der von der SDA gestützten radikaleren Kräfte auf die islamische Glaubensgemeinschaft deutlich zu. 1994 wurden islamische Tendenzen in der bosnischen Armee sichtbar, als muslimische Brigaden aufgestellt wurden. Die islamische Geistlichkeit predigte immer offener die Separierung der Religionen und Nationen und wandte sich v. a. gegen die Heirat zwischen Muslimen und Nichtmuslimen (Bougarel 1995, S. 95 ff.).

Dennoch machte die Reislamisierung, die bei den bosnischen Muslimen am Elementarsten zu beginnen hatte, nur bescheidene Fortschritte. Das Verbot von Alkohol und Schweinefleisch, Koranunterricht, tägliche Gebete und andere religiöse Praktiken waren in Bosnien-Herzegowina seit Jahrzehnten unüblich. Mit Beginn der neunziger Jahre sind zwar wieder mehr islamische Kulturelemente in den Alltag eingedrungen, für viele wirken sie aber aufgesetzt und befremdlich. Einer umfassenden Islamisierung hat sich die bosnische Gesellschaft weitgehend widersetzt.

6. Religion und Nationalismus im Krieg

Die Rolle der Religionsgemeinschaften im bosnischen Krieg war widersprüchlich. Religionsführer haben sich eindeutig für patriotische bzw. national-politische Ziele ausgesprochen, enge Kontakte zu den ethnisch und religiös intoleranten politischen Führungen der Republiken gepflegt und sogar explizit chauvinistische Ziele verfolgt. Dadurch haben sie dazu beigetragen, daß die religiösen Gefühle und Bedürfnisse vieler Menschen für politische Zwecke manipuliert werden konnten (Powers 1997, S. 230 ff.). Und auf allen Seiten wurde es von den maßgeblichen Persönlichkeiten versäumt, frühzeitig und entschieden gegen die schweren Menschenrechtsverletzungen zu protestieren, die sich in der Zerfallsphase Jugoslawiens ankündigten. So gab es nur wenige Stimmen, die ethnische und religiöse Toleranz predigten und Kritik an der Kriegspolitik der politischen Führungen übten (Bremer 1992, S. 51ff.). U. a. haben am 26. November 1992 Vertreter der orthodoxen, katholischen und islamischen Glaubensgemeinschaften einen »Friedensappell in Bosnien-Herzegowina« unterzeichnet, in dem sie zur Beendigung des Krieges aufriefen und den Mißbrauch religiöser Symbole durch die nationalistische Propaganda verurteilten (Shenk 1993, S. 29f.).

Die häufig unreflektierte Fürsprache der Geistlichen für politische Ziele hat es den nationalistischen Politikern und Militärs erleichtert, religiöse Motive für Propagandazwecke zu instrumentalisieren. Serben und Kroaten behaupteten, die Muslime würden in Bosnien einen Glaubenskrieg führen, um einen islamischen Gottesstaat zu errichten. Die bosnisch-muslimische Propaganda wiederum versuchte, im bosnischen Krieg alte christlich-muslimische Konfrontationslinien wiederzubeleben, ja ihn sogar als Endabrechnung des Christentums mit dem europäischen Islam zu deuten, gleichsam als späte Rache für die verlorenen Türkenkriege auf dem Balkan.

Zur Überhöhung von Heldentum, Heimaterde und Vaterland bedienten sich der politische Patriotismus und Nationalismus mit Vorliebe religiöser Symbolik sowie historischer und folkloristischer Figuren. Die politische Propaganda stilisierte Gefallene zu Heiligen, Schlachtfelder und Heldengräber zu Kultstätten (Čolović 1993). Die Religionen spielten für die ethnopolitische Mobilisierung also nur indirekt eine Rolle. Auf die Frage nach der Rolle der Religion für die Vaterlandsliebe antwortete beispielsweise der Volksdichter und Politiker Božidar Vučurević: »Ein heroisches Volk ist nur in eingeschränktem Sinn religiös: Es glaubt an Gott, aber auch an Waffen. Ein furchtsames Volk hingegen ist bis zum Fanatismus religiös. Es streckt seine Arme aus, wirft sich nieder und betet zur seligen Muttergottes: ›Hilf uns!‹« (Čolović 1996, S. 200).

So war es auch kein religiöser Fanatismus, sondern politischer Nationalismus, der den bosnischen Krieg motivierte. Verbrechen wurden in der Regel auch dann nicht aus religiöser Leidenschaft begangen, wenn Kultstätten gezielten Angriffen anheimfielen.

Kirchen, Moscheen und andere kulturelle Bauwerke, die ethnische Identität symbolisieren, wurden in erster Linie deshalb zerstört, um Menschen anderer Volkszugehörigkeit zu vertreiben.

Diese »ethnischen Säuberungen« entsprangen ideologisch einem extremen, exklusiven Nationalismus, nicht religiösem Fundamentalismus. Sie standen aber auch in funktionalem Zusammenhang mit strategischen Kriegszielen. Ihr Motiv war nicht primär die Vernichtung anderer Volksgruppen, sondern Macht- und Herrschaftsgewinn, territoriale Expansion und Staatsbildung. Rassenideologische oder kulturzerstörerische Motive spielten nur insofern eine Rolle, als sie für diese Ziele instrumentalisiert werden konnten. In bestimmten Regionen war es deshalb beabsichtigt, die ethnisch-kulturelle Identität der Muslime so weit zu zerstören, daß Flüchtlinge und Vertriebene nie wieder zurückkehren würden. Die »ethnischen Säuberungen« waren somit »nicht die Konsequenz [...], sondern [...] *Ziel* dieses Krieges« (The Situation of Human Rights, S. 4).

Um Regionen ethnisch zu »homogenisieren, wurden schwere Verstöße gegen geltendes Kriegsvölkerrecht sowie Verbrechen an der Menschheit begangen. Zu ihnen gehören die Belagerung und der willkürliche Beschuß von Städten (z. B. Sarajevos, Mostars, Fočas und anderer), planmäßige Angriffe auf Wohnhäuser, die gezielte Zerstörung von Kirchen, Moscheen und anderen Bauwerken, die systematische Verwüstung historischer Innenstädte, Folter, Verstümmelung und Ermordung von Angehörigen der verfolgten ethnischen Gruppe, die Internierung von Kombattanten und Zivilisten aller Altersstufen und beiderlei Geschlechts in Gefangenenlagern, Massenhinrichtungen, die Vergewaltigung von Frauen, die Konfiskation von Eigentum, darunter Häuser, Höfe, landwirtschaftliches Gerät und persönliche Gegenstände und Deportationen« (Final Report 1994).

Nicht nur politische und militärische, sondern auch kulturelle, wirtschaftliche und symbolische Systeme sollten zerstört werden. So wurde die ethnokulturelle Identität der Menschen und mit ihr deren religiöse Ausdrucksformen an sich zur Zielscheibe. Hunderte von Moscheen, katholischen und orthodoxen Kirchen sowie Synagogen sind im Verlauf des Krieges zerstört worden. Den Kulturdenkmälern des europäischen Islam sind besonders schwere Schäden zugefügt worden. Von den Moscheen mancher Städte, darunter Doboj, Foča, Donji Vakuf und Rogatica, blieb kein einziges Minarett stehen. In Banja Luka überstand keines der 16 Gotteshäuser die Kriegshandlungen. Aber auch andere historische Gebäude, Friedhöfe, Bibliotheken und Archive Bosniens sind gezielt zerstört worden mit dem Ziel, die ethnisch-kulturelle und soziale Identität der Einwohner zu beschädigen. Mit den Stadtzentren, Moscheen und anderen Bauwerken wurden historisch gewachsene Kommunikationszentren zerstört, ethnische Gruppen- und Gemeinschaftsbeziehungen durchschnitten.

Da die ethnische und kulturelle Identität der Menschen eng mit ihrer ›kuća‹ (was im Serbokroatischen ›Haus‹ bedeutet) verbunden war, wurden Häuser flächendeckend bis auf die Grundmauern zerstört (Bringa 1995, S. 86). Auch die massenhaften Vergewaltigungen von Frauen kann man als Angriff auf soziale Systeme und ethnisch-kulturelle Identität werten. In patriarchalischen Gesellschaften gelten Frauen als Schöpferinnen und Hüterinnen der Familie, der kleinsten Einheit der Volksgemeinschaft. Wer sie körperlich und moralisch verletzt, greift auch das ethnokulturelle Selbstverständnis ihrer Nation an.

7. Kampf der Kulturen?

Alle Konfliktparteien haben während des Krieges versucht, Beistand von außen zu bekommen, sei es bei Regierungen, internationalen Organisationen, paramilitärischen Gruppierungen oder Kulturverbänden. Aber nur vordergründig, und auch nur in bestimmten Fällen, sortierten sich die Unterstützerstaaten nach kulturellen und religiösen Kriterien, so daß man kaum von einer ethnokulturellen Solidarisierung oder gar einem Kampf der Kulturen sprechen kann.

Insbesondere die Annahme, das tragische Schicksal der Muslime in weiten Teilen Bosniens würde die islamischen Staaten mit der bosnischen Regierung solidarisieren, erfüllte sich nicht. Staaten wie Pakistan und Saudi-Arabien, die man dem prowestlichen Lager zurechnen kann, verurteilten zwar die Politik der ethnischen Vertreibung, beschränkten sich ansonsten aber auf humanitäre Hilfe und die Entsendung von Friedenstruppen. Trotz eindrucksvoller Rhetorik haben sie eine militärische Unterstützung der bosnischen Muslime nie ernsthaft in Erwägung gezogen. Aber auch das radikalere Lager, Länder wie Iran, Sudan und Malaysia, die stärker die panislamische Einheit und Solidarität betonten, leisteten Militärhilfe vorwiegend verdeckt. Rund 350 Millionen US-Dollar sollen zwischen 1992 und 1995 für illegale Waffenkäufe an die bosnische Regierung bzw. den radikalen Flügel der SDA geflossen sein. Zu mehr als flammenden Appellen, der Entsendung von einigen hundert Freiwilligenkämpfern, humanitärer Hilfe und illegalen Waffenlieferungen hat sich die sogenannte islamische Welt insgesamt nicht aufraffen können.

Gegen das Argument vom Kampf der Kulturen spricht auch, daß trotz kultureller oder religiöser Differenzen die Politik der muslimisch dominierten bosnischen Regierung bei Amerikanern und Deutschen schließlich die größte Unterstützung fand, besonders nachdem zu Beginn des Jahres 1993 der »Krieg im Krieg« zwischen den vordem verbündeten kroatischen und muslimischen Truppen offen ausgebrochen war. Nicht religiös-kulturelle Solidarisierungseffekte, sondern strategische und machtpolitische Interessen gaben den Ausschlag dafür, daß die NATO unter Führung der Vereinigten Staaten den Ruf der bosnischen Regierung nach militärischer Unterstützung erhörte und im Spätsommer 1995 mit ihren Bombardements auf serbische Stellungen die Wende auf den jugoslawischen Schlachtfeldern herbeiführte.

Auch die These von der auf kultureller, religiöser und ethnischer Verwandtschaft basierenden russisch-serbischen Solidarität hält einer kritischen Überprüfung nicht stand. Rußlands Jugoslawien-Politik befand sich seit Ausbruch des Krieges in einem Zielkonflikt: einer eigenständigen, national akzentuierten Außenpolitik, die dem auf gemeinsamen Traditionen beruhenden guten Verhältnis zu Serbien Rechnung trug, auf der einen Seite, und der Pflege guter Beziehungen zum Westen auf der anderen Seite. Zwischen Juni 1991 und Dezember 1992 folgte Rußland deshalb nahezu bruchlos der westlichen Jugoslawien-Politik und begann erst unter dem wachsenden Druck der national orientierten Opposition im Frühsommer 1992, prononciert proserbische Standpunkte in die internationale Jugoslawien-Diplomatie einzubringen. Konservative Nationalisten, National-Bolschewisten und Eurasisten in Rußland verbündeten sich mit den Zentristen, um durch den Bezug auf Orthodoxie und Panslawismus ein »integratives Forum« zu schaffen, in dem sie ihre Kritik an der westlich orientierten russischen Führung bündeln konnten (Bonin 1994, S. 43f.). Insgesamt hat die potentielle russisch-serbische »strategische Partnerschaft« den Serben jedoch wenig konkrete Vorteile gebracht (Hoppe 1997, S. 28ff.).

Nicht zuletzt stehen sowohl die guten Beziehungen Rußlands zu Kroatien als auch diejenigen zwischen Albanien, Bulgarien und der Türkei in krassem Gegensatz zu der vermeintlichen ethnokulturellen oder gar religiösen Solidarität. Von den drei politischen Achsen, die sich nach dem idealtypischen Modell eines »Konflikts der Zivilisationen« in Südosteuropa hätten bilden müssen – eine katholisch-mitteleuropäische bestehend aus Ungarn, Slowenien und Kroatien, eine östlich-orthodoxe mit den Ländern Serbien, Montenegro, Rumänien, Bulgarien und Griechenland, sowie eine islamische, die von Bosnien über Albanien bis zur Türkei in die arabische Staatenwelt hineinreicht – ist auch nach Abschluß des jugoslawischen Krieges nicht viel zu erkennen.

8. Fazit

Die Annahme, daß die Ursachen des bosnischen Krieges auf unterschiedliche zivilisatorische, kulturelle und religiöse Prägungen zurückzuführen sei, hält einer empirischen Überprüfung nicht stand. Weder gibt es konkrete Hinweise noch plausible Begründungen dafür, daß die gewaltsamen Konflikte in Bosnien-Herzegowina primär durch die Verschiedenartigkeit der Kulturen und Religionen entstanden.

Zwar basiert die Ausdifferenzierung der kroatischen, serbischen und bosniakischen Volksgemeinschaft auch auf religiösen Merkmalen. Modernisierung und Säkularisierung Jugoslawiens haben nach dem Zweiten Weltkrieg die Bedeutung von Religion als nationalem Identifikationsmerkmal jedoch weit in den Hintergrund gedrängt. Erst in den achtziger und neunziger Jahren nahm die Religiosität als Korrelat des wachsenden Nationalismus wieder etwas zu. Daß sich seither wieder mehr Menschen auf spirituelle Werte besannen, Gotteshäuser besuchten und religiöse Feste feierten, gehörte demnach nicht zu den Ursachen ethnonationalistischer Spannungen und Konflikte, sondern vielmehr zu deren Begleiterscheinungen und Folgen.

Analog gab auch der religiöse Fundamentalismus den jugoslawischen Konflikten keinen starken Antrieb. Er wurde erst im Kontext politischer, ideologischer, sozialökonomischer und militärischer Kriegsursachen virulent. Daß sich zahlreiche muslimische, kroatische und serbische Geistliche mit den nationalistischen politischen Führungen verbündeten, hat es den machtorientierten Eliten erleichtert, Kultur und Religion zur Legitimation politischer Ziele zu mißbrauchen. Alle Seiten benutzten Stereotype (darunter das des »islamischen Fundamentalismus«, der »orthodoxen Barbarei« und der »vatikanischen Verschwörung«), um ihre jeweiligen politischen und militärischen Ziele zu rechtfertigen.

Im Zuge der nationalistischen Mobilisierungskampagnen bemühten sich die politischen und religiösen Eliten gleichzeitig darum, die Religion als nationales Abgrenzungskriterium wieder aufzuwerten. Durch die Wiederbelebung religiöser Traditionen und Riten sollte das Nationalbewußtsein der serbischen, kroatischen und muslimischen Konfessionsnationen gestärkt werden. Gegenüber dem radikalen Nationalismus, der das politische Leben Bosnien-Herzegowinas seit 1990/91 dominiert, blieb der christliche und islamische Fundamentalismus gleichwohl von untergeordneter Bedeutung.

Literatur

Bakić, I.: *Nacija i religija*. Sarajevo 1991.

Bonin, P.: *Rußland und der Krieg im ehemaligen Jugoslawien*. Untersuchungen aus der FKKS 6, 1994.

Bougarel, X.: *Un courant panislamiste en Bosnie-Herzégovine*, in: Kepel, G. (Hg.): *Exils et royaumes. Les appartenances au monde arabo-musulman aujourd'hui*. Paris 1994, S. 275-299.

Ders.: *Ramadan During a Civil War (as reflected in a series of sermons)*, in: *Islam and Christian-Muslim Relations*, Jg. 6, H. 1 (1995), S. 79-103.

Ders.: *Bosnie. Anatomie d'un conflit*. Paris 1996.

Bremer, T.: *Die Kirchen im ehemaligen Jugoslawien*, in: *Der Krieg auf dem Balkan. Probleme des Friedens 1992*. Idstein 1992, S. 39-58.

Ders.: *Religiöse Motive im jugoslawischen Konflikt der Gegenwart*, in: *Veröff. Joachim Jungius-Ges. Wiss. Hamburg*, Jg. 83, 1996, S. 139-151.

Ders.: *Religion und Nation im Krieg auf dem Balkan. Beiträge des Treffens deutscher, kroatischer und serbischer Wissenschaftler vom 5. bis 9. April 1995 in Freising*. Bonn 1996.

Bringa, T.: *Being Muslim the Bosnian Way. Identity and Community in a Central Bosnian Village*. Princeton 1995.

Calic, M.-J.: *Krieg und Frieden in Bosnien-Herzegowina.* Frankfurt/M. 1996.
Čolović, I: *Bordel ratnika. Folklor, politika i rat.* Beograd 1993.
Ders.: *Europa als Gegenstand der zeitgenössischen politischen Mythologie in Serbien*, in: Heppner, H./Larentzakis, G. (Hg.): *Das Europa-Verständnis im orthodoxen Südosteuropa.* Graz 1996, S. 193-201.
Djilas, M./Gaće, N.: *Adil Zulfikarpašić. Eine politische Biographie aus dem heutigen Bosnien.* München 1996.
Dugundžija, N.: *Religija i nacija.* Zagreb 1983.
Džaja, S. M.: *Die »Bosnische Kirche« und das Islamisierungsproblem Bosniens und der Herzegowina in den Forschungen nach dem Zweiten Weltkrieg.* München 1978.
European Movement in Serbia (Hg.): *Religion and War.* Beograd 1994.
Final Report of the Commission of Experts Established pursuant to Security Council Resolution 780 (1992), in: United Nations, Security Council, 27. 5. 1994 (S/1994/674).
Friedman, F.: *The Bosnian Muslims. Denial of a Nation.* Boulder 1996.
Hoepken, W.: *Konfession, territoriale Identität und nationales Bewußtsein: Die Muslime in Bosnien zwischen österreichisch-ungarischer Herrschaft und Zweitem Weltkrieg (1878-1941)*, in: Schmidt-Hartmann, E. (Hg): *Formen des nationalen Bewußtseins im Lichte zeitgenössischer Nationalismustheorien.* München 1994, S. 233-253.
Hoppe, H.-J.: *Rußland und der Jugoslawienkonflikt.* Köln 1997.
Izetbegović, A.: *Islamska deklaracija.* Sarajevo 1990.
Karpat, K.: *An Inquiry into the Social Foundations of Nationalism in the Ottoman State: From Social Estates to Classes, from Millet to Nations.* Princeton 1973.
Milošević, P.: *Sveti ratnici. Borilačke veštine Srba.* Gornji Milanovac-Pristina 1989.
Pantić, D.: *Klasična i svetovna religioznost.* Beograd 1988.
Ders.: *Prostorne, vremenske i socijalne koordinate religioznosti mladih u Jugoslaviji*, in: Institut društvenih nauka (Hg.): *Deca krize.* Beograd 1990.
Ders.: *Religioznost gradjana Jugoslavije*, in: *Jugoslavija na kriznoj prekretnici.* Beograd 1991, S. 241-257.
Powers, G. F.: *Religion, Conflict and Prospects for Reconciliation in Bosnia, Croatia and Yugoslavia*, in: *Journal of International Affairs*, Summer 1996, S. 220-252.
Shenk, G.: *God with Us? The Roles of Religion in Conflicts in the Former Yugoslavia.* Uppsala 1993.
The Ethnic Cleansing of Bosnia-Hercegovina. A Staff Report to the Committee on Foreign Relations United States Senate. Washington, D.C., August 1992.
The Situation of Human Rights in the Territory of the Former Yugoslavia. S/24766, 6. 11. 1992.
Trhulj, S.: *Mladi Muslimani.* Zagreb 1992.

Günter Seufert
Das Gewaltpotential im türkischen Kulturkampf

Die Überschrift des Beitrags ruft bedenkliche Konnotationen hervor, denn sie bringt »Kultur« mit »Gewalt« in Verbindung. Taucht ein solcher Titel in einem Band über Fundamentalismus auf, dann scheint es abgemacht, daß eine bestimmte Kulturausprägung auf ihre Gewaltpotentiale hin abgeklopft werden soll: die Religion. Wenn die Türkei – ein muslimisches Land – Thema ist, geht es um den Islam, und wenn nicht Theologen, sondern Soziologen die Feder führen, nicht ausschließlich um die Lehre, sondern um das Verhalten ihrer Gläubigen. Treiben wir es ruhig auf die Spitze: »Wie gewalttätig können Muslime im Namen ihrer Religion sein?«, so oder ähnlich könnte die Botschaft lauten, die beim einen oder anderen Leser ankommen mag.

Der Nachteil der Überschrift ist jedoch auch ihr Vorteil. Er erzwingt die Offenlegung von Kriterien und die Festlegung eines Maßstabs für Gewalt. Weil beim Schreiben über eine ›fremde‹ Gesellschaft nicht von außen angelegte Kritiken entscheidend sein können, ist die Benennung des Verhältnisses, in dem die Begriffe »Kultur« und »Gewalt« in der Republik Türkei zueinander stehen, angebracht und sind Aussagen über den Grad beobachtbarer Gewalt in Politik und Alltagsleben der Türkei gefordert.

Deshalb muß im Laufe der Argumentation der Islam *als spezifische, handlungsleitende Weltansicht* und müssen die Islamisten *als gesondert zu untersuchende Gruppe von Akteuren* in den Hintergrund treten. Denn das observierte Gewalthandeln einer bestimmten Gruppe von politischen Akteuren im öffentlichen Raum ist nicht isoliert von dem gängigen Umgang mit dem Phänomen in einer gegebenen Gesellschaft betrachtbar. Gewalthandeln ist vielmehr aufs engste mit der jeweiligen Gestalt der Herrschaftsverhältnisse, mit den gängigen Mechanismen sozialer Kontrolle zu ihrer Stabilisierung und demzufolge mit den landauf landab akzeptierten Typen gewaltförmigen Handelns verbunden (vgl. Brückner 1979, S. 110ff.). Von alledem nicht unabhängig ist die spezifische Form der Zurichtung der menschlichen Seele, die anzunehmende Bereitschaft zur Gewaltausübung im ›privaten Alltag‹ und im öffentlichen und politischen Raum sowie die gängigen Reaktionen auf Gewalterfahrung.

Überlegungen dieser Art seien jedoch vorläufig zugunsten einer möglichst unbefangenen und distanzierten Betrachtung des Gegenstandes ›islamistische Bewegung‹ zurückgestellt.

1. Die Wohlfahrtspartei: Entscheidende Trägergruppe der islamistischen Bewegung der Türkei

Zwar kann die islamistische Bewegung der Türkei nicht mit der Wohlfahrtspartei (*Refah Partisi, RP*) gleichgesetzt werden, doch nimmt diese Partei aus mehreren Gründen eine zentrale Stellung ein. *Unter den Parteien* ist die *Refah* diejenige, die sich in Selbstverständnis und Selbstdarstellung, in Propaganda und Aktion am stärksten auf den Islam und auf die islamische Geschichte des Landes beruft. *Unter den islamistischen Organisationen* ist die Wohlfahrtspartei die größte in sich geschlossene Einheit und die politisch einflußreichste. Die *Refah* hat heute etwa vier Millionen Mitglieder und schmückt sich gerne mit dem Etikett »Größte Partei der Welt«. Das ist schwer überprüfbar, richtig ist jedoch, daß sich in keinem der muslimischen Länder ein Pendant zur *Refah* findet.

Die proislamische Partei hat nicht nur die meisten Wähler, sondern auch die meisten Mitglieder und eine nahezu lückenlose Organisation. Die von ihr repräsentierte Strömung ist die einzige politische Bewegung des Landes, die seit 27 Jahren unter der gleichen Führungsriege steht und unaufhaltsam wuchs. Trotzdem hat sich die *Refah* immer als eine Partei innerhalb des politischen Systems verstanden und sich an die Spielregeln des türkischen Parlamentarismus gehalten. Sie ist über Wahlen (die Mankos der türkischen Demokratie hat sie nicht zu verantworten) wiederholt an Regierungen beteiligt gewesen und hat sich ihrem Ausschluß von der Macht – sei er durch Neuwahlen, durch Absprachen konkurrierender Parteien oder durch Druck bzw. durch direkte Intervention des Militärs realisiert worden – stets gefügt, ohne mit direkter politischer Gewalt (Terror) zu drohen oder gar Zuflucht zu ihr zu nehmen.[1] Der langfristige organisatorische, elektive und politische

1 Weil sie bis heute zu keiner Verurteilung geführt hat und in dieser Form von ihm bestritten wird, muß die berühmt-berüchtigte Spekulation des Parteivorsitzenden

Erfolg der *Refah* ist sicher einer der Gründe dafür, daß sich die islamistische Bewegung der Türkei bisher hauptsächlich auf die Organisationsform Partei festgelegt hat.[2] Deshalb konnten in der islamistischen Bewegung der Türkei – im Gegensatz zu der in anderen muslimischen Ländern – weder bewaffnete Einheiten noch Terrororganisationen, weder Schriftgelehrte (Ulema) noch mystische Bruderschaften, weder religiöse Sondergruppen (Sekten) noch ethnische Sondergruppen die Hauptrolle spielen. Zwar ist diese Bewegung ohne die traditionellen mystischen Bruderschaften des sunnitischen Islams und ohne die erst in der Republik entstandenen religiösen Schulen wie die Nuristen (*Nurcular*) und Süleymanisten (*Süleymancılar*) genausowenig vorstellbar wie ohne die Bürokratie des Staatsislams, ohne die islamistischen Intellektuellen und ohne die dynamische anatolische Händler- und Produzentenschicht. Doch die Wohlfahrtspartei wurde zunehmend von *einer der Organisationen innerhalb* dieses vielfältigen islamisch-sunnitischen Milieus zu *der politischen Organisation* dieses Milieus. Sie wurde zu der zentralen Institution, an der sich die Diskussionen innerhalb des religiös-konservativen und islamistischen Milieus brechen und neu formieren. Und sie wurde unverzichtbar für die realpolitische Umsetzung der Diskussionen und Forderungen dieses Milieus – und sei es auch nur deshalb, weil die anderen Parteien auf diese Forderungen eingingen, um der *Refah* keine Trümpfe in die Hand zu geben. Deshalb sind Aussagen über die spezifische Trägergruppe der islamistischen Bewegungen in der Türkei zuallererst Aussagen über die Mitglieder, Wähler und Sympathisanten der Wohlfahrtspartei.

Die Fremdwahrnehmung dieser *Refah-community* wird jedoch recht einseitig von drei Faktoren geprägt: von markigen Äußerungen einiger RP-Propagandisten, von aufsehenerregenden Verbotsaktionen einiger RP-Stadtverwaltungen und von der re-traditionalisierten Kleidung einiger RP-Wählergruppen, die Ängste allgemeinen Uniformierungszwangs auslösen. Radikale politische Ideologie und ein bedenkenloser Gebrauch des staatlichen

Necmettin Erbakan darüber, ob der Machtantritt der Refah »in gegenseitigem Einvernehmen oder in der Form blutiger Auseinandersetzung« stattfinden wird, hier unberücksichtigt bleiben.

2 Kein Wunder, daß sich heute, da das Verbot der *Refah* auf der Tagesordnung steht, Zusammenstöße zwischen islamistischen Demonstranten und der Polizei rapide häufen.

Zwangsapparats im Namen einer reaktiv distinguierten Gruppenidentität sind die dadurch hervorgerufenen Assoziationen. Sie lassen viele Beobachter auf eine hohe Gewaltbereitschaft der *Refah-community* schließen und machen die islamistische Seite zur Quelle potentieller Gewalt im türkischen Kulturkampf. Die Ergebnisse quantitativer und qualitativer Sozialforschung[3] zeichnen ein differenzierteres Bild, rechtfertigen jedoch keine generelle Entwarnung.

2. Staatstreue statt Şeriat: Die theo-ideologische Orientierung der *Refah-community* I

An der ideologischen Orientierung der *Refah-community* fällt zuerst der grundlegende Unterschied zwischen der ihr zugeschriebenen Ideologie und den Hoffnungen und Erwartungen ihrer Angehörigen auf. Die Wähler der Wohlfahrtspartei rechnen keineswegs damit, daß die von ihnen favorisierte Partei der Ideologie eines radikalen Islamismus gemäß handeln wird. Nur 16% der *Refah*-Wähler glauben, daß die Partei, selbst wenn sie eines Tages die Regierung in alleiniger Verantwortung übernehmen sollte, die Şeriat einführen werde. Sowenig demnach die Aktivität der Partei von ih-

3 Ich stütze mich im folgenden auf verschiedene quantitative Untersuchungen, hauptsächlich auf eine Umfrage des ARAŞ-Instituts für Meinungsforschung in Ankara-Kavaklıdere, die 1994 als repräsentativ für die Türkei unter Mitgliedern und Wählern der Wohlfahrtspartei durchgeführt worden ist. Daß die Untersuchung aus der Zeit vor der Regierungsbeteiligung der *Refah* und vor ihrer Verdrängung von der Macht stammt, ist eher von Vorteil als von Nachteil. Auf diese Weise wird verhindert, daß heute, da das Verbot der Partei diskutiert wird, aktuell aufschäumende Emotionen den Blick auf die grundlegenden Orientierungen und Entwicklungen innerhalb der RP-Wähler- und -Sympathisantenschaft verstellen. Die Untersuchung wurde von der Partei des Rechten Weges (Doğru Yol Partisi, DYP, heute unter Tansu Çiller) in Auftrag gegeben, die seinerzeit als größerer Koalitionspartner die Regierung anführte und näheres über die Faktoren für den Aufwärtstrend der RP in Erfahrung bringen wollte. Das Meinungsforschungsinstitut ARAŞ steht dem national-religiösen und konservativen Spektrum nahe, das sich mit der Wählerschaft der *Refah* teilweise überlappt. Diese Tatsache wirkte sich günstig auf Zugangsmöglichkeiten der Interviewer zur Zielgruppe und auf die Konzeption der Fragebogen aus. Die Untersuchung, die auch eine Reihe offener Interviews mit Funktionären der mittleren Ebene und mit Mitgliedern der Wohlfahrtspartei enthält, wurde nicht veröffentlicht. Ich zitiere aus dem Bericht der Untersuchung, wie er dem Auftraggeber vorgelegt wurde; vgl. ARAŞ: *Refah Araştırması, Ankara*, Oktober 1994.

ren eigenen Wählern als Reflex ihrer (bzw. der ihr zugeschriebenen) religiösen Ideologie betrachtet wird, sowenig gilt den Individuen der gleichen Gruppe ihre eigene Entscheidung für die Wohlfahrtspartei als zwingende Folge ihres islamischen Glaubens: Weniger als 15 % der *Refah*-Wähler sind der Ansicht, es sei für eine religiös-gerechte Lebensführung notwendig, auch islamistisch zu wählen und die eigene Stimme der *Refah* zu geben. Die Skepsis innerhalb der *Refah-community* gegenüber extremen Positionen, die in islamistischer Politik auf die Forderung nach der Einführung der Şeriat hinauszulaufen pflegen (vgl. Shepard 1987/88), äußert sich auch darin, daß bei der Frage nach möglichen Nachfolgern für den betagten Parteiführer Necmettin Erbakan die Protagonisten religio-politischer Radikalität am schlechtesten abschneiden, während pragmatische und relativ tolerante Führergestalten Spitzenwerte erzielen. So können sich ganze 2,3 % für den islamistischen Einpeitscher Şevki Yilmaz erwärmen und der scharfe Atatürk-Kritiker Hasan Mezarcı kommt gar nur auf 0,7 %. Der relativ weltoffene und gewandte Bürgermeister von Istanbul, Recep Tayyip Erdoğan, hingegen liegt mit 51,2 % unangefochten an der Spitze.

Daß man die Partei, die man wählt (und damit auch die eigene politische Position, die sie vertreten soll), keinesfalls als radikal und sich selbst nicht als militant empfindet, wird auch an anderen Ergebnissen deutlich. Gefragt danach, ob die Armee – seit den Tagen der türkischen Verfassungsbewegung Hauptwidersacher konservativ-religiöser Kräfte – die alleinige Regierungsübernahme der Wohlfahrtspartei dulden würde, glaubten 1994 wiederum nur 16% der *Refah-Wähler* an ein Einschreiten der Militärs.

Wenn auch nicht auf programmatischer Ebene, die Religion spielt für die Wähler der *Refah* natürlich eine entscheidende Rolle. Etwa 54 % ihrer Mitglieder und Sympathisanten geben an, sich die vorgeschriebenen fünf Male am Tage zum Ritualgebet niederzuwerfen. Anderen Untersuchungen zufolge liegt die Rate für diese vollkommene Erfüllung der Gebetsvorschriften für die Gesamtbevölkerung nur zwischen 22 %[4] und 26 %[5], steigt auf dem Lande auf ca. 30%, soll jedoch für die Wähler der beiden Mitte-Rechts-Parteien auf ca. 35 % klettern. Mit einer im Vergleich zur Gesamt-

4 Vgl. den Untersuchungsbericht von SİAR (Sosyal ve İktisadi Araştırmalar A.Ş.): *Dini değerler araştırması*, Istanbul 1989.

5 Vgl. den Untersuchungsbericht von Danişmanlık-Araştırma-Proje: *Din (Gençlik) Araştırması*, Ankara 1986.

bevölkerung fast doppelt so hohen Gebetsrate ihrer Anhänger- und Wählerschaft kann die Wohlfahrtspartei in weiten Bereichen als eine »Partei der Ritustreuen« bezeichnet werden, in deren *Alltagsleben* das Religiöse nicht nur einen festen, sondern einen zentralen Platz einnimmt. Innerhalb der niedrigsten Einkommensgruppe unter den *Refah*-Anhängern klettert die Rate der perfekten Beter auf stolze 60%, und die Meinungsforscher im Auftrage der Konkurrenzpartei schreiben über die Betfreudigkeit des *Refah*-Klientels: »Es darf wohl angenommen werden, daß dies einer der Gründe dafür ist, daß diese Schicht, die in den letzten 15 bis 20 Jahren große Entbehrungen in Kauf nehmen mußte, nicht zu einem ernsten sozialen Problem geworden ist« (ARAŞ 1994, S. 36).

Ist also die religiöse Bindung auch der türkischen sunnitischen Muslime, wie das für Religiosität in vielen Fällen gilt, eher ein Faktor zur Dämpfung sozialer Konflikte und zur Verminderung von potentieller Gewaltanwendung? Bevor diese Folgerung kritisch diskutiert wird, seien noch einige andere Ergebnisse angeführt, die in diese Richtung weisen.

An seiner laizistisch-religiösen Front kämpfen im türkischen Kulturkampf zwei Antagonisten, die sich als die Verkörperungen gegensätzlicher und miteinander unversöhnlicher Prinzipien begreifen, jedoch in mancher Beziehung viel gemeinsam haben: die Islamisten und der sich laizistisch gebende Staat. Dem *Staat* ist die religiöse Identität seiner Bürger jedoch gleichzeitig ein zentrales Kriterium für seine Fähigkeit zu ihrer ideologischen Einbindung. Er hat in Erziehung und Kult nur den sunnitischen Islam hanefitischer Rechtsschule institutionalisiert, maßt sich das Definitionsmonopol über dessen Auslegung an und erhebt ihn damit quasi zur Staatsreligion (vgl. Seufert 1998). Diese Verbindung zwischen dem Staat und *der* Form der Religion, deren Einfluß im öffentlichen Leben zurückzudrängen er einst angetreten war, wurde gerade in der von der Armee bestimmten Periode nach dem Putsch von 1980 am innigsten. Die Förderung des sunnitischen Islams sollte dazu dienen, nicht nur religiöse, sondern auch politische, sprachliche (ethnische) und regionale Differenzen in der Bevölkerung zu verdecken und damit das Aufbrechen von Interessenkonflikten zu verhindern.

Die Nutzung der Mehrheitsreligion als Mittel zum Bau der Nation ist ohne weiteres verständlich, doch die Untersuchung zeigt, daß eine religiös und kulturell einheitliche und dem Staate eng verbundene Bevölkerung auch die Sehnsucht eines großen Teils der

Refah-Wähler ist. Sie sind davon überzeugt, daß gerade ihre Partei Ziele wie die »Zusammenarbeit von Staat und Nation«, »Einheit und Zusammenhalt« und »nationale Geschlossenheit« verwirklichen würde. Wie dem Staatsapparat ist auch den Wählern der *Refah* der Schulterschluß zwischen dem Staat und seiner ›einheitlichen Nation‹ Voraussetzung für dessen Unabhängigkeit und für die Erhöhung des internationalen Ansehens der Türkei. Äußerungen lokaler RP-Funktionäre machen deutlich, wie in ihrem Denken religiöse sowie nationale Einheitlichkeit und staatliche Unabhängigkeit zusammengehören: »Alle [anderen] Parteien sind vom Ausland abhängig. Wir sind [als Norm, G. S.], wie Atatürk gesagt hat, vollkommen unabhängig. Wir müssen uns nicht Amerika zum Vorbild nehmen. Was das Land auf den Beinen hält, ist die Einheit im Glauben.«[6]

Wie Teilen des Staatsapparats ist auch den RP-Wählern die Einheit im Glauben Antidot gegen ethnische Differenzierung, insbesondere gegen kurdischen Separatismus. Von ihrer Partei erwarten die Wähler der *Refah* jedoch, daß sie zu einer grundsätzlich anderen Haltung den Kurden gegenüber findet als der Staat: »Die Muslime sind Brüder. Wichtig ist die Geschlossenheit derjenigen, die gleichen Glaubens sind. Dieser Ansatz hat uns im Südosten zur stärksten Partei gemacht. Die RP lehnt den Türkismus genauso ab wie den Kurdismus. Die Sondereinheiten streifen durch die Städte und machen das Handzeichen der MHP.[7] Unserer Meinung nach fordert das den Rassismus heraus. Das wird von staatlichen Einheiten gemacht. Der Staat unterstützt im Südosten die MHP. Die Menschen werden zur Abwanderung gezwungen. In Şirnak gibt es gerade noch drei Dörfer, die nicht niedergebrannt worden sind. Die Lösung kann nur die Vereinigung im Namen islamischer Brüderlichkeit sein.«[8]

Ihre nur wenig ausgeprägte Begeisterung für radikale Positionen, die Bereitschaft eines großen Teils von ihnen, im Glauben die relativierende Erklärung für ein entbehrungsreiches Diesseits und im Ritus Trost vom Unbill dieser Welt zu finden, die enge Verbun-

6 So Yılmaz Aca, stellvertretender Vorsitzender der Provinzgliederung Sakarya, zit. nach: ARAŞ 1994, S. 64.

7 Gemeint ist die präfaschistische Milliyetçi Hareket Partisi (Partei der Nationalistischen Bewegung), bis zu seinem Tod 1997 unter dem ehemaligen Obersten Alparslan Türkeş.

8 So der Bauingenieur Şadi Taniş, Vorsitzender der Kommission für Öffentlichkeitsarbeit der RP-Gliederung Sakarya, zit. nach ARAŞ 1994, S. 68.

denheit, die vom politischen Konservatismus geprägte Menschen mit dem Staat zeigen, und die daraus folgende Bereitschaft, sich mit ihm zu identifizieren, all das läßt die Wähler der Wohlfahrtspartei in ihrer großen Mehrheit als ruhe- und ordnungsliebende Bürger erscheinen, als einen Teil der Gesellschaft, der relativ schwierig zu mobilisieren, geschweige denn zu Gewaltaktionen zu bewegen ist.

Hinzu kommt, daß die *Refah-community* in sozioökonomischer und bildungsmäßiger Hinsicht nur in geringem Maße Besonderheiten aufweist, sich nahezu als Spiegelbild der Gesamtbevölkerung der Republik Türkei präsentiert[9] und deshalb selbst ökonomische Konflikte nicht von vorneherein dazu angetan sind, die *Refah-community* schnell zu radikalisieren.

Welche Gründe lassen sich dafür anführen, daß Eigen- und Fremdwahrnehmung der islamistischen Bewegung der Türkei so weit auseinanderklaffen?

3. Essentialisierung als Herrschaftsinstrument

Bei der Einschätzung des Handelns von Muslimen werden oft gerade jene – das Handeln bestimmenden – Faktoren übersehen, die am offensten zutage treten: die als selbstverständlich geltenden Regeln des Alltagslebens und seine Zwänge. Bei der Beschreibung von Vorgängen in muslimischen Ländern läßt sich bisweilen ein konsequenter Verzicht auf all die Kategorien, Begriffe und Überlegungen beobachten, mit denen üblicherweise das Verhalten von Individuen, Gruppen und Gesellschaften des Westens benannt und ›erklärt‹ wird. Statt dessen wird gerne auf die Religion rekurriert, was Reinhard Schulze davon sprechen läßt, daß wir nicht in der Lage seien, »unseren Blick auf andere Kulturen zu säkularisieren«.[10] Doch gibt es wirklich eine distinkte islamische Weltansicht, und wenn ja, worin besteht ihre Besonderheit?

9 Zwar schwankt der Anteil der *Refah*-Wähler in den verschiedenen Einkommensgruppen zwischen 22% und 12% (bei einem Durchschnitt von 17%), wobei die Partei in der untersten Einkommensstufe 18% und in der höchsten Einkommensstufe nur 12% erreicht; doch dafür liegt die Rate der RP-Wähler in der zweithöchsten Einkommensstufe bei 22%. Auch bei einer Aufteilung der RP-Wähler nach dem Bildungsgrad ergeben sich keine signifikanten Schwerpunkte.

10 So Schulze in seinem Vortrag »Secularism and religion in Western and Islamic societies today«, gehalten auf der Konferenz »Islam and democracy« TÜSES, Istanbul am 27. 11. 1993.

Die Bejahung der grundlegenden Frage und die nicht nachlassende Entschlossenheit zur Spezifizierung des angenommenen Gegenstandes kann mit gutem Grunde als eine der Triebkräfte der europäischen Orientalistik bezeichnet werden (vgl. Said 1981, Stauth 1993). Ihre Objekte waren primär der vermutete materielle Kern der Religion, der Heilige Text und seine Derivate, kanonisierte Schriften also, über deren Studium Zutritt zu jenen »letzten Werten« zu erlangen sei, die die »Sinnhorizonte« und damit auch »das distinkte kollektive Gedächtnis« ihrer Gläubigen letzthinnig bestimmen sollten (vgl. Scheffler 1996, S. 2).

Beiläufig nur sei erwähnt, daß eine von den Heiligen Texten ausgehende Einschätzung wahrscheinlichen politischen Handelns (und seines Gewaltpotentials) auch für ›die Christen‹ ungünstige Prognosen erbrächte. Würden sich beispielsweise muslimische ›Okzidentalisten‹ auf der Suche nach den Wurzeln historischer europäischer Kriegsbegeisterung den Heiligen Texten des Christentums nähern, würden sie schnell feststellen, daß beispielsweise das alttestamentarische Tötungsverbot *im hebräischen Wortlaut* keineswegs allgemein gilt, sondern nur den Totschlag an Israeliten verbietet (vgl. Stamm 1945). »Andere Tötungsformen sind hingegen ausdrücklich geboten, namentlich das Erschlagen von Götzendienern, das Hinrichten von Zauberern, Ehebrechern, Sodomiten, Homosexuellen und ungehorsamen Söhnen, die Blutrache an Mördern und vor allem die vollständige physische Ausrottung der anderen kanaanäischen Völker« (Scheffler 1991, S. 10).

Nicht nur ihres deterministischen Charakters wegen also muß eine von den Texten ausgehende Bestimmung potentiellen muslimischen Handelns (und seines Gewaltpotentials) zurückgewiesen werden, sondern auch wegen der vielfältigen Interpretationsmöglichkeit, die religiösen Texten eigen ist und die unter unterschiedlichen räumlichen, zeitlichen und politischen Bedingungen zu vollkommen gegensätzlichen ethischen Anleitungen führt. Insbesondere die Auffassung, die politisierte Massen der mittleren und unteren Volksschichten vor dem Hintergrund moderner politischer Ideologien von ihren Religionen entwickeln, ist dem Verständnis dieser Religionen, das zu ihren Entstehungszeiten oder in ihren ›klassischen‹ Perioden herrschte, oft diametral (vgl. Seufert 1997b). So läßt sich heute auf Sri Lanka Terror buddhistisch rechtfertigen, und auch im Hinduismus, der in seinen Texten keinen

Heiligen Krieg kennt, bilden sich heute dem islamischen Jihad analoge Konzepte heraus.

Auf ›orientalistische‹ und essentialistische Weise vorgenommene *Beurteilungen* des handlungsleitenden Charakters des Islams münden zwangsläufig in *Verurteilungen*, unter denen die einer spezifischen Begrenztheit und damit Deplaziertheit ›der islamischen Weltansicht‹ noch die harmloseste ist. Folgenreicher noch ist, daß mit der Festschreibung einer spezifischen islamischen Weltansicht die Handlungs- und Gestaltungspotentiale der Muslime in eng begrenzte ›Sinnreservate‹ verwiesen, damit für inadäquat erklärt werden und auf diese Weise politische Herrschaft und kulturelle Hegemonie über Muslime legitimiert werden konnte und teilweise immer noch legitimiert wird.

4. Das Vorgehen der Republik Türkei: Beispiel einer durch essentialistische Zuschreibung legitimierten Herrschaft

Im Konflikt, den in der Türkei der Staat mit dem politischen Islam ausficht, tritt der Zusammenhang zwischen der Rechtfertigung (demokratisch nicht legitimierter) Herrschaft mit determinierenden Definitionen der Weltansicht der Beherrschten deutlich hervor. Im August 1997 hat sich der Generalstaatsanwalt des Kassationsgerichtshofs dem Verfassungsgericht gegenüber bemüht, Inhaltliches für ein Verbot der Wohlfahrtspartei vorzutragen. In seiner Begründung der Verfassungswidrigkeit der proislamischen Partei spielt nicht die Beurteilung der politischen Schriften der Partei die zentrale Rolle, sondern weitgehend entscheidend ist die Beurteilung des Islams selbst, die Beurteilung der Religion also, wie sie sich als Text des Korans darbietet. Der Staatsanwalt liest aus den Suren 2 (Die Kuh) und 4 (Die Frauen) die Rechtfertigung ungleicher Rechtsstellung der Geschlechter, aus der Sure 6 (Das Vieh) die der prinzipiellen Ungleichheit der Menschen und aus der Sure 43 (Der Prunk) die Zementierung von Armut und Reichtum. Diese aus dem Heiligen Text gefilterten ›Eckpfeiler islamischer Weltansicht‹ führten, so die Argumentation des Generalstaatsanwalts, die Wohlfahrtspartei, die tatsächlich ohne ihre islamische Symbolisierung undenkbar ist, früher oder später nahezu zwangsläufig dazu, gegen die Verfassung und die geltenden Gesetze zu verstoßen. In einem weiteren Schritt wird dem so desavouierten Islam der Kemalismus entgegengestellt, der kraft der ›Liberalität und Fortschrittlichkeit‹, die er aus diesem Vergleich gewinnt, gleichzeitig seine demokratische Legitimation unter Beweis gestellt zu haben scheint. Zwar findet diese Argumentationsfigur im genannten Gutachten ihre bisher weitestgehende Ausarbeitung, sie ist jedoch in der Türkei bereits seit der Verfassung aus den sechziger Jahren gang und gäbe. Über die Nutzung der Gerichte und der Bürokratie hat sie der kemalistischen Elite die Fortsetzung ihrer Laizisierungspolitik auch gegen konservative und religiös gebundene Regierungen und Parlamentsmehrheiten ermöglicht.

Dieses Vorgehen des türkischen Staates wirft Licht auf eine Dimension, die bei der Beurteilung der Gründe für die Attraktivität des politischen Islams häufig übersehen wird.[11] Tatsächlich: Was verleiht einer Bewegung ihre soziale Dynamik, deren große Mehrheit politisch gemäßigt orientiert ist, ihre Partei als legitimen Teil des bestehenden politischen Systems ansieht, sich stark mit dem Staat identifiziert und um sein Wohlergehen besorgt ist, mehr als die Anhänger aller anderen Parteien Trost im Ritus sucht, der vom Staat durch Institutionalisierung unterstützten Konfession angehört und die darüber hinaus *nicht* als gesonderte ökonomische Klasse gefaßt werden kann?

Die Angehörigen der *Refah-community* jedenfalls nennen auf die Frage nach den Ursachen für den Erfolg der Wohlfahrtspartei mit 53 % am häufigsten die Angriffe der anderen (laizistischen) Parteien und die Kampagnen der staatstragenden Presse auf ihre Partei.[12]

In dieser Perspektive scheinen die Dynamik und mit ihr zusammen die etwaige Explosivität des laizistisch-islamischen Kulturkampfs der Türkei – genauso wie die des sprachlichen (ethnischen) und die des interreligiösen (christlich-muslimischen) Konflikts – weniger die Folge einer Offensive ziviler (nichtstaatlicher), gesell-

11 Obwohl die Republik Türkei die Laizisierung weiter getrieben hat als andere muslimische Länder, steht sie hinsichtlich einer säkular-modernistischen Legitimierung einer von den breiten Bevölkerungsschichten relativ unabhängigen Zentralgewalt nicht alleine da. Vielmehr ist das kulturell interventionistische Vorgehen des Staates für die Dynamik der stark reaktiven islamistischen Bewegungen allgemein nicht zu unterschätzen.

12 Im Unterschied zu heute konnte im Jahr 1994 neben all dem von einem Vorgehen des Staates selbst – in Gestalt seines Militärs und von Teilen seiner Bürokratie – gegen die *Refah-community* noch keine Rede sein.

schaftlicher Kräfte gegen das Machtzentrum oder die Bürokratie des Staates zu sein. Es sieht vielmehr danach aus, als seien die Interventionen dieses Zentrums in die Lebensführung religiös gebundener Menschen – eine im Verständnis der Betroffenen religiös legitimierte und damit gerechte Lebensführung – ein wichtiger Grund für die anhaltenden Spannungen. Tatsächlich sind die jüngsten Maßnahmen, die die Regierung auf Betreiben der Militärs gegen die Wohlfahrtspartei und deren Umfeld im medialen, karitativen, pädagogischen, kultischen, aber auch im wirtschaftlichen Bereich getroffen hat, einer der Hauptfaktoren für die aktuelle Anheizung des Konflikts zwischen dem laizistischen und dem islamistischen Milieu. Zu diesen Maßnahmen gehören: die mit der Ausweitung der Pflichtschulzeit erreichte Abschaffung des Unterbaus der Predigergymnasien, die zentrale Ausrichtung und strikte Kontrolle der Korankurse, die Einschränkung von Stiftungsaktivitäten, die Anwendung längst vergessen geglaubter Gesetze gegen ›religiöse‹ Bekleidung sowie die Ausgrenzung und Benachteiligung ›religiösen‹ Kapitals. Die Verschärfung von Strafvorschriften ist in der Diskussion.

Neben dieser dem genannten Milieu selbst *äußerlichen Dynamik* seines Wachstums sind die *innerlichen Dynamiken* einer Politisierung des Islams, wie sie sich in Entstehung und Wachstum einer proislamischen Partei niederschlagen, nicht zu übersehen. Für letztere entscheidend ist jedoch nicht die *inhaltliche Gestalt der religiösen Lehre*, sondern die Stellung der Angehörigen des religiösen Milieus in einer gegebenen sozioökonomischen Situation und ihre von der Lehre nicht unbeeinflußte spezifische Wahrnehmung dieser Gegebenheiten.

5. Vorstellungen prinzipieller Gleichheit und patriarchale Moralität. Die theo-ideologischen Vorstellungen der *Refah-community* 2

Die *gesellschafts*politischen Erwartungen der RP-Mitglieder und -Sympathisanten bündeln sich nicht in »der Şeriat«, das wurde oben durch den Verweis auf den niedrigen Prozentsatz derer deutlich, die glauben, mit ihrem politischen Engagement innerhalb der Partei die Einführung des religiösen Rechts vorantreiben zu können. So *relativ* die *Hoffnungen auf die Einführung* der Şeriat sind, so verschwommen sind die *Vorstellungen* von den inhaltlichen Merkmalen einer vom Religionsgesetz geprägten oder zumindest beeinflußten Gesellschaftsordnung. Zwar ist der Parteiführung der Ausschluß des Zinses in der von ihr konzipierten »Gerechten Ordnung« (*adil düzen*) ein grundlegender Schritt in die genannte Richtung. Die Wähler jedoch verbinden mit einer gerechten Ordnung nicht koranische Wirtschaftsprinzipien, sondern weitestgehende Egalität in Fragen von Besitz, Einkommen, Status und Chancen, als deren Folge relative »Gerechtigkeit« und damit allgemeine »Seelenruhe« Einkehr halten würden. In den Augen ihrer Wähler ist die *Refah* weniger ein Mittel zur Inkraftsetzung göttlich niedergelegter Vorschriften als zur Etablierung eines ethisch vertretbaren Verhältnisses von relativer Armut zu relativem Reichtum. Ausgelöst durch Massenmigration, Arbeitslosigkeit, neue Produktions- und Akkumulationsformen hat die Differenz zwischen Arm und Reich besonders nach 1980 Ausmaße angenommen, die in den ethischen Kategorien einer traditionell denkenden Bevölkerung nicht mehr zu rechtfertigen sind. Doch nicht wegen seiner Quantität wird Reichtum unmoralisch, sondern weil er sich nicht mehr durch gute Werke legitimiert und weil seine Konsumtion in den Augen einer religiös gebundenen Bevölkerung in amoralischen Formen erfolgt. Allein das erklärt, warum eine in den Kriterien Einkommen und Besitz *alles in allem durchschnittliche* und damit in sich hochdifferenzierte RP-Wählerschaft mit der Vorstellung von einer »Gerechten Ordnung« primär ›Gleichheit und Gerechtigkeit‹ verbindet.

Tatsächlich ist die Wohlfahrtspartei – wie oben ausgeführt – weder eine ›Partei der Armen‹ noch eine ›Partei der Ungebildeten‹, sie ist jedoch eine ›Partei der Männer‹. In der genannten Umfrage gaben 18,4% der Männer an, bei den kommenden Wahlen für die *Refah* zu stimmen, aber nur 11,6% der Frauen wollten sich für die Islamisten entscheiden. Kein anderes Merkmal produziert so gravierende Differenzen in den Unterstützerraten wie das Geschlecht, und islamistisches Engagement muß deshalb allgemein in enger Verbindung mit traditionellen patriarchalen Beziehungsmustern und speziell mit der ›Gefahr‹ ihrer Auflösung und der daraus folgenden ›Notwendigkeit ihrer Konservierung‹ gesehen werden (vgl. Riesebrodt 1990). Auch in dieser Frage jedoch greift eine auf die Gestalt der religiösen Lehre rekurrierende Erklärung zu kurz.

Denn größer noch als bei den Wählern der Wohlfahrtspartei ist der Unterschied zwischen Männern und Frauen bei den Wählern der präfaschistischen MHP. Diese kommt bei den Männern auf 12,7%, bei den Frauen jedoch nur auf 5,5%; die Differenz zwischen den Geschlechtern beträgt hier also mehr als 50%.

Die Konzepte von Gerechtigkeit und von (prinzipieller) Gleichheit (der Gläubigen), die bei den Angehörigen des traditionalen, religiös-gebundenen Milieus vorherrschen, repräsentieren sich ebenso in religiösen, d.h. in islamischen Normen, Regeln, Begriffen und Theoremen wie seine patriarchal konnotierten Sittlichkeitsvorstellungen. In ihrem Zusammenhang lassen diese Normen, Regeln, Begriffe und Theoreme die spezifischen Gesellungsformen dieses Milieus in Einklang mit primordialen (göttlichen) Wertsetzungen erscheinen. Die Kombination der Merkmale hohe Gläubigkeit (Ritustreue), patriarchale Sittlichkeit (Männer-Bias) und Favorisierung egalitärer Sozialordnung (Gerechte Ordnung ~ Gleichheit) ist ein Hinweis darauf, daß die RP eine ›Partei der religiösen Moralisten‹ ist. Sie wird von Menschen gewählt, die ihre ethische Orientierung in nahezu allen Lebensbereichen mit Hilfe religiös konnotierter Termini ausdrücken, ihre Vorstellungen von ›rechtem‹ Familienleben ebenso wie die von ›aufrechtem Wirtschaftshandeln‹: »Wenn die Leute sich nicht mehr darum scheren, ob sie rechtschaffen [*helal*] zu ihrem Gewinn kommen, und die Einkommensunterschiede größer werden, lassen sich Betrügereien nicht verhindern.«[13]

›Moralisch gebotenes‹ soziales Engagement wird in diesem Milieu genauso aus dem Glauben heraus verstanden wie Vorstellungen zur Ordnung der politischen Sphäre: »Das größte Problem unseres Landes ist die Verwilderung in der Politik, und die kommt aus der Sittenlosigkeit. [...] Der Hauptgrund für die Betrügereien in unserem Lande ist, daß die Leute sich von der Religion verabschieden. Ein Staat ohne [religiösen] Glauben kann nicht erfolgreich sein.«[14]

Diese Feststellung gilt für nahezu die gesamte Stammwählerschaft der Partei. Sie findet ihren reinsten Ausdruck in den Angehörigen der niedrigsten Einkommensgruppe, bei denen die Ent-

13 So der Bauingenieur Şadi Taniş, Vorsitzender der Kommission für Öffentlichkeitsarbeit der RP-Gliederung Sakarya, zit. nach ARAŞ 1994, S. 68.

14 So der Freiberufler und RP-Sympathisant Abdullah Demir, zit. nach ARAŞ 1994, S. 67.

scheidung für die RP aus Motiven sozialer Gerechtigkeit mit der Entscheidung für die RP aus ›religiösen Gründen‹ parallel geht. (Mit steigendem Einkommen hingegen fällt die Bedeutung der – der Partei zugeschriebenen – Merkmale *»verhindert Ungerechtigkeiten«* und *»ist eine der Religion ergebene Partei«*.) Insofern ist den Wählern der RP die Religion nicht ›Gesetz‹, sondern Form symbolischer Repräsentation einer gleichheitsbetonenden, aber das Individuum negierenden Ethik sowie einer konservativen Sittlichkeit.

6. Die Metamorphose der Wohlfahrtspartei

Heute sind Wähler- und Mitgliederschaft der Partei in einem raschen Gestaltwandel begriffen, der u. a. mit der Ausweitung der gesellschaftlichen Basis der *Refah* einhergeht. Ein Vergleich ›alter‹ und ›neuer‹ Wähler[15] der Partei läßt Aussagen über die Richtung der Veränderung zu, denen die Wohlfahrtspartei unterworfen ist.

Demnach ist unter den ›Neuwählern‹ der *Refah* der *Anteil der Frauen* höher als unter ihren ›Altwählern‹, außerdem steigt der *Anteil der unter 30jährigen* und der *Anteil der niedrigen Einkommensgruppen* kräftig an. Die *Tendenz* geht von einer ›Partei der stark religiös gebundenen älteren anatolischen Mittelständler‹ zur ›Partei der jüngeren, auf soziale Gleichheit wertlegenden und geschlechtlich stärker ausgeglichenen Stadtarmut‹. Dementsprechend unterschiedlich präsentieren sich auch die Einstellungen der ›neuen‹ *Refah*-Wähler: Von ihnen sind entschieden weniger der Meinung, daß Laizismus mit Religionslosigkeit gleichzusetzen sei, und unter ihnen ist die Rate der unsäumigen Beter wesentlich geringer. Auch die Anteile derer, die der Partei primär aus religiöser Überzeugung die Stimme geben wollen, und derer, die glauben, mit der Stimmabgabe eine religiöse Pflicht zu erfüllen, nehmen deutlich ab. Das gleiche gilt für die Gruppe, die die Propaganda der Partei besonders ansprechend findet.

Ihr großer Erfolg bei den Kommunalwahlen von 1994 stärkte die Gruppen innerhalb der proislamischen Partei, die gegen Kon-

15 Als ›alte‹ Wähler wurden diejenigen eingestuft, die der *Refah* bei den Kommunalwahlen vom 27. März 1994 ihre Stimme gegeben hatten, als ›neue‹ Wähler hingegen gelten diejenigen, die zum Zeitpunkt der Umfrage (September 1994) angaben, für die Wohlfahrtspartei stimmen zu wollen, und dies früher nicht getan hatten.

zepte einer religiös-orthodoxen Kaderpartei eine (religiös ausgerichtete) wertkonservative Massenpartei favorisierten und auf eine Öffnung zu anderen Wählerschichten drängten: zu den konservativen Wählern der Mitte-Rechts-Parteien, aber auch zu sozial benachteiligten Schichten und sogar zu Gruppen der heterodoxen Alewiten, die in weiten sunnitischen Kreisen als gottlos gelten. »*Ausbruch aus der Moscheegemeinde*« hat diesen Ansatz Bahri Zengin, einer ihrer Vordenker, in einem Interview genannt. Es wurde unter dem Titel »*Die Refah repräsentiert nicht den Islam*« veröffentlicht, der Zengins Absage an das Konzept einer Şeriat-Partei zum Ausdruck bringt.[16] Jede Veränderung in diese Richtung ist ein weiterer Schritt von einer Partei, die eine qualitativ andere Gesellschaftsordnung vertritt, zu einer solchen, die eine stärkere quantitative Berücksichtigung ihrer Wählerschichten im Rahmen des Status quo anstrebt. Der kalte Putsch des Militärs gegen die Regierung Erbakan und ihr Vorgehen gegen religiöse Erziehung, gegen vielfältige Formen islamischer Caritas, gegen die islamistische Presse und gegen die anatolischen Finanziers der islamistischen Bewegung hat einen relativ friedlich verlaufenden Prozeß der Integration religiös gebundener Schichten in das parlamentarische System abgebrochen. Dieser Prozeß erinnert in vieler Hinsicht an die vorhergehenden Wellen der ›Anatolisierung‹ und ›Islamisierung‹ der türkischen Politik: an die Demokratische Partei (DP) Adnan Menderes', an die Gerechtigkeitspartei (AP) Süleyman Demirels und nicht zuletzt an die Mutterlandspartei (AnaP) Turgut Özals – Parteien, die sich im innertürkischen Streit alle der Beschuldigung gegenübersahen, die religiöse Reaktion zu stärken und die laizistische Ordnung der Republik zu untergraben.

Die aktuelle Auseinandersetzung um die »Predigerschulen« und die Korankurse wird vom islamisch bewegten Teil der türkischen Gesellschaft in einer bisher nicht gekannten Entschlossenheit geführt. Die Wohlfahrtspartei hat offen zum zivilen Ungehorsam aufgerufen, zentrale und dezentrale Demonstrationen ohne vorherige Anmeldung organisiert und den militanteren Kräften der Bewegung freieren Lauf gelassen. Ägyptischen und algerischen Vorbildern folgend halten diese auf Demonstrationen Polizisten den Koran entgegen, ganz wie der Priester dem Teufel die

16 Zengin, Bahri: *Refah, Islam'i temsil etmiyor*, in: *Gazete Pazar*, 3. 8. 1997, S. 6.

Bibel. Die Auseinandersetzung hat dazu geführt, daß selbst traditionelle Orden ungewohnt radikale Töne angeschlagen und ihre generelle Kritik an einer ›(Partei-)Politisierung‹ des Islams vergessen haben.[17] Doch trotz einzelner körperlicher Angriffe aus den Reihen der Freitagsgebetsdemonstrationen heraus, die sich interessanterweise weniger gegen Polizisten als gegen Journalisten und Politiker der laizistischen Parteien richteten, ist nicht mit einem Anschwellen der Gewalt zu rechnen. Zu klein ist die Gruppe derer, die den gewaltsamen Konflikt sucht – gerade angesichts der großen Ablehnung, die das Vorgehen der Regierung Yılmaz in der Öffentlichkeit fand. So haben sich dem international tätigen Gallup-Institut gegenüber 38 % der Befragten gegen die Verlängerung der kemalistisch orientierten Einheitsschule ausgesprochen.

In der *Refah-community* paaren sich Konservatismus, Staatstreue und Untertanengeist mit einer stark patriarchal ausgerichteten, auf den Erhalt männlicher Vorherrschaft und damit auf den Schutz traditioneller Hierarchien gerichteten Moralität, die dazu tendiert, die Rechte des Individuums zu negieren, und freiheitlichem Denken abhold ist. Eventueller Zorn einer von solchen Merkmalen bestimmten politischen Bewegung wird sich nicht direkt gegen die Autorität richten, die der Staat trotz alldem ist. Die Konfliktlinie wird nicht einfach zwischen Staat und islamistischer Bewegung verlaufen, sondern der Zorn wird sich – mit großer Wahrscheinlichkeit – eher gegen ›Minderheitengruppen‹ und deren ›Machenschaften‹ richten. Kollektive Gewaltaktionen sunnitischer Muslime haben sich bisher nicht gegen den Staat, sondern gegen die religiöse Minderheit der heterodoxen Alewiten gerichtet, die in den siebziger Jahren in Kahramanmaraş und Malatya und 1993 in Sivas Opfer von pogromähnlichen Ausschreitungen wurde (vgl. Vorhoff 1995).

17 So findet beispielsweise Esat Çoşan, einflußreicher Scheich der İskender-Paşa-Loge des Nakşibendi-Ordens, der sich früher mit Islamo-Politik zurückgehalten hat, heute markige Worte: »Die sagen: ›Der Islam ist eine Religion der Toleranz‹ und wollen damit eigentlich sagen: ›Mische dich nicht in mein Lotterleben ein‹, die wollen die Muslime ruhig stellen. Die wollen im Bikini schwimmen gehen, die Säufer wollen dem Alkohol frönen, die Spieler dem Glücksspiel anhängen, und die Muslime sollen sich – weil der Islam ja eine Religion der Toleranz sei – nicht einmischen. Die versuchen, uns Opium einzuflößen. Der Islam ist keine duldende Religion, sondern eine Religion, die das durchsetzt, was rechtens ist. In dieser verrückten Lage wird einem Recht nicht gewährt, sondern man muß es sich nehmen.« (Çoşan, zit. nach Şeyhten isyan çağrısı, Faksimile in Akıncı Yol 5, 1997/6, S. 14.)

Um dies näher ausführen und um das Gewaltpotential der islamistischen Bewegung *innerhalb der gesellschaftlichen Verhältnisse der Republik Türkei* betrachten zu können, sollen jetzt – wie oben angekündigt – allgemeine Überlegungen zur Gewalt in der Türkei angestellt werden.

7. Gewalt im türkischen Alltag

In der Türkei ist der soziale Alltag der Bevölkerung weitgehend durch die eigentümliche Gestalt ihrer sozialen Beziehungen bestimmt. Ein Großteil der türkischen Bevölkerung lebt nach wie vor unter der Hegemonie traditioneller Solidargemeinschaften wie der Familie, der Verwandtschaft, der Nachbarschaftsgruppe, der Moscheegemeinde und anderer Gemeinschaften lokaler und religiöser Natur. Das sich ergänzende Neben- und Übereinander dieser sozialen Einheiten hat relativ feste Modi der Zugehörigkeit zur Folge und schlägt sich im Bewußtsein der Individuen als eine positive Bewertung von Grenzen, die dem individiduellen Handeln gesetzt sind, nieder (vgl. Schiffauer 1993, S. 12ff.). Die Betonung der Rechte der jeweiligen gemeinschaftlich strukturierten[18] Einheit geht zu Lasten der Rechte des Individuums, das beim Überschreiten seiner Grenzen der Infragestellung der stark hierarchischen Beziehungen beschuldigt und mit ausgeprägt gewaltförmigen Sanktionen belegt wird. Deshalb ist trotz aller modernen Elemente im städtischen Leben der (West-)Türkei die Sozialisation der breiten Volksschichten immer noch stark vom Einsatz körperlicher Gewalt gekennzeichnet. Der Zusammenhang von körperlicher Gewaltanwendung und Aufrechterhaltung der anerkannten sozialen Verwebung ist in vielen Einzelheiten aufweisbar, sei es im Sprichwort oder in der Rechtfertigung der physischen Züchtigung durch die Gezüchtigten. Umfragen zufolge werden ca. 40 % der *Istanbuler* Frauen von ihren Ehemännern geschlagen, 49 % der gleichen Gruppe meinen allerdings, daß die Gewaltanwendung durch den Mann in bestimmten Fällen gerechtfertigt sei: etwa wenn die Frau ihren Mann betrüge, aber auch wenn sie ihm nicht gehorche, nicht auf die Kinder achtgebe, die Eltern des Mannes nicht achte, nach

18 Ich orientiere mich in diesem Zusammenhang an Nisbets Definition von *community*, die die strukturellen Dimensionen von Gemeinschaft betont (vgl. Nisbet 1966, S. 47f.).

Luxus verlange oder die sexuellen Wünsche des Mannes nicht erfülle; letzteres rechtfertigt die Züchtigung noch in den Augen von 25 % der Befragten (vgl. Esmer 1991, S. 16f.). In der Negierung der Rechte des Individuums treffen sich autoritäre Gemeinschaftsstrukturen und autoritärer Staat, und das Fremdbestimmtsein des Individuums kennzeichnet seine Realität nicht nur im von der Tradition geprägten nichtstaatlichen Bereich[19], sondern auch im Revier der öffentlichen Institutionen.

Die Anwendung körperlicher Gewalt setzt sich denn auch außerhalb der Familie ungebrochen fort. In der Schule ist die Prügelstrafe ebenso selbstverständlich wie beim Militär. In politischen Verfahren wird systematisch gefoltert, und selbst der Bürger, der wegen einer Lappalie in den Händen der Polizei eine Nacht auf der Wache zubringen muß, kann sich nicht sicher sein, dort nicht geschlagen zu werden.

Ob im nichtstaatlichen oder im staatlichen Bereich, solange physischer Zwang und körperliche Strafen in Konzepte gottgegebener Hierarchien und unhinterfragter politischer Ordnung eingebunden sind, bleiben sie unverzichtbarer Teil moralisch gerechtfertigter Lebensführung und erfahren weithin soziale Akzeptanz. Beide Sphären fallen zusammen, wenn staatliche Institutionen körperliche Gewalt in der privaten Sphäre zur Aufrechterhaltung der gegebenen sozialen Ordnungsmuster selbst anwenden oder legitimieren. Ein Beispiel: Artikel 475 des Türkischen Strafgesetzbuchs, der die Aussetzung von Neugeborenen sanktioniert, sieht bis zu einem Drittel Strafmilderung vor, wenn es sich bei dem ausgesetzen Säugling um ein uneheliches Kind handelt und wenn die Aussetzung mit der Absicht erfolgt, das eigene Ansehen oder das Ansehen eines Verwandten ersten Grades zu schützen.

Die patriarchale Moralität der *Refah-community* erscheint unter

19 Das zeigt sich am augenfälligsten in dem Bereich, der dem Menschen der westlichen Hemisphäre als der freieste erscheint, als der, in dem er jegliche Einmischung zurückzuweisen entschlossen ist, nämlich in der individuellen Geschlechterliebe: Noch 1997 lebt in der Türkei nahezu die Hälfte der Verheirateten in Ehen, die nicht aufgrund persönlicher Bekanntschaft geschlossen, sondern von den familialen Autoritäten arrangiert worden sind. Diese hohe Rate fremdbestimmter Eheschließungen wird verständlich, wenn man sich vor Augen hält, daß 1996 in den weniger entwickelten Gebieten des Ostens und Südostens auf dem Lande 44 % der 15jährigen und 78,1 % der 18jährigen Mädchen verheiratet waren. Auch in den Städten haben 21,4 % der Mädchen mit 15 Jahren bereits die Ehe geschlossen. Die Eheschließungsrate der 19jährigen Männer der Region lag nur knapp unter der der 15jährigen Frauen.

diesem Vorzeichen als die ausgeprägteste Spielart einer weithin gültigen moralischen Orientierung, die stark religiös symbolisiert wird. Diese Ausprägung der Moral ist keine Besonderheit des *politischen* Islams, sondern auch die staatliche Religionsbehörde vertritt in ihren Schriften das Züchtigungsrecht des Mannes. Der Streit über die Stellung der Religion im öffentlichen und politischen Leben hat deshalb immer eine sittlich-moralische Komponente.

Zum Problem werden die Verhaltensmechanismen einer überkommenen moralischen Ökonomie erst, wenn von außen neue Lebensstile eindringen und wenn von innen neue Anforderungen wirtschaftlicher Organisation traditionelle Gesellung aufbrechen und sich auf individueller Partizipation gründende ökonomische und politische Systeme etablieren. Ausgerichtet auf die (erneute) Gültigmachung zunehmend obsoleter Produktionsmodi, Gesellungsformen und Lebensmuster wird gewalthaftes Verhalten jetzt dysfunktional und deshalb als problematisch, bisweilen gar als pathologisch erlebt.

8. Alter Streit mit neuer Symbolisierung: Die Dynamik der türkischen Kulturkämpfe I

Zu letztgenannter Charakterisierung trägt der außergewöhnlich hohe Grad an manifester Gewalt im privaten wie im öffentlichen Raum bei, der seit Anfang der siebziger Jahre zu verzeichnen ist. Die gesellschaftliche Auseinandersetzung, damals um die Begriffe ›links‹ und ›rechts‹ gruppiert, wird seit den achtziger Jahren verstärkt im Namen unvereinbar scheinender politisch-kultureller Entwürfe für das öffentliche und private Leben ausgetragen. Türkismus vs. Kurdismus, Laizismus vs. Islamismus und Alewismus vs. Sunnismus sind vielerorts an die Stelle des früher klassenpolitisch symbolisierten Gegensatzes getreten.

Die Situation wird dadurch verschärft, daß auf der Ebene des Alltagslebens – den jeweiligen ideologischen Überzeugungen parallel – einander ausschließende sittlich-moralische Orientierungen aufeinandertreffen, deren tiefe Gegensätzlichkeit daher rührt, daß sie in ihrer rechtfertigenden Bezugnahme auf unterschiedliche Entitäten des sozialen Lebens rekurrieren. Entweder heiligen sie, wie das Laizismus, Feminismus und Kulturrelativismus tun, den isolierten einzelnen oder sie tabuisieren – wie die verschiedenen

Ausprägungen von Kulturabsolutismus mit ihrem traditionellen Kommunitarismus und patriarchalen Autoritarismus – die jeweilige ›primordiale‹ Gemeinschaft. Die dadurch entstehende Sprachlosigkeit zwischen den verschiedenen *kulturellen Lagern* (vgl. dazu Seufert 1997a, S. 21) wird durch den beängstigend geringen Vorrat an gemeinsamen Orientierungen und Werthaltungen der politischen Akteure verschärft, welcher diese zu einer Akzeptierung differierender Interessen der verschiedenen gesellschaftlichen Gruppen bewegen und sie auf allgemein anerkannte Wege der Konfliktlösung verpflichten könnte. Die Situation erinnert – wenn heute auch in neuartiger Symbolisierung (mit Hilfe ›autochthoner‹ Kulturmuster) – an die Zeit vor dem Staatsstreich von 1980.

Typisch für die aktuelle Phase gesellschaftlicher Transformation ist der noch allseits beobachtbare Vorrang, der dem Erhalt von hierarchisch strukturierten gemeinschaftsähnlichen Einheiten vor den Bedürfnissen des Individuums eingeräumt wird. Als Folge zunehmend globaler Sprachregelung berufen sich jedoch nahezu alle kulturellen Lager auf universelle Werte wie Demokratie und Toleranz, politische Partizipation und Menschenrechte, die gewöhnlich im Namen des Individuums formuliert werden. Zusammen mit der tatsächlich gegebenen sekundären Stellung des Individuums führt dies zu einem paradoxen Umgang mit jenen universellen Wertsetzungen. Demokratie und Toleranz, politische Partizipation und Menschenrechte werden in der Türkei *weniger als allgemeinere ethische Fassungen der jeweils konkreten Normen einer spezifischen kulturellen Gruppe* verstanden, deren grundlegende Gebote sie auf diese Weise in sich schlössen. Statt dessen verstehen nahezu alle kulturellen Lager der türkischen Gesellschaft die ihnen eigenen Normen und ihre besondere Moralität *als die bestmögliche (und manchmal gar als die einzig mögliche) Ausprägung universeller Werte*, was oft genug deren faktische Aberkennung für die Mitglieder der konkurrierenden kulturellen Lager zur Folge hat.

9. Die politische Verantwortung des laizistischen Staates

In der Requirierung universeller politischer Inhalte und Orientierungen für das eigene kulturelle Sinnsystem (und damit für die

Weigerung, die gleichen Wertsetzungen auch im kulturellen Material des konkurrierenden Lagers wahrzunehmen) treffen sich die laizistischen Kader kemalistischer Ausrichtung mit ihren schärfsten Widersachern, den Anhängern des politischen Islams. *Verantwortlich* für die politische Kultur der Republik und damit auch für den Grad ihrer Gewaltsamkeit ist qua Tatsache ihrer Herrschaft jedoch die laizistische Seite gewesen. Im Namen universeller Werte, und deshalb von der westlichen Welt gelobt, hat sie die Ausgrenzung all der Formen religiöser Identität betrieben, die zu ihrem eigenen Modell eines so ›laizistischen‹ wie ›sunnitischen‹ ›Türken‹ in Konkurrenz standen. Sie hat darüber hinaus differierende ethnisch-nationale Identitäten kriminalisiert. Der Preis für die Schaffung einer einheitlichen – zwar laizistischen, aber doch stark sunnitisch konnotierten – und sich ausschließlich türkisch verstehenden Nation war hoch: Die bereits kurz nach der Republikgründung[20] eineinhalb Millionen im Bevölkerungsaustausch mit Griechenland expatriierten orthodoxen Griechen der Schwarzmeer- und der Ägäisküste, die Pogrome an den griechischen Einwohnern Istanbuls in den fünfziger Jahren und die anschließende Auswanderungswelle stehen für die Eliminierung der griechisch-orthodoxen Bevölkerung der jungen Republik. Die inneranatolische Opposition gegen das Regime bezahlte, so die Angaben radikaler islamististicher Kreise, ihr Aufbegehren gegen die laizisierenden und türkisierenden (aber auch zentralistischen) Reformen der Republik mit ca. 500 000 Toten, die größtenteils bei der Niederschlagung islamisch-kurdischer Aufstände ums Leben gekommen sein sollen.[21] Das Ausmaß der Gewalt im aktuellen und mittlerweile 13 Jahre andauernden türkisch-kurdischen Bürgerkrieg ist bekannt. Ihre Quantität und Qualität lassen sich – mehr noch vielleicht als über die Nennung von Totenziffern – mit dem Hinweis auf 3200 geräumte und oft dem Erdboden gleichgemachte ›kurdische‹ Dörfer andeuten. Die planmäßige Niederbren-

20 Auf die bereits vor der Republikgründung erfolgten Schritte zur einheitlichen türkisch-muslimischen Religionsnation, insbesondere auf die Diskussion der Armeniergreuel kann hier nicht eingegangen werden (vgl. dazu Ternon 1977), wichtig ist jedoch, daß die laizistischen Kader der Republik in der intellektuellen und politischen Tradition des Komitees ›Einheit und Fortschritt‹ (İttihad ve Terakki) stehen, das für die jungtürkische Periode Verantwortung trug (vgl. İnsel 1996, S. 8).

21 Die Angaben müssen vor dem Hintergrund einer Bevölkerungszahl von ca. zehn Millionen verstanden werden, über die die Republik bei ihrer Gründung verfügte.

nung ›kurdischer‹ Wälder durch die Armee wird – so der immer wieder in der türkischen Presse geäußerte Verdacht – mit der Niederbrennung ›türkischer‹ Wälder im Westen des Landes durch Angehörige der PKK erwidert. Bei einem Anhalten der gegenwärtigen Situation wird der Südosten der Türkei im Jahr 2000 vollständig entvölkert sein, hat das offizielle Institut für Statistik hochgerechnet.

Zwar spielte bei all diesen Konflikten die religiöse Dimension oft eine wesentliche Rolle. Doch anders als es die gängige Wahrnehmung ihres ›Verwestlichungsprozesses‹ nahelegt, waren und sind – zumindest wenn Gewaltsamkeit ihr Kriterium ist – die bislang bestimmenden Kulturkämpfe in der Republik Türkei sprachlicher und ethnischer und damit tendenziell ›nationaler‹ Art gewesen. Wo Religion eine Rolle spielte, handelte es sich – wenn wiederum Gewaltsamkeit Kriterium ist – weniger um die Zurückdrängung des sunnitischen Islams, sondern um Schritte zur Schaffung einer einheitlichen muslimischen Religionsnation. Unabhängig davon, daß der Staat bei der Definition seines *ethnical core* (Anthony Smith) neben dem ›türkischen‹ auch dem religiösen (sunnitischen) Element eine große Bedeutung beimaß, war der Kulturkampf der Türkei bislang einer, der sich den Nationenbau-Bestrebungen eines jungen Nationalstaates verdankt und damit primär entlang ›nationaler‹ Grenzlinien geführt wurde. Daß die Republikgeschichte und die Atatürkschen Reformen im westlichen Ausland immer noch *primär* als Ausgrenzung der islamischen Religion aus dem öffentlichen Leben wahrgenommen werden, muß mit dem spezifisch christlich-säkularen Charakter dieser Wahrnehmung zusammenhängen.

Der (gleichfalls sunnitische) politische Islam in der Türkei, der aufgrund der politischen Aktivität, die er in den letzten dreißig Jahren entfaltete, gern mit dem Begriff Fundamentalismus belegt wird, hat hingegen sowohl in historischer Perspektive als auch im Vergleich zu seinen Pendants in den Nachbarländern (Ägypten, Iran, Syrien) in bezug auf manifeste Gewalt bis heute eine (relativ) weiße Weste.

10. Die Politisierung autochthoner Kulturmuster: Die Dynamik türkischer Kulturkämpfe 2

Die eingangs referierte quantitative Untersuchung über die Mitglieder, Wähler und Sympathisanten der Wohlfahrtspartei hat gezeigt, wie gebrochen und von den Bedürfnissen des Alltags ›zurechtgebogen‹ sich die Ideologie der Partei im Denken und Handeln ihrer Aktivisten und Anhänger wiederfindet. Dabei macht es keinen Unterschied, ob unter »Ideologie der Partei« irgendeine der unzähligen Versionen ›der Şeriat‹ verstanden werden soll oder die »Gerechte Ordnung«, das ausformulierte Wirtschafts- und Gesellschaftsmodell der Wohlfahrtspartei. Der zweite Teil des Aufsatzes hat – ansatzweise und manchmal nur implizit – versucht, einige Charakteristika der *Refah-community*, die als Auslöser für Gewalthandeln in Frage kommen könnten, in größere republikanisch-türkische Zusammenhänge zu rücken: ihre patriarchale Moralität, die Verbindung von moralischen mit politischen Vorstellungen, die Tradition des starken und intoleranten Staates und die Tendenz, die eigenen Kulturmuster als alleinige Verkörperung eines universellen Guten und Schönen zu betrachten und daraus nach Belieben Vorrechte und Privilegien abzuleiten. Auch wenn das eine oder andere in der Gemeinde der *Refah*-Treuen besonders ausgeprägt sein mag, nichts von alldem findet sich nur hier, sondern all das ist *konstituierender Teil des privaten, öffentlichen und politischen Alltags* der Republik Türkei. Selbst wenn die Angehörigen der *Refah-community* all dies religiös erklärten und mit ›dem Islam‹ legitimierten, änderte das nichts daran, daß die Verbindung zwischen islamischem Bewußtsein und Alltagsorientierung keine ursächliche, sondern eine symbolisch vermittelte ist.

Doch die nur relative Bedeutung der Texte, auf die man sich beruft, gilt nicht nur für die Prozesse der Bewußtseinsbildung und nicht nur für die Mechanismen der Handlungsleitung, sondern auch für die *Triebkräfte der politischen Mobilisierung.* Diese sind sozioökonomischer Art und eng mit den Wandlungsprozessen verbunden, die die Gesellschaft der Türkei durchlebt, mit Migration, Vermassung akademischer Bildung, Medialisierung der Kommunikation, zunehmender Durchlässigkeit der Nationalstaatsgrenzen und einer mit alldem einhergehenden Säkularisierung, verstanden als zunehmender Verlust des ›Heiligen‹ und Transzendenten im Alltag.

Das türkische gesellschaftspolitische Denken im Namen des Islams ruht nur zum Teil auf eigenen philosophischen und politischen Fundamenten[22], und insbesondere seine Radikalisierung verdankt sich der Rezeption ägyptischer, pakistanischer und iranischer Autoren.[23] Die Zurichtung der internationalen islamistischen Diskussion auf die Türkei und ihre Vermittlung jedoch ist das Werk einer für das religiös-gebundene konservative Lager neuen Schicht. Zusammen mit Technokraten und Selbständigen verfügt das konservative Lager heute auch über eine große Zahl von Intellektuellen und damit über alle Bestandteile einer Gegenelite. Obwohl relativ privilegiert, formuliert diese Gruppe eine grundsätzlichere Kritik an den herrschenden Verhältnissen, als sie die Masse der RP-Wähler vertritt. Die (relative) Radikalität dieser Gruppe äußert sich jedoch nicht in der Verabsolutierung religiöser Vorgaben, sondern in der grundsätzlichen Bestreitung der Legitimität der bestehenden Herrschaft.[24]

Wichtiger als die *Ideen* dieser Gegenelite ist freilich ihre schlichte *Existenz*. Das wird daran deutlich, daß der politisierte sunnitische Islam nicht die einzige Bewegung ist, die sich in der Türkei der achtziger und neunziger Jahre im Namen eines spezifischen kulturellen Erbes und unter Nutzung des von ihm zur Verfügung gestellten symbolischen Materials auf die politische Bühne begibt. Die Parallelität zwischen kulturellen Revitalisierungsbewegungen wie (sunnitischem) Islamismus, (heterodoxem) Alewismus, (nationalistischem) Kurdismus und anderen, kleineren, ethnopolitischen Strömungen[25] ist nicht nur eine zeitliche. Sie liefert

22 Für die islamistische Diskussion entscheidende türkische Denker waren Bediüzzaman Said-i Nursi, Yussuf Akçura, Mehmet Akif Ersoy, Necip Fazıl Kısakürek, Sezai Karakoç, İsmet Özel und Ali Bulaç. Vgl. Kara, Bd. I-III, Istanbul 1994.

23 Z. B. Hasan al-Banna, \`Abd al-Rahman al Bazzaz, Abu-l-'Ala' Mawdudi, Sayyid Qutb, \`Ali Shari'ati, und Ayatullah Ruhullah Khumayni. Vgl. Esposito/Donohoe (Hg.) 1986.

24 Mehr Un- oder Weniggebildete als Hochschulabsolventen meinen, daß die Unterstützung der *Refah* auch eine religiöse Pflicht sei, und wesentlich mehr Un- oder Weniggebildete als Hochschulabsolventen sowie wesentlich mehr Geringstverdiener als Bestverdiener bleiben dem Ritus treu. Doch mehr Hochschulabsolventen als Un- oder Weniggebildete und wesentlich mehr Bestverdiener als Geringstverdiener sind der Überzeugung, daß das herrschende Laizismusverständnis mit Religionslosigkeit gleichzusetzen sei.

25 Wie etwa das neuerwachsende Interesse der Zaza an ihrer Sprache und Geschichte und ähnliche Prozesse unter verschiedenen kaukasischen Gruppen. Zaza sind Angehörige einer iranischen Sprachgruppe mit dem Siedlungsschwerpunkt Tun-

– da sie die ideologische Grundlage jeder einzelnen dieser Bewegungen in ihrer Bedeutung relativiert – eine letzte Kritik an der ideologisch-essentialistischen Betrachtungsweise sozialer Bewegungen.

Es sind diese parallelen Entwicklungen innerhalb der verschiedenen kulturellen Lager – und nicht die spezifische inhaltliche Orientierung eines dieser Lager –, die auf die Möglichkeit der Entstehung und Eskalation gewaltsamer Konflikte im Namen kultureller Identitäten verweisen. Ihre historisch-bestimmte Konstellation zueinander und ihre offene Konkurrenzsituation (um Einfluß in Staat und Gesellschaft und um wirtschaftliche Macht) machen Konflikte *zwischen* verschiedenen Revitalisierungsbewegungen wesentlich wahrscheinlicher als Konflikte zwischen der islamistischen Bewegung auf der einen und dem Staatsapparat auf der anderen Seite. Hinzu kommt, daß die Revitalisierung autochthoner Kultur auch vor dem Staatsapparat selbst nicht haltmacht. Doch zunächst müssen die behaupteten Parallelentwickungen innerhalb der verschiedenen Revitalisierungsbewegungen kurz skizziert werden.

Sie lassen sich auf drei Ebenen zusammenfassen: der Ebene der sozialen Akteure, der Ebene der Symbolmanipulation und der Ebene des ideologischen und damit politischen Diskurses.

Auf der Ebene der *sozialen Akteure* fällt auf, daß in allen Revitalisierungsbewegungen rurale anatolische *Migranten* einen Großteil der Anhänger stellen. Dies weist auf die Auflösung traditionaler Gemeinschaftsstrukturen in den Herkunftsregionen hin – und damit auf den Zusammenbruch traditionaler Hierarchien sowie auf die zunehmende Funktionslosigkeit personaler Rollen. Soziale Welten lösen sich auf, und in der Stadt, dem Ziel der Migration, bilden sich anstelle traditionaler Gemeinschaften unter personaler Führerschaft kulturelle (religiöse, ethnische, politische) Gemeinden, die unter der Führung einer neu entstandenen Elite stehen, welche die Frucht des säkularen Bildungssystems ist. Die Mitgliedschaft der Migranten in ihrer neuen städtischen Gemeinde ist *prinzipiell* keine gegebene mehr, sondern eine erworbene und beruht auf *ideologisch vermittelten* Zugehörigkeitsentscheidungen. Ungeachtet aller aufs Neue erstrebten Gemeinschaftlichkeit und

celi (früher Dersim) zum großen Teil alewitischer Konfession, häufig fälschlich als Kurden bezeichnet.

ungeachtet der damit postulierten *Lokalität* ist die Elite der neuen sozialen Einheiten oft in der Lage, internationale, ja *globale* Netzwerke zu flechten.[26] Das Bestehen dieser Netzwerke wirft Licht auf die Schwäche des Nationalstaats, der der Möglichkeit zur effektiven Kontrolle des politischen und wirtschaftlichen Handelns seiner Bürger verlustig geht, eine Schwäche, die nicht ohne Einfluß auf die Überzeugungskraft der Ideologie bleiben kann, mit der sich der Nationalstaat legitimiert (vgl. Turner 1994).

Auf der Ebene der *Symbolmanipulation* ist allen Revitalisierungsbewegungen gemeinsam, daß ihre Anhängerschaft mit ihrer Hilfe von einer eher mündlichen zu einer eher schriftlichen Vermittlung kulturellen Wissens übergeht. Die Medialisierung der Kommunikation, die mit den kulturalistischen Zeitschriften, Tageszeitungen, Radio- und Fernsehsendern einsetzt, hat zur Folge, daß die autochthonen Kulturmuster ›bewußt‹ werden und sich ein Übergang von der selbstvergessenen kulturellen *Praxis* zur bewußten kulturalistischen *Theorie* vollzieht. Idealtypisch läßt sich formulieren, daß die ältere Generation in Anatolien die eigene Kultur lebte, während die jüngere Generation in der Stadt die eigene Kultur *darstellt*. Für den Sunniten läßt sich dieser Prozeß als Übergang von der selbstverständlichen Verrichtung des Ritualgebets unter Anleitung des Imams zur reflektierten ›Kenntnis der politischen und wirtschaftlichen Regelungen eines islamischen Staates‹ verstehen. Für den Alewiten mag *Leben der eigenen Kultur* die Teilnahme am gemeinschaftlichen kultischen Reigen (*ayn-ı cem*) sein, der im Dorf den verheirateten Vollmitgliedern der Gemeinschaft vorbehalten ist, während die *ayn-ı cem* in der Stadt von Jugendlichen *aufgeführt* wird und jetzt Symbol fortschrittlicher Gleichheit von Mann und Frau sein soll. Für die Kurden Anatoliens kann das *Leben der eigenen Kultur* in der selbstverständlichen Nutzung des Kurdischen im Alltag bestehen, während die türkisierte ›kurdische‹ Jugend in der Stadt oft ›kurdisches Nationalbewußtsein‹ entwickelt, ohne der Sprache mächtig zu sein. Die Beispiele ließen sich unschwer vermehren.

Das Bemühen der jüngeren Generation, die eigene Kultur *zu erlernen*, hat jedenfalls die erstmalige Produktion einer *einheitlichen*

26 Gerade die türkische Migrationsbevölkerung der Bundesrepublik legt beredtes Zeugnis davon ab, wie die Neuschaffung von Gemeinschaftsstrukturen im Namen ›autochthoner Kultur‹ mit dem Aufbau internationaler Netzwerke einhergeht.

Version der ›autochthonen Kultur‹ zur Folge, was die Nivellierung von regionalen Besonderheiten einschließt. So hat es vor zwanzig Jahren unter den Alewiten Anatoliens keine Diskussion über *den richtigen Ablauf* der *ayn-ı cem* gegeben, und die Sunniten Anatoliens wurden nicht wie heute von zentralen *formalen* (die türkische Religionsbehörde) oder *informalen* (die islamistischen Führer) Autoritäten aufgefordert, manipulatorische Praktiken des Volksglaubens aufzugeben.

Ein zweites Bemühen, nämlich das, die eigene Kultur *zu begreifen*, führt in allen Revitalisierungsbewegungen zu einer allmählichen Intellektualisierung der Debatten, die zunehmend über Massenkommunikationsmittel erfolgen. Das durch sie geförderte interpretierende ›Verstehen‹ der eigenen Kultur geschieht jedoch zunehmend in modernen Konzepten, die der westlichen Philosophie- und Politikgeschichte entlehnt sind.

11. »Islamisten gegen den Staat« oder »Neo-Feudalisierung von Staat und Gesellschaft«? Vertikale vs. horizontale Konflikte

Die für die hier behandelte Fragestellung wesentlichen Folgen dieser Entwicklungen zeigen sich auf der Ebene des *ideologischen und politischen Diskurses.* Hier kommen die großen Revitalisierungsbewegungen der Türkei (Islamismus, Alewismus, Kurdismus) im Grunde zum gleichen Ergebnis: der Ablehnung des staatlicherseits vorgegebenen Entwurfs einer rein türkischen, rein sunnitischen und spezifisch laizistischen Identität. Den Kurden ist dieser Entwurf zu türkisch, den Alewiten zu sunnitisch und den Islamisten zu laizistisch. Die staatliche Vorgabe der kulturellen Identität des Staatsbürgers der Republik Türkei ist deshalb nicht der kleinste gemeinsame Nenner der unterschiedlichen kulturellen Lager, sondern er stellt für alle diese Revitalisierungsbewegungen den »signifikanten Anderen« (Erving Goffman) dar. Dementsprechend präsentieren die Diskurse aller drei kulturalistischen *movements* ihre Angehörigen als ausgegrenzt sowie in ihren kulturellen und politischen Rechten beschnitten.

Die grundsätzliche Berechtigung der Forderung der genannten Bewegungen, unter Wahrung der eigenen kulturellen Identität (und im Namen ihres Schutzes und ihrer Entwicklung) am politischen Prozeß partizipieren zu können, kann jedoch nicht darüber hinwegtäuschen, *daß alle diese Bewegungen Teilnahme* (an einem notwendig Gemeinsamen) *unter Propagierung ihrer absoluten Unterschiedlichkeit einfordern.* Und tatsächlich gibt es – auf theoretischer Ebene – keinen gemeinsamen Nenner zwischen einem auf das Bild vom ethnischen Türken sunnitischer Konfession fixierten und den Islam kontrollierenden (aber selbst nicht religiös legitimierten) Staat, einer kurdischen Nationalbewegung, einem stark antisunnitisch genährten Alewismus und einem reaktiven politischen Islam.

Die Formulierung von Ideologien, die auf autochthone Kulturmuster Bezug nehmen, ist sowohl notwendiger Teil als auch unvermeidliche Folge von deren Politisierung. Die Ausarbeitung islamistischer und nationalistischer Ideologie (wie auch alewitischer Ideologeme) befördert die Politisierung ihrer Träger, was wiederum auf die Überzeugungskraft der Ideologie zurückwirkt. Es handelt sich um *Prozesse* wechselseitiger Verstärkung, weshalb das Handeln der Rezipienten von Ideologie weder mit deren Positionen zusammenfällt, noch vollkommen unabhängig von ihnen gedacht werden kann.

Schon jetzt hat die Politisierung autochthoner Kultur die politischen Kräfteverhältnisse in der Türkei grundlegend verändert, was sich am deutlichsten im Verfall der linken und der rechten Mitte zeigt, deren große Parteien jahrzehntelang die politische Auseinandersetzung bestimmt haben. Diese Mitte plagt sich nicht nur mit ihrer Spaltung in jeweils zwei – ideologisch nahezu identische – Parteien, sondern leidet an lebensbedrohender Auszehrung. In den siebziger Jahren war die Partei des rechten Zentrums etwa fünf mal so groß wie ihre türkistischen und islamistischen Konkurrentinnen. Heute verfügen AnaP[27], DYP und RP über jeweils 20-25 % Prozent der Stimmen, und die MHP ist mehr als halb so groß wie ihre beiden Mitte-Rechts-Konkurrentinnen. Dem ethnopolitischen Trend gemäß sind es die RP und die MHP, die Wachstum verzeichnen und Druck auf die Mitte-Rechts-Parteien ausüben, ihre Position der eigenen anzunähern. Wachstumstendenzen sind auch bei der BBP[28] zu beobachten, deren Beurteilung zwischen einer ›türkistischen Version der RP‹ und einer ›islamistischen Version der MHP‹ schwankt. Um die linke Mitte

27 AnaP = *Anavatan Partisi* (Mutterlandspartei) unter Mesut Yılmaz.
28 BBP, die *Büyük Birlik Partisi* (Große Einheitspartei) unter Muhsin Yazicioğlu.

steht es nicht besser, ihre Parteien kommen zusammen auf circa 30%. Doch zwei Drittel dieser 30% entfallen auf die DSP Bülent Ecevits[29], die stark türkisch-nationalistisch argumentiert. Unabhängig davon haben die türkischen ›Sozialdemokraten‹ schon immer viele Stimmen aus konfessionellen Erwägungen erhalten, und Deniz Baykal, der Führer der CHP[30], der zweiten Mitte-Links-Partei, wird von den religiösen Rechten als *»Führer der Alewiten«* bezeichnet. Doch auch auf der Linken haben sich die Ethnobewegungen eigene Parteien geschaffen: Da ist die Tradition der kaum gegründet, schon verbotenen prokurdischen Parteien wie DEP und HEP, heute vertreten durch die HADEP, und da ist seit kurzem die BP[31], die die Stimmen der Alewiten auf sich zu ziehen versucht.

Immer geringer wird die Zahl der Wähler, die für rechts- und linkskemalistische Parteien votieren und damit ihre grundsätzliche Zustimmung zum bestehenden Staats- und Gesellschaftsmodell zum Ausdruck bringen. Oder andersherum formuliert: Immer geringer wird (anteilsmäßig) die Zahl der Politiker, die nicht Sonderidentitäten und -interessen ethischer, religiöser bzw. konfessioneller Art bedienen müssen. Dieses Gefangensein der politischen Klasse in Sonderidentitäten erklärt zu einem guten Teil die Handlungsunfähigkeit des türkischen Parlaments vor dem kalten Staatsstreich vom Frühjahr und Sommer dieses Jahres, die nur durch handfeste Drohungen der Militärs überwunden wurde.

Die religiöse und ethnische Segmentierung, die das türkische Parteiensystem erfaßt hat, läßt den Staatsapparat nicht unbeeinflußt. Zwar waren innerhalb der Bürokratie Seilschaften auf clanverwandtschaftlicher, regionaler, sektenbezogener, konfessioneller und religiöser Basis immer die Regel. Heute jedoch bilden sich im Staatsapparat Gruppen und Machtzentren, oft unterschiedlicher religio- und ethnopolitischer Ausrichtung, die sich nicht scheuen, die Mittel, die ihnen ihre bürokratische Stellung an die Hand gibt, für politische und wirtschaftliche Auseinandersetzungen zu nutzen. Am deutlichsten hervorgetreten ist die Existenz ethnopolitischer Machtzentren innerhalb des Staatsapparats im kurdisch besiedelten Südosten des Landes, dessen zentrale Regionen seit ca. 25 Jahren ununterbrochen unter Ausnahmezustand stehen. Die zum

29 DSP = *Demokrat Sol Partisi* (Demokratische Links-Partei).
30 CHP = *Cumhuriyet Hallk Partisi* (Volkspartei der Republik).
31 BP = *Bariş Partisi* (Friedenspartei).

Kampf gegen die Militanten der PKK gegründeten Sondereinheiten der Polizei (Özel Tim) sind fest in der Hand der präfaschistischen MHP. Auch die zweite große nichtreguläre Kraft, die der türkische Staat im kurdisch-türkischen Bürgerkrieg einsetzt, verfügt über eine klare ethnische Identität: Die 60-70 000 Dorfschützer sind nahezu ausschließlich Kurden. Als Reaktion auf Pläne zur Abschaffung der besoldeten Dorfschützereinheiten haben einige Gruppen dieser Dorf- und Stammeskrieger bereits damit gedroht, zur PKK überzulaufen.

Innerhalb der Polizei gewinnen seit der Amtszeit des Ministerpräsidenten Turgut Özal religiös-konservative Kräfte (insbesondere der Nuristen-Gruppe von Fethullah Gülen) an Einfluß. Während Özals Ministerpräsidentschaft war den religiös gebundenen Spitzenpolitikern der AnaP die Ausrüstung der Polizei mit schweren Waffen ein Weg, künftige Staatsstreiche des Militärs zu erschweren, die sich immer auch laizistisch zu legitimieren versuchten. 1997 läßt sich der Chef des polizeilichen Nachrichtendienstes Ankara, Bülent Orakoğlu, zu der Aussage hinreißen, daß zukünftig Staatsstreiche ausgeschlossen seien, da die reguläre Polizeistärke bei 170 000 und die der Sondereinheiten bei 6000 Mann liege (vgl. Adatepe 1997, S. 962).

Das Ausmaß, das die Konkurrenz zwischen der Polizei und dem Militär angenommen hat, wurde im Juli 1997 deutlich. Eine Sonderkommission im Polizeipräsidium Ankara hörte auch Telefone des Generalstabs ab, und der Geheimdienst der Polizei war mit der Aufklärung von Staatsstreichvorbereitungen beschäftigt, was dem entsprechenden Agenten und seinem Vorgesetzten – nach Sturz der Regierung Erbakan – ein Verfahren wegen Landesverrat eintrug. Der seit Jahren vor sich gehende Machtkampf zwischen Polizei und Militär hat zu interessanten Konstellationen geführt. Obwohl hauptsächlich im Felde gegen die kurdische Guerilla eingesetzt, wurden die Sondereinheiten (Özel Tim) der Polizei zugeschlagen. Das Militär revanchierte sich mit dem Aufbau einer Aktions- und Spionagegruppe innerhalb der Gendarmerie, JİTEM, und sorgte dafür, daß die Gendarmerie, die in ländlichen Gebieten Polizeiaufgaben übernimmt, aus dem Innenministerium herausgelöst und dem Generalstab unterstellt wurde.

Ereignisse der letzten Jahre deuten darauf hin, daß die ethnoreligiösen Machtzentren innerhalb der Sicherheitskräfte bei einer etwaigen Eskalation der Auseinandersetzungen nicht unparteiisch bleiben werden. Die Polizei, die sich bei alewitischen, kurdischen oder gewerkschaftlichen Demonstrationen nie gescheut hat, vom Schlagstock oder gar von der Schußwaffe Gebrauch zu machen, hat sich bei den jüngsten islamistischen Demonstrationen auffallend zurückgehalten, und es kam sogar zu Verbrüderungsszenen. Wegen seines antiislamistischen Kurses gilt das Militär umgekehrt vielen Alewiten als Schutzmacht gegen eine Polizei, die sich bei Unruhen im Istanbuler Stadtteil Gasiosmanpaşa nicht scheute, alewitische Demonstranten durch gezielte Schüsse in den Rücken zu töten.

Schon verwahren sich islamistische Politiker gegen eine ›Syrienisierung‹ der türkischen Politik und unterstellen damit, daß alewitische Kräfte innerhalb der Armee zuviel Einfluß hätten. Setzt sich dieser Prozeß fort, werden sich die verschiedenen kulturellen Lager des Landes gezwungen sehen, sich jeweils der Unterstützung eines dieser Machtblöcke innerhalb des Staatsapparates zu versichern, was dessen Desintegration in Richtung auf eine *»Neo-Feudalisierung des Staatsapparats«* (İnsel 1996, S. 13) weiter vorantreiben würde. Wenn kulturelle Lager einer Gesellschaft sich in reaktiver Form definieren und über die Ablehnung des jeweiligen signifikanten Anderen zu ihrem Selbstverständnis finden, scheidet auch die Gewährung ungehinderter politische Partizipation als Lösungsweg aus. Die Konfliktsituation in der Türkei, die das größte Gewaltpotential in sich birgt, ist der Zusammenprall mehrerer kulturalistischer Revitalisierungsbewegungen. Es braucht immer mehrere Fundamentalismen.

Literatur

Adatepe, S.: *Die permanente Intervention*, in: *Blätter für deutsche und internationale Politik* 1997/98.

ARAŞ: *Refah Araştırması. Ankara*, Oktober 1994, S. 956-963.

Brückner, P.: *Über die Gewalt*. Berlin 1979.

Esmer, Y.: *Kadın araştırması, Boğaziçi Üniversitesi*. Istanbul 1991.

Esposito, J. L./Donohoe J. (Hg.): *Islam in transition*. Oxford u. a. 1986.

İnsel, A.: *Çözülme devrinde cemaat kimlikleri ve neo-feodal devlet*, in: *Birikim* 89 (1996/97), S. 7-14.

Kara, İ. (Hg.): *Türkiye'de İslamcılık düşüncesi*, Bd. I-III. Istanbul 1987-1994.
Nisbet, R. A.: *The Sociological Tradition*. New York 1966.
Riesebrodt, M.: *Fundamentalismus als patriarchale Protestbewegung*. Tübingen 1990.
Said, E.: *Orientalismus*. Berlin u. a. 1981.
Scheffler, Th. (Hg.): *Ethnizität und Gewalt*. Hamburg/Berlin 1991.
Ders.: *Levante als Paradigma*. Manuskript. Beirut 1996.
Schiffauer, W. (Hg.): *Familie und Alltagskultur: Facetten urbanen Lebens in der Türkei. Kulturanthropologische Notizen*. Frankfurt/M. 1993.
Seufert, G.: *Café Istanbul*. München 1997a.
Ders.: *Politischer Islam in der Türkei: Islamismus als symbolische Repräsentation einer sich modernisierenden moslemischen Gesellschaft*. Istanbul 1997b.
Ders.: *Was ist ein Türke? Nation und nationale Identität in der Türkei*, in: *Was ist ein Deutscher, was ist ein Türke? Nationale Identität in Deutschland und in der Türkei. Ergebnisband des 3. Deutsch-Türkischen Symposiums*. Hamburg 1998.
Shepard, W. E.: *Islam and ideology*, in: *International Journal of Middle East Studies* 19/3 (1987/88), S. 307-335.
Stamm, J. J.: *Sprachliche Erwägungen zum Gebot ›Du sollst nicht töten‹*, in: *Theologische Zeitschrift* 1/2 (1945), S. 81-90.
Stauth, G.: *Islam und westlicher Rationalismus*. Frankfurt/M. 1993.
Ternon, Y.: *Les Arméniens: Histoire d'un Génocide*. Paris 1977.
Turner, B. S.: *Orientalism, Postmodernism and Globalism*. London u. a. 1994.
Vorhoff, K.: *Zwischen Glaube, Nation und neuer Gemeinschaft*. Berlin 1995.

V. Zwischen Ausgrenzung und Romantisierung: Reaktionen und Fehlreaktionen der deutschen Mehrheitsgesellschaft

Reinhard Hocker

Islamistische Einflüsse in den Ausländerbeiräten des Bundeslandes Nordrhein-Westfalen

Einleitung

Die Wahlen zu den Ausländerbeiräten, die im Jahr 1995 im Bundesland Nordrhein-Westfalen durchgeführt wurden, brachten ein für viele Beobachter überraschendes Ergebnis: Kandidatenlisten, die sich als islamisch und/oder türkisch bezeichneten, erhielten eine breite Zustimmung. Es erhebt sich die Frage, ob zwischen der seit einiger Zeit zu beobachtenden Tendenz türkischer Migranten, sich in ein religiöses und ethnisches Wir-Gefühl zurückzuziehen, und der starken Akzeptanz islamisch/türkischer Kandidatenlisten ein Zusammenhang besteht. Nach den Ausländerbeiratswahlen in Nordrhein-Westfalen im Jahr 1995 war in manchen Gemeinden eine distanzierte, oft sogar ablehnende Haltung kommunaler Institutionen gegenüber dem Ausländerbeirat zu beobachten, die wiederum einen Bedeutungsverlust dieser Einrichtung zur Folge hatte.

Viele der Kandidatenlisten, die ihre islamische und/oder türkische Ausrichtung betonten, lehnten sich an islamische bzw. islamisch-nationalistische Organisationen an bzw. wurden von diesen ins Leben gerufen. Die Vermutung ist naheliegend, daß solche Organisationen, wie z. B. die Islamische Gemeinschaft Milli Görüş, intensiver als es bisher der Fall war, ihre Aufmerksamkeit auf die hier lebenden Migranten türkischer Herkunft richten und bestrebt sind, indem sie sich als wirkungsvolle Interessenvertretung darstellen, innerhalb dieser Bevölkerungsgruppe eine dominante Rolle zu übernehmen. Im Kern dieses Dominanzstrebens steht möglicherweise die Zielsetzung, unter den hier lebenden Muslimen das Islamverständnis der jeweiligen Gruppe und eine darin orientierte muslimische Identität zu verbreiten.[1]

1 Eine vergleichbare Entwicklung beschreibt Kepel 1996, S. 215-336.

1. Zur Geschichte und zu den gesetzlichen Grundlagen der Ausländerbeiräte in Nordrhein-Westfalen[2]

Ausländerbeiräte sind Institutionen, die auf kommunaler Ebene angesiedelt sind. Allerdings gibt es in einer Reihe von Bundesländern, so auch in Nordrhein-Westfalen, Zusammenschlüsse von Ausländerbeiräten auf Landesebene. Lutz Hoffmann weist darauf hin, daß in der etwa zwanzigjährigen Geschichte der Institution des Ausländerbeirates dessen Aufgaben und Ziele Veränderungen erfahren haben, die mit dem schrittweisen Wandel der gesellschaftlichen Stellung der Ausländer im Zusammenhang stehen. Die von der Forschungsgruppe Kommunikation und Sozialanalysen-FOKUS im Auftrag des Ministeriums für Arbeit, Gesundheit und Soziales des Landes Nordrhein-Westfalen verfaßte und 1994 erschienene Studie *Ausländerbeiräte in Nordrhein-Westfalen. Situationsanalyse und Perspektiven* kommt zu dem Schluß, daß das Interesse der Ausländer, sich an der politischen Willensbildung zu beteiligen, mit zunehmender Aufenthaltsdauer größer wurde. Ihr Bestreben, insbesondere Einfluß auf die kommunalpolitische Willensbildung zu nehmen, ergab sich aus dem Wunsch, »[...] das eigene Leben und das der Kinder am Wohnort mitgestalten und mitbestimmen zu können« (FOKUS 1994, S. 86). Dieses Interesse war der Ausgangspunkt zur Bildung von Ausländerbeiräten.

Sowohl Hessen als auch Nordrhein-Westfalen haben die Ausländerbeiräte in ihre Gemeindeordnungen aufgenommen. In Paragraph 88, Absatz 1, Satz 1 der hessischen Gemeindeordnung heißt es: »Der Ausländerbeirat vertritt die Interessen der ausländischen Einwohner der Gemeinde.« In dem Paragraphen 27, Absatz 8, Satz 1 der am 17. Oktober 1994 in Kraft getretenen nordrhein-westfälischen Gemeindeordnung findet man die Formulierung: »Der Ausländerbeirat kann sich mit allen Angelegenheiten der Gemeinde befassen.«

Lutz Hoffmann (1997, S. 16) weist auf Auswirkungen hin, die diese Regelungen für die Arbeit der Ausländerbeiräte haben. Während in Hessen die Zuständigkeit des Ausländerbeirates auf »Angelegenheiten, die ausländische Einwohner betreffen« beschränkt ist (Hessische Gemeindeordnung, Paragraph 88, Absatz 2), kann

2 Zur Geschichte und den gesetzlichen Grundlagen der Ausländerbeiräte vgl. Kevenhörster 1974, Hoffmann 1986, Lubin 1990, FOKUS 1994, Rütten 1994, Hoffmann 1997.

sich in Nordrhein-Westfalen der Ausländerbeirat »mit allen Angelegenheiten der Gemeinde befassen« (Nordrhein-Westfälische Gemeindeordnung, Paragraph 27, Absatz 8, Satz 1). Allerdings hat nach Hoffmann die nordrhein-westfälische Regelung eine restriktive Bedeutung. »Denn zu den Angelegenheiten der Gemeinde zählt eben nicht alles, was in der Gemeinde vorkommt, sondern nur das, was der förmlichen Zuständigkeit der kommunalen Selbstverwaltung unterliegt. Ausländerbeiräte in Nordrhein-Westfalen dürfen sich daher zwar mit dem Durchmesser kommunaler Abwasserleitungen, aber nicht mit der Ausländerpolitik der Bundesregierung befassen [...] In Hessen ist es dagegen umgekehrt: die Abwasserleitung geht sie in der Regel nichts an. Dagegen können sie sich mit allen Angelegenheiten befassen, die sie als Ausländer betreffen, ohne daß diese auf den Zuständigkeitsbereich der Gemeinde eingeschränkt werden« (ebd, S. 16f.).

Zwei weitere mögliche Auswirkungen des Paragraphen 27 der nordrhein-westfälischen Gemeindeordnung sollen kurz angesprochen werden. Nach Absatz 2, Satz 1 können Deutsche nur dann stimmberechtigte Mitglieder in Ausländerbeiräten sein, wenn sie über eine Kandidatur von den wahlberechtigten Migranten in den Ausländerbeirat gewählt werden. Die Bestimmungen der alten Gemeindeordnung erlaubten es, daß die Mitglieder der Stadt- und Gemeinderäte stimmberechtigte Mitglieder der Ausländerbeiräte sein konnten. Dies wird nun in der Regel nicht mehr der Fall sein. Nach den Erhebungen der FOKUS-Studie wird deshalb in manchen Städten befürchtet, »[...] daß die häufig als gut bewertete Kooperation zwischen Ausländerbeirat und Rat bzw. Ratsfraktion beeinträchtigt sein wird« (FOKUS 1994, S. 76).

Die Einführung des kommunalen Wahlrechts für Bürger der Europäischen Union ab dem 1. Januar 1996 hat sicherlich dazu beigetragen, daß deren Beteiligung an den Ausländerbeiratswahlen zurückgegangen ist. Achim Scheve weist in seinem Aufsatz »Weg vom Ausländerbeirat zum Einwandererbeirat« (Kölner Volksblatt 6/95, S. 8) darauf hin, daß sich insbesondere Türken durch das Wahlrecht für EU-Bürger zurückgesetzt fühlen. »Zum Beispiel ein Grieche, der etwas mehr als drei Monate vor der nächsten Kommunalwahl aus Griechenland nach Köln umzieht, wird bei der Kommunalwahl richtig mitwählen können, während ein vor dreißig Jahren in Köln geborener Türke, der seit dreißig Jahren hier lebt, nicht wahlberechtigt sein wird.«

2. Der Wahlkampf vor den Ausländerbeiratswahlen im Jahr 1995

2.1 Gesetzlicher Rahmen, Wahlbeteiligung und Wahlergebnisse

Die Modalitäten der Wahlen zu den Ausländerbeiräten sind in Nordrhein-Westfalen durch den bereits mehrfach erwähnten Paragraphen 27 der Gemeindeordnung vom 17. Oktober 1994 geregelt. Gemäß Absatz 1 dieses Paragraphen
- ist in Gemeinden mit mindestens 5000 ausländischen Einwohnern ein Ausländerbeirat zu bilden,
- ist in Gemeinden mit mindestens 2000 ausländischen Einwohnern dann ein Ausländerbeirat zu bilden, wenn mindestens 200 Wahlberechtigte dies beantragen,
- kann in den übrigen Gemeinden ein Ausländerbeirat gebildet werden.

Absatz 1 des Paragraphen 27 der nordrhein-westfälischen Gemeindeordnung legt fest, daß ein Ausländerbeirat aus mindestens 5 und höchstens 29 Mitgliedern besteht. Nach Absatz 2 werden »die Mitglieder des Ausländerbeirates [...] in allgemeiner, unmittelbarer, freier, gleicher und geheimer Wahl für die Dauer der Wahlzeit des Rates nach Listen oder als Einzelbewerber gewählt«. Diese Bestimmungen galten bei der Ausländerbeiratswahl des Jahres 1995 für 396 Gemeinden in Nordrhein-Westfalen.

Das Innenministerium und das Ministerium für Arbeit, Gesundheit und Soziales in Nordrhein-Westfalen hatten empfohlen, die Ausländerbeiratswahlen einheitlich am 26. März 1995 durchzuführen. 114 Gemeinden waren dieser Aufforderung gefolgt. In insgesamt 150 nordrhein-westfälischen Gemeinden wurde im Jahr 1995 ein Ausländerbeirat gewählt. Insgesamt stellten sich 4060 Kandidatinnen und Kandidaten zur Wahl. 1627 wurden als Ausländerbeiratsmitglieder gewählt, 454 Einzelbewerber und insgesamt 576 Listen hatten ihre Kandidatur angemeldet.[3] Die Beteiligung an der Wahl lag landesweit bei 27,4 % der Wahlberechtigten. In den jeweiligen Kommunen ist eine recht unterschiedliche Wahl-

3 Sämtliche Zahlen beziehen sich auf die bis Ende März 1995 gewählten Ausländerbeiräte.

beteiligung festzustellen. Während in der Stadt Bönen im Regierungsbezirk Arnsberg 55 % der Wahlberechtigten von ihrem Stimmrecht Gebrauch machten (höchste Wahlbeteiligung in Nordrhein-Westfalen), gingen in Bonn lediglich 12,2 % zur Wahl (niedrigste Wahlbeteiligung).

In den im Jahr 1995 gewählten Ausländerbeiräten sind insgesamt 45 Nationalitäten vertreten. Die türkischen Staatsangehörigen stellen mit 899 Mitgliedern die stärkste Gruppe. 55 % aller nordrhein-westfälischen Ausländerbeiratsmitglieder stammen aus der Türkei. Anzumerken ist auch, daß die Listenverbindungen der türkischen Staatsangehörigen in der Regel nicht multinational zusammengesetzt waren. (Alle Zahlenangaben wurden dem Bericht des Ministeriums für Arbeit, Gesundheit und Soziales des Landes Nordrhein-Westfalen über die ersten landesweiten Ausländerbeiratswahlen 1995 entnommen.)

2.2 Hervorhebung der islamischen und der türkischen Komponente in den Bezeichnungen der Kandidatenlisten

Bei der Durchsicht der Kandidatenlisten für die Wahlen zu den Ausländerbeiräten im Jahr 1995 fällt auf, daß viele dieser Listen in ihrer Benennung auf die religiöse Gemeinschaft der Muslime und den Islam Bezug nehmen. Listen, die durch ihre Bezeichnung Nähe bzw. Identifikation mit dem Islam signalisierten, waren bei den Wahlen recht erfolgreich. Dies zeigt die folgende Aufstellung:
- Türk İslam Birliği (Türkisch-Islamische Union), Recklinghausen, 67,07 %,
- Müslüman Türkler Birliği (Zusammenschluß Mulimischer Türken), Duisburg, 56,4 %,
- Türk İslam Birliği (Türkisch-Islamische Union), Marl, 68,32 %,
- Türk İslam Dernekleri Birliği (Zusammenschluß Türkisch-Islamischer Vereine), Herne, 49,89 %,
- Türk İslam Kültür ve Spor Dernekleri (Türkisch-Islamische Kultur- und Sportvereine), Hagen, 44,5 %,
- Müslüman Türk Dernekleri Listesi (Liste Muslimisch-Türkischer Vereine), Oberhausen, 36,4 %,
- Diyanet Fatih/Ulu Camiler ve Mülheim Türk Derneği Listesi (Liste des Amts für religiöse Angelegenheiten der Fatih- und der Ulu-Moschee und der Türkischen Vereine in Mülheim), Mülheim an der Ruhr, 29,74 %,

– Mevlana-Listesi (Liste Mevlana, benannt nach dem bekannten humanistischen Gelehrten des islamischen Mittelalters), Köln, 19,8 %,
– Güven/Kitap (Vertrauen/das Buch, nimmt Bezug auf den Koran als heiliges Buch), Köln, 17,4 %,
– Bağımsız Müslüman Türkler Hareketi (Unabhängige Bewegung Muslimischer Türken), Duisburg, 5,4 %,
– Türk İslam Kültür Dernekleri (Türkisch-Islamische Kulturvereine), Düsseldorf, 9 Sitze im Ausländerbeirat,
– Türk İslam Birliği (Türkisch-Islamische Union), Ratingen, 8 Sitze im Auländerbeirat,
– Türk İslam Kültür Derneği (Türkisch-Islamischer Kulturverein), Unna, 3 Sitze im Ausländerbeirat,
– Diyanet (Amt für religiöse Angelegenheiten), Kamen, 2 Sitze im Ausländerbeirat.

Diese Aufstellung macht deutlich, daß sowohl die Kandidaten zu den Ausländerbeiratswahlen und die hinter diesen stehenden Organisationen und Vereine als auch die Wähler der islamischen Komponente eine hohe Bedeutung zumaßen. Die meisten der hier aufgeführten Listen stellten durch die Listenbezeichnung aber auch darauf ab, ihre Ausrichtung auf die türkischen Migranten zum Ausdruck zu bringen. Einige der erfolgreichen Kandidatenlisten hatten sich in der Bezeichnung ihrer Listen darauf beschränkt, sich als Liste von und für türkische Migranten zu definieren:

– Wesel Türk Birliği (Türkische Union Wesel), Wesel, 69,3 %,
– Türk Dernekleri Birliği (Zusammenschluß türkischer Vereine), Lünen, 49,6 %,
– Essen Türkler Birliği (Union der Türken in Essen), Essen, 47,16 %,
– Türk Listesi (Türkische Listen), Witten, 37,7 %,
– Türk Toplumu Listesi (Liste der türkischen Gemeinde), Velbert, 34,23 %.

Vereinzelt traten auch Kandidatenlisten auf, die hier lebende Migranten kurdischer Volkszugehörigkeit ansprechen wollten bzw. solche Wähler, die der kurdischen Bewegung und ihren Vereinen nahestehen. In Hagen erhielt eine Demokratik Kürt Listesi (Liste Demokratischer Kurden) 10,2 % der abgegebenen Stimmen und in Lünen die Kürt Listesi (Kurdische Liste) 4,7 %.

Listen, die unabhängig von der Zugehörigkeit zu Nationalitäten Migranten ansprechen wollten, aber auch solche Listen, die in ihrem Namen die Anlehnung oder Nähe zu einer deutschen Partei zum Ausdruck brachten, waren bei den Ausländerbeiratswahlen nicht so erfolgreich oder mußten Einbußen hinnehmen.[4]

Das verstärkte Auftreten von Kandidatenlisten, die sich in ihrer Bezeichnung als islamisch und/oder türkisch zu erkennen gaben, scheint eine Besonderheit der nordrhein-westfälischen Ausländerbeiratswahlen des Jahres 1995 zu sein. Gründe für diese Entwicklung können u. a. darin liegen,

– daß erstens die Kandidaten, die sich zur Wahl gestellt hatten, in der Regel über die Hinwendung vieler türkischer Migranten zu islamischen und/oder nationalistischen Positionen informiert waren und diese Orientierungen politisch nutzen wollten;

– daß zweitens islamische bzw. islamisch-nationalistisch orientierte Organisationen den Ausländerbeiratswahlen eine relativ große Bedeutung zumaßen und deshalb bestrebt waren, auf diese Einfluß zu nehmen. (Mögliche Gründe für dieses Interesse werden in Punkt 2.5 dieses Aufsatzes aufgeführt.)

2.3 Verbindungen von Kandidatenlisten und islamistisch-orientierten Organisationen[5]

Insbesondere die Islamische Gemeinschaft Milli Görüş und die Föderation der Türkischen Demokratischen Idealistenvereine in Europa[6] haben in Nordrhein-Westfalen versucht, Einfluß auf die Aufstellung der Kandidatenlisten zu den Ausländerbeiratswahlen im Jahr 1995 zu nehmen. So standen hinter der erfolgreichen Kandidatenliste der Müslüman Türkler Birliği (Union muslimischer Türken) in Duisburg die Islamische Gemeinschaft Milli Görüş (IGMG) und die Föderation der Türkischen Demokratischen Idealistenvereine in Europa (ADÜTDF). IGMG hatte auch enge

4 Die Namen der Listen und ihre Wahlergebnisse wurden entnommen: der *Ruhr Postasi. Türkische Zeitung für das Ruhrgebiet*, April 1995, S. 4f.; Stadt Köln, Statistisches Amt: Sitzverteilung Ausländerbeiratswahl 1995; Stadtdirektor der Stadt Ratingen, Koordinierungsstelle für Ausländerangelegenheiten: Ausländerbeiratswahl NRW 26. März 1995; *Intertürk. Türkische Werbezeitung*, April 1995, S. 1, 10f. Einige Ergebnisse wurden vom Autor recherchiert.

5 Zum Islamismus vgl. u. a. die thematischen Beiträge in: *Newsletter 2/96*. Forschungs-Netzwerk Ethnisch-kulturelle Konfliktforschung, hg. von Backes/Dollase/Heitmeyer; sowie Heitmeyer u. a. 1997.

6 Zu Milli Görüş (IGMG) und der Förderation der Türkischen Demokratischen Idealistenvereine in Europa (ADÜTDF) vgl. u. a. MAGS 1995, S. 91ff., 110f.; Hocker 1996; Heitmeyer u. a. 1997.

Verbindungen zu der Liste Güven/Kitap (Vertrauen/das Buch) in Köln.

Die Liste Mevlana in Köln, die hier die meisten Stimmen erhalten hatte, wurde von ADÜTDF und der Avrupa Türk İslam Birliği (Türkisch-Islamische Union in Europa, ATIB), einer Organisation, die sich im Jahr 1987 von ADÜTDF abgespalten hatte, aber auch von der in Köln befindlichen Europazentrale der Diyanet İşleri Türk İslam Birliği (Türkisch-Islamische Union der Anstalt für Religion e. V., DITIB) unterstützt.[7] Auch die Aktif Türk Dernekleri Listesi (Liste Aktiver Türkischer Vereine) in Dortmund orientierte sich an ATIB.[8]

Nun darf aber nicht übersehen werden, daß viele der Kandidaten von islamistisch oder islamistisch-nationalistisch orientierten Listen von ihren persönlichen politischen Einstellungen her weder IGMG noch ADÜTDF, noch auch ATIB ideologisch zuzuordnen sind. Auf diese Tatsache wird von vielen Beobachtern der türkischen Gemeinden in den jeweiligen Kommunen häufig hingewiesen. Besonders in kleineren Gemeinden bildeten sich des öfteren Listen, die durch Zusammenschlüsse von weltanschaulich und politisch unterschiedlich ausgerichteten Vereinen und Kandidaten zustande gekommen waren. Listen mit Kandidaten, die alle einem bestimmten religiösen und/oder politischen Spektrum zuzuordnen waren, z. B. dem der IGMG, waren selten.

Diese Konstellation könnte dadurch erklärt werden, daß die Initiatoren islamistisch orientierter Listen, um die Stimmen auch solcher Migranten zu gewinnen, die ihren Positionen nicht von vornherein zustimmten, bewußt solche Kandidaten aufstellten, die ihrem religiös-politischen Spektrum nicht zugehörten. Nicht vergessen werden darf aber auch, daß viele Mitglieder von Organisationen wie IGMG oder diesen nahestehende mit deren islamistischen bzw. islamistisch-nationalistischen Zielsetzungen nicht übereinstimmen. Sicher haben auch Personen mit solchen Einstellungen zu den Ausländerbeiratswahlen kandidiert. Ihr Interesse richtete sich primär wohl darauf, »vor Ort«, d. h. bezogen auf die Situation der Migranten in der jeweiligen Gemeinde, aktiv zu sein.

Rückschlüsse darüber, welche Organisationen die jeweilige Kandidatenliste besonders beeinflußt bzw. diese Liste dominiert haben könnten, ergeben sich möglicherweise aus der Organisati-

7 Zu DITIB vgl. MAGS 1995, S. 87ff.

8 Die hier aufgeführten Zuordnungen der Listen wurden vom Autor recherchiert.

onszugehörigkeit des Listenführers. Solche Folgerungen können vielleicht auch aus der Organisationszugehörigkeit der Personen gezogen werden, die bei den konstituierenden Sitzungen der Ausländerbeiräte von Angehörigen ihrer Liste für die Funktion des Ausländerbeiratsvorsitzenden vorgeschlagen wurden. So schlugen z. B. in Köln in den Ausländerbeirat gewählte Mitglieder der Liste Mevlana bei der konstituierenden Sitzung nicht ihren Listenführer (einen Mitarbeiter von DITIB), der im Wahlkampf die Liste repräsentiert hatte, für das Amt des Vorsitzenden vor, sondern ein Mitglied der ADÜTDF.

2.4 Wahlkampfaussagen islamistisch-orientierter Kandidatenlisten

Neben den aufgeführten Indikatoren, aus denen sich möglicherweise Rückschlüsse über die Anbindung von Kandidatenlisten zur Ausländerbeiratswahl an islamistisch und/oder nationalistisch orientierte Organisationen ableiten lassen, muß die Einordnung einer Liste in die genannten Spektren daran vorgenommen werden, ob ihre Wahlkampfaussagen Ideologieelemente bzw. Forderungen enthalten, die in die Programmatik dieser Organisationen einzuordnen sind. Solche programmatischen Aussagen sollen im folgenden anhand einiger Auszüge aus Wahlkampfmaterialien der Kölner Kandidatenlisten Mevlana und Güven untersucht werden.

Die u. a. von ADÜTDF verbreitete Ideologie der Türkisch-Islamischen Synthese[9] kommt in dem Flugblatt der Mevlana-Liste mit der Überschrift »Oylarımız Mevlana'ya« (Unsere Stimmen für Mevlana) zum Ausdruck. Das Flugblatt ist folgendermaßen gestaltet: Farbige Symbole sämtlicher angeblich türkischer Völker, Reiche und Staaten vom Altertum bis zur Gegenwart umgeben den Aufruf zur Unterstützung der Mevlana-Liste und den unter diesem Aufruf angeordneten Kalender, der den täglichen Fastenbeginn und die Gebetszeiten enthält. Unter diesem Kalender findet man die Namen der Kanditen der Liste Mevlana. (Die Ausländerbeiratswahl fiel im März 1995 in die islamische Fastenzeit, den Ramadan.)

Ein anderes Flugblatt der gleichen Liste mit der Überschrift »Erste Wahlmitteilung der Liste Mevlana« glorifiziert in einer für ADÜTDF, aber auch für andere islamistisch-orientierte Organisa-

9 Zur türkisch-islamischen Synthese vgl. u. a. Toprak 1989, S. 55ff.

tionen typischen Weise die Zeit des Osmanischen Reiches[10] und wendet sich gegen jede Form der Aufteilung der Türken in ethnische und religiöse Gruppen: »Wir sind Türken. Wir existieren durch unsere materiellen und geistigen Kulturwerte. Wir sind die Kinder eines Volkes, das seit Jahrhunderten der Menschheit Gerechtigkeit und Humanität vermittelt hat. Grundsätzlich weisen wir künstliche Trennungen wie in Kurden, Tscherkessen, Lasen, Türkmenen, Alewiten und Sunniten zurück. Wir fallen nicht auf diejenigen herein, die uns aufspalten und unsere Einheit und unseren Zusammenhalt im Ausland zerstören wollen. So wie die Trommel, die in Hakkari und in Samsun geschlagen wird, der Trommel gleicht, die in Edirne geschlagen wird, und so wie der Gebetsruf in Kars und in Istanbul der gleiche ist, so sind die Kinder der türkischen Nation mit den turkmenischen, lasischen, kurdischen, alewitischen und sunnitischen [Menschen] vollkommen gleich. Zusammen mit ihnen haben wir jahrhundertelang neben verschiedenen Religionen und Völkern gelebt. In ihre Kulturen, Religionen, Sitten und Gebräuche haben wir uns nicht eingemischt. Ganz im Gegenteil waren wir [ihre] Helfer. Diese Toleranz und Gerechtigkeit, die unsere Vorfahren den Menschen des Westens erwiesen haben, erwarten wir jetzt von ihnen. Wir bejahen immer ein harmonisches Zusammenleben mit unseren deutschen Freunden, lehnen die Assimilation aber ab.«

In diesem Text werden Orientierungen und Identitätsangebote aus der Zeit des Osmanischen Reiches bezogen. Die Republik Türkei dagegen mit ihrer Ausrichtung nach Europa wird nicht einmal erwähnt. Mit dem Hinweis auf die Ablehnung der Assimilation und der Hervorhebung der großen Vergangenheit der Türken kommt in dem Flugblatt eine gewisse Tendenz zur Abgrenzung von der Mehrheitsgesellschaft zum Ausdruck. Im übrigen entspricht das in dem Flugblatt vermittelte Bild des Osmanischen Reiches nicht der historischen Realität.

An den zitierten Passus des Flugblatts schließt sich ein Forderungskatalog an, für dessen Realisierung sich die Kandidaten der Liste im Falle ihrer Wahl einsetzen wollen; u. a. werden genannt:

- Kampf gegen Ausländerfeindlichkeit,
- Bemühungen um die Änderung des Ausländergesetzes und der gegen Ausländer gerichteten Bestimmungen,

10 Vgl. hierzu u. a. Hocker 1996, Arvasi 1989.

– Verhinderung von irrtümlichen Einweisungen türkischer Kinder in Sonderschulen,
– Gewährleistung, daß türkische Kinder in ausreichender Zahl in die Kindergärten aufgenommen werden,
– Aufhebung der Trennung von Türken und Deutschen im Kampf gegen die Arbeitslosigkeit,
– Förderung der doppelten Staatsbürgerschaft,
– Erhöhung der Zahl der ausländischen Beschäftigten in der Stadtverwaltung,
– Realisierung eines guten Dialogs mit der örtlichen und der ausländischen Presse [...].
Es fällt auf, daß viele dieser Forderungen nicht im Rahmen der durch die nordrhein-westfälische Gemeindeordnung definierten Aufgaben der Kommune einzulösen sind.
Religiöse Bedürfnisse türkischer Muslime nehmen im Forderungskatalog einen breiten Raum ein; aufgeführt werden die folgenden Punkte:
– Es soll gewährleistet werden, daß Vereine und religiöse Gemeinden leichter Kindergärten eröffnen können,
– für Muslime in den Krankenhäusern sollen Religionsbeauftragte eingestellt werden,
– Erziehungs-, Lehr- und Sportgelegenheiten für muslimische Frauen sollen vermehrt angeboten werden,
– die Anerkennung des Islam in Deutschland als offizielle Religion soll gefördert und unterstützt werden [...].
Die meisten dieser Forderungen werden von fast allen Moscheevereinen und nicht nur von solchen, die ADÜTDF nahestehen, vertreten. Es kam bei der Kölner Mevlana-Liste eben zum Tragen, daß diese u. a. von der Kölner DITIB-Zentrale unterstützt wurde.

Ein Wahlkampfmaterial der IGMG nahestehenden Liste Güven beschränkt sich in seinem Forderungsteil auf eher allgemeine Formulierungen. Mit der aktuellen Problematik der IGMG befaßt sich eine Forderung des Katalogs, die die »Aufhebung von hier auftretenden Beeinträchtigungen der Glaubens- und Meinungsfreiheit« anmahnt. Diese Forderung richtet sich wohl gegen die vielfältigen Medienberichte, die die jugendbezogenen und sonstigen Aktivitäten der IGMG kritisieren.[11]

11 Vgl. z. B. K. Nink: »Zur falschen Sinnsuche in die Moschee gelockt«, in: *Kölner Stadt-Anzeiger*, 4. 4. 1995; R. Klüver: »Gesellschaft mit beschränkter Weltsicht«,

Festhalten läßt sich, daß Wahlkampfmaterialien der Kandidatenlisten zwar einige Rückschlüsse auf die hinter den Listen stehenden Organisationen und deren Programmatik zulassen, die veröffentlichten Forderungskataloge dieser Listen allerdings in der Regel sehr allgemein gehalten sind.

Hierin kann einerseits ein Bestreben erkannt werden, unentschiedene und in die eigenen Zusammenhänge nicht eingebundene Wähler anzusprechen. Andererseits kommen in dem sehr allgemeinen Charakter der Forderungskataloge aber auch Unsicherheit und Unerfahrenheit der Organisationen in bezug auf die Handlungsmöglichkeiten der Institution des Ausländerbeirates zum Ausdruck.

2.5 Mobilisierung zu den Wahlen

Der Zentralrat der Muslime in Deutschland[12], ein im Dezember 1994 aus dem 1986 gegründeten Islamischen Arbeitskreis in Deutschland hervorgegangener nationalitätenübergreifender Dachverband, dem 16 islamische Vereine und Einrichtungen angehören, hatte am 19. März 1995 einen Aufruf zur nordrhein-westfälischen Ausländerbeiratswahl herausgebracht. Dort heißt es u. a.: »Mit der Beteiligung an diesen Wahlen sollen die Muslime ihrer politischen Mündigkeit und ihrer Entschlossenheit zur Erlangung weitergehender politischer Rechte in ihrem Wahlheimatland Deutschland nachhaltig Ausdruck verleihen« (zit. nach Karakaşoğlu 1996, S. 278).

Eine besondere Bedeutung bei der Werbung für die islamistisch und/oder nationalistisch orientierten Listen kam aber offensichtlich den Moscheenvereinen der IGMG und der ADÜTDF zu. Dort wurden die dem jeweiligen Moscheeverein nahestehenden Listen ausgehängt, es wurde Propagandamaterial verteilt und offensichtlich auch massiv zur Unterstützung aufgerufen. Aus einer nordrhein-westfälischen Kommune wurde bekannt, daß ein Moscheeverein mit dem Verschenken von Exemplaren des Korans zur Teilnahme an der Wahl lockte. Diese persönliche Ansprache der Wahlberechtigten hat sicherlich auch zum Erfolg der islamisch orientierten Kandidatenlisten beigetragen, sie kann deren gutes

in: *Süddeutsche Zeitung*, 28. 4. 1995; »Der Islam ist der Weg«, in: *Der Spiegel* 7/1996.

12 Zum Zentralrat der Muslime in Deutschland vgl. u. a. MAGS 1995, S. 91 ff., 123 ff.

Abschneiden bei den Ausländerbeiratswahlen im Jahr 1995 aber nicht hinreichend erklären.

Die erheblichen Bemühungen, die Verbände wie IGMG und andere aufwandten, um Migranten zur Teilnahme an der Wahl zu mobilisieren, zeigt, welche Bedeutung diese Organisationen der Arbeit der Ausländerbeiräte beimessen. Sicherlich ist es ihr Bestreben, den Einfluß auf diese Gremien zu erhöhen. Diese Intention steht insbesondere bei IGMG im Zusammenhang einer stärkeren Berücksichtigung der Lebenssituationen der Migranten türkischer Herkunft in den Verbandsaktivitäten. In der Vergangenheit richteten sich diese in erster Linie auf die gesellschaftlichen und politischen Entwicklungen in der Türkei (vgl. Karakaşoğlu 1996). Zum Ausdruck kam die neue Tendenz auch in der Rede des IGMG-Vorsitzenden Ali Yüksel auf der 3. Jahresversammlung der Organisation am 14. Juni 1997 in Dortmund. Er sagte dort u. a.: »Wir sind Migranten. Aber wir wissen, daß wir endlich heimisch werden müssen. Wir müssen eine neue Heimat für unsere Kinder schaffen, unsere eigenen Häuser bauen. Wenn wir hier verwurzelt sein wollen, müssen wir auch in Handel und Industrie investieren [...] Wir müssen beständige Institutionen schaffen. Wir müssen lernen, unser Geld optimal einzusetzen. Wir müssen gut investieren. Es ist notwendig, daß wir unsere begrenzten Ressourcen sinnvoll einsetzen. Wenn wir uns eine beständige und dauerhafte Zukunft wünschen, so ist dies mit den Monatsbeiträgen für den Moscheeverein nicht zu leisten. Wir benötigen größere Ressourcen. Deshalb ist es notwendig, daß wir unsere Jugend für selbständige Berufe qualifizieren, daß wir Geschäftsleuten und Unternehmen dabei helfen, ihre Kapazitäten auszubauen und sich neue Betätigungsfelder zu erschließen. Wir müssen unsere Erträge steigern. Unser Ziel können wir nicht mit den kleinen Beiträgen aus unseren Arbeitslöhnen erreichen. Aus unseren Reihen müssen auch erfolgreiche Geschäftsleute und Unternehmer hervorgehen.«[13]

Die Aufforderung an die Migranten, in der Bundesrepublik Deutschland heimisch zu werden, wurde in dieser Ansprache verbunden mit dem Appell, die wirtschaftliche Kraft der IGMG zu stärken. Hinter diesem Bestreben läßt sich die Zielsetzung des Verbandes vermuten, seinen Einfluß auf die Gruppe der türkischen Migranten auszubauen.

13 Redetext zit. nach der von der IGMG verbreiteten Übersetzung.

2.6 *Einige Thesen zur Erklärung des Wahlausgangs*

Die im folgenden aufgeführten Thesen versuchen, einige Erklärungsansätze für die zunehmende Akzeptanz islamistisch und/oder nationalistisch orientierter Kandidatenlisten bei den Ausländerbeiratswahlen im Jahr 1995 in Nordrhein-Westfalen zu formulieren:

– Die Tendenz türkischer Migranten, insbesondere solcher der zweiten und dritten Generation, sich stärker als bisher auf die eigene Ethnizität und kulturelle Identität zu besinnen, äußert sich in dem Erfolg der islamistisch und türkisch-nationalistisch auftretenden Kandidatenlisten. Durch ausländerfeindliche Gewalttaten wurde dieser Trend der Abkehr von der Mehrheitsgesellschaft und der Hinwendung zum eigenethnischen Milieu noch verstärkt.

– Die von Heitmeyer, Müller und Schröder in Nordrhein-Westfalen durchgeführte Befragung von 1221 fünfzehn- bis einundzwanzigjährigen Migranten türkischer Herkunft zeigt, daß die befragten Jugendlichen islamistisch und nationalisch orientierten Gruppierungen eine relativ hohe Akzeptanz entgegenbringen (vgl. Heitmeyer u. a. 1997, S. 132ff.). Diese möglicherweise auch unter türkischen Migranten im fortgeschritteneren Alter verbreitete Akzeptanz wirkte sich bei den Ausländerbeiratswahlen zugunsten der islamistisch und/oder nationalistisch orientierten Kandidatenlisten aus.

– Das Wahlverhalten vieler türkischer Wähler artikuliert aber auch Protest gegen die Rezeption der Kurdenproblematik in der Türkei durch deutsche Medien und gegen diesbezügliche Stellungnahmen deutscher Politiker. Viele auch nicht islamistisch oder nationalistisch eingestellte türkische Migranten fühlten sich durch die deutsche Haltung zur Kurdenfrage unverstanden und diskriminiert. Diese Protesthaltung wirkte sich möglicherweise zuungunsten solcher Kandidatenlisten aus, die ihre Nähe zu den politischen Parteien der Bundesrepublik artikulierten.

– Bei türkischen Migranten wuchs besonders durch die in den Jahren 1994 und 1995 von PKK-Angehörigen oder -Sympathisanten durchgeführten Angriffe auf türkische Einrichtungen und von Türken betriebene Geschäfte der Eindruck, nicht ausreichend geschützt zu werden. Die mit dieser subjektiven Wahrnehmung verbundene Verbitterung trug möglicherweise auch dazu bei, daß türkische Migranten solche Kandidatenlisten wählten, die die türkische und/oder islamische Komponente hervorhoben.

– Rückwirkungen auf das Wahlverhalten der hier lebenden Türken hatte sicherlich auch die wachsende Zustimmung, die in der Türkei die islamistische Refah Partisi (Wohlfahrtspartei) und die nationalistische und zunehmend islamistische Milliyetçi Hareket Partisi (Nationale Bewegungspartei) erfahren. Es ist bekannt, daß IGMG der Wohlfahrtspartei und ADÜDTF der Nationalen Bewegungspartei nahestehen (vgl. MAGS 1995, S. 91 ff., 110f.; Heitmeyer u. a. 1997, S. 134ff.) Durch die weitverbreitete Orientierung der türkischen Wohnbevölkerung in der Bundesrepublik auf die türkischsprachigen Fernsehkanäle wird die politische, soziale und religiöse Problematik der Türkei, oft in ideologischer Verzerrung, zunehmend ins Bewußtsein dieser Bevölkerungsgruppe gerückt.

Sein Unbehagen an der Politik der bundesdeutschen Parteien artikulierte der im Mai 1995 neugewählte Vorsitzende des Ausländerbeirates der Stadt Köln auf einer Veranstaltung anläßlich der Eröffnung der interkulturellen Woche am 23. September 1995 folgendermaßen: »Die kommunale Ausländerpolitik in Köln leidet unter den Streitigkeiten und Linienunterschieden zwischen den verschiedenen Flügeln der SPD. Es spukt noch in der SPD, daß mit den sogenannten Rechten und Konservativen nicht gemeinsame Sache zu machen ist. [...] Im Grunde akzeptieren sie die letzten Wahlergebnisse der Ausländerbeiratswahl nicht. Man kann nicht fast die Hälfte des Gremiums ignorieren, indem man sie insgeheim [als] Fundamentalisten deklariert. Abgesehen davon, daß ich als Mitglied und Vorsitzender des Ausländerbeirates mich für die Belange aller Migranten, ja aller Einwohner der Stadt einsetze, bin ich trotz allem [...] ein Ungeheuer, da ich Muslim bin. Wie kann ich mich und den Islam in Kürze so darstellen, wie er wirklich ist, wenn man bedenkt, daß Frau Prof. Dr. Annemarie Schimmel sogar letztlich angeprangert wird [...] Ich erkläre mir dies damit, daß es das Resultat der politischen Mentalität der Ausgrenzung statt Mitbeteiligung ist. Ob man, wie die CDU, gegen die doppelte Staatsbürgerschaft ist oder ob man, wie viele Sozialdemokraten, reserviert gegen andere Kulturwerte ist, ist letztendlich dieselbe Mentalität. Ausgrenzung statt Mitbeteiligung, Monolog statt Dialog.«[14]

14 Zit. nach dem schriftlichen Text der Ansprache.

Die hier zum Ausdruck kommende Distanzierung findet sicherlich die Zustimmung vieler türkischer Migranten.

3. Zur Situation der Ausländerbeiräte nach den Wahlen im Jahr 1995

Die folgenden Ausführungen beziehen sich insbesondere auf die Situation in Köln nach der Ausländerbeiratswahl vom 26. März 1995.

3.1 Erste Reaktionen auf den Wahlausgang

Der Ausgang der nordrhein-westfälischen Ausländerbeiratswahlen des Jahres 1995 wurde von den Medien mit Betroffenheit kommentiert. So schreibt z. B. Karin Nink im *Kölner Stadtanzeiger* vom 28. März 1995: »Bei den Ausländerbeiratswahlen in Köln sind türkisch-islamische Listen als stärkste Gruppen aus der Wahl hervorgegangen. Köln ist kein Einzelfall in Nordrhein-Westfalen. Überall gehören diese Kandidaten zu den Siegern. In Köln halten die beiden türkisch-islamischen Listen ›Mevlana‹ und ›Güven‹ zusammen mit einer internationalen islamischen Liste 14 der 29 Sitze [...] Die Mehrheit im Kölner Ausländerbeirat ist nicht mehr eindeutig. Ein Grund für den Erfolg der Religiösen ist sicherlich deren gute Infrastruktur, die sie dank der Unterstützung verschiedener Moscheen und Moscheevereine haben. So konnten sie für die Wahl viele Anhänger mobilisieren [...] Es zeigt sich, daß nicht nur im Heimatland Türkei die religiöse Orientierung und die Rückbesinnung auf die eigene Kultur in den Vordergrund rückt, sondern zunehmend auch im Einwanderungsland Deutschland, wo manche Zuwanderer selbst nach 30 Jahren noch benachteiligt sind. Viele – deutsche und ausländische Bürger in Köln – zeigen sich über das Ergebnis der Wahl erschrocken, auch wenn sie es nicht öffentlich äußern. Doch Betroffenheit hilft nicht weiter [...]«

Viele Kommunalpolitiker reagierten auf die Wahlergebnisse mit Verunsicherung. Mancherorts zeigte sich sogar eine Tendenz, die Institution des Ausländerbeirates abzulehnen bzw. sich von dieser zurückzuziehen. So sagte der Sozialdezernent einer mittelgroßen nordrhein-westfälischen Kommune im April 1996 dem Autor dieses Beitrages sinngemäß folgendes: Ihm sei es eigentlich lieber, wenn sich in seiner Stadt kein Ausländerbeirat bilden würde, als das unberechenbare Risiko von dessen Etablierung mit möglicherweise islamistischen und radikalen Mitgliedern einzugehen.

Folge der verstärkten Präsenz von Mitgliedern in den Ausländerbeiräten, die über islamistische und/oder nationalistisch orientierte Kandidatenlisten gewählt worden waren, war nach der Konstituierung der Ausländerbeiräte häufig ein vorsichtiger und abwartender Umgang mit diesem Gremium von seiten der Kommunalpolitiker und der Verwaltungen.

3.2 Islamzentrierte Positionen in der Ausländerbeiratsarbeit

In den ersten Monaten nach der Etablierung der neugewählten Ausländerbeiräte in den nordrhein-westfälischen Kommunen standen islambezogene Themen und Anträge oft im Mittelpunkt der Sitzungen. Es ging insbesondere um fünf Anliegen:

- den Bau von Moscheen,
- die Einrichtung von Begräbnisstätten für Muslime,
- die Schwimmbadbenutzung für muslimische Frauen,
- die Erteilung von Religionsunterricht für Muslime an Schulen,
- die Einrichtung von islamischen Kindergärten und Schulen.

Keine dieser Forderungen trägt eine spezifisch islamistische Ausrichtung. Es handelt sich vielmehr um seit langem immer wieder vorgetragene und berechtigte Anliegen. Auffällig war lediglich das Insistieren auf diesen Themen in den Ausländerbeiratssitzungen des Jahres 1995. Offensichtlich fühlten sich die im Wahlkampf erfolgreichen Listen dazu berufen, Wählererwartungen dadurch zu entsprechen, daß sie islambezogene Themen auf die Tagesordnung der Ausländerbeiratssitzungen brachten.

Die nordrhein-westfälische Gemeindeordnung setzt allerdings durch die in ihrem Paragraphen 27 enthaltene Festlegung des Ausländerbeirates auf Angelegenheiten, die in den Zuständigkeitsbereich der kommunalen Selbstverwaltung fallen, der Einbringung von Anträgen gewisse Grenzen. Viele der Kandidaten, die über Listen gewählt worden waren, die sich z. B. an IGMG oder ADÜDTF orientierten, hatten offensichtlich diesen gesetzlichen Rahmen nicht zur Kenntnis genommen und deshalb die Handlungsmöglichkeiten der Ausländerbeiräte nicht richtig einschätzen können.

Eine islamistisch und nationalistisch geprägte Auseinandersetzung entzündete sich z. B. auf der Sitzung des Kölner Ausländerbeitrats am 26. Juni 1995 an der Diskussion um Anerkennung des Zentrums der Armenisch-Apostolischen Kirchengemeinde e. V. als Ausländerzentrum im Sinne des Ausländermaßnahmenprogramms der Stadt Köln. Die Armenisch-Apostolische Kirchengemeinde hatte ihrem Antrag eine Auflistung der Gemeindeaktivitäten hinzugefügt und in diesem Zusammenhang aufgeführt, daß ihrer Jugendgruppe »[...] die Organisation der Gedenkveranstaltung zum 24. April 1915 (Datum des Beginns des Völkermordes am armenischen Volk) obliegt«.[15] Die zitierte Klammer in dem Antrag führte zu einer erregten Diskussion über die Zuerkennung der Eigenschaft eines städtischen Ausländerzentrums für die Armenisch-Apostolische Kirchengemeinde. Sowohl von Vertretern der Mevlana-Liste als auch von Vertretern der Liste Güven wurde vorgebracht, daß man wegen der Aussage in der Klammer dem Antrag nicht zustimmen könne, da dieser die Türken und den Islam diffamieren und nicht der historischen Wahrheit entsprechen würde.

Ähnliche Kontroversen traten im Ausländerbeirat der Stadt Köln in der Folgezeit nicht mehr auf. Außerdem ist festzustellen, daß die Behandlung islambezogener Themen und Anträge in den meisten nordrhein-westfälischen Ausländerbeiräten in der letzten Zeit eher rückläufig ist. Ein Grund hierfür könnte in der wachsenden Resignation vieler Ausländerbeiratsmitglieder liegen, die über die islamistisch orientierten Listen gewählt worden waren.

3.3 Bedeutungsverlust der Ausländerbeiräte

Unübersehbar ist seit den Wahlen im Jahr 1995 ein Bedeutungsverlust der Ausländerbeiräte und ihrer Arbeit. Der Ausländerbeirat ist nicht mehr das Gremium, um das man sich bemüht. Besonders in die innerkommunalen Diskussionen, die für Migranten oft von großer Wichtigkeit sind, werden Vertreter der Ausländerbeiräte nur noch in geringem Maße einbezogen. So nahm z. B. an einer in Köln im Herbst 1996 eingerichteten Arbeitsgruppe zur besonderen Problematik von bosnischen Bürgerkriegsflüchtlingen, in der Vertreter der Stadt, der Spitzenverbände der Wohlfahrts-

15 Zit. nach dem »Antrag auf Anerkennung unserer Gemeinde als größeres Ausländerzentrum durch die Stadt Köln« der Armenisch-Apostolischen Kirchengemeinde e. V. vom 22. Dezember 1994, S. 2.

pflege, andere Institutionen und Vereine mitarbeiteten, kein Vertreter des Ausländerbeirates teil. Von seiten der Stadt- und Gemeinderäte und deren Ausschüssen wird den Anträgen und Anregungen der Ausländerbeiräte kein sonderlich großes Interesse entgegengebracht. So wurde z. B. ein in der Sitzung des Kölner Ausländerbeirates vom Januar 1996 beschlossener und an den Rat der Stadt gerichteter Antrag, alle Migranten, die die gesetzlichen Voraussetzungen erfüllen, über die Möglichkeiten und das Verfahren der Einbürgerung durch ein Anschreiben zu informieren, im zuständigen Ausschuß erst im Juni 1997 behandelt.

Diese Tendenz der Nichtbeachtung verdeutlicht auch der folgende Vorgang. Der Ausländerbeirat der Stadt Herne weist in einem Schreiben vom 5. Juni 1997 an seine Mitglieder darauf hin, daß wichtige die Migranten betreffende Beschlüsse vom Stadtrat und seinen Ausschüssen ohne die Einholung von Stellungnahmen des Ausländerbeirates gefaßt wurden, obwohl Paragraph 27, Absatz 9 der nordrhein-westfälischen Gemeindeordnung diese Möglichkeit vorsieht. Der Vorwurf wird in dem genannten Schreiben folgendermaßen konkretisiert: »Ein Beispiel für diese Nichtbeteiligung des Ausländerbeirates stellen die Entscheidungen des Jugendhilfeausschusses vom 11.3.97 und 28.5.97 dar. Bei dem erstgenannten Termin beschloß der Jugendhilfeausschuß, eine Quotierung für die Aufnahme von ausländischen Kindern in städt. Kindergärten einzuführen. Eine solche Entscheidung, die die Interessen der ausländischen Bevölkerung in Herne grundlegend berührt, wurde ohne die formale Beteiligung des Ausländerbeirates im Vorfeld gefällt [...] Genauso wurde bei der nächsten Sitzung des Jugendhilfeausschusses verfahren.«

Auch die folgende Problematik soll nicht übersehen werden: Manche der Ausländerbeiratsmitglieder, die über islamistisch und/oder nationalistisch orientierte Listen gewählt worden waren, scheinen mit dem politischen Leben in der jeweiligen Kommune (insbesondere mit den aktuellen Problemen, Diskussionen und Kontroversen) nicht vertraut zu sein. Dies ist nicht zuletzt ein Hinweis auf die bisherige, inzwischen aber vielerorts nicht mehr verfolgte Isolation oder die Abkehr der hinter den Listen stehenden Organisationen von der Mehrheitsgesellschaft.

Eine solche Isolationstendenz zeigt der folgende Vorgang in einer nordrhein-westfälichen Kommune. Als im Jahr 1996 einige Mitglieder des dortigen Ausländerbeirates mit allen Mitgliedern eine Diskussion über die derzeitige Isolation des Ausländerbeirates und Möglichkeiten zu deren Überwindung in Gang setzen und zu diesem Zweck eine Arbeitsgruppe bilden wollten, verweigerten ADÜTDF nahestehende Mitglieder die Teilnahme.

Es verstärkt sich der Eindruck, daß die islamistisch und/oder nationalistisch orientierten Listen und insbesondere die hinter diesen Listen stehenden Organisationen IGMG und ADÜTDF ihren Blick und ihre Bemühungen in erster Linie auf den Wahlkampf für die Ausländerbeiratswahlen im Jahr 1995 gerichtet hatten. Ihr zentrales Anliegen war offensichtlich gewesen, möglichst viele Stimmen zu gewinnen. Nach dem für die genannten Organisationen und ihre Listen erfolgreichen Wahlausgang wurde der konkreten Arbeit im Ausländerbeirat nur noch geringe Aufmerksamkeit gewidmet. Langfristige Konzeptionen, die sich an einer realistischen Einschätzung der Möglichkeiten und Grenzen des Ausländerbeirates orientieren, waren von den islamistisch und/oder nationalistisch ausgerichteten Listen und den Organisationen, an die sie sich anlehnten, nicht erarbeitet worden.

Diese Konzeptionslosigkeit belegen ebenfalls die unpräzise formulierten und ungeordnet zusammengestellten Forderungskataloge in den Wahlkampfmaterialien der in Rede stehenden Listen (vgl. Abschnitt 2.4 dieses Beitrags). In den Forderungen kommt nicht nur Unerfahrenheit in Fragen der Kommunalpolitik zur Ausdruck, hier zeigt sich auch ein starkes Desinteresse an der längerfristigen Arbeit in den Ausländerbeiräten. Verstärkt wird dieser Eindruck durch die z. Z. zu beobachtende Demotivation mancher Mitglieder von Ausländerbeiräten, die über die erwähnten Listen gewählt worden waren. Ursachen dieser Demotivation können einerseits gesucht werden in der Enttäuschung über das oben erwähnte Desinteresse der Organisationen an der Arbeit der Ausländerbeiräte, andererseits aber auch in der Erfahrung, daß die in das Gremium Ausländerbeirat eingebrachten Erwartungen im bestehenden gesetzlichen Rahmen nicht einzulösen sind. Ausdruck einer solchen resignierten Haltung ist z. B. das Schreiben vom 10. Oktober 1996, in dem ein Mitglied des Kölner Ausländerbeirats, das im Wahlkampf den ersten Platz auf der Liste Mevlana (gebildet von ADÜTDF, ATIB und DITIB) eingenommen hatte, seinen Rücktritt erklärte. Das Schreiben soll hier in Auszügen wiedergegeben werden: »Seit 1985 bin ich Mitglied des Ausländerbeirates Köln. Ich habe mit viel Engagement und positiven Erwartungen meine Arbeit beim Ausländerbeirat begonnen. Gemeinsam mit den anderen Mitgliedern des Ausländerbeirates hatten wir die große Hoffnung, die Situation der ausländischen Bürger in Köln verbessern zu können. Wir machten eine große Anzahl von Vorschlägen und sprachen viele Empfehlungen aus, die zu einer Verbesserung der Lebensqualität ausländischer Bürger geführt hatten oder die notwendigen Bedürfnisse türkischer Bewohner Kölns sind. [...] Vor allem die Bedürfnisse der muslimischen Mitbürger finden überhaupt keine Unterstützung von der Stadt Köln. Beispielsweise, seit ca. acht Jahren bemüht sich der Ausländerbeirat darum, eine Moschee mit Kulturzentrum in Chorweiler bauen zu dürfen. Der letzte Antrag wurde 1994 vom Ausländerbeirat dafür gestellt. Bis heute ist die Stadt Köln (Chorweiler) sehr unkooperativ. Dies alles vor dem Hintergrund zunehmender Radikalisierung einzelner Splittergruppen der Muslime, die nur möglich waren, weil die Stadt Köln die großen ausländischen Organisationen nicht unterstützt hat. Deshalb bildeten sich immer mehr kleine Moscheegruppen, so daß wir zur Zeit oft unkontrollierbare und ungeeignete ca. 30 Hinterhofs-Gebetsräume in Köln haben. Der Ausländerbeirat hat bis heute keine eigenen Räume für Beratungstätigkeit ausländischer Bürger. In vielen Städten NRWs, in denen es wenige Ausländer gibt, haben diese viele Rechte und ihre Bedürfnisse werden ernst genommen. In Köln jedoch mit seinem großen Anteil an ausländischen Bürgern bzw. muslimischen Türken, geht die Stadtverwaltung auf deren Notwendigkeiten kaum ein. Man hat den Eindruck, je mehr Ausländer in einer Stadt, je weniger Rechte und Chancen für sie. Meine bisherige langjährige Erfahrung bei meiner Arbeit im Ausländerbeirat der Stadt Köln erwies sich als sinnlos, da ich mit meinem Engagement nichts erreichen konnte [...]«[16]

In dieser Erklärung kommt im übrigen eine vielfach artikulierte Enttäuschung über den Umgang der Kommune mit Forderungen und Anregungen des Ausländerbeirates zum Ausdruck.

3.4 Perspektiven

Die dargestellte Situation läßt sich folgendermaßen zusammenfassen: Manche islamistisch und/oder nationalistisch orientierten Or-

16 Entnommen den Unterlagen zur Sitzung des Kölner Ausländerbeirates vom 11. November 1996.

ganisationen, insbesondere aber IGMG, betrachteten die Ausländerbeiratswahlen und die Arbeit im Ausländerbeirat als eine Möglichkeit, ihren Einfluß auf die Migranten türkischer Herkunft zu verstärken. Viele der Mitglieder in den Beiräten, die diesen Organisationen nahestehen, konnten aber offensichtlich – schon allein aufgrund der gesetzlichen Vorgaben – die in sie gesetzten Erwartungen nicht erfüllen. Von seiten der kommunalen Institutionen andererseits erfolgte als Reaktion auf den Ausgang der Ausländerbeiratswahl 1995 mancherorts eine Distanzierung von diesem Gremium. Angesichts dieses Befundes ist die Befürchtung angebracht, daß die politische Teilhabe von Migranten und die Bemühungen um deren Ausweitung zunehmend auf Mißtrauen, ja sogar auf Ablehnung stoßen werden.

Die Institution des Ausländerbeirates ist aber für die Artikulation und die Vertretung von Migranteninteressen nach wie vor von großer Bedeutung. Nicht übersehen werden darf auch, daß die politische Mitwirkung von Migranten einen wichtigen und notwendigen Beitrag zur Demokratisierung der Gesellschaft darstellt. Eine Distanzierung von dieser Entwicklung, in der die Bildung und gesetzliche Verankerung der Ausländerbeiräte einen wichtigen Abschnitt markiert, benachteiligt und isoliert nicht nur die Migranten, sie stellt gleichzeitig einen in Gang gesetzten Demokratisierungsprozeß in Frage. Anstatt den Ausländerbeirat und seine Arbeit zu marginalisieren, ist einerseits eine inhaltliche Auseinandersetzung mit den islamistischen und nationalistischen Gruppierungen erforderlich, andererseits bedarf es einer Ausländerpolitik, die sowohl der Ausweitung der politischen Partizipationsmöglichkeiten der Migranten als auch der Anerkennung ihrer religiösen und kulturellen Bedürfnisse einen hohen Stellenwert einräumt.

Eine Aufwertung der Arbeit der Ausländerbeiräte könnte von der im Oktober 1996 gegründeten Landesarbeitsgemeinschaft der Ausländerbeiräte in Nordrhein-Westfalen ausgehen. Dieses Gremium hat nämlich die Möglichkeit, den Dialog der kommunalen Institutionen und der Ausländerbeiräte anzuregen, und kann sich darüber hinaus zum Sprachrohr der in Ausländerbeiräten vertretenen Interessen machen.

Literatur

Arvasi, S. A.: *Türk-Islam Ülküsü (Die türkisch-islamische Idee)*, Bd. 1-3. Istanbul 1989.

FOKUS: *Ausländerbeiräte in Nordrhein-Westfalen. Situationsanalyse und Perspektiven*. Düsseldorf 1994.

Heitmeyer, W./Müller, J./Schröder, H.: *Verlockender Fundamentalismus. Türkische Jugendliche in Deutschland*. Frankfurt/M. [2]1997.

Hocker, R.: *Türkische Jugendliche im ideologischen Zugriff*, in: Heitmeyer, W./Dollase, R. (Hg.): *Die bedrängte Toleranz. Ethnisch-kulturelle Konflikte, religiöse Differenzen und die Gefahr politisierter Gewalt*. Frankfurt/M. 1996, S. 426-449.

Hoffmann, L.: *Die Ausländerbeiräte. Sowohl Alibi als auch Chance*, in: *Informationsdienst zur Ausländerarbeit* 2 (1986), S. 31-38.

Ders.: *Vom Gastarbeiterparlament zur Interessenvertretung ethnischer Minderheiten*. Wiesbaden/Osnabrück 1997.

Karakaşoğlu, Y.: *Zwischen Türkeiorientierung und migrationspolitischem Engagement: Neue Entwicklungen bei türkisch-islamischen Dachverbänden in Deutschland*, in: *Zeitschrift für Türkeistudien* 2 (1996), S. 267-282.

Kepel, G.: *Allah im Westen. Die Demokratie und die islamische Herausforderung*. München/Zürich 1996.

Kevenhörster, P.: *Ausländische Arbeitnehmer im politischen System der Bundesrepublik. Die Vertretung der Interessen ausländischer Arbeitnehmer im politischen Entscheidungsprozeß*. Opladen 1974.

Lubin, V.: *Ausländerintegration in der Sackgasse? Beobachtungen der Ausländerbeiräte von Dortmund und Duisburg im funktionalen Vergleich*. Bochum 1990.

MAGS (= Ministerium für Arbeit, Gesundheit und Soziales NRW): *Türkische Muslime in Nordrhein-Westfalen*. Erstellt vom Zentrum für Türkeistudien. 2. überarbeitete Aufl. 1995.

Rütten, A.: *Die Bedeutung der kommunalen Ausländerbeiräte aus der Sicht der Landesregierung in Nordrhein-Westfalen*, in: Arbeitsgemeinschaft Ausländerbeiräte Nordrhein-Westfalen (Hg.): *Ausländerbeiräte in Nordrhein-Westfalen. Eine Arbeitshilfe für die Praxis*. Köln 1994.

Toprak, B.: *Religion als Staatsideologie in einem säkularisierten Staat: Die türkisch-islamische Synthese*, in: *Zeitschrift für Türkeistudien* 1 (1989), S. 55-62.

Werner Schiffauer
Ausbau von Partizipationschancen islamischer Minderheiten als Weg zur Überwindung des islamischen Fundamentalismus?

Das Thema, das mir von den Veranstaltern aufgegeben wurde, kann auf zwei Weisen gelesen werden. Es läßt sich als rein empirisch auffassen – nämlich als Frage, welche Konsequenzen die Veränderung der Stellung einer Religion in der Gesellschaft auf die in ihr vertretenen Positionen hat. Das Thema läßt sich aber auch politisch-normativ lesen – nämlich als Frage, ob es wünschenswert ist, islamischen Minderheiten erweiterte Partizipationsmöglichkeiten einzuräumen. Ist es sinnvoll, die Partizipationschancen auszubauen in der Hoffnung, damit radikal-islamischen Kreisen das Wasser abzugraben? Oder ist es umgekehrt sinnvoll, eine Politik des »Wehret den Anfängen« einzuschlagen, um den Bedrohungen der Zivilgesellschaft von Anfang an entgegenzutreten?

Ich werde im folgenden bei der ersten Lesart bleiben. Dennoch lohnt es sich kurz auf die zweite einzugehen – und zwar deshalb, weil sie sich nicht zufällig anbietet: Sie ist Ausdruck der politischen Kultur der Bundesrepublik. Der Nexus, der zwischen demokratischen Partizipationsrechten und politischer Disziplinierung hergestellt wird, ist bezeichnend für die Rahmenbedingungen des Umgangs mit dem Fremden. Die Partizipation aller relevanten Gruppen an gesellschaftlichen Entscheidungsprozessen wird nicht etwa als zivilgesellschaftliche Selbstverständlichkeit gesehen, sondern als strategische Maßnahme zur Einbindung von problematischen Gruppen betrachtet. Sie wird als Zugeständnis betrachtet und steht damit zur Disposition. Bringt sie den beabsichtigten Effekt, dann ist sie legitimiert; zeigt sich aber, daß unerwünschte Gruppen damit gestärkt werden, kann das Zugeständnis wieder entzogen werden.[1]

Der Hintergrund dieser bestimmten Form des Autoritarismus

1 Der Beitrag von Reinhard Hocker zur kommunalen Partizipation in diesem Band zeigt, daß diese Überlegungen keinesfalls hypothetisch sind.

ist, wie ich andernorts gezeigt habe[2], bezeichnend für die besondere Ausprägung, die die Zivilgesellschaft in Deutschland erfahren hat. Der Schlüsselbegriff ist der der »Verantwortung«: In den freiheitlichen Austausch, in dem sich die *volonté générale* herausbildet, sollte nur der eintreten, der zur Verantwortung fähig ist. In einem weit höheren Ausmaß als in England, Frankreich oder Holland wird in Deutschland Partizipation von »politischer Reife« – von Identifikation mit dem Gemeinwohl – abhängig gemacht. Das Zögern, mit dem hierzulande Immigranten politische Rechte zugestanden werden, erklärt sich daraus.

All dies ist für unsere Frage insofern wichtig, als der Nexus von Partizipation und Integration selbst Teil des Problems sein könnte. Ich werde darauf am Schluß meiner Darlegungen zurückkommen.

Zunächst eine begriffliche Vorüberlegung: Der Islam wird im folgenden als »Diskursfeld«[3] konzipiert – als eine Arena, in der zahlreiche Akteure untereinander aushandeln, was der Islam »ist«. Die entscheidende Frage für die Analyse eines Diskursfelds ist die nach dem Verhältnis von Diskurs und Macht. Ihr kann man sich über die Überlegung zur »Alchemie der Repräsentation« nähern, die Bourdieu (1990, S. 71-114) angestellt hat. Für diese Alchemie ist die Verknüpfung der vier Bedeutungsebenen des Begriffs der Repräsentation entscheidend. Repräsentation bedeutet zunächst »Darstellung«, »Wiedergabe« – etwa wenn man sagt, ein Bild »repräsentiere« eine Landschaft; Repräsentation bedeutet darüber hinaus aber auch »politische Vertretung« oder »politische Sprecherschaft« – ein Repräsentant ist der legitime Sprecher einer Gruppe. Diese beiden Prozesse sind offenbar ineinander verzahnt. Derjenige, der es schafft, daß seine Auffassung, etwa vom Islam, als korrekt anerkannt ist, wird in der Regel auch als Sprecher akzeptiert. Und umgekehrt: Wer es schafft, sich als Sprecher durchzusetzen, hat gute Chancen, daß seine Position als wahr anerkannt wird. Jedes Sprechen »über« ist damit untrennbar verknüpft mit einem Sprechen »für«. Dabei wird dieser Prozeß durch eine dritte Facette dieser Repräsentationsarbeit noch komplexer: Oft – oder fast immer – konstituiert sich nämlich eine Gruppe erst in diesem Akt der Repräsentation. Es existiert also nicht zunächst eine Gruppe, die dann ihre gemeinsame Ansicht einem Sprecher mit-

2 Siehe Schiffauer 1993 b/1997 für eine vergleichende Analyse der politischen Kulturen von Frankreich, England, USA und Deutschland.

3 Siehe hierzu auch Fischer und Abedi 1990.

teilt –, sondern umgekehrt, in der Regel sind zunächst eine Deutung und ein Deutender vorhanden, in dem sich eine Zahl von Personen wiedererkennt, die sich damit erst als Kollektiv konstituieren. Schließlich ist in dem Begriff der Repräsentation das zeitliche Element gedacht, die Bewegung des Wieder-Präsentmachens, die Identität stiftet (wobei im Zusammenhang mit den anderen Konnotationen des Begriffs der Repräsentation die Verfehlung notwendigerweise formuliert ist: »Identität« kann in dem Kontext der Repräsentationstheorie nur lauten, daß man zu dem zurückkehrt, was man noch nie war).

Wenn der Islam als Diskursfeld konzipiert wird, dann bedeutet dies zunächst eine Absage an alle essentialistischen Definitionen des Islam, d. h. eine Absage an alle Positionen, die von einem »Wesen« des Islam ausgehen, von einem »Kern der islamischen Botschaft« und die umgekehrt manche (politisch mißliebigen) Positionen als »Verzerrungen« oder »Entstellungen« brandmarken. Den Islam als Diskursfeld zu begreifen heißt also, sich all dieser Wertungen zu enthalten und Aussagen über das Wesen des Islam als rhetorische Strategien zu begreifen, mit denen Akteure innerhalb eines Diskursfelds versuchen, Punkte gegen andere Akteure zu sammeln. Den Islam als Diskursfeld zu begreifen impliziert ebenfalls ein Bekenntnis zur prinzipiellen Offenheit des Feldes: Jeder, der im Namen des Islam spricht, wird als Akteur ernst genommen – auch wenn zahlreiche andere Akteure die Position als unislamisch sehen würden. Die Frage islamisch-nichtislamisch wird als rhetorische Ausgrenzungsstrategie begriffen und ist Ausdruck historischer Machtverhältnisse. Die Konzipierung des Islam als Diskursfeld bedeutet schießlich eine radikale Historisierung des Feldes. Was der Islam »ist«, stellt sich jeweils historisch als die Position heraus, die sich im Machtspiel der Repräsentation gegen andere durchsetzt – »islamische Identität« ist damit nicht zeitlos gegeben, sondern historisch konnotiert.

Die Frage, die in dem Titel aufgegeben ist, läßt sich auf dem Hintergrund dieser Bestimmungen folgendermaßen übersetzen: Welche Konsequenzen hat die Veränderung politischer Partizipationschancen auf das Diskursfeld »Islam« in Deutschland, auf die Ausprägung sowie auf die relative Stärke der unterschiedlichen Positionen. Würde man die Frage auf Deutschland allein beschränken, ließe sich angesichts der Tatsache, daß die Partizipationschancen islamischer Gruppen gegen Null tendieren, wenig

Empirisches dazu sagen. Dies gilt jedoch nicht, wenn man die Türkei in die Frage miteinbezieht. Dort erlebten wir mit dem Aufstieg der Refah (Wohlfahrts-) Partei eine geradezu dramatische Verschiebung der »Partizipationschancen« – bis hin zu der Eroberung des Amtes des Ministerpräsidenten durch Erbakan im Jahr 1996. Aus der Analyse der Konsequenzen, die dies auf das Diskursfeld der islamischen Gruppen in Deutschland hatte, lassen sich wichtige Konsequenzen auch auf die Folgen ziehen, die eine Veränderung der Partizipationsmöglichkeiten seitens der deutschen Gesellschaft hätte. Ich beziehe mich im folgenden auf Material, das ich zwischen 1985 und 1993 in der Kaplan-Gemeinde in Augsburg gesammelt habe.

Wenden wir uns zunächst den Akteuren zu, die sich in diesem Diskursfeld bewegen.[4] Aus pragmatischen Gründen konzentriere ich mich auf die sechs größten Gruppen, die den sunnitischen Islam unter den türkischen Arbeitnehmern vertreten.[5]

– Die Moscheen des DITIB (Diyanet Işleri Başkanlığı), des Amtes für Glaubensangelegenheiten der Türkischen Republik. Das Amt ist ein Produkt der kemalistischen Revolution – dadurch wurde der Islam in den türkischen Nationalstaat integriert. Offiziell vertritt das Amt einen »aufgeklärten« Islam und postuliert die Trennung zwischen Staat und Religion – Religion habe sich auf die Privatsphäre zu beschränken, auf das Verhältnis zwischen »dem Schöpfer und seinem Sklaven«. Da das Amt in der Türkei allerdings eine Monopolstellung in bezug auf Ausbildung und Anstellung von Geistlichen hat, ist es heftig umkämpft: Untergründig finden sich fast alle Fraktionen des politischen Islam auch in ihm repräsentiert.

– Die Moscheen der MILLI GÖRÜŞ, der Nationalen Sicht. Dies ist der europäische Zweig der Refah Partisi (Wohlfahrtspartei). Sie tritt offiziell für die Islamisierung der Türkischen Republik auf islamischem Weg ein. Die Bedeutung der Milli Görüş ist in den letz-

4 Überblicke bei Blaschke 1985, Mumcu 1987, Mıhçıyazgan 1990.

5 Es sei nur angedeutet, wer hier zunächst nicht berücksichtigt wird: Dies sind die zahlreichen im engeren Sinn mystischen Bruderschaften; dann die verschiedenen alevitischen Gruppierungen, schließlich auch Organisationen von nichttürkischen Gläubigen (von nichttürkischen Immigranten ebenso wie von deutschen Muslimen) usw. Die Eingrenzung auf sechs Gruppen ist, wie oben ausgeführt, pragmatisch gerechtfertigt: Die hier diskutierten Gruppen setzen sich intensiver miteinander auseinander als mit dritten. Dennoch sind sie natürlich Einflüssen von anderen Gruppierungen ausgesetzt.

ten Jahren im Zusammenhang mit den Wahlerfolgen der Refah Partei in der Türkei kontinuierlich gestiegen.

– Die Moscheen der KAPLAN-Bewegung.[6] Diese Gruppe hatte sich unter der Führung von Cemaleddin Kaplan 1983 von der Milli Görüş abgespalten. Unter dem Eindruck der islamischen Revolution im Iran hatte eine erhebliche Gruppe in der Milli Görüş damals das Gefühl, daß es nun an der Zeit sei, eine islamische Revolution auch in der Türkei zu initiieren. Nach beträchtlichen Anfangserfolgen sank die Bedeutung der Bewegung von Jahr zu Jahr. Es kam zu mehreren Spaltungen (Polat 1987; Hayrıkılıç 1988). Die zunächst offene Sammlungsbewegung erstarrte schließlich Ende der achtziger Jahre zu einer Sekte. Sichtbarer Ausdruck war die Ausrufung von Kaplan zunächst zum Statthalter des Kalifen und dann zum Kalifen, also zum Oberhaupt aller Gläubigen. Mit dem Tod Kaplans wurde sein Sohn Metin Nachfolger im Amt des Kalifen. Im Sommer 1996 spaltete sich die Berliner Gemeinde ab.

– Die »IDEALISTENVEREINE«[7], die den sogenannten »GRAUEN WÖLFEN« nahestehen: Dabei handelt es sich um eine nationalistische Gruppe, die für eine Synthese von Turkismus und Islam eintreten.

– Die SÜLEYMANCI sind eine mystische Bruderschaft, die von Süleyman Hilmi Tunahan (1888-1959) begründet worden war. Dieser, ein Mitglied der Nakşibendi-Bruderschaft, sah angesichts der kemalistischen Reformen die Organisation der religiösen Ausbildung als zentrales Aufgabenfeld der Bruderschaft, die sich schließlich als eigener Zweig der Nakşibendi etablierte. Die Bruderschaft wirkte in der Türkei im Untergrund. Ihre große Stunde kam Anfang der siebziger Jahre, als der Familiennachzug in die Bundesrepublik einsetzte. Als erste Gruppe organisierten die Süleymancı Korankurse und entsprachen damit einem Bedürfnis der Migranten nach einer islamische Ausbildung ihrer Kinder. In den siebziger Jahren dominierten sie vielerorts die islamische Szene.

– Die NURCU schließlich sind ebenfalls als Antwort auf die türkische Revolution entstanden: Ihr Begründer, Said Nursi, hatte eine wechselhafte Geschichte mit Mustafa Kemal »Atatürk« – aus dem ehemaligen Verbündeten wurde mit der Zeit ein politischer Gegner. Said Nursi vertrat den Anspruch, den Islam mit den Erkenntnissen der modernen Naturwissenschaften zu verbinden.

6 Zu Kaplan siehe v. a. Atacan 1993.

7 Zu den Grauen Wölfen v. a. Şimşek-Hekimoğlu 1985.

Das Programm resultierte in einer mystisch inspirierten Naturphilosophie, in der die Größe Gottes in den Erscheinungen der Welt wiedergegeben wird. Heute betreiben die Nurcu ein großes Bildungswerk.[8]
Diese verschiedenen Akteure rivalisieren miteinander in der Frage der Repräsentation des Islam. Um eine Vorstellung von diesen Auseinandersetzungen zu geben, schlage ich vor, die Metapher des »Diskursfeldes« wörtlich zu nehmen, d. h. als Raum aufzufassen, der sich kartieren läßt, in den sich also die unterschiedlichen Positionen verorten und Nähen und Entfernungen eintragen lassen.[9] Um die zeitliche Dynamik einzufangen, möchte ich den Zustand des Feld zu zwei Zeitpunkten – nämlich 1987 und 1993 – darstellen.

1. Das Diskursfeld der islamischen Gemeinden im Jahr 1987[10]

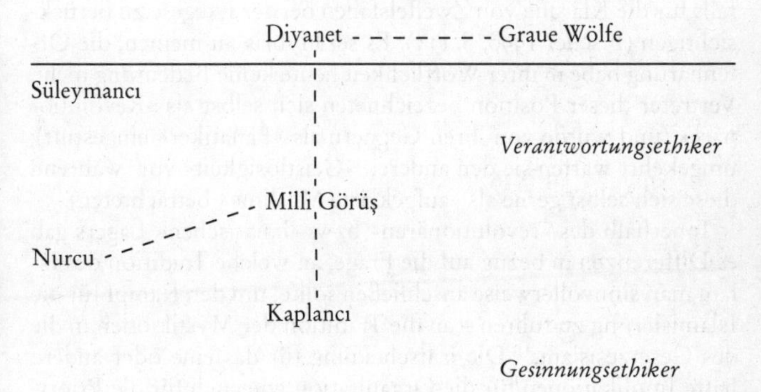

8 Zu den Nurcu siehe Spuler (1973, 1977, 1981) und Mardin (1989).

9 Eine derartige Kartierung birgt mehrere Probleme: Zum einen suggeriert sie Objektivität – einen gottähnlichen Blick von oben: Die Bestimmung von Nähen und Entfernungen sind jedoch selbst Teil der Strategien. Einer Gruppe mag daran liegen, die Nähe zu unterstreichen, während eine andere die Differenz betont. Auch innerhalb einer Gruppe gibt es immer Fraktionen, die die Nähen und Entfernungen unterschiedlich skzizzieren. Was ich hier unternehme ist, die »mental map« des Diskursfelds bei Anhängern der Kaplan-Bewegung zu rekonstruieren.

10 Der folgende Abschnitt enthält die stark verkürzte Zusammenfassung eines andernorts vorgetragenen Arguments (Schiffauer 1993a; wieder abgedruckt in Schiffauer 1997).

Zunächst zu den relativen Positionen, die in dieser Karte eingetragen sind: Eine scharfe Grenze (hier markiert durch die durchgezogene Linie) wurde 1987 zwischen den Positionen von Diyanet und Grauen Wölfen einerseits und den Positionen der anderen vier Gemeinden andererseits gezogen – der Nurcu, der Süleymancı, der Kaplan-Gemeinde und der Milli Görüş. Wenn man es mit einem Schlagwort formulieren möchte, so standen die beiden Gruppen oberhalb der Linie für die »Modernisierung des Islam«. Beide gingen von einer prinzipiellen Differenz zwischen der Situation heute und der zu Zeiten Muhammads aus – die Offenbarung sei in einer bestimmten geschichtlichen Situation erfolgt, der die Exegese Rechnung zu tragen habe. Die anderen vier Gruppen standen dagegen für die Forderung nach der »Islamisierung der Moderne« – sie negierten die prinzipielle Differenz zwischen der Situation zu Zeiten Muhammads und der Gegenwart: Die Offenbarung habe absoluten Charakter – die geschichtliche Situation der Offenbarung sei allenfalls für die Klärung von Zweifelsfällen bei der Exegese zu berücksichtigen (Fischer 1990, S. 115). Es sei Hybris zu meinen, die Offenbarung habe in ihrer Wörtlichkeit heute keine Bedeutung mehr. Vertreter dieser Position bezeichneten sich selbst als »Revolutionäre« (und wurde von ihren Gegnern als »Fanatiker« eingestuft); umgekehrt warfen sie den anderen »Geistlosigkeit« vor (während diese sich selbst gerne als »aufgeklärte Muslime« betrachteten).

Innerhalb des »revolutionären« bzw. »fanatischen« Lagers gab es Differenzen in bezug auf die Frage, an welche Tradition des Islam man sinnvollerweise anschließen sollte, um den Kampf für die Islamisierung zu führen – an die Tradition der Mystik oder an die des Gesetzesislam.[11] Die Entscheidung für das eine oder andere hatte Implikationen für die Organisation wie auch für die Prioritäten des Kampfes. Die Nurcu und die Süleymancı stehen dabei in der mystischen Tradition. Es ist eine Tradition, die den Unterschied zwischen einer manifesten und einer latenten (aber eigentlichen) Bedeutungsebene der Schrift betont – eine Ebene, zu der man nur Zugang über einen Lehrer findet. In bezug auf die soziale Organisation bedeutet dies zunächst die Betonung von Grenzen (zwischen Eingeweihten und Nichteingeweihten), von Hierarchie (zwischen Lehrer und Schüler, aber auch unter den Eingeweihten, die unterschiedlich tief initiiert sind) und von personalen Bezie-

11 Für den Gegensatz der beiden Richtungen im Islam siehe Gellner 1968 und 1981/1995. Zur Organisationsform einer mystischen Bruderschaft siehe Gilsenan 1973.

hungen zwischen Lehrern und Schülern, die zueinander in »gegenseitiger Heilsverantwortung« (Nagel 1981) stehen – wobei es in der Struktur des Wissens angelegt ist, daß ein Schüler aus prinzipiellen Gründen den Lehrer nicht kritisieren kann. Nurcu und Süleymancı nützen diese soziostrukturellen Züge mystischer Bruderschaften für die Organisation ihrer politischen Arbeit, genauer für den Aufbau eines Bildungswerkes, wobei die Süleymancı eher auf die Breitenwirkung von Korankursen und die Nurcu eher auf das Bildungsinteresse von Eliten abzielten.

Milli Görüş und die Kaplan-Bewegung entstammen dagegen der Tradition des Gesetzesislams, der sich bewußt und offensiv zur Exoterik des Wissens bekennt, zu der Tatsache, daß das Wissen manifest, transparent und im Prinzip allen zugänglich ist. In dieser Tradition ist der *hoca*, der religiöse Lehrer, sozusagen Primus inter pares, es ist tendenziell möglich, ihn zu kritisieren und v. a. ihn zu beurteilen. Der Gedanke einer grundlegenden Egalität wurde in diesem Bereich in einer Idee formuliert, die man in Reformulierung einer protestantischen Position auf den Begriff eines »hocalık aller Gläubigen« bringen könnte. Ein offenes Lernen tritt an die Stelle einer geleiteten Initiation. Von dieser Seite wurde das personalistische Prinzip der Mystiker als ausgesprochen schädlich für die politische Organisation eingeschätzt. Es laufe – wurde mir erklärt – in letzter Hinsicht auf eine Spaltung der Bewegung hinaus.

Die Entscheidung für die eine oder andere Tradition hatte jedoch nicht nur Konsequenzen für die Ausbildung der Organisation, sondern auch für die politischen Prioritäten. Nurcu und Süleymancı sind der Meinung, daß zuerst das Bewußtsein verändert werden müsse, weil sonst jede Machtergreifung sinnlos sei; Milli Görüş und Kaplan-Anhänger postulieren dagegen, daß dies lediglich auf eine Hinhaltetaktik hinauslaufe. Zunächst sei die Macht zu ergreifen – dann könne auch sinnvoll ausgebildet werden.

Eine zweite Differenz steht quer zu der Unterscheidung von Mystik vs. Gesetzesislam – sie betrifft die Frage der politischen Grundorientierung. Mit Max Weber (1919/1973) kann man hier den Unterschied zwischen Verantwortungsethikern und Gesinnungsethikern einführen. Gesinnungsethiker sind sozusagen der Reinheit der Lehre verpflichtet – sie sehen jede Konzession an die Gegebenheiten als Abstrich vom Gottgewollten und damit als notwendigerweise zum Scheitern verurteilt. Man macht das Gottgewollte und legt den Rest in Gottes Hand. Verantwortungsethiker thematisieren dagegen die Notwendigkeit der Kompromisse. Sie rechnen mit einer problematischen Welt – und v. a. mit der Tatsache, daß Ziel und Methode auseinanderklaffen können. Eine Korrektheit in den Methoden führt nicht immer zum Ziel und vice versa. Sind die Gesinnungsethiker Methodisten, so sind die Verantwortungsethiker Strategen.

Daraus ergaben sich weitere grundlegende Differenzen. Die Milli Görüş (bzw. die Refah Partisi) bekannte sich mit der Entscheidung für den parlamentarischen Weg zur verantwortungsethischen Position. Die Kaplan-Bewegung kritisierte daran die Bereitschaft zu Kompromissen (etwa des Bekenntnisses zur Verfassung) und setzte dagegen – ganz gesinnungsethisch – die Strategie der kompromißlosen revolutionären Bewegung. Umgekehrt bestand die Kritik an Kaplan darin, daß er unnötigerweise Porzellan zerschlage. Auf der Seite der Mystiker setzten die realpolitisch gesinnten Süleymancı auf die Strategie der Kaderpartei, bei der eine kleine Gruppe von Initiierten islamische Schulung für die Massen betreibt und – um dies zu ermöglichen – sich auf unterschiedliche Weise mit den Machthabenden arrangiert. Die gesinnungsethischer orientierten Nurcu setzten dagegen auf eine Strategie von Unterwanderung von Armee und Bürokratie durch die Bildung geheimer Logen. Wenn man die Schlüsselpositionen derart in den Griff bekomme, werde die Revolution unproblematisch. Dies war insofern methodischer, als man im geheimen zu weniger Abstrichen bereit sein mußte. Gleichwohl bedeutet Geheimhaltung per se natürlich eine gewisse Inkonsequenz; die Nurcu wurden deshalb nicht auf gleicher Ebene wie die Kaplan-Anhänger eingezeichnet.

Unsere Karte des Diskursfeldes zeigt jedoch nicht nur die Grenzen und Positionen der verschiedenen Gruppen, sondern (wie eine faktische Karte) auch Wege (symbolisiert durch die gebrochenen Linien). Wege in diesem Zusammenhang beziehen sich auf die Kontakte, die sich faktisch herstellen: Diese ergeben sich im Zusammenhang mit der Frage, welche Moschee man tatsächlich aufsucht, um zu beten (dem Ideal nach kann man in jeder Moschee beten, de facto gibt es meist eine Moschee, in der man definitiv nicht betet); welche Moschee man finanziell unterstützt oder mit welcher Gemeinde man Aktionsbündnisse etwa für Wahlen zu Ausländerbeiräten eingeht. Diese Wege sind entscheidend, weil sie wichtig sind für faktische (und nicht theoretische) Nähen und Entfernungen. Dies ist etwa bedeutsam für die Frage von Vereinbarkeiten oder Unvereinbarkeiten: Eine methodistisch kompromißlose Position und eine realpolitisch strategische Position können sich beispielsweise unversöhnlich gegenüberstehen; sie können aber auch in ein Verhältnis von Komplementarität gebracht werden (etwa in der Form eines außer- und eines innerparlamentarischen Flügels einer Bewegung; oder des bewaffneten und des unbewaffneten Arms einer Partei). Betrachtet man nun die eingetragenen Querverbindungen, so zeigt sich, daß Beziehungen seitens der Mitglieder der Kaplan-Gemeinde zu den anderen Gemeinden existierten – einschließlich zu Angehörigen der Diyanet (in der Regel Personen, die dem radikalen Flügel angehörten). Dies war insofern wichtig, als die Kaplancı es offenbar geschafft hatten, einen gewissen Rechtfertigungsdruck auszuüben. V. a. junge Nurcu fühlten sich genötigt, die revolutionäre Ausrichtung auch ihrer Organisation zu betonen. Es gab allerdings eine Gruppe, zu der definitiv keine Querverbindungen bestanden – und dies war die Süleymancı-Gemeinde. Die Süleymancı wurden von den Gläubigen der Kaplan-Gemeinde geradezu als Alter ego konstruiert: Der eigenen Aufrichtigkeit stellte man die Unaufrichtigkeit der Süleymancı gegenüber, der eigenen Offenheit die Informationspolitik der Süleymancı, der eigenen politischen Kompromißlosigkeit das Taktieren der anderen.

2. Das Diskursfeld der islamischen Gemeinden 1993

Im Laufe der nun folgenden sechs Jahre strukturierte sich das Diskursfeld grundlegend um. Entscheidend waren die Wahlerfolge der Wohlfahrtspartei in der Türkei und der damit verbundene Aufschwung der Milli Görüş in Europa. Abb. 2 versucht die Veränderungen einzufangen, die sich aus all dem für das Verhältnis der Gemeinden in Deutschland ergaben:

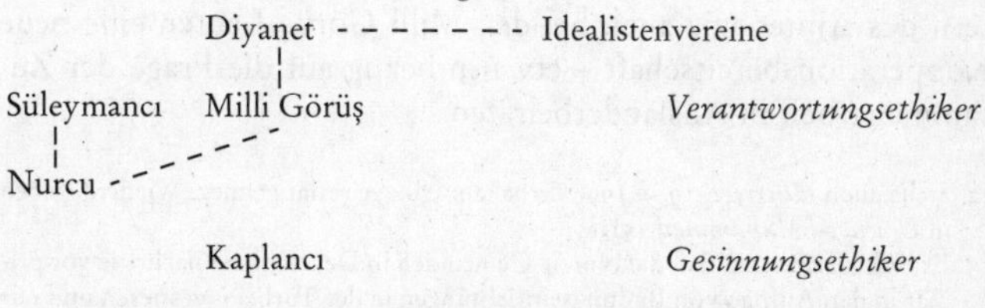

Festzuhalten ist zunächst, daß Milli Görüş, Diyanet und Idealistenvereine sich aufeinander zubewegt haben: Diyanet und Idealistenvereine beziehen im Vergleich zu 1987 »islamistischere« Positionen; im Gegenzug ist Milli Görüş »verfassungskonformer« geworden. So erteilte Ali Yüksel, der Generalsekretär der Milli Görüş und Kandidat der Wohlfahrtspartei, bei einer Diskussion in Berlin der Idee eine Absage, daß die Refah Partei eine islamische Partei sei (sie sei statt dessen eine Partei der Muslime in der Türkei) und bezog auch Stellung gegen eine Einführung des Şeriat, des religiösen Gesetzes, in der Türkei.[12] Auf der symbolischen Ebene würdigte er Mustafa Kemal als großen antiimperialistischen Befreiungskämpfer und bezog damit eine klare Abkehr von einer in islamistischen Kreisen weitverbreiteten Position, die in Atatürk den Widersacher des Islam selbst, wenn nicht gar den Antichrist – der auch in der islamischen Mythologie eine Rolle spielt – sieht. Schließlich räumte er in der gleichen Diskussion ein, daß es zwar radikale Kreise in der Partei gebe, äußerte sich jedoch dahingehend zuversichtlich, daß diese Kreise eingebunden werden könnten.

Den Nurcu erlaubte es das islamfreundlichere Klima in der Türkei, sich auch dort nun öffentlich zu artikulieren. Sie nutzten die Chance, ihr Bildungswerk zu verankern, sprich Internate und Studentenwohnheime zu errichten. Um auf diese Weise das Bildungswerk voranzutreiben, wurden auch Konzessionen gemacht – etwa Atatürk-Porträts aufgehängt. Diese Politik wurde von den Gemeinden in Deutschland materiell unterstützt.[13] Es kursiert in den Kreisen der Kaplan-Gemeinde der bezeichnende Vorwurf (den ich nicht überprüfen konnte), daß in einer Neuausgabe der Schriften Said Nursis radikal antikemalistische Passagen unterschlagen worden seien.

Relativ wenig scheint sich die Position der Süleymancı verändert zu haben – sie waren ohnehin immer nach außen zu Kompromissen bereit gewesen. Allerdings registrierte man bei den Vertretern des Amtes wie auch bei den Milli Görüş-Leuten eine neue Kooperationsbereitschaft – etwa in bezug auf die Frage der Zusammenarbeit in Ausländerbeiräten.

12 Siehe auch *Hürriyet*, 19.9.1996: Erbakan: Ülkeye şeriat gelmez. Wiedergegeben in *Ümmet-i Muhammed* 151:15.

13 Es ist bezeichnend, daß die Nurcu-Gemeinden in Deutschland nach wie vor primär in den Aufbau von Bildungseinrichtungen in der Türkei investieren und nur ausnahmsweise in Deutschland eigene Einrichtungen gründen.

Insgesamt haben sich diese Gruppen aufeinander zubewegt. Die Grenze zwischen Modernisierern des Islams und Islamisierern der Moderne ist damit brüchiger geworden. Neue Wege haben sich ausgebildet. Bei diesen Gruppen geht ein Zuwachs an Partizipationschancen also mit einer Stärkung realpolitischer Positionen einher. Um so interessanter ist die gegenläufige Tendenz in der Kaplan-Gemeinde. Wie auf dem Bild sichtbar, manövrierte sie sich zunehmend an den Rand des Diskursfeldes – v. a. sind die Wege zu den anderen Gemeinden nun unterbrochen. Diese Gemeinde nimmt nun strukturell eine ähnlich isolierte Position ein, wie sie die Süleymancı sechs Jahre früher innehatten. In dem Maße, in dem die anderen Gruppen die Differenzen untereinander abschwächten, betonten die Anhänger der Bewegung die Unterschiede.

Zu dieser Entwicklung haben mehrere Faktoren beigetragen. Die Stärkung der Milli Görüş ging zunächst v. a. auf Kosten der Kaplan-Bewegung. Dies hing zum einen damit zusammen, daß Milli Görüş und Kaplan-Bewegung die gleiche Klientel bedienten. Wichtig war aber auch, daß die iranische Revolution keinen Nachfolger hatte (und statt dessen zunehmend veralltäglichte): Die Hoffnung auf einen triumphalen Siegeszug des Islam, der Anfang der achtziger Jahre die Anhänger beflügelt hatte, war Ende des Jahrzehnts geschwunden. Hinzu kam, daß der Preis für die Mitgliedschaft erheblich war. Kaplan wurde neben der PKK als wichtigster Staatsfeind der türkischen Republik gesehen, was für seine Anhänger natürlich polizeiliche Verfolgung bedeutete. Angesichts sinkender Erfolgserwartungen dürfte vielen das Opfer zu hoch gewesen sein.

In dieser Situation steht eine Bewegung offenbar vor einer grundsätzlichen Entscheidung: Entweder sie schließt sich den anderen an (und wird so etwas wie ein radikaler Flügel innerhalb der Milli Görüş mit der Aussicht, innerhalb von wenigen Jahren zu verschwinden) oder sie transformiert sich zu einer Sekte. Kaplan entschied sich für letzteres.

Bezeichnend war die Stellung zur Kalifatsfrage. Bereits in den ersten Predigten nach der Trennung von der Nationalen Sicht wurde die Botschaft, daß im Islam Staat und Religion untrennbar miteinander verbunden seien, mit der Forderung nach der Wiedererrichtung des Kalifats[14] verknüpft.[15] 1992 erfolgte dann die Aus-

14 Das Kalifat, das Amt des Oberhauptes der Muslime, wurde 1924 formell durch die türkische Große Nationalversammlung abgeschafft. Nachdem das Amt jahr-

rufung Kaplans zum Statthalter des Kalifen. Dies wurde in dieser Zeit als symbolische Politik ausgegeben – als eine Politik, die die Notwendigkeit des Amtes zum Ausdruck bringt und damit eine Leerstelle markiert. Kaplan erklärte, daß keinerlei Anspruch auf das Amt des Kalifen selbst mit diesem Schritt verbunden sei. 1994 fand dann jedoch die Proklamation zum Kalifen statt. Zumindest aus der Binnensicht war aus dem Zeichen der Kalifenschaft das Bezeichnete selbst geworden. Dies läßt sich einerseits als Ausbuchstabieren, als Inszenieren und Dramatisieren der Botschaft Kaplans interpretieren; andererseits ist unverkennbar, daß sich damit der gesamte Charakter der Bewegung veränderte.

Zum Verständnis dieses Schritts ist es hilfreich, die Kalifatsfrage in bezug zur Geschichtsphilosophie der Bewegung zu setzen. In den achtziger Jahren vertrat Kaplan die Position, daß das Unheil für die islamische Welt mit der Usurpation der Macht durch Mustafa Kemal eingesetzt habe (»Hicret Konuşması« – Predigt in der Hedschra, o. J.). Diesem vergleichsweise kurz zurückliegendem Zeitpunkt korrespondierte die Hoffnung auf eine baldige Wiedererrichtung des Kalifats. Kaplan war von der Idee bewegt, daß die Macht von einem auf den anderen Tag zurückerobert werden könnte. Die Revision der kemalistischen Usurpation schien auf der Tagesordnung zu stehen (Mumcu 1987, S. 24ff.). In den neunziger Jahren hatte sich der Zeithorizont wesentlich erweitert. Der Niedergang des Kalifats, so argumentiert Kaplan in der Predigt »Hilafet ve Halife« (»Kalifat und Kalif«, 1994) habe nicht erst mit dem Kemalismus begonnen, sondern schon mit dem sich abzeichnenden Niedergang des Osmanischen Reiches zu Beginn des 17. Jahrhunderts. In der Gegenwart habe man den absoluten Tiefpunkt und damit gleichzeitig den Ort des Neubeginns erreicht – den Scheitelpunkt der Kurve. Die Zahl der Gläubigen sei auf ein Minimum gesunken – gleichzeitig könne mit diesen Wenigen, einer Elite, die Arbeit des Neuaufbaus begonnen werden. Es handele sich um eine analoge Zeitverfinsterung wie zum Zeitpunkt des Auftretens von Muhammad. Wie damals sei ein Zeitalter abge-

hundertelang praktisch bedeutungslos gewesen war, erlebte es eine Renaissance im 19. Jahrhundert im Kontext des antiimperialistischen Widerstands. Die Assoziationen von Einheit, Stärke und Integrität des Islams, die heute in islamischen Kreise mit dem Amt verbunden werden, dürften sich in dieser Zeit herausgebildet haben.

15 Etwa in der Predigt Hicret Konuşması – Predigt in der Hedschra, die 1984 oder 1985 gehalten wurde.

schlossen worden und habe ein neues begonnen. Ebenso wie der Niedergang mehrere Jahrhunderte gedauert habe, werde auch der Neuaufbau einige Jahrhunderte benötigen.

Der Gedanke der Elite wird nun auch organisatorisch umgesetzt. Die Organisationsform, die Kaplan vorschwebt, ist nun nicht mehr die der offenen Sammlungsbewegung, in der jeder ein Hoca nach eigenem Maßstab ist. Vielmehr arbeitet Kaplan nun am Aufbau eines religiösen Kriegerordens, in dem es verschiedene Stufen der Initiation gibt: Auf die Medrese, die religiöse Schule, in der man das Gesetz lernt, folgt der Konvent, in dem man in den mystischen Weg initiiert wird, und schließlich die Kaserne, in der man im Kampf unterwiesen wird (Kaplan 1988, Müftüoğlu 1994). Parallel dazu wird die innere Disziplinierung betont, die Pflicht zu Gehorsam und Unterordnung. Mit dieser Veränderung war der Umbau von einer Sammlungsbewegung zu einer Sekte vollzogen.

Je größer und schärfer die ideologischen Differenzen zu den anderen Gruppen im Diskursfeld gezogen wurden, desto mehr wurden naturgemäß die Grenzen betont und ein »reines« Innen einer problematischen Außenwelt gegenübergestellt. Zunehmend wurde jeder, der nicht die eigene Position vertrat, als Verräter gesehen. Einen gewissen Höhepunkt in dieser Hinsicht stellte eine Apostasieerklärung von 1992 dar. Auf einem Flugblatt wurde erklärt, daß jeder, der sich aktiv oder passiv zur Wahl stelle, ein Abtrünniger vom Islam sei – unter anderen wurde auch Erbakan namentlich genannt. Als die Jugendlichen der Kaplan-Gemeinde mit diesem Flugblatt die Moschee der Nationalen Sicht plakatierten, kam es zur ersten Massenschlägerei zwischen den beiden Organisationen. Die Schlägerei markierte in Augsburg das Ende der bis dahin positiven Beziehung der Gemeinden.

Was damit erreicht wurde, war, daß die Austrittskosten erhöht wurden. Je ausschließlicher die Beziehungen in einer Gruppe sind, je mehr sie sich in ihren Orientierungen von anderen unterscheidet, desto höher ist die Desorientierung, die jemand erfährt, der sich zum Ausstieg entscheidet. Dies wurde von einem namentlich nicht genannten Verfasser in einem in *Ümmet-i Muhammed* unter dem Titel: »Wer sich von der Gemeinde trennt, gerät selber in einen sonderbaren Zustand« veröffentlichten Artikel bemerkenswert klarsichtig beschrieben: »In dieser Situation kommt er in einen Zustand, in dem er sich selber nicht mehr kennt, und hat das Gefühl, daß er gewissermaßen ein Anderer sei. Gleichzeitig ist er von der Vorstellung befangen, daß die ihm Nahestehenden, seine Freunde und die, die mit ihm fühlten, gewissermaßen Unbekannte geworden sind« (1995, S. 7). Dies ist eine bemerkenswerte Beschreibung der Bewußtseinszustände in einer liminalen Phase, der Phase im Niemandsland zwischen den Kategorien (Turner 1974).

Es entspricht der Logik der scharfen Grenzziehung, daß der größte Feind nicht der Ganz-Andere ist, sondern der Allzu-Ähnlich-Andere: So heißt es in einer im August 1996 erschienenen Polemik: »Wer nicht die ganze Wahrheit sagt, ist, auch wenn er 99% der Wahrheit sagt, verflucht [...]« Der Hoca (also Kaplan) habe ausgeführt, daß die schlimmste Partei diejenige Erbakans sei. »Dennoch sind die anderen Parteien weiter vom Islam entfernt. In Erbakans Partei wird gelegentlich der Islam erörtert. Aber genau das ist der Grund dafür, warum sie die schlimmste ist. Je näher sie sich dem Islam zeigt, desto schwerer ist es, ihr nicht zu verfallen. Deshalb ist Erbakans Partei vom islamischen Standpunkt aus schlimmer als die anderen« (Sofu 1996).

Mit anderen Worten: Vom Standpunkt einer Sekte aus gibt es eine Umwertung aller Werte. Was anderen als Erfolg des Islam erscheint, als eine Verbreiterung seiner Machtbasis, erscheint von diesem Standpunkt aus als der Sieg gerade der schlimmsten Partei. Was anderen als Morgenlicht erscheint, wirkt auf diesem Hintergrund gerade wie die finsterste Verstrickung. Die Partei, der man ideologisch am nächsten steht, ist gleichzeitig die gefährlichste – und damit der Hauptgegner.

Damit ist übrigens ein generatives Muster gegeben. 1995 wurde Metin Kaplan, der Sohn vom Cemaleddin, von seinem Vater auf dem Totenbett zu seinem Nachfolger ernannt. Es dauerte kein Jahr, als es wieder zu einer Abspaltung, diesmal der Berliner Gemeinde, kam. In der Polemik, die sich nun entfachte, wurde die Position des größten Verräters – des Antichrist – Metin Kaplan zugedacht. Er komme gleich nach Atatürk, dem großen Zerstörer des Islam (Sofu 1996).

Es hängt nun von der Gesamtsituation ab, wie sich dies auswirkt. Deshalb zum Schluß noch etwas über die Plausibilitäten der verschiedenen Positionen.

Die Radikalisierung in der Kaplan-Bewegung ging parallel mit einer drastischen Verschiebung der Anhängerschaft. Als ich 1988 meine erste Untersuchung in Augsburg machte, bestand die tonangebende Gruppe im wesentlichen aus ländlichen Autodidakten, aus Migranten, meist aus dem Osten der Türkei, die in ihren Dörfern keine oder nur eine rudimentäre Schulbildung erhalten hatten. Viele von ihnen wurden mit der Migration in die Städte von einem Lesehunger erfaßt, den sie durch die Lektüre islamischer Trivialliteratur befriedigten. Der Kontakt mit Kaplan bedeutete für sie ein Aha-Erlebnis[16]: Sie fanden Prediger, die das ausdrückten, was sie immer schon über den Islam gedacht – oder besser: gefühlt – hatten. Dabei war es v. a. die Vision der Einheit des Islam – und daraus abgeleitet die Konsequenz, daß die Parteiendemokratie von Übel ist –, die für diese Gruppe eine Rolle spielte. Gleichzeitig war das Selbstbewußtsein dieser Gruppe auffallend. Sie drückten aus, daß sie sich ihre Lehrer suchten – nicht etwa umgekehrt. Der Methodismus dieser Autodidakten reflektierte ihre marginale Situation: Wer nie an der Macht war, mußte nie zwischen Mitteln und Zielen abwägen.

Die Transformation der Bewegung in eine Sekte war für die meisten Autodidakten der ersten Generation ein Grund für den Ausstieg: Als nicht mehr das Überwinden von Grenzen betont wurde, sondern im Gegenteil die Grenzen radikalisiert wurden, war dies für sie ein Verrat an der Konzeption des Islam, so wie sie ihn auffaßten. Die Selbstausrufung zum Statthalter des Kalifen wurde von ihnen als lächerlich und als spalterisch empfunden. An ihre Stelle trat eine neue Generation – junge Leute der zweiten Generation, unter ihnen viele Schüler und Studenten. Damit stellt sich die Frage, welche Plausibilität eine Position hat, die radikale Differenz inszeniert – und zwar sowohl gegenüber anderen Gruppen der türkischen Gemeinde wie gegenüber der deutschen Gesellschaft.

Die zweite Generation wuchs in einem doppelten Konflikt auf: Der erste Konflikt war bedingt durch die Tatsache, daß die erste Generation, also die Generation ihrer Väter, aus Immigranten wider Willen bestand. Sie waren in der Absicht gekommen, Geld zu verdienen, um in der Türkei eine Existenz aufzubauen – ein Plan, der sich auf Grund verschiedener Faktoren (Verschlechterung der Wirtschaftsparameter in der Türkei, strukturelle Schwierigkeiten, die mit einer Existenzgründung verbunden sind) oft nicht umsetzen ließ, an dem indes festgehalten wurde. Die bezeichnende Lösung war eine Zerstückelung der Zeitperspektiven – man setzte

16 Ein biographisches Beispiel in Schiffauer 1991, S. 120ff.

sich Fristen (meist waren es Fünfjahresabstände), nach denen man zurückkehren würde (Schiffauer 1991, S. 161 ff.). Für die hier aufwachsenden Jugendlichen, die sich stärker mit Deutschland identifizierten, hieß dies, daß die Rückkehr oft wie ein Damoklesschwert über ihnen hing. Dieser Konflikt stellt sich tendenziell radikaler dar für Jugendliche, die eine höhere Ausbildung durchliefen und darüber in einen engeren Kontakt mit der deutschen Gesellschaft kamen, als für diejenigen, die die Hauptschule besuchten. Er wäre einfacher zu bewältigen gewesen, wenn es die deutsche Gesellschaft den jungen Immigranten nicht so schwer gemacht hätte. Man hätte sich dann als junger Deutsch-Türke durchaus offensiv gegen seine Eltern stellen können. Die Erfahrung der Diskriminierung (die Anfang der neunziger Jahre in der schlimmen Gewaltwelle einen Höhepunkt fand) bedeutete jedoch, daß jede Identifikation mit der deutschen Gesellschaft den bitteren Beigeschmack einer Identifikation mit dem Aggressor bedeutet hätte. Die jungen Leute waren so zu einer doppelten Distanzierung gezwungen – von den Eltern, die mit dem Traum der Rückkehr in die Türkei Interessen und Anliegen vertraten, die nicht die der zweiten Generation[17] waren, und von der diskriminierenden deutschen Gesellschaft. Dies artikulierte sich oft in einer krisenhaften Abfolge von Identitätskonflikten: Nicht selten wurde ein radikales Eintauchen in die deutsche Subkultur (die von der türkischen Umwelt als Provokation empfunden wurde) von einer ebenso radikalen Ablehnung der deutschen Umgebung abgelöst. Die Hinwendung zu einem Methodismus, wie er etwa seitens der Kaplan-Bewegung vertreten wird, erlaubte eine Lösung dieser doppelten Krise – zumindest für junge Leute, die in islamistischen Elternhäusern aufgewachsen waren. Er erlaubte es zum einen, einen Standpunkt gegen die Elterngeneration zu finden: Indem diese Generation nach ihren eigenen Maßstäben (und nicht etwa nach den Maßstäben der deutschen Kultur) kritisiert wurde, wurde die Spannung von Identifikation und Opposition bewältigt. Gleichzeitig ließ sich auch die deutsche Gesellschaft kritisieren – nicht von einem kulturalistischen Standpunkt aus, der eine »türkische« Lösung gegen eine deutsche gesetzt hätte, sondern von einem Standpunkt mit dem Anspruch universalistischer Wahrheit aus. Mit anderen Worten: Die Faszination eines Sektenstandpunktes

17 Vgl. etwa die Biographie von Aydın Gültekin bei Schmidt-Hornstein 1995, S. 80ff.

lag darin, daß sie die Zerrissenheit einer Generation durch eine Politik der radikalen Distanzierung ausdrückt.

Kommen wir noch einmal auf die Ausgangsfrage zurück: Läßt eine höhere Partizipation die Überwindung des islamischen Fundamentalismus erwarten? Wenn wir das islamische Diskursfeld betrachten, dann haben sich drei Konsequenzen einer höheren Partizipation ergeben:

– Bei einem Teil der Gruppen (der Nationalen Sicht und den Nurcu) führte eine höhere Partizipation zur Abschwächung von symbolischen Strategien der Distanzierung. Einer Realpolitik verpflichtet gehen diese Gruppe zunehmend Kompromisse ein.

– Bei einem anderen Teil – dafür stehen die Sülemyancı – bedeutete eine höhere Partizipation eine bessere Ausgangsbasis, um ein islamistisches Bildungswerk zu begründen bzw. fortzuführen. Die Position dieser Gruppen wurde tendenziell gestärkt.

– Bei einem dritten Teil rief die Erhöhung von Partizipationsmöglichkeiten genau das Gegenteil hervor: Von ihnen wird jedes Mitwirken an einer nichtislamischen Ordnung als Aufweichung des Islam und Abkehr von islamischen Prinzipien verstanden.

Letzteres wird dann besonders nachvollziehbar sein, wenn Partizipation (wie in meinen Ausgangsüberlegungen unterstellt) nicht als Selbstverständlichkeit in einer zivilen Gesellschaft gilt, sondern mit dem Hintergedanken der Bekämpfung einer der Positionen im Diskursfeld verbunden wird. Unter dieser Perspektive wird fast schon nahegelegt, eine zunehmende Partizipation nicht als Zuwachs an islamischer Macht zu sehen, sondern als Domestizierung des Islam – kurz als eine besonders heimtückische Form der Bekämpfung des Islam. Wenn Politik unter diesen Vorzeichen geführt wird, dann ist es mehr als wahrscheinlich, daß Positionen wie die Kaplans gestärkt werden.

Es wäre auch naiv damit zu rechnen, daß diese letzte Position von selber verschwinden würde – etwa mit zunehmender Integration. Es sind nicht die Außenseiter und schlecht Integrierten der zweiten Generation, für die radikal islamische Position besonders attraktiv sind – sondern gerade umgekehrt: Es sind die jungen Leute aus islamistischen Elternhäusern, die es geschafft haben, für die diese Positionen aus Gründen, die ich versucht habe nachzuzeichnen, besonders attraktiv sind.

Anonym: *Cemaatten ayrılan kimse, kendini garip bir halde bulur (Wer sich von der Gemeinde trennt, gerät selber in einen sonderbaren Zustand)*, in: *Ümmet-i Muhammed*. Köln 1995, S. 7.

Atacan, F.: *Kutsal Göç. Radikal Islamcı bir grubun anatomisi (Heilige Emigration. Die Anatomie einer islamischen Gruppe)*. Istanbul 1993.

Blaschke, J.: *Islam und Politik unter türkischen Arbeitsmigranten*, in: Blaschke, J./Bruinessen, M. van (Hg.): *Islam und Politik in der Türkei*. Berlin 1985, S. 295-368.

Bourdieu, P.: *Was heißt sprechen. Die Ökonomie des sprachlichen Tausches*. Wien 1990.

Fischer, M. M. J./Abedi, M.: *Debating Muslims – Cultural Dialogues in Postmodernity and Tradition*. Madison/Wisconsin 1990.

Gellner, E.: *A Pendulum Swing Theory of Islam*, in: Robertson, R. (Hg.): *Sociology of Religion*. Harmondsworth 1968, S. 127-140.

Ders.: *Leben im Islam. Religion als Gesellschaftsordnung*. Stuttgart 1981/1995.

Gilsenan, M.: *Saint and Sufi in Modern Egypt*. Oxford 1973.

Hocaoglu (Kaplan), C.: *Barbaros Hareketi ve bir dönüm noktası (Die Barbaros-Bewegung und ein Wendepunk)*, in: *Ümmet*, 15. 8. 1988, S. 8f.

Kaplan, C.: *Hilafet ve Halife (Kalifat und Kalif)*, in: *Ümmet-i Muhammed*, 15. 11. 1994.

Ders: *Hicret Konusmasi (Predigt in der Hedschra)*. o. J.

Mardin, S.: *Religion and Social Change in Modern Turkey*. Albany 1989.

Mıhçıyazgan, U.: *Moscheen türkischer Muslime in Hamburg. Dokumentation zur Herausbildung religiöser Institutionen türkischer Migranten*, in: Hamburger Behörde für Arbeit, Gesundheit und Soziales. Hamburg 1990.

Mumcu, U.: *Rabıta*. Istanbul 1987.

Müftüoglu, M.: *Emir'ül-Mü-minin ve Halifet'ül-Müslimin Cemaleddin Hocaoglu'nun Hal Tercemesi (Die Biographie des Cemaleddin Hocaoglu, des Befehlshabers der Moslems und Kalifen der Moslems)*, in: *Ümmet-i Muhammed*, 15. 11. 1994, S. 10, 13, 14.

Nagel, T.: *Staat und Glaubensgemeinschaft im Islam*. Zürich/München 1981.

Schiffauer, W.: *Die Migranten aus Subay. Türken in Deutschland: Eine Ethnographie*. Stuttgart 1991.

Ders.: *Der Weg zum Gottesstaat. Die fundamentalistischen Gemeinden türkischer Arbeitsmigranten in der Bundesrepublik*, in: *Historische Anthropologie*, Jg. 1, Nr. 3 (1993a), S. 468-484.

Ders.: *Die civil society und der Fremde. Grenzmarkierung in vier politischen Kulturen*, in: Balke, F. u. a. (Hg.): *Schwierige Fremdheit*, Frankfurt/M. 1993b, S. 185-199.

Ders.: *Fremde in der Stadt. Zehn Essays zu Kultur und Differenz*. Frankfurt/M. 1997.

Schmidt-Hornstein, C.: *Das Dilemma der Einbürgerung. Porträts türkischer Akademiker.* Opladen 1995.

Şimşek-Hekimoğlu, A.: *The Greywolves: A Study of a Nationalist Ideology in Turkey*, Master thesis, Department of Anthropology, McGill University. Montreal 1985.

Sofu, I.: *Yalan ve Iftiralara Cevap (Antwort auf die Lügen und Unterstellungen)*, Flugblatt Berlin 1996.

Spuler, U.: *Nurculuk – Die Bewegung des »Bediüzzaman« Said Nursi in der Modernen Türkei*, in: Spies, O. (Hg.): *Studien zum Minderheitenproblem im Islam.* Bd. 1. Bonn 1973.

Dies.: *Nurculuk – Eine moderne islamische Bewegung*, in: *XIX. Deutscher Orientalistentag*. Freiburg i. Br. 1977, S. 1246-1252.

Dies.: *Zur Organisation der Nurculuk-Bewegung*, in: Roemer, H. R./ Noth, A. (Hg.): *Studien zur Geschichte und Kultur des Vorderen Orients. Festschrift für Bertold Spuler zum siebzigsten Geburtstag*. Leiden 1981, S. 423-443.

Turner, V.: *Schwellenzustand und Communitas*, in: Turner, V.: *Das Ritual. Stuktur und Anti-Struktur.* Frankfurt/M. 1974/1989, S. 94-127.5

Weber, M.: *Der Beruf zur Politik*, in: *Soziologie. Universalgeschichtliche Analysen. Politik,* hg. von Winckelmann, J. Stuttgart 1973/1919, S. 167-185.

Assia Maria Harwazinski

Fanatismus, Fundamentalismus, Frauen: Zur Kritik kulturalistischer Interpretationsmuster in der gegenwärtigen Islamdebatte

1. Kulturalistisch begründete Exkommunikationen islamischer Dissidenten

Anfang des Jahres 1993 hatte der türkische Satiriker und Journalist Aziz Nesin verkündet, daß er beabsichtige, die *Satanischen Verse* von Salman Rushdie ins Türkische zu übersetzen. Seitdem war er Todesdrohungen von seiten fanatischer Islamisten ausgesetzt. Der Anschlag gegen überwiegend säkular-liberale Intellektuelle in Sivas am 2. Juli 1993, bei dem es 36 Tote gab, galt in erster Linie Nesin. Im Anschluß daran war zwischen ihm und Rushdie ein Streit ausgebrochen, der das Entsetzen und das Ohnmachtsgefühl der beiden angesichts des brutalen Vorgehens der religiösen Eiferer widerspiegelt. Ganz gleich, ob Rushdie mit Nesins Absicht nun einverstanden war oder nicht, und egal auch, ob Nesin Rushdie beleidigt hat oder nicht – es spricht für den Charakter beider Autoren, daß sie diesen Streit in einer Weise ausgetragen haben, die ihrer beider Überzeugung entspricht und die von ihren Gegnern weder beherrscht noch akzeptiert wird: streitbar und demokratisch unter Zuhilfenahme des Wortes und der Sprache, aber ohne die Anwendung von Gewalt oder den Aufruf dazu.

Der Streit zwischen dem Türken und dem Briten hatte die internationale Presse sehr beschäftigt. Das Augenmerk hätte jedoch eigentlich dem Konflikt zwischen Laizisten bzw. Säkularisten und denjenigen, die diese verfolgen, gelten müssen. Denn dies ist eine Auseinandersetzung, die vom Okzident wie vom Orient eine klare Position verlangt, wie sie bislang aussteht. Dabei soll hier keiner kulturrelativistischen Polarisierung zwischen Orient und Okzident das Wort geredet werden, wie dies von nicht Wenigen getan wird – und zwar nicht nur in den oft pauschal kritisierten Medien, sondern auch unter Akademikern und Wissenschaftlern.

Beispiele für kulturrelativistischen Eskapismus auf seiten der

Wissenschaft finden sich in großer Zahl. So bezeichnete etwa Richard Webster, Autor von *Erben des Hasses*, den »Fall Rushdie« als »Zusammenprall zweier Kulturen« und ordnete Rushdie dabei klar der westlichen Kultur zu (vgl. *Süddeutsche Zeitung*, 15./16. 1. 1992). Webster griff der Huntington-These vom »Clash of Civilizations« voraus. Zugleich sprach er dem Autor der *Satanischen Verse* die Aufrichtigkeit bezüglich seines Bekenntnisses zum Islam ab, als er schrieb: »Für alle muslimischen Beobachter (die extrem westlich orientierten ausgenommen) war es absolut unvorstellbar, daß ein aufrichtiger Muslim den Wunsch haben könnte, daß der Roman weiterhin in Umlauf bleibt.« Dem Westen warf Webster im selben Beitrag »kulturelle Engstirnigkeit« und »mangelndes Einfühlungsvermögen« im Hinblick auf den Islam und die Gefühle derjenigen, die sich zu ihm bekennen, vor. Unklar blieb, welche Kenntnis Webster selbst vom Islam hat und was er unter »Islam« versteht; seinen Äußerungen nach zu urteilen, meint er damit ein homogenes Denk- und Kultursystem, aus dem Rushdie durch sein als »blasphemisch« eingestuftes Werk herausgefallen war. Letzteres stimmte – wenn auch in anderer Weise als Webster dies sah: Rushdie war tatsächlich herausgefallen. Er wurde aus dem »System« ausgestoßen und als »Abtrünniger« bezeichnet und behandelt.[1] Innerhalb des orthodoxen islamischen Rechts bedeutet dies: Er war mit der Einstufung als »Apostat« durch die Fatwa Khomeinis vom 14. Februar 1989 buchstäblich zum Abschuß freigegeben worden. Ein anderer Okzidentale, Claus Leggewie, hatte bereits vor Webster indirekt die Unfähigkeit Rushdies, den Islam ernst zu nehmen, postuliert. Leggewie hatte sich dazu verstiegen, Rushdies Bekenntnis zum Islam als »Wende« eines Mannes zu interpretieren, der »unter der Abwesenheit Gottes litt« (*die tageszeitung*, 16. 12. 1991) und hatte damit – man weiß nicht auf welcher Grundlage – gleichsam autoritativ islamische Theologie betrieben.

Die Auffassungen von Webster und Leggewie, die auf eine Exkommunikation Rushdies von säkularer Seite hinauslaufen, wur-

1 Übrigens hat Rushdie dieses Herausfallen bereits in seinem Roman *Die satanischen Verse* beschrieben, in dem Saladin Chamcha den Flugzeugabsturz überlebt und sich in merkwürdiger Gestalt mit Bocksfüßen in der englischen Gesellschaft wiederfindet – eine geniale literarische Metapher zur Beschreibung des Kulturschock-Syndroms auf beiden Seiten: Der Fremdling, der Exot, wirkt in der »westlichen« Welt geradezu satanisch. Was selbstverständlich auch umgekehrt Gültigkeit hat. Vgl. Rushdie 1988, S. 157ff.

den und werden von vielen im Westen geteilt und spiegeln eine Unkenntnis sowohl des Islam als auch des Verhältnisses von Religion und Geschichte im allgemeinen wider. Solche Äußerungen zeigen die Unfähigkeit zur Unterscheidung und Akzeptanz dessen, wozu kritische Köpfe im Orient durchaus in der Lage sind, nämlich zur Differenzierung – und zur Anerkennung eines daraus resultierenden Spannungsverhältnisses – zwischen »kulturellem Islam« (und auch »kulturellem Christentum«) einerseits und »theokratischer Orientierung« andererseits. Rushdie hat diesen Unterschied wie folgt formuliert: »Ich rief mir selbst ins Gedächtnis, daß ich immer die Notwendigkeit betont hatte, ein Konzept des ›weltlichen Moslems‹ zu entwickeln, der wie der weltliche Jude Mitglied einer Kultur ist, sich von der Theologie aber getrennt hat.«[2] Dieses Denkkonzept Rushdies wird von vielen Muslimen geteilt. Die Einheit von Politik und Religion und der sich daraus ergebende Spielraum zur Einschränkung des freien Denkens sowie zur Unterdrückung von Oppositionellen unter Berufung auf ein göttliches Gesetz – also eine metaphysische Größe, die außerhalb der Reichweite jeglicher Kritik liegt – ziehen sich durch die gesamte Geschichte des Islam. Davon zeugen u. a. arabische Werke des Mittelalters über heterodoxe Gruppen und Abweichler wie dasjenige von as-Shahrastani, der als Hauptvertreter der islamischen Religionsgeschichte gilt.

Auch die im Westen auf viel Sympathie treffende islamische Mystik, als deren Vertreter Pir Sultan Abdal im Zusammenhang mit dem Anschlag in Sivas 1993 in die Presse gelangte, war immer eine Gegenbewegung zur mit den Machthabern häufig kooperierenden Orthodoxie (die sich anders vermutlich nie – und nirgends – hätte herausbilden können). Die islamische Mystik hat, genau wie die Mystik in der Geschichte des Christentums, einen individuellen Gottesbegriff und damit auch ein individuelles Religionsverständnis gefördert. Zu den beliebten Ausdrucksformen der Mystiker zählte von Anfang an die Poesie; später kamen Musik und Tanz dazu, die dem orthodoxen Islam aufgrund einer gewissen Musikfeindlichkeit in aller Regel zuwiderlaufen. Aber auch die Dichtung stellte oft genug ein Problem für die islamischen Religionsgelehrten dar. Erst recht galt dies natürlich für die Philosophie, die Gegenentwürfe zum Koran sowie handfeste Religionskritik

2 Vgl. den Artikel von Christiane Peitz, »Ich habe niemals widerrufen«, in: *die tageszeitung*, 16. 12. 1991.

hervorbrachte.[3] Zahlreiche Vertreter eines solchen individuellen Islamverständnisses samt den damit verbundenen, vom religiösen Gesetz der Scharia abweichenden Ausdrucksformen, litten unter der jeweiligen politischen Macht. Sie mußten sich entweder mit derselben arrangieren, indem sie sich in deren Dienst stellten (wie dies der Religionsgelehrte Muhammad al-Gazali zeitweise tat), oder sie wurden eliminiert in dem Augenblick, wo sie dem Regime gefährlich wurden (wie al-Halladj oder, im 20. Jahrhundert, Mahmud Muhammad Taha im Sudan). Kurz: sie waren Dissidenten.

Der Syrer Sadiq Al-Azm hat in einem scharfsinnigen Aufsatz den ignoranten Orientalismus des Westens geschildert, der Rushdie leider ganz anders behandelt hat als die schreibenden Dissidenten der ehemaligen Ostblockstaaten – letztere werden inzwischen dem »Westen« zugerechnet (Al-Azm 1991). Al-Azm hat recht – genauso wie der Autor der *Satanischen Verse*, der den real existierenden Islam auf provozierende Weise einmal mit jenem real existierenden Sozialismus des sowjetischen Terrorstaates verglichen hat, der von der Utopie, wie sie sich demokratische Sozialisten erträumten, so entsetzlich verschieden war (vgl. *die tageszeitung*, 16. 12. 1991).

Der »Fall Rushdie« hat den Westen aufgeschreckt und verunsichert. Zu einem umfassenderen Verständnis des Islam hat er indes nicht geführt, geschweige denn zu einem besseren Verständnis der Probleme der islamisch-geprägten Welt. Dies belegen Interpretationen wie die von Webster und Leggewie, die der »islamischen« Welt das Recht und die intellektuelle Fähigkeit zur Produktion von Dissidenten anscheinend absprechen. Doch wie Rushdie seinen umstrittenen Roman niemals hätte schreiben können, wenn er die islamische Geschichte und ihre wunden Punkte nicht kennen würde, auf die bereits der Titel hinweist, so hätte es auch nie die Poesie eines Pir Sultan Abdal oder eines Rumi geben können, wenn sie völlig ignorant und unfähig zu eigenen Ausdrucksformen gewesen wären. Nach der Auffassung der Lobby für den Schutz religiöser Gefühle hätte es weder sie noch – um wieder in dieses Jahrhundert zurückzukehren – einen Taha Husain

3 So die »mu'aradat«-Literatur, Schriften des al-Gahiz und Abu A'la al-Ma'arri. Fromme, historisch arbeitende und säkular orientierte muslimische Gelehrte akzeptieren die Auseinandersetzung mit diesem Schrifttum; ein arabisch-muslimischer Doktorand in Tübingen sagte einmal zu mir: »Ich bin froh, daß es so etwas im Islam gibt!«

oder einen Nagib Mahfouz[4] geben dürfen. Beide hatten nach der Veröffentlichung von Romanen Schwierigkeiten mit den religiösen Autoritäten bekommen; ihre Werke landeten zum Teil auf dem Index der al-Azhar in Kairo (vgl. hierzu den Index des Westens im Vatikan).[5]

Der Kulturkampf ist keineswegs ausgestanden. Der gegenwärtige, seit Jahren anhaltende algerische »Intellektozid«, dem die denkerische und analytische Elite des Landes nach und nach zum Opfer fällt, weil sie sich des freien Wortes und des freien Denkens bedient, um die Probleme des Landes aufzuzeigen (und damit die Voraussetzung für ihre Lösung zu schaffen), zeugen davon – ganz abgesehen von den Schlachtereien an der Zivilbevölkerung und inzwischen auch an verschleierten Frauen. Engagierte Schriftsteller wie Rachid Boudjedra laufen Gefahr, ihrer Poesie und ihrer kritischen Schriften wegen der Blasphemie und des Verrats bezichtigt zu werden. Boudjedra kennt aber die Kultur und die Geschichte seines Landes; er ist mit dem Koran und mit dem Sozialismus gleichermaßen vertraut. Deshalb steht er auf der Todesliste in Algerien ganz oben, und zwar nicht erst seit der Veröffentlichung seines zweifellos subjektiven und sehr emotionalen Buches *Prinzip Haß. Pamphlet gegen den Fundamentalismus im Maghreb.* Es mutet merkwürdig an, wenn westliche Wissenschaftler[6] die algerischen Intellektuellen pauschal als »westlich« bezeichnen; denn dies klingt leicht so, als ob die Fähigkeit zum Denken ein Privileg und eine »natürliche« Eigenart der Europäer bzw. Okzidentalen ist, die den Orientalen fehlt.

Jüngstes Beispiel eines Dissidenten ist der Ägypter Nasr Abu Zaid, Dozent für Linguistik und islamische Philosophie, dessen Habilitationsschrift von anderen Wissenschaftlern wegen ihrer herausragenden Qualität gelobt wurde. Ihre Anerkennung scheiterte 1993 zunächst jedoch in dritter Instanz an Gutachten religiöser Autoritäten. Abu Zaid hat sich in seiner Arbeit mit der Etymologie koranischer Ausdrücke befaßt und nachgewiesen, daß der

4 Zu Mahfouz vgl. Fredy Gsteiger, »Der Pharao der Literatur«, in: *Die Zeit*, 16.4. 1993.

5 Index librorum prohibitorum. Darin finden sich u. a. die Namen von Martin Scorsese, Jean-Luc Godard und Nikos Kazantzakis. Erfreulicherweise wurde der Index nach dem II. Vatikanischen Konzil nicht fortgeführt.

6 So zum Beispiel der Politologe Werner Ruf in seinem Workshop »Gewalt und Gegengewalt im inneralgerischen Konflikt?« auf der diesem Sammelband zugrundeliegenden Tagung in Bielefeld.

Koran Vokabular nichtarabischen Ursprungs enthält. Damit hat er das Dogma der Unnachahmlichkeit dieses Heiligen Buches angetastet und überlieferte religiöse Autoritäten in Frage gestellt.[7] Durch die politisch-soziale Instrumentalisierung dieses Vorgangs wurde der Mob mobilisiert: In der halbamtlichen Kairoer Tageszeitung *al-Ahram* wurde Abu Zaid von fundamentalistischen Gruppen offiziell der Blasphemie bezichtigt, was nach dem religiösen Gesetz der Scharia einem Aufruf zu seiner Ermordung gleichkommt. Es dürfte schwierig sein, Nasr Abu Zaid als »westlichen« Intellektuellen zu bezeichnen, hat er doch in Kairo studiert und das Denken nun wirklich nicht im Westen lernen müssen. Nasr Abu Zaid befindet sich inzwischen im Exil.

Taslima Nasrin, kritische Autorin und Ärztin aus Bangladesch, hatte Anfang 1994 noch die feste Absicht geäußert, in ihrem Heimatland zu bleiben und dem islamistischen Druck standzuhalten. Sie ist den Islamisten u. a. deshalb ein Dorn im Auge, weil sie sich eindeutig hinter Rushdie stellte, aber auch, weil sie in ihrem Buch *Lajja* (Schande) den religiösen Fanatismus ihrer Landsleute kritisierte. Auch sie hat schließlich Bangladesch verlassen und Zuflucht im Ausland gesucht, um den Morddrohungen zu entgehen.

Was sind die Gründe für die Tendenz zur »Exkommunikation« islamischer Dissidenten auch durch westliche Intellektuelle? Vielleicht ist dabei gelegentlich eine Romantisierung des Religiösen am Werk, bei der dann leicht verkannt wird, daß Religion keineswegs in jedem Fall und grundsätzlich etwas Positives ist. Daraus resultiert gelegentlich eine eigentümliche Sympathie für militante, patriarchalische religiöse Bewegungen und archaische religiöse Ausdrucksformen. Im Westen ist es u. a. der rumänische Religionshistoriker Mircea Eliade, der eine breite und sympathiegetragene Rezeption erfahren hat (vgl. kritisch dazu Altizer 1975). Nun vertritt Mircea Eliade selbst eine primitiv-archaische Überzeugung von »authentischer Religiosität«, die in der Forschung zunehmend kritisch beurteilt wird – nicht zuletzt wegen Eliades »dunklen« Jahren während des Dritten Reichs, in denen er für die rumänischen Faschisten als diplomatischer Vertreter im Ausland tätig war. Zweifellos war er ein rechter Denker mit faschistoiden und extrem sexistischen Zügen. Daher sollte es zu denken geben, wenn

7 Vgl. »Islam gegen akademische Freiheit in Kairo«, in: *Neue Zürcher Zeitung*, 28. 5. 1993; vgl. auch Ahmed S. Ezzeldin, »Fanatismus setzt Recht: Scheidung auf ägyptisch«, in: *Die Zeit*, 23. 8. 1996.

westliche Wissenschaftler (und damit meine ich wirklich diejenigen, die aus dem »Westen« stammen) zunehmend eine eigentümliche Sympathie für archaisch-primitive Religiosität an den Tag legen, die ihnen offenbar noch nicht einmal bewußt zu sein scheint.

2. Konsequenzen des Kulturalismus für muslimische Frauen

Manchmal habe ich den Verdacht, daß der Begriff »Kultur« in zahlreichen Veröffentlichungen seit einiger Zeit durch die Begriffe »Ethnie«, »Rasse« oder »Religion« ersetzt werden könnte, ohne daß sich der Sinn einer Aussage dadurch ändern würde. Wenn dies so sein sollte, liegt die Vermutung nahe, daß die Anwendung des Kulturbegriffs im genannten Sinn besonders auch für Frauen problematische Konsequenzen hat. Denn dies liefe leicht darauf hinaus, die statischen Festlegungen bestimmter archaischer Gesellschaftsordnungen auch hinsichtlich der sozialen Rollen von Mann und Frau im Namen der »Kultur« zu übernehmen und die Benachteiligung von Frauen aufgrund ihres Geschlechts »kultur«-relativistisch zu legitimieren. Ab diesem Moment sind Frauen keine Personen mehr im Sinne eines modernen zivilen Rechts, sondern werden durch das beschriebene Verständnis von »Kultur« reduziert auf gesellschaftlich festgelegte Rollen, hinter denen sich wiederum oft ein bestimmtes Verständnis von der »Natur« der Frau verbirgt.

Daß diese Schwierigkeiten bezogen auf muslimische Frauen weder unbekannt waren noch sind, zeigen entsprechende Schriften. Im Briefwechsel zwischen den arabischen Schriftstellerinnen May Ziada (1886-1941), einer palästinensischen Libanesin, und der Ägypterin Bahithat al-Badia (1886-1918) wehrt sich Bahithat al-Badia gegen die Behauptung, daß Männer »von Natur aus« intelligenter seien als Frauen, weshalb diese ausschließlich für Haushalt und Kinder allein zuständig seien: »Hätte ich mit Christoph Columbus das Schiff bestiegen, wäre es auch für mich leicht gewesen, Amerika zu entdecken.« In einem anderen Brief schreibt sie: »Wenn der Mann befiehlt, wir sollen uns verschleiern, dann verschleiern wir uns, und wenn er schreit und unsere Entschleierung fordert, dann entschleiern wir uns; [...] Geschieht das alles nur aus gutem Willen, was er von uns verlangt, [...] oder macht er das aus

Bosheit?« Und einige Zeilen weiter heißt es: »Wir lehnen es nicht ab, den Meinungen der Weisen und Reformer unserer Nation zu folgen, aber wir glauben nicht, daß jeder, der über das Thema Frau schreibt, schon ein Reformer und Weiser ist [...]« Die Kritik an den sogenannten islamischen Reformern ist hier sehr deutlich. May Ziada schließt sich dieser Kritik an: »Der Mann kämpft in einem andauernden ökonomischen Krieg. Der Mann irrt herum in seinen Tätigkeiten; wenn er schreibt, bleibt er allgemein, und wenn er über Nuancen zu schreiben versucht, wird er es doch nicht schaffen, das Gefühlsleben der Frauen auszuleuchten, weil er immer mit seiner Härte, seinem Egoismus und mit seinen eigenen Gedanken schreibt [...]« (alle Zitate aus Ziada/Al-Badia 1988).

Dieselbe Position findet sich auch bei der Ägypterin Nawal Al-Saadawi, die inzwischen im Exil lebt und in ihren Werken auf das Schärfste die Bigotterie der ägyptischen Gesellschaft und ihren diskriminierenden Umgang mit Frauen anprangert. In ihrer Erzählung »Gott stirbt am Nil« (Al-Saadawi 1988) verteidigt der Bürgermeister des Dorfes, in dem die Geschichte spielt, seinen unter sexuellem Dauerdruck stehenden Sohn, der die Hausmädchen vergewaltigt und sich zugleich über die Unmoral der unbekannten Mutter eines aufgefundenen Neugeborenen ausläßt: »Ja, mein Sohn, du hast recht. Die Mädchen und die Frauen sind unmoralisch geworden.« Auf die Frage seiner Ehefrau »Warum sagt ihr nicht, daß die Männer unmoralisch sind?« antwortet er lachend: »Das ist doch nichts Neues. Männer sind seit jeher unmoralisch. Aber jetzt werfen die Frauen ihre Tugend über Bord, und das führt zu einer richtigen Katastrophe.« Nawal Al-Saadawi hat übrigens nie davor zurückgescheut, heiße Eisen anzupacken. Aus ihrer Praxis als Ärztin waren ihr die Verstümmelungen an den Geschlechtsteilen von Frauen – muslimischen wie christlichen Frauen – vertraut; sie selbst ist ebenfalls »beschnitten«.[8]

Wer sich längere Zeit in Ägypten, insbesondere in Kairo, aufgehalten und etwas Einblick in die Gesellschaft abseits der Oberschicht und Diplomaten erhalten hat, kennt das Problem der immer wieder im Nil treibenden Mädchen- und Frauenleichen

8 Auch wenn sich im Koran nichts zur Beschneidung an Frauen findet, gibt es Traditionen, die unter Berufung auf den Propheten Muhammad zwar die pharaonische Beschneidung (vollständige Kliterektomie) ablehnen, aber die »sanfte« Methode des Abschneidens der äußeren Schamlippen befürworten. Dies ist wohl als Zugeständnis an das Gewohnheitsrecht zu verstehen.

– meist unverheiratete Schwangere aus der Unterschicht, die ermordet wurden oder sich selbst umgebracht haben – eine mehrerer Formen der sogenannten »Gewalt der Ehre«.[9] Das Leben einer Prostituierten in Kairo, die schließlich ihren Zuhälter umbringt, hat Nawal Al-Saadawi auf erschütternde Weise in »Ich spucke auf Euch« anhand von Gefängnisprotokollen dieser wegen Mordes zum Tode verurteilten Frau aufgezeichnet. Offiziell gibt es Prostitution natürlich nicht, weder in Ägypten noch sonstwo in der arabisch-islamischen Welt; inoffiziell ist sie überall präsent. In der Regel handelt es sich um Armuts- und Elendsprostitution; über sexuelle Übergriffe auf Hausmädchen erfährt man nur unter der Hand von Frau zu Frau im Gespräch, von der Prostitution durch Beobachtung, durch Literatur oder manchmal durch männliche Kollegen. Dazu ein Beispiel: Während eines Workcamps, an dem ich 1984 in einem Dorf in der Provinz Antalya teilnahm, wurden die jungen nichtmuslimischen Männer unter den Teilnehmern vom »Gouverneur«, einer Autorität des Dorfes, bei der ersten Gelegenheit zu einem Ausflug in ein Bordell gefahren. Ursprünglich hatte man »einkaufen« fahren wollen (die Einkäufe waren anschließend erledigt worden). Der »Gouverneur« wollte den jungen männlichen Gästen zur Begrüßung einen Gefallen tun und konnte es nicht nachvollziehen, daß keiner der Mitfahrenden Interesse daran hatte, es ihm nachzutun und sich für damals ein paar Hundert türkische Lira einen »Schnellfick« zu genehmigen (vielleicht war das ein »kulturelles« Mißverständnis?). Jedenfalls hatte der »Gouverneur« – ein gestandener Familienvater und Ladenbesitzer – nicht damit gerechnet, daß die jungen Europäer die Frauen im Camp von diesem »Ausflug« unterrichten würden und, amüsiert-betreten über die Selbstverständlichkeit dieses Begrüßungsangebots, zusammen mit den Frauen für künftig gemischtgeschlechtliche Einkaufsunternehmungen plädierten.

Wie leicht man als Prostituierte gilt, beschreiben für die islamisch-geprägten Gesellschaften junge Filmemacher, zum Beispiel der Algerier Merzak Allouache in *Bab el-Oued City*, einer Darstellung der eskalierenden Gewalt in Algier nach den sogenannten

9 Vgl. die gleichnamige Studie von Werner Schiffauer (1983), in der er die Massenvergewaltigung einer jungen Deutschen in Berlin-Kreuzberg durch türkische Jugendliche untersucht und mit der Berufung auf die türkisch-islamische »Tradition« nicht nur erklärt, sondern »kultur«-relativistisch beinahe schon entschuldigt hat.

Brotunruhen von 1988. Es handelt sich dabei um einen Film über die Macht, der eine scharfe und dennoch differenzierte Kritik am religiösen Fanatismus der FIS und der generellen Schuldzuweisung aller Seiten an die Frauen ist. Die traumatische Angst junger arabischer Frauen vor männlicher Gewalt – egal, ob islamistisch eingefärbt oder nicht – spiegeln auch der algerische Film *Touchia* von Rachid Benhadj, der tunesische *Soltane el Medina* von Moncef Douib und das brillante Werk *Das Schweigen der Paläste* der Tunesierin Moufida Tlatli wider. Die Kernaussage dieser Filme ist, daß sich die Zerstörung der Tradition vollzieht, ohne daß eine akzeptable Modernität angeboten wird.

Genau in dieses entstandene Vakuum stießen die Islamisten von Iran bis Algerien. Am dramatischsten betroffen sind davon die Frauen: Wenn sie aus der Welt der Tradition ausbrechen, werden sie gefangen, vergewaltigt, zerbrochen, umgebracht. Zu welchen Perversionen die islamistische Bewegung in Algerien fähig ist, beschreibt Khalida Messaoudi, die sich selbst durchaus als Muslimin versteht und im Frühjahr 1992 im Rahmen einer Lesung die FIS offen als strukturell vergleichbar mit der Nationalen Front des Jean-Marie le Pen in Frankreich bezeichnet hat (Messaoudi 1992). Bereits vor Abbruch der Wahlen 1991 wurden Frauen durch FIS-Männer vergewaltigt, verfolgt, verbrannt. Messaoudi erwähnt die Einführung der Zeitehe, einer schiitischen Besonderheit, im sunnitischen Algerien durch die FIS Anfang 1991, durch einige vom Iran inspirierte Militante und Afghanistan-Kämpfer propagiert. Sie hält sie für eine Art Ventilfunktion für den sexuellen Notstand in Algerien – mit dem Alibi Gottes – und bezeichnet sie unzweideutig als »verhüllte Prostitution«. Tatsache ist, daß sie nur von einer Minderheit praktiziert wird; Tatsache ist jedoch auch, daß junge Musliminnen, die die Zeitehe verweigerten, vergewaltigt und bestialisch ermordet wurden. Wenn die Frauen weiterleben wollen, bleibt ihnen häufig nur das Exil oder die Existenz als Prostituierte.

Der iranische Regisseur Houchang Allahyari spielt in seiner witzigen Asylanten-Komödie *I love Vienna* ironisch auf die bigotte Sexualmoral des schiitischen Rechts an: Der fromme Onkel aus Teheran, der in einem Hotel Asyl findet, in dem auch Prostituierte untergebracht sind, verliebt sich in die fürsorgliche Hotelbesitzerin. Damit alles seine Ordnung hat, bevor man Liebe macht, will er sie schließlich nach schiitisch-islamischem Brauch heiraten, und zwar für genau drei Tage. Irgendwann ist er in die Österreicherin aber so verliebt, daß er sich die Ehe auch für länger vorstellen kann, nachdem er sie zuvor in einem unkontrollierten Eifersuchtsanfall als »Hure« beschimpft hat. Die Hotelbesitzerin willigt ein – aber nur »für drei Tage«.

In der Abgeschlossenheit des Badehauses sprechen die Frauen untereinander offen über die Gewalt der Ehemänner, über die verhaßten Schwiegermütter und über ein schmerzliches Dauerthema: die Polygamie (vgl. Messaoudi 1995, Gallaire 1990).[10] Frauen, die ihre Kritik an der Tradition, an der Politik und an der Religion offen äußern oder über sexuelle Übergriffe, freie Liebe und Ähnliches publizieren, zahlen in den islamischen Ländern jedoch einen hohen Preis. Die Poesie der iranischen Dichterin Forugh Farrohsad (1935-1967) ist im Iran nur unter der Hand zu haben; die Autorin hätte nach der islamischen Revolution im Iran kaum eine Chance zum Überleben gehabt. Khalida Messaoudi wurde am 12. Juni 1993 durch die FIS zum Tode verurteilt und lebt seitdem im Untergrund. Unterstrichen wird der Druck, dem muslimische Frauen ausgesetzt sind, sobald sie nicht konform handeln und leben, durch die Aussage der in Frankreich lebenden algerisch-französischen Theaterautorin Fatima Gallaire: »Die Tradition zu verlassen heißt, seinen Ruf zu verlieren. Ich habe ihn verloren. Aber ich konnte die Arbeit der Erinnerung, des Gedächtnisses, durch das Schreiben wiederherstellen und ersetzen, indem ich Zeuge bin, nicht Opfer [...] Ich wünsche mir, daß Algerien seine Probleme fortschrittlich lösen und sich wieder einer künstlerischen Produktion zuwenden wird [...] denn das ist die Art, wie man in der internationalen Szene Eindruck macht! Das geschieht durch die Kultur, nicht durch den Krieg!«[11]

Als Prostituierte gilt schnell jede Frau, die allein lebt, allein reist oder sich allein auf den Straßen bewegt. Gegen eine kulturalistische »Orientalisierung« solcher Erfahrungen sei jedoch darauf hingewiesen, daß die Verhältnisse im südlichen Europa nicht sehr

10 Das islamische Familienrecht erlaubt, basierend auf dem Koran, in allen islamisch geprägten Ländern außer der Türkei und Tunesien einem Muslim die Heirat von bis zu vier Frauen. Islamische Reformer betonen indes, daß der im Koran festgelegte Grundsatz der Gleichbehandlung aller Ehefrauen die Polygamie praktisch ausschließe, da es einem Mann nicht möglich sei, mehreren Frauen gleichermaßen gerecht zu werden.

11 Unveröffentlichtes Interview, durchgeführt während einer Lesung im Tübinger »Institut Culturel Franco-Allemand«, Frühjahr 1994.

anders sind. Dem Jungfräulichkeitskult wird auch im Mezzogiorno noch weitgehend gehuldigt. Mir klingt die Aussage eines Süditalieners über die deutschen »Second-Hand-Frauen« noch im Ohr, die für eine Eheschließung für ihn niemals in Frage kämen. Junge, streng katholisch erzogene süditalienische Mädchen aus »Gastarbeiterfamilien« in der BRD müssen sich ihre Freiheiten – d. h. voreheliche Kontakte mit Männern – zum Teil immer noch erschleichen und erlügen.

Vielleicht sind eben doch andere Kriterien als »Ethnie«, »Religion« oder »Rasse« erforderlich, um »Kultur« zu definieren und repressive Verhältnisse in der Geschlechterbeziehung zu analysieren. Die Schere im Kopf geht quer durch Orient und Okzident. Klar ist indessen, daß angesichts der internationalen Verknüpfung von wirtschaftlichen und politischen Beziehungen für ein friedliches Zusammenleben keine Alternative zum pluralistischen Konzept besteht. Pluralismus als Prinzip wiederum setzt die Bereitschaft zur Vermischung und das Aushalten von Unterschieden voraus.

Literatur

Al-Azm, S.: *The Importance of Being Earnest about Salman Rushdie*, in: *Die Welt des Islam* XXXI (1991).

Al-Saadawi, N.: *Gott stirbt am Nil*, in: *Frauen in der arabischen Welt. Erzählungen*. München 1988, S. 9-34.

Altizer, Th., J. J.: *Mircea Eliade and the Dialectic of the Sacred*. Connecticut 1975.

Gallaire, F.: *Les co-épouses*. Paris 1990.

Messaoudi, Kh.: *Une algérienne debout*. Paris 1995.

Messaoudi, Kh.: *Die Integristen denken wie Jean-Marie le Pen*, in : *LiLiT – Zeitschrift für Religionswissenschaft*. Tübingen 1992.

Rushdie, S.: *The Satanic Verses*. London 1988.

Schiffauer, W.: *Die Gewalt der Ehre. Erklärungen zu einem türkisch-deutschen Sexualkonflikt*. Frankfurt/M. 1983.

Ziada, M./Al-Badia, B.: *Zwischen zwei Schriftstellerinnen*, in: *Frauen in der arabischen Welt. Erzählungen*. München 1988, S. 35-47.

Yasemin Karakaşoğlu-Aydın
»Kopftuch-Studentinnen« türkischer Herkunft an deutschen Universitäten. Impliziter Islamismusvorwurf und Diskriminierungserfahrungen

1. Einleitung

Der folgende Beitrag befaßt sich mit der Wahrnehmung von Islamismusvorwurf und Diskriminierungserfahrungen bei einer relativ neuen Gruppe unter den muslimischen Migrantinnen. Vor dem Hintergrund ihrer Selbstwahrnehmung sollen dabei auch Bedeutungsebenen der religiösen Orientierung und der Verwendung religiöser Symbole erschlossen werden. Es handelt sich bei der hier betrachteten Gruppe um die sogenannten »Kopftuch-Studentinnen« unter den Bildungsinländerinnen, d. h. diejenigen Studentinnen, die durch das Tragen eines Kopftuches ihr Bekenntnis zum Islam nach außen deutlich sichtbar dokumentieren. Aufgrund der Tatsache, daß migrationsgeschichtlich und bildungspolitisch bedingt erst in den letzten zehn Jahren verstärkt Bildungsinländerinnen, d. h. Personen, die überwiegend als Kinder von Arbeitsmigranten ihr Abitur in Deutschland gemacht haben, überhaupt Eingang in die Universitäten gefunden haben, wird hier von einer relativ neuen Erscheinung gesprochen. Anders als an den Schulen, wo die »Kopftuchmädchen« mittlerweile zum gewohnten Bild gehören, erscheint vielen, die das Kopftuch als Symbol für Rückständigkeit oder sogar blinden religiösen Fanatismus betrachteten, das Auftreten von Studentinnen mit Kopftuch als Anachronismus. Werden die Universitäten allgemein als gesellschaftlicher Freiraum gesehen, als ein Ort, an dem ein breites Spektrum an individuellen Präferenzen unabhängig von gesamtgesellschaftlichen Werten und Normen ausgelebt werden kann, so scheinen diese Studentinnen mit dem demonstrativen Bekenntnis zum Islam, der eher mit kollektivistischen Werten und Normen in Verbindung gebracht wird, das Angebot nicht nutzen zu wollen. Ist dies tatsächlich so, oder stellt das Tragen des Kopftuches an einer Universität eine eigene Nutzung von Freiräumen dar? Welche Rolle spielen ein impliziter

Islamismusvorwurf und Diskriminierungerfahrungen für das Selbstverständnis Kopftuch tragender Frauen? Auch wenn diese Fragen hier aufgrund von Interviews mit Studentinnen, d. h. überdurchschnittlich erfolgreichen Personen, behandelt werden, soll betont werden, daß es sich bei ihnen nicht um eine von der restlichen türkischen Migrantengesellschaft losgelöste Gruppe handelt, sind sie doch ausnahmslos Kinder von Arbeitsmigranten und repräsentieren als solche einen Ausschnitt der Migrantenwirklichkeit. Was sie auszeichnet, ist eine reflexive Distanz zu dem Erlebten und eine besonders hohe sprachliche Ausdrucksfähigkeit. Diesem, keinen Anspruch auf Repräsentativität stellenden Beitrag liegt eine phänomenologische Analyse von sechs leitfadenorientierten Tiefeninterviews zugrunde, die im Sommer 1996 mit Kopftuch tragenden Studentinnen im Alter zwischen 21 und 25 Jahren an geisteswissenschaftlichen Fakultäten an Ruhrgebietsuniversitäten durchgeführt wurden. Der Aspekt des impliziten Islamismusvorwurfes und der Diskriminierungserfahrungen stellt nur einen Bruchteil der im Interview angesprochenen Themen dar, erweist sich jedoch als recht aussagekräftig sowohl hinsichtlich des Selbstverständnisses als auch der Wahrnehmung der Untersuchungsgruppe durch die Mehrheitsgesellschaft.

2. Die Öffentlichkeit und das Kopftuch

Durch ihre Kleidung erkennbare muslimische Frauen in Deutschland sind ein Thema, mit dem sich die Öffentlichkeit v. a. insofern beschäftigt, als deren religiöse Orientierung für muslimische wie nichtmuslimische westlich orientierte Frauen nicht vereinbar mit ihrer Vorstellung von Modernität und Gleichberechtigung zu sein scheint. Wenn der Islam mit Begriffen wie Frauen- und Demokratiefeindlichkeit assoziiert wird, dann dienen muslimische Frauen, die durch ihre Kleidung auch als solche zu erkennen sind, als lebendiger und deutlich sichtbarer Beweis hierfür (siehe hierzu insbesondere: Pinn/Wehner 1995, S. 192-200).

Als Motiv für die Entscheidung zum Tragen von »als islamisch deklarierter Kleidung« in der Migration wird bisher v. a. angenommen, daß es sich um eine Fortführung elterlicher Traditionen handelt, von diesen gewünscht bzw. oktroyiert. Die Fundamentalismus-Diskussion der letzten Jahre hat dem Kopftuch jedoch eine weitere Konnotation hinzugefügt: Es ist zum Symbol des religiösen Fundamentalismus geworden, der nicht selten mit religiös-politischem Fanatismus gleichgesetzt wird. Dabei meint der Begriff islamischer Fundamentalismus zunächst nichts anderes als den Anspruch, sein Leben auf Grundlage der Scharia, d. h. dem aus Koran und Sunna sowie einigen weiteren Quellen entwickelten islamischen Recht auszurichten. Erst wenn dieser Anspruch in eine politische Ideologie gekleidet wird, kann von »Islamismus« gesprochen werden. Dabei sind hinsichtlich der Mittel, dies zu erreichen, die moderaten von den radikalen Islamisten zu unterscheiden. Während die moderaten Islamisten die Mitarbeit im nichtislamischen politischen System befürworten, da sie dies als Dienst am Islam betrachten, lehnen die radikalen Islamisten dies kategorisch ab. Diese Weigerung kann mit militanten (gewalttätigen) Aktionen verbunden sein.

Im Zuge der »Fundamentalismus«-Debatte wird den Frauen unterstellt, ihr Kopftuch sei nicht mehr nur Zeichen ihres passiven Festhaltens an Traditionen der Herkunftsgesellschaft, sondern eine deutliche Ablehnung westlicher Werte wie Selbstbestimmung und Individualität. Ihnen wird vorgehalten – im günstigsten Falle –, sich zum naiven Aushängeschild der Islamisten zu machen, – im ungünstigsten Fall – sich zum Islamismus zu bekennen und das Kopftuch als politisches Kampfmittel einzusetzen. In diesem Zusammenhang wird das Symbol »Kopftuch« als offensiver Angriff auf den Werte- und Normenkonsens der westlichen Gesellschaft gedeutet. Seine Trägerin, so heißt es, verkörpere die Gegenmoderne, die die westliche Frau selbst überwunden zu haben glaubt. Sie zeige durch ihr Äußeres, daß sie die Verbannung des Religiösen, im positivistischen Diskurs oftmals gleichgesetzt mit dem Irrationalen, in das Private/Unsichtbare für sich nicht akzeptiert. Durch ihr Auftreten in unterschiedlichsten Räumen der Öffentlichkeit jedoch demonstriert sie, daß sie dennoch am gesellschaftlichen Leben, an den Errungenschaften der Moderne teilhaben will, und wird damit zum Störfaktor, weil sie gewohnte Stereotypen durchbricht (Pinn/Wehner 1995, S. 99).

Nach wie vor wird auch in der wissenschaftlichen Diskussion um die konstatierte wachsende Bedeutung des Islam für die Migrantengesellschaft kein großer Unterschied zwischen einer starken Religiosität, Befürwortung islamistischer Ideen und der Bereitschaft zur militanten Durchsetzung eines wie auch immer gearteten Islamismus unter Muslimen gemacht. Islamisten können nach gängigen Verwendungen des Begriffes eigentlich alle sein, die sich äußerlich als strenggläubige Muslime zu erkennen geben, Mitglieder von als islamistisch betrachteten Organisationen sind oder unter Berufung auf ihre religiöse Überzeugung das von der Mehrheitsgesellschaft vorgegebene Integrationskonzept, das als Versuch der Assimilation bewertet wird, ablehnen. Einen Einfluß auf diese Wahrnehmung hatten Entwicklungen in der Türkei und Frankreich und die dortige Qualität der Diskussion des »Islamismus« anhand der sogenannten »Kopftuchaffären«.

3. Das »Phänomen« der Kopftuch tragenden Frauen in öffentlichen Institutionen in der Türkei und in Frankreich

In der Türkei wird die »türban-Frage« (türkische Bezeichnung für das nur das Gesicht freilassende, auch die Schultern bedeckende Kopftuch), d. h. die Frage, ob es erlaubt sein soll, daß Kopftuch tragende Studentinnen inmitten des laizistischen Bollwerkes ›Universität‹ studieren, seit Mitte der achtziger Jahre öffentlich diskutiert und stellt hier den ideologischen Streitpunkt zwischen Vertretern des laizistischen Staatsverständnisses und den in alle Bereiche der Öffentlichkeit drängenden neuen islamistischen Bewegungen dar. In jüngerer Zeit sind zu den »Kopftuch-Studentinnen« einige sehr differenzierte soziologische Untersuchungen durch Vertreter verschiedener Positionen veröffentlicht worden, die die politischen Diskussionen zwischen den kompromißlosen Vertretern beider Positionen jedoch nicht entschärfen konnten (Göle 1991, İlyasoğlu 1994, Aktaş 1992). Die Beteiligung der Refah Partei (RP) an der Regierung hat diese Frage nicht zugunsten der »Kopftuch-Fraktion« gelöst, wie es viele RP-Anhänger gehofft hatten. Nach Kontroversen zu der Frage, ob Rechtsanwältinnen mit Kopftuch im Gericht auftreten dürfen (während der RP-Justizminister Şevket Kazan dies durchaus befürwortete, verweigerte die türkische Anwaltskammer den Kopftuch tragenden Rechtsanwältinnen dies), stand zunächst eine Koalitionsvereinbarung über die Erlaubnis des Tragens von Kopftüchern an Universitäten zur Debatte. Kurz nachdem dies Ende Januar 1997 bekannt wurde, kam die erste heftige Kritik von überzeugten Laizisten, unter ihnen die weiblichen Abgeordneten des Parlamentes. In ihren Augen war dies der Abschied von den kemalistischen Prinzipien der Türkei und der erste Schritt auf dem Weg zur Islamischen Republik Türkei.

Die Argumentation der Frauen aus islamistischen Kreisen, daß die Türkei mit zweierlei Maß messe, daß nämlich eine Putzfrau im Parlament ein Kopftuch tragen dürfe, eine Abgeordnete, die diese Putzfrau auch vertritt, jedoch nicht, erscheint von demokratischem Standpunkt aus, und diesen bemühen hier auch die Islamisten, zunächst durchaus nachvollziehbar. Dabei darf jedoch nicht vergessen werden, daß die gleichen Islamisten an anderer Stelle weniger Sensibilität für Demokratie aufweisen, wenn sie z. B. die Einführung des islamischen Rechtes befürworten, das zwar religiösen Minderheiten rechtliche Autonomie gewährt, jedoch alle Muslime, egal ob praktizierend oder nicht, der islamischen Gesetzgebung unterwirft. Aber auch der laizistische Staat mißt mit zweierlei Maß, wenn er Männern, die die Ideologie der RP vertreten und mit den ihrerseits deutlichen Zeichen des Islam (Bart) auftreten, nicht die gleichen Restriktionen auferlegt wie den Kopftuch tragenden Frauen. Angesichts der drängenden innen- und außenpolitischen Probleme der Türkei wird deutlich, wie effektvoll die politischen Kräfte das Symbol »Kopftuch« für ihre Profilierung nutzen können.

Eine parallele Diskussion findet in Frankreich statt. Dort entflammte durch das Auftreten von mit Kopftüchern bedeckten muslimischen Mädchen an einer Schule im Jahr 1989 eine Kontroverse zwischen muslimischen Migranten und Vertretern des Staates, der den »foulard islamique« im Zusammenhang mit erneut im Jahr 1994 entfachten Auseinandersetzungen zwischen den Parteien als »symbole ostentatoire« definierte und aus den Schulen endgültig zu verbannen versuchte. In beiden Fällen (Türkei und Frankreich) reagierte der Staat mit einem Verbot und verstärkte damit die symbolische Bedeutung des »türban« genannten islamischen Kopftuches als Zeichen des islamischen Widerstands gegen Assimilation sowie als »Symbol einer kommunitaristischen Selbstbestätigung« (Kepel 1996, S. 323). Daß die Diskussion in Deutschland auf einer weniger politisierten Ebene geführt wird, mag auch damit zusammenhängen, daß Frankreich und die Türkei ihre Staatsbürgerinnen mit Kopftuch als realere »Bedrohung« des gesellschaftlichen Konsenses ansehen könnten als die Bundesrepublik, die den muslimischen Migranten bisher rechtlich und politisch einen eindeutig inferioren Status zuschreibt. Derartig außerhalb der gesellschaftlichen Meinungsbildungsprozesse verortet und damit »ungefährlich« für diese, erlaubt man ihnen im Namen religiöser Toleranz die Verwendung religiöser Symbole, auch wenn ihnen ein latenter »Islamismus« unterstellt wird.

4. Die Situation in Deutschland

In Deutschland wurde eine solche Diskussion durch ein Urteil des Bundesverwaltungsgerichts in Berlin 1993 zur Befreiung muslimischer Mädchen vom koedukativen Sportunterricht rechtlich zwar beendet (durch eine Kompromißlösung, die das säkulare Verständnis von Religionsfreiheit in Deutschland widerspiegelt), jedoch stellt sie nach wie vor Gegenstand zahlreicher Diskussionen in der Öffentlichkeit, insbesondere an den Schulen, dar. Dies ist auch Ergebnis der Entwicklung, daß die großen türkisch-islamischen Verbände gegenüber der Mehrheitsgesellschaft als Vertreter der Muslime auftreten. Sie artikulieren verstärkt ihre Forderung bzw. das Bemühen um die Errichtung eigener Kindergärten, eigener Sozialbetreuungseinrichtungen und auch eigener Schulen. Als Vorbilder gelten hier die Islamische Schule in Berlin oder die König-Fahd-Akademie in Bonn, an denen ein eigenes pädagogisches Konzept bzw. die »islamischen Werte und Normen« vermittelt werden. Wenn auch die Realisierung dieser Forderungen auf Bundesebene kurzfristig nicht zu erwarten ist, so haben die islamischen Organisationen doch durch das erwähnte Bundesverwaltungsgerichtsurteil erste durchschlagende Erfolge bei der Durchsetzung ihrer Vorstellungen im Rahmen der staatlichen Schulen zu verbuchen. Während das Urteil einerseits als Signal für die religiöse Toleranz der Bundesrepublik gewertet wird, befürchten all diejenigen türkischen Migrantinnen, die nicht für die Einhaltung der Geschlechtertrennung und das Tragen von »islamisch-korrekter« Kleidung plädieren, daß die konservativen muslimischen Kräfte durch dieses Urteil gestärkt werden und sich der Druck, der sich innerhalb der türkischen Migrantinnengesellschaft in überwiegend türkischen Wohngebieten auf die »westlich-modern« gekleideten Frauen bemerkbar macht, verstärken wird.

Während in der Türkei wie in Frankreich das Tragen des Kopftuchs als gegen den Staat gewandtes antilaizistisches politisches Symbol betrachtet wird und gesetzlichen Beschränkungen unterworfen ist, verbindet man in Deutschland mit diesem Symbol eher eine diffuse Vorstellung von Islamismus, die nicht zwischen Vertreterinnen eines traditionalistischen und eines islamistischen Islam unterscheidet. Diese Unterscheidung könnte jedoch helfen, einen Zugang zur spezifischen Symbolkraft des Kopftuches für einen Teil der zweiten Generation von muslimischen Migrantinnen in Deutschland zu erhalten. Hierzulande neigt man bisher dazu, den Islamismus als rückwärtsgewandte Ideologie und das Kopftuch als Zeichen für die damit in Verbindung gebrachte Unterdrückung der Frau durch den Mann (fremdbestimmte Zwangskleidung) zu deuten.

Als Bekleidungsstück mit eigenem Symbolwert in der Migration wird das Kopftuch nur von wenigen Migrationsforscherinnen wahrgenommen: Laut Mıhçıyazgan demonstrieren die muslimischen Migrantinnen mit dem Tragen eines »türban-Kopftuches« nicht nur ihre religiöse Zugehörigkeit, sie wollen auch öffentlich zeigen, daß sie die muslimische Bedeutung von Körperlichkeit und ihrer weiblichen Identität gegen die westliche aufrechterhalten und verteidigen wollen (Lutz 1991, S. 27; Mıhçıyazgan 1994, S. 100; Waltz 1996, S. 492-494). Sie sind der Meinung, daß zur Zeit ein Prozeß der Selbstbestimmung bei den muslimischen Migrantinnen zu beobachten ist, der sich in der bewußten Entscheidung für den »türban« ausdrückt, womit die muslimischen Migrantinnen »zunehmend [...] das Recht auf Anerkennung ihrer differenten Definition von Wirklichkeit und Weiblichkeit ausdrücken«. Lale Yalçın-Heckmann stellt etwas allgemeiner fest, daß das Kopftuch im Migrationszusammenhang immer stärker die Funktion eines »index, an indicator of ethnic and gender identity in a foreign context« gewinnt (Yalçın-Heckmann 1994, S. 189). Manche betrachten das Kopftuch auch als eine Reaktion auf die rechtliche, politische und soziale Ungleichbehandlung in der deutschen Gesellschaft, insbesondere als Reaktion auf Ausländerfeindlichkeit. Als solche bedeutet es eine Absage an das Konzept der Integration durch Assimilation, d. h. äußere Anpassung an die Mehrheitsgesellschaft. Denn die Erfahrung, die alle Migranten in Deutschland machen, unabhängig von dem Grad der äußeren Anpassung rechtlich und gesellschaftlich nicht gleichberechtigt zu sein, wirft die Frage nach alternativen Identitätsbildungen auf. Als eine Alternative stellt sich den religiös orientierten Migrantinnen das offensive Bekenntnis zu dem dar, was sie als genuin »Eigenes« betrachten, symbolisiert im von der Mehrheitsgesellschaft negativ konnotierten »Kopftuch«. Indem diese das Symbol abschätzig bewertet, wird es um so wertvoller für die Trägerinnen, die sich dadurch in ihrer demonstrativen Inbesitznahme eigener Werte und Normen bestätigt fühlen. Diese Erklärungsansätze liegen der folgenden Darstellung zugrunde.

5. Die Sicht der »Betroffenen«

5.1 Bedeutungsebenen des Kopftuches

Abgrenzung zur Mutter

Die Interviewpartnerinnen kommen alle aus religiös praktizierenden türkischen Arbeiterfamilien. Keine der Studentinnen trägt das »traditionelle Kopftuch«, das etwa den Haaransatz freiläßt und unter dem Kinn mit einem Knoten gebunden wird. Sie tragen den »türban«, womit die traditionelle Islam-Auffassung der Mütter abgelehnt wird. Der »türban«, den sie als Kopfbedeckung wählen, hat dagegen keine spezielle Konnotation, die sich aus dem türkischen kulturellen Alltag herleiten ließe, sondern wird inzwischen weltweit von Musliminnen der jüngeren Generation getragen. Er ist damit zum Symbol einer internationalistischen Modernisierungsidee geworden, an die die hier betrachtete Gruppe von Studentinnen in Deutschland zumindest äußerlich anzuknüpfen scheint. Dabei weist das Symbol hier im Freiraum der Universität keine mit der Türkei vergleichbare politische Brisanz auf. In den Gesprächen über die Beweggründe, sich »islamisch« zu kleiden, und über Einstellungen zu Religion und Gesellschaft kommen auch verschiedene Erfahrungen mit Diskriminierungen zum Ausdruck. Die Betroffenen erleben diese als Vorwurf, trotz der ihnen zugänglichen Errungenschaften der westlichen Moderne (Gleichberechtigung der Geschlechter, Zugang der Frauen zum Arbeitsmarkt, individuelle Freiheiten) auf von der Mehrheitsgesellschaft als »rückständig« bewerteten islamischen Werten zu bestehen. Ich bezeichne dies als impliziten Islamismusvorwurf, da den Studentinnen eine Reihe von Einstellungen und Eigenschaften, die auch in der gängigen und diffusen Islamismus-Definition auftauchen, zugeschrieben wird, um ihre Orientierung gesellschaftlich abzuwerten.

Im Gegensatz dazu steht die Selbstwahrnehmung der befragten Studentinnen. Der Islam, das geht aus allen sechs Gesprächen hervor, wird zwar zunächst als allumspannendes, festes Lebensgerüst, das wegweisende Funktion hat, wahrgenommen. Über die Funktion, dem Leben einen Maßstab zu geben, eine Meßlatte für z. B. das Familienleben oder die Weiterbildung zu sein, vermittelt er jedoch eine Identität, bei der, das geht zum Beispiel aus dem Gespräch mit Nükhet hervor, sie sich als Individuum im Mittelpunkt sieht. Es ist ihr wichtig, die Religiosität als bewußte Entscheidung darzustellen, die sie individuell gefällt hat.

»Was mir meine Religiosität gibt? Zunächst einmal eine Persönlichkeit. Sie gibt mir eine Antwort darauf, wo ich mich befinde, was ich bin. Wie soll ich es ausdrücken: Ich bin kein Allerweltsmensch, ich habe eine Persönlichkeit, einen Maßstab, einen Lebensstil. Und da ich dies bewußt verwirkliche, fühle ich mich eben geborgener.«

Eine persönliche Entscheidung

In diesem Zusammenhang erhält das Kopftuch die Funktion eines deutlich sichtbaren Zeichens für die hervorgehobene Bedeutung der Religion im Leben der Betroffenen. Auch hierbei ist es den Gesprächspartnerinnen wichtig, den Entschluß, es zu tragen, als persönliche Entscheidung darzustellen. Selbst wenn, wie im Falle von Nermin, die Eltern das Mädchen in der fünften Klasse gezwungen haben, gegen ihren Willen ein Kopftuch zu tragen, sieht Nermin ihr heutiges Kopftuchtragen als eigene, bewußte Willenserklärung am Ende eines Prozesses, den sie durchlaufen hat. Sie habe diese Entscheidung für sich treffen können, da sie später durch religiöse Bildung erfahren habe, welche Bedeutung das Kopftuch für sie als Muslima hat. Seine Notwendigkeit hat sie inzwischen verinnerlicht.

Wichtig erscheint den Gesprächspartnerinnen, daß das Tragen eines Kopftuches nicht mit einer ganz bestimmten politischen Einstellung einhergehen muß. Dies ist ein weiterer Verweis darauf, daß man bemüht ist, die Kopftuch-Entscheidung als individuelle darzustellen. Diese Ablehnung kollektivistischen politischen Handelns ist ein Hinweis darauf, daß es sich bei den hier befragten Studentinnen nicht um überzeugte Islamistinnen handelt.

Asiye: »Also es ist auch so, daß meistens, wenn mich Leute angesprochen haben, v. a. in der Türkei, wenn es um Religion ging, sofort kam das Thema auf Refah Partisi [Wohlfahrtspartei, Y. K.-A.]. Ich werde sofort damit in Verbindung gebracht. Dabei unterstütze ich keine Partei. Genausowenig wie die. Aber sofort wird man halt dadurch in Verbindung gebracht.«

Es macht für Asiye auch keine wesentlichen Verhaltensänderungen notwendig, die sie im Gegensatz zu der Zeit, als sie noch kein Kopftuch trug, in ihrer Bewegungsfreiheit einschränken könnten. Für sie sei ihr Kopftuch nunmehr nur deutlicher Ausdruck einer bereits zuvor verinnerlichten religiösen Grundhaltung, die nicht durch Einschränkungen in ihrer Bewegungs- und Verhaltensfreiheit dokumentiert werden müßte. Sie ist bemüht, die als Klischee empfundene Zuschreibung »Tragen eines Kopftuches bedeutet Rückzug aus der Gesellschaft, Ausschluß aus der aktiven Teilhabe am Leben«, zu durchbrechen:

»Ich meine, es war nicht so, daß ich jetzt weniger Freiheit habe oder früher mehr Freiheit hatte. Denn ich hatte immer schon meine eigenen Grenzen. Ich habe auch ohne Kopftuch jetzt nicht so ein total ausgeflipptes Leben geführt. Party oder Disko, das war nicht so mein Ding. Daher hat sich also in diesem Bereich nichts geändert. Ich meine, das Kopftuchtragen bedeutet ja jetzt auch nicht, daß man jetzt in seinem Tun eingeschränkt ist. Trotzdem vergnüge ich mich, gehe aus, habe trotzdem einen Freundeskreis. Obwohl viele dann ja halt glauben, also Kopftuch, das gehört in die Kategorie und so.«

Indem Asiye den Verzicht auf den Besuch von Diskotheken oder Parties als eigenen Entschluß, sich selbst zu beschränken, darstellt, nicht als Pflicht, die der Islam bzw. ihre Religiosität ihr äußerlich auferlegt, betont sie nicht nur die Individualität ihres Handelns, sondern weist auch die Vorstellung, der Islam sei nicht mit dem »westlichen« Freiheitsbegriff vereinbar, zurück. Sie schränkt sich aus freien Stücken ein, nicht der Islam tut dies, er wird somit der Kritik entzogen.

Innen und außen – geschlechtsbetont und geschlechtsneutral

Das Kopftuch der bekennenden Muslima hat für die Studentinnen eine doppelte Funktion. Nach außen soll es geschlechtsneutralisierend, nach innen geschlechtsbetonend wirken. Zur Außenfunktion meint Nermin: »Das Kopftuch ist für mich ein Befehl Gottes, die Frau soll ihre Körperformen verhüllen. Ich sehe es auch als Mittel, wodurch Frauen, wenn sie mit Männern sprechen, nicht durch ihre Weiblichkeit wirken. Ihre Persönlichkeit kommt zum Vorschein und ich glaube, das war auch einer der Gründe, warum Gott das befohlen hat.«

Auch wenn Nermin hier mit dem Tragen des Kopftuches zunächst einen Befehl Gottes fraglos zu befolgen vorgibt, so bedeutet dies nicht, daß sie sich über die Gründe für diesen Befehl keine Gedanken macht und nicht nach logischen, auch von Kritikerinnen dieser Praxis nachvollziehbaren Begründungen sucht. Sie findet sie in der Betonung der Persönlichkeit, d.h. also in der Akzentuierung innerer individueller Werte im Gegensatz zu den äußeren.

Die nach innen gerichtete Funktion, die Geschlechtszugehörigkeit bewußt zu machen, schildert Nükhet so: »Das Kopftuch gibt mir meine Identität wieder als muslimische Frau. Ich fühle mich darunter sehr wohl. Nicht, wie einige sagen, irgendwie eingeengt. Es steigert mein Gefühl, eine Frau zu sein, erinnert mich daran, daß ich eine Frau bin, und daran, daß ich eine Bindung an etwas habe, daß ich einen festen Bezug habe.«

Die Außenfunktion der Kleidung nach islamischen Standards innerhalb der türkischen Migrantengesellschaft kommt auch in der Studentengruppe an der Universitität zum Ausdruck. Sie schafft auch Respekt insbesondere bei der Gruppe männlicher türkischer Studierender. So konstatiert Gül, die das Kopftuch mittlerweile nicht mehr trägt, mit Erstaunen, daß sie mit Kopftuch innerhalb der Gruppe von Studierenden einen Respektstatus innehatte: »Ich war irgendwie eine Respektsperson mit dem Kopftuch. Viele kamen zu mir und haben irgend etwas erzählt, über ihre Probleme mit ihren Freundinnen und alles mögliche. Vielleicht dachten die, ich bin kein richtiges Mädchen, oder ich gucke keinen Männern hinterher oder habe dieses Bedürfnis nicht. Ich weiß nicht, was die gedacht haben, keine Ahnung.«

Fatma stellt, nachdem sie sich erst an der Universität entschlossen hat, ein Kopftuch zu tragen, ebenfalls eine Veränderung im Verhalten ihrer Kommilitonen ihr gegenüber fest. Zunächst glauben die Freunde, sie würde jetzt ihr Gruppenverhalten ändern und halten Distanz: »Sie dachten, daß ich nicht mit Männern spreche, nicht mehr auf Necken reagiere und so weiter. Aber mich kann das

Kopftuch in dieser Hinsicht nicht ändern, ich glaube auch nicht, daß sich da was ändern wird. Und weil ich die gleiche wie vorher geblieben bin, habe ich so viel Respekt und Achtung erfahren, das kannst du dir nicht vorstellen. Das ist die Realität, was ich dir erzähle. So viel Achtung, mein Wort war ihnen quasi Gesetz. So viel Zuspruch habe ich gefunden, und sie haben mich auf Händen getragen. Wenn ich dazu kam, hieß es sofort: ›Fatma kommt. Schnell einen Stuhl. Was willst du trinken, Fatma?‹ Sogar die, die total assimiliert sind, die sogar Schweinefleisch essen, türkisch nur gebrochen sprechen können, sogar die haben mich respektiert. Alle haben in meiner Gegenwart darauf geachtet, was sie sagten, keine dreckigen Witze mehr gerissen. ›Paß auf, Fatma ist da.‹«

Mit dem Kopftuch wird Fatma Respekt zuteil, wodurch sie sich im Besitz der Macht fühlt, das Verhalten anderer zu beeinflussen. Indem sich diese Macht sogar auf Verhaltensänderungen der »total assimilierten« Türken erstreckt, bekommt ihre Entscheidung, ein Kopftuch zu tragen, einen noch größeren Wert.

5.2 Diskriminierungserfahrungen

Der Vorwurf der Integrationsverweigerung

Dieser positiven Beurteilung des Kopftuchtragens und dem damit verbundenen positiven Selbstbild (siehe hierzu auch Kepel zu jungen Muslimen in Frankreich, 1996, S. 329) stehen die Erfahrungen mit Reaktionen der Mehrheitsgesellschaft gegenüber, von der die muslimischen Studentinnen die Einlösung der Ideale von Toleranz und Akzeptanz einfordern. Dabei berufen sie sich auf ein Ideal der multikulturellen Gesellschaft, in der verschiedene Ethnien und Religionen zwar rechtlich gleichgestellt sind, jedoch eigene gesellschaftliche Freiräume zur Pflege ihrer religiös-kulturellen Identität beanspruchen dürfen. Im Gegensatz dazu steht für die Befragten die Integrationsforderung der Mehrheitsgesellschaft, derzufolge sie sich auch äußerlich völlig anpassen und die offenbar auch als kulturelle Eigenheit betrachtete Kleidung aufgeben sollen. Fatma drückt den Unterschied zwischen Integration und Assimilation, als die das Ablegen des Kopftuches von ihr empfunden wird, folgendermaßen aus: »Integration muß auf jeden Fall sein, Assimilation heißt total verdeutschen, auch im Äußerlichen, so was deine Kleidung und so anbelangt, total wie eine Deutsche. Aber dann ist das ja nicht mehr multikulturell, sondern rein deutsch, dann mußt du vielleicht sogar deinen Namen ändern.«

Interessant an dieser Passage ist Fatmas Gleichsetzung religiöser mit nationaler Symbolik. Ihrer Definition zufolge wäre ein Kopftuch nicht deutsch und wäre »deutsche« Kleidung ein Gegensatz zu islamischer. Demnach wäre eine Türkin, die sich, wie sie sich ausdrückt, »wie eine Deutsche« kleidet, d. h. also kein Kopftuch trägt, per se nicht muslimisch. Daß sie hier mit den Stereotypen arbeitet, die sie dann, wenn sie zur Einordnung ihrer Persönlichkeit verwendet werden, ablehnt, scheint ihr nicht aufzufallen.

Die Studentinnen machen immer wieder die Erfahrung, daß das von ihnen positiv besetzte Symbol »Kopftuch« als Zeichen für Minderwertigkeit gewertet wird. So stellt Gül fest, nachdem sie das Kopftuch abgelegt hat, daß für die Mehrheitsgesellschaft Integration eben doch äußere Anpassung beinhaltet und daher das Kopftuch generell als Integrationshindernis betrachtet wird. Indiz für den Grad der Integration scheint hierbei für sie eine Art »Unsichtbarkeit« in der Gesellschaft zu sein. Das Ablegen des Kopftuches erscheint ihr fast als Verrat an der Idee »Integration ohne Assimilation«: »Ich wurde in der Stadt nicht mehr angestarrt, das ist mir als allererstes aufgefallen. Ich gehörte einfach zur Gesellschaft. Ich wurde nicht mehr ausgegrenzt, sondern war dann integriert sozusagen. Angepaßt. Das hat mir auch irgendwo weh getan, weil ich dann irgendwie das Gefühl hatte, ich hab's deswegen getan, damit ich integriert werde. Und das finde ich nicht richtig, daß ein Kopftuch jemanden abhält, integriert zu werden.«

Der Vorwurf des Antimodernismus

Zu den Erfahrungen mit Diskriminierungen gehört auch die Empfindung, daß den muslimischen Studentinnen die Mehrheitsgesellschaft aufgrund ihres Kopftuches vorwirft, rückständig zu sein, und ihnen daher die Fähigkeit abspricht, eine aktive Rolle in der Gesellschaft zu spielen. Dem empfundenen Antimodernismus-Vorwurf will Fatma ihr eigenes Verständnis von Modernität entgegensetzten: »Meine Mutter legt großen Wert auf Kleidung; sie wollte immer, daß wir gut angezogen sind, so daß die Lehrerin gesagt hat: ›Du kommst aber aus einer modernen Familie!‹ Als meine Mutter dann einmal zum Elternsprechtag kam, hat sich die Frau um 180 Grad gedreht, weil meine Mutter bedeckt war. Ihre Art mir gegenüber hatte sich etwas verändert, so habe ich das empfunden, vielleicht war das ja auch nicht so. Also dort habe ich das erste Mal etwas in dieser Hinsicht kapiert, und das war der ganze Grund für meinen Entschluß, heute ein Kopftuch zu tragen. Natürlich war der erste Grund, daß ich in meinem Glauben stark bin und daß dies das Richtige ist. Aber auch, weil ich daran geglaubt habe, daß Frauen mit Kopftuch nie zurückstehen werden. Und daß eine Frau mit Kopftuch mindestens so modern wie eine unbedeckte moderne Frau sein kann und Karriere machen kann, daran habe ich aus tiefstem Herzen geglaubt, und das wollte ich beweisen, das war also ein Grund dafür.«

Hier wird m. E. eine identitätsstiftende und -erhaltende Funktion des Kopftuchs als Symbol einer eigenen Deutung der Moderne deutlich. Überhaupt scheinen Diskriminierungserfahrungen die Mädchen in ihren Orientierungen eher zu bestärken. Indem sie bemüht sind zu beweisen, daß die ihnen entgegengebrachten Vorurteile keinen realen Bezug haben, zeigen sie, daß sie darin enthaltene Vorwürfe ernst nehmen und sich mit ihnen auseinandersetzen. Der Versuch, gegen die Vorurteile zu kämpfen, macht aber auch deutlich, wie tief sie der Vorwurf trifft und wie sie selbst Bilder von »Modernität« verinnerlicht haben: »Modische«, auch nach westlichen Maßstäben in Farbe und Schnitt schicke Kleidung ist ein wichtiger Teil ihres Selbstverständnisses.

Das Klischee der ungebildeten »Kopftuchtürkin«

Zum Bild der rückständigen Kopftuch-Türkin gehört die Annahme, sie sei ungebildet und auf den Bereich Haus und Familie beschränkt. Die Erfahrung mit diesem Vorurteil fordert Ayşe, ähnlich wie zuvor Fatma dazu auf, den direkten Gegenbeweis anzutreten und sich in der Gesellschaft zu behaupten: »Ja, ich habe schon Probleme hier. Zum Beispiel das Problem mit dem Kopftuch. Es ist sofort auf den ersten Blick klar, daß ich anders bin. Als Kopftuchträgerin wirst du sofort beiseite geschoben. Unter den Deutschen, in der Stadt, auf dem Markt wirst du schief angemacht: ›Du Türke.‹ Man merkt es besonders stark bei der Fremdenfeindlichkeit. Man erlebt viele Auseinandersetzungen. Wenn sie ein Kopftuch sehen, fangen sie sofort an zu lästern, denken, wir können kein Deutsch. Wenn ich ihnen dann die entsprechende Antwort gebe, dann verschwinden sie ganz schnell. Sie denken, du wirst schweigen. Unseren Eltern gegenüber konnten sie sagen, was sie wollten, daran haben sie sich gewöhnt. Die konnten sich nämlich nicht schützen. Aber mit uns können sie das nicht machen. Weil wir bedeckt sind, halten sie sofort unsere kleinen Geschwister, die neben uns gehen, für unsere Kinder, so, als wenn man ein Kopftuch nur ab einem bestimmten Alter trägt. Und sie verurteilen sehr stark, sie verachten uns in der Gesellschaft.«

Diskriminierung in der Schule wird durch deutsche wie auch türkische Lehrer erlebt. Sie reicht vom Bloßstellen der Schülerin in der Klasse wie: ›Mach doch die Ohren frei, dann hörst du besser‹, bis hin zum unausgesprochenen Vorwurf des Antilaizismus (Nükhet): ›So kannst du nicht in die Schule, so darfst du nicht, so geht man nicht mal in der Türkei in die Schule‹, ›Wie kannst du es wagen, so in die Schule zu kommen.‹

5.3 Reaktionen auf Diskriminierungen

Kopftuch als Symbol des Widerstands

Solche und ähnliche Erlebnisse steigern den Wert des Kopftuchs als Symbol des Widerstands. Im Kampf für das Kopftuch wird Bezug auf das Toleranzverständnis, das Grundgesetz und die darin garantierte Religionsfreiheit etc. genommen. Mit dem Einsatz von Versatzstücken des anerkannten demokratischen Diskurses machen die Studentinnen deutlich, daß auch sie sich als Teil der Gesellschaft betrachten und mit ihren Spielregeln vertraut sind. Mit ihrer Kleidung und ihrem Verhalten loten sie Grenzen des Toleranzverständnisses der Mehrheitsgesellschaft aus. Der Kampf um die Akzeptanz des »Andersseins« bestärkt sie in ihrer Überzeugung. Nermin, eine angehende Lehrerin: »Als ich mein Praktikum gemacht habe, bin ich schon mit Schwierigkeiten konfrontiert worden, aber wenn man sich dagegen auflehnt, dann kann man Akzeptanz erreichen. Schließlich, ich weiß nicht, im Grundgesetz gibt es doch die Religionsfreiheit, ich habe halt etwas damit gedroht, nicht eigentlich gedroht, sondern gesagt: ›Ich habe bis jetzt geschafft, zu studieren, Sie werden mein weiteres Studium nicht verhindern können.‹ Als ich sowas gesagt habe, da haben die, glaube ich, Angst gekriegt, sich geschämt und mich akzeptiert. Von wegen ›Die Schüler könnten beeinflußt werden, in ihrem

Kopf könnten sich Fragen festsetzen, die nicht so leicht beantwortet werden können...‹ und so weiter, mit solchen Sachen kamen sie zu mir und meinten: ›Sie müssen sich anpassen, das geht so nicht.‹ Aber ich habe mich durchgesetzt und schließlich den Unterricht gemacht.«

Verstärkung des Sendungsbewußtseins

Als Konsequenz aus den Erfahrungen mit gesellschaftlicher Ausgrenzung, die als Prüfungen der eigenen Standfestigkeit betrachtet werden, zieht sich durch viele Gespräche der Gedanke an eine Gründung eigener islamischer Infrastrukturen bzw. an ein Arbeitsfeld, in dem die muslimischen Studentinnen überwiegend mit der ethnisch-religiösen Eigengruppe konfrontiert sind. Die Probandinnen verbinden damit ein klares Sendungsbewußtsein, das z. B. aus Ayşes Berufsvorstellungen spricht (angehende Diplompädagogin): »In einer bestimmten Beratungsstelle möchte ich nicht arbeiten. Mein Ziel ist es, eine Institution zu eröffnen für Türken, für die Muslime hier, mit Erziehungs- und Bildungsprogrammen sowohl für unsere Kinder als auch für unsere Frauen hier. So für die Kinder einen Platz wie einen Kindergarten. Für die Frauen Bildungsprogramme, auch religiöse. Außerdem Sportplätze und auch Orte wie ein Fitneßcenter, sogar ein Swimmingpool, wo sie dann das Schwimmen lernen können. Für so etwas möchte ich mich gerne einsetzen. Ich möchte also so etwas Großes eröffnen. Das muß ein neues Gebäude sein. Dafür müssen wir einen Antrag stellen. Wenn du jetzt so was gründen willst, dann geben sie dir ein altes Gebäude, und dann kannst du nicht alles so planen, wie du es dir vorstellst [...] Ich denke, so ein Ort ist notwendig für unsere Frauen und Kinder. Dort, denke ich, müssen wir Erziehung vermitteln, die Erziehungsmethoden und die islamischen Erziehungsmethoden, sie wissen darüber doch gar nichts. Sie wissen doch noch nicht einmal, daß es so etwas gibt. Und insbesondere die Mütter und Väter, denen müssen wir etwas über Erziehung vermitteln, damit sie verstehen, warum gerade in dieser Gesellschaft unsere Kinder auf diesen Wegen sind und wie wir sie retten können.«

Ein anderes Beispiel ist Fatmas Idee, eine islamische Beratungsstelle für Heiratsmigrantinnen einzurichten, wo sie sich von muslimisch geprägtem Personal Hilfe und Beratung bei Problemen mit der Familie, in die sie hineingeheiratet haben, holen können. Existierende Beratungsstellen hätten nicht das Vertrauen der religiös orientierten türkischen Migranten.

Dieses Sendungsbewußtsein, verbunden mit gesellschaftlichen Aktivitäten für den Islam, steht in engem Zusammenhang zu dem ganz eigenen Zugang dieser Untersuchungsgruppe zum Islam. Parallelen zu diesen Aktivitäten muslimischer Frauen finden sich in allen islamischen Gesellschaften. In eigenen Frauengruppen werden muslimische soziale Programme entworfen, patriarchalische Strukturen hinterfragt und Gedanken zu einer modernen islamischen Erziehung entwickelt (vgl. Niksic 1996). Das Kopftuch ist dabei Garant für Respektabilität und die Übereinstimmung mit den Forderungen des Islam, die sie als ihren Handlungsrahmen betrachten (Heine 1992, S. 30).

5.4 Kognitiver Zugang zur Religion = »wahrer« Islam vs. »traditioneller« Islam

Im Gegensatz zur traditionellen, unhinterfragten Übernahme der elterlichen Religiosität ist den befragten Studentinnen v. a. der kognitive Zugang zur Religion über das »Aneignen religiösen Wissens« wichtig. Durch die Lektüre der neuen islamischen Sekundärliteratur möchten sich viele von ihnen den »wahren Islam« in Abgrenzung zu der von ihnen als rückständig abgelehnten und als »traditioneller türkischer Islam« bezeichneten religiösen Praxis ihrer Eltern erschließen. Der von kulturellen Traditionen losgelöste »wahre Islam« ermöglicht ihnen, sich argumentativ überzeugend Freiräume in islamisch definierten Grenzen zu verschaffen, die der traditionelle Islam ihnen verwehrt. Nermin: »Ich versuche alles nach meiner Religion auszurichten. Aber wenn ich dies sage, dann weiß ich auch, daß man uns vieles als Religion beigebracht hat, was falsch ist. Zum Beispiel, daß Männer und Frauen voneinander getrennt sein müssen, nicht im gleichen Zimmer sitzen dürfen. Dabei, daß nichts dabei ist, wenn sich eine Frau in eine bestimmte ›tesettür‹ [Türkisch für: islamische Bekleidung, Y. K.-A.] gehüllt hat, habe ich selbst festgestellt. Daß also im wirklichen Islam das so ist. Auch zum Beispiel bei der Sexualerziehung. Das ist etwas, das in der Religion verboten ist, das wirklich unanständig ist, wie kann man das nur lehren? So hatte man es uns beigebracht. Aber daß es nicht so ist, daß in der Religion diesem ein großer Stellenwert beigemessen wird, daß das notwendig ist, das bringt uns unsere Religion bei. Ich glaube daran, daß ich unter Berücksichtigung dieses falschen Wissens alles durch meine Religion lernen kann, natürlich von der wahren, richtigen Religion, die nicht so viel zu tun hat mit dem Traditionellen [...] Die Kultur, die Sitten und Gebräuche können sich ändern, aber die Religion ändert sich nicht. Also in der Türkei werden wirklich viele kulturelle Dinge als mit der Religion verbunden betrachtet, aber das ist nicht richtig, das ist falsch.«

Der Begiff von einem »wirklichen« oder »wahren« Islam taucht in allen Interviews an verschiedenen Stellen auf. Der »wahre Islam« wird abgegrenzt von dem »traditionellen türkischen Islam« der Eltern. Er zeichnet sich in der Schilderung der Interviewpartnerinnen zunächst durch einen internationalistischen Anspruch[1] aus. Außerdem werde im »wahren« Islam die Stellung der Frau besonders hervorgehoben, sofern sie islamisch korrekt bekleidet ist. Das bedeutet, sie habe die Freiheit, an allen Aktivitäten in der Öffentlichkeit teilzunehmen und selbständig, ohne Begleitung umherzureisen. Darüber hinaus habe sie nicht nur die Möglichkeit, sich selbst einen Mann zu wählen, sondern könne nach der Eheschließung auch ihren Mädchennamen beibehalten. Auf dieser Grundlage entwickeln die befragten Studentinnen eine Vorstellung von einer gleichberechtigten, partnerschaftlichen Beziehung zu dem Mann, der ihnen nicht die Werte und Normen vorschreibt, sondern mit dem sie gemeinsam die islamischen Grenzen ermitteln und erleben, unabhängig von Traditionen. Ayşe: »Ich sag mal so, ich glaube, daß ich genug weiß, daß ich sagen kann, ich weiß, was ich mache, und ich mache es bewußt. Aber es gibt sicherlich Defizite. Viele Sachen weiß man auch nicht, aber das sind dann mehr so Kleinigkeiten, aber im Prinzip würde ich doch sagen, weil das ist ja auch ein bewußter Schritt, den man tun sollte, und nicht so einfach aus Tradition oder weil es die Familie so gemacht hat. Also

1 Olivier Roy bezeichnet diese Idee eines internationalistischen, von kulturellen Traditionen losgelösten Islam als Idee einer »imaginierten Umma« (l'oummah imaginaire), von der sich besonders die zweite Generation muslimischer Migranten angezogen fühle. Hintergrund sei deren Suche nach einer eigenen Identität in Abgrenzung zu der von der Mehrheitsgesellschaft geforderten Assimilation und der von der Elterngeneration erwarteten Bewahrung kultureller Traditionen. Damit sei keineswegs eine Opposition zum Westen verbunden, sondern die Entwicklung eines Islam außerhalb der Grenzen des islamischen Orients (Roy 1996, S. 107).

das wäre nichts für mich. Ich wollte das verstehen und dann so bewußt machen.«

Die über das Konstrukt des »wahren Islam« versuchte Abgrenzung zu den Eltern offenbart die Funktion der religiösen Orientierung als »sanfte Revolution« gegen die Eltern. Die einerseits von den Eltern begrüßte und geförderte religiöse Orientierung dient andererseits der Variante des »wahren Islam« zur Abgrenzung und vielleicht Emanzipation vom Führungsanspruch der Eltern.

5.5 *Freiraum Universität*

Die Universität und die studentische Gruppe an der Universität bilden den Rahmen, in dem ein Teil der Studentinnen die hier vorgestellten Ideen diskutieren und umsetzen kann. Die bekannten islamischen, teilweise islamistischen Dachverbände in Deutschland werden von kaum einer Interviewpartnerin als Plattform für ihre Aktivitäten betrachtet, da diese ihnen nicht genügend Freiraum zur eigenen Erschließung der Religion lassen, zu streng und teilweise unlogisch vorgehen und kein eigenes Denken zulassen. Symptomatisch für diese Einstellung ist Fatmas Äußerung zu dem von ihr besuchten Korankurs: »Ich war im Korankurs, zwei Jahre, das war in der Milli Görüş-Moschee, und das war so ein richtig radikaler Hoca. Einmal die Woche zwei Stunden. Aber das hatte bei dem auch sowieso ausgereicht. Wir haben den Koran gelesen, die Suren auswendig gelernt, so war das eben. Mit radikal meine ich, also der Hoca selbst war so ein Radikaler, so ein Fanatischer, nicht locker, nicht aufgeschlossen, nicht weltoffen. Es gab nur eines, nur Islam, wenn's sein muß mit Waffengewalt, womit auch immer, Amerika ist heidnisch, also so ein richtig typischer Hoca, mit diesen typischen Sachen, der war nicht offen.«

Die im Rahmen islamischer Studentenvereinigungen aktiven Studentinnen halten zwar Kontakt zu den diversen Organisationen, hinsichtlich der Verwirklichung ihrer eigenen Ideen befürworten sie jedoch eher das verbands*un*abhängige bzw. verbandsübergreifende Agieren für den Islam. So stellt die Universität für die Studentinnen in doppeltem Sinne einen Freiraum dar. Innerhalb der deutschen Gesellschaft ist sie der Ort, an dem sie Toleranz gegenüber ihrer Überzeugung und ihrem Lebensstil erleben. Hinsichtlich der muslimischen Gemeinschaft finden sie hier fächerübergreifend Gleichgesinnte, mit denen sie sich auf intellektueller Ebene über den Islam auseinandersetzen können und wo sie mit diesen eine Gemeinschaft entwickeln können, die ihnen Sicherheit und Geborgenheit gibt. Ein weiterer Aspekt ist die Entdeckung der Internationalität des Islam, da sie hier mit muslimischen StudentInnen anderer Länder zusammenkommen. Darüber hinaus stellt die Universität auch räumlich einen von den türkischen Vierteln, in denen sie aufgewachsen sind, getrennten, neutralen Raum dar. Nermin: »Gegenüber den Religiösen habe ich in der Türkei und auch in Deutschland viele Vorurteile erlebt. Nachdem ich hier an der Universität angefangen hatte, hat sich mein Horizont in religiöser Hinsicht erweitert. Hier habe ich unterschiedliche Menschen kennengelernt. Ich habe eine andere Religion als die, die ich in der Türkei oder bei meinen Eltern erlebt habe, vermittelt bekommen. Also eine Religion, die wirklich auf dem Koran und der Sunna basiert. In der Türkei bin ich so etwas nicht begegnet, dort habe ich mir traditionelles Wissen aus den alten Büchern angeeignet, aber als ich hierher kam, habe ich über die Freunde hier andere Sichtweisen kennengelernt, und mein Horizont hat sich erweitert. Jetzt habe ich gesehen und weiß es nun, daß es keinen Hinderungsgrund gibt, um religiös zu sein, daß dies eher den Horizont der Menschen erweitert und daß insbesondere das Studium von Koran und Sunna und das Leben danach dem Menschen viel geben kann.«

Auch dieser Passage ist wieder deutlich das Motiv des kognitiven Zugangs zur Religion, die damit intellektualisiert wird, zu entnehmen. Dieser Zugang eröffnet eine andere als die traditionelle Sicht und entspricht damit offenbar den Bedürfnissen der StudentInnen hinsichtlich der Vereinbarkeit von religiöser Überzeugung und Organisierung ihres Lebensalltags eher.

Für Fatma war die freiere Atmosphäre an der Universität sogar Ermunterung, ihren Plan, ein Kopftuch zu tragen, den sie aus Scheu vor Problemen an der Schule nicht durchsetzte, zu verwirklichen: »Aber als ich dann auf die Uni kam, bin ich einige Monate ohne gekommen, dann habe ich gesehen, daß sich keiner darum kümmert, daß sich keiner einmischt, die Professoren kennen ihre StudentInnen noch nicht einmal, da hab' ich gesagt, hier hast du deine Ruhe. Hier mischt sich keiner ein, keiner wird dich in dieser Hinsicht behindern, warum soll ich mich dann nicht bedecken?«

6. Ausblick

Vor diesem Hintergrund sollen einige Gedanken zu möglichen Entwicklungen bei den religiös orientierten türkischen Studierenden an den Hochschulen in Deutschland formuliert werden. Inwieweit kann bei den hier vorgestellten Studierenden von dem Kopftuch als Ausdruck einer »islamistischen Grundhaltung« gesprochen werden? Welche Effekte haben Diskriminierungserfahrungen auf ihre politischen Einstellungen oder ihre gesellschaftlichen Partizipationsinteressen? Aus den Gesprächen mit den Studentinnen ist zunächst eine deutliche Ablehnung der Vereinnahmung durch bestimmte politische Gruppierungen zu entnehmen. Eindeutige politische Präferenzen werden nicht genannt. Demokratie als solche scheint für sie nicht in Frage zu stehen, viele interessieren sich für die deutsche Staatsbürgerschaft, um damit die Grundlage zur politischen Partizipation in Deutschland zu erhalten. Zunächst fundamentalistisch anmutende Aspekte wie z. B. die Suche nach dem einzig »wahren Islam«, die unhinterfragte Akzeptanz göttlicher Gebote, bekommen Risse, wenn man die Argumentationen genauer betrachtet. Da wird deutlich, daß man die Gebote, wie sie von den Eltern vermittelt bzw. teilweise aufgezwungen werden, nicht akzeptieren kann und nach einer nachvollziehbaren Begründung sucht, indem man selbst die Quellen des Islam befragt und auslegt. An die Stelle der elterlichen Autorität, die nach klassischer islamischer Vorstellung – und nicht nur da – eigentlich der vollstreckende Arm der göttlichen Gebote ist, tritt das direkte göttliche Gebot, die Eltern werden in gleicher Weise ihrer Autorität enthoben wie traditionelle islamische Institutionen.

Islamische Kleidungs- und Verhaltensweisen, die die Geschlechtertrennung betonen sollen, wie z. B. das Tragen des Kopftuchs oder die Ablehnung, Männern die Hand zu geben, vermitteln feste moralische Orientierungen, die im Gegensatz zu damit verbundenen Themen wie »Stellung der Frau im Islam«, »Geschlechterverhältnis im Islam«, »Bildungsmöglichkeiten für Frauen im Islam« nicht hinterfragt werden. Als Gegenleistung dafür erhalten die Befragten »Geborgenheit und Ruhe«. Bei einigen gibt es ein deutliches Sendungsbewußtsein ihrer Einstellung bezogen auf die türkische Gemeinschaft in der Bundesrepublik. Damit soll die nächste Generation in die Lage versetzt werden, den »wahren Islam« kennenzulernen und eine bessere soziale Stellung in der Gesellschaft einzunehmen als die Elterngeneration.

Sehr auffällig ist die Betonung aller Gesprächspartnerinnen, einen individuellen Zugang zum Islam gefunden zu haben, für den sie keine klar zu benennende Instanz zu brauchen scheinen. Im Gegensatz zu dem betont kognitiven Zugang zum »wahren Islam« stehen bei allen jedoch deutliche Defizite im Bereich des Wissen über Grundlagen des Islam, insbesondere über das von ihnen grundsätzlich akzeptierte islamische Recht. Diesem Defizit versuchen die Studentinnen zu begegnen, indem sie hochschulinterne Gesprächskreise organisieren, aber v. a. über Lektüre. Der Zugang zu islambezogenen Publikationen erfolgt bei allen überwiegend über türkischsprachige Literatur, deren Rezeption ihnen jedoch aufgrund sprachlicher Defizite nicht ganz leicht fällt. Die türkische Migranten ansprechende deutschsprachige islamische Literatur ist nur sehr spärlich vorhanden und nicht leicht zugänglich (vgl. hierzu auch Roth 1991, S. 144-147). Die Gesprächspartnerinnen sehen sich dadurch mit dem Problem konfrontiert, einerseits den überlieferten traditionellen Islam der Eltern so nicht akzeptieren zu wollen, andererseits zur Erschließung des »wahren Islam« keinen leichten Zugang zu entsprechender Literatur zu haben. Einige behelfen sich mit deutschsprachiger Lektüre, deren religiöse Terminologie ihnen jedoch noch weniger vertraut ist als die türkische.

Während die hier vorgestellten Studierenden eigene Wege suchen, versuchen die existierenden türkisch-islamischen Dachverbände sie als Hoffnungsträger und zukünftige Elite der islamischen Migrantinnengemeinschaft für sich zu gewinnen. Dies dürfte ihnen aufgrund ihres immer noch eher die traditionalistisch-türkische Klientel ansprechenden Angebotes (Massenveranstaltungen mit Politikern aus der Türkei, Folkloreprogramm, Ausrufen von Slogans in türkisch etc.) nicht leicht fallen. Es scheint sich unter einigen neu gegründeten islamisch orientierten Hochschulgruppen diesen Organisationen gegenüber eher Skepsis breitzumachen. Viele versuchen eigene Aktivitäten wie Vortragsreihen zum Islam, Informationsstände etc. zu organisieren. Die Studierenden kennzeichnet, teilweise aufgrund eigener Erfahrungen mit Vertretern der Organisationen (wobei nicht alle nur negative Erfahrungen hatten), eine eher individualistische Einstellung zum Islam, was ein Hinweis auf ihre Prägung durch die individualistische »westliche« Gesellschaft, in der sie aufgewachsen sind, sein könnte (vgl. auch Pilzer-Reyl 1995, S. 137). Sie sind auf der Suche, bei der sie sich, ganz in der Tradition des für die zweite Migrantengeneration typischen Eklektizismus, aus dem existierenden Angebot die in ihr Konzept passenden religiösen Elemente wählen. Dabei meiden sie jedoch konsequente Anbindungen an politisch eindeutig ausgerichtete Gruppen, die sie zu sehr in ihrer eigenen Entfaltung gängeln würden. Der aus den vielfältigen Diskriminierungserfahrungen sprechende Islamismusvorwurf wird von ihnen v. a. als Angriff auf ihre individuelle Beziehung zum Islam erlebt und trifft sie daher tief. Die akkulturierten muslimischen Studierenden der zweiten und weiterer Migrantengenerationen begreifen sich jedoch nicht als blinde Nachahmer politisch-religiöser Ideologien islamischer Staaten, sondern nehmen für sich in Anspruch, mit eigenen Orientierungen und Ideen an der Gestaltung der hiesigen Gesellschaft mitzuwirken.

Literatur

Aktaş, C.: *Tesettür ve Toplum, Başörtülü Öğrencilerin Toplumsal Kökeni Üzerine Bir İnceleme*. Istanbul ²1992.

Göle, N.: *Modern Mahrem*. Istanbul 1991 (dt.: *Republik und Schleier*. Berlin 1995).

Heine, P.: *Fundamentalisten und Islamisten*, in: *Aus Politik und Zeitgeschichte* B33/92, 7. 8. 1992, S. 23-30.

İlyasoğlu, A.: *Örtülü Kimlik*. Istanbul 1994.

Kepel, G.: *Allah im Westen. Die Demokratie und die islamische Herausforderung*. München 1996.

Lutz, H.: *Welten verbinden. Türkische Sozialarbeiterinnen in den Niederlanden und in der Bundesrepublik*. Frankfurt/M. 1991.

Mıhçıyazgan, U. (a): *Die religiöse Praxis muslimischer Migranten. Ergebnisse einer empirischen Untersuchung in Hamburg*, in: Lohmann/Weiße (Hg.): *Dialog zwischen den Kulturen. Erziehungshistorische und religionspädagogische Gesichtspunkte interkultureller Bildung*. Münster/New York 1994, S. 195-206.

Dies. (b): *Zwischen sozialem Konstrukt und Selbstbestimmung*, in: *Gemeinsam* 28 (1994), S. 93-101.

Niksic, M.: *Konzeption einer islamischen Elementarschulerziehung in Deutschland*, unveröffentlichte Diplomarbeit am Studienschwerpunkt

Sozialwesen der Fachhochschule München bei Prof. Erika Hertel, März 1996.
Pilzer-Reyl, R.: *Zur Religiosität junger türkischer Muslime in einer mittelhessischen Kleinstadt*, in: *CIBEDO. Beiträge zum Gespräch zwischen Christen und Muslimen* 4 (1995), S. 133-137.
Pinn, I./Wehner, M.: *EuroPhantasien. Die islamische Frau aus westlicher Sicht*. Duisburg 1995.
Roth, H.-J.: *Zur Situation des Islam in Europa – Perspektiven in Erziehung und Bildung*, in: Buchkremer/Bukow/Llaryora (Hg.): *Zukunft kultureller Minderheiten in Europa* [Bericht zur Tagung am 26./27. April 1991 an der Erziehungswissenschaftlichen und Heilpädagogischen Fakultät der Universität zu Köln], 1991, S. 131-157.
Roy, O.: *Le néo-fondamentalisme islamique ou l'imaginaire de l'oummah*, in: *Esprit, changer la culture et la politique, Revue internationale*. Paris, 3/1996, S. 80-107.
Waltz, V.: *Toleranz fängt beim Kopftuch erst an. Zur Verhinderung der Chancengleichheit durch gesellschaftliche Verhältnisse*, in: Heitmeyer/Dollase (Hg.): *Die bedrängte Toleranz*, Frankfurt/M. 1996, S. 477-500.
Yalçın-Heckmann, L.: *Are fireworks Islamic? Towards an Understanding of Turkish Migrants and Islam in Germany*, in: Steward/Shaw (Hg.): *Syncretism/Anti-syncretism. The politics of religious synthesis*. New York 1994.

Heiner Bielefeldt

Zwischen laizistischem Kulturkampf und religiösem Integralismus: Der säkulare Rechtsstaat in der modernen Gesellschaft

1. Einführung

Die heftigen Auseinandersetzungen nach dem »Kruzifix-Beschluß« des Bundesverfassungsgerichts von 1995 kamen für die meisten Beobachter in Wissenschaft und Politik völlig überraschend. Sie zeigen, daß auch im weithin säkularisierten Deutschland ein Kulturkampf um religiöse und kulturelle Symbole ausbrechen kann, in dem die Autorität zentraler rechtsstaatlicher Institutionen – hier des Bundesverfassungsgerichts – ernsthaft Schaden erleiden kann. Dramatischer noch drohen solche Kulturkonflikte zu verlaufen, wenn sie nicht primär innerhalb der Mehrheitsgesellschaft stattfinden, sondern auch religiöse und kulturelle Minderheiten involvieren – man denke nur an die anhaltenden französischen Debatten über das islamische Kopftuch an öffentlichen Schulen. Aber auch in vielen deutschen Gemeinden finden derzeit beispielsweise Auseinandersetzungen um den Bau von Moscheen und Minaretten oder um den Gebetsruf des Muezzin statt, die mit zum Teil erschreckender Aggressivität ausgetragen werden.

Angesichts dieser Lage ist es sinnvoll, über die Säkularität des modernen Rechtsstaates genauer nachzudenken. Dazu aus der Perspektive der Rechtsphilosophie beizutragen ist das Ziel des vorliegenden Aufsatzes. Zwei Thesen liegen dem Aufsatz zugrunde. Die erste These lautet, daß die Säkularität der politisch-rechtlichen Ordnung für das friedliche Zusammenleben von Menschen unterschiedlicher religiöser und weltanschaulicher Orientierung in einer freiheitlichen Demokratie unumgänglich ist. Insofern möchte ich den säkularen Rechtsstaat ausdrücklich verteidigen. Eine solche Verteidigung aber, dies wäre die zweite These, muß *selbstkritisch* sein, besteht doch sonst die Gefahr, daß der Säkularismus selbst zu einer quasireligiösen, postreligiösen oder antireligiösen Ideologie wird, die den Raum des politischen Diskurses einseitig weltanschaulich okkupiert und dadurch zerstört. Es gibt in der Tat Beispiele dafür, daß die Säkularität des Staates als Vorwand für politische Ausgrenzung, Diskriminierung und Entmündigung dienen kann, daß sie also in ähnlicher Weise »fundamentalistisch« werden kann wie der religiöse Fundamentalismus, als dessen Gegner sie gemeinhin verstanden wird.

In den Kapiteln 2 und 3 sollen zunächst unterschiedliche Formen der Ideologisierung der Säkularität skizziert werden, nämlich fortschrittsideologisch-laizistische, christliche, aber auch – und das mag zunächst überraschen – islamistische Formen der ideologischen Vereinnahmung des säkularen Staates. Im Anschluß daran will ich in Kapitel 4 versuchen, den Anspruch der Säkularität als Kehrseite der Religionsfreiheit und als notwendigen Bestandteil einer modernen Demokratie philosophisch zu rekonstruieren, und zwar in einer solchen Weise, daß die liberal verstandene Säkularität auch von den Religionsgemeinschaften als Chance verstanden und positiv aufgegriffen werden kann.

2. »Westliche« Formen der Ideologisierung der Säkularität

2.1 Säkularismus als antireligiöse oder postreligiöse Ideologie

Die Säkularität des modernen demokratischen Rechtsstaats ist den westlichen Gesellschaften keineswegs von selbst wie eine reife Frucht in den Schoß gefallen, sondern mußte gegen vielfältige Widerstände erkämpft werden. Massive Opposition leisteten lange Zeit die christlichen Kirchen, insbesondere die katholische Kirche. Traumatisiert von der Französischen Revolution, deren »Zivilkonstitution des Klerus« sie als Anschlag auf ihre eigene institutionelle Autonomie verstand, verhakte sich die katholische Kirche im 19. Jahrhundert weithin in einer pauschalen Abwehrposition gegen moderne politische Ideen im allgemeinen und gegen die Säkularität des Staates im besonderen (vgl. Maier 1988, S. 120ff.). Im Gegenzug verschärfte sich die antiklerikale Polemik der Aufklärung, die bereits im 18. Jahrhundert die Kirche als wichtigste Stütze des Ancien régime attackiert hatte und im offiziellen Katholizismus – zum Teil zu Recht – auch weiterhin einen Hauptgegner im Kampf um Liberalismus und Demokratie sah. Die im Namen der Menschenrechte und der Religionsfreiheit verlangte institutionelle Trennung von Staat und Kirche geriet von daher leicht in das Fahrwasser eines antiklerikalen, gelegentlich sogar eines antireligiösen Kulturkampfes. Indem sich die Forderung nach Säkularität des Staates mit geschichtsphilosophisch untermauerten Fortschrittsideen verband, nahm der Säkularismus schließlich selbst weltanschauliche Züge an. In der Fortschrittsideologie Auguste Comtes schlug er gar in eine neue atheistische Quasireligion um, in der wissenschaftlich geschulte Soziologen als »Priester der Menschheit« einen gleichsam säkularistischen Klerus bilden und eine um »Liebe, Ordnung und Fortschritt« zentrierte positivistische Zivilisationsmission mit universalem Geltungsanspruch organisieren sollten (vgl. Comte 1851, Bd. 1, S. 321ff.). Die von Comte angestrebte »soziokratische« Einheit von Politik und positivistischem Glaubensbekenntnis spiegelt in säkularistischer Gestalt genau jenen »theokratischen« Integralismus der katholischen Gegenrevolution wider, den Comte überwinden wollte und für den er doch zugleich tiefe Bewunderung hegte (vgl. ebd., Bd. 3, S. 605).

Die Ideologisierung des Säkularismus zu einer antireligiösen oder postreligiösen Weltanschauung war keineswegs auf Frankreich beschränkt, sondern zeigte sich im 19. Jahrhundert auch in anderen europäischen Ländern. Vereine zur Propagierung eines weltanschaulichen Positivismus waren z. B. die um die Jahrhundertmitte in London gegründete »Secular Society« oder die Ende des 19. Jahrhunderts entstandene »Deutsche Gesellschaft für Ethische Kultur« (vgl. Lübbe 1965, S. 42ff.). Die Okkupierung und Umdeutung religiöser Begriffe – etwa in den »monistischen Sonntagspredigten« des »Monistenbundes« um Ernst Haeckel (vgl. Lübbe 1965, S. 51) – belegen den umfassenden weltanschaulichen Anspruch der positivistischen Vereine und des von ihnen propagierten Säkularismus.

Im Rahmen eines gleichsam weltanschaulichen Säkularismus konnte die Forderung nach der Trennung von Staat und Religion nur als Kulturkampf, d. h. als Verdrängung der traditionellen Staatsreligion durch eine moderne, fortschrittliche *Staatsideologie* liberalistischer oder sozialistischer Prägung verstanden werden. Wie zuvor die traditionelle Staatsreligion das öffentliche Leben weitgehend dominiert und Andersgläubige an den Rand gedrängt hatte, so war zu erwarten, daß nun auch der weltanschauliche Säkularismus einen umfassenden politischen Herrschaftsanspruch geltend machen würde, der den überkommenen Religionen – als Relikten einer vergangenen Zeit – allenfalls Randbereiche im gesellschaftlichen Leben überlassen würde. Dies jedenfalls war weithin die Sorge der Kirchen, die sich deshalb um so mehr an ihre alten Privilegien klammerten, sich dabei oft genug mit reaktionären Bewegungen verbündeten und somit auf ihre Weise zur Eskalation des Kulturkampfes beitrugen (vgl. Maier 1988, S. 137ff.).

Obwohl der europäische Kulturkampf zwischen weltanschaulichem Säkularismus und kirchlichem Christentum weitgehend der Vergangenheit angehört, lassen sich Elemente eines ideologischen Säkularismus auch heute noch finden. Dazu gehört die oft unreflektierte Unterstellung, Religion sei in der Moderne zur bloßen Privatsache geworden und habe in der Öffentlichkeit, zumal in der politischen Öffentlichkeit, keinen legitimen Ort. Öffentliche Manifestationen religiösen Glaubens und religiöser Praxis werden von dorther leicht als gezielte Provokationen wahrgenommen, wenn nicht gar zur »Krise der Moderne« stilisiert – man denke nur an die unsäglichen »Kopftuchaffären« in Frankreich, in denen dreizehnjährige Mädchen zum Anlaß einer politischen Polarisierung quer durch die Nation geworden sind (vgl. Kepel 1996, S. 265 ff.). Auch in Deutschland gibt es nach wie vor Protagonisten eines kulturkämpferischen Säkularismus, dessen polemische Stoßrichtung inzwischen nicht so sehr auf das Christentum, sondern v. a. auf den Islam zielt. So warnt Hans Ebeling in seinem Buch *Der multikulturelle Traum* vor einer derzeit angeblich voranschreitenden »Islamisierung Europas«, durch die er sämtliche Errungenschaften der westlichen Aufklärung und Moderne gefährdet sieht (Ebeling 1994, S. 69). Indem Ebeling Aufklärung und Moderne jedweder religiösen Kultur dichotomisch entgegensetzt, stellt er religiöse Kulturen von vornherein pauschal unter den Verdacht eines antiaufklärerischen Fundamentalismus: »Alle religiös grundierten ›Kulturen‹ sind prämodern. Sie alle neigen zur fundamentalistischen Opposition gegenüber der Moderne« (ebd., S. 68). Paradigma eines aufklärerungsfeindlichen Fundamentalismus ist für Ebeling der Islam in all seinen Varianten, gegen den deshalb unbedingter politischer Widerstand geboten sei. Dadurch, daß Ebeling sich eine inhaltliche Auseinandersetzung mit muslimischen (und anderen religiösen) Positionen von vornherein erspart, verkommt die von ihm beschworene »Vernunft« allerdings zu einem kommunikationslosen, beinahe solipsistisch in sich abgeschottenen ideologischen Rationalismus, der selbst unverkennbar fundamentalistische Züge annimmt. Die eurozentrisch verdinglichte »Aufklärung« gleicht einem Bollwerk, durch das, so Ebeling ausdrücklich, wie einst in der Schlacht bei Tours und Poitiers (732) die muslimische Invasion gestoppt werden soll (vgl. ebd., S. 75).

2.2 *Christliche Vereinnahmung der Säkularität*

Trotz nach wie vor bestehender Konflikte haben sich die christlichen Kirchen in Europa mit der Säkularität des modernen Rechtsstaats inzwischen positiv arrangiert. Sie haben sich im 20. Jahrhundert mit der Existenz des säkularen Staates nicht nur nolens volens abgefunden, sondern sehen in der institutionellen Differenz von Staat und Religionsgemeinschaften durchaus Chancen für authentisches Glaubensleben nicht allein der Individuen, sondern auch der religiösen Gemeinschaften. Die Anerkennung des säkularen Staates durch die christlichen Kirchen geht heute nicht selten soweit, daß die Säkularität selbst als Bestandteil des abendländisch-christlichen Kulturerbes erscheint. Genau daraus ergibt sich freilich die Gefahr einer christlichen Vereinnahmung und Umdeutung der Säkularität.

Schon gegen Ende des 19. Jahrhunderts wies der Staatsrechtler Georg Jellinek in einer stark beachteten Studie nach, daß die Menschenrechtserklärung der Französischen Revolution von 1789 historisch von den Menschenrechtsdokumenten des Amerikanischen Unabhängigkeitskampfes abhängig war, die ihrerseits wesentlich von protestantischen Impulsen geprägt waren (vgl. Jellinek, Neudruck in Schnur 1974). Er ermöglichte damit eine christliche – genauer: protestantische – Lesart der modernen politischen Ideen, die nun nicht mehr lediglich als Ausdruck eines kirchenfeindlichen Jakobinismus verstanden werden mußten. Auf die Affinität zwischen protestantischem Christentum und moderner Welt wiesen mit unterschiedlichen Pointen sodann Max Weber und Ernst Troeltsch hin. Troeltsch stellte insbesondere die historische Leistung der angelsächsischen neucalvinistischen Freikirchen heraus, die aus der von den Reformatoren theologisch durchgeführten Unterscheidung des geistlichen und des weltlichen Regiments erstmals auch politisch-institutionelle Forderungen herleiteten und damit die Trennung von Staat und Religionsgemeinschaften in Amerika vorbereiteten (vgl. Troeltsch 1911, S. 54ff.). Anders als in

Frankreich, so Troeltschs Fazit, mußte die demokratische Revolution in Amerika keineswegs in einen antikirchlichen Kulturkampf münden, »weil die protestantische Kultur die prinzipielle Revolution schon mit der religiösen Umwälzung von innen her erledigt hatte« (ebd., S. 86). Protestantische Theologen waren daher die ersten, die im 20. Jahrhundert schließlich eine ausdrückliche Theologie der Säkularität formulierten (vgl. z. B. Gogarten 1953).

Im Lauf des 20. Jahrhunderts machte schließlich auch die katholische Kirche ihren Frieden mit dem säkularen Staat. Die offizielle Anerkennung der Religionsfreiheit in der Erklärung »Dignitatis humanae« (1965) des Zweiten Vatikanischen Konzils markierte die prinzipielle Überwindung der traditionellen katholischen Idealvorstellung eines »christlichen Staates« (vgl. Hilpert 1991, S. 147f.). Spätestens seit dem Konzil würdigen auch katholische Theologen die Säkularität des modernen Staates mit Bezug auf die christliche Tradition. Häufig angeführt wird in diesem Zusammenhang der Investiturstreit des 11. und 12. Jahrhunderts, in dem mit der »libertas ecclesiae« zugleich eine erste Entsakralisierung der politischen Macht durchgesetzt wurde (vgl. z. B. Kasper 1993, S. 217), freilich ohne daß geistliche und weltliche Autoritäten auch institutionell schon klar voneinander geschieden worden wären.

Die mittlerweile erreichte Anerkennung des säkularen Staates seitens der christlichen Kirchen birgt nun allerdings eine eigentümliche Dialektik, insofern sie leicht in eine christliche Vereinnahmung der Säkularität umschlagen kann. So erscheint die verfassungsrechtliche Trennung von Kirche und Staat in einigen zeitgenössischen christlichen Interpretationen als die historisch-notwendige Entfaltung einer im christlichen Glauben im Grunde »immer schon« angelegten Differenz zwischen Religion und Politik, die sich bis in das Jesus-Wort »Gebt dem Kaiser, was des Kaisers ist [...]« zurückverfolgen lassen soll. Die Säkularität des Staates mutiert somit schließlich zu einem quasitheologischen Begriff. In »hegelianisierender« Geschichtsdeutung wird der traditionelle Widerstand der Kirchen gegen die Säkularität zu einem antithetischen Moment im Gesamtprozeß der geschichtlichen Entfaltung moderner Freiheit depotenziert, und zwar einer Freiheit, die letztlich im Christentum begründet sein soll. Dadurch aber geht, wie Hans Blumenberg kritisch vermerkt, die Authentizität neuzeitlicher Ideen und Ansprüche verloren, die in der Linie des theologischen Säkularisierungsparadigmas zuletzt dialektisch in das Kulturerbe des abendländischen Christentums heimgeholt werden (vgl. Blumenberg 1974, S. 143).

Die einseitig christliche Begründung des säkularen Staates führt zu politischen Konsequenzen, die um nichts weniger problematisch sind als die kulturkämpferischen Folgen eines weltanschaulichen Säkularismus. Denn durch die christlich-theologische Vereinnahmung wird die Säkularität erneut weltanschaulich okkupiert; sie wird gleichsam christlich getauft. Für Menschen nichtchristlicher Orientierung bedeutet dies, daß sie im Rahmen der christlich-säkularen Verfassungsordnung keinen legitimen Platz haben – es sei denn, daß sie zumindest in einem vagen »kulturchristlichen« Sinne zu den Werten der christlich-abendländischen Geschichte konvertieren. Deutlich wird diese Konsequenz beispielsweise in der Theologie Wolfhart Pannenbergs, der dafür plädiert, das Verhältnis von Staat und Religion auf der Basis einer christlichen Toleranzkultur neu zu definieren. In bewußter Abgrenzung zu einer *prinzipiellen* Anerkennung des modernen religiösen und weltanschaulichen Pluralismus insistiert Pannenberg darauf, daß die politische Toleranz des demokratischen Verfassungsstaates ihr kulturelles Zentrum im christlichen Glauben hat, der somit für die politische Kultur des säkularen Staates im ganzen tragend bleiben muß. Mit seinem Plädoyer für Toleranz verbindet Pannenberg daher die Verteidigung der christlichen Grundlagen als der geistig-kulturellen Basis der Toleranz, wenn er betont: »Allerdings handelt es sich dabei um ein bestimmtes – nämlich das christliche – Glaubensbekenntnis, das solche Toleranz ermöglicht. Das ist eine andere Grundlage als die öffentliche Gleichgültigkeit gegenüber der Religion überhaupt und darum auch gegenüber den Unterschieden des religiösen Bekenntnisses« (Pannenberg 1985, S. 74). Folglich erscheinen die christlichen Theologen als die geborenen Hüter einer »recht verstandenen« Säkularität, die sich vom ideologischen Säkularismus dadurch unterscheidet, daß sie das Bewußtsein der christlichen Grundlagen der Gesellschaft wachhält und pflegt.

Eine auf diese Weise »getaufte« Säkularität aber ist letztendlich keine freigegebene Säkularität. Sie ist um nichts weniger ideologisch als ein antireligiöser oder postreligiöser Säkularismus, insofern hier wie dort ein verbindliches weltanschauliches Fundament der politisch-rechtlichen Ordnung postuliert wird. Von diesem weltanschaulichen Zentrum des Staates her läßt sich zwar eine – u. U. weitreichende – pragmatische Toleranz begründen, die letztlich jedoch hinter einer wirklichen Anerkennung des radikalen religiösen und weltanschaulichen Pluralismus der Moderne zurückbleibt.

3. Islamische Ideologisierungen der Säkularität

3.1 Ablehnung der Säkularität als »Verwestlichung«

Muslimische Positionen zur Säkularität von Recht und Staat sind in mancher Hinsicht ein Spiegel der westlichen Positionen. So finden sich interessanterweise beide oben genannten Varianten der westlichen Ideologisierung des säkularen Staates auch in den polemischen Stellungnahmen muslimischer Autoren wider: Entweder erscheint ihnen der säkulare Staat als ein spezifisch christliches Modell, das für den Islam irrelevant ist, oder – und diese Sicht scheint zu dominieren – die Säkularität wird in die Nähe von politischem Atheismus gerückt und gilt damit per se als verwerflich (vgl. Wielandt 1982, S. 121 f.).

Anders als in der gegenwärtigen »westlichen« Debatte wird der Begriff der Säkularität im islamischen Diskurs zumeist nach wie vor – und derzeit vielleicht mehr denn je – vehement abgelehnt. Die Säkularität und ihre begrifflichen Äquivalente und Derivate sind mittlerweile sogar zu Reizworten geworden, deren Propagierung im wahrsten Sinne des Wortes lebensgefährlich sein kann. So fiel der ägyptische Schriftsteller Faragh Foda, der sich für eine säkulare und liberale Reform des Staates eingesetzt hatte, im Juni 1992 einem Mordanschlag islamistischer Terroristen zum Opfer (vgl. Meier 1994, S. 473). Fuad Zakariya beklagt, der öffentliche Vorwurf der Ungläubigkeit schwebe »wie ein Damoklesschwert über den Köpfen der Säkularisten, die ihre Argumentation einer permanenten Selbstzensur unterwerfen« (1992, S. 233). Viele Autoren vermeiden daher derzeit den Begriff der Säkularität und sprechen z. B. von einem »zivilen Staat«, auch wenn sie der Sache nach für nichts anderes als einen säkularen Rechtsstaat plädieren.

Die Ablehnung der Säkularität als vermeintlicher »Verwestlichung« ist weithin Ausdruck des kolonialistischen Traumas, unter dem viele Muslime immer noch leiden. Wie Rotraud Wielandt am Beispiel ägyptischer Autoren aufgezeigt hat, wächst sich die Angst vor dem übermächtigen Westen nicht selten zu Verschwörungstheorien aus, nämlich zu dem Verdacht, »dieser Säkularismus sei von Kolonialisten und Zionisten absichtsvoll in die islamische Welt eingeschleust worden, um den Muslimen ihre Religion und damit ihre Kraft zum Widerstand zu nehmen« (Wielandt 1982, S. 121f.). Zusätzlich verunsichernd wirkt das Beispiel der Türkei, in der nach Gründung der Republik ein stark ideologisierter Säkularismus französischer Prägung im Rahmen eines geradezu kulturrevolutionären Zivilisationswechsels eingeführt wurde (vgl. Tezcan 1994). In der Frühphase des Kemalismus drang der staatliche Kulturkampf bis in den privaten Bereich vor, nämlich mit Kleidungsvorschriften, die den Zivilisationswechsel vom islamischen Staat hin zu einer westlich orientierten Nation allerorts sichtbar demonstrieren sollten (vgl. Göle 1995). Die Nachwirkungen des kemalistischen Kulturkampfes tragen gewiß mit dazu bei, daß der säkulare Staat in der islamischen Welt auch heute noch vielfach auf Mißtrauen und Ablehnung trifft.

Selbst liberale muslimische Autoren tun sich daher mit der Anerkennung der Säkularität schwer. Dies zeigt sich etwa bei Mohamed Talbi, einem muslimischen Menschenrechtler, der sich international für die Verwirklichung der Religionsfreiheit einsetzt. Er distanziert sich ausdrücklich von säkularen Menschenrechtsbegründungen, in denen, wie er meint, »unterschwellig eine Vergötzung des Menschen« anklinge (Talbi 1993, S. 259). Auch der islamische Rechtstheoretiker Abdullahi An-Na'im versteht sein Plädoyer für eine Reform des islamischen Rechts als bewußte Alternative zum westlichen säkularen Recht (vgl. An-Na'im 1990). Selbst im liberal-islamischen Diskurs wird der Begriff der Säkularität also offenbar weithin als kulturkämpferische Provokation wahrgenommen, gegen die Muslime geistigen Widerstand leisten sollten.

Weitaus schärfer zeigt sich die Polemik gegen die Säkularität freilich bei islamisch-fundamentalistischen Politikern und Intellektuellen, die das »islamische System« als überlegene Alternative gegen den säkularen Rechtsstaat ausspielen. So plädiert der pakistanische Schriftsteller Abul A'la Maududi für eine »Theo-Demokratie«, in der die islamische Gemeinschaft – gleichsam als kollektiver Statthalter Gottes auf Erden – die Weisungen der Scharia politisch zur Geltung bringen soll (vgl. Maududi 1967, S. 147f.). Mit politischem Pluralismus und liberalen Freiheiten ist eine solcherart sakralisierte Umma-Demokratie von vornherein unvereinbar. Genauso wenig verträgt sie sich mit einer menschenrechtlich gedachten Religionsfreiheit, die wie alle Menschenrechte auf Gleichberechtigung zielt. Zwar sollen in Maududis Verfassungsentwurf auch gewisse Rechte der nichtmuslimischen Bürger anerkannt werden. Die maßgebenden politischen und militärischen Positionen innerhalb des islamischen Staates müssen nach Maududi jedoch gläubigen Muslimen vorbehalten bleiben (vgl. ebd., S. 295 ff.), so daß Andersgläubige de jure diskriminiert werden. Ganz besonders gilt dies für innerislamische Minderheiten wie die Ahmadis, die von Maududi als »Abtrünnige« bezeichnet werden und in seinem idealen Gemeinwesen überhaupt keinen Platz haben. Radikaler noch als Maududi ist Sayyid Qutb, der 1966 hingerichtete Märtyrer der ägyptischen Muslimbruderschaft. In seiner manichäisch anmutenden politischen Vision wird die Gottesherrschaft zum Zentrum einer revolutionären Befreiungstheologie, die notfalls auch unter Einsatz von Gewalt verwirklicht werden soll. Wahre Freiheit ist nach Qutb nur in der bedingungslosen Unterwerfung unter das göttliche Gesetz der Scharia möglich, weil einzig die Herrschaft Gottes der Verknechtung des Menschen durch den Menschen ein Ende setzen kann. Da der säkulare Staat in der Sicht Sayyid Qutbs gleichermaßen als blasphemische Ursurpation der göttlichen Souveränität wie als Despotismus menschlicher Willkür erscheint, muß er mit allen verfügbaren Mitteln bekämpft werden (vgl. Haddad 1983).

Maududi und Sayyid Qutb gelten inzwischen fast schon als »Klassiker« des Islamismus. Ihr Einfluß läßt sich kaum überschätzen, liegen doch ihre Bücher und Broschüren, in zahlreiche Sprachen übersetzt und vielfach subventioniert, auf den Büchertischen islamistischer Gruppen in aller Welt aus.

3.2 *Islamische Vereinnahmung der Säkularität*

Neben der nach wie vor dominanten Abwehr zeigen sich in jüngerer Zeit indes auch Tendenzen einer islamischen Vereinnahmung des Säkularitätsbegriffs, der damit zugleich einschneidend verändert und umgedeutet wird. Bereits Maududi hatte darauf bestanden, daß die von ihm propagierte »Theo-Demokratie« nicht mit der politischen Herrschaft eines Klerus verwechselt werden dürfe, wie sie für das christliche Mittelalter typisch war. Vielmehr sei die islamische Theokratie vom Klerikalismus westlicher Prägung völlig verschieden: »[...] Islamic theocracy is something altogether different from the theocracy of which Europe has had bitter experience wherein a priestly class, sharply marked off from the rest of the population, exercises unchecked domination and enforces laws of its own making in the name of God [...]« (Maududi 1967, S. 147). Die Ablehnung jedweder Form von Priesterherrschaft ist mittlerweile längst zum festen Topos innerhalb des sunnitisch-islamistischen Diskurses geworden. Damit einher geht häufig die Behauptung, der schwierige Prozeß der Säkularisierung des Staates sei ein ausschließlich christliches Problem, weil nur das Christentum einen institutionalisierten Klerus ausgebildet habe, dessen Autoritätsansprüche im Lauf der Jahrhunderte immer wieder mit dem Machtanspruch des Staates kollidiert seien, bis man den Streit schließlich durch institutionelle Trennung beider Bereiche geschlichtet habe. Da nun der Islam, zumindest in seiner sunnitisch-orthodoxen Gestalt, keinen Klerus kenne, habe er einen analogen Prozeß von Säkularisierung nie durchmachen müssen (vgl. Wielandt 1982, S. 121). Dieser Argumentationsgang, in dem sich die oben beschriebene christliche Vereinnahmung der Säkularität in polemischer Variante spiegelt, mündet gelegentlich in den Anspruch, das Ziel des säkularen Staates – nämlich eine klerusfreie Politik – sei im Islam im Grunde immer schon erreicht worden. Von daher ist es nur ein kleiner Schritt dahin, den Begriff der Säkularität seinerseits islamistisch zu okkupieren. Die abstrakte Negation der Säkularität als eines vermeintlich exklusiv westlich-christlichen Modells kann umschlagen in die abstrakte Affirmation der Säkularität – beides Varianten der geschichtslosen ideologischen Konstruktionen, wie sie für islamistisches Denken typisch sind (vgl. Al-Azmeh 1996, S. 130ff.). An die Stelle der Ablehnung des Westens tritt seine Überbietung durch den Islam, der alle angeblich westlichen Errungenschaften der neueren Zeit bereits von Anfang an gekannt habe.

Ein auf diese Weise islamistisch besetzter Säkularitätsbegriff kann freilich keine kritische Funktion gegen die Verquickung von Religion und Politik entfalten. Genausowenig stellt er eine Herausforderung dar, die Impulse für selbstkritische Auseinandersetzung mit der islamischen Tradition geben kann. Indem der Begriff der Säkularität von vornherein negativ an spezifisch westlichen Formen des politischen Klerikalismus orientiert ist, bleiben islamische Erfahrungen mit politisierter Religion gänzlich aus dem

Blick, wie Fuad Zakariya kritisch vermerkt (1992, S. 236ff.). Mehr noch: In islamistischer Umdeutung wird die Säkularität zur Kehrseite des integralistischen Programms der unmittelbaren Einheit von Religion und Staat, so daß in radikaler Zuspitzung Säkularismus und Theokratie schließlich als identisch erscheinen. Der alle Lebensbereiche ideologisch formierende Totalanspruch des Islamismus läßt sich eben auch »säkularistisch« formulieren, nämlich als umfassende »Weltwirksamkeit« der Religion, die buchstäblich als Programm »verwirklicht« und damit »verweltlicht« werden soll. Die Politisierung der Religion zu einem durchsetzbaren Ordnungssystem läuft in der Tat zuletzt auf die Auflösung jeder Differenz zwischen Religion und Politik hinaus, die sich gleichermaßen als totale Sakralisierung des Politischen wie als totale Säkularisierung des Religiösen beschreiben läßt.

Daß ein solchermaßen islamistisch umgemünzter Begriff von Säkularität keine Grundlage für die politisch-rechtliche Anerkennung des modernen religiösen und weltanschaulichen Pluralismus bieten kann, ist offensichtlich. Die in den islamistischen Weltanschauungsstaat »aufgehobene« Säkularität verkommt zuletzt zu einem belanglosen Etikett, das einmal mehr die prinzipielle Überlegenheit des islamischen Systems vor allen anderen Religionen und Ideologien belegen soll.

4. Versuch einer kritischen Bestimmung der Säkularität des Rechtsstaats

4.1 Die Säkularität als Kehrseite menschenrechtlicher Religionsfreiheit

Die bisher dargestellten Positionen zur Säkularität des Staates zielen in verschiedenen Varianten darauf ab, den Begriff der Säkularität einseitig ideologisch zu okkupieren. Die Säkularität wird dabei zu einem Mittel des Kultur- und Weltanschauungskampfes, der unter unterschiedlichsten Vorzeichen stehen kann: Als fortschrittsideologischer Kulturkampf richtet er sich gegen die öffentliche Wirksamkeit religiöser Traditionen und Gemeinschaften überhaupt; als moderne Form der Verteidigung christlich-abendländischer Werte sucht er die religiös-kulturellen Voraussetzungen einer »recht verstandenen« Säkularität des liberalen Staates sicherzustellen; als Propagierung eines islamischen politischen Systems behauptet er, mit der Differenz von Religion und Politik zugleich das Säkularitätsproblem ein für alle mal »aufheben« – d. h. verwirklichen und zugleich beseitigen – zu können. Die Säkularität erscheint folglich in unterschiedlichen Varianten als antireligiöse, postreligiöse, quasireligiöse, kryptoreligiöse oder religiöse Kategorie; in allen genannten Fällen aber macht sie einen umfassenden weltanschaulichen Anspruch geltend, der mit anderen religiösen oder weltanschaulichen Ansprüchen prinzipiell in Konflikt steht. Die – unter welchen Vorzeichen auch immer – ideologisierte Säkularität erweist sich somit zuletzt als die Fortsetzung des Kulturkampfes mit anderen ideologischen Mitteln.

Um einen Ausweg aus diesem Dilemma zu finden, gilt es, den säkularen Staat gleichsam zu »entideologisieren«. Dies ist freilich leichter gesagt als getan, kann doch niemand beanspruchen, von einem gänzlich ideologiefreien Standpunkt aus eine politisch-rechtliche Ordnung zu entwerfen. Dennoch ist der *Versuch* unverzichtbar, das friedliche Zusammenleben in einer pluralistischen modernen Gesellschaft so zu organisieren, daß die Vielfalt der Überzeugungen und Lebensformen gleichberechtigt zur Geltung kommen kann. Der säkulare Rechtsstaat steht für diesen – stets gefährdeten – Versuch. In diesem Sinne schreibt die Säkularität des freiheitlichen Rechtsstaats also gerade nicht dessen ideologische Orientierung fest, sondern eröffnet umgekehrt den Raum, in dem Menschen unterschiedlichster religiöser oder weltanschaulicher Überzeugung miteinander gleichberechtigt leben und handeln können. Die Aufgabe des Staates besteht daher nicht darin, eine bestimmte religiöse oder weltanschauliche Wahrheit als Grundlage der gesellschaftlichen Ordnung zu schützen. Vielmehr ist der Staat gehalten, die *gleichberechtigte Freiheit der Wahrheitssuche* politisch zu ermöglichen und rechtlich zu sichern. Die Säkularität des Staates läßt sich sinnvoll nur verstehen als die notwendige Kehrseite der Religionsfreiheit, die ihrerseits als Menschenrecht an den Prinzipien der menschenrechtlichen Demokratie – Freiheit, Gleichheit und Solidarität – Maß nimmt (vgl. Schwartländer/Bielefeldt 1992).

Die vom säkularen Staat zu gewährleistende Religions- und Weltanschauungsfreiheit ist zum einen eine Folge der neuzeitlichen Religionskriege, im Verlauf derer schließlich die Einsicht wuchs, daß das Zusammenleben in einer religiös pluralistischen

Gesellschaft fortan nur noch auf der Grundlage einer *Anerkennung* des Pluralismus möglich sein würde. Zum anderen ist das Menschenrecht auf Religionsfreiheit – wie alle Menschenrechte – Ausdruck eines spezifisch modernen, aufklärerischen Anspruchs auf Mündigkeit, wie er paradigmatisch von Kant formuliert wurde, der um der Würde des Menschen willen den »Ausgang des Menschen aus seiner selbstverschuldeten Unmündigkeit« verlangte (Kant 1965, S. 1). Im Lichte dieser Forderung nach Mündigkeit erweist sich die Anerkennung des Pluralismus als eine genuin ethische Leitidee, die über die begrenzten Toleranzvorstellungen der christlichen bzw. der islamischen Tradition prinzipiell hinausgeht, insofern sie auf politisch-rechtliche *Gleichberechtigung* der unterschiedlichen Glaubensüberzeugungen zielt. Toleranz wird für Kant schließlich zu einem »hochmütigen Namen« (ebd., S.7), da sie noch den autoritären Beiklang bloßer Duldung hat. Demgegenüber impliziert die Anerkennung des modernen Pluralismus den bewußten – heute auch verfassungsrechtlich verbindlich festgeschriebenen – Verzicht des Staates auf Eingriff in religiöse und weltanschauliche Überzeugungen, die sich nach Maßgabe gleicher Freiheit sowohl im privaten als auch im öffentlichen Leben entfalten können sollen. Die religiös-weltanschauliche »Neutralität« des säkularen Staates ist daher nicht von solcher Art, daß der Staat »über« den Religionen und Weltanschauungen stünde und gleichsam von einem absoluten Standpunkt aus als ideologieenthobener Schiedsrichter tätig werden könnte. Vielmehr erweist sich die Neutralität des Staates als Ausdruck des um der Mündigkeit willen gebotenen Respekts vor den Überzeugungen der Menschen, in die der Staat nicht eingreifen *darf*, sondern deren freiheitliche Entfaltungsbedingungen er politisch-rechtlich zu sichern hat.

Nimmt man die Forderung nach Anerkennung der Mündigkeit ernst, so läßt sich der verbindliche Verzicht des Staates auf Durchsetzung einer religiösen oder weltanschaulichen Wahrheit nicht angemessen als bloßer Relativismus beschreiben. Die »weltanschauliche Neutralität« des Rechtsstaates ist das Gegenteil einer diffusen »Wertneutralität«, mit der erstere immer wieder karikierend gleichgesetzt wird. Vielmehr beansprucht auch der moderne Rechtsstaat genuin moralische »Substanz«, insofern er nämlich an der Würde des Menschen orientiert ist, die nach Artikel 1 des Grundgesetzes »Verpflichtung aller staatlichen Gewalt« sein soll. Im Unterschied zu traditionellen Interpretationen des

Würdebegriffs, die mit partikularen Kategorien von Stand und Ehre eng gekoppelt waren, besteht das spezifisch moderne Verständnis von Menschenwürde im Leitbild sittlicher Mündigkeit eines gleichwohl endlichen und fehlbaren Wesens. Politisch-rechtlichen Ausdruck findet dieses Leitbild in universalen Freiheits- und Partizipationsrechten (vgl. Bielefeldt 1998). Menschenwürde, Menschenrechte und Demokratie bilden daher einen normativen Verbund politisch-rechtlicher Prinzipien, für die der moderne Staat – repräsentiert durch die demokratisch verantwortlichen Bürgerinnen und Bürger – auch kämpferisch einstehen soll. Diese unverzichtbare kämpferische Komponente demokratischen Engagements gilt es, u. a. auch gegen allzu harmlose Aufrufe zu multikultureller Toleranz in Erinnerung zu bringen.

Der um der Würde des Menschen willen unverzichtbare kämpferische Einsatz für Religionsfreiheit, Menschenrechte und Demokratie darf jedoch nicht in einen Weltanschauungskampf oder einen modernen religiösen bzw. postreligiösen »Kreuzzug« abgleiten. Denn die religiösen und weltanschaulichen *Ausdeutungen* jener Menschenwürde, auf die die moderne rechtsstaatliche Demokratie verpflichtet ist, darf der weltanschauliche neutrale Staat nicht festschreiben. Indem er sich bewußt darauf beschränkt, die politisch-rechtlichen Entfaltungsbedingungen mündiger Freiheit zu sichern, eröffnet er zugleich einen Raum, in dem auch die Religionsgemeinschaften – ohne Monopolanspruch – über die normativen Grundlagen von Staat und Gesellschaft mitsprechen können. Dadurch wird es möglich, die Säkularität der weltanschaulichen offenen Freiheitsordnung auch seitens der Religionsgemeinschaften als Chance zu ergreifen.

4.2 Christliche und islamische Würdigungen des säkularen Rechtsstaats

Eine Anerkennung des säkularen Rechtsstaates seitens der Religionsgemeinschaften erscheint kaum denkbar ohne eine auch theologische »Würdigung« der Säkularität. »Würdigung« ist allerdings zu unterscheiden von theologischer »Begründung« oder Fundierung. Während eine theologische »Begründung« der Säkularität leicht darauf hinausläuft, den säkularen Staat allein aus der je eigenen Glaubenstradition heraus zu verstehen und damit christlich bzw. islamisch zu vereinnahmen, bedeutet die »Würdigung« des säkularen Staates zunächst die Anerkenntnis seiner spezifischen Modernität. Mehr noch: Es gilt einzuräumen, daß die Säkularität von Recht und Staat in der Regel *gerade nicht* von den etablierten Religionsgemeinschaften durchgesetzt wurde, sondern gegen ihren teils entschiedenen Widerstand erkämpft werden mußte bzw. immer noch erkämpft werden muß.

Wenn es gleichwohl möglich ist, der modernen Säkularität einen theologischen »Sinn« abzugewinnen und sie mit zentralen Erfordernissen des religiösen Glaubens in Beziehung zu setzen, so geschieht dies *im Rückblick*, d. h. vom Standpunkt der Moderne aus. In rückblickender Würdigung zeigt sich z. B. die innere Entsprechung zwischen der im säkularen Rechtsstaat garantierten Religionsfreiheit und der uralten christlichen wie islamischen Einsicht, daß der Glaube nur in Freiheit angenommen und gelebt werden kann. Im Rückblick ist es sogar möglich, auf religiöse Motive zu verweisen, die die Durchsetzung des modernen säkularen Staates gefördert haben mögen, z. B. die Luthersche Zwei-Reiche-Lehre, den mittelalterlichen Kampf zwischen Imperium und Sacerdotium, die paulinische Gnadentheologie, schließlich den jüdisch-christlich-islamischen Monotheistismus im ganzen, der mit der Verkündigung des *einen* transzendenten Gottes zugleich die Welt als Schöpfung begreift und damit als entsakralisierten Raum menschlicher Gestaltung freigibt. Wichtig ist freilich, daß die rückblickende Würdigung der Säkularität nicht in solche Formen theologischer oder »kulturgenetischer« Aneignung umschlägt, in denen der säkulare Staat lediglich als organische Entfaltung eines im Christentum (oder auch im Islam) »immer schon« angelegten Potentials erscheint.

Während die christliche Theologie die moderne Säkularität inzwischen in einem solchen Maße akzeptiert zu haben scheint, daß Wachsamkeit gegenüber Vereinnahmungen geboten ist, tun sich muslimische Theoretiker mit der Anerkennung des säkularen Staates aus vielen Gründen nach wie vor schwer. Gleichwohl hat die Säkularitätsdebatte auch im islamischen Raum mittlerweile Tradition. Schon im Jahre 1925, also unmittelbar nach der Abschaffung des Kalifats durch Kemal Atatürk, erschien in Ägypten ein Buch mit dem Titel *Der Islam und die Grundlagen der Macht*, das eine genuin islamische Würdigung des politischen Säkularismus enthält. Der Autor, Ali Abdarraziq, geißelt die Anmaßung religiös-politischer Autorität, die im Titel der Kalifen als »Schatten

Gottes auf Erden« gipfelte, als einen Akt der Gotteslästerung, weil die Einzigkeit und Transzendenz Gottes durch die machtpolitische Instrumentalisierung des göttlichen Namens herabgewürdigt und letztlich geleugnet werde. Um Gott allein die Ehre zu geben, müsse daher zwischen Religion und Staatsmacht strikt unterschieden werden. Die von Abdarraziqs Buch ausgelöste heftige Debatte hatte zur Folge, daß der Autor seinen Lehrstuhl an der Kairoer Al-Azhar-Universität verlor. Seine Thesen aber wirken weiter, auch wenn ihre offene Diskussion im repressiven Klima vieler islamischer Länder derzeit immer schwieriger wird. In der Tradition Abdarraziqs steht beispielsweise sein Landsmann Fuad Zakariya, wenn er schreibt: »Die Säkularisierung weigert sich, aus dem Menschen einen Gott zu machen oder ein unfehlbares Wesen. Gleichzeitig erkennt sie die Grenzen der Vernunft und weiß um die Unzulänglichkeit politischer und sozialer Systeme. Im Bewußtsein dieser Unzulänglichkeit sucht sie nach möglichen Verbesserungen und Reformen, strebt sie eine humanere und gerechtere Welt an« (1992, S. 243).

5. Fazit

Als Kehrseite der Religionsfreiheit und als Implikat der freiheitlichen Demokratie stellt die Säkularität des Rechtsstaates ein hohes, zugleich aber ein hochgradig gefährdetes politisches Gut dar. Gefahren drohen dem säkularen Staat nicht nur von seiten religiöser Fundamentalisten, die vom Ideal der unmittelbaren Einheit von Religion und Politik ausgehend die Säkularität bestenfalls mit Verachtung strafen und nach Möglichkeit aktiv bekämpfen. Auch eine antagonistische Frontstellung des säkularen Staates gegen religiöse Fundamentalismen und Integrismen kann unter Umständen dazu führen, daß der Rechtsstaat seine liberale Orientierung preisgibt und die Säkularität damit ihren freiheitlichen Sinngehalt verliert. Um so wichtiger ist es herauszustellen, daß die Säkularität des Rechtsstaates nicht auf die Privatisierung des Religiösen zielt, sondern einen offenen Rahmen für die gleichberechtigte Entfaltung des religiösen und weltanschaulichen Pluralismus im privaten wie im öffentlichen Raum bietet. Für die Religionsgemeinschaften birgt der säkulare Rechtsstaat daher gleichermaßen Chancen wie Herausforderungen: Sie können die Chancen aktiver Beteiligung an der liberalen Zivilgesellschaft auf Dauer nur wahrnehmen, wenn sie zugleich Kommunikationsfähigkeit nach außen wie nach innen entwickeln und sich dem radikalen Pluralismus der Moderne auch innerlich öffnen.

Die beste Verteidigung des säkularen Rechtsstaats besteht darin, die Religionsfreiheit als Auftrag ernst zu nehmen und konsequent zur Geltung zu bringen. Religionsfreiheit als Menschenrecht impliziert immer auch den Aspekt der Gleichberechtigung. Es ist bekannt, daß muslimischen Minderheiten in der Bundesrepublik die rechtliche Gleichstellung mit den christlichen Kirchen immer noch vorenthalten wird. Die Gründe dafür sind vielschichtig: Sie haben z. B. zu tun mit den nach wie vor relativ schwachen institutionellen Strukturen islamischer Gemeinden in Deutschland, die erst in den letzten Jahren begonnen haben, sich in Dachverbänden und Spitzenvereinigungen zu organisieren. Hinzu kommt, daß Politik und Verwaltung in Deutschland den Islam lange Zeit als »Gastarbeiterreligion« und damit als bloßes Provisorium wahrgenommen haben. Inzwischen sollte klar geworden sein, daß Muslime auf Dauer in dieser Gesellschaft leben werden. Ihnen volle Gleichberechtigung mit den christlichen Kirchen zu gewährleisten wäre kein Akt der Gnade, sondern die Einlösung jener normativen Postulate, an denen die Legitimation des säkularen Rechtsstaats in ganzen hängt.

Literatur

Al-Azmeh, A.: *Die Islamisierung des Islam. Imaginäre Welten einer politischen Theologie*. Frankfurt/M. 1996.

An-Na'im, A. A.: *Toward an Islamic Reformation. Civil Liberties, Human Rights, and International Law.* New York 1990.

Bielefeldt, H.: *Philosophie der Menschenrechte.* Darmstadt 1998.

Blumenberg, H.: *Säkularisierung und Selbstbehauptung.* Frankfurt/M. 1974.

Comte, A.: *Système de Politique Positive ou Traité de Sociologie. Instituant la Religion de l'Humanité* (Neudruck der Ausgabe von 1851). Osnabrück 1967.

Ebeling, H.: *Der multikulturelle Traum. Von der Subversion des Rechts und der Moral.* Hamburg 1994.

Göle, N.: *Republik und Schleier.* Berlin 1995.

Gogarten, F.: *Verhängnis und Hoffnung der Neuzeit. Die Säkularisierung als theologisches Problem*. Stuttgart 1953.

Haddad, Y.: *Sayyid Qutb: Ideologue of Islamic Revival*, in: Esposito, J. L. (Hg.): *Voices of Resurgent Islam*. Oxford 1983, S. 67-98.

Hilpert, K.: *Die Menschenrechte. Geschichte – Theologie – Aktualität*. Düsseldorf 1991.

Kant, I.: *Beantwortung der Frage: Was ist Aufklärung?*, in: *Ausgewählte kleine Schriften* (Meiner-Ausgabe). Hamburg 1965.

Kasper, W.: *Religionsfreiheit als theologisches Problem*, in: Schwartländer, J. (Hg.), *Freiheit der Religion. Christentum und Islam unter dem Anspruch der Menschenrechte*. Mainz 1993, S. 210-229.

Kepel, G.: *Allah im Westen. Die Demokratie und die islamische Herausforderung*. München 1996.

Lübbe, H.: *Säkularisierung. Geschichte eines ideenpolitischen Begriffs*. Freiburg/München 1965.

Maier, H.: *Revolution und Kirche. Zur Frühgeschichte der christlichen Demokratie*. Freiburg i. Br. [5]1988.

Meier, A. (Hg.): *Der politische Auftrag des Islam. Programme und Kritik zwischen Fundamentalismus und Reform. Originalstimmen aus der islamischen Welt*. Wuppertal 1994.

Maududi, A. A.: *The Islamic Law and Constitution*. Lahore [3]1967.

Pannenberg, W.: *Civil Religion? Religionsfreiheit und pluralistischer Staat: Das theologische Fundament der Gesellschaft*, in: Koslowski, P. (Hg): *Die religiöse Dimension der Gesellschaft. Religion und ihre Theorien*. Tübingen 1985, S. 63-75.

Schnur, R. (Hg.): *Zur Geschichte der Erklärung der Menschenrechte*, Darmstadt [2]1974.

Schwartländer, J./Bielefeldt, H.: *Christen und Muslime vor der Herausforderung der Menschenrechte* (hg. von der Wissenschaftlichen Arbeitsgruppe für weltkirchliche Aufgaben der Deutschen Bischofskonferenz). Bonn 1992.

Talbi, M.: *Religionsfreiheit – Recht des Menschen oder Berufung des Menschen?* in: Schwartländer, J. (Hg.): *Freiheit der Religion. Christentum und Islam unter dem Anspruch der Menschenrechte*. Mainz 1993, S. 242-260.

Tezcan, L.: *Der »Westen« in den Modernisierungsdiskursen der Türkei* (unveröffentlichte Diplomarbeit). Bremen 1994.

Troeltsch, E.: *Die Bedeutung des Protestantismus für die Entstehung der modernen Welt*. München/Berlin 1911.

Wielandt, R.: *Zeitgenössische ägyptische Stimmen zur Säkularisierungsproblematik*, in: *Die Welt des Islams XXII* (1982), S. 117-133.

Zakariya, F.: *Säkularisierung – eine historische Notwendigkeit*, in: Lüders, M. (Hg.): *Der Islam im Aufbruch. Perspektiven der arabischen Welt*. München 1992, S. 228-245.

Autorinnen und Autoren

Dr. Heiner Bielefeldt ist Mitarbeiter am Institut für interdisziplinäre Konflikt- und Gewaltforschung der Universität Bielefeld.

Berit Bretthauer promoviert am John F. Kennedy-Institut für Nordamerika-Studien der Freien Universität Berlin.

Dr. Friedemann Büttner lehrt als Professor politische Wissenschaften und leitet die Arbeitsstelle Politik des Vorderen Orients im Fachbereich Politische Wissenschaft der Freien Universität Berlin.

Dr. Marie-Janine Calic ist Mitarbeiterin der Stiftung Wissenschaft und Politik in Ebenhausen.

Dr. Jocelyne Cesari arbeitet am Institut de recherches et d'études sur le monde arabe et musulman (IREMAM) sowie als Professorin für politische Wissenschaften in Aix-en-Provence.

Dr. Ahmet Cigdem ist Professor für politische Philosophie an der Universität Ankara.

Dr. Yvonne Y. Haddad lehrt als Professorin für islamische Geschichte am History Department der University of Massachusetts (Amherst).

Assia Maria Harwazinski promoviert am religionswissenschaftlichen Seminar der Universität Tübingen.

Dr. Wilhelm Heitmeyer ist Professor für Pädagogik und leitet das Institut für interdisziplinäre Konflikt- und Gewaltforschung der Universität Bielefeld.

Reinhard Hocker arbeitet als Hauptschullehrer in Köln.

Dr. Otto Kallscheuer ist Privatdozent für politische Wissenschaft an der Universität Gießen und lebt derzeit als Privatgelehrter in Sassari (Italien).

Yasemin Karakaşoğlu-Aydın promoviert im Fachbereich Erziehungswissenschaft an der Universität/Gesamthochschule Essen.

Dr. Thomas Meyer arbeitet als Professor für politische Wissenschaft an der Universität Dortmund.

Dr. Joachim Müller ist Mitarbeiter am Institut für interdisziplinäre Konflikt- und Gewaltforschung der Universität Bielefeld.

Dr. Berndt Ostendorf ist Professor für Amerikanistik und leitet das Amerika-Institut der Ludwig-Maximilian Universität München.

Dr. Martin Riesebrodt arbeitet als Professor für Soziologie an der University of Chicago.

Dr. Werner Ruf ist Professor für politische Wissenschaft an der Universität/Gesamthochschule Kassel.

Dr. Werner Schiffauer arbeitet als Professor für vergleichende Kultur- und Sozialanthropologie an der Universität »Viadrina« in Frankfurt/Oder.

Dr. Helmut Schröder ist Mitarbeiter am Institut für interdisziplinäre Konflikt- und Gewaltforschung der Universität Bielefeld.

Dr. Günter Seufert ist Mitarbeiter am Orient-Institut der Deutschen Morgenländischen Gesellschaft in Istanbul.

Levent Tezcan ist Mitarbeiter am Institut für interdisziplinäre Konflikt- und Gewaltforschung der Universität Bielefeld.

Dr. Susan Zickmund arbeitet als Professorin für Rhetorik an der University of Iowa-City.

Politik- und Rechtswissenschaft in der edition suhrkamp

Abelshauser, Werner: Wirtschaftsgeschichte der Bundesrepublik Deutschland 1945-1980. NHB. es 1241
Alter, Peter: Nationalismus. NHB. es 1250
Angriff auf das Herz des Staates. Band 1. es 1490
Angriff auf das Herz des Staates. Band 2. es 1491
Autonome Gesellschaft und libertäre Demokratie. Herausgegeben von Ulrich Rödel. es 1573
Bärsch, Claus E.: Religiöse Dimensionen der nationalsozialistischen Ideologie. es 1670
Baumgarten, Helga: Palästina: Befreiung in den Staat. es 1616
Beck, Ulrich: Gegengifte. Die organisierte Unverantwortlichkeit. es 1468
– Die Suche nach der sozialen Wirklichkeit. es 1961
Berghahn, Volker: Unternehmer und Politik in der Bundesrepublik. NHB. es 1265
Beyme, Klaus von: Hauptstadtsuche. es 1709
BRD – ade! Vierzig Jahre in Rück-Ansichten. Herausgegeben von Ott-hein Rammstedt und Gert Schmidt. es 1773
Bürgergesellschaft, Recht und Demokratie. Herausgegeben von Bert van den Brink und Willem van Reijen. es 1912
Der bürgerliche Rechtsstaat. Herausgegeben von Mehdi Tohidupur. es 901
Bundesrepublik Deutschland: Eine zerrissene Gesellschaft und die Suche nach Zusammenhalt. 2 Bände. Band 1: Was treibt die Gesellschaft auseinander? Band 2: Was hält die Gesellschaft zusammen? Herausgegeben von Wilhelm Heitmeyer. es 2004
Derrida, Jacques: Gesetzeskraft. Aus dem Französischen von Alexander G. Düttmann. es 1645 und es 3331
Dobb, Maurice: Wert- und Verteilungstheorien seit Adam Smith. Eine nationalökonomische Dogmengeschichte. Aus dem Englischen von Cora Stephan. es 765
Dubiel, Helmut: Ungewißheit und Politik. es 1891
Ende der sozialen Sicherheit? Herausgegeben von Diether Döring und Richard Hauser. es 1907
Eppler, Erhard: Kavalleriepferde beim Hornsignal. Über Sprache in der Politik. es 1788
Esser, Josef: Nachruf auf den Standort Deutschland. es 1926
Esser, Josef / Gilbert Ziebura: Europa im Niedergang? es 1431
Eßer, Klaus: Lateinamerika. Industrialisierungsstrategien und Entwicklung. es 942

311/1/12.96

Politik- und Rechtswissenschaft in der edition suhrkamp

Euchner, Walter: Egoismus und Gemeinwohl. Studien zur Geschichte der bürgerlichen Philosophie. es 614

Europa im Krieg. Die Debatte über den Krieg im ehemaligen Jugoslawien. es 1809

Ewald, François: Der Vorsorgestaat. Aus dem Französischen von Hermann Kocyba. Mit einem Essay von Ulrich Beck. es 1676

Farouk-Sluglett, Marion/Peter Sluglett: Irak seit 1958: Von der Revolution zur Diktatur. Aus dem Englischen von Gisela Bock. es 1661

Fletcher, George P.: Notwehr als Verbrechen. Der U-Bahn-Fall Goetz. Aus dem Amerikanischen von Cornelius Nestler-Tremel. Mit einem Nachwort von Klaus Lüderssen. es 1648

Die vergessene Dimension internationaler Konflikte: Subjektivität. Friedensanalysen Bd. 24. Redaktion: Reiner Steinweg und Christian Wellmann. es 1617

Von der Kritik zur Friedensforschung. Redaktion: Berthold Meyer. es 1770

Deutschlands Einheit und Europas Zukunft. Friedensanalysen Bd. 26. Redaktion: Bruno Schoch. es 1783

Umweltzerstörung als Kriegsfolge und Kriegsursache. Redaktion: Berthold Meyer. es 1774

Gemeinschaften. Positionen zu einer Philosophie des Politischen. Herausgegeben von Joseph Vogl. es 1881

Gewalt und Gerechtigkeit. Derrida liest Benjamin. Herausgegeben von Anselm Haverkamp. es 1706

Das Gewalt-Dilemma. Gesellschaftliche Reaktionen auf fremdenfeindliche Gewalt, Rechtsextremismus und ethnisch-kulturelle Konflikte. Herausgegeben von Wilhem Heitmeyer. es 1905

Glotz, Peter: Die falsche Normalisierung. es 1901

Grassmuck, Volker/Christian Unverzagt: Das Müll-System. es 1652

Grimm, Dieter: Deutsche Verfassungsgeschichte 1776-1866. NHB. es 1271

Günther, Horst: Versuche, europäisch zu denken. Deutschland und Frankreich. es 1621

Guilhaumou, Jacques: Sprache und Politik in der Französischen Revolution. Aus dem Französischen von Katharina Menke. Mit einem Vorwort von Brigitte Schlieben-Lange und Rolf Reichardt. es 1519

Habermas, Jürgen: Eine Art Schadensabwicklung. Kleine Politische Schriften VI. es 1453

– Legitimationsprobleme im Spätkapitalismus. es 623

311/2/12.96

Politik- und Rechtswissenschaft in der edition suhrkamp

Habermas, Jürgen: Die nachholende Revolution. Kleine politische Schriften VII. es 1633

– Die Neue Unübersichtlichkeit. Kleine Politische Schriften V. es 1321 und es 3325

– Die Normalität einer Berliner Republik. Kleine politische Schriften VIII. es 1967

Häußermann, Hartmut/Walter Siebel: Dienstleistungsgesellschaften. es 1964

Heimann, Eduard: Soziale Theorie des Kapitalismus. Theorie der Sozialpolitik. Mit einem Vorwort von Bernhard Badura. es 1052

Held, Karl/Theo Ebel: Krieg und Frieden. Politische Ökonomie des Weltfriedens. es 1149

Hennig, Eike: Bürgerliche Gesellschaft und Faschismus in Deutschland. Ein Forschungsbericht. es 875

– Die Republikaner im Schatten Deutschlands. Zur Organisation der mentalen Provinz. Eine Studie von Eike Hennig. In Zusammenarbeit mit Manfred Kieserling und Rolf Kirchner. es 1605

Henrich, Dieter: Nach dem Ende der Teilung. Über Identitäten und Intellektualität in Deutschland. es 1813

Hentschel, Volker: Geschichte der deutschen Sozialpolitik 1880-1980. Soziale Sicherung und kollektives Arbeitsrecht. NHB. es 1247

Howard, Dick: Zur Politisierung der Politik. es 1936

Rumänien. Geschichte, Wirtschaft, Politik 1944-1990. Aus dem Ungarischen von Anna Bak. es 1673

Im Schatten des Siegers: JAPAN. Band 1: Kultur und Gesellschaft. Herausgegeben von Ulrich Menzel. es 1495

Im Schatten des Siegers: JAPAN. Band 2: Staat und Gesellschaft. Herausgegeben von Ulrich Menzel. es 1496

Im Schatten des Siegers: JAPAN. Band 3: Ökonomie und Politik. Herausgegeben von Ulrich Menzel. es 1497

Im Schatten des Siegers: JAPAN. Band 4: Weltwirtschaft und Weltpolitik. Herausgegeben von Ulrich Menzel. es 1498

Jackson, Gabriel: Annäherung an Spanien. 1898-1975. Aus dem Englischen von Hildegard Janssen und Hartmut Bernauer. es 1108

Jaeger, Hans: Geschichte der Wirtschaftsordnung in Deutschland. NHB. es 1529

Kantowsky, Detlef: Indien. Gesellschaft und Entwicklung. es 1424

Kiesewetter, Hubert: Industrielle Revolution in Deutschland 1815-1914. NHB. es 1539

311/3/12.96

Politik- und Rechtswissenschaft
in der edition suhrkamp

Politik- und Rechtswissenschaft
in der edition suhrkamp

Kirchheimer, Otto: Funktionen des Staats und der Verfassung. Zehn Analysen. es 548
– Politik und Verfassung. es 95
– Politische Herrschaft. Fünf Beiträge zur Lehre vom Staat. es 220
– Von der Weimarer Republik zum Faschismus: Die Auflösung der demokratischen Rechtsordnung. Herausgegeben von Wolfgang Luthardt. es 821

Kluxen, Kurt: Geschichte und Problematik des Parlamentarismus. NHB. es 1243

Kößler, Reinhart / Henning Melber: Chancen internationaler Zivilgesellschaft. es 1797

Konrád, György: Antipolitik. Mitteleuropäische Meditationen. Aus dem Ungarischen von Hans-Henning Paetzke. es 1293
– Identität und Hysterie. Essays. Aus dem Ungarischen von Hans-Henning Paetzke. es 1921
– Die Melancholie der Wiedergeburt. es 1720
– Stimmungsbericht. Aus dem Ungarischen von Hans-Henning Paetzke. es 1394

Krippendorff, Ekkehart: Militärkritik. Mit einem Vorwort von Johan Galtung. es 1804
– Politische Interpretationen. Shakespeare, Stendhal, Balzac, Wagner, Haŝek, Kafka, Kraus. es 1576
– Staat und Krieg. Die historische Logik politischer Vernunft. es 1305
– »Wie die Großen mit den Menschen spielen.« Goethes Politik. es 1486

Kurnitzky, Horst: Der heilige Markt. es 1886

Langewiesche, Dieter: Deutscher Liberalismus. NHB. es 1286

Leggewie, Claus: Kultur im Konflikt. Multikulturalismus, Rechtsradikalismus und Demokratietheorie. es 1960

Lüderssen, Klaus: Abschaffen des Strafens? es 1914
– Genesis und Geltung. es 1962
– Der Staat geht unter - das Unrecht bleibt? Regierungskriminalität in der ehemaligen DDR. es 1810

Mäding, Klaus: Strafrecht und Massenerziehung in der Volksrepublik China. es 978

Maeffert, Uwe: Bruchstellen. Eine Prozeßgeschichte. es 1387

Mandel, Ernest: Der Spätkapitalismus. Versuch einer marxistischen Erklärung. es 521

311/4/12.96

Politik- und Rechtswissenschaft in der edition suhrkamp

Menzel, Ulrich: Auswege aus der Abhängigkeit. Die entwicklungspolitische Aktualität Europas. es 1312
– Das Ende der Dritten Welt und das Scheitern der Großen Theorie. es 1718

Menzel, Ulrich / Dieter Senghaas: Europas Entwicklung und die Dritte Welt. Eine Bestandsaufnahme. es 1393

Meuschel, Sigrid: Legitimation und Parteiherrschaft in der DDR. es 1688

Meyer, Thomas: Die Inszenierung des Scheins. Essay-Montage. es 1666
– Die Transformation des Politischen. es 1908

Moser, Tilmann: Verstehen, Urteilen, Verurteilen. Psychoanalytische Gruppendynamik mit Jurastudenten. es 880

Nachdenken über China. Herausgegeben von Ulrich Menzel. es 1602

Narr, Wolf-Dieter/Alexander Schubert: Weltmarkt und Politik. es 1892

Oz, Amos: Die Hügel des Libanon. Politische Essays 1967-1984. Aus dem Englischen von Christoph Groffy. es 1876

Pankoke, Eckart: Die Arbeitsfrage. Arbeitsmoral, Beschäftigungskrisen und Wohlfahrtspolitik im Industriezeitalter. NHB. es 1538

Politik ohne Projekt? Nachdenken über Deutschland. Herausgegeben von Siegfried Unseld. es 1812

Populismus und Aufklärung. Herausgegeben von Helmut Dubiel. es 1376

Die postmoderne Weltwirtschaft. Entstofflichung und Entgrenzung der Ökonomie. Herausgegeben von Ulrich Menzel u. a. es 1983

Preuß, Ulrich K.: Legalität und Pluralismus. Beiträge zum Verfassungsrecht der Bundesrepublik Deutschland. es 626

Radkau, Joachim: Technik in Deutschland. Vom 18. Jahrhundert bis zur Gegenwart. NHB. es 1536

Rechtsalltag von Frauen. Herausgegeben von Ute Gerhard und Jutta Limbach. es 1423

Ribeiro, Darcy: Unterentwicklung, Kultur und Zivilisation. Ungewöhnliche Versuche. Aus dem brasilianischen Portugiesisch von Manfred Wöhlcke. es 1018

Rodinson, Maxime: Die Araber. Aus dem Französischen von Ursula Assaf-Nowak und Maurice Saliba. es 1051

Rohe, Karl: Wahlen und Wählertraditionen in Deutschland. Kulturelle Grundlagen deutscher Parteien und Parteiensysteme im 19. und 20. Jahrhundert. es 1544

Rüpke, Giselher: Schwangerschaftsabbruch und Grundgesetz. Eine Antwort auf das in der Entscheidung des Bundesverfassungsgerichts vom 25.2.1975 ungelöste Verfassungsproblem. Nachwort von Peter Schneider. es 815

311/5/12.96

Politik- und Rechtswissenschaft in der edition suhrkamp

Saage, Richard: Rückkehr zum starken Staat? Studien über Konservatismus, Faschismus und Demokratie. es 1133
Scherrer, Jutta: Gegenüber dem Weißen Haus. Moskauer Tagebuch Herbst 1993. es 1903
Der Schock der Freiheit. Ungarn auf dem Weg zur Demokratie. Herausgegeben von József Bayer und Rainer Deppe. Aus dem Ungarischen von József Bayer, Rainer Deppe und Tibor Sillö. es 1868
Schüler-Springorum, Horst: Kriminalpolitik für Menschen. es 1651
Senghaas, Dieter: Europa 2000. Ein Friedensplan. es 1632
– Friedensprojekt: Europa. es 1717 und es 3333
– Konfliktformationen im internationalen System. es 1509
– Weltwirtschaftsordnung und Entwicklungspolitik. Plädoyer für Dissoziation. es 856
– Wohin driftet die Welt? es 1916
– Die Zukunft Europas. Probleme der Friedensgestaltung. es 1339
Silj, Alessandro: Verbrechen, Politik, Demokratie in Italien 1943-1996. Aus dem Italienischen von Ulrich Hausmann. es 1911
Der Spanische Bürgerkrieg. Eine Bestandsaufnahme fünfzig Jahre danach. Manuel Tunñón de Lara, Julio Aróstegui, Ángel Viñas, Gabriel Cardona, Joseph M. Bricall. es 1401
Strukturwandel der Sozialpolitik. Herausgegeben von Georg Vobruba. es 1569
Todorov, Tzvetan: Die Eroberung Amerikas. Das Problem des Anderen. Aus dem Französischen von Wilfried Böhringer. es 1213
Tugendhat, Ernst: Ethik und Politik. es 1714
Ullmann, Hans-Peter: Interessenverbände in Deutschland. NHB. es 1283
V-Leute. Die Falle im Rechtsstaat. Herausgegeben von Klaus Lüderssen. es 1222
Verfassung, Verfassungsgerichtsbarkeit, Politik. Zur verfassungsrechtlichen und politischen Stellung und Funktion des Bundesverfassungsgerichts. Herausgegeben von Mehdi Tohidipur. es 822
Vobruba, Georg: Jenseits der sozialen Fragen. es 1699
– Politik mit dem Wohlfahrtsstaat. Mit einem Vorwort von Claus Offe. es 1181
Wehler, Hans-Ulrich: Grundzüge der amerikanischen Außenpolitik 1750-1900. Von den englischen Küstenkolonien zur amerikanischen Weltmacht. NHB. es 1254
Wirz, Albert: Sklaverei und kapitalistisches Weltsystem. NHB. es 1256
Wunder, Bernd: Geschichte der Bürokratie in Deutschland. NHB. es 1281

311/6/12.96

Politik- und Rechtswissenschaft
in der edition suhrkamp

Ziebura, Gilbert: Weltwirtschaft und Weltpolitik 1922/24-1931. Zwischen Rekonstruktion und Zusammenbruch. NHB. es 1261

Ziviler Ungehorsam im Rechtsstaat. Herausgegeben von Peter Glotz. es 1214

Zur Legitimation strafrechtlicher Normen. Band1: Aufgeklärte Kriminalpolitik oder Kampf gegen das »Böse«. Herausgegeben von Klaus Lüderssen. es 1971

Der Zusammenbruch der DDR. Herausgegeben von Hans Joas und Martin Kohli. es 1777

311/7/12.96

edition suhrkamp
Eine Auswahl

Abelshauser: Wirtschaftsgeschichte der Bundesrepublik Deutschland 1945-1980. NHB es 1241
Achebe: Heimkehr in ein fremdes Land. es 1413
– Okonkwo oder Das Alte stürzt. es 1138
– Termitenhügel in der Savanne. es 1581
Adorno: Eingriffe. es 3303
– Gesellschaftstheorie und Kulturkritik. es 772
– Jargon der Eigentlichkeit. es 91
– »Ob nach Auschwitz sich noch leben lasse«. es 1844
– Stichworte. es 347
Aebli: Küss mich einmal ordentlich. es 1618
– Mein Arkadien. es 1885
Amnestie oder Die Politik der Erinnerung in der Demokratie. es 2016
Anthropologie nach dem Tode des Menschen. es 1906
Armut im Wohlstand. es 1595
Bachelard: Das Wasser und die Träume. es 1598
Bachtin: Die Ästhetik des Wortes. es 967
Barthes: Der entgegenkommende und der stumpfe Sinn. es 1367
– Kritik und Wahrheit. es 218
– Literatur oder Geschichte. es 303
– Mythen des Alltags. es 92 und es 3309
– Das Rauschen der Sprache. es 1695
– Das Reich der Zeichen. es 1077
– Das semiologische Abenteuer. es 1441
– Das Spiel der Zeichen. es 1841
Beck, Ulrich: Die Erfindung des Politischen. es 1780
– Gegengifte. es 1468
– Risikogesellschaft. es 1365 und es 3326
– Die Suche nach der sozialen Wirklichkeit. es 1961
Becker, Jürgen: Ränder. es 351
– Umgebungen. es 722
Über Jürgen Becker. es 552
Becker, Jurek: Warnung vor dem Schriftsteller. es 1601
Beckett: Endspiel. Fin de Partie. es 96
– Flötentöne. es 1098
– Warten auf Godot. es 3301
Benet: Du wirst es zu nichts bringen. es 1611
Benjamin: Das Kunstwerk im Zeitalter seiner technischen Reproduzierbarkeit. es 28 und es 3305
– Moskauer Tagebuch. es 1020
– Das Passagen-Werk. es 1200
– Über Kinder, Jugend und Erziehung. es 391
– Versuche über Brecht. es 172
– Zur Kritik der Gewalt und andere Aufsätze. es 103
Bernhard: Der deutsche Mittagstisch. es 1480
– Ein Fest für Boris. es 3318
Bertaux: Hölderlin und die Französische Revolution. es 344
Bloch: Abschied von der Utopie? es 1046
– Kampf, nicht Krieg. es 1167

316/1/4.97

edition suhrkamp
Eine Auswahl

Bloch: Tübinger Einleitung in die Philosophie. es 3308
– Viele Kammern im Welthaus. es 1827
Bloom: Die Topographie des Fehllesens. es 2011
Boal: Theater der Unterdrückten. es 1361
Böhme, Gernot: Ethik im Kontext. es 2025
– Für eine ökologische Naturästhetik. es 1556
Böni: Alvier. es 1146
– Hospiz. es 1004
– Der Johanniterlauf. es 1198
Bohrer: Die Kritik der Romantik. es 1551
– Ohne Gewißheiten. es 1968
– Der romantische Brief. es 1582
Boullosa: Sie sind Kühe, wir sind Schweine. es 1866
– Die Wundertäterin. es 1974
Bourdieu: Praktische Vernunft. es 1985
– Rede und Antwort. es 1547
– Soziologische Fragen. es 1872
– »Die Wirklichkeit ist relational«. es 1842
Bovenschen: Die imaginierte Weiblichkeit. es 921
Braun, Volker: Berichte von Hinze und Kunze. es 1169
– Böhmen am Meer. es 1784
– Es genügt nicht die einfache Wahrheit. es 799
– Gesammelte Stücke. es 1478
– Verheerende Folgen mangelnden Anscheins innerbetrieblicher Demokratie. es 1473
Brecht: Der aufhaltsame Aufstieg des Arturo Ui. es 144
– Aufstieg und Fall der Stadt Mahagonny. es 21
– Ausgewählte Gedichte. es 86
– Baal. es 170
– Biberpelz und roter Hahn. es 634
– Broadway - the hard way. es 1835
– Buckower Elegien. es 1397
– Die Dreigroschenoper. es 229
– Furcht und Elend des Dritten Reiches. es 392
– Die Geschäfte des Herrn Julius Caesar. es 332
– Die Gewehre der Frau Carrar. es 219
– Der gute Mensch von Sezuan. es 73
– Die heilige Johanna der Schlachthöfe. es 113
– Herr Puntila und sein Knecht Matti. es 105
– Ich bin aus den schwarzen Wäldern. es 1832
– Der Jasager und Der Neinsager. es 171
– Der kaukasische Kreidekreis. es 31
– Leben des Galilei. es 1
– Leben Eduards des Zweiten von England. es 245
– Mann ist Mann. es 259
– Die Maßnahme. es 415
– Die Mutter. es 200
– Mutter Courage und ihre Kinder. es 49
– Der Ozeanflug. Die Horatier und die Kuriatier. Die Maßnahme. es 222
– Prosa. es 184
– Die Rundköpfe und die Spitzköpfe. es 605

316/2/4.97

edition suhrkamp
Eine Auswahl

Brecht: Der Schnaps ist in die Toiletten geflossen. es 1833
– Schweyk im zweiten Weltkrieg. es 132
– Stücke. Bearbeitungen. Bd. 1. es 788
– Stücke. Bearbeitungen. Bd. 2. es 789
– Die Tage der Commune. es 169
– Theaterarbeit in der DDR. 1948–1956. es 1836
– Trommeln in der Nacht. es 490
– Über die bildenden Künste. es 691
– Über experimentelles Theater. es 377
– Der Untergang des Egoisten Johann Fatzer. es 1830 und es 3332
– Unterm dänischen Strohdach. es 1834
– Das Verhör des Lukullus. es 740
Bubner: Ästhetische Erfahrung. es 1564
– Dialektik als Topik. es 1591
– Zwischenrufe. Aus den bewegten Jahren. es 1814
Buch: An alle! es 1935
– Der Herbst des großen Kommunikators. es 1344
– Die Nähe und die Ferne. es 1663
– Die neue Weltunordnung. es 1990
– Waldspaziergang. es 1412
Bürger, Peter: Aktualität und Geschichtlichkeit. es 879
– Theorie der Avantgarde. es 727
Bürgergesellschaft, Recht und Demokratie. es 1912
Butler: Körper von Gewicht. es 1737
– Das Unbehagen der Geschlechter. es 1722
Cavelty: Quifezit oder Eine Reise im Geigenkoffer. es 2001
Celan: Ausgewählte Gedichte. Zwei Reden. es 262 und es 3314
Cornell: Die Versuchung der Pornographie. es 1738
Cortázar: Das Observatorium. es 1527
Dalos: Ungarn – Vom Roten Stern zur Stephanskrone. es 2017
Dedecius: Poetik der Polen. es 1690
Dekonstruktiver Feminismus. es 1678
Deleuze: Kritik und Klinik. es 1919
– Die Logik des Sinns. es 1707
– Unterhandlungen. 1972–1990. es 1778
Deleuze/Guattari: Kafka. es 807
Deleuze/Parnet: Dialoge. es 666
Derrida: Das andere Kap. Die vertagte Demokratie. es 1769
– Geschichte der Lüge. es 2019
– Gesetzeskraft. es 1645 und es 3331
– Schreiben der Differenz. es 1843
– Vergessen wir nicht - die Psychoanalyse! es 1980
Deutschsprachige Gegenwartsliteratur wider ihre Verächter. es 1938
Dieckmann: Glockenläuten und offene Fragen. es 1644
Dieckmann: Temperatursprung. Deutsche Verhältnisse. es 1924

316/3/4.97

edition suhrkamp
Eine Auswahl

Dieckmann: Vom Einbringen. es 1713
Digitaler Schein. es 1599
Dinescu: Exil im Pfefferkorn. es 1589
Döring: Ein Flamingo, eine Wüste. es 1588
– Schnee und Niemand. es 1779
Dorst: Toller. es 294
Draesner: gedächtnisschleifen. es 1948
Drawert: Alles ist einfach. es 1951
– Haus ohne Menschen. es 1831
– Privateigentum. es 1584
– Spiegelland. es 1715
Dröge/Krämer-Badoni: Die Kneipe. es 1380
Duerr: Frühstück im Grünen. es 1959
– Satyricon. es 1346
– Traumzeit. es 1345
Düttmann: Zwischen den Kulturen. es 1978
Duras: Eden Cinema. es 1443
– Hiroshima mon amour. es 3304
– La Musica Zwei. es 1408
– Sommer 1980. es 1205
– Das tägliche Leben. es 1508
– Der Tod des jungen englischen Fliegers. es 1945
– Vera Baxter oder Die Atlantikstrände. es 1389
Duras/Porte: Die Orte der Marguerite Duras. es 1080
Eco: Zeichen. es 895
Eich: Botschaften des Regens. es 48 und 3306
– Rebellion in der Goldstadt. es 1766
Der eingekreiste Wahnsinn. es 965
Norbert Elias über sich selbst. es 1590 und es 3329
Ende der sozialen Sicherheit? es 1907
Engler: Die ungewollte Moderne. es 1925
– Die zivilisatorische Lücke. es 1772
Enzensberger: Blindenschrift. es 217
– Deutschland, Deutschland unter anderm. es 203 und es 3313
– Einzelheiten I. es 63
– Die Furie des Verschwindens. es 1066
– Landessprache. es 304
– Der Weg ins Freie. es 759
Eppler: Kavalleriepferde beim Hornsignal. es 1788
Esser: Nachruf auf den Standort Deutschland. es 1926
Euchner: Egoismus und Gemeinwohl. es 614
Evans: Im Schatten Hitlers? es 1637
Ewald: Der Vorsorgestaat. es 1676
Falkner: X-te Person Einzahl. es 1996
Farge/Foucault: Familiäre Konflikte: Die »Lettres de cachet«. es 1520
Federman: Surfiction: Der Weg der Literatur. es 1667
Federman/Chambers: Penner Rap. es 2020
Fellinger: Paul de Man - Eine Rekonstruktion. es 1677
Felman: Wahnsinn und Literatur. es 1918
Felsenstein: Die Pflicht, die Wahrheit zu finden. es 1986

316/4/4.97

edition suhrkamp
Eine Auswahl

Fernández Cubas: Das geschenkte Jahr. es 1549
Feyerabend: Briefwechsel mit einem Freund. es 1946
– Erkenntnis für freie Menschen. es 1011
– Wissenschaft als Kunst. es 1231
Versuchungen 1. es 1044
Versuchungen 2. es 1068
Fletcher: Notwehr als Verbrechen. es 1648
Foucault: Psychologie und Geisteskrankheit. es 272
– Raymond Roussel. es 1559
Frank: Einführung in die frühromantische Ästhetik. es 1563
– Gott im Exil. es 1506
– Die Grenzen der Verständigung. es 1481
– Der kommende Gott. es 1142
– Motive der Moderne. es 1456
– Die Unhintergehbarkeit von Individualität. es 1377
– Was ist Neostrukturalismus? es 1203
Franzobel: Das Beuschelgeflecht. Bibapoh. es 1995
– Die Krautflut. es 1987
Fraser: Widerspenstige Praktiken. es 1726
Frevert: Frauen-Geschichte. es 1284
Den Frieden denken. es 1952
Frieden machen. es 2000
Frisch: Biedermann und die Brandstifter. es 41
– Die Chinesische Mauer. es 65
– Don Juan oder Die Liebe zur Geometrie. es 4
– Frühe Stücke. es 154
– Graf Öderland. es 32
Fritsch: Fleischwolf. Ein Gefecht. es 1650
– Steinbruch. es 1554
Fuchs: Westöstlicher Divan. es 1953
Galperin: Die Brücke über die Lethe. es 1627
Gándara: Die Mittelstrecke. es 1597
García Morales: Die Logik des Vampirs. es 1871
– Das Schweigen der Sirenen. es 1647
– Der Süden. Bene. es 1460
Geist gegen den Zeitgeist. es 1630
Genette: Palimpseste. es 1683
Gerhardt: Patientenkarrieren. es 1325
Das Geschlecht der Natur. es 1727
Gewalt und Gerechtigkeit. es 1706
Das Gewalt-Dilemma. es 1905
Ginsburg: Aufzeichnungen eines Blockade-Menschen. es 1672
Globalisierung versus Fragmentierung. es 2022
Glotz: Die falsche Normalisierung. es 1901
Goetz: Festung. es 1793
– Krieg. es 1320
– Kronos. es 1795
– 1989. es 1794
Goytisolo: Ein algerisches Tagebuch. es 1941
– Dissidenten. es 1224
– Landschaften eines Krieges: Tschetschenien. es 1768
– Notizen aus Sarajewo. es 1899
Die Quarantäne. es 1874

316/5/4.97

edition suhrkamp
Eine Auswahl

Goytisolo: Weder Krieg noch Frieden. es 1966
Graaf: Stella Klein. es 1790
Griffin: Frau und Natur. es 1405
Grill: Wilma. es 1890
Grimm/Hörisch: Wirklichkeitssplitter. es 1965
Gross: Die Multioptionsgesellschaft. es 1917
Grünbein: Grauzone morgens. es 1507 und es 3330
Gruenter: Der Autor als Souffleur. es 1949
– Epiphanien, abgeblendet. es 1870
Gstrein: Anderntags. es 1625
– Einer. es 1483
Günther: Versuche, europäisch zu denken. es 1621
Habermas: Eine Art Schadensabwicklung. es 1453
– Legitimationsprobleme im Spätkapitalismus. es 623
– Die nachholende Revolution. es 1633
– Die Neue Unübersichtlichkeit. es 1321 und es 3325
– Die Normalität einer Berliner Republik. es 1967
– Technik und Wissenschaft als Ideologie. es 287
Hacker, Katharina: Tel Aviv. es 2008
Hänny: Ruch. es 1295
– Zürich, Anfang September. es 1079
Hahn: Unter falschem Namen. es 1723
Handke: Die Innenwelt der Außenwelt der Innenwelt. es 307
– Kaspar. es 322
– Publikumsbeschimpfung und andere Sprechstücke. es 177 und es 3312
– Der Ritt über den Bodensee. es 509
– Wind und Meer. es 431
Happel: Grüne Nachmittage. es 1570
Hart Nibbrig: Die Auferstehung des Körpers im Text. es 1221
Haupt: Sozialgeschichte Frankreichs seit 1789. es 1535
Heijden: Die Drehtür. es 2007
Henrich: Nach dem Ende der Teilung. es 1813
– Eine Republik Deutschland. es 1658
Hensel: Im Schlauch. es 1815
Hentschel: Geschichte der deutschen Sozialpolitik 1880-1980. es 1247
Herbert: Ein Barbar in einem Garten. es 3310
Hertz: Die Spiegelung des Unsichtbaren. es 1939
Hesse: Tractat vom Steppenwolf. es 84
Hettche: Inkubation. es 1787
Die Hexen der Neuzeit. es 743
Hijiya-Kirschnereit: Das Ende der Exotik. es 1466
– Was heißt: Japanische Literatur verstehen? es 1608
Hodjak: Franz, Geschichtensammler. es 1698
– Siebenbürgische Sprechübung. es 1622
Hörisch: Brot und Wein. es 1692
– Gott, Geld und Glück. es 1180
– Kopf oder Zahl. Die Poesie des Geldes. es 1998

316/6/4.97

edition suhrkamp
Eine Auswahl

Hoffmann-Axthelm: Die dritte Stadt. es 1796
Holanda: Die Wurzeln Brasiliens. es 1942
Holbein: Der belauschte Lärm. es 1643
– Ozeanische Sekunde. es 1771
Hrabal: Die Bafler. es 180
Huchel: Gedichte. es 1828
Im Schatten des Siegers: Japan. es 1495-1498
Irigaray: Ethik der sexuellen Differenz. es 1362
– Speculum. es 946
Jaeger: Geschichte der Wirtschaftsordnung in Deutschland. es 1529
Jansen: Heimat. Abgang. Mehr geht nicht. es 1932
– Reisswolf. es 1693
– Splittergraben. es 1873
Jarausch: Dieunverhoffte Einheit. es 1877
Jasper: Die gescheiterte Zähmung. es 1270
Jauß: Literaturgeschichte als Provokation. es 418
Jenseits der Utopie – Theoriekritik der Gegenwart. es 1662
Johansson: Ich habe Shelley geliebt. es 1585
Johnson: Begleitumstände. es 1820 und es 3322
– Das dritte Buch über Achim. es 1819
– Der 5. Kanal. es 1336
– Ingrid Babendererde. es 1817
– Jahrestage 1. es 1822
– Jahrestage 2. es 1823
– Jahrestage 3. es 1824
– Jahrestage 4. es 1825
– Mutmassungen über Jakob. es 1818
– Porträts und Erinnerungen. es 1499
– Versuch, einen Vater zu finden. Marthas Ferien. es 1416
Über Uwe Johnson. es 1821
Joyce: Finnegans Wake. es 1524
– Penelope. es 1106
Judentum im deutschen Sprachraum. es 1613
Kellendonk: Geist und Buchstabe. es 1910
Kenner: Ulysses. es 1104
Ketzer, Zauberer, Hexen. es 1577
Kiesewetter: Industrielle Revolution in Deutschland 1815-1914. es 1539
Kipphardt: In der Sache J. Robert Oppenheimer. es 64
Kirchhoff: Body-Building. es 1005
– Legenden um den eigenen Körper. es 1944
Kleinspehn: Warum sind wir so unersättlich? es 1410
Kling: geschmacksverstärker. es 1523
– Itinerar. es 2006
Klix: Sehen Sprechen Gehen. es 1566
Kluge, Alexander: Gelegenheitsarbeit einer Sklavin. es 733
– Schlachtbeschreibung. es 1193
Koeppen: Morgenrot. es 1454
Kößler/Melber: Chancen internationaler Zivilgesellschaft. es 1797
Kolbe: Abschiede. es 1178
– Bornholm II. es 1402
– Hineingeboren. es 1110

316/7/4.97

edition suhrkamp
Eine Auswahl

Konrád: Antipolitik. es 1293
– Identität und Hysterie. es 1921
– Die Melancholie der Wiedergeburt. es 1720
– Stimmungsbericht. es 1394
– Vor den Toren des Reiches. es 2015
Krechel: Mit dem Körper des Vaters spielen. es 1716
Krippendorff: Militärkritik. es 1804
– Politische Interpretationen. es 1576
– Staat und Krieg. es 1305
– »Wie die Großen mit den Menschen spielen.« es 1486
Kristeva: Fremde sind wir uns selbst. es 1604
– Geschichten von der Liebe. es 1482
– Mächte des Grauens. es 1684
– Die Revolution der poetischen Sprache. es 949
– Schwarze Sonne - Depression und Melancholie. es 1594
Leggewie: Kultur im Konflikt. es 1960
Lejeune: Der autobiographische Pakt. es 1896
Lem: Dialoge. es 1013
Lenz, Hermann: Leben und Schreiben. es 1425
Lepenies: Benimm und Erkenntnis. es 2018
Leroi-Gourhan: Die Religionen der Vorgeschichte. es 1073
Lesen im Buch der edition suhrkamp. es 1947
Leutenegger: Lebewohl, Gute Reise. es 1001
– Das verlorene Monument. es 1315
Lévi-Strauss: Das Ende des Totemismus. es 128
– Mythos und Bedeutung. es 3323
Lezama Lima: Die amerikanische Ausdruckswelt. es 1457
»Literaturentwicklungsprozesse«. es 1782
Löwenthal: Mitmachen wollte ich nie. es 1014
Lüderssen: Abschaffen des Strafens? es 1914
– Genesis und Geltung. es 1962
– Der Staat geht unter – das Unrecht bleibt? es 1810
Lukács: Gelebtes Denken. es 1088
Maeffert: Bruchstellen. es 1387
Mahony: Der Schriftsteller Sigmund Freud. es 1484
de Man: Allegorien des Lesens. es 1357
– Die Ideologie des Ästhetischen. es 1682
Marcus: Umkehrung der Moral. es 903
Marcuse: Ideen zu einer kritischen Theorie der Gesellschaft. es 300
– Konterrevolution und Revolte. es 591
– Kultur und Gesellschaft 1. es 101
Mattenklott: Blindgänger. es 1343
Mattenklott: Umschreibungen. es 1887
Mayer: Gelebte Literatur. es 1427
– Das Geschehen und das Schweigen. es 342
– Versuche über die Oper. es 1050

edition suhrkamp
Eine Auswahl

Über Hans Mayer. es 887
Mayröcker: Magische Blätter. es 1202
– Magische Blätter II. es 1421
– Magische Blätter III. es 1646
– Magische Blätter IV. es 1954
Meckel: Von den Luftgeschäften der Poesie. es 1578
Meinecke: The Church of John F. Kennedy. es 1997
Menninghaus: Paul Celan. es 1026
– Schwellenkunde. es 1349
Menzel: Auswege aus der Abhängigkeit. es 1312
– Das Ende der Dritten Welt und das Scheitern der Großen Theorie. es 1718
Menzel/Senghaas: Europas Entwicklung und die Dritte Welt. es 1393
Meuschel: Legitimation und Parteiherrschaft in der DDR. es 1688
Milosz: Zeichen im Dunkel. es 995 und es 3320
Mitscherlich: Krankheit als Konflikt. es 164
– Die Unwirtlichkeit unserer Städte. es 123 und es 3311
Möller: Vernunft und Kritik. es 1269
Morshäuser: Hauptsache Deutsch. es 1626
– Revolver. es 1465
– Warten auf den Führer. es 1879
Moser: Besuche bei den Brüdern und Schwestern. es 1686
– Eine fast normale Familie. es 1223
– Repressive Kriminalpsychiatrie. es 419
– Romane als Krankengeschichten. es 1304
– Verstehen, Urteilen, Verurteilen. es 880
Muschg: Herr, was fehlt Euch? es 1900
– Literatur als Therapie? es 1065
Mythos Internet. es 2010
Mythos Metropole. es 1912
Mythos und Moderne. es 1144
Nachdenken über China. es 1602
Nakane: Die Struktur der japanischen Gesellschaft. es 1204
Narr/Schubert: Weltökonomie. es 1892
Negt/Kluge: Geschichte und Eigensinn. es 1700
Nizon: Am Schreiben gehen. es 1328
Nooteboom: Berliner Notizen. es 1639
– Wie wird man Europäer? es 1869
Oppenheim: Husch, husch, der schönste Vokal entleert sich. es 1232
Ostermaier: Herz Vers Sagen. es 1950
Overbeck: Der Koryphäenkiller. es 2009
Oz: Die Hügel des Libanon. es 1876
Paz: Der menschenfreundliche Menschenfresser. es 1064
– Suche nach einer Mitte. es 1008 und es 3321
– Zwiesprache. es 1290
Penck: Mein Denken. es 1385
Petri: Schöner und unerbittlicher Mummenschanz. es 1528

316/9/4.97